인간행동과 심리학 4판

오세진 · 김청송 · 신맹식 · 양계민 · 이요행 · 이장한
이재일 · 정태연 · 조성근 · 조수현 · 현주석 공저

학지사

4판 머리말

심리학이란 무엇인가? 심리학은 인간의 행동과 정신 과정에 대한 과학적 연구를 수행하는 학문 분야다. 심리학에 대한 관심이 지속적으로 증가해 오고 있다는 것은 심리학이 인간 행동과 정신 과정에 대해 이해하고자 하는 우리의 기본적인 욕구를 충족시켜 줄 뿐만 아니라 우리 삶을 보다 의미 있게, 그리고 풍요롭게 해 주는 데 도움을 주기 때문일 것이다. 이 두 가지 특성은 심리학의 연구 분야가 크게 순수 분야와 응용 분야로 나뉘는 데서 잘 나타나고 있다.

심리학 외에도 인간을 대상으로 하는 학문 분야가 있긴 하지만 이러한 학문과 비교했을 때 심리학이 가지고 있는 가장 두드러진 특성은, 심리학은 자연과학과 마찬가지로 경험주의(empiricism)를 기초로 한다는 것이다. 우리는 인간 행동이나 정신 과정에 대해 어떤 의문점을 가질 때 이에 대한 답을 철학에서와 같이 사유를 통해서가 아니라 실험을 통한 경험적 데이터의 수집과 분석을 통해 얻는 것을 기본으로 한다. 말하자면 지식의 축적이 단지 사변적이나 담론적인 수준에서 벗어나 경험적 검증 절차를 걸쳐 이루어지는 것이다. 심리학의 이러한 경험주의적 특성은 심리학이 철학으로부터 분리되어 독립적인 학문 체계를 이룬 이후부터 지금까지의 비약적인 발전을 이루는 데 큰 역할을 하였다. 심리학의 이러한 경험주의적 특성과 시간에 걸쳐 나타나는 빠른 학문적 변화는 현존하는 심리학적 이론의 변화와 새로운 분야로의 확장을 의미하기도 한다. 따라서 심리학 전문서적이나 교과서는 이러한 빠른 변화를 잘 반영할 필요성이 있다. 이러한 변화를 반영하기 위해 우리 저자들은 『인간행동과 심리학』이 개정되어야 함을 느끼고 제4판을 출판하는 바다.

이번 4판에서는 앞서 언급하였듯이 심리학에 있어서 새로운 내용과 영역을 가능한 한 많이 반영하도록 노력하였다. 그러나 이번 개정이 결코 완전할 수 없다는 점과 심리학의 특성상 앞으로도 지속적인 추가 개정이 필요할 것임에 저자들 모두 동감하고 있다. 또한 심리학자들 사이에서도 개론 교과서에 포함될 영역이나 각 영역 내에 있어서의 내용의 적절성 등에 대한 이견들이 존재하기에, 학계 내에 있는 다양한 견해를 모두 만족시킬 수 없다는 한계도 있을 것이다. 그럼에도 불구하고 이번 개정판에서는 현장에서 학생들을 가르치시는 많은 선생님들의 충고와 조언을 바탕으로 저자들이 최대한 성실하게 노력하며 작업하였음을 말씀드린다. 모쪼록 이 책이 심리학을 가르치는 선생님들께, 그리고 궁극적으로는 심리학을 배우기 시작하는 학생들 모두에게 유익하게 작용하길 기대해 본다.

2015년 3월

저자 일동

1판 머리말

심리학이 우리나라에 소개된 지 60년이 지난 지금까지도 많은 사람은 심리학의 과학적 본질보다는 사람의 마음을 읽어 내는 독심술이나 운명을 점치는 학문 정도로 생각하는 경우가 많다. 우리는 흔히 '나는 누구인가' 를 묻지만, 심리학자들 역시 그와 같은 질문에 답하기란 그리 쉽지 않다. 사실 인간 본질에 대한 논의는 고대 그리스 철학자인 플라톤과 아리스토텔레스의 마음(mind)과 신체(body)에 대한 철학적 논제에서부터 데카르트의 "나는 생각한다. 고로 나는 존재한다." 에 이르기까지 수많은 철학자가 명제로 삼아 왔던 주제지만, 아직껏 명쾌한 답을 주지 못하고 있다. 아마도 인류의 역사가 다할 때까지 그와 같은 질문은 계속될 것이다.

심리학은 19세기 말 인간에 대한 물음을 철학적 명제에서 과학적 명제로 전환하는 계기를 맞이하면서 인간을 연구하는 새로운 과학으로 자리 잡기 시작하였다. 심리학이 과학을 강조하는 것은 철학적 접근방법을 탈피하려는 방법론적인 출발에 있다고 해야 할 것이지만, 현대 심리학은 신경과학, 컴퓨터 공학, 인지과학, 언어학, 인류학, 생태학 등 많은 인접 학문과의 교류를 통해 '인간이란 무엇인가?' 에 대한 범본질론적인 접근을 가속화하고 있다.

심리학은 '인간의 정신과 행동과정을 과학적으로 연구하는 학문' 이라고 비교적 단순히 정의되지만, 심리학 목표는 인간행동에 대한 올바른 이해와 이를 바탕으로 보다 나은 사회를 구현하고 삶의 질을 향상하려는 데 있다고 해야 할 것이다. 범죄 급증에 따른 사회적 불안을 막고 삶의 질적 향상을 위해 심리학자들은 범죄 행동의 특성을 밝히고, 그 원인을 찾아 교정하려고 노력하여 왔다. 또한 우리 사회의 청소년들에게 건강한 정신능력을 심어 주고 올바른 자아상 확립을 도와주기 위해 인간 발달과정에 관한 체계적 연구를 게을리 하지 않았으며, 정신질환으로 고생하는 환자들을 위해 많은 심리 전문가가 노력하고 있다. 산업 현장에서도 조직의 생산성을 향상하기 위해 심리학자들은 고군분투하고 있다. 물론, 이와 같은 일은 심리학자들만이 하는 것은 아니나, 심리학자들은 인간 본질 그 자체에 접근하여 정신과정과 행동원리를 탐색하고 그 원리를 바탕으로 보다 나은 해결책을 제시하고자 한다.

이 책은 아마도 우리의 가까운 주변 생활에서 인간을 움직이는 원리가 어떻게 작동하는가에 대한 물음에 조금이나마 답을 할 수 있으리라 본다. 어쩌면 무심코 지나쳤던 친구의 행동도 그 작동원리를 이해한다면, 그를 더 깊이 있게 알게 될 것이며, 호전된 관계를 지속하는 데 도움이 될 것이다. 특히, 이 책은 심리학의 개론 수준에서 다루어야 하는 모든 분야를 망라하고 있어 다양한 시각에서 인간행동의 원리를 이해하는 데 보탬이 될 것이다.

각 장의 구성을 간단히 살펴보면, 제1장은 심리학의 역사와 배경(김형일), 제2장은 인간행동의 생물학적 기초(이장한, 현명호), 제3장은 지각과 착시현상(양병화), 제4장은 학습(오세진), 제5장은 기억(김한준), 제6장은 사고(김병선), 제7장은 인간의 발달(양돈규), 제8장은 사회심리학(임형식), 제9장은 동기와 정서(이재일), 제10장은 삶과 성격(최창호), 제11장은 이상행동과 치료(현명호), 제12장은 스트레스와 적응(김정인), 제13장은 심리 평가(이장한)로 구성되어 있다. 각 장마다 실생활의 사례를 풍부하게 담고 있어 흥미를 더할 뿐만 아니라 보다 현실감 있고 쉬운 설명으로 심리학에 입문하는 학생들에게 좋은 지침서가 되리라고 믿는다.

이 책은 오랫동안 대학에서 심리학을 가르치고 현장에서 많은 경험을 쌓은 분들이 모여 알차면서도 쉽게 배울 수 있는 입문서를 만들자는 의기투합에 의해 맺은 결실이다. 비록, 책을 완성한 후에는 항상 아쉬움이 많이 남지만, 우리 사회 각 분야에서 큰 일꾼으로 일할 후학들의 인간 이해에 작은 보탬이 되었으면 하는 마음으로 책을 출간하게 되었다.

1999년 새해 아침에

저자 일동

차 례

04 감각과 지각 103

05 학 습 133

01 심리학의 본질과 이해

학습 개요

심리학을 체계적으로 학습하지 않은 사람들에게 심리학의 개념에 대해 질문하면, 많은 사람이 심리학을 철학, 심령학, 독심술이라고 대답을 한다. 아마 학문명이 심리학(心理學)이기 때문에 일반적으로 그 영향을 받았다고 볼 수 있다. 따라서 이 장에서는 심리학의 개념을 보다 바르게 이해하기 위하여 다양한 측면에서의 심리학에 대한 정의를 살펴보고, 철학 및 과학적인 기원에 대한 고찰을 통해 심리학이 하나의 학문으로서 성립된 배경을 알아본다. 또한 심리학의 발달에서 나타난 여러 학파와 관점들에 대해 알아봄으로써 심리학의 개념을 보다 정확하게 파악하고, 좀 더 나아가 심리학이 적용될 수 있는 분야에 대해 알아본다.

학습 목표

1. 심리학의 정의 및 과학적 특성을 이해한다.
2. 심리학의 철학적 근원과 과학적 근원을 포괄적으로 파악한다.
3. 초기 심리학을 구성하는 여러 학파의 종류 및 각각의 특징을 이해한다.
4. 현대 심리학의 다섯 가지 관점을 중심으로 파악한다.
5. 심리학의 여러 분야를 종류에 따라 이해한다.

심리학이란 무엇인가

심리학이란 인간의 행동이나 정신 과정에 대한 과학적 연구를 하는 학문이다. 심리학(psychology)이라는 단어는 영혼이라는 뜻의 그리스어 'psyche'와 어떤 주제를 연구한다는 의미의 'logos'가 합쳐진 것이다. 그래서 초기에는 심리학을 '영혼에 대한 연구'라고 하였다.

심리학의 정의는 그 연구 주제와 함께 시간의 흐름에 따라 변해 왔다. 심리학이 과학으로 등장하게 된 19세기 후반이 되어서야 비로소 '정신과학'으로 인정받게 되었다.

1920년대 초, 많은 심리학자들은 과학은 직접 관찰이 가능하고 측정 가능한 사건을 연구하는 것으로 생각하였다. 따라서 이들은 직접 관찰이 불가능한 마음에 대한 연구보다 관찰 가능한 행동에 대한 연구를 시작하였다. 심리학이 정신 과정을 연구 대상으로 삼을 때, 객관적 관찰이 어렵다는 불만에 대한 해소 방법으로 연구 대상을 행동에 두어야 한다는 새로운 생각이 등장한 것이다. 이후 대부분의 심리학자는 갈등이나 분노와 같은 정신적 경험에 대해 연구하기보다 음주나 공격적 행동과 같은 관찰 가능한 명백한 행동에 대해 연구하기 시작하였다. 그러나 행동주의의 출현으로 심리학은 직접 관찰이 불가능한 의식이나 정신활동에서 탈피하여 객관적 관찰과 측정이 가능한 외현적 행동을 연구 대상으로 삼아야 한다는 주장이 강하게 대두되었다. 결과적으로 1920년대의 심리학은 '행동의 과학적 연구'로 정의할 수 있다. 이러한 정의는 마음의 연구에 대한 관심이 다시 생겨난 1960년대까지 폭넓게 수용되었다.

심리학의 다양성으로 인해 확정적인 정의를 내리는 것에는 많은 어려움이 따른다. 항상 심리학자들 간에는 심리학의 정의, 목표, 연구 방법을 설명하는 것에 이견이 있어 왔으나 일반적으로 다음 두 가지 측면을 고려하여 심리학을 정의할 수 있다.

첫째, 심리학은 인간행동의 포괄적인 설명을 그 목표로 하고 있다.

둘째, 심리학이 과학이 되기 위해서는 엄격한 정의, 분명하게 규정된 절차, 그리고 결과의 항상성을 강조하는 일반화된 과학적 방법론을 따라야 한다. 이러한 두 가지 중요 요인을 고려한다면 심리학은 "인간의 정신 과정과 행동에 관한 과학적 연구"라고 정의할 수 있다. 현재 심리학에서는 인간의 행동과 정신 과정을 이해하기 위한 연구들이 활발히 진행되고 있다. 그러나 아직 인간의 모든 것을 완전히 이해하는 단계까지는 미치지 못하고 있다.

1) 과학으로서의 심리학

심리학은 과학적 방법에 의존하는 학문이다. 과학은 상식적인 내용을 공유하기보다는 과학적인 방법을 사용하기 때문에, 심리학은 물리학, 화학, 생물학과 마찬가지로 목표를 추구하는 데 과학적인 방법을 사용한다.

심리학에서 과학적인 측면은 과학적 방법들을 통해 수집된 증거들을 바탕으로 심리학적인 결론을 내리는 것과 관련된다. 여기서 과학적 방법이란 문제를 분석하고 해결하기 위해 실증적인 증거를 이용하는 일련의 단계들로 구성된다. 다시 말해서 관찰, 자료 수집, 결론에서 객관적인 방법이 사용되는 것이다. 한 예로, 미국에서는 일반인들이 효과가 높을 것 같다고 생각하는 약물남용 방지 교육 프로그램에 대해 연구자들이 과학적인 방법을 사용하여 실제로 그 프로그램이 약물 복용 행동에 영향을 미치는지 평가하였다. 그런데 실제 과학적 연구 결과는 일반적인 생각과 다르게 나타났다. 즉, 일반적인 생각과는 달리 그 프로그램은 약물 사용에 대해 별 영향력을 지니지 않는 것으로 나타났다.

심리학에서 과학적 방법은 일반적으로 행동에 초점을 두었다. 행동은 환경에 적응하기 위한 유기체의 행위다. 심리학의 탐구 대상으로 인간과 동물의 관찰 가능한 행동이라는 생각이 오랜 기간 지배해 왔다. 심리학자들은 개인이 어떻게 기능하는지, 개인이 행동하는 것의 의미는 무엇인지, 그리고 주어진 환경과 사회적 맥락에서 어떻게 행동하는지를 관찰하였다. 심리학적인 분석의 주제는 집단이나 기관보다는 한 개인으로서의 인간이다. 대개 심리학의 연구 환경은 개인의 실제 생활 환경이나 통제된 연구실 환경이다.

말하기, 달리기, 시험 보기와 같은 행동은 직접 관찰할 수 있지만, 개인의 정신 과정은 관찰할 수 없다. 그러나 인간의 많은 활동은 매우 개인적이며 내적인 사건(추론, 창조, 꿈 등과 같은)을 포함한다. 현재 대다수의 심리학자는 비록 정신 과정을 직접 관찰할 수는 없지만 심리학 연구의 매우 중요한 주제라고 생각한다. 정신 과정에 대한 연구는 심리학 연구 기술의 발전을 가져왔다.

2) 심리학의 역사

다른 과학과 마찬가지로 심리학은 시대에 따라 변화되어 왔다. 그뿐 아니라 사회·문화·역사적 맥락과 주변 학문의 발전에 영향을 받아 왔다. 오늘날의 심리학을 바로 알기 위해서는 그 기원을 이해해야 한다. 현대적인 관점에서 과거 심리학의 역사나 이론을 살펴보면, 상식에서 벗어나거나 비과학적인 주장들을 접할 수 있는데, 이는 당시의 사회, 문화, 역사 또는 다른 학문의 영향을 받은 결과라는 것을 염두에 두어야 한다.

(1) 심리학의 근원

심리학의 역사적 근원은 철학과 과학에 있다. 19세기 후반 학자들이 마음의 연구에 과학적인 방법을 사용하면서 심리학은 비로소 하나의 독립적인 과학적 학문으로 자리를 잡았다.

① 심리학의 철학적 근원

심리학의 철학적 근간은 고대 그리스의 유명한 철학자이며, 특히 지식에 관심을 가진 플라톤(Plato, B.C. 427~347)과 아리스토텔레스(Aristoteles, B.C. 384~322)까지 거슬러 올라간다. 플라톤은 지식의 원천 면에서 감각을 의심하였다. 그는 우리의 감각은 곧은 막대기가 물속에서 굽어보이는 것처럼 사실을 있는 그대로 지각하기보다는 왜곡하여 지각하는 경우가 많다고 생각하였다. 또한 그는 인간은 원래 지식을 가지고 태어난다고 믿었으며, 추론(reasoning)이 이러한 지식에 접근할 수 있게 한다고 믿었다. 이러한 철학적 접근을 합리주의(rationalism)라고 부른다. 플라톤은 꿈, 지각, 정신질환을 포함한 다양한 심리학적 주제를 연구하기 위해 이성을 사용하였다.

플라톤(B.C. 427~347)

그러나 플라톤을 비롯한 여러 뛰어난 철학자들은 추론에 대한 잘못된 믿음을 가지고 있었다. 예를 들어, 어떤 대상을 보는 것은 우리의 눈에서 발산된 빛을 통한 것이라고 잘못 판단하기도 하였다. 이에 비해 아리스토텔레스는 비록 추론의 중요성을 받아들이기는 하였으나, 경험주의(empiricism)라고 불리는 철학적 접근을 즉, 지식의 원천으로 강조한 감각적 경험을 플라톤보다 중요하게 받아

아리스토텔레스(B.C. 384~322)

들였다. 그러나 플라톤처럼 아리스토텔레스도 잘못된 결론에 도달하였다. 아리스토텔레스는 인간이 강한 정서적인 경험을 하는 동안 뇌보다 심장이 더 민감하게 작용한다고 생각한 것이다. 아리스토텔레스가 심리학에 기여한 것은 심리학적 주제에 대해 최초로 형식을 갖추어 깊이 생각하였다는 점이다.

중세 기독교 시대 초기에는 심리학적인 질문에 대한 대답을 플라톤이나 아리스토텔레스와 같은 철학자보다는 신학자들이 제공하였다. 가장 유력한 서구의 권위자는 성 어거스틴(St. Augustin, 354~430)이다. 어거스틴은 "내일은 죽을 터이니 오늘 먹고 마시고 즐겨라."라고 주장한 에피쿠로스 학파의 추종자다. 젊어서는 방탕한 삶을 살았으나, 그의 이러한 생활은 기독교에 귀의할 때까지 계속되었다. 그는 자서전 『고백(*Confession*)』에서 자기분석을 통해 기억과 정서, 동기에 대한 자신의 관점을 기술하였다. 어거스틴은 인간의 이성과 동물적 열정, 특히 성욕 사이의 지속적인 갈등에 대한 통찰을 프로이트보다 훨씬 앞서 제시하였다. 그는 비록 이성을 심리적인 과정을 연구하는 데 사용하기는 하였으나, 그 연구에서 과학적인 방법은 사용하지 않았다.

종교적인 신념에 의해 십자군 원정이 이루어진 중세 시대에는 경험적인 연구를 수행하면 처벌을 무릅써야 했기 때문에, 과학적인 연구는 거의 이슬람 지식인들에 의해서만 이루어졌다. 이러한 흐름에 용기 있게 맞선 사람이 베이컨(Bacon, 1561~1626)이다. 베이컨은 오감을 통해 지식을 획득하는 것을 강조한 아랍 과학자들의 영향을 받았다. 그는 철학자들에게 권위에 대항한 경험주의를 강조함으로써 결과적으로 신학자들과 충돌하게 되었다.

르네상스 정신은 14세기부터 16세기까지 지속되었다. 당시 서구의 권위 있는 학자들은 신학보다는 철학에 의존하여 심리학적인 물음에 대한 답변을 내놓았다. 르네상스 정신은 프랑스의 위대한 수학자이자 철학자이며 과학자인 데카르트(René Descartes, 1596~1650)에게 커다란 영향을 미쳤다.

최초의 현대적 합리주의자인 데카르트는 분명하게 증명되지 않은 모든 것을 의심해야 한다고 주장하였다. 그의 유명한 명제인 '나는 생각한다. 그러므로 나는 존재한다.'와 같이 그는 자신이 존재한다는 것을 증명하기 위해 극도의 추론을 사용하였다. 데카르트는 종교적인 지도자들의 주장을 맹목적으로 받아들이는 것에 반대하는 현대의 지적인 견해에 영향을 미쳤다. 따라서 교회 지도자들은 그의 이러한 견해를 자신들의 권위에 대한 도전으로 받아들여 그의 책을 금서 목록에 포함시켰다.

한편, 일부 지식인들은 합리주의보다는 경험주의를 선호하였고, 심리학적인 질문에 대한 신학자들의 생각과 의견을 달리하였다. 이러한 지식인들 가운데 대표적인 인물이 베이컨이다. 베이컨은 뛰어난 인물이지만 성격적으로 많은 문제를 지니고 있었다. 이러한 점은 시인인 포프(Pope, 1688~1744)가 그를 "가장 영리하고 현명하며 가장 비열한 인간"이라고 부른 데서 알 수 있다. 그러나 지식인으로서 베이컨은 다른 관찰자들에 의한 증명, 회의주의(skepticism), 체계적 관찰(systematic observation) 등을 장려하는 현대 과학적 태도를 이끌어 냈다. 그는 "유용성이 없는 것은 가치 없는 것"이라고 주장하였다.

영국의 철학자 로크(Locke, 1632~1704)는 베이컨의 경험주의적 사상을 추종하였다. 로크는 인간이 백지상태에서 태어나 감각을 통해 얻은 인생 경험으로 지식을 채워 나간다고 생각하였다. 데카르트와 같은 합리주의자들은 지식이란 태어날 때부터 지니고 있는 것이라고 믿은 반면, 로크와 같은 경험주의자들은 "지식이란 단지 인생 경험을 통해 얻어지는 것"이라고 믿었다. 이러한 유전과 인생 경험의 상대적인 중요성에 대한 관심은 본성(nature) vs. 양육(nurture)의 논쟁으로 현재까지도 계속 이어지고 있다.

합리주의와 경험주의의 절충은 독일의 철학자 칸트(Kant, 1724~1804)에 의해 이루어졌다. 칸트는 "지식이란 물리적 환경의 감각적 조직화와 이해의 생득적 정신기제에 의한 결과물"이라고 보았다. 예를 들어, 인간은 태어난 곳의 언어 경험에 의해 특정한 말을 하게 되는데, 말하는 능력과 언어는 타고난 두뇌기제에 의존하므로 경험하지 못한 다른 언어를 구사할 수 없다. 그런데 인간은 생득적 언어기제를 통해 다른 환경에서 다른 언어의 학습과 이해도 가능하다는 것이다.

심리학적인 주제를 연구하면서도 칸트는 심리학이 과학이라는 사실을 부정하였다. 그는 정신이 직접 관찰하거나 측정하거나 조작할 수 있는 실체적인 것이 아니기 때문에 그렇게 확신하였다. 더욱이 그 내용은 일정한 흐름이 있으므로 정신의 연구는 과학에서는 필수불가결한 객관성을 지닐 수 없다고 주장하였다.

② 심리학의 과학적 근원

19세기에 이르러 학자들은 철학자들도 어려워한 심리적 과정의 본질을 연구할 때 과학을 더 필수적인 것으로 인식하게 되었다. 예를 들어, 19세기 중반까지도 학자들은 일반적인 추론에 근거하여 전기가 선을 통해 움직이는 것만큼 빠른 속도로 신경자극이 신경을 따라 움직인다고 믿었다. 이러한 주장은 19세기 독일의 정신물리학자 헬름홀츠(Helmholtz, 1821~1894)가 수행한 연구에 의해 증명되었다. 신경자극 연구에서 헬름홀츠는 신경의 활동이 몇 분의 일 초 동안에 이루어진다는 사실을 동물과 인간에 대한 실험을 통해 발견하였다. 그는 한 실험에서 피험자들로 하여금 발이나 허벅지에 접촉이 느껴지면 버튼을 누르도록 하였는데, 그 결과 피험자들은 허벅지보다는 발에 대한 접촉에 더 느리게 반응하였다. 그는 이러한 차이가 척수를 거쳐 뇌까지 연결되는 발의 신경이 더 길기 때문이라고 생각하였다. 이는 신경자극이 순간적인 것이 아니라는 것을 보여 준다.

또한 헬름홀츠와 같은 시대의 과학자들은 뇌의 기능에 대해 중요한 발견을 하였다. 그 주도적인 연구자가 프랑스의 생리학자 플루랑스(Flourens, 1794~1867)였다. 그는 특정 뇌 부위 손상이 동물의 행동에 미치는 효과를 연구하였는데, 대뇌의 손상이 운동 기능에 부조화를 일으킨다는 것을 발견하였다. 또한 외과 의사이자 인류학자인 브로카(Broca, 1824~1880)는 인간의 뇌손상에 대해 유사한 연구를 수행하였다. 그는 뇌 앞쪽의 왼쪽 부분에 손상을 입은 환자는 언어 능력을 상실한다는 것을 발견하였다.

19세기의 다른 과학자들은 뇌의 구조와 별개로 정신 과정의 과학적 연구에 관심을 두고 있었다. 가장 주목할 만한 과학자는 독일의 물리학자이자 철학자인 페히너(Fechner, 1801~1887)다. 페히너는 당시 과학자들의 주장을 비판하면서 정신물리학(psychophysics)이라는 방법을 사용하여 연구하였다. 정신물리학을 통해 페히너는 물리적 자극과 정신적 경험 간의 관계를 측정할 수 있게 되었다. 이러한 성과는 심리학을 과학적으로 연구할 수 없다고 믿었던 학자들에게는 놀랄 만한 것이었다. 정신물리학은 밝기의 변화를 경험하기 위해 빛의 밝기를 어느 정도 변화시켜야 하는가, 소음의 변화를 경험하기 위해 소리의 크기를 어느 정도 변화시켜야 하는가 등의 연구를 하였다. 이러한 정신물리학은 철학과 과학 사이에서 태어난 심리학이 하나의 독립된 학문으로 발전하도록 기여하였고, 지난 세기 동안 심리학에서 중요하게 사용되어 왔다.

19세기 후반의 심리학자들은 영국의 자연주의자인 다윈(Darwin, 1809~1882)이 주장한 진화론의 영향을 받았다. 다윈은 5년간의 동식물에 대한 연구 결과를 『종의 기원(*The Origine of Species*)』에 기술하였다. 고대 그리스에서도 동물은 그 선대에서 진화된다는 생각을 지니고 있었지만, 이러한 사실을 실제로 증명해 낸 사람이 바로 다윈이었다. 그의 이론은 그의 사촌인 골턴(Galton, 1822~1911)의 연구를 통해 심리학에 즉각적인 영향을 미쳤다.

골턴은 많은 분야에 관심을 가진 과학자였다. 그는 다윈의 진화론을 적용하여 자연 선택이 인간의 능력 발달을 설명할 수 있다고 주장하였다. 더욱이 그는 능력이 발달된 개체일수록 생존 가능성이 높다고 주장하였다. 이러한 주장은 사람들 간의 지능, 성격, 신체적 특성의 다양성을 연구하는 개인차 심리학의 발전을 이끌었다.

개인차 심리학(Differential Psychology)은 골턴과 함께 연구한 심리학자 커텔(Cattell, 1860~1944)에 의해 미국에 소개되었다. 1890년에 그는 시각 · 청각 · 신체적 기술 등 다양한 검사를 기술하는 데 사용된 정신검사(mental test)라는 단어를 만들어 냈다. 또한 커텔은 1895년에 미국심리학회 회장이 되었고, 심리학자로는 처음으로 국립과학아카데미의 회원이 되었다. 커텔은 과학과 직업 면에서 심리학의 발전에 선구자이자 최초의 심리학 교수로 인정된다.

(2) 현대 심리학의 성장

'심리학은 긴 과거를 지니고 있으나 그 역사는 짧다.' 고 한 에빙하우스(Ebbinghaus, 1850~1909)에 따르면, 지식인은 고대 그리스 시대부터 심리학적인 주제에 관심을 가졌으나, 심리학은 19세기 후반에 이르러 비로소 독립적으로 분리된 학문 분야가 되었다.

대부분의 심리학자는 이러한 새로운 학문으로서 심리학의 출발을 독일의 생리학자인 분트(Wundt, 1832~1920)가 라이프치히 대학교에 실험실을 개설한 시기로 보고 있다. 분트는 1874년 『생리심리학의 원리(*Principle of Physiological Psychology*)』라는 역사적인 저서에서 과학적인 심리학에 대한 자신의 생각을 밝혔다. 책 제목에서 '생리'라는 용어를 쓴 것은 생리심리학이 주제라기보다는 인간의 생리적인 과정을 연구하기 위해 생리학자들이 사용하는 과학적인 방법을 적용한다는 의미다.

1875년에 분트는 라이프치히 대학교에서 학생들이 저녁식사를 할 때 사용하던 작은 방에 연구실을 마련하였다. 그는 대학에 심리학 연구실을 요청하였지만, 학생들이 스스로 마음의 내용을 파고들어 따지도록 하는 심리학의 발전을 원하지 않았던 학교 경영자들은 이를 거부하였다. 1879년 초 분트의 연구실은 커텔과 같이 나중에 유럽과 북미의 유명한 심리학자가 된 그의 많은 학생들에게 연구의 장이 되었다. 심리학자들은 1979년 100주년 행사를 통해 분트의 업적을 기렸다.

Wilhelm Wundt(1832~1920)

2 초기 심리학

1) 구조주의 심리학

최초의 심리학 학파인 구조주의(structuralism)는 19세기에 생겨났다. 분트로 대표되는 구조주의자들은 물질을 분석하여 세포, 분자, 원자로 분류하는 화학자나 물리학자들의 연구 방법에 영향을 받았다. 이에 따라 구조주의자들은 마음을 구성 요소로 분석하고, 그 구성 요소가 어떻게 상호작용하는가를 발견하려고 하였다. 즉, 정신을 구성하는 요소와 내용을 밝히려고 시도하였다.

구조주의는 분트의 제자인 티취너(Tichener, 1867~1927)에 의해 명명되고 일반화되었다. 영국인 티취너는 코넬 대학교의 교수가 되면서 미국에 구조주의를 소개하였다. 마음을 연구하기 위해 그는 정신의 기본 요소라고 여긴 심상, 느낌, 감각의 세 가지 요소로 복잡한 정신 경험을 분석하기 위해 '분석적 내성법(analytic introspection)'을 사용하였다. 분석적 내성법을 이용한 전형적인 한 연구에서 티취너는 피험자에게 소리와 같은 자극을 제시한 후에 그 소리로 인해 생기는 심상, 느낌, 감각에 대해 보고하도록 하였다. 또한 미각을 분석한 연구를 통해 미각이 짠맛, 쓴맛, 단맛, 신맛으로 구성된다는 것을 발견하였다.

구조주의는 최초로 등장한 심리학파이면서 동시에 가장 빨리 그 자취를 감춘 학파였다. 이는 구조주의 학파의 연구가 연구실에 제한되었기 때문이다. 또한 이성적 · 언어적으로 능숙한 성인의 의식적인 정신적 경험을 연구하는 데만 적합한 제한적인 내성법에 지나치게 의존하였기 때문이다. 심리학자들은 특정한 자극에 대한 내성법적 보고가 자극의 변화에 따라 일관되지 않으므로 믿을 수 없는 것이라고 생각하였으며, 내성법에 따른 동일한 자극에 대한 보고는 피험자에 따라 일관성을 보이지 못하는 경우도 많았다. 그리고 가장 중요한 것은 다양한 내성적 활동이 실제의 의식적 경험에 영향을 미쳐 의식을 변화시킨다는 것이었다. 비록 분석적 내성법의 단점으로 인해 구조주의가 소멸하기는 했지만, 오늘날 많은 심리학자는 피험자들의 정신 과정에 대한 연구에서 구조주의자가 사용한 언어적 보고를 통해 연구하고 있다.

2) 기능주의 심리학

기능주의(functionalism)라 부르는 미국의 심리학파는 구조주의에 대한 대응으로 생겨났다. 기능주의 심리학자들은 정신의 구성 요소를 분석함에 있어 구조주의 심리학자들이 스스로 제한을 둔 것(내성법을 사용할 수 없는 어린이, 정신장애인, 동물 등은 대상에서 제외하였고 실험실에서의 연구에만 초점)을 비판하였다. 기능주의 심리학자들은 인간이 갖고 있는 의식의 내용이 아니라 인간이 보고 느끼고 생각하는 것의 심리적 기능을 연구 대상으로 삼아야 한다고 주장하였다. 구조주의 심리학자들이 맛에 대한 정신적 구성 요소를 연구한다면, 기능주의 심리학자들은 맛을 구별하는 능력이 어떻게 행동에 영향을 미치는가를 연구해야 한다고 주장했다. 이는 개인이 환경에 적응하는 데 도움을 주는 유전적 형질의 역할을 강조하는 다윈의 진화론에 영향을 받은 것이다.

기능주의 심리학자들은 의식적인 정신이 인류의 생존을 증진시키므로 그 정신은 진화한다고 가정하였다. 의식적인 정신은 우리가 현재의 상황을 평가할 수 있게 하고, 그에 부합하는 최적의 행동을 선택하게 한다. 상한 음식의 맛을 보았을 때를 생각해 보자. 우리는 즉시 그것을 뱉을 것인데, 이러한 행동은 미각의 기능적 의미를 증명하는 것이다.

William James(1842~1910)

가장 유명한 기능주의 심리학자는 미국의 심리학자이자 철학자인 제임스(James, 1842~1910)다. 그는 여러 지능 분야에 대하여 연구하였다. 심리학에 대한 접근을 살펴보면, 제임스는 정신을 실제 강물의 흐름처럼 별개의 조각들로 나눌 수 없는 하나의 흐름으로 보았다. 그래서 그는 구조주의 심리학자들이 선호한 일종의 분석적 연구인 내성법은 정신(의식의 흐름)을 연구하는 데에는 적합하지 않다고 생각하였다. 결국, 이것이 분트와의 경쟁을 야기하였다.

제임스는 하버드 대학교에 연구소를 만들었다. 그러나 분트와 달리 제임스는 연구소를 실험을 위해서가 아닌 증명을 위해 사용하였다. 실제로 그는 실험실 내에서 이루어지는 연구에는 관심이 없었고, 실험실에서의 제한된 행동이나 정신 경험에 연구를 국한시키는 심리학자들을 비판하였다. 대신 그는 심리학자들에게 실험실 밖의 세상에서 인간이 어떻게 기능하는지 연구하라고 촉구하였다.

비록 많은 실험을 수행한 것은 아니었지만 제임스는 심리학에 지대한 공헌을 하였다. 고전이 된 그의 저서 『심리학의 원리』는 철학과 물리학 그리고 심리학의 상호 관계를 조명하였다. 또한 감정의 이론에 대해서도 연구하였으며, 오늘날까지도 그 영향이 지속되고 있다. 기능주의 심리학자들은 심리학 연구에서 실험 대상을 동물이나 아이들뿐 아니라 정신장애인까지 확대하였다. 또한 심리학의 주요 문제들에 기억, 사고, 성격과 같은 주제들까지 포함시켰다. 그리고 연구를 실험실에 국한시켰던 구조주의 심리학자들과 달리, 기능주의 심리학자들은 베이컨의 전통을 이어받아 그들의 연구를 일상생활에 적용하였다. 대표적인 기능주의 심리학자인 듀이(Dewey, 1859~1952)는 심리학을 교육현장에 적용하였다. 그러나 심리학을 실제 생활에 적용하는 응용심리학 분야의 창시자로 볼 수 있는 사람은 뮌스터버그(Munsterberg, 1863~1916)였다.

1910년대 심리학자로서 뮌스터버그의 명성은 제임스에 버금갔다. 그는 많은 저서와 연설을 통하여 심리학을 대중화시켰고, 루스벨트 대통령을 비롯한 많은 저명인사들이 그의 친구가 되었다. 또한 뮌스터버그는 비록 하버드 심리학연구소를 운영하기 위해 채용되었지만 응용심리학의 창시자로서 가장 많은 공헌을 하였다. 그는 심리학이 법, 산업, 교육, 심리치료 그리고 영화비평에 어떻게 적용될 수 있는지에 대한 저술을 남겼다. 또한 뮌스터버그를 비롯한 그의 동료 기능주의 심리학자들은 심리학을 연구실 밖으로 옮겨 일상생활에 적용시키고자 하였으며, 심리학의 연구 목적은 의식이 인간 생활에 어떠한 역학적 기능을 하는지와 같은 정신적 기능을 규명하는 것이 되어야 한다고 주장하였다.

3) 행동주의 심리학

행동주의 심리학(behaviorism)의 창시자로 볼 수 있는 왓슨(Watson, 1878~1958)은 기능주의 심리학자들과 구조주의 심리학자들이 공유한 생각, 즉 정신이 심리학을 연구하기 위한 적절한 대상이라는 생각에 반대하였다. 행동주의 심리학자들은 직접 실험이나 관찰이 불가능한 정신 경험을 연구하는 데 반대하였다. 러시아의 심리학자 파블로프(Pavlov, 1849~1936)는 자신의 연구소에서 정신에 대한 전문용어를 사용하는 사람은 해고될 것이라고 말하였다. 또한 행동주의 심리학자들은 모든 행동을 조건 형성의 결과로 보고 인간 이해의 기본 공식을 자극과 반응의 관계로 규정하였다.

John B. Watson(1878~1958)

왓슨과 파블로프 같은 행동주의 심리학자들에게 심리학 연구의

Ivan P. Pavlov(1849~1936)

정확한 대상은 '관찰 가능한 행동' 이었다. 정신적 경험과 달리 행동은 측정되고 다른 과학자들에 의하여 증명될 수 있는 것이다. 예를 들어, 배고픔에 대한 연구에서 행동주의자들은 정신적 경험을 연구하기보다는 관찰 가능한 섭식행동 그 자체를 연구한다. 비록 왓슨은 정신 과정이 직접적으로 행동을 유발한다는 것을 부정하였지만 정신의 존재 자체를 부정하지는 않았다. 그는 배고픈 느낌과 같은 정신에서 섭식의 원인을 찾는 대신, 저혈당과 같은 신체적 조건이나 식욕을 자극하는 냄새와 같은 환경에서 그 원인을 찾아 설명하려 하였다. 1915년 왓슨은 미국심리학회 회장으로 뽑힐 만큼 영향력이 있고 주목받는 인물이었다. 역사학자인 보링(Boring)은 1920년대에 마치 모든 미국인이 행동주의 심리학자가 되어 가는 것 같다고 기술하였다. 그러나 왓슨은 1920년 행동주의가 큰 영향력을 갖게 되었을 때 학교를 떠났다.

왓슨은 존스 홉킨스 대학교를 떠나 뉴욕에 있는 한 광고회사에 들어가게 되었다. 거기서 많은 경영 실적을 올린 그는 부회장 지위까지 오르게 되었으며, 시장 연구 기법들과 상표의 매력을 평가하는 실험들, 그리고 정교한 광고 캠페인들을 고안해 냈다. 또한 상품을 파는 데 성별 특징을 이용하여 성공적인 마케팅을 펼치기도 하였다.

왓슨은 연설을 하거나 책과 논문을 저술하고 기사를 작성함으로써 심리학을 대중화시킨 매력적이고 카리스마적인 사람이었다. 그는 행동에 미치는 환경의 영향력을 중요시하였다. 특히, 아동들의 행동에 미치는 환경의 영향력을 믿었다. 그의 행동주의 심리학은 그를 로크의 전통적인 경험주의자 계열에 속하게 하였는데, 이것은 아동발달에 대한 그의 유명한 논문에서 가장 적절히 표현되어 있다.

> 나에게 건강한 유아와 그들을 잘 자라게 할 수 있는 환경만 제공해 준다면, 나는 무작위로 그들 중 한 명을 택하여 재능, 기호, 경향, 능력, 직업, 인종에 상관없이 그를 변호사, 예술가, 상인, 심지어 거지와 도둑까지 내가 원하는 어떤 방면의 전문가도 되게 할 수 있다(Watson, 1930: 104).

물론, 왓슨은 이 글의 내용이 과장되었다고 말하고 있지만, 환경이 인간 행동에 미치는 영향력을 무시하고는 인간 행동을 설명하기 힘들다는 입장을 취하였다. 그러나 이와 같은 입장에도 불구하고 왓슨이 행동에 미치는 유전적 요인의 중요성을 무시한 것은 아니다. 왓슨이 유전적 요인의 중요성을 무시하였다는 주장이 많으나, 이러한 주장은 왓슨에 대한 오해에서 비롯되었다는 것이 앞의 글이 실린 논문에 잘 나타나 있다.

4) 형태주의 심리학

Max Wertheimer(1880～1943)

마음을 그 구성 요소로 분석하려는 구조주의 심리학자들의 시도는 형태주의 심리학(Gestalt Psychology)을 창시한 독일의 심리학자 베르트하이머(Wertheimer, 1880～1943)에 의하여 반박되었다. 그는 인간이란 어떤 대상을 개별적 부분의 조합이 아닌 전체로 인식하는 존재라는 믿음을 뒷받침하기 위하여 게슈탈트(Gestalt)라는 용어를 사용하였다. 이는 영어의 'form' 혹은 'shape'에 해당되는 말이다. 형태주의 심리학에서는 "전체는 부분의 합이 아니다."라고 단언하였다. 이런 기본적인 가정 때문에 베르트하이머는 정신적 경험을 개별 요소로 분석하려는 구조주의 심리학자들의 연구를 '벽돌과 시멘트의 심리학'이라고 비웃었다. 형태주의자들은 어떤 내용을 구성 요소로 나누면 이미 원래의 내용은 존재하지 않으며, 이 요소를 재결합하여도 원래대로 돌릴 수 없다고 주장하였다. 즉, 의식의 내용을 구성 요소로 분석하면 원래의 내용은 사라지고, 이 요소를 다시 결합한다 해도 원래대로 돌릴 수 없다는 것이다. 따라서 전체는 부분의 단순한 합이 아닌 전체 정신 과정의 흐름으로 형성된다는 것이다.

베르트하이머는 연속적으로 두 줄의 빛을 발하는(한 번은 수직으로, 그다음은 수평으로) 순간노출기를 이용하여 파이현상(phi-phenomenon, 실제로는 움직이지 않는데 움직이는 것처럼 보이는 현상)을 연구하였다. 두 빛 사이의 시간 간격이 적당하면 한 줄기의 빛이 수직에서 수평으로 이동하는 것처럼 보인다(네온사인의 원리). 베르트하이머에 따르면, 정신은 부분적인 자극에 대하여 수동적으로 반응하는 것이 아니라 자극들을 응집된 전체로 조직한다. 그리하여 인지는 일련의 개별적인 감각 이상의 것을 말한다. 이것은 정신을 환경적 입력의 적극적인 조종자로 생각한 칸트의 개념에 따른 것이다. 만약 정신이 부분적인 자극에 수동적으로 반응한다면, 우리는 베르트하이머의 실험을 관찰하였을 때 처음에는 수직의 라인이 나타났다 사라지고, 그 다음에는 수평의 라인이 나타났다 사라지는 것을 봐야 할 것이다.

형태주의 심리학은 베르트하이머에 의하여 주창되었지만, 그의 동료이자 가장 영

Wolfgang Köhler(1887~1967)

향력 있는 형태주의자이며 작가인 코프카(Koffka, 1886~1941)와 형태주의 심리학을 자연과학 분야로 승격시키고 문제 해결 연구에 적용시킨 쾰러(Köhler, 1887~1967)에 의하여 대중화되었다. 코프카와 쾰러는 형태주의 심리학을 미국에 소개하였다.

쾰러는 존경받는 심리학자로서 1959년에는 미국심리학회(APA) 회장으로 추대되었으며, 형태주의와 행동주의 심리학의 장점들을 포용한 심리학을 만들어야 한다고 하였다. 인지심리학적 관점을 선호한 심리학자들은 쾰러의 조언을 따랐다. 형태주의 심리학은 학습, 기억, 문제 해결 등의 지적 활동에서 지각 중심적인 해석을 강조하였으며, 인지심리학의 발전에 많은 영향을 주었다.

5) 정신분석

Sigmund Freud(1856~1939)

형태주의 심리학파 및 초기의 또 다른 심리학파가 대학에서 출발한 것과는 달리, 정신분석은 의학에서 그 기원을 찾을 수 있다. 정신분석(Psychoanalysis)의 창시자인 프로이트(Freud, 1856~1939)는 오스트리아 출신의 신경과 의사였다. 그는 스스로를 정신의 정복자로 생각하였다. 인류를 동물로 보았던 프로이트의 견해는 다윈의 진화론에 바탕을 두고 있다.

정신분석은 신체적 고통을 겪는 환자, 예를 들어 마비, 실어증, 신체감각의 상실같이 그 병인을 명백하게 알지 못하는 환자들에 대한 프로이트의 연구에서 발전하였다. 전환성 히스테리(conversion hysteria) 징후를 겪는 환자들의 치료에 기초하여, 프로이트는 원인을 알 수 없는 장애란 성적 흥미에 대한 사회적 금기에 의하여 야기되는 성에 대한 무의식들 간의 충돌 결과라고 하였다. 이런 충돌들로 인해 때때로 환자들에게는 금기행동과 관련되는 것을 피하기 위한 구실로써 신체적 증후들이 나타난다고 주장하였다.

프로이트는 환자들에 대한 사례연구를 통해 대개 성이나 공격성과 관련된 무의식적 충동들이 인간 행동의 가장 강력한 동인(動因)이 된다고 주장하였다. 비록 무의식적 동기들을 강조한 프로이트의 생각이 새로운 것은 아니지만, 그는 무의식을 심리학에 포함시킨 최초의 연구자였다. 프로이트는 사람의 행동이 정상이든 비정상이든 간에 우리가 의식하지 못하는 심리적 동기들에 의해 영향을 받는다고 하였다. 이러한 생각을 정신결정론이라고 부른다. 『일상생활에서의 정신병리학』에서 그는 의도하지 않은 행동을 정신결정론으로 명백히 설명할 수 있다고 기술하였다. 그는 인간이 주로 성(性)과 같은 무의식에 의하여 동기화된다고 주장함으로써 대중에게 충격을 주었다. 뿐만 아니라, 아동 초기의 경험들이 성격발달에 가장 중요한 요인이라는 논쟁의 여지가 많은 주장을 펴기도 하였다.

프로이트의 정신분석은 심리학과 그 외의 여러 분야에 많은 영향을 주었으며, 그는 심리학 역사상 가장 영향력 있는 인물 중 한 명으로 평가받고 있지만 많은 공격의 대상이 되기도 하였다. 비평가들은 무의식이 명확한 원인이 없는 행동들을 설명하는 데 너무 쉽게 사용된다는 점을 지적하였다. 또한 정신분석학자들은 성적 충동, 무의식적 과정 그리고 아동 초기의 경험을 강조하는 자신들의 이론을 뒷받침해 줄 만한 연구결과를 제공하지 못했기 때문에 비판을 받아야 했다. 실제로 프로이트는 자신의 이론을 실험적으로 측정한 적이 없으며, 환자들과의 면담과정에서 기록한 자료에 근거하여 자신의 이론을 펼쳤다. 게다가 프로이트는 심리적 장애 상태에 있는 소수의 사례연구 결과를 모든 이에게 일반화시킴으로써 과학적 접근에 장애를 가져왔다.

이러한 결점에도 불구하고 프로이트의 견해는 꿈, 창조, 동기, 발달, 성격, 심리요법 등과 같이 다양한 주제의 심리학적 연구에 영향을 주었으며, 음악, 미술, 문학, 영화 등에도 많은 영향을 주었다. 〈표 1-1〉은 초기 심리학파들의 특징을 요약한 것이다.

표 1-1 초기 심리학파의 특성

학파	연구 대상	연구 목적	연구 방법
구조주의	의식적 경험	정신의 구조 분석	분석적 내성법
기능주의	의식적 경험	정신의 기능 연구	내성법, 행동을 측정
행동주의	관찰 가능한 행동	행동 통제	관찰과 실험
형태주의	의식적 경험	정신의 전체적인 성질 증명	내성법, 증명
정신분석	무의식적 동기	성격 이해	의료적인 사례연구

3 현대 심리학의 관점

심리학은 연구 방법이나 절차에 따라 다양한 관점을 갖고 있다. 인간이 어떤 대상을 고려할 때 여러 목적이나 개인적 특성에 따라 각각 다른 관점에서 보는 것과 같은 이치다. 심리학에서는 크게 5가지 관점으로 연구 주제에 접근하는데, 이것은 상호 경쟁적이기보다는 상호 보완적이라 할 수 있다.

1) 행동주의적 관점

B. F. Skinner(1904~1990)

행동주의적 관점은 인간의 심리 상태를 관찰 가능한 행동을 통해 객관적으로 연구함으로써 인간을 설명하려고 한다. 행동주의를 이끈 사람은 앞서 소개한 미국의 심리학자 왓슨과 스키너(Skinner, 1904~1990)이다. 왓슨은 앞서 언급된 바와 같이 관찰 가능한 것을 심리학의 연구 대상으로 삼아야 한다고 주장하였다. 이러한 왓슨의 행동주의를 방법론적 행동주의(methodological behaviorism)라고 부른다. 반면, 스키너는 정서, 느낌, 사고 등과 같이 직접 관찰하기 어려운 현상에 대해서도 심리학적 연구가 필요하다고 주장하였는데, 이러한 스키너의 행동주의를 급진적 행동주의(radical behaviorism)라고 한다. 이러한 스키너의 입장은 그가 저술한 다양한 책에서 언급되고 있다.

스키너는 동물과 사람은 긍정적 결과가 따라오는 행동을 반복하려는 경향이 있다고 주장한다. 학교에서 우리의 행동을 생각해보자. 만일, 열심히 공부한 결과 'A^{+}'라는 좋은 성적을 받았다면 당신은 다음 기회에도 좋은 성적을 받기 위해 열심히 공부하려 할 것이다. 스키너의 관점에서 보면 이러한 행동은 '긍정적으로 강화를 받은 결과'라고 할 수 있다.

스키너도 왓슨과 마찬가지로 이상주의자였다. 1948년에 스키너는 『*Walden Two*』를 발간하였는데, 이는 행동원리에 기초하여 이상적 사회를 묘사한 대중적인 서적이다. 스키너의 유토피아에 따르면, 바람직한 행동에 대해 긍정적 강화를 제공함으로써 시민을 조절하는 행동주의자들이 이상적인 사회를 만든다고 주장하였다.

행동주의적 관점은 현재 아동의 교육, 산업현장에서 생산성 향상, 심리적 장애의 치료, 스포츠 심리학, 환경심리학, 노인심리학, 사회문제심리학 등에서 광범위하게 실용적으로 적용되고 있다.

2) 정신분석적 관점

행동주의적 관점과 마찬가지로 정신분석적 접근도 초기 심리학파 중 하나다. 프로이트로 대표되는 정신분석적 관점은 인간의 행동이나 정신 과정을 본능과 무의식으로 설명하려 한다. 정신분석적 접근에서는 인간의 정신 과정과 행동을 정확히 이해하기 위해서는 우리가 알 수 있는 의식보다는 깨닫지 못하는 무의식을 연구해야 한다고 주장한다. 프로이트는 사고, 공포, 갈등 등의 본질은 파악할 수 없지만 무의식적 과정은 존재하는 것으로서 인간의 행동에 많은 영향을 미친다고 주장하였다. 만족되지 않은 욕구들은 무의식 속에 잠재되어 있다가 행동에 영향을 주고 꿈, 실언, 신경증의 징후로 표현된다.

Carl G. Jung(1875~1961)

정신분석적 관점은 생리적 추동의 중요성을 무시한 반면, 초기 아동기의 경험이나 무의식의 중요성을 강조하였다. 그러나 한때 심리학 전반에 걸쳐 크게 영향을 미쳤던 정신분석적 관점을 현재 그대로 수용하고 있는 심리학자는 거의 없다고 볼 수 있다. 프로이트의 정신분석은 그의 두 제자인 융(Jung, 1875~1961)과 아들러(Adler, 1870~1973)에 의해 신 정신분석학파로 개편되었다. 신 정신분석학파는 프로이트가 주장한 성(性)과 공격성보다는 사회적 관계의 중요성을 강조하였다.

Alfred Adler(1870~1973)

정신분석적 접근은 무의식을 연구 대상으로 포함하는 특징을 가지고 있으며, 인간의 성격연구나 상담, 그리고 임상장면에서 폭넓게 적용되고 있다. 그러나 정신분석적 접근의 주제인 무의식에 대한 연구는 객관적 · 과학적 측면에서 비판받고 있다.

3) 인본주의적 관점

1950년에 미국의 심리학자인 매슬로(Maslow, 1908~1970)와 로저스(Rogers, 1902~

Abraham Maslow (1908~1970)

Carl Rogers (1902~1987)

1987)가 인간은 자유의지를 가지고 있으며 무의식적인 동기와 환경적 자극에 의해 움직이는 존재가 아니라는 생각을 발전시키면서 인본주의적 접근이 생겨났다. 1967년 미국심리학회 회장을 맡았던 매슬로는 처음에 행동주의 심리학자였으나, 후에 관찰 가능한 행동과 환경의 영향에 대해서만 초점을 두는 행동주의의 관점에 반대하였다. 그는 인간의 자연적인 본성인 자아실현에 대한 욕구를 강조하였는데, 이는 모든 사람의 잠재력 실현에 대해 적용되는 용어다.

인본주의적 접근은 개인의 주관적 경험을 강조한다. 다시 말하면 개인이 주어진 사건을 지각하고 해석할 때 각자의 개인적 견해를 중요시한다는 것이다. 이 접근법은 인간이 자기 자신과 세계를 어떻게 지각하는가를 연구함으로써 인간의 본질에 대해 많은 지식을 얻을 수 있고, 인간의 심리현상에 대해 설명할 수 있다고 생각한다. 또한 인간은 스스로 자기 행동에 대해 책임지며, 자신이 통제할 수 없는 힘에 의해 행동하는 것이 아니라 스스로 행동을 지배한다고 생각한다. 그렇기 때문에 연구의 초점을 개인의 내적 생활과 경험을 이해하는 데 두었다.

인본주의 심리학은 로저스에 의해 심리치료 분야의 변화에 주요한 원동력이 되었다. 비록 개인 중심적 치료는 광범위한 과학적 연구의 주제가 되어 왔지만, 개인적 성장 경험이나 의식의 성장과 같은 인본주의 심리학의 다른 측면은 과학적 기반을 지니지 못하였기 때문에 비판받아 왔다. 따라서 과학적 정확성의 부족으로 인본주의 심리학은 심리학에서 학문적 영향력이 약화되었다. 이렇게 과학적인 측면에서 약점을 지녔지만, 인본주의적 관점은 사랑, 이타성, 건강한 인격의 발전과 인간 경험의 긍정적인 면에 대한 연구를 진작시키는 데 가치 있는 공헌을 하였다. 현재는 많은 인본주의 심리학자들이 그들의 이론을 과학적으로 검증하기 위해 노력하고 있다.

4) 인지적 관점

최근 심리학의 경향을 보면 인지적 관점이 주도하는 소위 '인지혁명'이라 불리는 변화를 찾아볼 수 있다. 인지적 접근은 형태주의 심리학과 행동주의 심리학의 결합이다. 인지심리학은 형태주의 심리학처럼 유기체의 지각과 정보 처리, 경험의 해석 등 정신의 적극적인 작용을 강조한다. 그리고 행동주의 심리학처럼 객관적이고 잘 통제된 실험실에서의 연구도 강조한다. 따라서 인지심리학은 언어적 보고에만 의존하지 않고 관찰 가능한 반응을 통해 정신적 과정을 추론한다. 그러나 정신적 작용이 행동에 별로 영향을 끼치지 못한다고 주장하는 극단적인 행동주의 심리학자들과 달리, 많은 인지심리학자들은 정신적 작용이 행동에 영향을 미친다고 믿는다. 또한 인간은 단지 수동적으로 자극을 지각하는 것이 아니라 능동적으로 받아들여 그것을 다시 새로운 형태나 항목으로 변경시킨다고 생각한다. 인지적 관점은 뇌를 정보 처리기로 시뮬레이션 한 컴퓨터의 발달에도 영향을 받았다. 인간의 인지적인 반응은 컴퓨터처럼 입력되는 정보가 여러 가지 방법으로 선택 · 비교 · 조합 · 변형되어 나타나는 일종의 정보 처리 체계로 설명할 수 있다는 것이다. 어떤 인지심리학자는 인간의 사고과정 모델을 만들기 위해 컴퓨터 프로그램을 사용하기도 하고, 반대로 컴퓨터 체스게임과 같은 컴퓨터 프로그램을 향상시키기 위해 인간의 사고과정에 대한 지식을 사용하기도 한다. 즉, 인지적 관점은 인간의 사고과정을 컴퓨터와 같은 정보 처리 기제로 본다.

George Kelly(1905～1967)

인지적 관점은 대부분의 심리학 영역에 영향을 미치고 있다. 예를 들어, 인지심리학자인 켈리(Kelly, 1905～1967)는 성격과 심리치료, 정신 이상에 대한 연구에 적용할 수 있는 이론을 제시하였다. 켈리는 인간이 개인적 구성 개념이라고 부르는 인지 구조에 의해 행동한다고 믿었다. 실제로 인간은 각기 사고의 틀이 다르므로 동일한 자극 대상에 대해서도 저마다 다르게 해석하고 지각할 수 있다고 주장하였다. 현재 인지적 관점은 심리학에서 가장 많은 영향력을 행사하고 있다.

5) 생리심리학적 관점

생리심리학적 관점은 생물학적 견지에서 인간을 이해하고 설명하려는 연구라고 할 수 있다. 이 접근 방법은 감각기관이나 신경계통의 생리적 작용으로 인간의 심리적 사실을 설명하려고 한다.

생리심리학적 관점의 모태가 되는 생리심리학은 뇌의 연구, 호르몬 체계, 심리적

Roger Sperry(1913~1994)

기능의 유전에 관심을 둔다. 생리심리학의 연구자들은 대개 동물을 실험 대상으로 하고 있지만, 인간을 대상으로 이루어지는 중요한 연구도 있다. 예를 들어, 캐나다의 신경외과 의사인 펜필드(Penfield, 1891~1976)는 간질환자의 발작을 줄이기 위한 외과수술 도중에 그의 뇌 표면에 약한 전류로 자극을 주어 뇌의 지도를 완성하였다. 그는 뇌의 한쪽의 특정 부위에 자극을 주면 반대쪽 신체 일부에 움직임을 유발한다는 것을 발견하였다.

1981년에 미국의 신경생리학자인 스페리(Sperry, 1913~1994)는 간질환자의 발작을 줄이기 위해 뇌의 양반구를 분리하는 연구를 통해 노벨상을 수상하였다. 스페리와 그의 동료는 각 반구가 특정 심리적 기능에 대해 반대편 반구보다 더 우수하다는 것을 발견하였다. 최근의 생리심리학적 연구들은 뇌의 활동과 인간의 행동 또는 경험 간에 밀접한 관계가 있다고 보고하고 있다.

BOX 1 사례를 통해 본 심리학에 대한 여러 관점의 비교

강의 시간에 항상 잘 웃고 농담을 잘하며 학생들의 장점을 칭찬하고 공부에 대한 열의를 북돋아 주는 매우 유쾌한 교수가 있다고 가정해 보자. 왜 이 교수는 이러한 방식으로 강의를 할까? 이러한 현상에 대한 다양한 설명을 여러 심리학적 관점에 따라 제시할 수 있다.

우선 행동주의 심리학자는 특정 행동이 긍정적인 보상을 가져올 때, 사람들은 그러한 행동을 반복해서 하는 경향이 있다고 가정한다. 그래서 이 교수의 경우도 마찬가지로, 자신의 행동으로 인해 학생들이 수업을 열심히 듣고 흥미로워하는 등 긍정적인 강화를 받았기 때문이라고 판단한다.

한편, 정신분석학자는 무의식적 욕구가 행동에 미치는 영향을 강조한다. 그래서 이 교수의 경우, 그가 강의에서 받은 스트레스로 생긴 무의식적 공격성을 격한 운동을 하거나 강의 준비를 열심히 하는 등 사회적으로 용인되는 방법으로 효과적으로 발산한 것으로 판단한다.

인본주의 심리학자는 인간이 자아실현과 같은 더 높은 수준의 욕구에 의해 동기화된다고 주장한다. 그래서 이 교수가 친구, 배우자, 부모, 예술가, 운동선수 그리고 교수로서 자신의 잠재력을 발휘하는 단계에 도달하여 자아를 실현했다는 느낌을 가지고 있기 때문이라고 판단한다.

인지심리학자는 인간의 사고방식이 그의 행동에 절대적 영향을 미친다고 가정한다. 그런 입장에서 이 교수가 자신과 세계 및 미래에 대해 긍적적으로 생각하는 낙천적인 사고방식을 지니고 있다고 생각한다.

마지막으로, 생리심리학자는 인간 행동의 기저를 생물학적인 특성에서 찾고자 한다. 그래서 이 교수의 행동과 관련해서 그의 긍정적인 기분과 관련된 뇌의 화학작용 수준이 보통 사람 수준 이상이기 때문이라고 생각한다.

앞으로 이 책을 읽어 감에 따라 각각의 심리학적 관점은 나름대로의 의미를 가지고 지식을 제공하는 역할을 할 것이다. 한 관점을 지지하는 심리학자라고 해서 다른 관점을 고려하지 않는 것은 아니다. 사실 많은 심리학자가 각각의 접근을 절충하여 자신의 연구를 수행하는 데 활용한다.

4 심리학의 분야

1970년대 이후로 심리학은 다른 학문이 수백 년에 걸쳐 이룰 수 있을 정도의 비약적인 발전을 하였으며, 현재 대부분의 대학은 전공 혹은 교양강좌로 심리학을 개설하고 있다. 많은 심리학자가 대학이나 연구소에서 강의와 연구에 전념하고 있지만, 그 밖의 여러 분야에서 다양한 활동을 하기도 한다.

어떤 심리학자는 일반 기업체에서 시장, 인사 배치 그리고 생산성 향상에 관한 조사와 연구를 한다. 정신건강과 관련하여 병원이나 다른 전문기관에서 검사나 치료를 하는 심리학자도 있다. 이 외에도 심리학자들은 동물과 인간 간의 심리과정을 비교하기도 하며, 인간의 언어 행동을 집중적으로 연구하기도 한다.

모든 학문이 그러하듯이 심리학적 가설과 검증을 통한 이론적 연구에 초점을 맞춘 학자가 있는 반면, 연구 결과를 현실 세계에 적용할 수 있도록 실생활과 관련된 연구에 몰두하는 학자도 있다. 이처럼 심리학자는 다양한 목적을 갖고 여러 분야에서 활동한다. 일반적으로 심리학의 연구 분야를 크게 나누어 보면 이론적인 분야와 응용적인 분야로 구분할 수 있다.

1) 이론(순수)심리학 분야

(1) 학습심리학

유기체가 환경에 적응하는 중요한 수단에는 동질정체 기제나 반사와 같은 생득적인 것뿐만 아니라 상징적 언어활동이나 경험으로 습득한 지식도 있다. 학습심리학자는 주로 인간의 기억과 학습문제를 다루며, 이론이나 가설을 검증하기 위하여 동물을 이용한 실험적 접근법을 사용하기도 한다. 최근에는 학습한 자료나 행동의 습득, 파지나 망각과 같은 기억과정, 행동 유발인자로서 동기 등에 관해서 많은 연구를 하고 있다.

(2) 발달심리학

발달심리학은 태내에서 출생, 죽음에 이르기까지 인간의 발달과정에 영향을 미치는 유전 · 환경적 요인과 적응 요인에 관한 체계적인 연구를 한다. 또한 언어, 인지 등과 같은 특정 발달 과제나 유아기, 아동기, 청 · 장년기, 노년기에 이르는 특정 발달 시기에 관한 연구를 하기도 한다. 최근에는 노년층 인구의 증가에 따라 노년기의 적응문제에 관한 많은 관심과 연구가 이루어지고 있으며 교육, 상담, 임상 장면에 중요한 정보를 제공하고 있다.

(3) 사회심리학

사회심리학은 개인 간의 상호작용에 영향을 미치는 태도와 행동 양식, 그리고 그들이 속한 집단의 속성과 행동 특성에 관해 연구한다. 즉, 사회심리학자는 인간의 사회화 과정에서 나타나는 편견, 동조, 갈등, 공격성, 이타행동, 이미지 형성 등에 기여하는 제반 요인을 규명하려고 한다. 이를 위해 실험뿐만 아니라 여론조사나 시장조사와 같은 조사기법을 사용하기도 한다.

(4) 성격심리학

성격심리학은 사람들 간의 개인차를 다루는 분야를 총칭하는 것으로, 이상 성격을 다루는 임상심리학과 달리 정상 성격을 다룬다. 성격 측정을 위해서는 관찰이나 검사가 이용되며, 이를 통해 얻은 자료는 임상심리학, 상담심리학, 학교심리학, 산업심리학 등 심리학의 제반 분야에 기초 자료로 활용된다.

(5) 실험 · 생리심리학

좁은 의미에서 실험심리학은 지각, 생리, 학습의 세 분야를 포함하고, 넓은 의미로는 성격 · 사회심리학 등 실험을 사용하는 다른 모든 이론심리학의 분야를 포함한다. 생리심리학은 유기체의 생물학적 과정과 행동의 관계(신경과학), 약물과 행동의 관계(약물심리학)에 대한 연구를 한다.

(6) 동물심리학

동물심리학은 비교심리학의 일종으로 동물의 종(種) 간 혹은 동물과 인간의 심리과정(학습, 지각, 사회 등)을 비교 연구한다. 하지만 대부분의 동물심리학자는 인간의 내면적인 심리과정보다는 외현적인 행동이나 그 과정의 진화를 이해하는 데 주안점을 둔다.

(7) 인지심리학

인지심리학은 인간이 자극을 지각하고 처리하며, 그에 대한 저장과 반응을 보이는 과정을 컴퓨터의 정보처리 과정에 입각하여 연구한다. 현재 많은 심리학의 분야에 접목되고 있다.

2) 응용심리학 분야

(1) 임상심리학

임상심리학은 이상 성격, 정서 및 부적응적 행동문제(정신병, 성격장애, 부적응 혹은 반사회적 행동, 발달장애, 사회생활 부적응 등)의 원인과 치료 방법을 연구한다. 따라서 임상심리학자는 대학, 연구소, 병원, 또는 전문기관에서 이상행동이나 부적응 행동에 관한 진단과 치료뿐만 아니라 연구를 수행한다. 최근에는 지역사회 정신건강센터를 중심으로 지역주민의 건강과 부적응 행동의 예방 또는 적응을 촉진하는 역할을 하고 있다.

(2) 상담심리학

상담심리학은 결혼과 자녀문제, 직업 선택과 같은 개인의 일시적이거나 그다지 심각하지 않은 행동이나 부적응 문제를 다룬다. 그러므로 주로 병원에서 심각한 정서나 행동 문제를 다루는 임상심리학자와 달리, 많은 상담심리학자들은 학교, 군대, 종교단체, 전문상담소 등과 같은 병원 밖에서 일하고 있다.

(3) 산업 · 조직심리학

초기 산업 · 조직심리학자는 공장이나 산업체 등에서 인사 선발, 작업 환경의 개선, 자동화와 인간의 적응 및 생산성 간의 관계를 지능검사, 현장조사, 적성검사를 통해 연구하였다. 하지만 최근에는 인사관리, 조직의 진단과 개선, 산업체 요원으로서의 상담, 조직 구성원의 갈등 해소, 사회 교육, 시장조사, 홍보 그리고 광고에 이르기까지 다양한 분야에서 활동하고 있다.

(4) 교육심리학

교육심리학은 교육과 관련된 여러 장면에서 인간의 학습과정에 대해 연구하는 분야이다. 그러므로 교육심리학자는 정신지체에서 영재교육에 이르기까지 주제별 교육 방법과 학습 동기의 개발에 심리학적 원리를 적용한다. 그리고 각각의 발달과정에 적합한 교육 프로그램을 개발하여 실제 교육장면에 적용한다.

(5) 학교심리학

대부분의 정서문제와 부적응적 행동문제는 아동기나 사춘기에서 비롯된다. 그러므로 학교심리학은 주로 학령기 아동이나 청소년들의 학습문제, 정서문제 그리고 행동문제를 다룬다. 이를 위해 학교심리학자는 아동발달심리학, 교육 · 상담심리학 그리고 임상심리학의 훈련에 기초하여 학생들을 대상으로 여러 가지 검사를 실시하고 평가한다. 또한 학령기 아동과 청소년들의 학습문제나 진로 고민을 상담하고 가정, 학교, 사회에서 적응할 수 있도록 돕는다.

(6) 환경심리학

인간은 환경을 파괴 혹은 창조한다. 그 결과로 인해 심각한 영향을 받기도 한다. 환경심리학은 여러 연구 영역이 결합된 것으로 인간과 환경 간의 상호작용을 주로 연구한다. 따라서 환경심리학자는 인간이 최적의 환경에서 최고의 편안함을 누릴 수 있도록 물리적 환경뿐만 아니라 심리적 환경에 이르기까지 인간의 행동에 영향을 미치는 제반 요인을 확인하여 적용하려고 노력한다.

3) 새로운 전문 분야

심리학은 항상 변화하는 학문이다. 따라서 항상 새로운 분야의 연구와 응용 분야가 개척되고 있다. 이에 속하는 몇 가지 전문 분야는 법정심리학(forensic psychology), 스포츠심리학, 신경심리학(neuropsychology) 등을 들 수 있다.

(1) 법정심리학

법정심리학자들은 법 제도와 관련된 분야에서 일을 한다. 예를 들면, 재판의 배심원들을 선정한다든지, 형사 재판에서의 피고에 대한 정신 감정, 평가 등을 수행하기도 한다. 또한 법정심리학자들이 전문성을 가진 증인으로서 재판 과정에 참여하기도 한다. 예를 들면, 스트레스가 회상의 정확도에 어떤 영향을 미치는지, 혹은 참혹한 범죄 장면을 관찰하는 것이 증언에 어떻게 영향을 미치는지, 증인의 기억이 어떻게 왜곡될 수 있는지에 대한 전문적인 견해를 법정에서 증언하기도 한다.

(2) 스포츠심리학

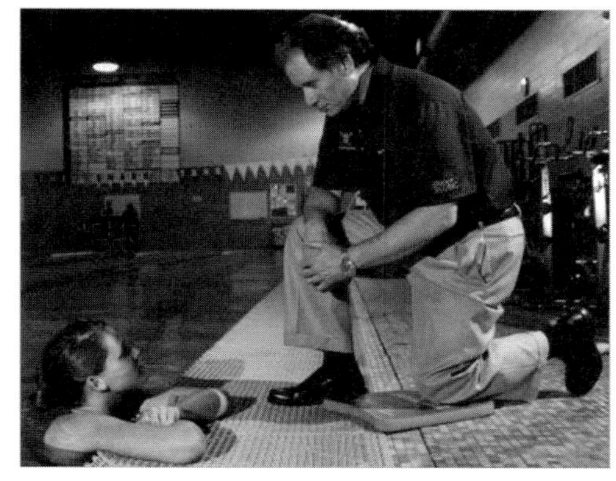

스포츠심리학자들은 심리학의 이론과 지식을 운동선수들의 수행 능력을 향상시키는 데 적용한다. 스포츠심리학자들의 역할을 예로 들자면, 특정한 훈련 방법의 효과에 대해 코치들과 상담을 한다든가, 부상에서 회복하는 과정에 있는 선수들을 어떻게 동기화시킬지, 혹은 보조적 심리치료 등을 어떤 식으로 병행할지를 상담해 주기도 한다. 또 다른 예를 들자면, '이완(relaxation)'과 '상상(imagery)' 같은 기법을 이용하여 선수들의 수행 능력을 향상시키는 데 도움을 주기도 한다. 미국의 경우, 1978년 이후부터는 스포츠심리학자들이 올림픽 대표팀의 일부가 되어 그 역할을 해 오고 있다.

(3) 신경심리학

1990년대부터 뇌에 대한 심리학적 연구가 활발히 진행되어 왔다. 즉, 뇌의 기능과 역할에 대한 심리학적 연구가 하나의 새로운 전문 분야로 자리를 잡고 있다. 신경심리학자들은 뇌 기능 이상을 진단하는 훈련을 받게 되며, 다양한 검사 방법을 이용하여 기능적으로 문제가 있는 뇌의 영역을 파악하려고 노력한다. 신경심리학자들이 하는 일에 해당하는 또 다른 예를 들자면, '헌팅턴병(Huntington's disease)'과 같은 질병의 발전을 예측할 수 있는 사전 증상을 파악하기 위한 연구를 수행한다든지, 뇌손상이나 뇌출혈 등을 경험한 환자들이 가능한 한 그들의 능력을 빨리 되찾게 해 줄 수 있는 재활 프로그램을 개발하거나 운영하는 것 등을 들 수 있다.

이 장의 중심 내용

01 심리학은 인간 행동의 포괄적인 설명에 목표를 두고 있으며, 과학이 되려면 엄격한 정의, 분명하게 규정된 절차 그리고 결과의 항상성을 강조하는 일반화된 과학적 방법론을 따라야 한다는 점을 고려하여 정신 과정과 행동에 관한 과학적 연구라고 정의할 수 있다.

02 심리학에서 과학적인 측면은 과학적인 방법에 따라 모은 증거를 바탕으로 심리학적인 결론을 내리는 것을 의미한다. 과학적인 방법이란 문제를 분석하고 해결하기 위해 실증적인 증거를 이용하는 일련의 단계로 구성된다. 관찰, 자료 수집, 결론 과정에서 객관적인 방법이 사용된다.

03 심리학의 역사적 근원은 고대 그리스의 철학자들부터 19세기 이전까지 인간 본성에 대한 물음을 던졌던 철학적 근원과 19세기 들어서 학자들이 과학을 심리적인 주제 연구에 더욱 필수적인 것으로 인식하게 된 과학적 근원을 들 수 있다.

04 대부분의 심리학자는 새로운 학문으로 심리학의 출발점을 독일의 빌헬름 분트가 라이프치히 대학교에 실험실을 개설한 시기로 보고 있다. 분트는 1874년 『생리심리학의 원리』라는 역사적인 저서에서 과학적인 심리학에 대한 자신의 생각을 밝혔다. 책 제목에서 '생리'라는 용어를 사용한 것은 생리심리학이 주제라기보다는 인간의 생리적인 과정을 연구하기 위해 생리학자들이 사용하는 과학적인 방법을 적용하였다는 의미다.

05 심리학의 초기 학파로서 구조주의 심리학자들은 정신을 구성하는 요소와 내용을 밝히려고 시도하였다. 기능주의 심리학자들은 구조주의에 대한 대응으로 인간이 갖고 있는 의식의 내용 분석이 아닌, 인간이 보고 느끼고 생각하는 것의 심리적 기능을 연구 대상으로 삼아야 한다고 주장하였다. 행동주의 심리학자들은 인간 행동에 미치는 환경적 요인의 중요성을 강조하였다. 형태주의 심리학자들은 인간이란 개별적 부분의 조합을 인식하기보다는 그 전체를 인식하는 존재며, 어떤 내용을 구성 요소로 나누면 이미 원래의 내용은 존재하지 않고, 그 요소를 재결합하여도 원래의 것을 찾을 수 없다고 주장하였다. 신경과 의사 프로이트에 의해 의학적 기원을 가지고 시작한 정신분석은 대개 성과 공격성에 관련된 무의식적 충동이 인간 행동의 가장 강력한 동인이 된다고 주장하였다.

06 오늘날 행동주의적 관점은 행동 통제에서 행동의 결과가 갖는 중요성을 강조하였다. 행동주의적 관점은 많은 응용 분야에서 실용적으로 적용되고 있다. 정신분석적 관점은 무의식을 연구 대상으로 하는 특징이 있고 인간 성격의 연구나 상담 그리고 임상 장면에서 폭넓게 적용되고 있지만, 객관적·과학적 측면에서 무의식의 연구는 비판을 받고 있다. 인본주의적 관점은 인간에게는 자유 의지가 있으며, 무의식적인 동기와 환경적 자극에 의해 움직이는 존재가 아니라는 생각을 가짐으로써 심리치료 분야의 변화에 주요한 원동력이 되었다. 인지적 관점은 형태주의 심리학과 행동주의 심리학의 결합으로 유기체의 지각과 정보처리, 경험의 해석 등 활동적인 정신작용과 객관적이고 잘 통제된 실험실에서의 연구를 강조함으로써 대부분의 심리학 영역에 영향을 미치고 있다. 최근 수십 년간 연구 기기의 발달과 더불어 행동과 정신 과정의 생리학적 기반에 대한 관심의 증가로 인해 대두한 생리심리학적 관점은 뇌의 연구, 호르몬 체계, 심리학적인 기능의 유전 등에 관심을 두어 현대 심리학의 영역을 확장시켰다.

07 심리학의 분야에는 이론(순수)심리학 분야인 학습심리학, 발달심리학, 사회심리학, 성격심리학, 실험 및 생리심리학, 동물심리학, 인지심리학 등이 있고, 응용심리학 분야인 임상심리학, 상담심리학, 산업 및 조직심리학, 교육심리학, 학교심리학, 환경심리학, 범죄심리학 등이 있다.

학습과제

1. 심리학이란 학문의 목적 및 심리학이 가지는 과학적 측면을 기술하시오.

2. 심리학의 철학적 근원과 과학적 근원을 간단히 기술하시오.

3. 초기 심리학 학파 중 구조주의, 기능주의 및 형태주의의 입장과 특징을 기술하시오.

4. 현대 심리학의 다섯 가지 관점을 간단하게 설명하시오.

5. 심리학의 분야 중 발달심리학, 사회심리학 및 인지심리학의 특징을 설명하시오.

02 심리학 연구 방법

학습 개요

심리학의 연구 대상은 행동이다. 여기서 행동이란 단순한 신체적 동작만을 말하는 것이 아니라 감정, 태도, 사고, 그리고 정신적 과정까지 포함한다. 우리는 다른 사람의 의도나 동기, 행동에 대하여 끊임없이 판단한다. 그러나 이러한 판단은 주관적이고 일상적이다. 심리학자들은 과학적인 연구를 통해 객관적이고 체계적으로 인간의 행동을 설명하려 한다. 과학적 연구란 자연현상 간의 추정된 관계에 대한 이론과 가설에 따라 실시되는 체계적이고 통제된 경험적 연구다(Kerlinger, 1986). '체계적이고 통제된' 이라는 말은 연구자가 연구하려 하는 현상에 대한 하나의 이론이나 가설 이외의 다른 대안적 설명들은 배제한다는 의미다. 연구자는 하나의 현상에 대해 하나의 이론이나 가설만을 검증할 때, 보다 큰 확신을 얻을 수 있다. '경험적' 이라는 말은 이론과 가설을 객관적으로 검증한다는 뜻이다. 검증의 객관성이 확보되기 위해서는 검증 결과의 재생산(replication)이 가능해야 한다. 즉, 같은 조건하에서라면 누가 연구해도 동일한 결과를 얻을 수 있어야 한다. 이 장에서는 심리학 연구의 과정과 연구 설계의 방법, 그리고 연구자로서 갖추어야 할 규범에 대하여 알아볼 것이다.

학습 목표

1. 심리학 연구의 단계를 이해한다.
2. 인과관계와 상관관계를 명확히 구분한다.
3. 실험연구와 기술적 연구의 목적과 개략적 방법을 이해한다.
4. 심리학 연구의 내적 타당도와 외적 타당도의 개념을 이해하고, 내 · 외적 타당도의 확보방법을 안다.
5. 신뢰도의 개념을 이해하고, 신뢰도 추정 방법을 안다.
6. 연구의 윤리에 대해 이해하고 숙지한다.

심리학 연구의 단계

과학적 연구는 연구 문제 선정, 연구 방법 설계, 데이터 수집 및 분석, 결론 도출, 결과 발표 등의 과정을 거친다.

1) 연구 문제의 선정

연구를 시작하기 전에 연구할 주제를 선정하여야 한다. 연구 주제는 어떤 현상에 대한 의문으로 시작한다. 예를 들면, '남성은 여성보다 실제로 더 공격적인가?' '잠을 충분히 자면 학습 효율성이 높아지는가?' 와 같은 것들이다. 이때 주의할 점은 이러한 질문들은 과학적 연구가 가능한 것이어야 한다는 점이다. 가령 '인류는 결국 멸망할 것인가?' 와 같은 질문보다는 '술을 마신 뒤 콩나물국을 먹으면 속이 편안해지는가?' 와 같은 질문이 더 과학적인 질문이다. 왜냐하면 해답의 도출 과정을 명확하고 세밀하게 기술할 수 있으며, 그로 인해 연구의 객관성이 확보되기 때문이다.

연구 주제가 정해지면, 연구자는 그 주제와 관련된 기존 연구들을 철저하게 검토하여야 한다. 기존 연구를 충분히 검토하여야 어떤 주제가 이미 연구되었고, 어떤 문제가 아직 해결되지 않았는지를 알 수 있다. 문헌 검토는 수십 년 전의 저서 및 논문으로부터 시작하여야 한다. 문헌 검토 결과 수집된 정보들은 연구의 서론 작성 시 사용되며, 가설 설정에도 도움이 된다.

2) 가설 설정과 조작적 정의

가설은 둘 또는 그 이상의 변인 간의 관계성에 대한 추측이다. 가설을 설정할 때 연구자는 추측을 문장으로 기술하되 매우 구체적이어야 한다. 예를 들면, 어떤 연구자가 공부시간과 시험불안 간의 관계에 대해 관심을 가지고 있다고 하자. 가설은 '공부시간이 많을수록 시험불안은 감소할 것이다.' 와 같이 이 두 변인이 어떻게 관계되는지가 기술되어야 한다. 여기서 변인이란, 관찰 가능하고 측정 가능한 방식으로 변환된 개념이다. 위의 가설에서 시험불안과 공부시간이 변인이며, 성별, IQ, 성격, 직무만족 등과 같은 것들이 심리학에서 흔히 다루어지는 변인들이다. 변인들이 측정 가능하여야 한다는 말은 이들에 숫자를 부여할 수 있어야 한다는 의미다. 성별의 경우 남성은 1, 여성은 2와 같이 숫자를 부여할 수 있으며, IQ는 95, 100, 120 등으로 점수화할 수 있다. 성격 변인도 리커트 5점 척도를 이용하여 점수를 부여하는 것이 가능하다.

이와 같이 어떤 개념을 측정 가능하게 정의하는 것을 조작적 정의(operational definition)라고 한다. 즉, 조작적 정의란 추상적인 개념을 관찰과 측정이 가능한 구체적인 현상과 연결시키는 과정(operationalization)을 말한다. 예를 들어, 지능을 '어떤 개인의 종합적 능력' 이라고 정의하는 것은 조작적 정의가 아니다. 지능을 '지능검사에서 얻은 점수' 또는 '귀 위쪽 머리의 둘레' 라고 정의하는 것이 조작적 정의다. 앞의 가설에서 시험불안은 '시험 중에 경험하는 불안에 대한 자기보고 측정치' 로, 공부시간은 '일정 시간 동안 실제로 공부한 양' 으로 조작적으로 정의할 수 있다.

조작적 정의는 변인에 대한 한정된 의미만을 나타낸다. 다시 말해서, 어떠한 조작적 정의라도 변인의 모든 측면을 포함할 수 없다. 그럼에도 불구하고 조작적 정의는 과학적 연구를 위해 반드시 필요하다. 과학적 연구의 주요 원리는 그 결과가 반복 가능하여야 한다는 것이다. 변인이 어떻게 측정되고 처리되었는지를 명료하게 기술하여야 다른 연구자들이 결과를 더 잘 이해할 수 있고, 필요할 경우 그 연구를 반복할 수 있다.

3) 연구 방법 결정과 데이터 수집

심리학 연구의 세 번째 단계는 연구 방법과 데이터 수집 방법을 선택하는 것이다. 연구 방법은 기술적 연구(descriptive research)와 실험연구(experimental research)의 두 가지로 대변되는데, 이는 무엇을 연구하느냐에 따라 결정된다. 기술적 연구는 사례연구, 자연적 관찰, 조사법과 같은 방법으로 실험을 수행하기가 불가능한 경우에 사용한다. 실험연구는 변인 간 인과관계를 설명하는 데 사용된다. 실험에서 연구자는 독립변인을 체계적으로 조작하고 종속변인의 변화를 측정한다. 두 변인 간에 관계가 있는지 없는지만을 알아보는 상관연구와 달리, 실험연구는 한 변인의 변화가 다른 변인의 변화를 '야기(cause)' 하는지를 알아봄으로써 변인 간 실제 관계를 밝혀낼 수 있다.

데이터 수집 방법은 연구 방법에 따라 다르다. 실험연구에서는 표본의 반응을 측정함으로써 수집하고, 기술적 연구에서는 설문조사나 질문지를 통해 데이터를 수집한다.

4) 데이터 분석과 결론 도출

연구를 설계하고 데이터를 수집한 후, 연구자는 데이터를 분석하고 결론을 도출하여야 한다. 연구자는 다양한 통계기법을 활용하여 데이터를 요약하고, 결론을 분석하고, 증거에 기초하여 결론을 도출한다. 연구의 결과가 의미 있는지는 통계 분석 결과가 가설을 지지하는가를 가지고 판단한다. 결과가 통계적으로 유의미하다면, 그 결과는 우연에 의해 발생할 가능성이 거의 없는 것이다.

5) 연구 결과 보고

심리학 연구의 마지막 단계는 연구의 결과를 대외적으로 보고하는 것이다. 연구자는 연구의 과정과 결과를 구체적으로 기술하여 학술지 또는 전문잡지에 출판한다. 심리학과 관련된 학술지는 『Psychological Bulletin』, 『Journal of Applied Psychology』, 『Journal of Personality and Social Psychology』 등이 있고, 전문잡지로는 『Psychology Today』, 『Science』 등이 있다. 논문은 전형적으로 다음과 같이 구성된다.

① 서론: 선행연구의 역사와 배경, 연구의 목적 및 필요성
② 연구 가설
③ 피험자 선정 방법과 피험자 특성
④ 변인들의 조작적 정의
⑤ 측정 방법과 수집된 데이터 분석 방법
⑥ 데이터 분석 결과
⑦ 결과에 대한 논의

학술지나 전문잡지에 투고된 원고는 출판되기 전에 동료 학자들이 심사하여 연구의 과학적 건전성을 확인한다. 출판이 되고 나면, 그 연구는 인류의 지식 축적에 기여하는 또 하나의 선행연구가 된다.

횡단적 연구와 종단적 연구

심리학 연구 설계는 관찰 시점에 따라 횡단적 연구(cross-sectional research)와 종단적 연구(longitudinal research)로 나뉜다. 횡단적 연구란 단일 시점에서 수행하는 연구를 말한다. 즉, 모든 검사 또는 측정이 한 시점에서 실시된다. 이러한 횡단적 연구는 시간의 경과에 따른 변인의 효과를 관찰하기보다는 현재 상태에 관한 데이터를 수집하는 데 사용된다. 성격과 직무만족 간의 관계를 알아보기 위하여 직장의 재직자들을 대상으로 한 시점에서 성격과 직무만족을 동시에 측정하였다면 이는 횡단적 연구다.

종단적 연구란 일정 기간 동안 수행하는 연구를 말한다. 즉, 연구 개시 시점에 자료를 수집하고, 이후에 일정 시간이 지난 후 다시 자료를 수집한다. 연구기간은 며칠에서 수십 년이 될 수 있다. 노화 효과에 대한 연구가 종단적 연구의 예가 될 수 있다. 즉, 개인(또는 집단)을 10세부터 이후 10년 간격으로 인지적 능력, 신체적 능력 등을 측정하여 변화를 관찰하는 것이다.

인과관계와 상관관계

심리학은 둘 또는 그 이상의 변인 간의 '관계성'을 연구한다. 관계성은 인과관계(causal relationships)와 상관관계(correlational relationships)로 구분된다. 인과관계란 어떤 변인이 다른 변인의 변화를 야기하는 것이며, 상관관계는 어떤 한 변인이 변화할 때 다른 변인도 함께 변화하는 것을 말한다. 상관관계는 변화의 방향에 따라 정적 상관(positive correlation)과 부적 상관(negative correlation)으로 나눌 수 있다. 정적 상관은 한 변인이 증가함에 따라 다른 변인도 증가하는 관계다. 부적 상관은 한 변인이 증가함에 따라 다른 변인이 감소하는 관계다. 상관관계에서는 한 변인이 다른 변인의 변화를 야기한다는 증거가 없다. 상관은 단지 두 변인 간에 관계가 있다는 사실만을 나타내 준다. 예를 들어, '아이스크림 판매량이 증가하면서 상어의 출몰 횟수가 늘었다.'는 진술문이 있다고 하자. 이 진술문으로 아이스크림의 판매량이 증가했기 때문에 상어의 출몰이 늘어났다고 말할 수 있는가? 반대로 상어의 출몰 횟수가 늘어났기 때문에 아이스크림의 판매량이 증가했다고 말할 수 있는가? 둘 다 아니다. 아마도 여름이 되자 아이스크림의 판매량이 증가했고, 동시에 상어의 출몰도 늘어났을 것이다. 즉, 아이스크림 판매량과 상어 출몰 횟수 간에는 상관관계가 있지만, 인과관계는 아니라는 것이다.

심리학을 비롯한 사회과학에서 상관관계와 인과관계를 명확하게 구분하는 것은 매우 중요하다. 그렇지 않으면 두 변인 간의 관계를 잘못 해석하게 될 수 있기 때문이다. 대중매체에서 두 변인 간에 관계가 있다는 사실만으로 인과성이 있는 것으로 간주하는 실수를 범하는 경우가 많이 있다. 다음 기사를 읽어 보자.

> ○○○ 연구소가 2000년 11월에 조사한 '비행청소년의 식생활에 관한 연구'를 보면 라면, 햄버거, 피자, 탄산음료 등 인스턴트 음식의 섭취량에서 일반청소년과 비행청소년들 사이에 상당한 차이가 있는 것으로 드러났다. 즉, 비행청소년들은 일반 청소년들에 비해 이와 같은 음식물을 2배가량 많이 섭취하고 있었다.

위의 사실로 인해 '인스턴트 식품이 아이들을 비행청소년으로 만든다.' 라는 설명이 가능한가? 그렇지 않다. 위의 사실로 인스턴트 식품 섭취량과 비행행동 간의 상관이 있다는 사실을 이해할 수는 있지만, 둘 간의 인과관계를 설명할 수는 없다. 아마도 비행청소년이 인스턴트 식품을 많이 섭취하게 되는 어떤 다른 원인(예를 들면, 비행청소년은 가정 밖에서 배회하는 시간이 더 많을 가능성이 있다)이 있을 것이다.

4 연구 설계

1) 실험연구

실험법은 변인 간 인과관계를 규명하기 위하여 사용한다. 즉, 변인 x로 인하여 변인 y가 변화하는가가 전형적인 실험의 연구 문제다. 실험을 실시하기 위해서는 실험의 대상이 되는 표본집단(sample group)을 설정해야 한다. 표본집단은 사람이 될 수도 있고, 동물이 될 수도 있다. 변인 x가 변인 y에 변화를 야기하는가를 알기 위하여 연구자는 변인 x를 표본집단에 실시하는데 이를 '처치(treatment)를 가한다.' 고 한다. 처치를 가한 후 y의 변화를 측정하면 처치의 효과를 알 수 있다. 그러나 처치가 변인 y

에 변화를 야기했는가를 명확히 알기 위해서는 처치를 가한 집단의 y와 처치를 가하지 않은 집단의 y를 비교해 보아야 한다. 이때 처치를 가한 집단을 실험집단이라 하고, 처치를 받지 않은 집단을 통제집단이라 한다.

실험법을 이해하기 위해서 실험법과 관련된 용어를 좀 더 알아보자.

- 독립변인(independent variable): 실험자가 조작하는 처치변인을 말한다.
- 종속변인(dependent variable): 실험자가 측정하는 실험집단의 반응을 말한다.
- 실험집단(experimental group): 처치를 받는 집단이다. 실험집단의 측정점수는 처치의 효과가 있는지를 알아보기 위하여 통제집단의 점수와 비교된다.
- 통제집단(control group): 처치를 받지 않는 집단을 말한다. 처치가 효과가 있는지를 알아보기 위하여 실험집단과 비교된다.
- 연구 가설(research hypothesis): 처치가 종속변인에 영향을 줄 것이라는 예언을 기술한 문장을 말한다. 실험연구의 가설은 항상 인과관계를 표현한 문장의 형식을 갖는다. 예를 들어, '좌절 경험은 공격성을 증가시킬 것이다.' 와 같은 형식이다.

실험에서 처치의 효과를 확증하기 위해서는 통제(control)가 중요하다. 통제란 독립변인 이외의 다른 요인들이 종속변인에 영향을 주는 것을 사전에 방지하는 것을 말한다. 예를 들어, 진정제가 기억에 미치는 효과를 검증하기 위한 실험을 한다고 하자. 연구 가설은 '진정제 투여는 기억력을 감소시킬 것이다.' 이다. 연구자는 두 집단의 표본을 대상으로 실험집단에는 진정제를 투여하고, 통제 집단에는 진정제를 투여하지 않았다. 그런 후 각 집단을 대상으로 기억력 검사를 실시하여 점수를 비교하였다. 그 결과 실험집단의 기억력 점수가 통제집단의 기억력 점수보다 의미 있게 낮았다. 이 결과로 진정제가 기억력을 감소시킨다고 결론 내릴 수 있는가?

이와 같은 결론을 확신하기 위해서는 통제집단의 피험자와 실험집단의 피험자는 진정제를 복용하느냐, 하지 않느냐를 제외하고는 모든 면에서 동일해야 한다. 다시 말해서 실험집단의 피험자는 진정제를 복용하지만, 통제집단의 피험자는 진정제를 복용하지 않는다는 점만 제외하고 기억력에 차이를 야기할 수 있는 다른 모든 변인들은 통제되어야 한다. 독립변인 이외에 종속변인에 영향을 미칠 수 있는 변인들을 가외변인(extraneous variable)이라고 한다. 이 실험에서는 어떤 변인들이 가외변인일까? 가장 중요한 가외변인은 피험자들이 원래 가지고 있는 기억력의 개인차다. 어떤 사람은 원래 기억력이 뛰어났을 수 있고, 반대로 어떤 사람은 기억력이 좋지 않았을 수 있다. 이러한 개인차는 진정제의 효과를 불분명하게 한다. 따라서 진정제를 투여하기 전, 두 집단의 기억력에는 차이가 없어야 한다.

가외변인의 통제 방법에는 두 가지가 있다. 하나는 무선할당(random assignment)이고 다른 하나는 매칭(matching)이다. 무선할당이란 피험자를 실험집단과 통제집단에 배정할 때 무선적(randomly)으로 하는 것이다. 무선적이라는 말은 피험자는 누구나 실험집단 또는 통제집단에 배정될 확률이 동일하다는 의미다. 무선할당의 가장 간단한 예는 동전 던지기다. 피험자를 대상으로 동전 던지기를 통해서 앞면은 실험집단, 뒷면은 통제집단으로 할당하는 것이다. 매칭은 실험에서 통제되어야 한다고 판단되는 피험자 특성 및 조건을 미리 조사하여 동일한 특성과 조건을 가진 사람들을 둘 씩 뽑아 한 사람은 실험집단에 다른 한 사람은 통제집단에 배정하는 방법이다. 앞의 실험에서는 실험 전에 기억력검사를 실시하고 기억력의 수준이 동일한 두 명의 피험자를 실험 및 통제집단에 하나씩 배치하면 된다.

실험으로부터 데이터가 수집되면 연구자는 실험집단의 결과와 통제집단의 결과를 비교하여 처치의 효과가 있는지를 결정한다. 결정에 오차가 있을 가능성은 항상 존재하기 때문에, 두 변인 간의 관계성을 100% 확신할 수는 없다. 그러나 유의미한 관계성이 있는지를 결정하는 방법이 있다. 실험자는 실험 결과가 유의미한지를 결정하기 위하여 추리통계를 사용한다. 추리통계란 표본에서 측정된 점수를 기초로 전집(population)을 추론하는 데 사용되는 통계기법이다. 처치가 효과를 갖는지는 '통계적 유의도'를 통해 검증한다. 통계적 유의도는 변인 간의 관계성이 우연에 의한 것이 아니며 진짜 관계가 있을 가능성을 나타내 주는 것이다. 통계적 유의도는 다음과 같이 나타낸다.

$$p < .05$$

p 값이 .05보다 작다는 것은 결과가 우연에 의해 발생할 가능성이 5% 미만이라는 것을 의미한다. p 값이 .01보다 작은 경우도 있다($p < .01$). 어떤 기준으로 검증하느냐는 연구에 따라 달라진다.

2) 기술적 연구

기술적 연구(descriptive study)란 연구자의 추론이나 조작 없이, 어떤 행동이 일어나고 있으며 어떤 양과 빈도로 발생하고 있는지를 수량화하는 것을 말한다. 행동의 기술은 행동 이해를 위한 첫 단계다. 정확한 기술은 올바른 해석과 설명의 초석이 된다.

(1) 자연적 관찰

자연적 관찰(naturalistic observation)은 자연적 환경에서 관심 있는 변인을 관찰하고 기록하는 방법이다. 자연적 관찰의 이점으로는 ① 실험 상황이 아닌 자연 상황에서 변인을 관찰할 수 있으며, ② 추후 연구에 대한 아이디어를 얻을 수 있고, ③ 실험연구가 불가능한 상황에서 대안이 될 수 있다는 점을 들 수 있다. 반면, 자연적 관찰의 단점은 ① 시간과 비용이 많이 들며, ② 변인을 과학적으로 통제할 수 없어서 인과관계를 밝히기 어렵고, ③ 가외변인을 통제할 수 없으며, ④ 관찰 대상자가 관찰자의 존재를 알아차릴 수 있고 그렇게 되면 평소와는 다르게 행동할 가능성이 있다는 점 등이 있다.

자연적 관찰에서 중요한 점은 관찰할 행동의 구체화다. 우리는 짧은 시간 동안 발생하는 여러 가지 사건이나 행동들을 모두 지각하거나 기억할 수 없다. 그러므로 관찰할 행동의 경계를 구체적으로 한정지어야만 한다. 예를 들어, 유아가 어머니와 분리되어 있을 때 나타내는 불안 행동을 관찰한다고 하자. 어떤 행동을 불안 행동으로 볼 것인가? 관찰에 들어가기 전에 불안 행동에 관한 정의가 구체적으로 되어 있지 않으면, 끊임없이 움직이는 유아의 행동에서 불안 행동을 관찰해 내기는 쉽지 않을 것이다.

또한 관찰 대상 행동을 구체적으로 정의했다 하더라도, 관찰자가 행동을 정확하게 관찰했다는 것을 보장할 수는 없다. 관찰자가 행동을 정확하게 관찰했다는 것을 보장하기 위해서는 두 명 이상의 관찰자가 동시에 관찰한 후 그 결과를 비교해 보아야 한다. 이것을 관찰자 간 신뢰도(interobserver reliability)라 한다.

(2) 조사법

조사법(survey method)은 심리학 연구에서 가장 흔하게 사용되는 방법이다. 조사를 통해 행동, 의견 및 태도, 인구통계학적 변인(연령과 성별, 교육수준, 종교 등)을 광범위하게 수집할 수 있다. 조사된 변인들은 서로 조합되어 어떤 현상을 이해할 수 있도록

대면 조사 장면

한다. 예를 들면, 인종과 종교, 교육수준별로 어떤 사람들이 보수당에 투표할 것인지를 알아보고자 할 때는 조사법이 유용하다.

조사법에는 전집을 모두 조사하는 경우와 표본을 추출하여 조사하는 경우가 있다. 전집을 모두 조사하는 경우를 센서스(census)라고 하며, 인구센서스가 대표적이다. 그러나 전집을 모두 조사하는 경우는 거의 없다. 연구자는 모집단에서 표본을 추출하여 조사하고, 그 결과로 전집의 특성을 추론한다. 표본으로부터 전집 특성을 추론하기 위해서는 무선표집(random sampling)하여야 한다. 무선표집 방법은 최소한의 경비로, 전집에 관한 정확한 정보를 제공하는 효율적 조사 방법이다.

조사법은 정보를 얻는 방식에 따라 면접법, 전화조사법, 질문지법 등으로 나뉜다. 면접법(interview)은 조사 대상자들을 직접 대면하여 질문하는 방법으로, 응답자의 의도, 신념, 가치관 등을 심층적으로 조사할 수 있는 장점이 있다. 그러나 면접 시에 사용할 질문을 체계적으로 구조화하지 않으면 면접 결과를 기술하기 어려울 수 있다. 전화조사법(telephone survey)은 적은 비용으로 신속하게 원하는 내용을 질문할 수 있다. 그러나 응답자들이 비협조적이며 반응을 꺼려하는 경향이 있어서 자세한 정보를 얻는 데에는 유용하지 못하다. 질문지법(questionnaire survey)은 조사하고자 하는 변인들에 대한 구조화된 질문지를 사용하여 조사 대상자들에게 응답하게 한다. 질문지법은 응답 자료를 분석하기에 비교적 용이하며, 한꺼번에 많은 질문을 할 수 있다는 장점이 있다. 그러나 질문지를 체계적으로 구성하는 것이 쉽지 않고, 회수율이 낮을 경우 결과의 신뢰성에 문제를 야기할 수 있다.

조사법의 일반적인 장점으로는 다량의 데이터를 상대적으로 적은 비용으로 짧은 시간 동안 수집할 수 있다는 점, 다른 방법들보다 융통성이 있다는 점을 들 수 있다. 단점으로는 대표성이 없는 표본 또는 잘못 작성된 질문 문항에 의해 조사 결과가 영향 받을 수 있다는 점, 조사 대상자의 태도가 결과에 영향을 줄 수 있다는 점 등이 있다. 조사 대상자가 연구자의 의도에 순응하여 반응하거나, 자기 자신을 좀 더 좋게 보이도록 거짓 반응을 하거나, 잘못된 기억에 의하여 반응할 수 있는 것이다.

(3) 상관연구

상관연구(correlational study)는 변인 간 상관관계를 알아보는 데 사용된다. 상관관계는 -1.00에서 +1.00의 범위를 갖는데, 이 값은 상관의 강도를 의미하는 것으로 상관계수(correlation coefficient)라 하고 r로 표시한다. 상관계수가 양(+)의 값을 가질 때 정적 상관이라 하는데, 이는 두 변인이 동시에 함께 증가하거나 감소하는 경우다. 상관계수가 +1.00에 가까울수록 강한 정적 상관을 의미한다. 상관계수가 음(−)의 값을 가지면 부적 상관이라 하고, 하나의 변인이 증가함에 따라 다른 하나는 감소하는 경우를 의미한다. 상관계수가 -1.00에 가까울수록 강한 부적 상관을 나타낸다. 상관계수가 0이라면 두 변인 사이에 아무런 관계가 없다는 것, 즉 무상관을 의미한다.

대학생의 성적과 자존감 간의 관계를 연구한다고 하자. 먼저 연구자는 대학생 300명을 무선표집하여 이들의 성적을 조사하고 자존감 수준을 질문지를 사용하여 측정하였다. 그런 후 성적과 자존감 점수 간의 상관을 계산하여 [그림 2-1]과 같은 결과를 얻었다고 가정하자. 그림의 첫 번째 결과는 성적과 자존감 간에 정적 상관이 나타난 결과다. 이 결과로 우리는 성적이 높으면 자존감 수준도 높을 것으로 예측할 수 있다. 두 번째 그림은 성적과 자존감 간에 부적 상관을 나타낸 것이다. 즉, 성적이 높으면 자존감 수준이 낮을 것으로 예측할 수 있다. 세 번째 그림은 성적과 자존감 간에 무상관을 나타낸다. 성적과 자존감 수준에는 해석할 만한 아무런 관계성이 없다는 의미다.

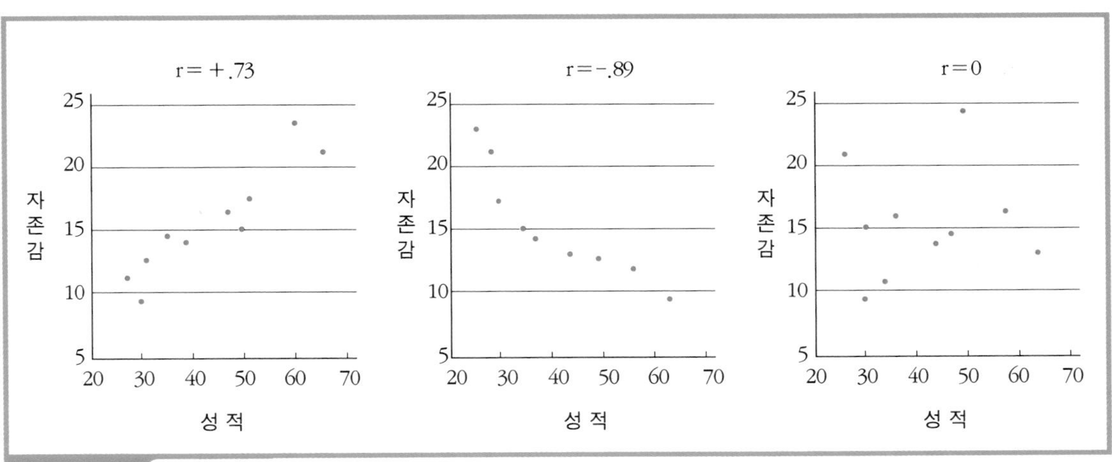

그림 2-1 상관관계의 세 가지 유형

상관관계는 그 계수의 크기가 1.00이 아닌 한, 하나의 변인을 가지고 다른 변인을 예측하는 데 한계가 있다. [그림 2-1]에서 성적과 자존감 간의 상관계수 +.73은 성적이 높은 사람이 자존감 수준도 높을 것이라고 예측하게 해 주지만, 성적이 높더라도 자존감 수준이 낮은 사람 또한 있을 수 있다는 것을 의미한다.

이미 언급했듯이, 상관관계는 한 변인이 다른 변인의 변화를 야기한다는 것을 의미하지는 않는다. 성적과 자존감 간에 상관이 있다고 해서 성적이 자존감을 증가시킨다고(또는 감소시킨다고) 말할 수는 없다. 왜냐하면 둘 간의 관계에는 사회적 관계, 사회경제적 지위, 성격 등 여러 가지 다른 요인들이 영향을 미치고 있을 수 있기 때문이다.

그렇다면 이처럼 완전한 해석이 거의 불가능한 상관연구의 결과는 유용한가? 흡연과 폐암 간의 관계는 상관연구의 결과다(흡연자 중에서도 장수하는 이들이 얼마나 많은가?). 그러나 흡연이 폐암을 야기한다고 확증할 수 없다 하더라도, 상관관계 연구 결과만으로도 담뱃갑에 경고 문구를 부착할 필요는 있는 것이다.

(4) 사례연구

사례연구(case study)는 한 개인이나 집단 또는 조직을 대상으로 어떤 문제나 특성을 심층적으로 조사·분석하는 연구로, 개별적인 것에 대한 구체적인 사실을 밝히고 그 사례의 모든 측면을 철저히 분석하는 방법이다. 심리학에서 사례연구는 매우 역사가 깊은 연구 방법이다. 프로이트(S. Freud)의 정신분석이론은 바로 개인 사례에 대한 심도 깊은 관찰에서 나온 것이다. 사례연구는 특히 임상심리학에서 유용하게 사용된다. 임상심리학은 특정한 개인의 행동 특징에 관심을 두는 분야로, 여러 사람을 측정하여 평균치를 내는 방식으로는 특정한 개인에 대한 평가가 불가능하기 때문이다.

사례연구가 한 개인이나 집단을 심도 있게 관찰한다는 측면에서 자연적 관찰의 한 유형으로 볼 수 있다. 따라서 사례연구는 자연적 관찰법의 장점과 단점을 그대로 갖는다. 사례연구의 주된 단점은 인과관계의 추론이 불가능하다는 점이다. 사례연구는 사상들이 일어난 일련의 과정을 기술하는 것이 전부이기 때문이다. 그럼에도 불구하고, 사례연구법은 특정한 대상에 대한 세밀한 관찰에서 얻어지는 자료를 통하여 가설 설정의 풍부한 자원을 제공하며, 비록 실험적 통제가 결여되어 있기는 하지만 개인 및 집단의 문제해결에 대한 통찰을 제공한다.

(5) 문헌연구

문헌연구(archival research)는 다른 연구자가 수행한 연구를 분석하거나 역사적 기록을 살펴보는 방법이다. 예를 들면, 외상후스트레스증후군(PTSD)에 대해 연구하기 위하여 제2차 세계대전 당시의 기록을 분석하는 방법이다. 문헌연구의 장점으로는 연구참여자의 행동을 변화시킬 필요가 없으며, 다량의 데이터로 추세, 관계성 및 결과에 대해 더 잘 알 수 있고, 비용이 적게 든다는 점이 있다. 최근에는 많은 문헌들이 데이터베이스화되어 있어 검색과 열람이 용이하며, 연구에 필요한 문헌을 무료로 열람할 수도 있다. 문헌연구의 단점으로는 필요한 데이터를 연구자 마음대로 수집하기가 어렵고, 일정 시기의 데이터가 누락되어 있는 경우가 있으며, 선행연구를 신뢰할 수 없는 경우가 있을 수 있다는 점이다.

5 연구의 타당도와 신뢰도

1) 타당도: 내적 타당도와 외적 타당도

타당도(validity)는 측정하고자 의도한 것을 실제로 측정해 낸 정도를 의미하며, 내적 타당도와 외적 타당도로 나뉜다.

내적 타당도는 연구에서 관찰한 결과에 대해서 인과관계를 확신할 수 있는가를 말한다. 즉 연구의 결과, 독립변인의 변화가 종속변인의 변화를 유발시켰는지 혹은 그 밖의 다른 요인이 종속변인의 변화를 유발시켰는지에 관한 문제다. 만약 종속변인의 변화가 독립변인 때문이 아니라면 반드시 어떤 가외변인이 있었을 것이다. 실험자로서 무엇보다도 중요한 것은, 실험의 내적 타당도에 위협을 주는 요인들을 제대로 알아 낼 수 있는 능력이며, 그리고 이들 위협 요인들을 피할 수 있는(즉, 통제할 수 있는) 능력이다.

내적 타당도를 향상시키는 방법은 가외변인의 통제와 무선할당이다. 대개 실험실 연구는 내적 타당도를 확보하기에 적합하다. 실험실은 자연환경에 비해서 가외변인의 통제가 용이하므로 독립변인과 종속변인 간 인과관계를 발견하기에 용이하다. 또한 피험자의 무선할당을 통해 내적 타당도를 위협하는 요인들을 상당히 제거할 수 있다.

외적 타당도는 연구 결과를 다른 사람, 다른 환경에 일반화(generalization)시킬 수 있느냐의 문제다. 대학생들을 대상으로 운동 능력과 우울 수준 간의 관계를 조사한 후, 그 결과를 모든 연령층의 사람에게 일반화하려 한다면 외적 타당도에 위협이 발생하게 된다. 외적으로 타당하지 않은 연구 결과는 원래의 실험 상황과 피험자 집단에만 국한되어 적용된다. 그렇다고 해서 관찰이 완전히 타당하지 않다는 것을 뜻하지는 않는다. 다만 연구의 결과가 특정한 환경 상황에 제한되어 있다는 것이고, 따라서 일반적인 중요성은 적다는 의미다.

외적 타당도는 내적 타당도 문제와 관련되어 있다. 내적 타당도가 없다는 말은 연구 자체가 잘못된 것이라는 의미이므로, 내적 타당도가 없는 연구에 대해 외적 타당도를 검토하는 것은 무의미하다. 내적 타당도는 외적 타당도의 필요조건이지만, 충분조건은 아니다.

외적 타당도는 전집 타당도와 생태학적 타당도의 두 측면에서 검토하여야 한다. 전집 타당도(population validity)는 연구 결과를 다른 피험자에게 일반화할 수 있느냐의 문제이고, 생태학적 타당도(ecological validity)는 실험 상황이나 조건과 유사한 다른 상황 및 환경에 대하여 일반화할 수 있느냐의 문제다. 전집 타당도는 전집의 특성을 충분히 반영하고 있는 표본을 표집(sampling)함으로써 어느 정도 극복할 수 있다. 대개는 무선표집(random sampling)을 통하여 전집 타당도를 확보한다. 무선표집은 전집을 구성하는 각 구성원이 추출될 확률이 모두 동일하게 주어지는 표집 방법이다. 생태학적 타당도는 연구 결과를 연구 환경이 아닌 좀 더 현실적인 다른 환경에 적용시킬 수 있는지를 검토하는 것이다.

(1) 내적 타당도를 위협하는 요인

① 피험자 특성

피험자는 그들 나름대로의 고유한 특성을 갖고 있다. 성별, 신장, 체중, 피부색, 태도, 성격, 운동능력, 정신능력 등이 그것이다. 피험자들을 실험집단과 통제집단에 할당할 때 이러한 특성들이 두 집단 간에 동일하게 할당되지 않는다면 내적 타당도를 침해하게 된다. 즉, 피험자들의 특성이 두 집단에서 서로 다르다면, 두 집단에서 발생한 종속변인에서의 차이가 독립변인에 의한 것인지, 피험자 특성의 차이에서 기인한 것인지를 알 수 없다.

② 외적 사건

외적 사건 또한 내적 타당도에 영향을 준다. 종속변인을 Time 1에서 측정하고 독립변인을 처치한 후, Time 2에서 다시 측정하였다고 하자(이것을 사전-사후 검사라 한다). 이때 어떤 사건이 우연히 Time 1과 Time 2 사이에 발생하였다면, Time 1과 Time 2에서 측정된 종속변인의 차이는 독립변인의 효과 때문이 아니라 우연히 발생한 사건 때문일 수 있다.

③ 피험자 성숙

피험자는 실험 과정 중에 변화한다. 피험자의 변화란 시간의 경과에 따른 생물학적 성장일 수도 있고, 피로와 같은 단기적인 것일 수도 있다. 종속변인이 시간의 경과를 두고 두 번 이상 반복 측정되는 경우, 피험자의 변화는 종속변인의 차이를 야기할 수 있다.

④ 피험자의 학습효과

종속변인을 동일한 측정도구를 사용하여 반복 측정하면, 피험자는 측정도구를 학습하게 된다. 이러한 학습효과로 인하여 나중의 측정치가 영향을 받게 된다.

⑤ 측정도구의 변화

피험자의 학습효과를 방지하기 위하여 사전-사후 검사에 동일하지 않은 도구를 사용하였을 때, 종속변인의 변화가 독립변인에 의한 것인지, 사전-사후 검사의 상이함 때문인지 알 수 없다.

⑥ 평균으로의 회귀

사전검사에서 극단적으로 높은(또는 낮은) 점수를 받은 피험자는 사후검사에서 낮은(또는 높은) 점수를 받음으로써 평균에 근접하게 되는 경향을 말한다. 이러한 경향성으로 인하여 독립변인의 효과가 없음에도 불구하고 종속변인에서의 변화가 관찰될 수 있다.

⑦ 피험자 상실

실험이 종료되기 전에 피험자가 탈락하는 경우를 말한다. 두 집단을 대상으로 처치

효과를 비교하는 실험이 있다고 하자. 한 집단의 피험자가 개인적 사정을 이유로 실험 도중에 포기하였다. 남아 있는 피험자를 대상으로 종속변인을 측정한 결과, 집단 간 유의미한 차이가 있었다면, 이 차이는 처치에 의한 차이가 아니라, 집단 간 피험자의 불균형에서 비롯되었을 수 있다.

⑧ 선택-성숙 상호작용

피험자 선택과 피험자 성숙이 상호작용할 수 있다. 어떤 교육 프로그램을 남자 어린이 집단과 여자 어린이 집단에게 일정 기간 실시하고 난 후 그 결과를 측정하였더니 남자 그룹보다 여자 그룹에서 더 높은 점수를 얻었다. 이 결과로 교육 프로그램이 여자 어린이들에게 더 효과가 있다고 확신할 수 없다. 여자 어린이들의 인지발달 속도가 남자보다 더 빨라서 그러한 결과가 나타났을 수 있기 때문이다.

⑨ 실험자 편파

원하는 결과를 얻고 싶어 하는 연구자의 기대나 태도가 피험자에게 영향을 미침으로써 발생하는 오류다. 실험자가 피험자에게 구두로 지시하거나, 피험자의 결과를 측정할 때, 실험자는 자신이 기대하는 결과가 나오도록 의식적 · 무의식적인 편파(bias)를 나타낼 수 있다. 이러한 편파를 방지하기 위하여 실험의 목적이나 가설을 알지 못하는 다른 연구자로 하여금 실험을 진행시키도록 하는 차단기법(blind technique)을 사용할 수 있다.

(2) 외적 타당도를 위협하는 요인

① 표본의 대표성

대부분의 연구는 표본을 추출하여 행하게 된다. 그러나 표본이 전집을 대표하지 못한다면, 즉 표본의 특성이 전집의 특성과 다르다면 연구의 결과를 전집에 일반화하기는 불가능하다.

② 피험자의 반응성

피험자들이 실험에 참여하고 있다는 것을 의식하면 평소의 행동과는 다른 행동과 반응을 보일 수 있다. 피험자의 부자연스러운 반응과 행동은 연구 결과를 왜곡시킬 수 있으며, 이러한 결과를 다른 상황에 일반화시키기는 위험하다.

2) 신뢰도

타당도와 더불어 신뢰도는 좋은 연구가 확보해야 할 중요한 조건이다. 신뢰도(reliability)는 행동 측정의 일관성을 의미한다. 즉, 동일한 대상을 반복 측정하면 동일한 값을 얻어야 한다는 것이다. 그러나 현실적으로 동일한 대상을 반복 측정하면 그 측정치가 항상 동일하지는 않다. 특히 행동의 측정에서는 더 그렇다. 이러한 변동성의 정도가 연구의 신뢰도를 결정한다. 연구자는 가능한 한 동일한 조건하에서 측정을 함으로써 이러한 변동성을 줄이려고 노력하여야 한다.

여러분의 신장을 연속 2회 측정한다고 가정해 보자. 한 번은 170.3cm, 한 번은 170.8cm로 측정되었다. 이 차이가 측정의 오류에서 비롯된 것인지, 실제 키의 변화에서 비롯된 것인지, 우리는 알 수 없다. 다만 확실한 것은 아주 짧은 시간 간격을 두고 반복 측정하면 측정치 간의 차이가 다소 줄어들 것이라는 점이다. 이러한 논리에서 측정의 신뢰도를 향상시키기 위한 다음과 같은 몇 가지 방법이 고안되었다.

- 검사-재검사 신뢰도(test-retest reliability): 짧은 시간 간격 동안 연속해서 같은 검사를 두 번 실시하는 것을 말한다. 신뢰도 결과는 두 검사 점수의 상관계수로 나타내는데, 상관계수가 클수록 높은 신뢰도를 나타낸다. 검사-재검사 신뢰도의 단점은 피험자의 학습효과가 유발될 수 있다는 점이다.
- 동형검사 신뢰도(parallel form reliability): 피험자의 학습효과를 방지하기 위하여, 문항 내용은 다르지만 측정 내용, 문항 수, 문항 형식, 난이도 등이 같은 두 개의 동형검사를 제작하여 동일한 대상에게 연속적으로 실시하는 것이다. 이 검사의 신뢰도 또한 두 검사 점수 간의 상관계수로 나타내고, 상관계수가 클수록 높은 신뢰도를 의미한다.
- 반분 신뢰도(split-half reliability): 반분 신뢰도는 피험자 집단에게 한 번의 검사를 실시한 후, 적절하게 평가 도구를 반분하여 분할된 각 부분을 독립된 검사라고 여기고 두 부분에 대한 상관계수를 구하는 것이다. 반분 신뢰도는 검사-재검사 신뢰도가 부적합하다고 판단되거나, 동형검사를 제작하기 어려울 때 사용한다. 반분된 두 검사 간 상관계수가 높다면 신뢰도가 높음을 의미한다.

6 연구의 윤리

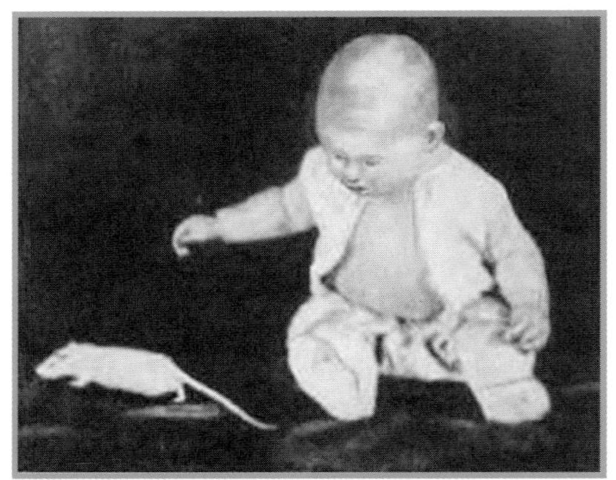
공포 조건화 전 흰쥐를 바라보는 앨버트

1920년 왓슨(John B. Watson)과 레이너(Rosalie Rayner)는 11개월 된 꼬마 앨버트(Little Albert)를 통해서 고전적 조건형성을 통해 공포증이 형성될 수 있음을 보여 주었다. 이들은 커다란 쇳소리(무조건 자극)와 하얀 쥐(조건 자극)를 짝지어 반복적으로 제시함으로써 앨버트에게 쥐 공포증을 형성시키는 데 성공하였다.

1963년 밀그램(Stanley Milgram)은 '처벌이 학습에 미치는 영향'을 연구한다고 하고 실험에 참여할 사람들을 모집하였다. 참여자들을 두 명씩 한 조로 짝지은 후 한 명은 선생 역할을, 다른 한 명은 학생 역할을 맡도록 하였다. 이때 학생 역할을 맡은 사람은 실험 협조자였고 피험자는 선생 역할을 맡도록 되어 있었다. 학생 역할 분담자에게는 암기해야 할 단어들을 주고, 선생 역할 분담자에게는 테스트할 문제를 준 후, 선생들에게 학생들을 테스트하고 만약 틀릴 경우 한 번에 15V씩의 약한 전기충격을 가하고 계속 틀릴 때마다 전압을 15V씩 올리도록 지시하였다. 학생은 계속 오답을 하도록 미리 계획되어 있었다. 선생은 연구자의 지시대로 전기쇼크의 강도를 높여 갔고, 학생은 120V에서부터 비명을 지르기 시작하였다. 물론 실제로 전기가 통하지는 않았다. 전기쇼크는 최대 450V까지 가할 수 있었는데, 놀랍게도 선생 역할을 맡은 피험자의 65%가 최대 강도인 450V까지 전기쇼크를 주었다. 이 실험의 진짜 목적은 사람들이 권위자의 지시에 어느 정도까지 복종하는가를 알아보기 위한 것이었다.

Stanley Milgram(1933~1984)

앞의 두 실험은 심리학 역사에 기록될 만한 중요한 실험들이다. 그러나 이 실험의 학문적 가치는 차치하고 꼬마 앨버트의 고통은 어떻게 할 것인가? 또 복종 실험에 참여하여 가해자 역할을 한 피험자의 심리적 외상은 어떻게 보상할 것인가? 더구나 참여자에게 실험의 진짜 목적을 속인 것은 문제가 없는가? 이와 같이 심리학

연구에서는 다양한 윤리적 문제가 대두된다.

연구 윤리는 연구 수행 과정의 진실성과 연구 결과 출판의 진실성을 모두 포함하는 광범위한 개념이다. 여기에는 연구 주제 선정, 피험자 선정, 실험 수행, 자료 수집과 분석, 연구 결과 출판 등 연구의 모든 과정에서 지켜야 할 윤리적인 내용이 포함된다. 한국심리학회(Korean Psychological Association)에서는 2003년 8월, 미국심리학회 윤리규정과 독일 심리학회 및 심리사협회의 윤리요강을 참고하여 심리학자 윤리규정을 제정함으로써, 연구자로서 그리고 전문가로서 심리학자들이 준수해야 할 의무를 규정하였다. 한국심리학회의 윤리규정 서문은 다음과 같다.

> 심리학자는 언제나 최대한의 윤리적 책임을 지는 행동을 하도록 노력할 의무가 있다. 심리학자는 전문적이고 과학적인 기초 위에서 활동함으로써 자신의 지식과 능력의 범위를 인식할 의무가 있으며, 또 이를 남용하거나 악용하게 하는 개인적, 사회적, 경제적, 정치적 영향으로부터 벗어나도록 노력해야 할 의무가 있다.

이와 같은 대원칙을 기초로 연구 수행 과정에서의 윤리와 연구 결과 출판에 대한 윤리를 알아보자.

1) 연구 수행 과정에서의 윤리

(1) 연구 참여에 대한 동의

심리학자는 연구 참여자로부터 연구 참여에 대한 동의를 얻어야 한다. 동의를 얻을 때에는 참여 의사에 영향을 줄 수 있는 정보(연구의 목적, 예상되는 기간 및 절차, 실험 처치 방법 등)에 대해서 사전에 설명해 주어야 한다. 특히 연구 참여자에게 해로운 영향을 줄 가능성이 있는 연구에 대해서는 연구의 잠재적인 위험에 대한 정보를 받고 이해하였다는 참여 동의서(informed consent)를 받는 것이 좋다. 또한 자료 수집을 위하여 연구 참여자의 음성이나 영상을 기록해야 할 경우에도 사전 또는 사후에 연구 참여자로부터 동의를 받아야 한다.

(2) 연구에서 속이기

연구에서의 속임수는 과학 윤리와 과학 발전이 충돌하는 접점이다. 상당히 비윤리적인 실험으로 비난받았음에도 불구하고, 실험 결과는 인류의 복지 향상에 도움이 되는 경우가 종종 있다. 이와 같이 심리학 연구 시에는 피험자를 속여야 하는 경우가 있다. 그러나 이러한 속임수 기법은 연구의 과학적 가치 측면에서 정당해야 하며, 다른 대안이 있을 수 없을 때에만 제한적으로 사용해야 한다.

연구 목적상 불가피하게 속임수를 썼을 경우에는 이 사실을 가능한 한 빨리, 가급적이면 연구 참여가 끝났을 때, 아니면 늦어도 자료 수집이 완료되기 전에 연구 참여자에게 설명하여야 한다. 그럼으로써 참여자들이 원할 경우, 자신의 자료를 철회할 수 있는 기회를 주어야 한다(한국심리학회 윤리규정, 2003).

(3) 동물의 인도적인 보호와 사용

심리학 실험에서 동물의 사용은 동물 실험 이외의 대안이 없을 때에만 가능하다. 법률과 규정(우리나라에서 실험용 동물의 보호에 관한 법률은 농림수산식품부의 「동물보호법」에 제정되어 있다)에 따라서, 그리고 전문적 기준에 따라서 동물을 확보하고, 돌보고, 사용하며, 처리해야 한다. 실험 과정에서도 동물 피험자의 고통, 통증 및 상해를 최소화하기 위해 노력해야 한다(한국심리학회 윤리규정, 2003).

2) 연구 결과 출판에서의 윤리

(1) 자료의 조작 및 표절

연구 결과 출판 과정에서의 가장 심각한 부정은 날조(fabrication)와 위조(falsification), 그리고 표절(plagiarism)이다. 날조는 없는 자료나 결과를 거짓으로 만들어 내는 것을 말하고, 위조는 연구자가 원하는 결과를 만들어 내기 위해 자료를 조작하는 것을 말한다. 이 중에서 연구자들이 흔히 저지르는 부정이 표절이다. 표절은 인용과 명확히 구별하여야 한다. 인용은 타인의 아이디어나 저작물을 합법적인 절차를 거쳐 이용하는 것을 말한다. 반면, 표절은 타인의 아이디어나 저작물을 출처를 명시하지 않고 사용하거나 승인 없이 도용하는 행위를 말한다. 타인의 연구 결과를 합법적으로 인용하기 위해서는 원저자의 문장을 그대로 옮겨 쓸 때에는 따옴표를 붙이고, 표현을 바꾸어 기술할 때에는 문장의 끝부분에 그 출처를 자세히 밝혀야 한다.

자기 표절 또한 주의하여야 할 비윤리적 행위다. 자기 표절이란 자신의 이전 연구 결과를 다음 연구에서 합법적으로 인용하지 않고 사용하는 것을 말한다. 비록 자신이 수행했던 연구라 할지라도 다른 연구에 인용할 때에는 마치 다른 사람의 연구 결과를 인용하는 것과 동일한 인용 규칙을 지켜야 한다.

(2) 연구 자료의 중복 출판

연구자가 이미 출판된 자신의 연구 결과를 다른 매체에 다시 출판하는 것을 중복 출판(또는 이중 게재)이라고 한다. 연구자가 연구 결과를 학술지에 게재하면, 게재된 논문의 저작권은 학술지에 있게 된다. 따라서 논문을 중복 출판한다는 것은 이미 출판된 학술지의 저작권을 침해한다는 의미다. 중복 출판 행위는 또한 연구자의 연구 성과를 과대평가하게 하고, 자원의 낭비를 가져오며, 독자를 우롱한다는 측면에서 비윤리적인 것으로 평가된다.

이 장의 중심 내용

01 심리학의 연구 과정은 연구 문제 선정, 가설 설정과 조작적 정의, 연구 방법 결정과 데이터 수집, 데이터 분석과 결론 도출, 연구 결과 보고의 단계를 거친다.

02 심리학 연구는 시간의 경과에 따라서 횡단적 연구와 종단적 연구로 나뉘고, 변인 간 관계성에 따라서 인과관계 연구와 상관관계 연구로 나뉜다.

03 연구 설계 방법으로는 변인 간 인과관계를 밝히기 위한 실험연구와 변인의 변화를 기술하거나 변인 간 관계성을 밝히기 위한 기술적 연구로 나뉜다. 기술적 연구의 방법으로는 자연적 관찰, 조사법, 상관연구, 사례연구, 문헌연구 등이 있다.

04 심리학 연구는 내적·외적 타당도와 신뢰도를 갖추어야 한다. 내적 타당도는 연구에서 관찰한 결과에 대해 인과관계를 확신할 수 있는가를 의미하는 것으로, 통제와 무선할당을 통해 달성이 가능하다. 외적 타당도는 연구 결과를 다른 사람, 다른 환경에 일반화시킬 수 있느냐의 문제로, 무선표집과 생태학적 타당도 검토를 통해 달성 가능하다.

05 연구의 신뢰도란 연구에서 측정한 측정치들이 얼마나 안정적인가를 의미한다. 신뢰도는 동일한 대상에 대해 반복적으로 측정한 후 그 측정치들 간의 상관계수로 나타낸다. 검사-재검사 신뢰도, 동형검사 신뢰도, 반분 신뢰도 등의 방법이 있다.

06 심리학 연구자는 연구 수행 과정과 연구 결과의 출판에서 윤리적 규범을 준수하여야 한다. 주요 윤리 규범으로는 연구 참여자에게 참여 및 자료 수집에 대해 사전 동의 구하기, 속이기 기법의 제한적 사용, 실험 동물의 윤리적 취급, 표절 및 중복 출판 금지 등이 있다.

학습과제

1. 심리학의 연구 과정을 단계별로 기술하시오.

2. 인과관계와 상관관계를 구분하고 예를 들어 설명하시오.

3. 실험연구와 기술적 연구의 목적을 기술하고, 각각의 예를 들어 보시오.

4. 실험에서 통제(control)의 중요성에 대해 설명하시오.

5 외적 타당도와 내적 타당도의 개념을 설명하고, 타당도 확보 방법을 기술하시오.

6 신뢰도의 개념을 설명하고 신뢰도 추정 방법을 기술하시오.

7 심리학 연구의 수행 과정과 연구 결과의 출판 시에 준수해야 할 연구 윤리에 대해 기술하시오.

03 행동의 생리학적 기초

학습 개요

신체 움직임, 지각, 인지, 의식 등을 포함하는 우리의 행동은 신경계를 구성하고 있는 뉴런의 활동과 밀접하게 관련되어 있다. 인간 신경계의 뉴런의 개수는 약 1,000억 내지 1조 개 정도로 추정된다. 마치 개개의 연주자가 전체와 협력하여 자신이 맡은 파트를 제대로 소화할 때 성공적인 오케스트라 연주가 되듯이, 제대로 기능하는 각 뉴런들의 활동이 서로 조화롭게 통합될 때 우리는 균형 잡힌 특정의 행동을 만들어 낼 수 있게 된다. 요컨대, 우리의 행동은 수많은 단일 뉴런들이 특정한 목적으로 정보를 통합하여 교환한 덕분에 이루어지는 것이다.

이 장에서 우리는 우선 신경계의 구성 요소인 하나의 뉴런이 다른 뉴런들과 신경 교신하는 원리 및 기제에 대하여 배울 것이다. 이어, 신경계 수준에서 우리의 특정 행동이 각 신경계 내의 뉴런들의 활동과 어떻게 연관되어 있는가를 학습할 것이다. 이러한 인간 행동의 토대를 설명하는 데에 있어서 생리학적, 신경화학적 접근이 주로 활용될 것이다.

학습 목표

1. 신경계의 기본 단위인 단일 뉴런의 주요 구성 요소의 기능을 이해한다.
2. 뉴런들 사이의 정보 전달 단위인 시냅스의 형태적 구성과, 시냅스를 통한 신경전달 원리를 이해한다.
3. 신경전달의 신경화학적 기제와 전기생리학적 기제를 이해하고, 이들 양자가 어떻게 상호작용하는가를 배운다.
4. 신경계를 구분하고 각 요소의 행동 통제 방식을 이해한다.
5. 생리심리학적 발견물에 근거해 유기체의 주요 행동 특성들을 설명한다.

신경전달의 기본 단위

각 뉴런들의 활동이 특정 행동으로 이어지는 신경생리학적인 기제와 관련하여, 이 절에서는 먼저 신경계의 기본적 구성 요소인 단일 뉴런의 주요 구조와 기능을 살펴보고, 그다음에 뉴런과 뉴런 사이의 정보 전달의 기초가 되는 두 신경 간의 연결에 대해서 기술할 것이다. 또한 신경 연결의 실제성을 반영하여, 다수의 뉴런으로부터 들어오는 정보가 하나로 통합되어 수용 뉴런의 최종 활동성이 결정된다는 신경통합의 원리도 소개할 것이다. 마지막으로는, 우리의 행동 조절에 중요한 대표적인 신경전달 물질의 역할에 대하여 설명할 것이다.

1) 뉴런의 구조와 기능

신경계의 기본이 되는 단위인 뉴런[1]은 몇 가지 유형이 있지만 가장 보편적인 것은 세포체로부터 방사형으로 뻗어 나온 다수의 수상돌기와 함께, 한 개의 축색을 갖추고

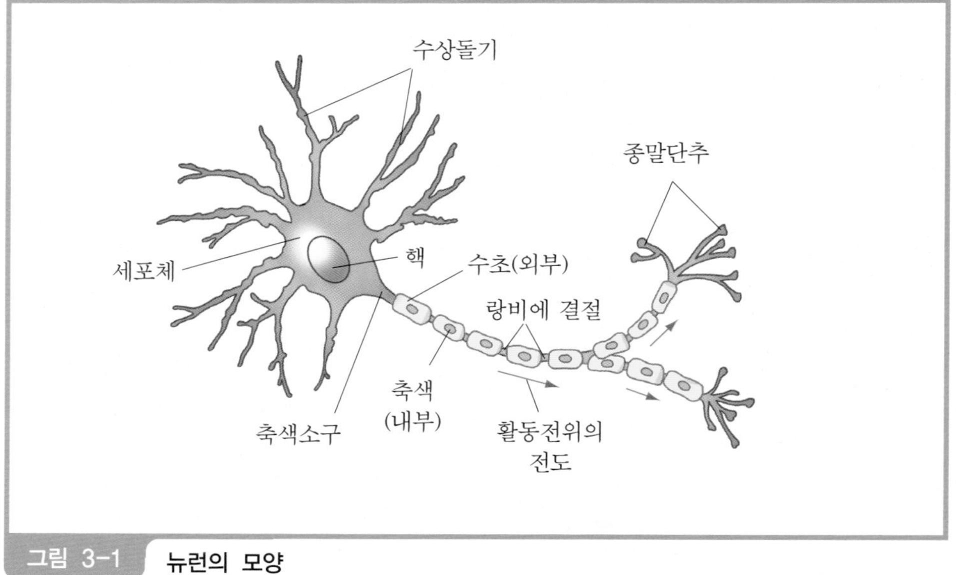

그림 3-1 **뉴런의 모양**

1) 뉴런은 '신경세포(nerve cell)'라고도 불린다. 본래의 의미가 손상되지 않으면 신경계의 맥락에서 때로는 단순히 '세포(cell)'라고 명명되기도 한다.

있는 다극성 뉴런이다. [그림 3-1]은 다극성 뉴런의 주요 구조물을 명시하고 있다. 이들 각 구조물의 기능에 대한 설명은 다음과 같다.

(1) 세포체

세포체(soma or cell body)는 뉴런의 중심부분이다. 대체적으로 타원형의 외형을 띠고 있고 그 중심부에는 핵이 포함되어 있다. 세포체의 개략적인 외형과 세포원형질(핵을 제외한 나머지 부분의 세포체) 내부에 포함되어 있는 미세 구조물들은 일반 체세포의 경우와 크게 다르지 않다. 축색 및 수상돌기를 포함하는 뉴런의 다른 부분들은 정보 전달을 위해 세포체로부터 분화된 기관들이라 생각된다. 우선, 세포체는 형태학적으로나 기능적으로 뉴런의 핵심부인 만큼 뉴런 전체의 생명을 유지시키는 역할을 한다. 또한 세포 간의 정보 전달이라는 목적에 부합하게 수상돌기를 통해 들어오는 정보를 통합하여 축색으로 보내고 특정 유전 정보를 바탕으로 신경전달의 화학적 메신저인 대부분의 신경전달물질(neurotransmitter) 또는 이의 선구물질을 생성하는 역할을 한다.

(2) 수상돌기

수상돌기(dendrite)는 세포체로부터 분화되어 나온 나뭇가지 모양의 기관이다. 이 기관은 외부 뉴런으로부터 정보를 받아들이는 역할을 한다. 구체적으로, 한 뉴런이 자신의 특정 메시지를 신경전달물질에 담아 다른 뉴런으로 보내면 후자의 뉴런은 일반적으로 자신의 수상돌기에 위치하는 수용기에 이 전달물질을 결합시키는 방식으로 이 메시지를 받아들인다(신경전달에 관한 기제는 뒤에서 자세히 설명한다).

(3) 축색

축색(axon)은 수상돌기 맞은편의 세포체의 경계 부분(축색소구, axon hillock)에서 시작하여 다음 뉴런에 근접하기까지의 길고 가는 신경섬유를 말한다. 종류는 표면이 수초(myelin sheath)라는 절연체로 싸여 있는 유수초 축색과 이것이 없는 무수초 축색으로 나뉜다. 포유류 신경계 내의 축색은 대부분 유수초 축색에 해당된다(따라서 이 장에서 언급하는 축색은 유수초를 전제로 한다). 축색 내부의 중심부는 여러 개의 미세관이 있는데 이를 통하여 세포체에서 합성된 신경전달물질이 종말단추까지 전달된다. 축색은 또한 전선처럼 전기적 신호를 전달하는 전도체와 같은 역할을 한다. 실제적으로, 축색은 축색소구에서 발생한 전기적 신경신호의 일종인 활동전위를 종말단추까지 전달한다.

방금 언급한 대로, 포유류 축색은 수초라는 절연체로 덮여 있다. 이에, 수초는 축색 대부분을 세포 외액을 포함하는 외부 환경부터 분리해 보호할 수 있다. 수초의 이런 특성 때문에, 축색을 따라 전달되는 활동전위(action potential)[2]와 같은 전기적 신경신호는 (무수초의 경우와 비교하여) 더 효율적으로 전달된다(전달 속도가 빨라진다).

외관을 좀 더 자세히 들여다보면, 축색의 대부분은 수초로 덮여 있지만 군데군데 수초가 없는 마디들, 즉 랑비에 결절들(nodes of Ranvier)도 포함하고 있다. 활동전위가 수초 부분을 따라 내려오는 동안 점점 약해지다가 이곳에서 이온을 교환함으로써 원래의 크기로 회복된다.[3]

(4) 종말단추

종말단추(terminal button)는 축색의 끝부분을 지칭하는 말이다. 다른 명칭으로는 축색종말(axon terminal), 신경말단(nerve ending) 및 시냅스 손잡이(synaptic knob) 등이 있다. 이곳은 합성된 신경전달물질을 소낭에 담아 저장하고 활동전위의 도움을 받아 이를 외부로 방출하는 장소다(신경전달물질의 방출 기제는 다음 절에서 설명한다).

2) 신경전달의 원리

(1) 시냅스의 구성과 작용 원리

시냅스(synapse)란 두 뉴런 사이의 형태학적인, 그리고 기능적인 신경 연결을 의미한다. 먼저 형태학적 의미의 시냅스는 시냅스 전 뉴런(즉, 정보를 제공하는 뉴런)의 종말단추와, 시냅스 후 뉴런(즉, 정보를 수용하는 뉴런)의 수상돌기(또는 세포체)[4]가 약간의 틈(약 200Å), 즉 시냅스 간격(synaptic cleft)을 두고 연접해 있는 형태다. 또한 시냅스 전후 뉴런이 정보교환하기 위해 시냅스 전 뉴런의 종말단추로부터 방출된 신경전

---

2) 일종의 흥분성 전기적 신경신호로서 뉴런이 신경전달물질을 방출하는 데에 반드시 필요한 요소다. 자세한 특성은 차후에 설명될 것이다.

3) 활동전위는 수초 아랫부분의 축색을 지날 때는 거리 증가에 따른 저항의 증가로 크기가 점점 감소하다가 랑비에 결절(이곳은 세포막과 세포 외액이 맞닿아 있어 활동전위 생성에 필수적인 Na^+와 K^+ 간의 이온 교환이 가능하다)을 만나면 활동전위가 원래의 크기로 회복된다.

4) 종말단추와 '수상돌기'를 신경 연결하는 시냅스가 가장 보편적인 형태다. 하지만 어떤 경우에는 종말단추와 '세포체' 간의 연결도 드물지 않다.

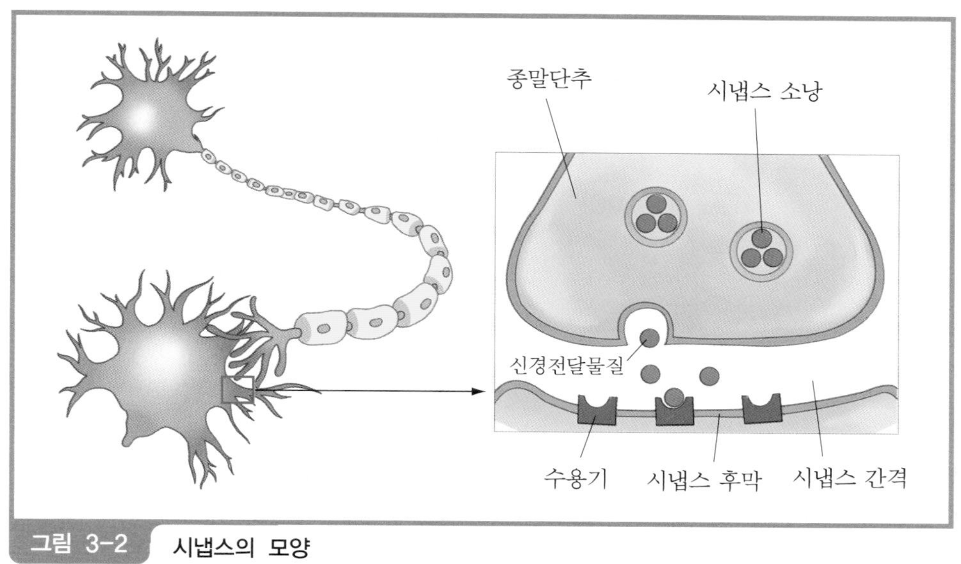

그림 3-2 시냅스의 모양

달물질이 결합할 기관이 필요한데, 이것이 수용기(receptor)이며 대개 시냅스 후 뉴런의 수상돌기 또는 세포체에 위치한다([그림 3-2]).

신경 연결되어 있는 두 뉴런에서, 시냅스 전 뉴런으로부터 방출된 신경전달물질이 수용기와 결합하여 시냅스 후 뉴런의 활동성이 변화한다. 개괄적인 시냅스 작용의 원리는 다음과 같다. 알다시피, 시냅스 전 뉴런의 종말단추 내의 소낭에는 특정 신경전달물질이 저장되어 있다. 축색소구에서 발생한 활동전위가 축색을 따라 종말단추까지 도달하면 시냅스 전막(종말단추 끝부분의 세포막)에 위치하는 전압의존적인 칼슘이온통로[5](voltage-gated Ca^{2+}channel)가 열려 칼슘이온(Ca^{2+})이 종말단추 내로 이입된다. 그러면 칼슘의 도움으로 신경전달물질을 담고 있는 소낭이 시냅스 전막으로 이동하여 이 막과 융합되어 터지면서 내부에 있는 신경전달물질이 시냅스 간격으로 방출된다. 이 신경전달물질이 시냅스 간격을 건너서 시냅스 후 뉴런의 수상돌기 또는 세포체의 막(즉, 시냅스 후막)에 있는 자신의 수용기에 결합[6]하면 이온통로가 열려 특정 이온이 시냅스 후 뉴런으로 이입된다. 이런 과정을 거쳐 양적으로 증가한 시냅스 후 뉴런 내의 이온은 세포막 내부의 이온 배열을 변화시켜 이 뉴런을 흥분시키거나 억제시킨다.

5) 세포막 내외의 전위차에 의해서 열리는 이온통로를 전압의존성 통로라 한다. 특히 종말단추에서 칼슘이온이 종말단추 내로 들어오기 위해서는 전압이 큰 활동전위가 요구된다.

6) 각 유형의 신경전달물질은 모든 종류의 수용기와 결합하는 것이 아니라 자신의 고유한 수용기에만 결합한다. 이런 결합의 원리를 '열쇠와 자물쇠'의 원리라고 한다.

만일 어떤 특정의 신경전달물질(예: 글루타메이트[glutamate])이 (자신의 수용기와 결합하여) Na^{+}와 같은 양전하를 띤 이온을 시냅스 후 뉴런 내로 들여보내면 이 뉴런은 세포 내부에 (+) 이온의 수가 많아져 흥분성 전위[7]를 발생시킨다([그림 3-3]). 이 전위를 '흥분성 시냅스 후 전위(excitatory postsynaptic potential: EPSP)' 라 한다. 더불어, 이처럼 EPSP를 유발하는 글루타메이트와 같은 물질을 흥분성 신경전달물질이라 한다. 반면에, 만일 어떤 특정 신경전달물질(예: 가바[GABA])이 Cl^{-}와 같은 음이온을 시냅스 후 뉴런 내로 들여보내 세포 내에 (-) 이온의 수가 증가하면 이 세포는 억제성 전위[8]를 유발한다. 이 전위를 '억제성 시냅스 후 전위(inhibitory postsynaptic potential: IPSP)' 라 한다. 이때 IPSP를 유발하는 가바와 같은 물질을 억제성 신경전달물질이라 한다. 요컨대, 두 뉴런 간의 정보 전달은 일반적으로 선행 뉴런(시냅스 전 뉴런)에서 방출되는 신경전달물질의 특성(예: 흥분성 또는 억제성)에 따라 후행 뉴런(시냅스 후 뉴런) 내로 전

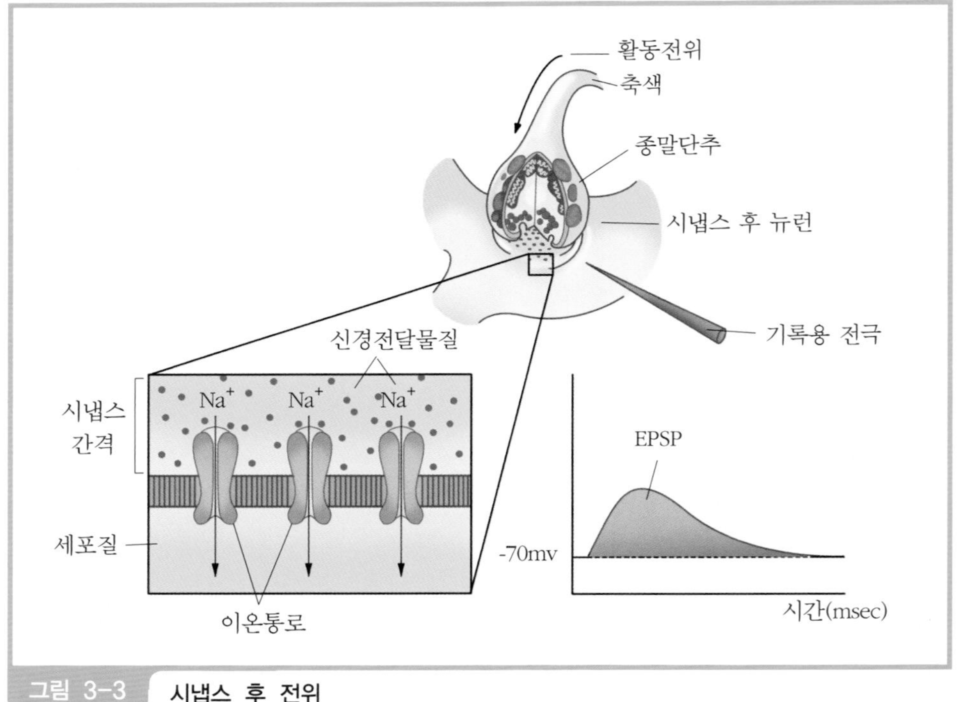

그림 3-3 **시냅스 후 전위**

7) 흥분성 전위를 감분극 전위라고도 하는데, 이는 세포 내로의 (+) 이온의 이입으로 세포 내외 간의 전위차가 감소한다는 의미로 붙은 명칭이다.

8) 억제성 전위를 과분극 전위라고도 하는데, 이는 세포 내로의 (−) 이온의 이입으로 세포 내외 간의 전위차가 더 심화되었다는 의미로 붙은 이름이다.

기적 극성(즉, 양이온 또는 음이온)이 다른 이온이 이입된다. 결국, 후행 뉴런의 활동성(즉, 흥분성 또는 억제성)은 선행 뉴런의 신경전달물질의 종류와 이입되는 이온의 전기적 극성에 따라 결정되는 것이다.

(2) 신경통합의 원리

뉴런 간의 정보 전달 방식과 관련하여 앞 절에서는 가장 기본적인 두 뉴런 사이의 정보 전달 방식을 두 뉴런 간의 시냅스라는 개념으로 설명했다. 하지만 유기체의 신경계에서 하나의 시냅스 후 뉴런은 실제로는 수많은 흥분성 또는 억제성 시냅스 전 뉴런들과 시냅스를 형성하고 있다. 이들 시냅스를 통해 들어온 입력은 자신의 특성에 따라 시냅스 후 뉴런에서 각기 흥분성 또는 억제성 시냅스 후 전위를 유발한다. 이들 각각의 시냅스 후 전위는 세포체를 지나 축색 방향으로 흐르다가 축색소구(세포체와 축색의 경계 부분)를 만나게 되면 이곳에서 각각의 모든 전위가 하나로 통합된다. 이렇게 신경통합[9]된 결과로 산출된 최종 전위 값이 흥분역치 이상이 되면 이 축색소구에서 활동전위가 유발되며 이 활동전위는 축색을 따라 종말단추까지 전달된다([그림 3-4]).

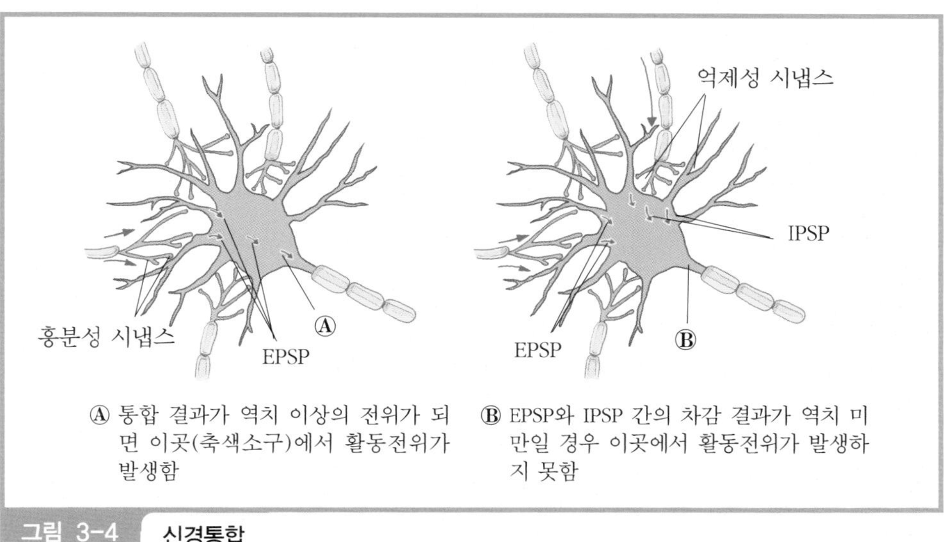

그림 3-4 신경통합

9) 일반적으로, 시냅스 후 전위는 역치 수준보다 낮은 이른바 역치하 전위다. 따라서 개개의 시냅스 후 전위는 비록 흥분성일지라도 독자적으로는 활동전위를 생산하지 못하는 것으로 알려져 있다. 하지만 축색소구에서 여러 개의 흥분성 시냅스 후 전위가 합해서 역치 이상이 되거나, 더 나아가 여러 개의 흥분성 전위가 여러 개의 억제성 전위에 의해 차감되고도 남은 전위 값이 역치 이상일 경우(이와 같은 신경정보 간의 합산과정을 신경통합이라 한다)에는 활동전위가 발생하게 된다.

(3) 신경전달의 전기생리학적 원리

앞에서 살펴본 바와 같이 시냅스를 통한 뉴런들 간의 신경정보의 전달은 신경화학적 작용뿐만 아니라 전기생리학적 작용이 있어야 달성될 수 있다. 뉴런 내의 전기적 신경신호의 발생 없이는(특히 활동전위가 발생하지 않고서는) 신경전달물질의 방출에 뒤따르는 시냅스 작용은 물론, 신경계의 활동에 의한 행동의 통제도 불가능해진다. 이에 다음에서는 신경전달에 중요한 뉴런 내 전기적 신호의 발생 원리를 개관하겠다.

① 분극 상태/안정전위

신경세포 내외의 전위 차이를 측정하는 초기 전기생리학적 실험은 오징어의 무수초 축색[10]을 이용한 세포 내 기록(intracellular recording)이다. 오징어로부터 축색을 채취하여 이를 오징어의 세포 외액 성분과 유사한 전해질 용액에 넣고 전극 하나는 세포 내부(즉, 축색 내부)에 삽입하고 다른 하나는 세포 외액에 위치시킨다. '세포에 아무런 자극을 주지 않는 상태' 에서는 이온통로가 닫혀 있으므로 세포 내외로의 이온 이동이 거의 없다. 이때 세포 내외에 분포되어 있는 주요 이온을 보면, 세포 외부에는 주로 나트륨 이온(Na^+)과 염소 이온(Cl^-)이 분포하며,[11] 내부는 주로 칼륨 이온(K^+)과 유기 음이온(A^-)이 분포하고 있다. 정전압(electrostatic pressure)[12]으로 인해 (세포막을 중심으로) 세포막 외부는 양전하를 띤 이온이 그리고 내부는 음전하를 띤 이온이 배열되어 있는데,[13] 이처럼 세포막 내외의 극성이 서로 다른 이온들끼리 배치되어 있는 상태를 분극 상태(polarization)라고 한다. 이때 세포 내부로부터 전위를 기록하면 약 -70mV의 전압이 측정되는데, 이는 외부로부터 세포에 주어진 자극이 없이 안정 상태에서 나타난 것이므로 안정전위(resting potential)라고 불린다([그림 3-5]).

---

10) 이 실험에서 사용된 오징어 축색(약 0.5mm 정도의 직경)은 포유류 신경계의 수초보다 직경이 훨씬 더 굵어(수백 배 정도) 세포 내로 미세전극의 삽입이 가능하다. 또한 이 축색은 수초가 없는 이른 바 무수초 축색이다. 무수초 축색은 형태적으로나 기능적으로 유수초 축색의 랑비에 결절에 비견할 수 있으므로, 이와 같은 오징어의 무수초 축색의 생리학적 특성에 관한 연구는 포유류 축색(특히, 랑비에 결절)의 전기생리학적 원리(특히, 활동전위의 생성 원리)를 밝히는 데 중요한 기초를 제공한다.

11) 유기체의 세포 외액의 주요 성분이 소금물(NaCl)과 같은 전해질이라는 것을 생각하면 세포 외액의 주요 이온이 Na^+와 Cl^-라는 사실을 쉽게 알 수 있겠다.

12) 전기적 극성이 같은 물질끼리는 서로 밀어내고 극성이 다른 물질끼리는 서로 끌어당기는 힘 또는 현상을 말한다.

13) 세포막 외부에서는 주로 Na^+가 (+) 이온을 제공하고, 내부는 주로 A^-와 (그림에는 표시되어 있지 않지만) 소수의 다른 음전하를 띤 입자가 (-) 이온을 제공하는 것으로 추정된다(김문수 외, 2004).

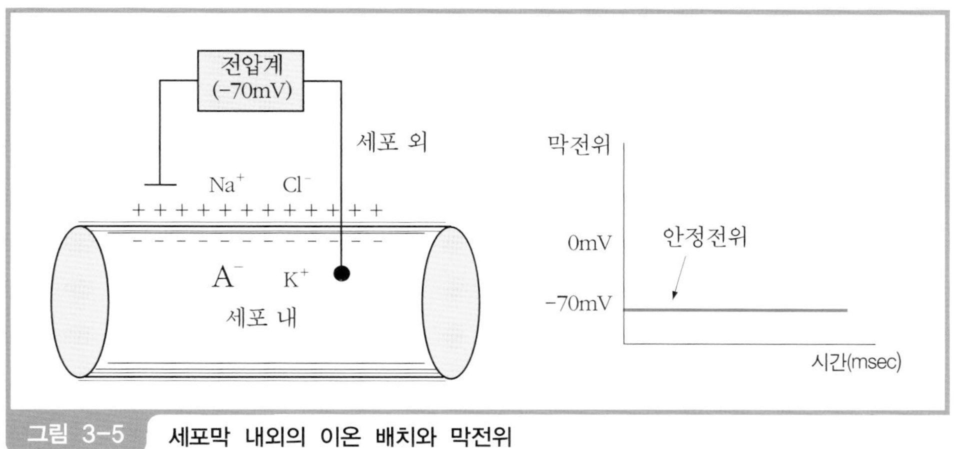

그림 3-5 세포막 내외의 이온 배치와 막전위

② 감분극 상태/전위 및 활동전위

안정전위 상태에서 세포 내부에 (+) 자극, 즉 양전하를 띤 입자(예: Na^+)를 주입하면 세포막 내외의 전위 차이는 어떻게 될까? 이러한 처치는 세포막 안쪽에 양전하를 띤 입자수를 증가시키므로(환언하면, 분극 상태와 비교하여 상대적으로 음전하 입자수가 감소하므로) 세포막 내외에 있는 이온들의 분극 상태가 감소하게 된다. 이를 감분극 상태(depolarization)라고 하며, 또한 이때 세포막 내외의 전위차도 감소하므로 이를 감분극 전위(depolarized potential)라 한다. 감분극 전위는 안정전위(-70mV)에 비하여 0mV 또는 양전압을 향하게 된다([그림 3-6-(a)]). 감분극 전위를 흥분성 전위(excitatory potential)라고도 하는데, 그 이유는 감분극 상태가 증가할수록 뉴런을 흥분시키는 활동전위(action potential)에 더 근접해지기(또는 활동전위를 발생시킬 가능성이 증가하기) 때문이다.

활동전위의 개념과 관련하여 세포 내부에 역치 이상의 (+) 자극을 주면, 즉 역치 이상의 감분극 전위를 유발할 정도로 충분한 양의 양이온을 세포 내부로 주입하면, 전위는 갑자기 +40mV 내지 +50mV로 변한다. 이처럼 감분극 전위가 극대(100%)로 표현된 상태의 전위를 특별히 활동전위라 한다. 활동전위 상태에서만 당해 뉴런은 비로소 자신이 생산한 신경전달물질을 방출해 다른 뉴런과의 정보 전달을 할 수 있기 때문에 활동전위는 신경전달의 필수 요소가 된다([그림 3-6-(a)]).

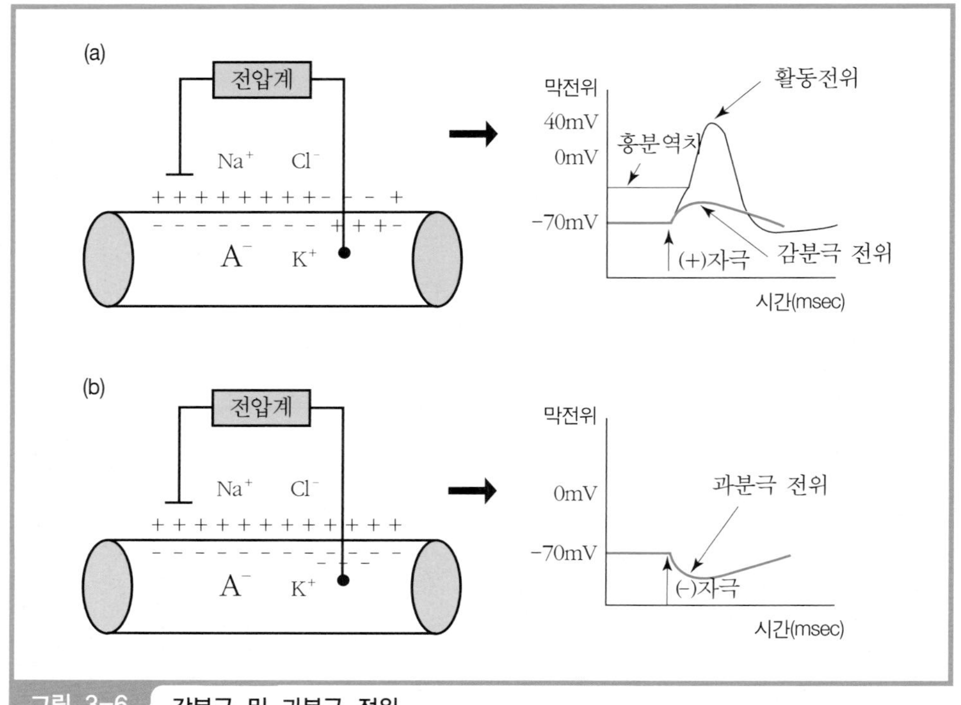

그림 3-6 감분극 및 과분극 전위

③ 과분극 상태/전위

안정전위 상태에서 이번엔 세포 내부에 (-) 자극, 즉 음전하를 띤 입자(예: Cl^-)를 주입하면, 세포막 내부에는 분극 상태 때보다 음전하 입자의 수가 증가하게 된다. 이렇게 되면 세포막을 중심으로 세포 내외는 전기적 극성의 차이가 분극 상태 때보다 더 심화되는데 이를 과분극 상태(hyperpolarization)[14]라고 부른다. 이때 세포 내부로부터 전기적 기록을 하면, 전위의 방향이 안정전위보다 더 음으로 향하는 전압을 가리키는데, 이를 과분극 전위(hyperpolarized potential)라 한다. 또한 이 전위는 활동전위의 유발 가능성을 더 감소시키므로 억제성 전위(inhibitory potential)라고도 일컫는다([그림 3-6-(b)]).

14) 참고로, 과분극 상태/전위의 또 다른 발생 조건은 이온통로가 열려 세포 내부의 양전하를 띤 입자(예: K^+)가 세포 밖으로 나가는 경우다. 양이온의 이출에 의한 세포 내의 양이온의 손실은 곧 세포 내의 음이온의 증가를 의미한다. 만일 세포 내에 남아 있는 양이온의 양이 분극 상태 때보다 더 적어지면 세포는 과분극 상태 또는 전위를 나타내게 된다.

3) 주요 신경전달물질의 역할

고찰한 바와 같이 유기체의 신경계에서 뉴런 간의 정보 전달은 주로 전기적 신경 신호와 신경전달물질의 협업으로 이루어진다. 특히 신경전달물질의 특성에 따라 신경 정보를 받는 뉴런의 활동 양상이 달라지고 종국적으로는 이와 관련되는 행동의 양상도 변하게 된다. 여기에서는 특성이 다른 몇 가지의 대표적인 신경전달물질과 이의 행동적 효과를 소개한다(〈표 3-1〉).

표 3-1 주요 신경전달물질

신경전달물질	주요 역할
아세틸콜린	주의, 기억, 각성 및 골격근의 수축
도파민	서행운동의 개시/종료의 관장, 진행운동의 조율, 정서 조율
노르에피네프린	경계 및 각성 담당, 기분 조절, 교감신경계 활성화
세로토닌	수면, 각성 및 기분 조절, 척수에서 통각의 조절
글루타메이트	대표적인 흥분성 물질로서 흥분성 시냅스 제공, 시냅스 강화에 의한 학습과 기억에 관여
가바	대표적인 억제성 물질로서 억제성 시냅스 제공, 과잉 활성화된 흥분성 시냅스의 제어
엔케팔린/엔도르핀	대표적인 내인성 아편물질로서, 뇌와 척수에서 통각의 억제, 기분의 고양

(1) 아세틸콜린

뇌에서 아세틸콜린(acetylcholine: ACh)은 주의(attention), 기억(memory) 및 각성(arousal)을 주로 담당한다. 특히 기억과 관련하여 아세틸콜린의 역할을 지지할 수 있는 신경화학적 근거는 노인성 치매라고도 불리는 알츠하이머 병(Alzheimer's disease)의 발생 기제에서 찾을 수 있다. 이 질환은 기억 정보의 형성 및 저장에 결정적인 해마 또는 대뇌피질 등에 투사하는 아세틸콜린성 뉴런이 변성하기 때문에(결과적으로 이들 뇌 영역에서 아세틸콜린의 방출이 감소하거나 없어지기 때문에) 발생하는 것으로 알려져 있다. 한편, 아세틸콜린은 말초에서는 운동뉴런과 골격근 간의 연결부위에 작용해서 골격근의 수축을 유발한다.

(2) 도파민

뇌에서 도파민(dopamine)은 노르에피네프린(norepinephrine), 세로토닌(serotonin, 5-HT) 등과 함께 모노아민 계통에 속하는 신경전달물질이다. 뇌의 모노아민성 뉴런이 그렇듯이, 도파민성 뉴런은 주로 세포체를 뇌간(주로 중뇌, 교 및 연수를 포함한다)에 두고 있다. 이 뉴런은 기저핵(basal ganglia), 변연계(limbic system) 및 전두피질(frontal cortex) 등 전뇌 부위로 다수의 축색을 투사하고 있다. 중뇌의 흑질(substantia nigra)에서 발원해서 기저핵에서 종지하는 도파민성 뉴런은 운동 조율에 관여하는 것으로 알려져 있다. 이 뉴런이 변성되면 기저핵에서 도파민의 방출이 감소되어 몸이 진전/전율되고, 걷기와 같은 서행운동의 개시 및 종료에 어려움을 겪는 운동장애, 곧 파킨슨병(Parkinson's disease)이 발생한다. 한편, 중뇌의 복측피개야(ventral tegmental area)로부터 변연계 및 전두피질로 투사하는 도파민성 뉴런들은 정서 조율 또는 강화에 중요한 역할을 한다. 특히 이들이 과다 활성화되면(결과적으로 이들 전뇌 영역에서 도파민이 과잉 분비되면), 망상증을 포함하는 정신분열 증상을 유발하기 쉬운 것으로 알려져 있다. 파킨슨병의 증상을 완화할 목적으로 투여되는 도파민의 선구물질인 L-DOPA[15)]가 이 병의 환자에게 과다 투여될 경우에 이 환자는 흔히 조현병과 유사한 정서적 부적응 증상을 나타내는 것으로 알려져 있다.

(3) 노르에피네프린

노르에피네프린(norepinephrine)은 뇌에서는 경계 및 각성을 주로 담당한다. 유기체가 부적 정서(예: 공포 또는 불안)를 경험하고 있을 때 자율신경계(구체적으로, 교감신경계)는 더 활성화된다. 이와 관련하여 유기체는 평상시보다 더 많은 노르에피네프린을 분비하여 신체를 각성시킨다. 이 같은 생리적 변화는 유기체로 하여금 응급 또는 위협 상태에 보다 더 잘 대처하게 하기 위한 신경화학적 반응으로 해석된다. 이 물질은 또한 기분의 조절에도 관여한다. 세로토닌의 경우처럼 뇌에서 이 물질의 분비가 감소하면 우울증이 유발되기도 한다.

(4) 세로토닌

세로토닌(serotonin)은 중추에서는 주로 수면과 각성, 그리고 기분을 조절한다. 특히

---

15) 투여된 도파민의 선구물질인 L-DOPA는 차후에 뇌에서 효소와 작용하여 도파민으로 전환된다.

뇌에서 세로토닌성 뉴런의 변성으로 이 신경전달물질의 공급이 감소하면 우울증이 유발되기 쉽다. 더 나아가, 전전두피질에서 분비되는 것으로 믿어지는 세로토닌은 공격행동을 억제하는 기능을 한다(Howell et al., 2007). 또한 연수에서 기시해서 척수에 종지하는 세로토닌성 뉴런은 척수 수준에서 통각(pain)을 조절하는 데에 관여한다. 이 뉴런이 활성화되어 척수에서 세로토닌이 분비되면, 척수에서 뇌로 통각 정보를 올려 보내는 뉴런이 억제되므로 그 유기체는 통각을 덜 느끼게 된다(Basbaum & Fields, 1984).

(5) 글루타메이트

글루타민 산(glutamic acid)이라고도 하는 글루타메이트(glutamate)는 중추신경계의 대표적인 흥분성 신경전달물질이다. 이 물질이 행동에 미치는 일반적인 흥분성 작용은 바로 다음에서 논의될 것이다. 여기서는 학습 및 기억에 기여하는 이 물질의 중요한 역할 하나를 소개한다. 새로 경험한 사건들을 시간적 순서로 연결해 의미적으로 기억 정보를 저장하고 인출하는 데에는 일반적으로 해마가, 그리고 공포나 불안 등 부적 정서가 포함된 정보를 저장 및 인출하는 데에는 편도체가 중요하다. 이들 뇌 부위에서의 학습 및 기억 과정은 시냅스의 강화(시냅스 전달의 효율이 증가하는 것)와 밀접한 상관이 있는데, 글루타메이트가 이 시냅스 강화에 결정적인 역할을 하는 것으로 알려져 있다(Maren, 2001; Morris, Anderson, Lynch, & Baudry, 1986).

(6) 가바

가바(gamma-amino butyric acid: GABA)는 중추신경계에서 대표적인 억제성 신경전달물질이다. 글루타메이트와 같은 흥분성 물질 자체는 뉴런을 더 활성화시키기 때문에 이 물질은 자동차의 가속기에 비유할 수 있다면, 가바 등 억제성 물질 자체는 뉴런의 활성을 억누르는 속성이 있으므로 제동장치인 브레이크에 비유할 수 있다. 정상인의 뇌는 흥분성과 억제성 시냅스 간에 적절한 조율이 유연성 있게 이루어지기 때문에 설령 스트레스 자극과 같은 위협 자극에 의해 뇌의 흥분성 뉴런들의 활동성이 일시 증가할지라도 이내 억제성 뉴런들이 개입하여 흥분성 뉴런들의 활동이 지나치지 않게 막는다. 반면에 가바성 뉴런의 변성과 관계되는 헌팅턴 무도병이나 간질 발작 등 흥분성 신경질환은 뇌에서 억제성 시냅스의 제어 기능이 와해된 결과로 흥분성 시냅스의 효과만 과도하게 증폭되기 때문에 발생하는 것으로 해석된다. 실생활에서 간질 발작 억제제로 대부분 가바성 물질이 해당 환자에게 투여되는데 그 이유는 이 물질이 뇌에서 와해된 억제성 시냅스 기능을 보완해 과잉 활성화된 흥분성 시냅스를 제어하는 작용을 하기 때문이다.

(7) 엔케팔린과 엔도르핀

엔케팔린(enkephaline)과 엔도르핀(endorphin)은 유기체 내부, 특히 중추신경계에서 생성되는 대표적 내인성 아편물질이다. 유기체가 유해 자극 또는 위협 자극에 노출될 때는 아픔을 덜 느끼게 되는 현상, 즉 통각 억제 현상(pain inhibition)이 발생하는데 이때 관여하는 물질이 주로 이들 아편물질이다. 또한 이들 물질은 우리의 기분을 고양시키는 작용도 한다.

2 신경계

앞에서 우리는 단일 뉴런 내와 두 뉴런 사이의 정보전달에 관여하는 전기생리학적, 신경화학적 기제에 대하여 배웠다. 이미 언급한 것과 같이 우리의 신경계(nervous system) 내에는 굉장히 많은 수의 뉴런이 있다. 그런데 이 많은 뉴런이 일률적으로 동일한 기능을 수행하리라고 생각하는 사람은 드물 것이다. 실제로 말하기와 듣기 같은 행동 양식은 뇌의 다른 영역이 작동하기 때문에 서로 다르게 표현되는 것이다. 여기에서는 특정 행동 양식에 해당하는 신경계의 주요 영역을 알아보고 이들의 기능을 개관하기로 한다.

1) 중추신경계

우리 행동을 조절하는 중심에는 뇌와 척수, 즉 중추신경계(central nervous system: CNS)가 있다. 특히 행동 통제의 총사령탑은 뇌이다. 뇌는 해부학적으로 크게 전뇌(forebrain), 중뇌(midbrain) 및 후뇌(hindbrain)로 나뉜다([그림 3-7]과 〈표 3-2〉).

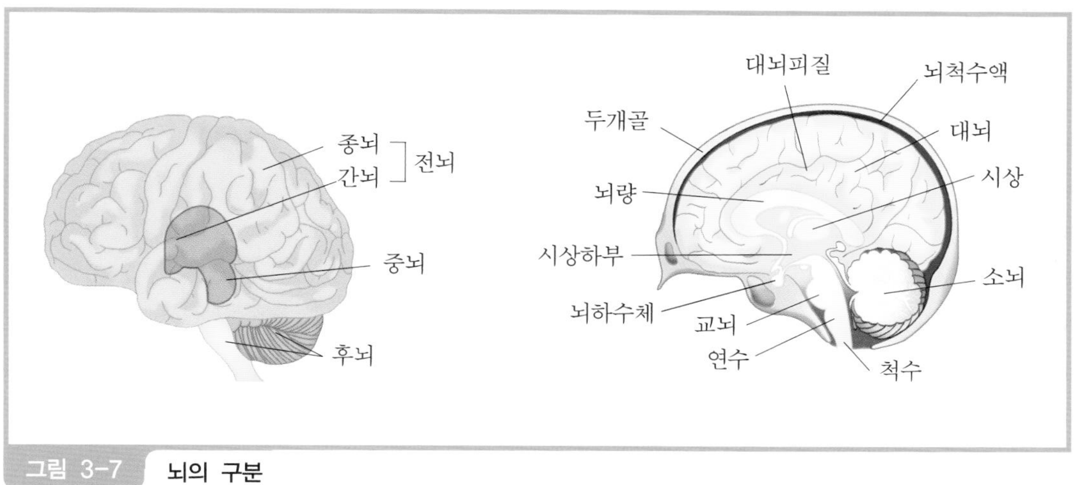

그림 3-7 뇌의 구분

표 3-2 뇌의 구분

뇌의 대구분	하위 구분	주요 구조물/영역
전 뇌	종뇌	대뇌피질: 전두엽, 두정엽, 측두엽, 후두엽 기저핵(선조체): 미상핵, 담창구, 피각 변연계: 해마, 편도체, 대상회
	간뇌	시상, 시상하부, 뇌하수체
중 뇌	중뇌	개: 상소구, 하소구
		피개: 중뇌수도주변회백질, 흑질, 복측피개야, 적핵
후 뇌	후뇌	소뇌, 교
	수뇌	연수

(1) 전뇌

전뇌를 하위 부위로 분류하면 종뇌(telencephalon)와 간뇌(diencephalon)로 나누어지는데, 먼저 종뇌에 해당하는 대뇌피질(cerebral cortex), 기저핵(basal ganglia), 변연계(limbic system)의 해부학적 구성과 행동에서의 역할을 살펴본다.

① 종뇌

대뇌피질 나무의 껍질에 비견되는 대뇌피질은 두 대뇌반구의 표층 부위를 형성한다. 대뇌피질은 크게 전두엽(frontal lobe), 두정엽(parietal lobe), 측두엽(temporal lobe) 및 후두엽(occipital lobe)으로 구분된다([그림 3-8]).

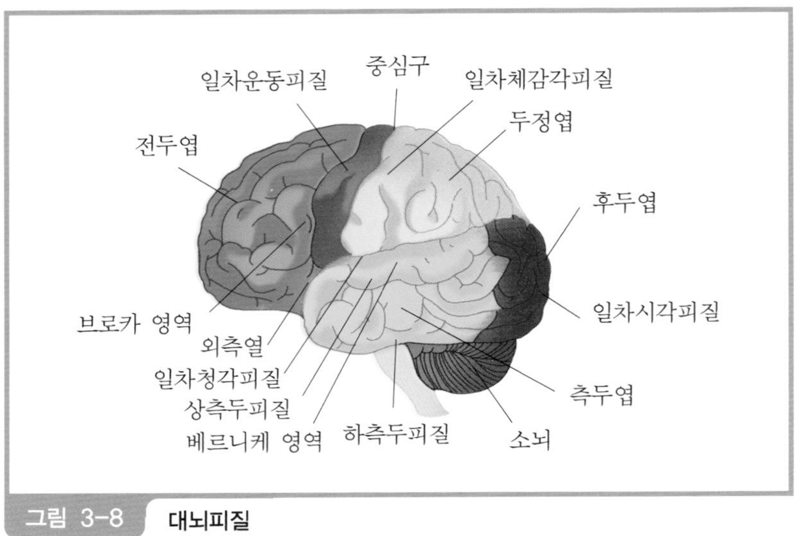

그림 3-8 대뇌피질

전두엽은 크게 일차운동피질(primary motor cortex)과 전두연합피질(frontal association cortex)로 구성된다. 일차운동피질은 중심구(central sulcus)[16]의 바로 앞부분에 위치하며 신체의 특정 부위에 대한 운동 명령을 직접적으로 수행하는 곳이다. 예를 들면, 손, 발 또는 입의 움직임은 일차운동피질 내에서 이들 각 신체 부위를 담당하는 하위 영역이 활성화되어야 해당 신체 부위가 동작을 만들어 낼 수 있게 된다. 이에 만약 어떤 사람이 손을 담당하는 일차운동피질의 하위 영역이 손상된다면 다른 동작들은 정상적이겠지만 손은 잘 움직일 수 없게 될 것이다. 전두엽의 대부분을 차지하는 나머지 영역이 전두연합피질인데, 이곳은 '사람으로 하여금 사람이 되게 만드는 뇌 영역' 이라고 해도 틀리지 않는 부위다. 인간에게 고유한 행동 특성들, 즉 종합적인 사고, 판단, 추론, 인지적 해석 등의 고등정신과정과 같은 기능은 물론 상황에 부적절한 행동(예: 술에 취해 주정부리는 일)을 억제하는 역할도 이곳과 밀접하게 관련되기 때문이다. 더 나아가 이 부분은 앞으로 일차운동피질에 의해 수행될 운동에 대하여 기획하는 운동계획 수립의 역할도 담당한다. 예를 들면, 언어 생성의 중추로 잘 알려져 있는 브로카 영역(Broca's area)은 전두연합피질의 일부인데, 이 부분은 표현 대상의 언

16) 뇌피질은 다수의 융기부와 홈으로 주름져 있는데, 이 중 융기 부분을 회(gyrus)라고 하고 홈 부분을 구(sulcus) 또는 열(fissure)이라 한다. 구는 피질 영역을 비교적 뚜렷이 구분하는 작고 얕은 홈을, 그리고 열은 보다 깊고 큰 홈을 뜻한다. 특히 전두엽과 두정엽을 구분하는 작은 홈을 중심구라고 하고, 전두엽/두정엽과 측두엽을 구분하는 큰 홈을 외측열이라 한다.

어를 어법에 맞고 의미 있게 구성한 후에 입과 혀의 움직임을 관장하는 일차운동피질의 해당 하위 영역에 운동 명령을 전달한다.

두정엽의 주요 부분은 일차체감각피질(primary somatosensory cortex)과 두정연합피질(somato-sensory association cortex)이다. [그림 3-8]에서 보는 바와 같이 중심구의 바로 뒤쪽에 위치하는 일차체감각피질은 신체 부위로부터 올라오는 촉각, 압각, 진동감각, 온도감각, 통각 등 체감각 정보를 받아들여 처리하는 영역이다. 이곳에서 이루어지는 체감각에 대한 정보 처리 양상도 일차운동피질의 경우와 같이 특정 신체 부위에 따라 세분화되어 있다. 이제 우리는 손으로부터 올라오는 정보와 얼굴로부터 올라오는 정보가 일차체감각피질 내의 서로 다른 하위 영역에서 처리되리라는 것은 쉽게 추측할 수 있을 것이다. 나머지의 두정엽 대부분을 차지하는 두정연합피질은 체감각적 또는 공간적 정보에 대한 지각 및 기억을 담당한다.

측두엽은 대략 외측열(lateral fissure) 아랫부분의 대뇌피질이다. 이곳의 상측두피질에는 일차청각피질(primary auditory cortex)과 베르니케 영역(Wernicke's area)이 포함되어 있는데 이들은 주로 청각 정보를 처리하는 기능을 한다. 특히 베르니케 영역은 일차청각피질로부터 들어오는 구어 정보를 문법적, 의미적으로 이해하는 역할을 한다. 다음에서 보다 자세히 설명하겠지만, 하측두피질은 후두엽의 일차시각피질(primary visual cortex)에서 처리된 기초적 차원의 시각 정보를 보다 정교하고 고차원적으로 분석 및 조합하는 역할을 담당한다. 또한 측두연합피질(temporal association cortex)은 주로 구어적, 시각적 정보에 관한 지각은 물론 이에 관한 기억도 담당한다.

후두엽의 주요 역할과 관련하여 눈의 망막(retina)에 맺히는 시각 상(visual image)은 전기적 신경신호로 바뀐 후 시상(thalamus)의 일부인 외측슬상체(lateral geniculate nucleus: LGN)에서 시냅스를 형성한 후에 다시 후두엽의 일차시각피질로 투사된다. 이곳에서 기초적 차원의 시각 정보가 분석되고, 보다 다양하고 정교한 시각 정보의 분석은 측두엽의 후반부에 해당하는 시각연합피질(visual association cortex)에서 수행된다. 그리고 이차원, 삼차원적 물체 지각을 포함하는 고차적인 시각적 지각에 필요한 정보의 조합은 하측두 끝에서 이루어진다[17](Iwai & Mishkin, 1969; Tanaka, 1992). 부가

17) 형태 지각을 일례로 들면, 시각 정보는 일차시각피질에서는 형태 구성의 기초 요소인 점, 선 등 일차원적인 정보로 처리되지만, 하측두 끝으로 갈수록 이들 기초적인 정보는 고차원적으로 분석 및 조합되어 평면, 입체 등으로 지각된다.

적으로 시각연합피질은 시각 정보에 대한 지각을 넘어서 이에 대한 기억도 담당한다.

대뇌반구의 전문화 인간의 뇌는 두 개의 반구(hemisphere)로 구성되어 있고 이들 반구는 뇌량(corpus callosum)이라는 거대한 신경다발에 의해서 연결되어 있다. 이에 정상인의 경우 어느 한 반구에서 발생한 정보는 뇌량을 통해 서로 반대쪽의 반구에도 전달된다. 그 결과로 두 반구의 정보는 하나로 통합되어 인지된다. 예를 들면, 우반구(right hemisphere)에 '모자 그림' 이라는 시각 정보가 들어오면 우반구가 먼저 이 정보를 인식하게 될 것이고, 이어 좌반구(left hemisphere)도 이 동일한 정보를 인식하게 될 것이다. 이 정보가 뇌량을 통해 우반구로부터 좌반구로 전달되기 때문이다. 만일 두 대뇌반구가 분리될 경우에도 양 반구에 각기 독립적으로 발생하는 정보가 여전히 이와 같이 통합적으로 인지될 수 있을까? 이에 대한 답을 얻기 위해서 가자니가(Gazzaniga, 1967)의 '분할된 뇌 실험' 을 보자.

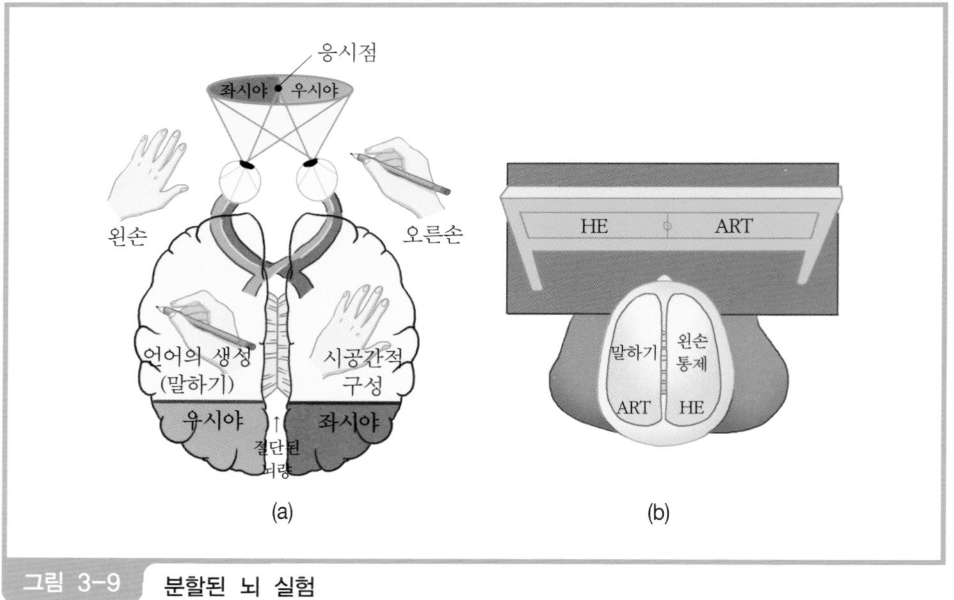

그림 3-9 **분할된 뇌 실험**

이 실험을 통해 얻은 중요한 발견은 양 대뇌반구가 신체의 좌우에 존재하는 폐, 신장 등의 신체기관처럼 양쪽이 모두 동일한 기능을 수행하기보다는 각 대뇌반구가 독립적으로 전문적인 기능을 수행한다는 점이다. 각 대뇌반구의 전문적 역할(이를 대뇌 편측화[hemispheric lateralization]라고도 한다)에 대한 후속 연구들은 이러한 두 대뇌반구

BOX 1 '분할된 뇌' 실험

우선 이 실험의 내용을 이해하기 위해 사전에 알아야 할 몇 가지 숙지 사항들이 있다([그림 3-9-(a)]).

첫째, 이 실험의 피험자는 간질 발작을 제어할 목적으로 사전에 뇌량이 절단되어 사실상 양 반구 사이에 정보 교환을 거의 할 수 없는 상태다.

둘째, 시야로부터 눈으로 들어오는 시각 정보가 후두엽으로 전달되기까지의 해부학적인 투사원리다. 어느 한쪽 시야의 시각 정보는 반대쪽의 후두엽으로 투사된다. 좀 더 자세히 설명하면, 좌측 시야로부터 오는 시각 상은 대부분 각 눈의 우측 망막에 맺힌 후에 우측 외측슬상체(시상의 일부)를 거쳐 우측 후두엽으로 투사되고, 우측 시야에서 오는 시각 상은 대부분 각 눈의 좌측 망막에 맺힌 후에 좌측 외측슬 상체, 좌측 후두엽 순으로 정보가 전달된다.

셋째, 뇌는 신체에 대하여 대측(반대쪽) 지배를 한다. 즉, 좌측 신체의 운동성 및 감각성 정보의 처리는 우반구가 맡고, 우측 신체에 대한 이들 정보는 좌반구가 처리한다.

넷째,언어 표현 중추에 관한 내용이다. 문법에 맞고 의미가 통하는 언어를 생성하는 중추는 좌반구의 브로카 영역이다. 따라서 특정하게 요구되는 언어정보를 말로써 표현하기 위해서는 관련 정보가 이곳까지 도달해야 할 것이다.

가자니가(Gazzaniga, 1967)는 실험에서 뇌량이 절단된 피험자가 스크린의 중앙을 응시하고 있을 때 스크린의 왼쪽(즉, 좌시야)에는 'HE' 라는 단어를, 그리고 오른쪽(즉, 우시야)에는 'ART' 라는 단어를 순간적으로(안구 이동이 유발되지 않을 정도로 짧은 시간 동안) 제시하였다([그림 3-9-(b)]). 그런 후에 이 피험자에게 그가 본 단어를 '소리 내어 말하도록' 요청했다. 또한 이 피험자는 'HE ART' 라는 두 단어가 적힌 카드보드를 제시한 후 그가 본 단어를 '왼손을 사용하여 지적하도록' 하였다. 이 피험자의 반응은 무엇이었을까? 과연 이 피험자는 자신이 왼손으로 지적한 단어가 자신이 발성한 단어와 일치했을까? 놀랍게도 대답은 '그렇지 않다' 이다. 실제로 이 피험자 자신이 보았다고 소리 내어 말한 단어는 'ART' 였고, 그가 왼손으로 지적한 단어는 'HE' 였다. 이런 불일치한 대답에 대하여 다음과 같이 설명할 수 있다. 우시야의 'ART' 정보는 좌망막으로 들어간 후 좌측의 외측슬상체를 거쳐 왼쪽 후두엽으로 투사된다. 이는 결국 좌반구의 언어 생성 센터인 브로카 영역으로 전달되어 이 단어를 소리 내어 말할 수 있게 된다. 반면에, 좌시야의 'HE' 는 우망막, 우측 외측슬상체, 오른쪽 후두엽 순으로 우반구까지는 투사되지만 뇌량이 절단되어 있으므로 언어센터가 있는 좌반구로 전달되지 못한다. 이에 따라 피험자는 'HE' 라는 단어를 발성하지 못하게 되는 것이다. 하지만 왼손은 우반구의 지배를 받으므로 우반구의 명령을 수행할 수 있게 되는 것이다. 따라서 왼손으로 지적할 수 있는 것은 'HE' 라는 단어인 것이다.[18)]

---

18) 이 실험에서, 본 것을 만일 오른손을 사용해서 지적하라 하면, 좌반구에 'ART'라는 단어 정보가 전달될 것이므로 좌반구의 지배를 받는 오른손은 이 단어를 지적할 것이다.

간의 기능적 차이를 지지해 준다. 일반적으로, 좌반구는 언어 정보 처리에 우세하고 우반구는 시간적 · 공간적 · 정서적 정보 처리에 우세한 것으로 알려져 있다. 우리는 언어를 사용하거나 이해할 때 어법에 맞고 의미가 통하는 단어, 구절 또는 문장을 사용하는데, 이런 역할은 좌반구의 공헌과 관련된다 하겠다. 한편 우리는 흔히 음악적 리듬감과 빠르기에 민감하며(시간적 정보 처리의 예), 사물의 기하학적 구성에 대한 이해가 빠르며(공간적 정보 처리의 예), 또는 감성이 뛰어나기도 하다(정서적 정보 처리의 예). 이들 모두는 우반구의 기여와 관련된다 하겠다.

특히 언어 정보 처리와 관련된 대뇌 편측화를 대상으로 하는 최근의 연구 결과를 좀 더 자세히 살펴보면, 앞서 설명한 바와 같이 좌반구는 언어 정보를 주로 문법 및 의미 중심으로 처리하지만 우반구는 언어의 의미 전달을 보다 뚜렷하게 하고 언어에 실린 정서, 생동감 등을 잘 반영해서 표현하게 해 준다. 바꿔 말하면, 언어에 운율, 억양, 뉘앙스, 감정 및 정서 등을 채워 넣는 일은 주로 우반구가 담당한다(김현택 외, 2003). 사실, 이러한 언어 정보 처리에서 갖는 우반구의 기능은 완전히 새로운 측면이 아니라, 이미 설명한 우반구의 보편적인 기능(즉, 시간적, 공간적 및 정서적 정보처리 기능)이 언어 정보 속에서도 동일하게 반영되고 있는 것이다.

기저핵 대뇌피질을 제거할 경우에 안쪽에서 보이는 뇌 구조물, 이른바 피질하 구조물의 일부가 기저핵이다. 제3뇌실 벽 쪽에 럭비공 모양을 하고 있는 피질하 구조물이 시상인데 이의 바로 외측(바깥쪽)에 기저핵이 위치한다([그림 3-10]). 기저핵은 미상핵(caudate nucleus), 담창구(globus pallidus), 피각(putamen) 등으로 구성되는데,[19] 서서히 일어나거나 앉기, 걷기 등 느리고 순차적인 운동의 개시/종료 및 진행을 원활하게 하는 기능을 주로 담당한다. 이곳에서 정상적으로 분비되는 도파민이 이런 기능을 담당하는 것으로 알려져 있다. 기저핵의 이런 기능을 뒷받침할 수 있는 신경병리학적인 증거는 파킨슨병의 원인과 증상에서 찾을 수 있다. 앞에서 이미 기술한 바와 같이 기저핵에는 중뇌의 흑질에서 발원하는 도파민성 뉴런의 종말단추가 있다. 이 뉴런이 변성되면 이곳에서의 도파민의 분비가 감소하게 되므로 환자는 몸이 진전/전율되고 서행운동의 개시 및 종료에 어려움을 갖는 파킨슨병을 겪게 된다.

19) 기저핵은 선조체(striatum) 또는 신선조체(neostriatum)라고도 한다. 참고로, 흑질로부터 기저핵으로 투사하는 도파민성 뉴런군을 일반적으로 흑질-선조계라고 한다. 이곳이 변성되면 파킨슨병이 유발된다.

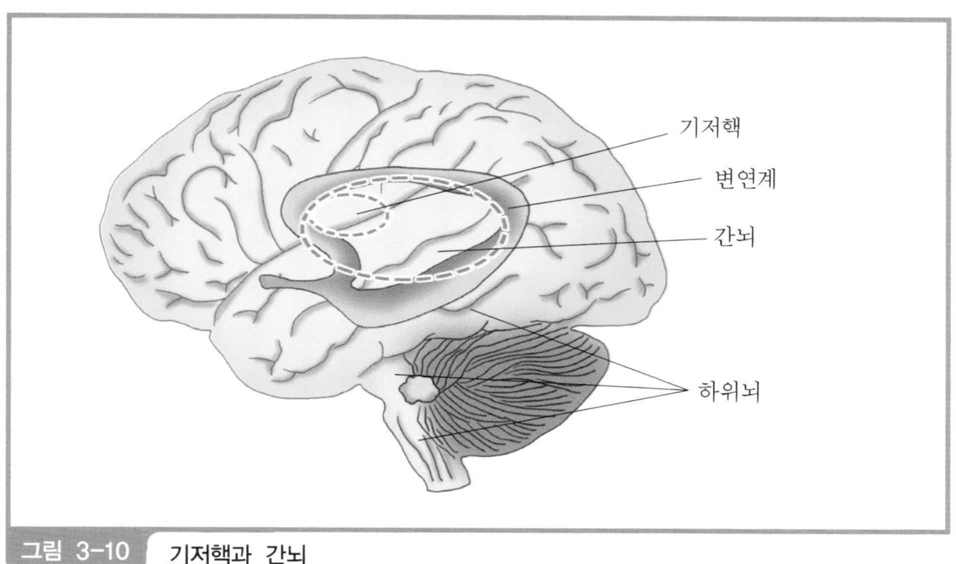

그림 3-10 기저핵과 간뇌

변연계 변연계(limbic system)는 대뇌반구의 가장자리에 위치한다. 여기에 속하는 주요 구조물로는 편도체(amygdala), 해마(hippocampus), 대상회(cingulate gyrus) 등이 있는데([그림 3-11]), 종합적으로 이들은 정서반응, 동기, 학습 및 기억과 연관된다.

측두엽의 피질하 구조물 중 하나인 '편도체'는 유기체가 공포 또는 불안 등의 부적 정서를 학습하거나 기억하는 데 중요한 전뇌 구조물로 알려져 있다. 이를 지지할 수 있는 실례를 들어 보자면, 먼저 동물의 예로 실험용 쥐에게 반복적으로 청각자극(예: 부저소리 또는 백색소음)[20]을 제시하고 잠시 후에 발바닥에 혐오자극인 전기충격을 제공할 수 있다. 차후에 이 동물은 더 이상의 전기충격이 제공되지 않음에도 불구하고 이와 연합되었던 청각자극만을 제시받아도 놀라게 되어 평상시보다 맥박수와 혈압을 증가시키고, 몸이 얼어붙는 동결반응을 나타

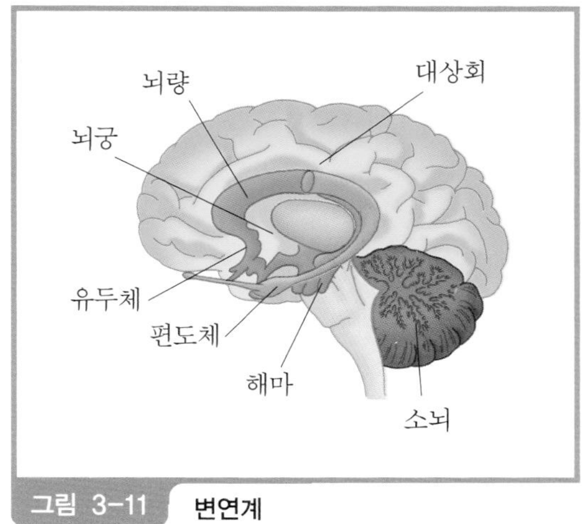

그림 3-11 변연계

20) 공포조건화 이전에 이들 청각자극은 유기체에게 전혀 무해한 자극이어서 이들 자체는 공포나 불안을 유발하지 않는다.

내고, 유해자극에 노출되어도 아픔을 잘 못 느끼게 되는 등의 공포반응을 나타낸다(서동오, 이연경, 최준식, 2006; 신맹식, 2008; Helmstetter, 1992; LeDoux, 1992; Seo, Pang, Shin, Kim, & Choi, 2008). 그런데 미리 동물의 편도체를 손상시키거나 이곳의 뉴런 활성을 막고 위와 같은 공포조건화를 시키면 이 동물은 공포반응을 나타내지 않는다(Helmstetter, 1992; LeDoux, 1992; Lee, Choi, & Kim, 2001). 사람의 경우에 유전적으로 과다한 칼슘 축적이 원인이 되어 편도체가 위축되는 이른바 우어바흐-위데병 환자에게 끔찍한 교통사고 현장을 묘사하는 이야기를 들려주고 회상하게 할 때 그는 이 이야기의 전반에 관한 내용의 인출은 정상이지만 정서와 관련된 내용은 잘 기억해 내지 못한다(Cahill, Babinsky, Mar-kowitsch, & McGaugh, 1995). 또 다른 편도체의 주요 기능 하나는 공격행동과 관련된다. 다우너(Downer, 1961)의 연구에서 평소에 사육사에게 화를 내며 공격적이던 원숭이가 편도체가 손상된 후로는 온순하게 접근하는 행동을 보였다. 이 같은 관찰은 편도체가 유기체의 공격 행동의 표현과 관련이 있음을 나타낸다.

'해마'는 편도체 후측(뒤쪽)에 위치하는 측두엽의 피질하구조물의 하나다. 이 뇌 구조물은 주로 유기체가 경험한 독립적인 개개의 대상/사건에 대해 지각한 내용들을 '의미적으로 서로 연결, 조합' 한 후에 장기간 저장하고 그 정보를 인출하는 역할을 한다고 알려져 있다(Carlson, 2002). 달리 말하면, 해마는 유기체가 경험 또는 지각된 내용들을 의미적 관계 중심으로 학습하고 기억하는 데에 중요한 역할을 한다. 따라서 해마가 손상되면 유기체의 이런 능력도 같이 사라진다. 해마의 이런 역할을 가장 잘 대표하는 사례로는 H.M.과 R.B.가 있다. H.M.은 간질치료를 위해 해마 전체와 주변의 측두엽 피질 일부가 제거된 환자이고, R.B.는 일시적 혈류 중단으로 인한 산소결핍으로 해마 자체가 손상된 환자다. '해마 손상 후에' 이들은 진행 중인 새로운 기억 정보[21]에 관한 인출 능력은 정상적이었지만, 몇 시간 또는 며칠 전에 경험한 사건에 대해서는 물론 불과 몇 분 전에 경험한 사건까지도 잘 기억해[22] 내지 못했다. 이들은 주로 해마의 기능이 상실되어 새로운 기억 정보가 장기기억 장치로 저장이 잘 되지 않아서 결과적으로는 인출이 되지 않는 순행성 기억상실증(anterograde amnesia)에 시달렸다. 해마 절제 후에 H.M.이 보였던 몇 가지의 행동을 좀 더 소개하면, 그는 새로

21) 이를 단기기억이라 하는데 보통 약 30초 정도의 지속 기간을 가진다.
22) 이와 관련된 기억을 장기기억이라고 하며, 정상인의 경우는 1분 이상 때로는 반영구적으로 지속된다.

BOX 2 내측 측두엽 손상 환자의 외현적 장기기억 인출 양상과 시스템 응고화

해마와 측두 변연피질을 포함하는 내측 측두엽이 손상된 H.M.과 유사한 손상을 입은 다른 환자들에 대한 기억 인출 양상을 기술한 1950년대 이후의 연구들을 보면, 이 환자들은 우선 해마 손상과 더불어 새로운 외현적 장기기억 정보를 인출하지 못하는 순행성 기억상실증에 시달렸다. 이들의 기억 인출 양상을 좀 더 깊이 들여다보면, 이런 뇌손상이 있기 전에 경험했던 과거의 외현적 기억정보는 뇌손상 시점으로부터 거슬러 올라가는 시간에 따라 인출 양상이 달랐다. 즉, 이들은 가까운 과거에 대한 외현적 기억은 인출하지 못했지만(따라서 역행성 기억상실증을 보였지만), 오래된 외현적 기억은 아주 잘 회상하였다. 과거의 외현적 기억에 대한 인출 양상이 왜 이처럼 다른가? 이에 대한 답을 하기 위해서는 우선 다음과 같은 외현적 장기기억의 특징에 관한 개관을 살펴볼 필요가 있겠다.

근래 신경심리학자들은 새로운 외현적 장기기억이 해마에서 형성된 후에 이 기억의 흔적이 한시적으로 해마에 저장되지만 시간이 경과하여 먼 과거의 기억이 되어 감에 따라 측두 변연피질을 경유해 대뇌피질로 이동해 저장된다는 이른바 시스템 응고화 이론(systems consolidation theory)을 제안해 왔다(신맹식(2010)의 개관 참고). 사람 피험자 대상 연구들로부터 얻은 증거를 보면, 외현적 장기기억이 형성된 후의 시간 경과에 따라 기억 인출을 담당하는 뇌 영역이 달라짐을 알 수 있다. 예를 들면, 스미스와 스콰이어(Smith & Squire, 2009)는 뇌혈류량 및 산소 소모량을 강조하는 fMRI 기법을 이용하여 사람 피험자들이 자신에게 발생했던 과거의 사건들을 회상할 때 그들의 뇌 활동 양상을 기록했다. 정상인과 해마 손상 환자는 모두 먼 과거의 사건들을 회상해 내는 기억 능력에는 차이가 없었으며(즉, 정상적으로 기억하였으며) 이때 주로 활성화되는 뇌 영역은 전두피질을 포함하여 대뇌피질이었다. 반면에, 가까운 과거의 사건들을 회상할 때는 해마가 손상된 환자가 정상인에 비하여 회상 능력이 현저하게 떨어졌다. 이와 같은 시간 경과에 따른 외현적 장기기억의 다른 인출 양상은 타카시마(Takashima)와 동료들의 연구(2006, 2009)에서도 일관되게 관찰된다. 그들은 정상인 피험자들이 기억 정보를 학습한 후 1일로부터 3개월에 걸쳐 기억 인출을 하는 동안의 뇌 활동성 변화를 기록하였는데,[23)] 피험자들의 해마는 가까운 과거(학습 후 1일)의 정보를 인출하는 동안에 활동성이 가장 높았고, 시간이 더 흘러 먼 과거(학습 후 90일)의 정보를 인출할 때는 활동성이 가장 낮았다. 이와는 대조적으로, 동일한 피험자들의 복내측 전전두피질은 그 활동성이 학습 후 90일에 가장 높았고 1일에는 가장 낮았다([그림 3-12]). 이들 관찰을 종합하면, 가까운 과거의 외현적 기억은 해마에 저장되는 반면, 먼 과거의 기억은 해마로부터 인계되어 대뇌에 저장됨을 볼 수 있다.

이에, H.M.과 같은 해마를 포함하는 내측 측두엽 손상 환자들이 가까운 과거에 대하여 기억상실을 보인 까닭은 해마에서 새로 형성된 그들의 외현적 기억 정보가 시기적으로 아직 해마 또는 그 주변부를 벗어나지 못해서 이 뇌 영역들의 손상과 더불어 사라졌기 때문이다. 그리고 먼 과거의 외현적 기억 정보는 이미 이 영역들을 벗어나 대뇌피질에 안착했기 때문에 이런 뇌 영역들의 손상과 무관해져서 정상적으로 인출된 것으로 해석할 수 있다.

23) 화면에서 사람의 얼굴 사진과 이의 제시 위치를 연결하여 기억하게 하는 과제와 경사진에 대한 재인 과제를 피험자들이 수행하는 동안에 fMRI 기법을 사용해 기록하였다.

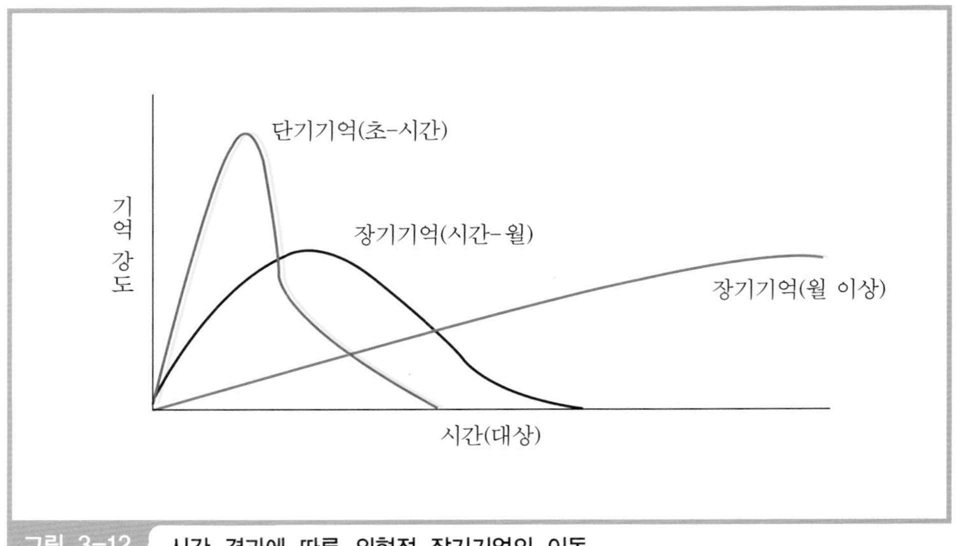

그림 3-12 시간 경과에 따른 외현적 장기기억의 이동

소개받은 사람을 여러 번 반복해 만났어도 매번 완전히 새로운 사람으로 인식했다. 동일한 읽을거리도 매번 새것으로 여기고 처음과 똑같이 재미있게 읽었다.[24] 또한 외출할 때도 그는 해마 절제 수술을 받은 후에 이사 간 자신의 새로운 집을 찾아가지도 못했다. 일반적으로 H.M.과 같은 순행성 기억상실은 새롭게 경험하는 동일 대상/사건에 대하여 과거의 지각 내용과 현재의 지각 내용이 해마의 손상으로 서로 의미 있게 연결되어 조합되지 못하기 때문에 발생한다고 해석된다.

'대상회'는 뇌량 바로 위에 위치하는 띠 모양의 대뇌피질로서([그림 3-11]), 최근의 연구에 따르면 전측(앞부분)은 특히 전두피질[25]이 갖는 부적 정서에 대한 인지적 해석을 도와 편도체의 부적 정서 반응을 조절하는 것으로 알려져 있다(Hariri et al., 2003). 예를 들면, 만일 밖에서 갑자기 연발의 대포 소리가 들려온다면 제일 먼저 이 위협적인 소리가 (공포반응의 중심인) 편도체로 전달될 것이므로 우리는 이내 심박과 발한이 증가하는 등의 부적 정서 반응을 나타낼 것이다. 하지만 이 상황이 실제적으로는 위협적인 상황이 아니라 특정 기념일을 위한 축포 소리였다면 전두피질과 함께

24) 물론, 정상인은 같은 내용이 반복 제시되면 갈수록 흥미도가 떨어진다. 아마도 어떤 사람은 여러 번 반복적으로 제시되는 내용에 귀찮아 화를 낼지도 모르겠다.

25) 실제적으로는, 부적 정서에 대한 인지적 해석과 관련하여 편도체의 활동성을 조절하는 구체적인 전두피질(frontal cortex)은 이 영역의 맨 앞쪽에 위치하는 전전두피질(prefrontal cortex)이지만, 본문에서는 개략적으로 전두피질이라 부른다.

대상회는 이를 안전한 상황으로 해석하고 편도체에 억제 신호를 보냄으로써 앞서 증가한 부적 정서반응을 감소시킬 것이다.

② 간뇌

제3뇌실의 양쪽 벽에는 시상(thalamus)이 위치하고, 그 아래에 연이어 시상하부(hypothalamus)와 뇌하수체(pituitary gland)가 자리 잡고 있다([그림 3-7]과 [그림 3-10]). 시상은 여러 개의 하위 핵으로 구성되어 있으며, 일부의 하위 핵들은 운동을 조율하는 역할도 하지만 일반적으로는 후각을 제외한 시각, 청각, 촉각 및 미각 정보를 대뇌피질로 전달하는 이른바 감각의 중개소로 알려져 있다. 예로, 눈의 망막으로부터 (시상의 하위 핵들 중 하나인) 외측슬상체(lateral geniculate nucleus)로 들어오는 시각 정보는 후두엽의 일차시각피질로, 그리고 중뇌 하소구로부터 내측슬상체(medial geniculate nucleus)로 입력되는 청각 정보는 측두엽의 일차청각피질로 투사된다.

시상하부의 주요 기능으로는 섭식행동(먹기 및 마시기), 성행동, 체온 조절 등 유기체의 기본적인 생물학적 욕구와 동기를 조절하며, 또한 뇌하수체를 자극하여 이곳으로부터 부신피질 자극 호르몬, 성장 호르몬, 바소프레신 등 스트레스 또는 대사와 관련되는 호르몬을 분비하게 한다.

(2) 중뇌

① 중뇌 개

해부학적으로, 중뇌는 간뇌(시상 및 시상하부)와 후뇌(교 및 소뇌) 사이에 위치한다([그림 3-7]과 [그림 3-13]). 중뇌 개(tectum)는 중뇌의 배측(등쪽)에서 (중뇌의) 나머지 부분을 덮는 위치라 하여 이와 같이 명명된다. 상소구(superior colliculus)와 하소구(inferior colliculus)가 이에 포함되는데, 상소구는 빠르게 움직이는 대상에 대한 시각반사(예: 야구경기에서 몸쪽에 바짝 붙여 고속으로 날아드는 야구공을 순간적으로 피하는 타자의 몸동작)를 담당하고 하소구는 귀의 와우관(달팽이관)으로 올라오는 청각 정보를 받아 시상의 내측슬상체로 중계한다.

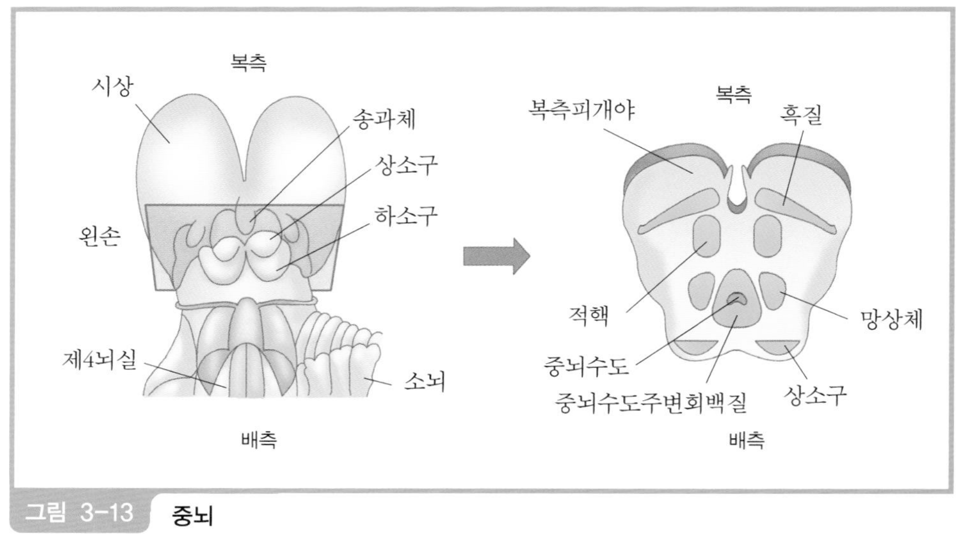

그림 3-13 중뇌

② 중뇌 피개

중뇌 피개(tegmentum)는 중뇌수도 주변부와 복측(배쪽)에 있는 구조물 또는 영역으로서, 중뇌 개에 의해서 '덮이는 부분들' 이다([그림 3-13]). 먼저, 제3뇌실(중뇌 바로 위에 위치)과 제4뇌실(소뇌 바로 앞쪽에 위치)을 잇는 뇌척수액 통로를 중뇌수도(central aqueduct)라 하고 이 주변부(회백색임)를 중뇌수도주변회백질(periaqueductal gray matter: PAG)이라 한다. 이곳은 유기체의 유해자극에 대한 통각억제(pain inhibition) 및 동결반응(freezing response)에 중요한 뇌 영역이다. 위협적인 부적 정서 자극을 경험하고 있는 유기체는 편도체가 활성화되며, 이는 곧 편도체와 연결되어 있는 PAG 내의 항유해 뉴런을 활성화시킴으로써 통각억제, 동결반응 등의 정서반응을 나타낸다. 이 밖에 주요 중뇌 피개에 속하는 뇌 구조물/영역으로 흑질, 복측피개야(ventral tegmental area: VTA) 및 적핵(red nucleus)이 있다. 흑질과 VTA는 도파민성 뉴런의 주요 발원지인데, 흑질에서 기저핵으로 투사하는 뉴런은 느리고 순차적인 운동을 조율하고, VTA로부터 전두피질 또는 변연계로 투사하는 뉴런은 정서 통제 및 강화와 관련된다. 적핵은 뇌로부터 척수로 내려오는 운동 정보를 조율해 골격근의 긴장도를 조절한다.

(3) 후뇌

후뇌는 연수(medulla), 소뇌(cerebellum), 교(pons)로 구성된다([그림 3-7]). 연수는 유기체의 생명 유지에 기본적인 호흡, 심박 및 혈압 등을 조절하고, 소뇌는 주로 협응적이고 원활한 운동을 관장한다. 즉, 신체로 하여금 섬세하게 균형 및 자세를 잡게 하거나, 빠르고 정확하게 운동할 수 있도록 돕는 역할을 한다. 이에 더하여, 소뇌도 순막조건화[26]와 같은 일부 특정 형태의 학습에 관여하는 것으로 알려져 있다(조선영, 백은하, 김현택, 현성용, 1997; Robleto, Poulos, & Thompson, 2004). 연수 바로 위와 소뇌 앞에 위치하는 교는 중심부에 망상체(reticular formation)를 포함하는데 이는 수면 및 각성의 조절과 관련이 있다.

(4) 척수

척수(spinal cord)는 주로 뇌와 말초신경계를 연결하는 중계 역할을 한다. 즉, 척수는 신체말단부로부터 들어오는 체감각 정보를 뇌로 전달하고, 뇌에서 내려오는 운동 정보를 받아 근육 또는 분비선으로 보낸다. 하지만 때로는 이러한 척수의 역할에 뇌의 개입을 포함시키지 않는 예외적인 경우도 있다. 위급상황에 처한 유기체는 자신의 신체말단을 유해자극으로부터 보호하기 위해 척수와 말초 수준에서 반사행동, 이른바 척수반사(spinal reflex)를 유발시킨다. 실수로 뜨거운 촛불에 손가락이 닿았다고 가정하자. 먼저 손과 척수를 연결하는 '감각뉴런'이 온도감각 정보를 손으로부터 척수까지 전달하면, 우리는 척수 내에서 이 감각뉴런과 시냅스를 이루면서 팔 근육으로 신

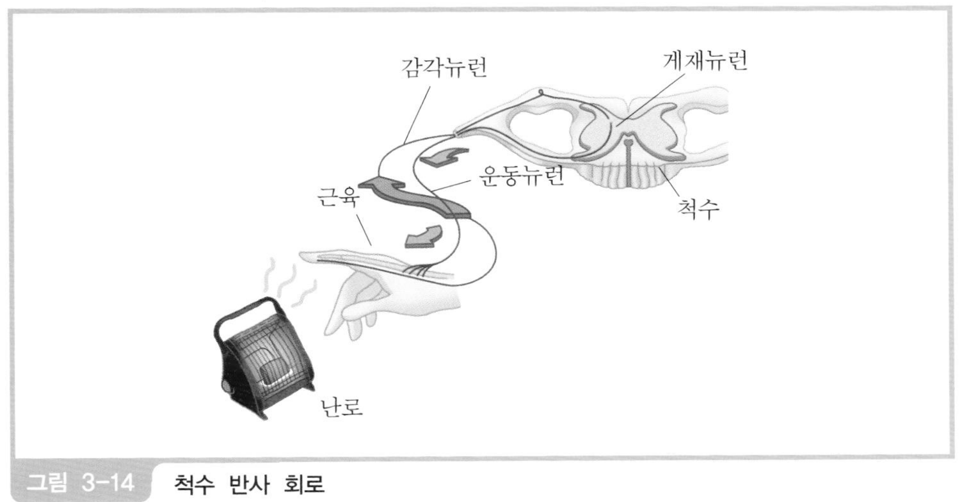

그림 3-14 척수 반사 회로

26) 고전적 조건화의 한 형태다. 동물(토끼 또는 쥐)에게 조건 자극(불빛 또는 소리)을 몇 초 동안 먼저 제시하고 종료되기 직전에 무조건 자극(공기분사 또는 전기 자극)을 눈에 가하면 차후 이 동물은 조건자극만 제시되어도 눈을 깜박이게 된다. 이 유형의 학습에는 주로 소뇌가 관여함이 관찰된다.

경을 투사하고 있는 '운동뉴런'을 흥분시켜 팔 근육을 수축하게 되고, 그 결과로 더 이상의 해가 더해지기 전에 우리의 손가락은 뜨거운 촛불로부터 철수된다. 이 예에서 본 것과 같이 척수반사는 뇌를 개입시키지 않고 척수와 말초 수준에서 감각뉴런과 운동뉴런 사이의 단순한 신경 연결만으로도 행동을 유발한다([그림 3-14]).

2) 말초신경계

중추신경계(뇌와 척수)와 각 신체말단을 연결하는 뉴런들을 통칭해 말초신경계(peripheral nervous system)라 한다. 말초신경계는 크게 체성신경계(somatic nervous system)와 자율신경계(autonomic nervous system)로 나뉜다.

체성신경계는 신경의 발원 위치에 따라 척수신경(척수에서 기시하는 31쌍)[27]과 뇌신경(뇌의 복측 부위에서 기시하는 12쌍)으로 나뉜다. 또한 신경의 발원 위치를 막론하고 정보의 특성과 처리 방향에 따라서도 구분될 수 있다. 즉, 얼굴, 손발, 몸통 등의 각 신체 부위로부터 감각 정보(예: 얼굴에 맺힌 땀방울을 느끼는 것, 또는 얼음에 손을 댈 때 차가움을 느끼는 것)를 뇌 또는 척수로 전달하는 구심성 뉴런과, 뇌 또는 척수로부터 이들 각 신체 부위로 운동 정보(예: 맺힌 땀을 털어내려고 얼굴 근육을 씰룩거리는 것, 또는 얼음에서 손을 철수시키기 위해 팔 근육을 수축시키는 것)를 전달해 수의근을 통제하는 원심성 뉴런으로 나눌 수 있다.

자율신경계는 불수의적으로 주로 장기의 평활근, 심근 그리고 분비선의 활동성을 조절한다. 자율신경계는 교감신경계(sympathetic nervous system)와 부교감신경계(parasympathetic nervous system)로 분류된다. 교감신경계는 유기체가 위급할 때 신체를 각성시켜 이런 상황에 더 잘 대처할 수 있도록 에너지를 소모시키는 방향으로 작용한다. 예를 들면, 골목 어귀에서 갑자기 만난 사나운 개에게 쫓기는 상황을 생각해 보라. 아마도 당신은 이때 평상시보다 더 빨리 뛸지도 모른다. 이 순간에 교감신경계가 활성화되어 다리근육에 더 많은 에너지가 사용되기 때문이다. 이를 위해 (예를 들면) 당신의 혈당량, 심장박동, 혈압은 증가하고, 소화관이 억제되며 타액분비가 억제되는 등의 생리적 반응이 나타날 것이다. 반면에, 부교감신경계는 유기체가 안정될 때 활

27) 척수신경은 전근(ventral root)과 후근(dorsal root)으로 구성되는데, 전근은 운동 정보를 척수로부터 신체 말단으로 전달하므로 원심성이라 하고, 후근은 체감각 정보를 신체 말단에서 중추로 전달하므로 구심성이라 한다.

성화되며 신체의 에너지를 회복 또는 비축하는 방향으로 작용한다. 이제는 그 사나운 개로부터 안전해졌다고 가정하자. 유기체는 부교감신경계를 활성화시키므로 그동안 위기 상황에 대처하느라 고갈되었던 에너지를 회복하기 위해 (예를 들면) 혈당량과 심장박동이 정상 수준으로 떨어지고 소화액도 정상으로 분비되는 등의 생리적 반응을 보일 것이다.

3 내분비계

신경전달물질 다음으로 유기체 내에서 정보 전달에 중요한 화학물질은 내분비계(endocrine system)의 분비세포에서 생성되는 호르몬(hormone)이다. 호르몬은 분비세포에서 생성된 후 혈류로 방출되어 운반되다가 표적기관의 특정 호르몬 수용기와 결합하게 되면 신진대사, 성장, 생식 등 특정 생리적 효과를 산출한다.

뇌하수체는 시상하부의 바로 아래에 위치하는 주요 내분비 기관(master gland)으로 여러 종류의 호르몬을 생성하고 다른 내분비선들의 분비 활동을 통제한다. 이곳에서 분비되는 주요 호르몬으로는 먼저, 전엽에서는 신체적 성장을 촉진하는 성장 호르몬(growth hormone), 부신피질을 자극하여 코르티솔(cortisol)이라는 스트레스 호르몬을 분비시키는 부신피질 자극 호르몬(adrenocorticotrophic hormone: ACTH), 갑상선의 발육 및 호르몬 분비를 촉진하는 갑상선 자극 호르몬(thyroid-stimulating hormone: TSH)과 난포의 발육을 촉진하는 난포 자극 호르몬(follicle-stimulating hormone: FSH) 등이 있다. 다음으로 후엽에서는 신장으로 하여금 물을 보유하게 하는 바소프레신(vasopressin)과 젖을 분비하게 하는 옥시토신(oxytocin) 등이 분비된다.

뇌하수체 이외의 중요한 내분비 기관으로는 갑상선(thyroid gland), 췌장(pancreas), 부신선(adrenal gland) 및 생식선(gonads)이 있다([그림 3-15]). 갑상선은 신진대사를 조절하는 티록신(thyroxine)과 같은 호르몬을 분비한다. 췌장으로부터는 근이나 기타 조직 내로의 포도당 이입을 촉진하여 혈당을 낮추는 작용을 하는 인슐린(insulin)과, 글리코겐(glycogen)의 분해를 촉진함으로써 혈당 농도를 높이는 글루카곤(glucagon)이 분비된다. 부신은 우선 피질(adrenal cortex)에서 분비되는 알도스테론(aldosterone)이라는 호르몬을 매개로 소금과 탄수화물의 대사 작용을 돕는다. 부신은 또한 스트레스 상황에서 피질로부터는 코르티솔을, 그리고 수질(adrenal medulla)로부터는 에피네프린 또

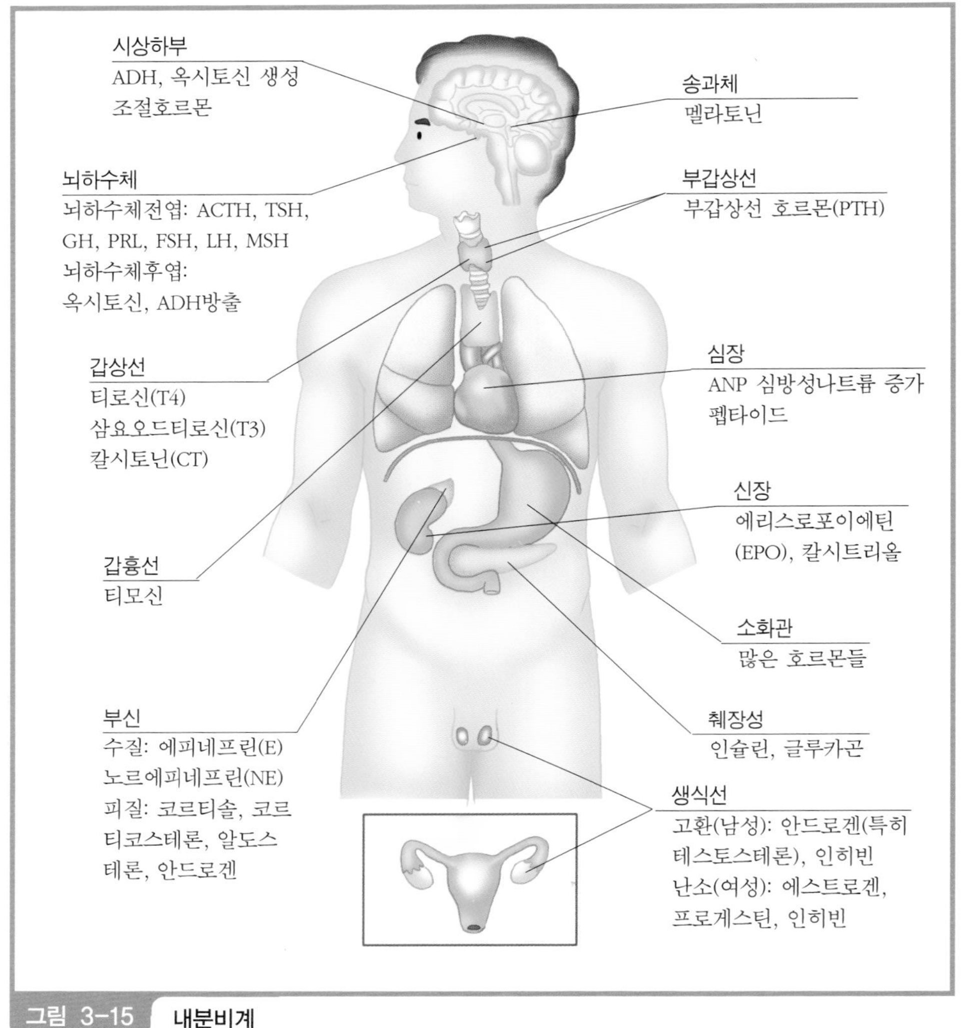

그림 3-15 내분비계

는 노르에피네프린 등의 호르몬을 분비하여 심장박동, 혈압 및 혈당을 증가시켜 유기체로 하여금 위기에 잘 대처하게 한다. 그리고 고환(testes)과 난소(ovaries)라는 생식선에서는 남녀의 성적 성숙과 관련되는 안드로겐(androgen)이라는 남성 호르몬과 에스트로겐(estrogen)이라는 여성 호르몬이 각각 분비된다.

호르몬이 수용기와 결합하여 특정 생리적 또는 행동적 효과를 유발한다는 점은 신경전달물질의 기능과 유사해 보이지만 이와 구별되는 몇 가지 특징이 있다. 첫째, 신경전달물질은 자신의 뉴런 내에서 생성 장소로부터 시냅스 전 막까지 미세관을 따라 이동한 후 방출되지만, 호르몬은 관이 없이 분비선에서 혈류로 직접 분비된다. 이미 언급한 대로, 대부분의 신경전달물질은 세포체에서 생성되어 축색 내의 미세관을 따라 종말단추까지 이동한 후 시냅스 전 막에서 방출된다. 둘째, 신경전달물질은 표적세포가 자신의 방출 지점으로부터 가까이 있지만 호르몬은 표적세포가 자신의 분비 지점으로부터 먼 거리에 있다. 신경전달물질의 경우에 시냅스 간격이 약 200(즉, 20나노미터)이지만, 호르몬의 경우는 분비 지점으로부터 표적세포까지의 직선거리만 해도 수십 센티미터(cm)가 되는 경우가 있는데(예를 들면, 부신피질자극 호르몬은 뇌 수준, 즉 뇌하수체에서 분비되고 수용기가 있는 표적세포는 신장 바로 위에 위치하는 부신에 있다), 대부분의 호르몬이 분비 직후 혈류를 따라서 표적세포에 전달되는 사실을 고려하면 실제 거리는 이보다 훨씬 길 것이다. 셋째, 이들 화학물질이 분비된 후 효과가 나타나기까지의 잠재기와 효과의 지속기간 모두가 신경전달물질의 경우는 짧지만 호르몬의 경우는 길다(김현택 외, 2003).

이 장의 중심 내용

01 행동은 각 단일 뉴런의 활성으로부터 출발하는데 이는 세포 내의 활동전위가 발생해 뉴런이 신경전달물질을 방출하는 일과 관계된다.

02 활동전위의 도움으로 방출된 특정의 신경전달물질은 수용기와 결합해 특정의 이온을 시냅스 후 뉴런으로 들여보낸다. 이때 세포 내에 양이온의 수가 증가하면 흥분성, 그리고 음이온의 수가 증가하면 억제성 시냅스 후 전위가 유발된다. 이들 전위는 이후 통합되어 흥분역치 이상에 도달하면 이 시냅스 후 뉴런으로 하여금 활동전위를 생산하게 한다.

03 특정 신경전달물질은 특정의 행동을 조절한다. 따라서 이를 생산하는 뉴런이 변성되면 이에 상응하는 행동적 결함이 발생한다. 예로, 흑질-선조계의 도파민성 뉴런이 변성되면 해당 환자는 파킨슨병이라는 운동 결함 증상을 나타낸다.

04 신경계는 크게 중추신경계와 말초신경계로 구분된다. 중추신경계는 뇌와 척수로 구성되며, 특히 뇌는 우리의 행동 통제의 총사령관이다. 척수는 뇌와 신체 각 기관을 연결해 주는 역할을 한다. 말초신경계는 체성신경계와 자율신경계로 우선 나누어지고, 자율신경계는 교감신경계와 부교감신경계로 더 세분된다. 체성신경계는 운동성 및 감각성 정보를 각각 신체말단과 뇌로 운반하는 역할을 한다. 자율신경계 중 교감신경계는 유기체가 주로 위급할 때 에너지를 소비하는 방향으로 작동하여 위기에 잘 대처하게 한다. 반면에 부교감신경계는 안정 시에 유기체가 에너지를 비축하는 방향으로 생리적 기제를 작동하게 한다.

05 전뇌는 종뇌와 간뇌로 대분된다. 종뇌의 대뇌피질은 크게 전두엽, 두정엽, 측두엽 및 후두엽으로 나누어지는데, 후 삼자는 일차로 특정한 감각 정보(각각 체감각, 청각 및 시각 정보)를 처리하는 고유 영역을 가지고 있으며 전자는 운동 통제를 직접 명령하는 영역을 가지고 있다. 이들 영역을 제외한 나머지 대뇌피질 부분을 연합령이라 하는데 이는 개략적으로 지각, 기억, 해석, 계획 등을 담당한다. 기저핵은 주로 느리고 순차적인 운동을 조율하며, 변연계는 주로 정서, 동기, 학습 및 기억을 담당한다. 간뇌 중 시상은 감각 정보들을 중계하며, 시상하부는 유기체의 기본적인 생물학적 욕구와 동기를 조절한다.

06 중뇌 개의 상소구는 시각반사를, 하소구는 청각 정보를 중계한다. 후뇌의 연수는 기본적인 생명 유지 기능을, 소뇌는 섬세한 운동을 통제하는 기능을 한다. 교는 중심부에 망상체가 지나고 있어 주로 수면과 각성을 조절한다.

07 양 대뇌반구는 비대칭적으로 전문화되어 있는데, 일반적으로 좌반구는 주로 언어의 구성 및 이해의 중추이고, 우반구는 주로 시공간적, 정서적 정보를 처리하는 중추로 알려져 있다. 특히 언어 기능과 관련하여 좌반구는 언어의 문법적·의미적 정보를, 그리고 우반구는 언어의 부가적 정보(예: 억양, 운율, 정서 등)를 처리하는 데에 우세하다.

학습과제

1 단일 뉴런의 주요 구성 요소들을 명시하고 이들의 기능을 설명하시오.

2 신경전달물질의 생성 단계로부터 시냅스 후 전위의 발생 단계까지의 전기생리학적, 신경화학적 기제를 단계적으로 설명하시오.

3 본문에서 소개된 '분할된 뇌' 실험([그림 3-9] 참조)에서 만일 '모자'라는 글자는 좌측 시야에, 그리고 '야구공'라는 글자는 우측 시야에 제시하면, 차후 검사 단계에서 이 피험자는 '모자'라는 글자를 읽을 수 있을까? 또한 검사 단계에서 두 글자 모두가 이 피험자에게 제시될 경우 그가 오른손을 사용하여 바르게 지적한 글자는 무엇인가? (본문의 내용을 바탕으로 이들 질문에 대한 답을 산출해 보시오.)

4 우뇌, 즉 우반구가 다른 사람들보다 더 발달한 사람은 소설, 시, 평론, 수필 등의 문학 장르 중 어느 분야에서 능력이 가장 뛰어날 수가 있는가?

5 전뇌, 중뇌, 후뇌의 주요 구조물들의 명칭과 행동적 역할을 설명하시오.

04 감각과 지각

학습 개요

감각과 지각에 대한 연구는 심리학의 제반 분야에 기초 이론을 제공하는 중요한 분야다. 이 분야의 연구는 일반인들이 예상하는 심리학적 주제들에 비해 자연과학적 지식을 요구하는 학제적 주제를 많이 다룬다. 그 이유는 감각과 지각 과정이 심리 현상의 초기 단계에 해당하므로 자극의 물리적 속성과 인간 감각기관의 생리적 특성에 관한 기존의 이론들에 크게 의존하기 때문이다. 이 장에서는 시각(vision)을 중심으로 감각 자극의 속성을 과학적으로 이해하고, 자극의 물리적 속성이 어떠한 과정에 의해 우리가 지각하는 심리적 표상으로 전환되며 그 배경이 되는 신경생리학적 기제는 무엇인지 집중적으로 조명해 본다.

학습 목표

1. 감각기관을 통해 유입되는 물리적 자극이 어떻게 지각적 표상으로 전환되는지 살펴본다.
2. 감각과 지각의 측정방법과 원리를 이해한다.
3. 시각 정보 처리 경로의 신경해부학적 구조를 학습한다.
4. 시각 정보 처리의 기능적 측면을 살펴본다.
5. 지각 과정에 대한 이론들을 조망하고 이해한다.
6. 지각적 항등성으로 인해 나타나는 다양한 현상들을 이해한다.

여러분은 백화점에서 산 멋진 옷이 집에 와서 다시 보니 갑자기 몇 년을 입은 색 바랜 옷처럼 느껴졌던 경험이 있는가? 분명히 옷의 색상 자체가 변화한 것은 아님에도 불구하고 백화점의 조명등과 집 안의 실내등 아래 옷감의 색상은 매우 다르게 느껴질 수 있다. 이는 백화점의 조명등과 집 안의 실내등이 발산하는 빛의 특성이 다르므로 옷감의 표면이 각기 다른 파장(wavelength)의 빛을 반사하기 때문이다. 인간의 시각 기관은 이러한 미세한 차이를 감지할 만큼 매우 정교한 구조를 갖추고 있다.

외부 세계의 물리적 자극을 내면화하는 과정의 가장 초기 단계에는 외부로부터 유입되는 자극의 물리적 특성을 신경전달 신호로 변환하는 감각수용기(sensory receptor)가 존재한다. 감각수용기는 외부 세계의 물리적 특성을 비교적 정교하게 신경 신호로 전환하는 기능이 있으나 모든 물리적 강도 수준을 그대로 신호화하지는 않는다. 예를 들어, 빛(light)에 해당하는 물리적 전자기파(electromagnetic wavelength) 대역은 감마 광선으로부터 교류 전류까지 약 10^{-3}nm부터 10^{15}nm까지 매우 넓다. 그중에 인간이 지각할 수 있는 가시 범위는 약 400～700nm로 지극히 한정되어 있다. 마찬가지로 청각 신호의 경우도 가청 범위는 20～20,000Hz 정도에 한정되어 있다. 각 감각기관의 수용기는 이처럼 한정된 범위 내의 신호만을 인간이 처리 가능한 신경 신호로 전환한다.

감각수용기를 통한 물리적 신호의 변환 과정은 매우 중요한 또 다른 특징을 가진다. 인간이 지각하는 다양한 자극의 물리적 특성은 반드시 그 특성이 일대일로 지각되지는 않는다. 예를 들어, 수용기를 통해 한순간에 입력된 빛이 다음 순간에 두 배의 물리적 강도를 가지고 입력된다고 해서 반드시 두 배 강도의 밝기로 보이지는 않는다. 이는 외부 세계로부터 우리가 지각하는 다양한 자극의 강도가 반드시 외부 세계의 물리적 강도와 비례하지 않음을 의미한다. 감각수용기를 통해 변환된 신경 신호는 물리적 입력 신호들의 단순 강도 자체를 그대로 반영하기보다는 입력 신호들의 상대적 강도(relative intensity) 등을 반영함으로써 좀 더 효율적인 정보 처리를 가능하게 한다.

감각과 지각의 측정방법과 원리

인간이 외부 자극에 대하여 반응한다는 사실은 감각기관의 기능으로 설명할 수 있다. 즉, 자극의 크기에 따라 감각기관은 상이하게 반응할 수 있다. 예를 들어, 밝은 빛은 희미한 빛보다 시각 체계에 더 큰 영향을 주며, 큰 소리는 작은 소리보다 청각 체계에 더 큰 영향을 준다. 그렇다면 어떤 감각의 민감도 수준이 어느 정도인지를 확인한다는 것은 자극이 존재한다는 것을 아는 데 필요한 최소한의 자극 강도인 절대역치(absolute threshold)를 측정하는 것이라고 할 수 있다. 이에, 갈랑테르(Galanter, 1962)는 시각을 포함한 다섯 가지 감각에서 최소 자극의 크기를 측정하였는데, 이를 정신물리적 절차(psychophysical procedure)라고 하였다. 그렇다면 이 측정치의 객관성을 어떻게 증명할 수 있을까?

1900년대 초 학자들은 심리학의 과학성을 정립하기 위해 물리적 자극과 감각 간의 상호 관계를 체계적으로 조사하였다. 이러한 연구 분야는 정신물리학(psychophysics)이라 명명되었으며, 지각(perception)[1]이 반드시 물리적 신호를 그대로 반영하는 것이

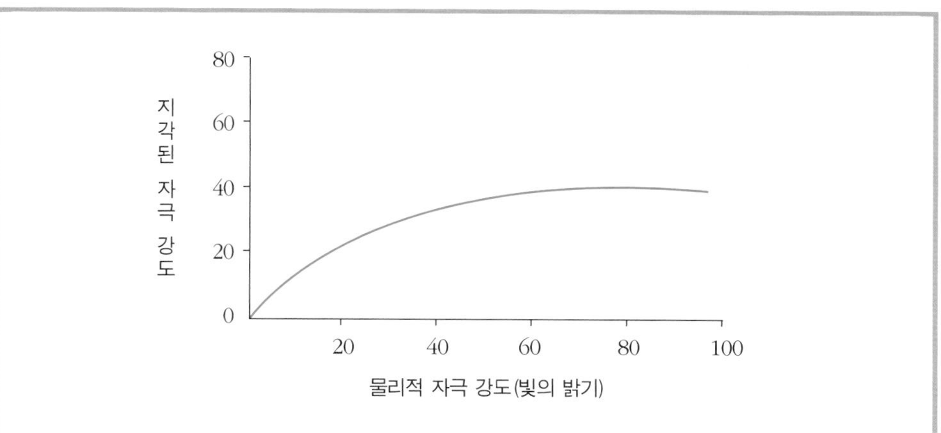

물리적 자극 강도(빛의 세기)가 어느 정도 증가하면 지각된 자극 강도(지각된 빛의 밝기)는 크게 변화하지 않는다.

그림 4-1 정신물리함수

1) 감각(sensation)과 지각(perception)은 세부적인 개념 정의상으로는 약간의 차이점이 있으나 일반적으로 동일한 심리적 처리과정으로 간주된다.

아님을 증명하는 여러 사례들을 제공하였다. 정신물리학자들은 지각된 자극의 강도는 실제 물리적 자극 강도와는 다르다는 사실을 거듭 증명하였는데, 예를 들어 기준 빛 자극의 강도보다 물리적으로 두 배 강한 다른 빛 자극은 실제 지각 과정에서는 반드시 두 배의 강도로 지각되지는 않는다. [그림 4-1]의 그래프는 이러한 현상을 측정하여 물리적 빛의 강도와 지각된 빛의 강도 간 관계를 도해한 것인데, 실제로 물리적 빛의 강도가 강해질수록 지각된 강도의 증가폭은 감소하고 있음을 보여 준다.

1) 베버의 법칙과 최소 식별 차이

정신물리학을 이해하기 위해 가장 중요한 원리 중의 하나는 베버의 법칙(Weber's law)이다. 이 법칙에 따르면, 자극의 변화를 탐지하기 위한 자극 강도 변화의 최소값은 그 자극의 원래 강도와 비례한다. 바꿔 말하면, 무게가 100g인 추에 2g을 더했을 때 일반적으로 우리가 차이를 분명히 지각할 수 있다면 200g 추에는 2g을 더하기보다는 4g을 더해야 그 차이를 분명히 지각할 수 있다는 것이다. 이는 서로 다른 두 자극 간 강도 차이를 변별하는 과정은 단순한 물리적 자극 간의 절대적 강도의 차이보다는 기준 자극의 강도 변화에 따른 상대적 차이에 의존한다는 지각적 변별 과정의 특수성을 보여 준다.[2)] 이와 같은 자극 변별을 위한 상대적인 변화량을 최소 식별 차이(just-noticeable-difference: JND)라 정의한다.

2) 감각역치와 신호탐지이론

인간의 감각수용기는 대부분의 경우 미세한 물리적 자극 강도에 민감하게 반응하나 때로는 그 강도가 미미할 경우 탐지하지 못하는 일이 발생한다. 따라서 자극 강도의 변화에 따른 탐지 가능성(probability of detection)을 측정하여 쌍방의 관계를 체계적으로 조사해 볼 수 있는데, 탐지에 대한 의식적 보고가 어느 정도 가능한(예: 50% 탐지[3)]) 물리적 자극의 강도를 그 자극의 감각역치(sensory threshold)라 부른다. 이러한

---

2) 예를 들어, 100g짜리 사과와 150g짜리 사과의 무게 차이는 50g임에도 불구하고 무게 차이를 충분히 가늠할 수 있지만, 1000g짜리 수박과 1050g짜리 수박은 같은 50g 차이임에도 무게 차이를 가늠하기가 어렵다.

3) 경우에 따라서는 75% 탐지 가능한 수준을 감각역치로 사용하기도 한다.

감각역치는 측정의 대상이 되는 각 개인마다 개인차(individual difference)가 있으며 자극에 대한 탐지 보고의 유무와 실제 자극의 존재 유무를 고려해 개인의 민감도(sensitivity)를 측정하는 방법이 신호탐지이론(signal detection theory: SDT)을 통해 소개되었다.

얼핏 보면 신호탐지이론에서 감각 체계가 하는 일이 아주 단순하다고 생각할 수 있다. 그러나 실제로는 그렇게 단순하지 않다. 왜냐하면 어떤 종류의 정보이건 신호(signal)와 소음(noise)의 두 가지로 구성되어 있기 때문이다. 여기서 '소음' 이란 용어를 우리가 일상생활에서 쓰는 불쾌한 청각적 신호를 가리키는 단어와 혼동해서는 안 된다. 심리과학의 세계에서 '신호' 는 정보의 중요한 부분을 가리키고, '소음' 은 정보의 중요하지 않은, 관심의 대상이 되지 않는 부분을 가리킨다. 중요한 것은, 어떠한 감각 양상에서든 탐지기의 임무는 신호를 차폐하거나 방해하는 소음으로부터 신호를 구분해 내는 것이다. 즉, 신호탐지이론은 자극 탐지에 대한 피험자의 구두 보고(verbal report)만으로는 개별 피험자의 탐지 정확도를 측정하는 것이 불가능하다고 가정한다. 신호탐지이론에서는 피험자의 탐지 유무 보고만이 아닌 실제 자극의 제시 유무를 추가적으로 고려한다. 예를 들어, 자극의 제시 유무에 따른 피험자의 탐지 여부는 네 가지 다른 종류의 상황을 만들어 낸다. 실제로 자극이 제시되었고 피험자가 그것을 탐지했다고 맞게 보고한 '적중(hit)' 및 자극이 제시되었으나 탐지하지 못했다고 보고한 '탈락(miss)' 의 경우와 반대로, 자극이 제시되지 않았으나 탐지했다고 착각 보고한 '오경보(false-alarm)' 와 자극이 제시되지 않았을 때 제시되지 않았다고 보고한 '정확한 부인(correct-rejection)' 이 그것이다.

이러한 네 가지 경우를 정확히 분류하는 것이 중요한 이유는, 예를 들어 한 피험자의 경우는 자극의 존재 유무를 보고하는 데 동기부여가 잘 되지 않아서(예: 정답을 보고해도 큰 보상이 없음) 대략적으로 자극을 탐지한 느낌만 들어도 자극이 제시되었다고 보고하는 경향이 생긴다. 반대로 다른 피험자의 경우, 자극의 유무 보고가 매우 강조될 경우(예: 정답의 정확성에 따른 큰 보상) 자극을 분명히 탐지해야만 자극이 제시되었다고 보고할 것이다. 첫 번째의 경우는 오경보는 늘어나는 반면에 정확한 부인이 감소할 것이며, 두 번째의 경우는 정확한 부인은 늘어나는 반면에 오경보는 감소할 것이다. 이러한 차이점을 통해 첫 번째 피험자와 두 번째 피험자는 비록 자극의 탐지 유무를 보고하는 수준에서는 개인차에 의해 정확도 차이가 있을 수 있으나 근본적으로 물리적 자극을 탐지하는 감각적 민감도는 서로 유사할 수 있다는 추정을 가능하게

한다.[4]

3) 점화 현상과 역하지각

물리적 자극은 존재하지만 그 강도가 역치 이하인 자극에 대한 지각은 어떨까? 이러한 역하지각(subliminal perception)에 대한 연구는 점화(priming) 효과에 대한 관찰을 통해 집중적으로 이루어졌다. 점화 효과는 의식적으로 그 존재를 보고하지 못하는 자극들이라도 일정 수준의 지각적 처리가 일어나는 현상이다. 예를 들어, '연필' 이라는 단어를 1/200초 정도로 순간 제시했을 때, 단어 자극이 남기는 잔상(aftereffect)을 효과적으로 제거할 경우 피험자는 무슨 단어를 보았는지 의식적으로 보고하지 못한다. 단어 '연필' 의 순간노출 제시 직후 피험자에게 '쌀등' 과 같은 비단어(non-word) 또는 '쓰기' 등과 같은 실제 단어를 제시하고 그 단어가 통용되는 단어인지 아니면 비단어인지를 구별하도록 요구한다.[5] 대개의 경우 피험자는 비록 '연필' 이라는 순간노출 자극을 못 보았다고 보고했을지라도 뒤이어 의미적으로 관련이 있는 '쓰기' 란 단어가 제시될 경우 어휘판단에 있어서 반응 시간이 빨라지는 현상이 관찰된다(Dixon, 1981). 이는 피험자가 '연필' 이란 단어를 지각하지 못했다고 보고했지만 실제로는 역치 이하 수준에서 어느 정도는 정보 처리가 이루어졌음을 의미한다.

2 시각의 신경해부학적 구조

감각과 지각 과정을 이해하기 위해서는 먼저 감각기관의 신경해부학적 구조를 이해하는 것이 중요하다. 이 절에서는 시감각기관의 신경해부학적 구조를 알아봄으로써 감각과 지각의 기본 원리를 이해하기 위한 토대를 마련하고자 한다.

---

4) 바꿔 말하면, 동일한 감각적 민감도를 가진 두 피험자라 할지라도 한 피험자의 반응 오류(response error)는 성급한 반응 선택에 따른 오경보 횟수의 증가에 의한 것일 수 있고, 다른 피험자의 오류는 조심스런 반응 선택에 따른 탈락(miss)의 증가에 의한 것일 수 있다.

5) 언어심리학에서는 이러한 단어/비단어 판단 과제를 어휘판단과제(lexical decision task: LDT)라 부른다.

1) 안구의 구조와 망막

인간의 시각 과정의 가장 초기에 해당하는 눈은 매우 정교하고 복잡한 구조를 가지고 있다. [그림 4-2]에서 도해된 바와 같이 외부 세계의 사물로부터 반사된 빛은 각막(cornea)과 동공(pupil) 및 수정체(lens)를 지나 유리질(vitreous humor)을 통과하여 감각수용기가 분포하는 망막(retina)에 도달한다. 이 과정에서 망막에 뚜렷한 초점을 맞추기 위하여 수정체는 수정체 주변의 모양체근(ciliary muscle)에 의해 두께가 조절된다. 응시의 대상이 되는 사물은 수정체의 두께 조절에 의한 초점 변화로 망막상의 중심와(fovea)에 뚜렷한 이미지를 맺게 된다.

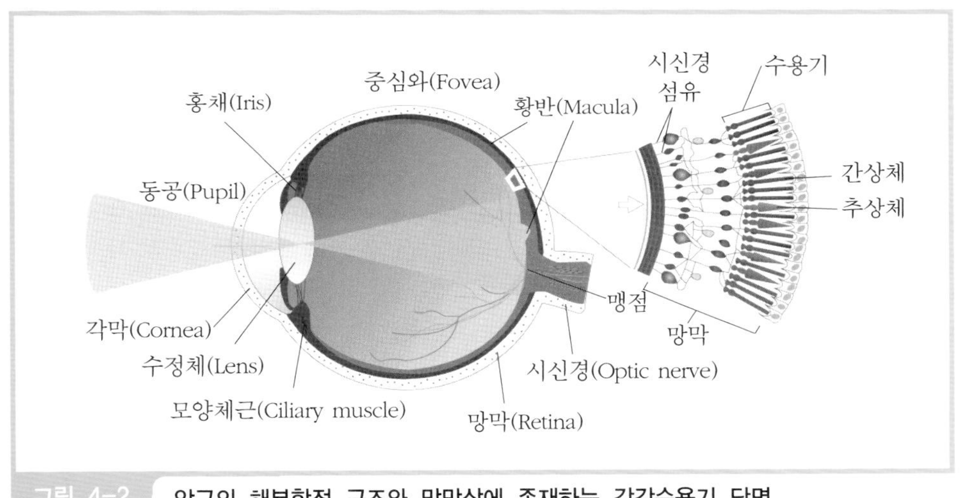

그림 4-2 안구의 해부학적 구조와 망막상에 존재하는 감각수용기 단면

사물의 이미지와 같은 물리적 자극을 신경신호로 변환하는 과정에는 앞서 언급한 바와 같이 감각수용기의 역할이 매우 중요하다. 시각수용기는 망막상에 두 가지 종류가 존재한다. 먼저 빛에 매우 민감하여 명암의 급작스러운 변화(contrast)나 사물의 움직임(motion)에 민감하게 반응하는 간상체(rod)가 있다. [그림 4-3]의 수용기 분포도에서 예시된 바와 같이 간상체는 망막상의 중심와 언저리(parafovea)와 주변부(periphery)에 고르게 밀집되어 있으나 중심와로 갈수록 줄어들거나 사라지게 된다. 반면에 중심와에 주로 밀집된 감각수용기는 추상체(cone)로서 간상체와는 달리 자극의 세부 윤곽(contour)이나 색상에 민감하게 반응하는 특징이 있다.

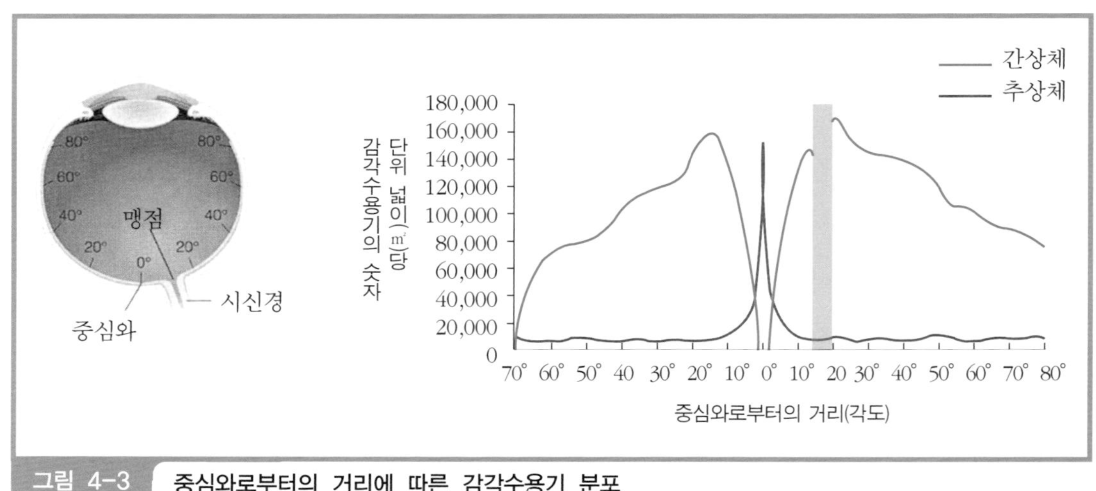

그림 4-3 중심와로부터의 거리에 따른 감각수용기 분포

감각수용기를 거친 신경신호는 수평세포(horizontal cell)와 양극세포(bipolar cell) 및 아마크린 세포(amacrine cell) 등을 거쳐 신경절 세포(ganglion cell)들에 수렴한다. 신경

BOX 1 시각의 암순응(dark adaptation)

영화 상영 시간에 늦어 실내등이 이미 꺼져 있는 극장 내부로 급히 뛰어 들어간 경험이 있는가? 이 경우 자리를 찾기 위해 이동하다 보면 복도나 계단 및 의자의 윤곽이 매우 흐릿하고 잘 보이지 않는 경우가 대부분이다. 특이한 것은 착석한 지 약 10여 분 정도 후부터는 극장 내부 시설물 윤곽이 입장했던 직후보다 뚜렷하게 잘 보이기 시작하는데, 이는 간상체와 추상체의 암순응(dark adaptation) 시간 차이에 기인한다. 밝은 곳에서 사용하는 시각수용기는 추상체인데, 불이 꺼진 극장 내부처럼 어두운 곳에 갑자기 입장할 경우 추상체는 약 3~4분간 빛에 대한 민감도를 상승시켜 어두운 곳에서의 빛 자극 입력에 순응하기 시작한다. 그러나 극장 내부와 같이 어두운 곳에서는 순응된 추상체만으로는 사물의 윤곽을 구별하기에 충분한 빛이 제공되지 않아 매우 어둡게 느껴진다. 반면에 어두운 곳에서 사용되는 수용기는 간상체로서, 추상체보다 빛 자극에 매우 민감하다. 그러나 어두운 곳에서 간상체가 작동하기 위해서는 약 7~10분 정도가 소요되며 최대 민감도는 약 30분 후에 확보된다. 일단 간상체의 순응이 시작되면 어두운 극장 안에서도 사물의 윤곽을 구별할 만큼의 민감도가 확보되기 시작하므로 사물의 윤곽이 서서히 보이기 시작한다. 결과적으로, 극장 안에서 주변 사물의 윤곽을 어느 정도 구별하기 위해서는 적어도 10여 분 이상의 순응 시간이 필요하며, 이러한 이유로 갑작스러운 극장 입장 시에 시야가 매우 어둡게 느껴지는 것이다. 대부분의 극장 실내 복도에 어두운 조명으로 실내 밝기를 낮추어 놓는 이유도 입장하는 시간 동안 암순응을 유도하기 위한 것이며, 영화 상영 직전까지 어둡지만 적절한 수준의 조명을 유지하는 이유도 순응이 완료되기 전까지 시야 확보를 돕기 위한 목적에 기인한다.

절 세포를 마지막으로 그로부터 뻗어져 나온 시신경 섬유(optic nerve)들은 망막의 일정 부위에 수렴한다. 이 위치는 시신경 섬유들이 안구의 후면으로 빠져나가는 위치로서, 감각수용기들이 없어서 시각 자극이 주어져도 신경신호로 변환하는 과정이 전무하게 된다. 이 위치를 맹점(blind spot)이라 하는데 시지각 과정의 흥미로운 기제 중 하나인 '메워넣기(filling-in)' 현상 때문에 일상생활에서는 거의 그 존재를 알아차리기 힘들다.

2) 안구 이후 시각 정보 처리 경로

맹점을 통해 뻗어져 나온 시신경 섬유 다발은 시교차(optic chiasm)를 경유하여 외측슬상핵(lateral geniculate nucleus)에 이어 대뇌의 시각피질에 도달한다. 시각 경로(visual pathway)의 초기에 해당하는 이 과정에는 대측성(對側性, contralaterality)이라는 중요한 해부학적 특성이 존재한다. [그림 4-4]에서 도해된 바와 같이 시야의 좌측으로부터 입력된 이미지는 각 안구 망막의 중심와 우측의 수용기들에 의해 신경신호로 변환되고, 이 신호는 각기 좌우 안구에서 뻗어나온 신경섬유가 시교차에서 상호 교차되는 해부학적 특성에 의해 우뇌의 시각피질에 투사된다. 마찬가지로 시야의 우측 이미지는 망막 중심와의 좌측 수용기들에 의해 신경신호로 변환된 후 시교차를 거쳐 좌뇌의 시각피질에 투사된다. 이렇게 분리된 시야 좌우의 입력 자극은 상위 시각 정보 처리를 담당하는 시각피질의 후기 단계까지 일관되게 유지된다.

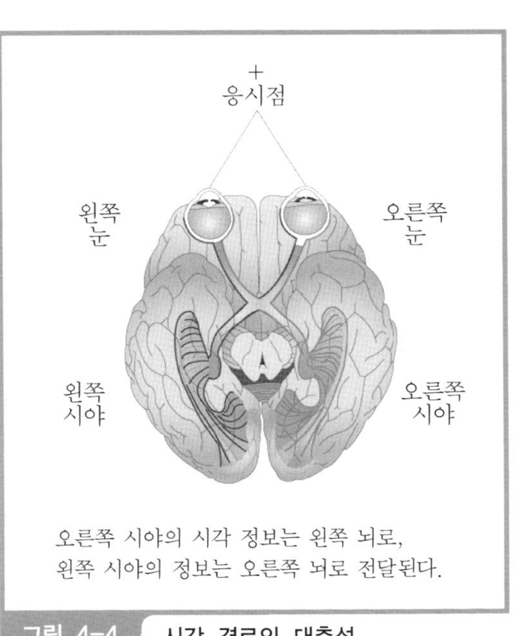

오른쪽 시야의 시각 정보는 왼쪽 뇌로,
왼쪽 시야의 정보는 오른쪽 뇌로 전달된다.

그림 4-4 시각 경로의 대측성

대뇌의 뒷부분에 위치한 시각피질에 도달한 정보는 색상, 모양, 크기, 운동 등과 같은 세부 특징을 독립적으로 처리하는 것으로 알려져 있는데, 시야에 존재하는 물체들이 '무엇인가?(what?)'를 판별하는 경로와 그 물체들이 '어디에 위치하는가?(where?)'를 처리하는 경로로 나뉘어 처리된다. 시각 정보 처리의 통합은 두 경로의 상호작용에 의해 이루어지는 것으로 알려져 있다(Merigan & Maunsell, 1993; Mishkin, Ungerleider, & Macko, 1983).

3 시각 과정의 기능적 이해

시각 체계는 다양한 시각 정보를 자동적으로 처리할 수 있도록 체계적으로 디자인되어 있다. 예를 들어, 망막에 존재하는 신경절 세포(ganglion cell)는 망막의 여러 세포들 사이의 체계적 연결에 의해 구성된 신경회로에서 처리된 정보를 수렴하는 역할을 한다. 각각의 신경절 세포는 시야의 특정 위치를 전담하여 처리하는데 이러한 시야의 특정 부분에 대응되는 망막상의 위치를 그 세포의 수용장(receptive field)이라 명명한다. 신경절 세포의 수용장은 일반적으로 원형 구조를 가지며 수용장의 중심 부분과 주변 부분의 특성이 매우 다르다. 어떤 신경절 세포는 수용장 중앙에 빛 자극이 제시되면 활발하게 반응하지만, 빛 자극이 수용장의 주변부에 제시되면 오히려 반응성이 떨어지게 된다. 이러한 '중심 흥분–주변 억제' 수용장 구조는 신경절 세포로 하여금 망막상에 맺힌 이미지의 윤곽 정보를 자동적으로 추출하는 기능을 갖추게 해 준다.

시각 체계의 이와 같은 신경해부학적 구조로 인해 시지각의 초기 처리 과정에서 발생할 수 있는 특정 지각 현상(예: 윤곽 지각)은 어렵지 않게 설명이 가능하다. 예를 들어, 책을 읽고 있을 때를 상상해 보라. 흰색 종이 위에 인쇄된 무수한 글자는 다양한 명암(contrast)으로 구성된 윤곽 정보에 근거한 매우 복잡한 영상자극들이다. 시선이 각 글자를 따라 이동하는 동안 시각 체계를 통해 유입되는 정보는 매우 빠르고 복잡한 윤곽 정보 추출을 요구한다. 그럼에도 불구하고 시각 체계에 존재하는 무수히 많은 신경세포들의 수용장은 시야로부터 망막으로 유입되는 복잡한 영상 정보를 동시다발적으로, 매우 신속하게 처리할 수 있는 능력을 부여한다.

신경해부학적 구조로부터 쉽게 예견되는 지각 현상 외에도 우리의 시각 체계는 수없이 변화하는 상황에서 일관된 지각 경험을 유지하는 능력 또한 보유하고 있다. 예를 들어, 우리의 눈은 세상의 다양한 자극을 경험하는 과정에서 대상이 되는 사물 또는 사건의 위치로 눈이 계속 이동하게 되는 도약 안구 운동(saccade)을 하고 있다. 그 결과로 망막상의 감각수용기로 입력되는 이미지는 약 0.2초 내외로 끊임없이 변화하게 된다. 그럼에도 불구하고 우리는 시야에 존재하는 물체들에 대해 매우 일관된 지각감을 가지는데 이처럼 시각 기관은 물리적 자극을 그대로 받아들이기보다는 그 자극으로부터 지각적 일관성(perceptual constancy)을 찾아내는 능력을 가지고 있다.[6)]

1) 시각적 착시

이처럼 효율성과 융통성을 추구하는 시각 체계의 능력은 때로는 예상치 못한 착오로 이어지기도 한다. [그림 4-5]는 물리적 자극을 왜곡하여 지각하는 착시(illusion)의 오류를 보여 준다. 이러한 착시 현상에 대해서는 다양한 설명이 존재하나, 일반적으로 시각 체계가 자극 자체의 물리적 속성뿐 아니라 그 자극과 인접한 주변 자극의 물리적 맥락(contextual information) 또한 상대적으로 고려하고 있다는 데에는 이견이 없다.

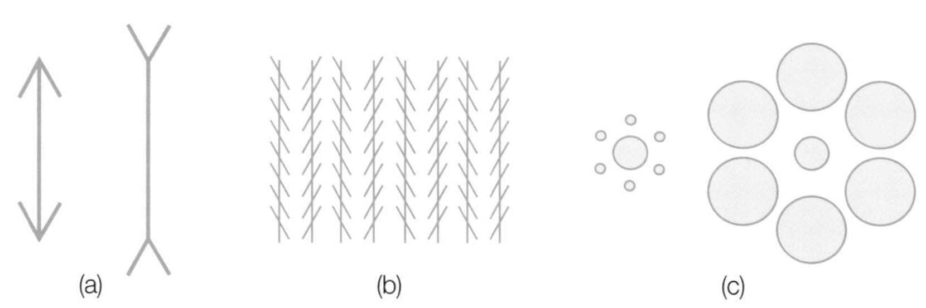

(a) 뮐러-라이어(Mueller-Lyer) 착시: 화살표의 몸통에 해당하는 두 직선의 물리적 길이는 동일하다.
(b) 졸너(Zölner) 착시: 일련의 사선들에 의해 기울어져 보이는 수직 선분들은 실제로 서로 평행하다.
(c) 에빙하우스(Ebbinghaus) 착시: 크기가 서로 다른 주변의 원들에 둘러싸인 중심의 원은 실제로는 물리적 크기가 같다.

그림 4-5 **시각적 착시의 사례**

6) 책을 읽고 있을 때의 상황을 생각해 보라. 시선이 이동함에 따라 망막상의 감각수용기에 도달하는 이미지 정보들은 매 순간 변화하고 있을 가능성이 크다. 그럼에도 불구하고 글자들이 끊임없이 흔들린다거나 중첩되는 감각 경험은 발생하지 않는다. 놀랍지 않은가?

2) 깊이 지각

시각의 또 다른 놀라운 능력 중의 하나는 깊이 지각(depth perception)이다. 외부 세계의 물체로부터 반사되어 안구의 망막상에 맺히게 되는 물체의 이미지는 의심할 여지없이 2차원적 자극이다. 그럼에도 불구하고 인간의 시각 체계는 관찰자의 시야에 존재하는 사물들과 관찰자 자신과의 거리를 가늠하는 처리 능력을 가지고 있다. 이러한 원근감 지각 과정에서 시각 체계는 망막상의 2차원적 이미지에서 여러 가지 단서를 추출해 낸다. 이러한 단서들은 크게 양안 깊이 단서(binocular depth cue)와 단안 깊이 단서(monocular depth cue)로 나뉜다.

양안 깊이 단서는 두 눈 사이의 거리로 인해 양쪽 눈으로 동일한 사물을 응시할 때 망막에 맺히는 사물의 이미지가 좌우 눈에서 서로 미세한 차이가 있기 때문에 나타난다. 이러한 차이점은 양안 부등(binocular disparity)이라 불리는데 시각 체계는 이러한 양안 부등의 차이를 계산하여 물체의 원근을 계산해 낸다. 반면에 단안 깊이 단서는 한쪽 눈만으로도 물체의 원근을 파악하게 해 주는 단서들을 일컫는다. 예를 들어, [그림 4-6]의 (a)와 같은 경우 가까이 있는 보도블럭들이 형성하는 이미지 상의 결(texture)은 굵고 간격이 넓은 반면에 멀리 떨어진 블록들은 가늘고 좁은 결을 형성한다. 또한 [그림 4-6] (b)에서와 같이 지평선을 향해 평행인 두 직선은 지평선을 향해 갈수록 서로 가까워지고 지평선에서 멀어질수록 서로 멀어진다. 이러한 단서는 조망

(a) 가까이 있는 블록들이 형성하는 이미지 상의 결은 굵고 간격이 넓으나 멀리 있는 블록들은 가늘고 좁은 결을 형성한다.
(b) 지평선을 향해 평행인 두 직선은 지평선을 향해 갈수록 서로 가까워지고 지평선에서 멀어질수록 서로 멀어진다.

그림 4-6 단안 깊이 단서

단서(perspective cue)라 불리기도 하는데 양안 단서와 더불어 깊이 지각을 가능하게 해주는 역할을 한다.

3) 시각 정보의 조직화와 게슈탈트 원리

시지각의 기능적 측면은 착시 현상과 깊이 지각 현상뿐 아니라 시각 체계가 시각 정보를 조직화하여 사물의 모양을 파악하는 과정을 관찰함으로써 이해할 수 있다. 사물의 모양을 파악해 내는 형태 지각(form perception)의 경우, 망막으로 유입된 2차원적 정보로부터 의미 있는 자극들의 군집을 형성하는 과정(grouping)의 체계성이 주요 연구 대상이 된다. 시각 자극의 체계성을 파악해 내는 일관된 원리는 게슈탈트(Gestalt) 형태주의 학파에 의해 크게 다섯 가지로 분류되었다. 첫 번째는 '근접성(proximity)의 원리'로서 서로 가까이 있는 자극들은 하나의 군집을 이루는 경향이 있다. 다음은 '유사성(similarity)의 원리'로서 서로 유사한 자극들 또한 군집을 이루는 경향이 있다. 세 번째로 '연속성(continuity)의 원리'로서 서로 이어지는 직선 또는 곡선은 그렇지 않은 경우보다 하나의 개체로 지각된다. 네 번째는 '폐쇄성의 원리'로 닫힌 공간은 그렇지 않은 경우보다 하나의 개체로 지각될 가능성이 크다. 마지막으로

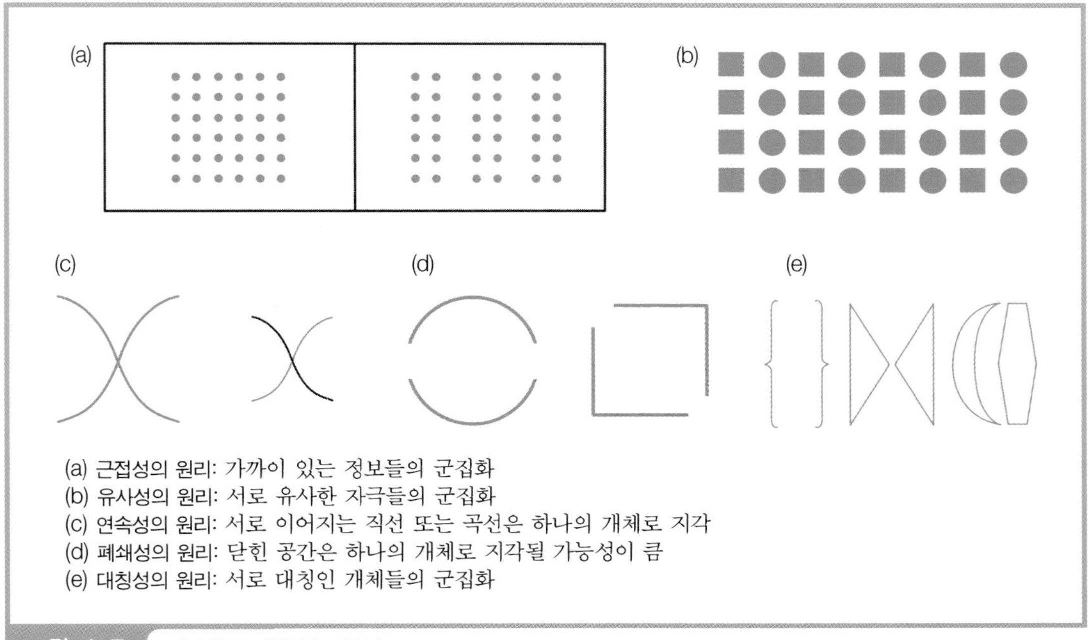

(a) 근접성의 원리: 가까이 있는 정보들의 군집화
(b) 유사성의 원리: 서로 유사한 자극들의 군집화
(c) 연속성의 원리: 서로 이어지는 직선 또는 곡선은 하나의 개체로 지각
(d) 폐쇄성의 원리: 닫힌 공간은 하나의 개체로 지각될 가능성이 큼
(e) 대칭성의 원리: 서로 대칭인 개체들의 군집화

그림 4-7 게슈탈트 원리의 예시

'대칭성(symmetry)의 원리' 로서 서로 대칭인 개체들은 비대칭인 경우보다 군집화될 가능성이 크다. 지각의 게슈탈트 원리 예는 [그림 4-7]에 제시되어 있다.

지각 과정에 대한 이론적 접근

시각 정보 처리 과정에 대해 앞에서 살펴본 것처럼, 지각의 하위 체계인 단순 물리 자극을 조합하여 지각의 대상이 되는 물체의 전체적인 형태를 파악해 내는 처리 방식을 상향적(bottom-up) 처리라 일컫는다. 반면에 기억 또는 학습을 통해 습득한 과거의 지식이 지각의 하위 체계 처리 과정에 영향을 미치는 경우를 하향적(top-down) 처리라 일컫는다. 이 두 과정은 지각 과정의 여러 모형을 이해하는 데 매우 중요한 역할을 한다.

1) 상향적 시각 정보 처리 모형

시각 정보 처리 과정에서 나타나는 상향적 정보 처리 과정을 이론화시킨 예로는 세부 특징 경합 모형(feature-matching model)이 있다. 셀프리지(Selfridge, 1959)가 제안한 이 모형은, 시각 이미지에 대한 지각은 그 이미지를 분석하고 조직화하는 과정에서 발견되는 세부 특징과 기억 속에 저장된 이미지의 세부 특징이 서로 얼마나 유사한가를 토대로 이루어진다고 가정한다. 예를 들어, 알파벳 'R' 자는 몇 가지 직선과 하나의 곡선이라는 시각적 세부 특징으로 구성되며, 각각의 세부 특징이 조합되는 모양과 각도에 따라 제한된 수의 몇 가지 세부 특징들로 조직화된다. 이 과정에서 분석된 세부 특징들을 부분적으로 공유하는 또 다른 알파벳들은 지극히 제한된 숫자다(예: 'R' 'P' 'D' 'G' 등). 이 제한된 수의 알파벳 중 세부 특징들이 정확히 일치하는 기억 속의 글자('R')를 찾아냄으로써 그 패턴을 지각하게 된다.

세부 특징 모형은 시각 정보를 분석한 결과물인 기본 세부 특징 단위로부터 조금 더 복잡한 형태의 상위 세부 특징으로 조직화하는 과정에 존재하는 위계성(hierarchy)을 강조한다. 이러한 세부 특징 모형의 위계성 원리는 신경해부학적 연구를 통해 발견된 피질 수준의 신경세포들이 가지고 있는 위계적 처리 특성과 매우 유사하다. 후벨과 위젤(Hubel & Wiesel, 1959)은 고양이의 시각피질에 존재하는 여러 세포 중 어떤 것들은 일정한 방위(orientation)를 가진 직선 자극이 시야에 제시되면 활발하게 반응한다는 것을 발견하였다. 후벨과 위젤은 이 세포들을 '단순세포(simple cell)'라 명명하였으며, 특정 방위의 선분에 선별적으로 반응하여 마치 세부 특징 탐지기(feature detector)와 같은 특성이 있음을 보여 주였다. 흥미로운 것은 시야에서 특정 방향(direction)을 향해 움직이는 선분 자극에 민감하게 반응하는 세포 또한 발견되었는데, '복합세포(complex cell)'로 명명된 이 세포는 단순세포의 반응 특성을 조합한 형태의 기능적 특성을 가지고 있는 것이 관찰되었다. 복합세포는 단순세포보다는 더 복잡한 상위 단계의 세부 특징 분석을 담당하는 것으로 보이는데, 이는 앞서 세부 특징이 위계적으로 조직화되는 세부 특징 모형의 주장에서처럼 인간의 시각 피질에 존재하는 세포들 또한 위계적으로 세부 특징을 처리하고 있을 가능성을 시사한다(Hubel & Livingstone, 1987).

상향적 처리는 사물의 재인(object recognition) 과정을 체계적으로 설명하려는 시도의 일환으로 제안된 구조기술이론(recognition-by-components: RBC)에서도 그 흔적을 찾아볼 수 있다. 비더만(Biederman, 1987)은 사물에 대한 관찰을 통해 사물의 기본 구성 요소(component)를 파악하여 사물을 재인한다는 모형을 제안하였다. 이 과정은 마치 문장을 구와 절 및 단어와 낱자 등의 기본 요소로 분해하고 재조합할 수 있는 것과 마찬가지로, 사물을 구성하는 시각적 기본 구성 요소들 간의 분해와 재조합이 자유로운 것으로 가정하였다. 비더만은 이 기본 구성 요소들을 지온(Geometric-Ion: Geon)으로 명명하였으며, 이 지온들은 관찰자의 관찰 시점에 관계없이 불변하는 특성(viewpoint-invariant)이 있다고 주장하였다. 지온은 이와 같은 특징으로 인해 어떤 관점에서 보아도 쉽게 재인되고 부분적으로 지온과 중첩되는 방해물의 영향을 별로 받지 않는다. 지온 개념을 도입한 구조 기술 이론은 사물의 기본 구성 요소 간의 관계를 기술하는 데 매우 유용한 것으로 알려져 있다.

2) 하향적 시각 정보 처리 모형

하향적 접근은 상향적 접근에서 강조하는 세부 특징이나 사물의 구성 요소 간의 분석 및 조합 과정보다는 지각의 대상이 되는 자극이 속한 주변의 맥락(context) 정보와 과거의 지식(knowledge)을 강조한다. 하향적 접근은 지각의 대상이 되는 사물이 속한 주변 맥락 정보와 과거의 지식에 근거해 그 사물이 무엇인지에 대한 가설을 세우고, 그다음으로 그 가설을 검증하는 과정의 일환으로서 세부 특징과 구성 요소를 분석하고 재조합한다고 본다. 예를 들어, 차도 주변의 표지판이 붉은색 표지판일 경우 표지판에 쓰여 있을 글씨는 경고 문구 중의 하나일 가능성이 크다. 우리의 지각 과정은 표지판의 붉은색을 지각하여 그 표지판에 쓰여 있을 문구가 '정_' 이나 '위_' 일 것으로 예상한다. 여러분이 쉽게 예상하는 바와 같이 경고문은 '정지' 나 '위험' 등일 가능성이 크다. 또한 [그림 4-8]의 글자는 'TAE CHT' 가 아닌 'THE CAT' 으로 흔히 지각되는데 이는 'T_E' 와 'C_T' 가 제공하는 주변 정보가 'A' 인지 'H' 인지 모호한 중간 글자를 맥락에 맞게 'A' 또는 'H' 로 결정해 주기 때문이다.

그림의 글자들은 'TAE CHT' 가 아닌 'THE CAT' 으로 주로 지각된다.

그림 4-8 **하향적 시각 정보 처리의 예**

최근에는 상이한 두 접근법을 절충하려는 시도가 주를 이루고 있는데, 상향적 접근은 단순 세부 특징의 분석과 조합 과정을 설명하는 데 유용한 모형을 제공하는 반면에, 하향적 접근은 자극의 명확한 분별이 모호할 수 있는 상황(예: 어두운 곳에서 글자 읽기)을 해결하는 과정에 유용한 지각 모형을 제공한다.

5 지각의 이해

지각 과정에 대한 기존의 연구들은 인간이 비교적 대량의 감각 정보를 매우 빠르게 처리할 수 있다고 보고하고 있지만, 한편으로는 외부 세계에 존재하는 압도적인 감각 정보의 양을 고려할 때 경우에 따라서는 정보의 선별적 처리가 불가피하다는 것에 동의하고 있다. 이러한 관점은 인간의 정보 처리 능력에는 한계가 있으며, 따라서 매 순간 가장 중요한 정보들만 선택적으로 처리함으로써 효율적 정보 처리를 달성할 수 있다는 맥락에서 이해될 수 있다.

1) 지각의 기능

지각의 과정은 아주 복잡하여 그 기능을 분류하는 것이 어느 정도 임의적일 수밖에 없다. 하지만 심리학에서는 지각의 체계적인 기능성을 이해하기 위해 일반적으로 다섯 개의 범주로 나누어 설명하는 편이다. 첫째, 주의 과정을 통해서 어느 입력 정보가 더 처리되어야 하고 어느 입력 정보가 버려져야 하는지에 관한 결정이 내려져야 한다. 이것은 '칵테일 파티 효과' 에서 확인할 수 있다. 칵테일 파티에 참석하였는데, 오른편 누군가에게서 나에 관한 대화가 들리고 반대편에서는 주식 투자의 요령에 대한 대화가 들리는 경우, 우리는 이 둘 중에 한쪽 대화를 선택해서 들을 수 있다. 둘째, 지각 체계는 대상이 어디에 위치하는가를 결정할 수 있어야 한다. 예를 들어, 위험한 대상이 나의 왼쪽 바로 손이 닿을 만한 곳에 있는가, 아니면 수백 미터 떨어진 저 앞에 있는가를 판단하는 경우 이러한 지각 능력이 발휘된다. 셋째, 지각 체계는 내가 지각하고 있는 대상이 정확하게 무엇인지 결정할 수 있어야 한다. 내가 보는 이것이 텐트인가 아니면 곰인가를 결정하는 기능이 이후의 행동에 중요한 결정을 내리기 때문이다. 실제로 황당한 사고의 원인에는 지각적 착각이 개입되는 경우도 있다. 다시 말해서, 텐트를 곰으로 착각한다면, 내가 가진 장총을 발사하게 될 수도 있다. 넷째, 지각 체계는 재인된 대상의 결정적 특성을 추상적으로 도식할 수 있어야 한다. 만약, 내가 울퉁불퉁하고 쭈글쭈글한 소파에 앉아 있는 상황에서 그 소파의 형태와 관련된 정보를 이해하기 위해서는 비록 그것이 완벽한 사각형은 아니지만, 사각형으로 지각되고 묘사되어야 한다. 이러한 추상화 능력은 다섯 번째의 지각적 주제와 연관이 있다. 마지막으로, 지각적 항등성(perceptional constancy)이다. 지각 체계는 대상의 본질적 특징을 개념적으로 파악하여야 한다. 예를 들어, 바라보는 각도에 따라서 문은 사다리꼴로 보일 수 있지만, 문의 본질적 특징인 사각형의 형태를 놓쳐서는 안 된다.

2) 지각과 선택적 주의

감각과 지각 분야에서는 선택적 정보 처리의 메커니즘을 밝히려는 선택적 주의(selective attention)에 대한 실험이 대부분이다. 사이먼스와 채브리스(Simons & Chabris,

1999)는 4~5명의 학생들이 서로 농구공을 패스하도록 하고, 그것을 녹화한 필름을 연구 참가자들에게 보여 주었다. 참가자들의 과제는 패스의 횟수를 세는 것이었다. 그리고 중요한 것은 필름 속에서 갑자기 어떤 사람이 고릴라 복장으로 화면의 정중앙을 가로질러 걸어가는 장면을 삽입하였다. 하지만 참가자들은 오직 농구공에만 집중하였기 때문에 아무도 고릴라를 알아채지 못하였다. 이것을 부주의맹(inattentional blindness)이라고 하는데, 변화맹(change blindness)과 비슷한 현상이라고 할 수 있다. 변화맹은 상당히 큰 규모의 장면 변화를 알아채지 못하는 현상이다. 사이먼스와 레빈(Simons & Levin, 1998)이 뉴욕주의 코넬 대학교에서 하나의 재미있는 실험을 하였다. 그들의 실험에서, 한 학생이 지나가는 행인을 붙들고 어떤 건물로 가는 길을 묻는다. 행인이 설명을 하고 있는 동안에 불투명한 문짝을 든 두 사람이 학생과 행인 사이를 지나간다. 잠시 동안이지만 행인은 그 짧은 몇 초를 지난 후에 그 학생을 다시 보면서 설명을 놓치지 않았다. 그런데 여기서 실험이 이미 진행되고 있었다. 사실은 문짝이 지나가는 바로 그 순간에 원래의 학생과 문짝을 들고 가던 사람 중 하나가 자리를 바꾼 것이다. 하지만 행인의 절반 정도는 자기에게 길을 묻던 학생이 바뀐 사실을 알

그림 4-9 사이먼스와 레빈의 '변화맹 실험' 장면

아채지 못하였다. 이것을 변화맹이라고 하는데, 만약 말하는 사람의 얼굴을 주목하도록 지시하면 이러한 변화맹 효과를 상당히 줄일 수 있는 것으로 나타났다.

3) 시각 탐색 과제 실험

그러나 우리의 지각 체계는 주의하지 않은 자극도 어느 정도 처리할 수 있다는 것을 보여 주는 상당히 많은 증거가 있다. 비록 그러한 자극이 의식되는 일은 매우 드물지만, 예를 들어 자신의 이름이 주의하지 않은 대화 속에서 작은 소리로 언급될 때 우리는 그것을 듣는 경우가 많다. 만약에 주의하지 않은 메시지 전부가 지각 체계의 하위 수준에서 소실된다면, 이러한 일은 일어날 수가 없다. 그러므로 주의의 결여가 메시지를 완전히 차단하는 것은 아니다. 그것은 약화될 뿐이다. 마치 라디오의 볼륨을 낮추어만 놓았지, 완전히 끄지 않은 상태와 같다(Treisman, 1969). 시각 분야의 이와 관련된 주의 연구는 시각 탐색 과제(visual search task)를 사용한 실험을 통해 주로 수행되었다. 시각 탐색 과제는 색상, 방위, 크기와 모양 같은 단순한 시각적 세부 특징(simple visual feature)들로 구성된 하나의 표적 자극(target)을 그와 유사한 방해 자극들(distractors) 사이에서 찾아내는 과제로서, 피험자는 개별 탐색 시행에서 표적의 유무(target presence or absence)를 보고하도록 요구받는다. 표적 자극은 [그림 4-10] (a)에 예시된 바와 같이 방해 자극 글자들 'O' 사이에 제시된 'Q' 처럼 쉽게 탐색될 수 있는 경우가 있는 반면에, 반대로 [그림 4-10]의 (b)에 예시된 바와 같이 'Q' 방해 자극

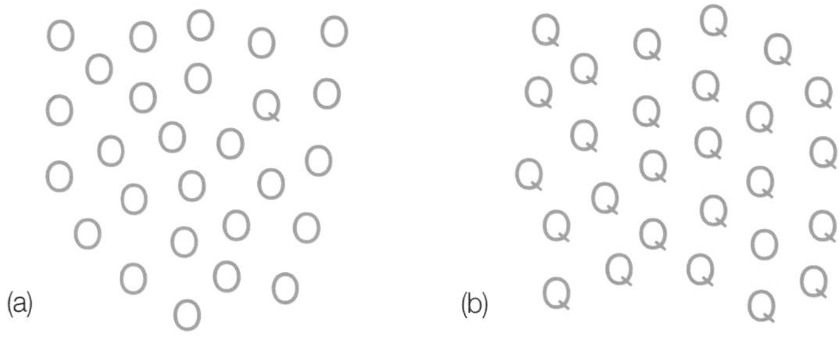

(a) 방해 자극들인 'O' 사이에 존재하는 표적 자극 'Q' 는 매우 쉽게 찾아낼 수 있다.
(b) 방해 자극들인 'Q' 사이에 제시된 표적 자극 'O' 는 찾아내기 매우 어렵다.

그림 4-10 시각 탐색 과제의 예

들 사이에 제시된 표적 'O' 처럼 방해 자극의 수가 증가할수록 탐색이 어려워지는 경우 또한 존재한다.

4) 세부특징통합이론

1970년대부터 1980년대까지 앤 트리즈만(Anne Treisman)은 시각 탐색 과제를 사용하여 시각 정보 처리 과정에서 선택적 주의의 역할을 설명한 세부특징통합이론(feature-integration theory: FIT)을 제안하였다(Treisman, 1985, 1986, 1988). 트리즈만의 세부특징통합이론에서는 시각 정보 처리의 가장 초기 처리 단계를 전주의적(pre-attentive) 처리 과정이라고 정의한다. 전주의적 처리 단계에서는 시야에 제시된 사물의 감각적 세부 특징(색상, 방위, 크기와 모양)에 대한 자동적 분석이 빠르고 신속하게 수행되는 특징이 있다. 예를 들어, 빨간 사과가 시야에 제시될 경우 전주의적 처리 단계에서는 빨간색 또는 둥근 모양이 시야에 출현했다는 것은 즉각적으로 판단할 수 있으나 그것이 빨간 사과인지 아니면 토마토인지 구별하는 세부적인 정보 처리는 진행되지 않는다. 전주의적 처리가 종료됨과 동시에 시각 정보 처리는 초점주의(focused attention) 처리 과정으로 전환되는데 이 단계에서는 시야에 존재하는 사물들의 공간적 위치(spatial location)를 파악하여 그 위치에 존재하는 하나 이상의 세부 특징들을 조합(conjoin)하게 된다.

초점주의 처리 과정에서 정보 처리 특성 중 가장 중요한 것은 용량 제한적(capacity-limited) 처리 특성이다. 즉, 시야의 특정 위치에 존재하는 세부 특징들을 조합하는 과정은 한꺼번에 동시다발적으로 진행되지 못하고 시야에 존재하는 사물들의 각각의 위치별로 순차적으로 진행되는 특성을 가진다. 순차적 주의 집중에 의해 견고하게 조합되지 못한 세부 특징들은 완전한 사물 표상(object representation)을 형성할 수 없으며, 트리즈만은 이러한 순차적 조합 과정 없이 성공적인 사물 재인(object recognition)은 근본적으로 불가능하다고 주장하였다.

세부특징통합이론의 타당성은 시각 탐색 실험의 결과를 통해 지지된다. 예를 들어, 시각 탐색 과제에서 [그림 4-11]의 (a)에 예시된 바와 같이 방해 자극인 하늘색의 'O' 들 사이에 제시된 표적 자극인 회색 'O' 는 방해 자극들이 늘어남에 관계없이 즉각적으로 탐색이 가능하며, 따라서 표적 자극의 존재 유무를 보고하는 데 걸리는 시간은 방해 자극의 수에 관계없이 [그림 4-11]의 (b)처럼 일정하다. 이와 같은 과제는 세부 특징 탐색(feature search) 과제로 정의된다. 그러나 표적 자극과 방해 자극이 하나 이상의 세부 특징을 공유하는 경우는 방해 자극의 수가 늘어날수록 표적 자극의 탐색이 점점 어려워진다. 예를 들어, [그림 4-11]의 (c)에 예시된 것처럼 표적 자극인 하늘색의 'X'를 방해 자극인 회색 'X'들과 하늘색 'O'들 사이에서 찾아내는 것은 방해 자극의 수가 늘어날수록 점점 어려워지며, 결과적으로 전체 항목 수가 늘어날수록 [그림 4-11]의 (d)에 예시된 바와 같이 표적의 존재 유무를 보고하는 시간이 지연된다. 이 과제는 결합 탐색(conjunction search) 과제로 정의된다.

트리즈만은 단순 세부 특징 과제에서 항목 개수에 관계없이 표적 탐색 시간이 일정한 것은 특정한 단일 세부 특징의 유무를 판단하는 과정이 초점주의를 요구하지 않는 전주의적 처리 과정에 의해 수행될 수 있기 때문이라고 주장하였다. 반면에 결합 과제에서는 표적과 방해 자극이 세부 특징을 공유하므로 특정 단일 세부 특징의 유무

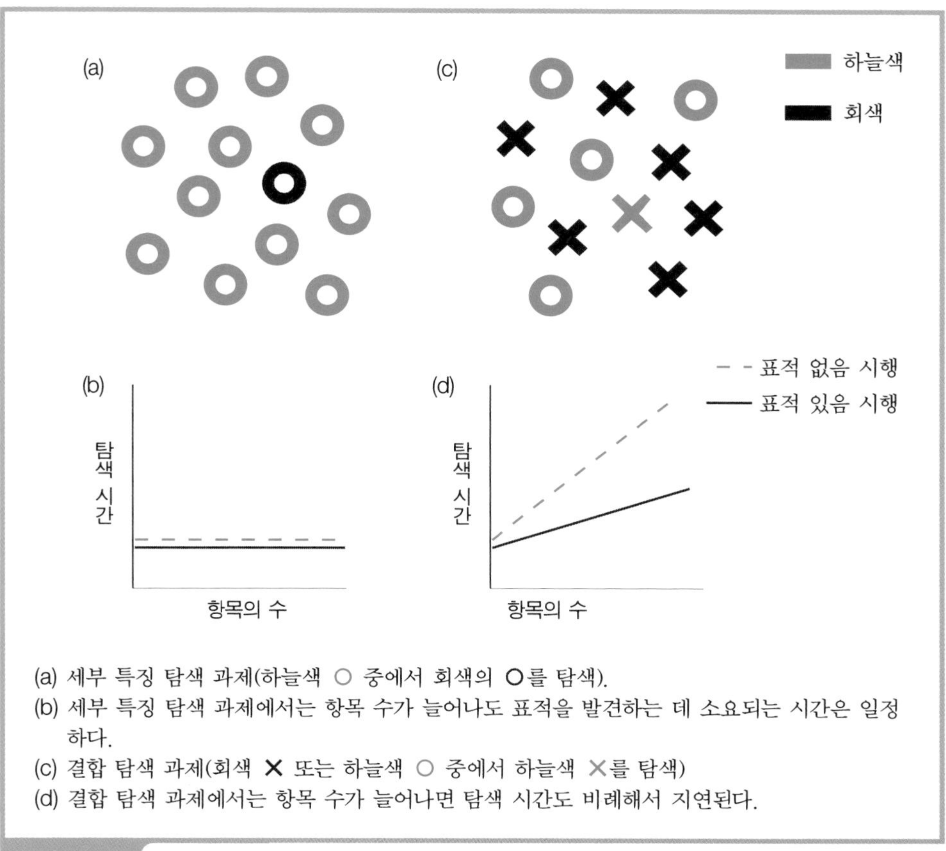

(a) 세부 특징 탐색 과제(하늘색 ○ 중에서 회색의 O를 탐색).
(b) 세부 특징 탐색 과제에서는 항목 수가 늘어나도 표적을 발견하는 데 소요되는 시간은 일정하다.
(c) 결합 탐색 과제(회색 ✕ 또는 하늘색 ○ 중에서 하늘색 ✕를 탐색)
(d) 결합 탐색 과제에서는 항목 수가 늘어나면 탐색 시간도 비례해서 지연된다.

그림 4-11 **세부 특징 탐색 과제와 결합 과제에서 사용되는 자극과 항목 수의 증가에 따른 탐색 시간의 변화**

파악만으로는 표적 유무를 판단할 수 없고 두 개 이상의 세부 특징의 유무를 고려해야 하기 때문에 방해 자극의 수에 비례해서 표적 탐색 시간이 증가한다고 주장하였다. 즉, 결합 과제에서는 주의의 용량 제한적 특성 때문에 자동적인 세부 특징의 탐지가 불가능하며 개별 항목 위치에 순차적으로 주의를 집중해야만 표적 탐색이 가능하다는 해석이다.

초점주의 처리 과정의 특성을 지지하는 중요한 현상 중 하나는 착각적 결합(illusory conjunction)이 있다. 결합 과제의 경우 피험자가 탐색을 수행할 시간을 제한하여 시각 정보 처리를 전주의적 처리 단계에서 강제적으로 종료시킬 수 있다. 이 경우 피험자는 각 항목 위치에 존재하는 세부 특징들을 제대로 결합하여 지각하지 못했기 때문에 실제로 존재하지 않은 세부 특징 조합을 가진 자극을 종종 보고한다. 예를 들어, 녹색 'O', 빨간색 'T', 파란색 'X'를 매우 짧은 순간 제시하고 피험자에게 제시된 자극이 무엇이었는가 보고하도록 지시하면 흔히 빨간색 'O' 나 파란색 'T', 녹색 'X' 등이 제시되었다고 잘못 보고하는 것이다.

5) 지각항등성

항등성이라는 것은 환경이나 상황이 바뀌어 제시방법이 달라져도 물체 고유의 속성을 일정하게 지각할 수 있는 성향을 말한다. 주로 자극의 조건들로 인해 망막의 상이 변화하여도 물체의 속성을 항등적으로 지각한다고 하여 '지각항등성'이 대표적인 예라 할 수 있다.

지각항등성은 다시 색채항등성, 밝기항등성, 형태항등성, 크기항등성 등으로 나누어 볼 수 있다. 먼저 '색채항등성'은 시각적인 색채 정보가 상황에 의해 다르게 지각되더라도 원래의 정보를 유지하는 것을 말한다. 예를 들어, 여러분이 빨간 종이 한 장을 보고 있고 그 색의 이름을 말하라는 요구를 받았다고 가정해 보자. 여기서, 여러분이 백열등 아래 서 있건 정오의 태양 아래 서 있건, 결과적으로 여러분의 대답은 그 종이가 빨간색이라고 응답할 것이라는 사실이다. 이 실험에서 빨간 종이의 색이 빨강이라고 지각하는 것은 가용파장(available wavelength), 즉 종이에서 반사되어 우리의 눈에 도달하는 빛의 파장에 의한 것이라고 추론할 수 있다.

그러면 이제 그 빛이 어떤 과정에서 오는지를 물리학적으로 살펴보자. 우선, 종이는 어떤 광원으로부터 오는 광원파장(source wavelength)에 의해 조명되며, 그것은 실내에서는 백열등이고 실외에서는 태양일 것이다. 둘째, 빨간 종이 그 자체는 반사율 특성(reflectance characteristic)을 가지고 있는데, 그것은 특정 파장을 다른 파장보다 더 많이 반사하는 정도를 결정한다. 즉, 빨강에 해당하는 파장들은 대부분 반사하고, 다른 색에 해당하는 파장은 아주 조금만 반사할 것이다. 이제 매우 실제적인 수학적 의미에서 여러분의 눈에 도달되는 가용파장은 광원파장과 반사율특성의 곱셈이라고 할 수 있다. 이 원리를 알면 색채항등성을 정의할 수 있게 되는데, 색채항등성은 시각 체계가 반사율 특성을 광원파장에 관계없이 지각하는 능력이라고 볼 수 있다. 이러한 의미에서 시각 체계는 한 개 색의 원형을 지각하게 된다.

그렇다면 모든 면에서 이러한 능력이 발휘되는가? 그렇지 않은 경우도 있다. 즉, 항등성이 실패하는 상황을 이해한다면 색채항등성을 알게 될 것이다. 예를 들어, 검은 셔츠를 검은 스크린 뒤에 놓고 스크린에 뚫린 작은 구멍을 통해서 그 셔츠를 본다고 생각해 보자. 스크린 때문에 여러분이 구멍을 통해서 보는 것은 셔츠로부터 반사된 실제의 빛이며, 그것은 주변 사물들과 독립적이다. 이제 그 셔츠에 조명을 비추면 셔츠는 희게 보인다. 구멍을 통해서 여러분의 눈에 도달하는 빛이 스크린 그 자체에서 오는 빛보다 더 강렬하기 때문이다.

따라서 색채항등성과 밝기항등성은 여러 대상으로부터 반사된 빛의 강도들 사이의 관계에 의존한다는 것을 알 수 있다. 대상의 색채 일반에 대한 과거지식을 이용하여 우리의 지각 체계는 광원조명(광원강도와 광원파장)의 효과를 수정할 수 있으며, 그래서 우리가 보는 대상의 밝기와 색채가 원형을 유지하며 결정될 수 있다(Gilchrist, 1988; Land, 1977; Maloney & Wandell, 1986).

두 번째로, '밝기항등성'은 색채항등성과 유사하다. 광원의 강도가 극적으로 변화하여 대상으로부터 반사되는 빛의 양이 바뀌더라도, 특정한 대상의 지각된 밝기가 거의 변화하지 않는 것을 의미한다. 예를 들어, 검은 셔츠는 태양광 아래에서도 혹은 나무 그늘 속에서도 여전히 검게 보인다. 비록 태양광 아래에서 그것이 반사하는 빛의 양이 훨씬 많겠지만 우리가 지각하는 밝기의 차이에 영향을 미치지 않는다.

세 번째로, '형태항등성'은 사물을 바라보는 각도가 변화하는 동안에도 우리는 그 대상의 원형을 그대로 지각한다는 것이다. 문짝을 지각하는 것이 형태항등성이라고 할 수 있다. 예를 들어, 집 안으로 들어가는 문이 우리를 향해서 열리면 그것의 망막 이미지는 여러 변화를 거치게 된다. 문의 직사각형 모양은 사다리꼴 모양의 이미지를 만들어 내며, 점점 얇아지고 마침내 아주 가는 막대기처럼 보일 것이다. 하지만 우리

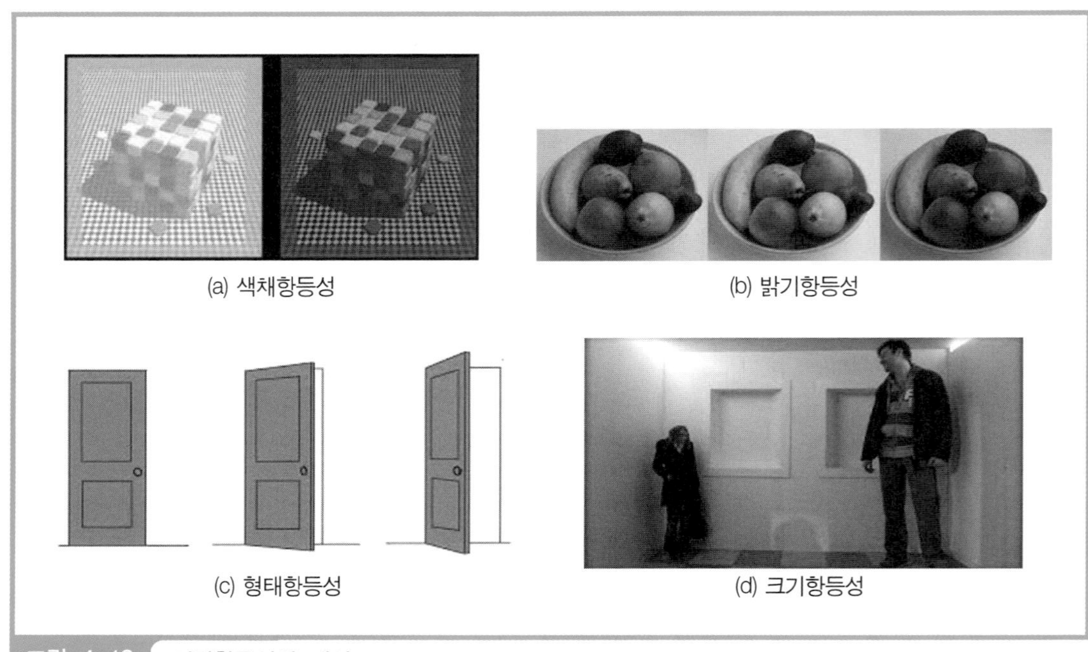
(a) 색채항등성
(b) 밝기항등성
(c) 형태항등성
(d) 크기항등성

그림 4-12 지각항등성의 예시

는 문이 열릴 때 문의 모양이 변화하지 않는다고 지각한다. 망막의 상이 변화하는 중에도 지각된 모양이 일정하다는 사실은 형태항등성의 하나의 실례가 된다.

네 번째로, 지각항등성 중에서 가장 연구가 많이 된 것이 '크기항등성'이다. 대상의 지각된 크기는 그것이 얼마나 먼 곳에 위치하건 일정하다. 어떤 대상이 우리에게서 멀어져 갈 때 그 대상의 크기가 줄어들고 있다고 보지는 않는다. 십 원짜리 동전을 30센티미터 전방에 들고 보다가 팔을 쭉 뻗어 본다고 해서 동전이 작아져 보이는가? 그렇지 않을 것이다. 이러한 특성을 크기항등성이라고 한다.

6) 착각

놀이 공원에서 흔히 볼 수 있는 '유령의 집'에 들어가는 것을 상상해 보자. 처음 계단을 조심스레 내려가다가 여러분은 벽에서 여러분을 내려다보는 가면 같은 얼굴들을 보게 될 것이다. 그 얼굴들을 지나쳐 가다 보면 가면들이 방향을 틀어서 여전히 여러분을 쳐다보고 있다. 이러한 현상을 나름대로 설명하기 위해 아이들은 가면에 모터가 달려 있어서 자동적으로 움직였을 것이라고 짐작하곤 한다. 하지만 실제로는 가면들이 고정되어 있다. 단지 가면의 움직임은 여러분의 지각 속에서만 움직일 뿐이다. 여러분이 불을 켜고 가면을 자세히 본다면, 이상한 점 하나를 금방 발견할 것이다. 여러분은 가면의 외부를 보는 것이 아니라 내부를 보고 있었던 것이다. 그러나 유령의 집처럼 관찰조건이 좋지 않은 상황에서는 그것을 알아채지 못한다. 시각 체계는 평상시처럼 여러분이 가면의 밖을 보고 있다고 착각하게 할 것이다. 결국, 지각적인 움직임은 상황의 기하학적 특수성에 의해 자신으로 하여금 자기가 이동하는 쪽으로 가면의 얼굴이 회전하는 것처럼 지각하게 만든다. 그리고 이러한 착각 현상은 이미 지각하고자 하는 원형을 유지하려 하는 항등성이 원인이 되는 경우가 많다.

특히 트릭아트에서 많이 볼 수 있는 것이 크기항등성으로 인한 착각이다. 예를 들어, 지평선 근처에 있는 달은 중천에 있는 달보다 약 50% 정도 더 크게 보이지만, 엄밀하게 따지자면 망막상에 비친 달은 중천에 있을 때가 약간 더 크다. 왜냐하면, 중천에 위치한 달이 지평선의 달보다 더 가깝기 때문이다. 이것을 '달의 착시' 라고 하며, 다음과 같이 비행기를 응용해서 설명할 수 있다(Reed, 1984; Loftus, 1985). 비행기와 같은 날아다니는 물체가 지평선 쪽으로부터 당신을 향해 접근한다고 생각해 보자. 이 상황을 기하학적으로 묘사하면, 비행기가 지평선에서 중천으로 이동하는 동안에 비행기의 망막상은 점점 커진다. 비행기는 상대적으로 지표에 가깝기 때문에 망막상이 커지는 정도는 매우 크다. 그러나 크기항등성이 망막상의 이러한 변화를 보정하여, 비행기가 비상하는 내내 동일한 물리적 크기로 보이도록 만든다. 즉, 상대적으로 지평선에 위치한 달은 중천에 있는 달보다 그 크기가 변화되는 과정에서 보정하는 항등성의 영향력만큼 오히려 크게 지각되는 것이다.

또 하나의 크기 착시는 그 유명한 '에임즈의 방(Ame's room)'을 들 수 있다. [그림 4-13]처럼 작은 구멍을 통해서 그 방을 바라보는 관찰자에게 방이 어떻게 보이는지를 묻게 한다면 고개를 저으며 오른쪽 구석의 소녀가 왼쪽 구석의 소녀보다 훨씬 커 보인다고 대답할 것이다. 그러나 실제로는 왼쪽의 소녀가 더 크다. 이 경우는 크기항등성이 왜곡되었다. 왜일까? 그 이유는 방의 설계에 있다. 작은 구멍을 통해서 보면 그 방은 보통의 사각형으로 보이지만 실제로는 방의 왼쪽 구석이 오른쪽 구석에 비해 거의 두 배나 들어가 있다. 그림에서 왼쪽의 소녀는 오른쪽의 소녀보다 훨씬 멀리 떨어져 있고 따라서 망막의 상이 작다. 우리는 이러한 거리의 차이를 보정하지 않는다. 왜냐하면 방 안의 직선들이 지각자로 하여금 그 방이 일반적이고 정상적인 방이라는 사실을 믿게 하여, 두 소녀가 똑같은 거리에 있음을 믿도록 하기 때문이다. 멀리 떨어져

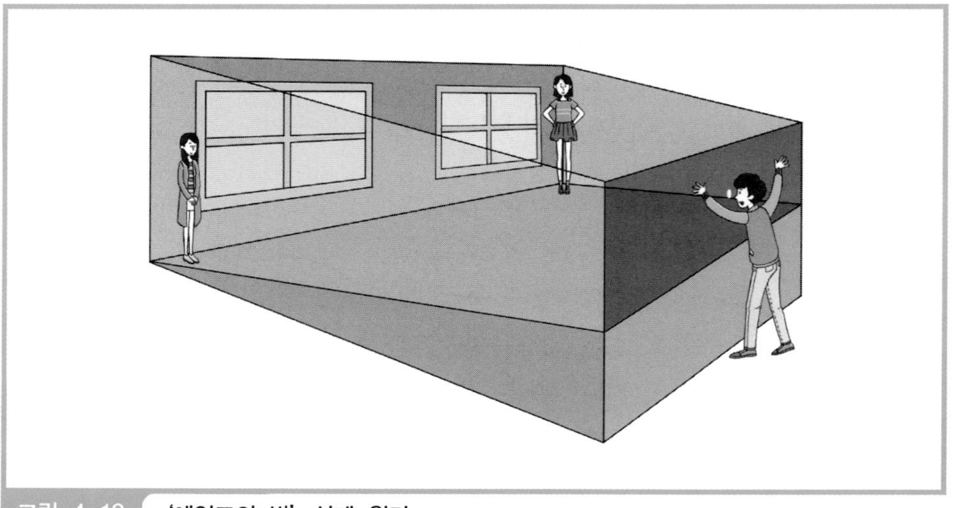

그림 4-13 '에임즈의 방' 설계 원리

있지 않지만 망막상이 작은 소녀에 대해서, 시각 체계가 할 수 있는 유일한 해석은 그 소녀가 실제로 더 작다고 해석하는 것이다. 결국 방의 구조가 정상적이라는 가설이 항상성 원리의 적용을 방해하여 크기항등성을 왜곡시킨 것이다.

7) 지각적 순응

우리의 지각 능력은 얼마나 순응적인가? 약간의 방향상실감과 어지럼까지 느끼게 하는 새 안경을 쓰고 하루를 지낸다고 가정한다면, 하루가 지나고 이틀이 지나면 변화된 시각 입력 방식에 순응하게 된다. 즉, 지각적 순응(perceptual adaption)이라는 경험을 통해 우리는 세상을 다시 정상으로 볼 수 있게 된다. 그러나 조금 더 극단적인 안경을 만들어 사물의 위치를 좌측으로 40도 정도 틀어져 보이게 한다면, 이 안경을 쓰고 다른 사람들에게 공을 던지거나 뭔가를 전달하는 과정에서 방향상으로 볼 때, 좌측으로 빗겨 갈 것으로 예측할 수 있다. 사람들과 인사하기 위해서 마주하고 싶지만, 자신도 모르게 점점 좌측으로 벗어나고 있다는 것을 경험하게 될 것이다. 그렇다면 과연 인간은 이런 의도적으로 왜곡된 지각 체계에 순응할 수 있을까? 예컨대, 병아리는 이러한 환경에 순응하기가 매우 어렵다. 즉, 병아리들이 위와 같은 방식으로 고안된 렌즈를 착용했을 때, 위치가 왜곡된 모이통을 발견하고 나서 순응하지 못하는 결과를 보이며, 계속해서 왜곡된 상을 쪼아대기만 했던 것이다(Hess, 1956; Rossi, 1968).

그러나 인간은 왜곡시키는 렌즈를 착용했음에도 얼마 가지 않아서 신속하게 순응한다. 심지어는 몇 분 내로 공을 정확한 목표 지점으로 던질 수 있다. 그리고 안경을 벗고 나면 다시 잔효(aftereffect)를 경험하지만, 곧 몇 분 내로 다시 순응하게 된다.

조지 스크래톤의 실험

사실 아주 극적인 안경, 즉 세상을 완전히 거꾸로 보이게 하는 안경을 착용하고 나서조차도 우리는 여전히 순응할 수 있다. 심리학자인 조지 스트래톤(George Stratton, 1896)은 자신이 고안한 이런 안경을 8일 동안 착용하면서 땅이 위로, 하늘이 아래로 가는 경험을 하였다. 처음에 스트래톤은 방향을 상실하는 듯했다. 즉, 걷고자 할 때, 발이 위에 위치해 있어 보이기에 여간 적응하기가 어려운 것이 아니었다. 특히, 처음에는 먹는 것조차 거의 불가능하였다. 이 과정에서 처음에 울렁거리거나 구역질이 났고 우울증과 같은 증상에 빠져들기도 했다. 그러나 스트래톤은 이러한 상황을 계속해서 극복하기 위해 노력했고, 마침내 8일 정도가 지나면서 편안하게 사물을 잡거나 걸을 수 있었다. 나중에 안경을 벗었을 때도 빠르게 세상에 다시 적응할 수 있었다. 그리고 후속 실험들에서 스트래톤의 경험을 재차 확인하는 연구가 다수 진행되었고(Dolezal, 1982; Kohler, 1962), 일정 순응 기간이 지나 그런 안경을 착용한 사람들은 모터사이클을 타고, 스키를 타며, 비행기를 조종하기까지 했다. 이런 예들을 보았을 때, 어떤 설명이 가장 적절한 것일까? 정말로 낯선 세계를 지각적으로 전환시킴으로써 '정상적인' 시야에 순응한 것인가? 실제로 그렇지는 않다. 실험 참여자의 주변 세계는 여전히 머리 위나 엉뚱한 측면에서 보이지만, 이런 뒤죽박죽의 세계에서 능동적으로 적응하고자 하는 움직임을 통해 맥락에 순응하고 시각적으로 왜곡되는 움직임을 조절하는 학습을 한 덕분이다.

이 장의 중심 내용

01 지각은 감각수용기를 통해 입력되는 물리적 자극의 강도를 반드시 그대로 반영하지는 않는다. 물리적 자극을 탐지할 수 있는 최소한의 자극 강도를 그 자극의 역치라 하는데, 신호탐지이론은 역치와 반비례하는 개개인의 민감도를 기술하는 데 유용한 이론이다.

02 시각 정보 처리 경로의 가장 초기 처리는 안구의 광학적 특징에 의해 좌우된다. 안구 후면에 있는 망막의 감각수용기는 빛 자극을 신경전달 신호로 전환하며, 이 정보들은 시교차와 외측슬상핵을 거쳐 시각피질로 전달된다.

03 시각은 안구 운동, 착시 현상 및 깊이 지각 등과 같은 체계적 처리 과정에 의한 다양한 기능적 특성을 보여 준다. 게슈탈트 원리는 시각 정보의 조직화와 관련된 중요한 기술(description) 원리다.

04 지각 과정은 단순 물리 자극을 조합해 지각의 대상이 되는 물체의 형태를 파악해 내는 '상향적 접근'과 기억 또는 학습을 통해 습득된 과거의 지식이 지각의 하위 체계 처리 과정에 영향을 미치는 '하향적 접근'이 있다. 상향적 접근에는 세부 특징 경합 모형과 구조기술이론이 있으며, 하향적 접근에서는 자극이 속한 주변의 정황 정보와 과거의 지식을 강조한다.

05 세부특징통합이론은 시각 정보의 자동적 분석이 행해지는 전주의적 단계와 사물의 위치 및 분석된 세부 특징들이 결합되는 주의 단계를 가정한다. 세부 특징 간의 결합은 공간적 주의에 의해 가능하다.

06 인간의 지각 능력은 단지 망막상에 맺히는 단서가 전부가 아니며, 대상의 원형을 유지하고자 하는 항등성의 원리에 의해 정확한 지각을 할 수 있는 것이다. 하지만 이러한 원리는 같은 이유로 착각을 일으킬 수도 있다.

학습과제

1. 물리적 자극 강도와 지각된 자극 강도 사이의 관계는 일반적으로 어떠한지 설명하시오.

2. 베버의 법칙과 역치, 그리고 신호탐지이론을 간략히 설명하시오.

3. 시각 정보 처리의 각 단계를 담당하는 기관들을 해부학적으로 설명하시오.

④ 시각 정보 처리의 체계성에 의해 나타나는 대표적 현상들을 열거하고 간단히 설명하시오.

⑤ 지각 과정을 설명하는 이론적 접근과 모형들을 설명하시오.

⑥ 세부특징통합이론을 설명하고 시각 정보 처리 과정에서 시각적 주의의 역할을 간략히 설명하시오.

⑦ 지각항등성의 종류를 설명하고, 착각과의 관계를 설명하시오.

05 학 습

학습 개요

학습(learning)은 '경험을 통하여 얻어지는 행동과 지식에서의 비교적 영속적인 변화'라고 정의할 수 있다. 학습은 일반적인 의미에서의 지식 습득뿐만 아니라 젓가락질을 배운다든지, 신발 끈을 맨다든지, 자전거 타기나 운전을 배우는 등의 다양한 행동을 포함한다. 이렇게 우리는 다양한 경험을 통해 지식과 기술을 습득하고 이를 유지한다.

포유류를 포함하여 일부 다른 동물도 학습할 수 있는 능력을 가지고 있으나 인간만큼 그 능력이 뛰어난 종은 없다. 진화를 통하여 인간이 습득한 여러 가지 능력 중 아마도 가장 중요한 것이 학습할 수 있는 능력일 것이다. 심리학자들은 19세기 말부터 학습에 관해 과학적인 연구를 시작해 왔다. 다윈은 동물과 인간을 하나의 연속선상에 있는 것으로 보았으며, 이를 기초로 심리학자들은 우선 동물의 학습 현상에 대한 연구를 시작하였고, 동물연구에서 밝혀진 원리를 바탕으로 인간에게도 적용할 수 있는 학습 원리를 찾고자 노력해 왔다. 사실상 많은 학습 원리가 인간과 동물에게 모두 적용될 수 있다고 할 수 있다. 이 장에서는 이러한 학습 원리에 대해 살펴볼 것이다.

학습 목표

1. 기본적인 학습 원리에 대한 이해를 목표로 한다.
2. 고전적 조건화의 기본적인 과정과 이에 해당하는 실생활에서의 적용 사례를 이해한다.
3. 조작적 조건화에 해당하는 다양한 원리, 즉 강화, 처벌, 강화 스케줄, 소거, 자극 통제, 변별, 일반화 등의 원리에 대한 이해와 실생활에서의 적용 사례를 이해한다.
4. 관찰학습의 과정을 이해하고 구체적인 원리를 학습한다.

1 학습의 정의

학습(learning)이라는 단어를 떠올릴 때 우리는 일반적으로 학교에서 하는 공부를 생각하기 쉽다. 그러나 심리학에서의 학습은 이보다 훨씬 더 넓은 개념이다. 인간이 태어나서 학습 없이 할 수 있는 행동은 극히 제한되어 있지만 학습을 통해 실로 다양한 행동을 배워 나간다. 말하자면 학습은 학교 공부뿐 아니라 젓가락질을 배운다든지 신발 끈을 맨다든지 자전거 타기나 운전을 배우는 등의 다양한 활동을 포함한다. 이렇게 우리는 다양한 경험을 통해 지식과 기술을 습득하여 이를 유지해 나간다. 결론적으로 학습은 "경험을 통해 얻는 행동과 지식에서의 비교적 영속적인 변화"라고 정의할 수 있다.

포유류를 포함하여 일부 다른 동물도 학습할 수 있는 능력을 가지고 있으나 인간만큼 그 능력이 뛰어난 종은 없다. 아마도 진화를 통하여 인간이 습득한 여러 능력 중 가장 중요한 것이 학습하는 능력일 것이다. 심리학자들은 19세기 말부터 학습에 관해 과학적인 연구를 시작해 왔는데 다윈의 진화론을 바탕으로 심리학자들은 학습을 환경에 적응하는 수단으로 보았다. 다윈은 동물과 인간을 하나의 연속선상에 두었다. 이를 기초로 심리학자들은 우선 동물의 학습 현상에 대한 연구를 시작하였고 그 연구에서 밝혀진 원리를 바탕으로 인간에게도 적용할 수 있는 학습 원리들을 찾아내고자 노력해 왔다. 사실상 많은 학습 원리가 인간과 동물에게 모두 적용될 수 있다고 할 수 있다.

학습의 원리 중에는 고전적 조건화와 조작적 조건화가 있다. 고전적 조건화는 자극과 반응 간의 연합에 의한 학습이고, 조작적 조건화는 행동과 그 결과 간의 연합에 의한 학습이다. 이 장에서는 이 두 학습 원리를 기본적인 과정과 변형 및 실생활에서의 적용 사례 중심으로 살펴보겠다.

2 고전적 조건화

고전적 조건화(classical conditioning)는 흔히 반응 조건화(respondent conditioning) 혹은 파블로프 조건화(Pavlovian conditioning) 등의 다른 명칭으로도 불린다. 특히, 파블

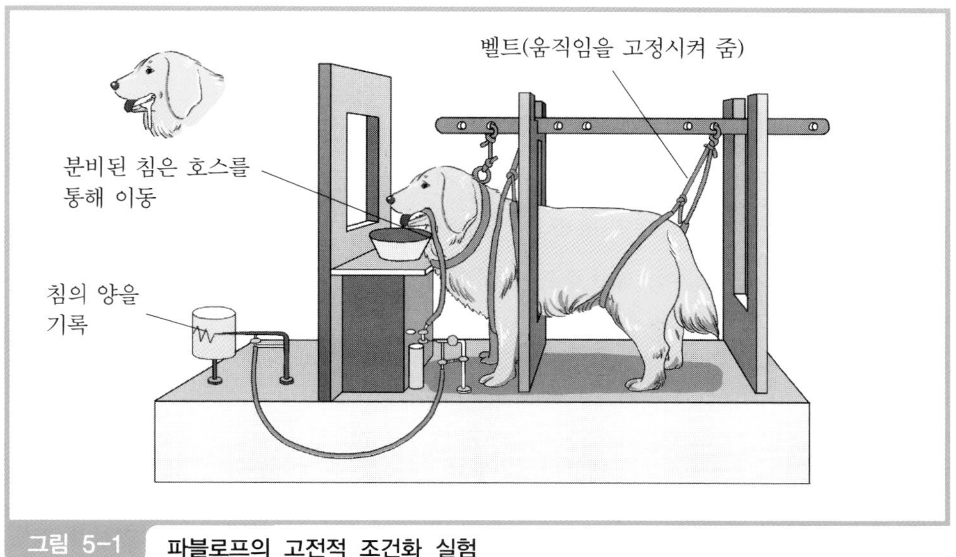

그림 5-1 파블로프의 고전적 조건화 실험

로프 조건화는 고전적 조건화가 최초로 파블로프(Pavlov)에 의해 체계적으로 연구되었다는 점에서 나온 명칭이다.

파블로프는 본래 소화에 관한 연구에 관심을 가져 개에게 고깃가루를 먹인 다음 타액의 분비 현상에 대해 관찰하였다. [그림 5-1]에서 볼 수 있는 것과 같이 파블로프는 개의 타액을 타액 분비선에 튜브를 연결시켜 측정하였는데 고깃가루를 줄 때마다 이와 연합된 자극에 대해서도 개가 타액을 분비한다는 것을 발견하였다. 즉, 개가 고기를 담은 그릇이나 고기를 준 실험 보조원, 심지어 실험 보조원의 발자국 소리 등에 대해서도 타액을 분비하게 된다는 사실을 발견하였다. 사실 처음에 파블로프는 이러한 현상 때문에 매우 난처해했다고 한다. 왜냐하면 이 실험의 실제 목적은 소화에 관한 것이었는데 이러한 현상 때문에 개의 타액 분비를 제대로 통제할 수 없었기 때문이다. 그러나 곧 파블로프는 원래 목적하던 소화에 관한 연구보다 이와 같은 현상에 더 많은 관심과 흥미를 가지게 되어 이후 고전적 조건화 현상을 연구하는 데 평생을 바쳤다.

고전적 조건화에서는 처음에 어떠한 기능도 하지 않던 자극이 특정 반응을 유출할 수 있는 능력을 가지게 된다. 어떻게 이러한 현상이 나타나게 되는지 살펴보자.

1) 조건 반응의 형성

고전적 조건화를 시도하기 위해서는 먼저 반사반응(reflexive response)을 유발시키는 자극을 찾아야 한다. 이러한 자극을 무조건 자극(unconditioned stimulus: UCS)이라 하며 이 자극에 의해 자동적으로 유발되는 반응을 무조건 반응(unconditioned response: UCR)이라 한다. 예를 들어, 파블로프의 실험에서 고깃가루는 타액 분비를 일으키는 무조건 자극이며 이 자극에 의한 타액 분비는 무조건 반응이다.

고전적 조건화를 형성하기 위한 다음 단계는 무조건 자극과 중립 자극(neutral stimulus: NS, 원래는 무조건 반응을 일으키지 않는 자극)을 서로 조건화시키는 과정이다. 이 같은 연합 과정을 여러 차례 반복하게 되면 중립 자극은 결국 무조건 자극이 없어도 반응을 유발시킬 수 있게 된다. 이렇게 중립 자극이 그 자체만으로도 반응을 유발시킬 수 있게 될 때, 이 중립 자극을 조건 자극(conditioned stimulus: CS)이라 하며 이 자극에 의해 유발되는 반응을 조건 반응(conditioned response: CR)이라 한다. 파블로프의 실험에서 중립 자극으로는 종소리가 사용되었다. 중립 자극과 무조건 자극을 여러 차례 짝지어 제시한 후, 중립 자극인 종소리는 그 자체로서 타액 분비를 일으킬 수 있는 조건 자극(CS)이 되었다. 이 조건 자극에 의한 타액 분비가 조건 반응(CR)이다.

고전적 조건화를 형성하는 과정에서 무조건 자극과 중립 자극을 짝짓는 방법에는 여러 가지가 있을 수 있으며 고전적 조건화의 효율성은 이러한 방법에 따라 많은 영향을 받는다. [그림 5-2]에는 심리학자들이 연구한 다섯 가지 유형의 조건화 과정이 도식적으로 표현되어 있다.

지연 조건화(delayed conditioning) 과정에는 두 가지 종류가 있다. 하나는 중립 자극을 먼저 제시하여 일정 시간을 유지한 후 제거함과 동시에 무조건 자극을 제시하는 방법이며 또 한 가지 방법은 중립 자극을 제시하고 있는 중에 무조건 자극을 제시함으로써 두 자극을 동시에 제시하여 일정 시간이 지난 후 동시에 제거하는 방법이다. 이 두 가지 방법은 조건 반응을 유발하는 데 효과적인 것으로 알려져 있다. [그림 5-2]의 (a)와 (b)가 각각 이 방법에 속한다.

흔적 조건화(tracing conditioning)는 중립 자극의 철회와 무조건 자극의 제시 사이에 어느 정도의 시간 간격이 있는 것을 말한다. 이 방법 또한 조건 반응을 유발하는 데 효과적인 방법으로 알려져 있으나 시간 간격이 짧은 경우에만 효과적이라고 할 수 있다.

동시 조건화(simultaneous conditioning)에서는 중립 자극과 무조건 자극을 동시에 제

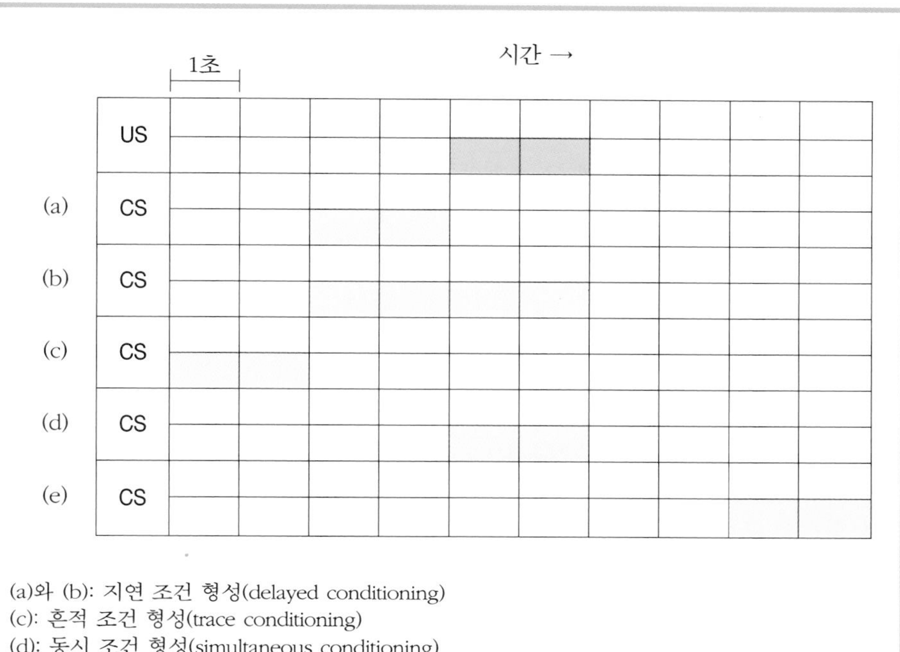

그림 5-2 조건 형성의 여러 유형

시하였다가 동시에 제거하는 것인데([그림 5-2]의 d), 이 방법은 일반적으로 효과적이지 못한 것으로 알려져 있다.

후진 조건화(backward conditioning)는 무조건 자극을 먼저 제시하고 조건 자극을 나중에 제시하는 것으로, 앞의 방법들에 비해 조건화가 형성되기 가장 어렵다.

2) 고차적 조건화

어떤 중립 자극이 고전적 조건화 과정을 통해 조건 자극이 되었을 때, 이 조건 자극을 또 다른 중립 자극과 반복적으로 연합하면 그 중립 자극도 조건 반응을 일으킬 수 있는 또 하나의 조건 자극이 될 수 있다. 이러한 현상을 이차적 조건화(second-order conditioning)라고 하며 이차적 조건화 이상의 조건화를 총칭하여 고차적 조건화(higher-order conditioning)라고 한다. 파블로프의 실험에서 개는 조건 자극인 종소리에 조건 반응인 타액 분비를 일으키도록 조건화되었다. 여기서 만약 또 다른 중립 자극으로서 빨간 불빛을 종소리와 반복적으로 연합시키면 그 불빛도 결국 타액 분비를 일으킬 수 있게 된다. 이것을 이차적 조건화라 하고, 이 과정을 반복하면, 즉 빨간 불빛을 또 다른 중립 자극(예: 푸른 불빛)과 연합시키면 개념적으로는 삼차적 조건화도 가능하다. 그러나 이는 거의 현실적으로 불가능하다. 삼차적 조건화에는 이미 소거 과정이 포함되기 때문이다. 이제 그 소거에 대해 살펴보도록 하자.

3) 소거와 자발적 회복

일단 고전적 조건화가 형성되었다고 하더라도 조건 자극이 조건 반응을 무한정 유발시킬 수 있는 것은 아니다. 다시 말하면, 조건 자극이 조건 반응을 계속적으로 유발할 수 있으려면 가끔씩이라도 조건 자극과 무조건 자극이 조건화되어야 한다. 만약, 조건화가 형성된 후 무조건 자극이 전혀 제시되지 않고 조건 자극만 계속 제시되면 그 효과가 점점 떨어지게 되어 결국 조건 반응을 유발하지 못하게 된다. 이와 같이 무조건 자극이 조건 자극과 조건화되지 않음으로써 조건 자극이 조건 반응을 일으키지 못하는 현상을 소거(extinction)라고 한다. 예를 들어, 파블로프의 실험에서 종소리를 울려 주고 난 후 음식을 전혀 주지 않으면 종소리는 결국 타액 분비를 일으키지 못하게 된다.

그러나 보우턴과 스바르첸트루버(Bouton & Swartzentruber, 1991)에 의하면 소거는 조건 반응을 단지 억제시킨 것일 뿐 완전히 제거한 것은 아니다. 조건 자극이 소거 과정을 통하여 일단 능력을 상실한 것처럼 보이더라도 어느 정도 시간이 지난 후 조건 자극을 제시하면 다시 조건 반응을 일으키게 된다. 이러한 현상을 자발적 회복(spontaneous recovery)이라고 부른다.

4) 자극 일반화와 변별

일단 어떤 자극이 조건 자극으로 형성되고 나면 무조건 자극과 조건화된 적은 없지만 이 자극과 유사한 다른 자극들도 조건 반응을 유발할 수 있는데 이를 자극 일반화(stimulus generalization)라고 한다. 예를 들어, 어린아이가 벌에 쏘인 경험이 있다고 하자. 그러면 벌에 쏘인 것은 무조건 자극이라고 할 수 있다. 벌에 쏘여 그 고통 때문에 어린아이가 울게 되는 반응이나 혹은 이와 관련되어 생기는 생리적 반응이 바로 무조건 자극에 대한 무조건 반응이다. 그렇다면 벌이 가지고 있는 여러 가지 특징(크기, 모양, 색깔, 움직임, 소리)들이 무조건 자극과 동일한 의미의 자극으로 해석될 수 있다고 볼 수 있고 이러한 특징들이 조건 자극으로서 작용할 수 있다. 그래서 벌을 보게 되면 아이는 벌에 쏘였을 때와 유사한 반응을 하게 된다. 또한 설사 벌이 아니더라도 벌과 비슷한 특징을 가진 벌레를 보면 벌을 보았을 때와 비슷한 반응을 보이게 된다. 이것이 바로 자극 일반화 현상의 전형적인 예다. '자라 보고 놀란 가슴 솥뚜껑 보고 놀란다' 는 속담 역시 자극 일반화를 설명하는 하나의 예다. 이러한 자극 일반화는 자극 일반화를 일으키는 자극과 본래 조건 자극 간의 유사성에 따라 그 정도가 달라진다. 일반적으로 자극이 조건 자극과 유사할수록 일반화는 더 쉽게 일어난다.

변별(discrimination)이란 자극 일반화와 정반대 현상이다. 바꾸어 말하면, 자극 일반화 현상은 변별 과정을 통하여 없어질 수도 있다. 앞의 예에서 어린아이는 성장하면서 벌이 아닌 다른 벌레도 계속적으로 접할 기회를 갖게 되고 그런 기회를 통하여 벌이 아닌 다른 벌레들에 대해서는 아무런 고통을 느끼지 않게 된다. 동시에 벌에 대해서는 가끔씩 다시 쏘여 고통을 겪는 경험을 되풀이한다면 벌과 그 외의 벌레에 대한 아이의 반응에는 서로 차이가 나게 된다. 즉, 벌에 대해서는 고통과 관련된 다양한 생리적 반응을 보이지만 다른 벌레에 대해서는 그러한 반응을 보이지 않게 된다. 이러한 현상을 변별이라고 한다.

5) 실생활에서의 고전적 조건화 현상과 그 적용

고전적 조건화는 우리에게 어떤 중요성을 지니고 있는가? 만약, 고전적 조건화를 단순히 타액 분비 혹은 몇몇 전문적인 용어로만 생각한다면 별로 중요할 것이 없어 보인다. 그러나 우리가 실제로 살아가는 데 고전적 조건화는 많은 중요성을 가지고 있다. 이를테면, 고전적 조건화를 통하여 우리는 인간의 정서나 감정뿐만 아니라 공포증의 형성을 설명할 수 있고 미각혐오학습 등의 다양한 현상에 대한 설명도 적어도 부분적으로는 가능하다.

예를 들어, 학교에 가기 싫어하는 아동들의 경우 학교에 대한 부정적 느낌이 고전적 조건화를 통해 형성되었을 가능성이 크다. 어떤 아동이 학교에서 선생님

에게 반복적으로 야단을 맞는다거나 심하게는 매를 맞는다고 가정해 보자. 이 경우 선생님의 야단이나 매는 불쾌한 정서를 유발하는 무조건 자극이라고 할 수 있고 이 무조건 자극은 학교가 가지고 있는 여러 가지 특징과 연합하게 된다. 그래서 학교의 분위기, 교실, 선생님의 얼굴, 심지어 친구들의 모습 등이 불쾌한 정서를 만드는 무조건 자극과 연합되어 조건 자극의 역할을 하게 된다. 따라서 이러한 특징만으로도 아동은 불쾌한 감정을 겪게 되어 결과적으로 학교에 가는 것을 싫어할 수 있다.

미각혐오학습(taste aversion learning)은 단순한 조건 반사 이상의 특징적인 성격을 가지고 있지만, 그럼에도 불구하고 재미있는 고전적 조건화의 한 예가 된다. 미각혐오학습은 1950년대에 가르시아와 그의 동료들(Garcia et al., 1956)이 처음 발견하였다. 이들은 쥐에게 사카린 맛이 나는 물을 마시게 한 후 구역질을 일으키는 감마선에 노출시켰다. 감마선에 노출되기 전에는 쥐들이 일반 물보다 사카린 물을 더 선호하였으나 사카린 물을 마시고 나서 감마선에 노출된 이후에는 사카린 물보다 일반 물을 더 선호하였다. 즉, 사카린 물이 구역질을 일으키는 감마선과 단 한 번 연합됨으로써 쥐들은 사카린 물을 회피하는 현상을 보인 것이다.

이러한 미각혐오학습은 쥐뿐만 아니라 다른 동물에서도 관찰되고 있으며 인간에게도 나타나는 일반적인 현상이다. 아마 여러분도 어떤 특정 음식을 먹고 소화불량 혹은 또 다른 이유로 구역질을 한 경험이 있다면 그 음식을 쳐다보기도 싫거나 심지어 생각조차 하기 싫을 것이다. 또 미각혐오학습과 유사한 현상이 방사선치료나 화학요법을 사용하는 암 환자들에게도 나타난다. 문제는 환자들이 치료를 받는 병원에 오게 되면 구역질을 느끼게 된다는 것이다. 이러한 현상은 고전적 조건화에 의한 것이다. 즉, 병원이 가지고 있는 여러 가지 특징이 일련의 자극이 되고, 이러한 자극이 구역질을 유발하는 치료와 일관성 있게 연합됨으로써 고전적 조건화를 통하여 조건 자극이 되며 이 자극들이 조건 반응인 구역질을 유발하게 되는 것이다.

3 조작적 조건화

조작적 조건화는 스키너(Skinner)에 의해 가장 체계적으로 연구되었다. 그는 고전적 조건화와 조작적 조건화를 개념적으로 명확히 구분하기도 하였다. 스키너의 이러한 업적에는 많은 사람이 영향을 미쳤는데 그중 한 사람이 손다이크(Thorndike)였다. 미국에서 심리학을 공부한 손다이크는 당시 자극과 반응의 관계를 연구한 러시아 심리학자들과는 달리 행동과 그 결과의 관계성에 대해 연구하였다. 이러한 연구를 위해 그는 이른바 문제상자(puzzle box)라는 것을 만들었다. [그림 5-3]에서 보는 것처럼 문제상자는 고양이를 그 속에 넣었을 때 고양이가 나무 페달을 밟아 문을 열 수 있도록 고안되었다. 행동과 결과의 관계성을 연구하기 위해 손다이크는 문제상자 안에 배고픈 고양이를 넣어두고 밖에는 생선을 놓아두었다. 그리고 이 상황에서 고양이가 문제상자를 빠져나오는 데 걸리는 시간을 측정하였다. 처음에는 고양이가 곧바로 페달을 밟지 않아 문을 열고 나오지 못한 채 여러 가지 관련 없는 행동들을 하였다. 그러나 결국에는 우연히 페달을 밟아서 문제상자를 빠져나오게 되었다. 이러한 시행을 거듭하면 할수록 고양이가 문제상자를 빠져나오는 데 걸리는 시간은 점점 단축되었다. 이 현상을 손다이크는 '효과의 법칙(law of effect)' 이라 불렀다. 즉, 이는 만족스러운 결과를 가져오는 행동은 강해지고, 불만족스러운 결과를 가져오는 행동은 약해지는 현상을 말한다. 손다

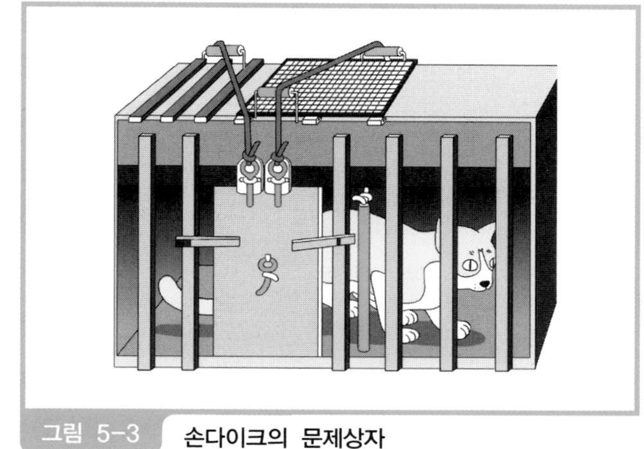

그림 5-3 손다이크의 문제상자

BOX 1 내 얼굴만 보면 눈을 깜빡거리게 만들기

무조건 자극과 조건 자극의 연합에 의한 고전적 조건화의 예는 우리의 생활 주변에서 얼마든지 찾아볼 수 있다. 한 예로 어린아이에게 내 얼굴만 보면 눈을 깜빡거리게 만드는 방법에 대해 알아보자.

앞서 살펴본 것처럼 고전적 조건화에서는 무조건 자극과 무조건 반응, 그리고 조건 자극과 조건 반응을 선정하여야 한다. 어린아이가 내 얼굴만 보면 눈을 깜빡거리도록 만들기 위한 고전적 조건화 과정에서 무조건 자극과 무조건 반응 그리고 조건 자극과 조건 반응은 각각 무엇일까? 우선, 무조건 반응은 눈을 깜빡거리는 것이며, 조건 자극은 내 얼굴이 된다. 물론 조건 반응은 무조건 반응과 같은 반응으로 눈을 깜빡거리는 것이 된다. 따라서 이제 무조건 자극이 무엇인지만 밝히면 된다. 이때 무조건 자극은 무조건 반응, 즉 눈을 깜빡거리도록 만드는 자극이 무엇인지를 고려하면 된다. 아이가 눈을 깜빡거리도록 하려면 어떻게 하면 좋을까? 예컨대, 아이의 눈에 입김을 불어 넣어 보자. 즉, 아이에게 내 얼굴을 가져다 대고 그의 눈에 입김을 '후' 하고 불게 되면 아이는 눈을 감는다. 그리고 이를 반복적으로 제시하면 나중에 아이는 얼굴만 들이대도 눈을 깜빡거리게 된다.

이크의 실험에서 보면 문제상자의 문을 열고 결과적으로 바깥에 있는 생선을 먹을 수 있게 한 페달을 밟는 행동은 강해졌고 문제상자 안에 그대로 남아 있게 한 다른 여러 행동은 약해졌다. 손다이크는 이러한 전체적인 과정을 도구적 조건화(instrumental conditioning)라고 불렀는데 이는 행동이 어떤 결과를 초래하는 데 도구적 역할을 하였기 때문이다.

1) 조작적 조건화의 원리

손다이크에게서 영향을 받은 스키너는 도구적 조건화라는 용어 대신 조작적 조건화(operant conditioning)라는 용어를 사용하였다. 이는 사람들이 바람직한 결과를 이끌어 내기 위해 단지 어떤 자극에 수동적으로 반응하는 것이 아니라 환경에 능동적인 '조작'을 가한다('operate' on the environment)는 의미에서 나왔다. 스키너가 연구한 조작적 조건화의 원리로는 정적 강화(positive reinforcement), 부적 강화(negative reinforcement), 소거(extinction), 처벌(punishment) 등을 들 수 있다.

(1) 정적 강화와 부적 강화

정적 강화란 어떤 특정한 행동 뒤에 즉각적으로 주어지는 자극으로 인해 이후 그 행동의 빈도가 증가하는 과정을 말한다. 여기서 행동의 빈도를 증가시킨 자극을 강화인(reinforcer)이라고 한다. 정적 강화의 예는 우리 주위에서 얼마든지 찾아볼 수 있다. 예를 들어, 어린아이가 어머니의 심부름을 하고 난 뒤 어머니한테서 과자를 받았다. 이후에 이 어린아이는 어머니의 심부름을 더 자주 했다. 이때 심부름 행동의 증가는 정적 강화에 의한 것이라고 할 수 있다.

부적 강화는 행동의 빈도를 증가시킨다는 측면에서는 정적 강화와 동일하다. 그러나 그 과정에는 정적 강화와 약간의 차이가 있다. 정적 강화는 행동의 결과로 어떤 자극이 주어짐으로써 이후 그 행동의 빈도가 증가하는 반면, 부적 강화는 행동의 결과로 어떤 자극이 없어짐으로써 이후 그 행동의 빈도가 증가하는 과정을 말한다. 예를 들어, 도피행동(escape behavior)이나 회피행동(avoidance behavior)이 이에 해당된다.

도피행동이란 어떤 혐오 자극이 이미 존재하고 있을 때 특정 행동을 함으로써 그 혐오 자극을 제거하는 경우를 말한다. 예를 들어, 방 안의 공기가 너무 더울 때 창문을 여는 행동은 더운 공기라는 혐오적인 상황을 없앤다는 의미에서 도피행동이라고 할 수 있다. 그리고 창문을 여는 행동은 이후 다시 방 안이 더울 때 일어날 가능성이 높다는 점에서 부적 강화를 받았다고 할 수 있다.

회피행동이란 도피행동처럼 혐오 자극이 현재 존재하고 있지는 않지만 미리 어떤 행동을 함으로써 혐오적인 상황이 닥치지 않게 하는 경우를 말한다. 예를 들어, 철수가 TV를 보면 어머니가 항상 잔소리를 한다고 가정하자. 만약, 철수가 어머니의 잔소리를 듣기 싫어 아예 미리 TV를 켜지 않고 공부하러 간다면 이는 회피행동이라고 할 수 있다. 이러한 회피행동 역시 부적 강화의 예가 된다. 왜냐하면 TV를 보는 상황에서 어머니의 잔소리를 혐오자극이라고 할 수 있으므로 TV를 끄고 공부하러 감으로써 혐오 자극인 어머니의 잔소리를 듣지 않아도 되기 때문이다.

(2) 강화인의 종류

정적 강화 및 부적 강화에서 행동의 빈도를 증가시키는 역할을 하는 강화인에는 여러 가지가 있다. 무조건 강화인(unconditioned reinforcers)이라고도 부르는 일차적 강화인(primary reinforcers)은 어떤 특별한 경험 없이도 유기체의 행동을 증가시키는 강화인이다. 예를 들어, 음식, 물, 공기 등이 여기에 속한다. 일차적 강화인과는 달리, 조건화된 강화인(conditioned reinforcers)이라고도 불리는 이차적 강화인(secondary reinforcers)이 행동의 빈도를 증가시키는 효과는 일차적 강화인과 연합됨으로써 생긴다. 예를 들면, 돈이라는 것은 돈을 사용해 본 경험이 없는 어린이들에게는 아무런 소용이 없다. 그러나 좀 더 성장한 어린이들에게 돈은 다양한 종류의 일차적 강화인과 관련되어 있기 때문에 강화인의 효과를 갖게 된다. 그리고 일차적 강화인과 관련되어 있는 돈과 같은 다양한 종류의 이차적 강화인을 일반화된 조건 강화인(generalized conditioned reinforcers)이라고 한다.

지금까지 언급한 강화인은 주로 환경상의 자극이나 사건 등 물질적인 것이었다. 그러나 물질적인 것이 아니더라도 강화인의 역할을 할 수 있다. 프리맥(Premack, 1962)은 물질적이지 않은 행동이 강화인의 역할을 할 수 있다는 사실을 발견하였다. 프리맥에 의하면 발생 확률이 높은 행동은 발생 확률이 낮은 행동을 증가시키기 위한 강화인으로 사용할 수 있다. 예를 들면, 아이들에게 만화를 볼 기회와 공부할 기회를 동시에 준다면 아마도 그들은 만화 보는 것을 더 선호할 것이다. 여기서 만화를 보는 것은 발생 확률이 높은 행동이고 공부하는 것은 발생 확률이 낮은 행동이다. 이러한 프리맥의 원리에 따라 아이들로 하여금 공부를 더 하도록 만들기 위해서는 공부(저확률 행동)를 어느 정도 한 후에 만화를 보게 해주면(고확률 행동) 공부하는 행동이 증가될 수 있다.

(3) 강화 스케줄

강화인이 어떤 행동을 형성하고 유지하는 데 중요한 역할을 하는 것은 사실이지만 강화 스케줄에 따라 행동의 학습 속도, 패턴, 지속성 등은 달라진다. 강화 스케줄이란 간단히 말해서 어떤 행동 후에 나오는 강화인이 어떤 방식으로 제공되느냐에 관한 것이다. 예를 들어, 특정 행동을 학습시키고자 할 때 그 행동이 나올 때마다 매번 강화인을 제공한다면 이것은 계속적 강화(continuous reinforcement: CRF)다. 심리학자들이 인간이나 동물의 행동을 연구하기 위해 사용하는 강화 스케줄에는 계속적 강화 이외에도 수없이 많은 종류가 있다. 그러나 여기서는 가장 기초적인 몇 가지 강화 스케줄만 살펴보도록 하자.

행동이 나올 때마다 매번 강화를 주는 계속적 강화 이외의 강화는 모두 간헐적 강화(intermittent reinforcement)라고 볼 수 있다. 즉, 간헐적 강화란 행동이 일어날 때마다 매번 강화가 주어지지 않는 경우를 총칭하는 것이다. 간헐적 강화는 다시 비율 스케줄(ratio schedule)과 간격 스케줄(interval schedule)로 나뉜다. 비율 스케줄에서는 강화인의 제공 방식이 유기체의 반응에 따라 결정되는 반면, 간격 스케줄에서는 유기체의 반응뿐 아니라 시간에도 기초를 두고 있다.

비율 스케줄은 다시 고정비율(fixed-ratio: FR) 스케줄과 변동비율(variable ratio: VR) 스케줄로 나뉘는데 고정비율 스케줄은 n번째의 반응 때마다 강화인이 주어지는 스케줄이다. 예를 들면, FR 3이라는 스케줄은 특정 행동을 세 번 했을 때마다 강화인이 한 번씩 주어지는 스케줄이다. 따라서 앞서 언급한 계속적 강화(CRF)는 FR 1과 동일한 스케줄이다. 반면에 변동비율 스케줄에서는 평균적으로 n번째의 반응 때마다 강화인이 주어지지만, 정확하게 몇 번째 반응에 강화인이 주어지는지는 알 수 없다. 다만, 정해진 시간 내의 반응 수와 강화인 수를 계산해 보면 평균적으로 n번째의 반응 때마다 강화인이 주어지는 경우다. 예를 들어, VR 5를 보면 어떤 경우에는 3번째 반응에 강화인이 주어질 수 있고 어떤 경우에는 10번째 반응에 강화인이 주어질 수 있다. 그러나 반응 수를 합하고 이를 강화인 수로 나누게 되면 평균적으로 다섯 번의 반응 때마다 한 번의 비율로 강화인이 주어진다.

간격 스케줄도 고정간격(fixed-interval: FI) 스케줄과 변동간격(variable-interval: VI) 스케줄로 나뉜다. 고정간격 스케줄에서는 어떤 정해진 시간이 지난 후에 나타나는 첫

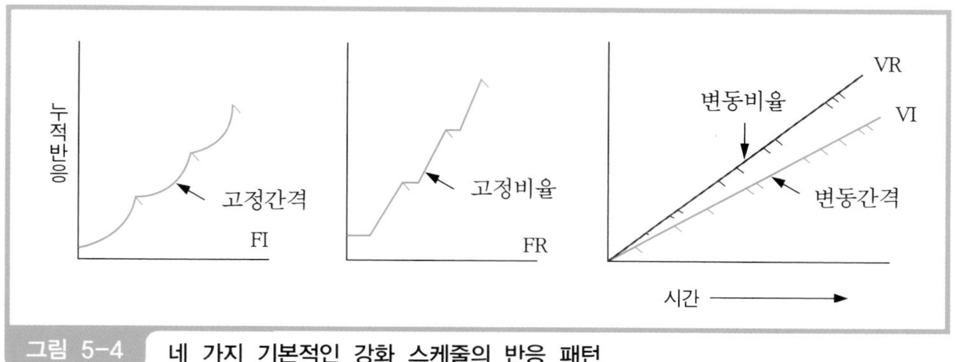

그림 5-4 네 가지 기본적인 강화 스케줄의 반응 패턴

번째 반응에 강화인이 주어지고 그 시점으로부터 정해진 시간이 다시 지난 후의 첫 번째 반응에 강화인이 주어지게 된다. 예를 들어, FI 30초의 스케줄에서는 30초가 경과하기 전에 나온 반응은 아무런 강화를 받지 못하고 30초가 지난 후 첫 번째 반응에 강화가 주어지며 그 시점에서 다시 30초가 지난 후의 첫 번째 반응에 강화가 주어지는 식으로 진행된다. 변동간격 스케줄에서는 평균적으로 어떤 정해진 시간이 지난 후의 첫 번째 반응에 강화인이 주어지고 그 시점에서 다시 평균적으로 정해진 시간이 지난 다음의 첫 번째 반응에 강화인이 주어지는 형식으로 진행된다. 예를 들어, VI 10초의 스케줄이 있다면 어떤 경우에는 10초가 지난 후 첫 번째 반응에 강화인이 주어질 수 있고 또 어떤 경우에는 15초가 지난 후 첫 번째 반응에 강화인이 주어질 수 있다. 그러나 총 반응 시간을 주어진 강화인 수로 나누면 평균적으로 10초가 지난 후 첫 번째 반응에 한 번의 비율로 강화인이 주어진다.

지금까지 언급한 네 가지 스케줄은 반응 패턴과 반응률에서 차이가 있다. 우선 고정비율과 고정간격 스케줄에서는 강화를 받은 후 일시적으로 반응이 중단되는 특성이 있다([그림 5-4] 참조). 그 이유는 강화인의 제공에 대한 예측이 어느 정도 가능하기 때문이다. 이에 비해 변동비율과 변동간격 스케줄에서는 반응이 중단되지 않고 지속적으로 나오는 특성이 있다([그림 5-4] 참조). 이는 강화인의 제공에 대한 예측이 불가능하기 때문이다. 그리고 비율 스케줄과 간격 스케줄을 비교하면 일반적으로 비율 스케줄이 간격 스케줄보다 더 높은 반응률을 가져온다. 비율 스케줄에서는 시간이 아니라 반응 수에 따라 강화인이 주어지도록 되어 있기 때문이다.

(4) 소거

고전적 조건화에서는 무조건 자극과 조건 자극의 연합이 줄어듦에 따라 조건 반응의 소거가 이루어진다. 이에 비해 조작적 조건화에서는 강화에 의해 행동의 빈도가 증가한 경우, 강화인의 제공이 감소함에 따라 그 행동의 빈도도 감소하여 소거가 이루어진다. 즉, 조작적 조건화에서 소거란 강화인이 더 이상 나오지 않을 때 행동의 빈도가 감소하는 현상을 말한다. 스키너는 이 소거 현상을 우연히 발견하였다. 어느 날 실험실에서 쥐에게 지렛대를 누르는 행동을 학습시키는 도중 기계의 오작동으로 쥐가 지렛대를 눌러도 음식이 나오지 않게 되었다. 그러자 쥐는 지렛대 누르는 행동을 점차 보이지 않더니 결국에는 그 행동을 전혀 하지 않게 되었다. 이러한 소거 현상은 인간에게도 흔히 나타난다. 한 학생이 교실에서 선생님의 질문에 답하기 위해 손을 아무리 들어도 선생님이 그 기회를 주지 않으면, 어느 정도까지는 그 행동을 유지하지만 결국에는 더 이상 손을 들지 않게 된다. 이 역시 소거의 예라고 할 수 있다.

특정 행동이 이전에 어떠한 강화 스케줄로 강화되었는지에 따라 그 행동의 소거 속도는 달라진다. 일반적으로 간헐적 강화는 계속적 강화보다 소거가 잘 되지 않는 특징을 가지고 있다. 계속적 강화에서는 행동이 일어날 때마다 강화가 주어지기 때문에 소거 과정에서 강화를 받지 못한 상황은 소거 이전과 매우 큰 차이가 있게 된다. 반면에 간헐적 강화에서는 행동을 하더라도 강화를 받지 못한 경우가 있기 때문에 소거 과정이 이전과 큰 차이가 없게 된다. 이와 관련된 예로 도박을 들 수 있다. 도박에

BOX 2 미신적 행동

사람들은 많은 미신적 행동을 한다. 예를 들면, 운동선수들은 시합이 있는 날 아침에는 계란을 먹지 않는다고 한다. 계란을 먹거나 먹지 않는 것이 시합의 결과와 아무런 관련이 없는데도 그렇게 한다. 혹은 수염을 깎지 않는 선수들도 있다. 이것도 마찬가지로 시합 결과에 영향을 미치지 않는다. 이렇게 결과에 아무런 실질적 영향을 미치지 않는데도 불구하고 어떤 행동을 지속적으로 하는 것을 '미신적 행동'이라 하며, 이러한 미신적 행동을 일으키게 하는 강화의 형태를 '우연적 강화(adventitious reinfordement)'라고 한다. 사람들의 많은 행동이 우연적으로 강화될 수 있다. 앞의 예를 들어 설명하자면, 어떤 야구선수가 시합 날마다 평소와 같이 깨끗하게 면도를 하고 나왔는데, 하루는 시간이 모자란 관계로 아침에 면도를 하지 못한 채 시합에 임하게 되었고, 그날 마침 시합에서 대승을 거두게 되었다. 그래서 그 선수는 다음부터 시합이 있는 날은 면도를 하지 않고 나오는 행동을 계속하게 되었다면 이것은 미신적 행동의 일례라고 할 수 있다.

이러한 미신적 행동은 소거도 잘 되지 않는 특징을 가지고 있다. 일단 미신적 행동이 형성되면, 이러한 미신적 행동을 함으로써 가끔은 우연적 강화를 받게 된다. 미신적 행동이 항상 강화를 받지 않고 가끔씩 강화받기 때문에 이것은 일종의 간헐적 강화다. 계속적 강화보다는 간헐적 강화에 의해 형성된 행동은 소거가 잘 되지 않는 특징을 가지고 있기 때문에, 한 번 형성된 미신적 행동은 잘 없어지지 않는다.

한번 빠진 사람은 쉽게 거기서 헤어 나올 수 없게 되는 것을 흔히 볼 수 있는데, 이는 도박 행동이 간헐적으로(변동비율 스케줄에 따라) 강화받기 때문이다.

고전적 조건화와 마찬가지로 조작적 조건화에서도 자발적 회복 현상을 볼 수 있다. 즉, 어떤 행동이 소거를 통하여 없어졌다가 일정 기간이 지나면 다시 발생하는 현상을 보인다.

(5) 처벌

처벌은 행동의 빈도를 감소시키는 또 하나의 방법이다. 처벌이란 특정 행동 뒤에 즉각적으로 따라오는 자극의 변화 때문에 이후의 행동 빈도가 감소하는 과정을 말한다. 여기서 행동의 빈도를 감소시키는 자극의 변화를 처벌인(punisher)이라고 한다. 행동의 빈도를 증가시켜야만 그것을 강화라고 말할 수 있듯이, 행동의 감소를 가져와야만 그것을 처벌이라고 할 수 있다. 이를테면 행동이 일어난 후 어떤 사건이 뒤따라오더라도 그 사건이 행동의 빈도를 감소시키지 못하면 처벌이라고 할 수 없다. 즉, 처벌이란 일반적으로 혐오 자극을 말하지만 자극이 혐오적이라는 것만으로 처벌이라고 단정 지을 수는 없다.

문제 행동을 보이는 아동에게 부모나 선생이 처벌의 의도를 가지고 야단치는 경우, 이것이 어떤 아동에게는 처벌로 작용하여 문제 행동을 더 이상 하지 않게 할 수 있지만 어떤 경우에는 오히려 문제 행동을 더 부추길 수도 있다. 이런 경우에는 부모나 선생이 야단치는 것이 오히려 강화로 작용하였다고 봐야 한다. 왜냐하면 부모나 선생의 야단으로 인해 문제 행동의 빈도가 증가하였기 때문이다.

처벌은 그 효과가 매우 뛰어나기는 하지만 여러 가지 부작용을 야기할 수 있다. 가장 대표적인 부작용으로 공격성을 들 수 있다. 인간과 동물 모두 처벌을 받게 되면 공격적 행동을 보이는 경우가 있는데 이는 처벌이 공격적 행동을 감소시키는 데 전혀 도움이 되지 못하는 것에서도 나타난다. 또 다른 부작용으로 부정적인 정서 반응과 회피 반응을 들 수 있다. 처벌을 적용할 때 수반되는 윤리적인 문제 역시 신중히 고려해야 할 사항이다. 처벌의 또 다른 단점은 처벌이 부적절한 행동을 감소시킬 수는 있어도 바람직한 행동을 증가시킬 수는 없다는 것이다. 그러므로 처벌은 가능하면 사용하지 않는 것이 좋으며 반드시 사용할 수밖에 없는 상황이라면 강화와 함께 사용하는 것이 바람직하다.

강화인과 마찬가지로 처벌인 역시 무조건 처벌인(unconditioned punisher)과 조건화된 처벌인(conditioned punisher)으로 나눌 수 있다. 무조건 처벌인은 특정 경험이 없는 유기체에게도 처벌인으로서 효과를 지닌 것들을 말한다. 예를 들어, 고통스러운 자극을 가하는 것은 무조건 처벌인이라 할 수 있다. 그리고 원래는 처벌인으로서의 효과가 없는 특정 환경적 자극이 무조건 처벌인과 반복적으로 연합되면 그 자극도 역시 처벌인으로서의 역할을 하게 되는데 이것을 조건화된 처벌인이라고 한다. 예를 들어, '안 돼.' 라는 언어적 자극은 태어난 지 얼마 되지 않은 어린아이에게는 처벌인으로서의 효과를 가지지 못하지만, '안 돼.' 라는 말과 여러 가지 혐오 자극들(예: 체벌)이 연합된 경험을 한 아이에게는 처벌인으로서의 효과를 가질 수 있다.

강화를 정적 강화와 부적 강화로 나눌 수 있듯이 처벌 또한 정적 처벌과 부적 처벌로 구별할 수 있다. 정적 처벌이란 어떤 자극이 주어짐으로써 행동이 감소하게 되는 경우이고, 부적 처벌은 어떤 자극이 없어짐으로써 행동이 감소하게 되는 것을 말한다. 아이가 나쁜 짓을 하였을 때 부모가 매를 때림으로써 나쁜 짓을 더 이상 하지 않게 된다면 이것은 정적 처벌이라고 할 수 있다. 만약 어떤 사람이 제한 속도를 지키지 않고 과속을 하다가 벌금을 내고 난 뒤 다시는 과속을 하지 않게 된다면 이것은 부적 처벌에 해당한다. 특히 후자의 경우를 반응 비용(response cost)이라고 한다.

또 다른 형태의 부적 처벌의 예로 타임아웃(time out)을 들 수 있다. 타임아웃이란 부적절한 행동을 했을 때, 그 사람을 강화인을 받을 수 있는 상황으로부터 격리시키는 것을 말한다. 예를 들면, 어떤 아이가 교실에서 다른 아이들을 괴롭히고 산만한 행동을 할 때, 그 아이를 일시적으로 교실 밖으로 나가 있게 함으로써 교실 내에서의

BOX 3 효과적인 처벌 사용법

- 처벌은 반응이 일어난 후 즉각적으로 주어질 때 가장 효과가 좋다.
- 반응이 나올 때마다 매번 처벌을 하는 것이 효과적이다. 처벌이 간헐적으로 주어지면, 처벌이 주어지지 않는 경우에 오히려 강화를 받게 된다. 따라서 처벌은 문제 행동이 나올 때마다 매번 해야 한다.
- 처벌의 강도는 처음부터 아주 강한 것이 좋다. 처벌의 강도가 처음에는 약하다가 점점 강해지면, 처벌에 적응하게 되는 현상이 생기므로 처음부터 강하게 할 필요가 있다.
- 처벌받는 행동에 대한 대안적 행동이 있을 때 처벌의 효과는 커진다. 다시 말해, 어떤 특정 행동을 처벌할 때 그 행동 이외의 다른 행동을 할 수 있도록 기회를 만들어 주면 처벌의 효과는 더 커진다. 즉, 문제 행동을 처벌하면서 동시에 대안적 행동을 강화해 줄 때 처벌의 효과는 더 커질 수 있다.

재미있는 활동에 참여하지 못하게 하는 것이다.

2) 조 형

앞서 살펴본 강화의 원리는 특정 행동의 발생 빈도가 어느 정도 존재하는 상황에서 그 행동이 발생할 때 적용할 수 있다. 그러나 어떤 경우에는 행동의 발생 빈도가 전혀 없기 때문에 강화를 적용할 수조차 없을 때도 있다. 즉, 유기체에게 전혀 새로운 행동을 학습시키려고 할 때는 그 행동이 전혀 발생하지 않기 때문에 강화를 적용할 기회가 없는 것이다. 이렇게 현재 유기체가 할 수 있는 행동이 아닌 새로운 행동을 형성시키려고 할 때는 조형(shaping)이라는 방법을 사용한다.

조형에서는 학습시키고자 하는 최종 목표 행동이 현재 발생하지 않기 때문에 처음에는 목표 행동과 다를지라도 이와 유사한 행동이 나올 때 강화를 하기 시작한다. 그리고 이러한 유사 행동이 강화되어 그 빈도가 점차 늘어나면 이 행동에 대한 강화를 중단하고(즉, 소거를 시작함) 목표 행동과 좀 더 유사한 행동이 나올 때만 강화를 준다. 최종 목표 행동이 나올 때까지 이와 같은 과정을 반복하는데 이러한 절차를 조형이라고 한다.

사람들은 일생을 살면서 조형을 통하여 수많은 새로운 행동을 학습한다. 예를 들어, 어린아이가 말을 배울 때를 생각해 보자. 어린아이가 '엄마'라는 단어를 배울 때, 처음에 부모는 아이가 '엄마'라는 발음을 정확하게 하지 못하고 그와 유사한 '어-, 어-'와 같은 발음을 하더라도 안아 준다든지 웃어 줌으로써 이에 대해 강화를 해 준다. 그러면 아이가 그러한 소리를 내는 빈도가 증가하게 되고 좀 더 시간이 흐른 뒤에는 '엄마'라는 단어와 보다 유사한 발음, 예를 들어 '엄-'과 같은 발음을 하게 된다. 그러면 이러한 경우에만 강화를 해 주고 이전의 보다 서투른 발음에 대해서는 강화를 해주지 않게 된다. 그리고 다시 '엄-'과 같은 발음의 빈도가 좀 더 많아지면 이보다 좀 더 정확한 발음인 '엄므' 등과 같은 발음에 대해서만 강화를 하고 그렇지 않은 발음은 강화를 해 주지 않게 된다. 아이가 이렇게 계속적으로 차별 강화를 받다 보면 결국에는 '엄마'라는 발음을 완벽하게 할 수 있게 된다. 이 외에도 조형을 통하여 새로운 행동을 학습하는 경우는 수없이 많다. 운전도 일종의 조형 과정을 통해 학습하는 것이라고 볼 수 있고, 야구나 테니스, 수영 등의 운동을 배우는 것에도 조형 과정이 포함된다고 볼 수 있다.

3) 자극 통제

조작적 조건화에서 특정 행동에 영향을 미치는 것은 주로 강화와 처벌 같은 그 행동의 결과라고 할 수 있다. 그러나 행동에 영향을 미치는 것이 꼭 결과만이라고는 할 수 없으며, 행동이 발생하기 전에 존재하는 자극 상황 역시 행동에 영향을 미친다. 예를 들어, 실험용 쥐를 실험상자에 넣어 두고 고정비율 1(FR 1) 스케줄로 지렛대를 누르는 행동을 학습시켜(즉, 쥐가 지렛대를 한 번 누를 때마다 한 번씩 먹이가 나오도록 실험 상황을 조작함) 그 행동의 빈도가 높아졌다고 가정해 보자. 이 상황에서 실험상자 위에 빨간 전구와 파란 전구를 하나씩 설치한 후, 30초 동안은 빨간 불을 켜 두고 그다음 30초 동안은 파란 불을 켜 두는 과정을 되풀이한다. 그리고 빨간 불이 켜진 상태에서는 항상 FR 1 스케줄을 적용시키고 파란 불이 켜진 상태에서는 지렛대를 누르더라도 음식이 나오지 않게 한다면 어떤 현상이 발생하겠는가? 아마 빨간 불이 켜진 상태에서는 지렛대를 누르게 될 테지만 파란 불이 켜진 상태에서는 지렛대를 누르지 않게 될 것이다. 여기서 빨간 불과 파란 불의 존재 유무는 행동 이전에 존재하는 사전 자극(antecedent stimulus)으로 행동에 영향을 미치게 된다.

이와 같은 사전 자극은 보다 전문적인 용어로 변별 자극(discriminative stimulus)이라고 한다. 변별 자극이 특정 행동을 유발시킬 수 있는 이유는 과거의 강화 역사에서 찾아볼 수 있다. 앞의 예에서 쥐가 지렛대를 누르는 행동이 빨간 불이 켜져 있을 때만 나타나는 이유는 빨간 불이 켜져 있을 때만 지렛대를 누르는 행동이 강화를 받아왔기 때문이다. 마찬가지로 파란 불이 켜져 있을 때 지렛대를 누르는 행동이 나타나지 않는 이유는 파란 불이 켜져 있을 때는 그 행동이 강화를 받지 못하였기 때문이다. 이와 같이 행동이 나타나기 이전에 존재하는 사전 자극으로서 변별 자극이 행동을 통제하는 현상을 자극 통제(stimulus control)라고 한다.

자극 통제 현상은 실무율적인 현상(all-or-none)이 아니다. 자극 통제의 정도는 자극 통제 현상이 형성되는 과정에 포함된 본래의 변별 자극과 얼마나 유사한 자극이 제시되느냐에 달려 있다. 본래의 변별 자극과 동일한 자극이 아니더라도 자극 통제 현상은 일어날 수 있지만, 자극이 본래의 변별 자극과 유사할수록 자극 통제의 정도는 높아진다. 앞의 예처럼 빨간 불이 켜질 때마다 쥐의 지렛대 누르는 행동이 FR 1 스케줄에 의해 강화를 받는 실험을 가정해 보자. 실험을 반복하게 되면 빨간 불은 변별 자극으로서 효력을 가지게 될 것이다. 그런데 이를 검증하기 위해 빨간 불에서 파란 불

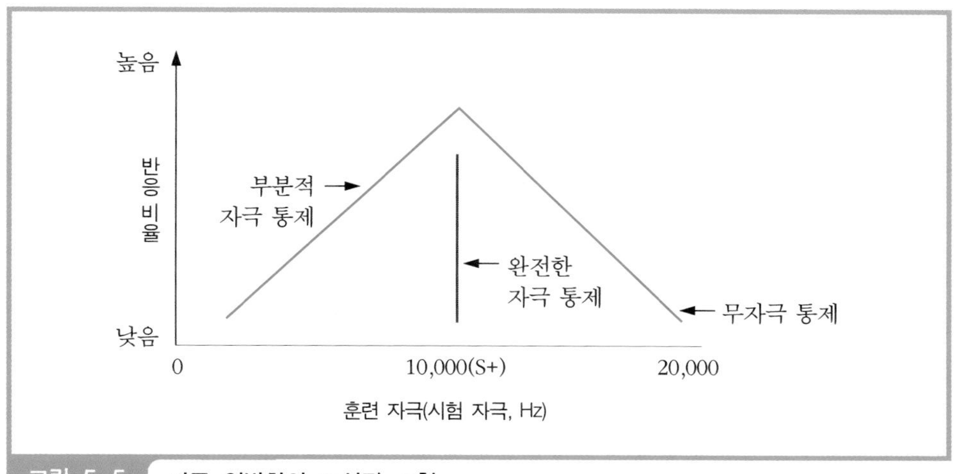

그림 5-5 **자극 일반화의 도식적 표현**

에 이르는 다양한 색깔의 불을 켜 준다면 어떤 현상이 생기겠는가? 아마도 [그림 5-5]와 같은 현상을 볼 수 있을 것이다. 즉, 본래의 자극과 유사성이 클수록 자극 통제의 정도는 높아지며 반대로 유사성이 낮을수록 자극 통제의 정도가 낮아짐을 알 수 있다. 이와 같이 본래의 변별 자극과 완전히 동일하지는 않지만 유사한 자극이 행동을 통제하게 되는 현상을 자극 일반화(stimulus generalization)라고 한다.

자극의 일반화와 반대되는 개념이 변별화(discrimination)인데 이는 차별적 강화(differential reinforcement)에 의해 형성된다. 차별적 강화란 반응이 어떤 특정한 자극이 존재하는 상태에서는 강화를 받고 자극이 존재하지 않거나 혹은 다른 자극이 존재하고 있는 상태에서는 강화를 받지 않는 것(즉, 소거)을 말한다. 앞서 언급한 예에서 보았듯이 빨간 불이 켜져 있을 때 훈련받은 쥐는 유사한 색깔의 불에도 반응을 보인다. 즉, 자극의 일반화 현상이 나타나는 것이다. 그러나 오직 빨간 불이 켜져 있을 때만 반응이 강화를 받고 이와 유사한 색깔의 불이 켜져 있을 때는 강화를 전혀 받지 못한다면 쥐는 빨간 불이 켜져 있을 때만 반응을 하게 되고 그 외의 자극에는 반응을 하지 않게 된다. 이것이 바로 변별화라고 할 수 있다. 자극 일반화의 예로는 어린아이가 남자들만 보면 '아빠'라고 부르는 현상을 들 수 있고 변별화의 예로는 아이들이 좀 더 자라면 다른 남자 성인과 아버지를 구별할 수 있게 되는 현상을 들 수 있다.

4) 규칙 통제 행동

지금까지 우리는 조작적 조건화의 원리에 따라 행동이 어떻게 형성, 유지 혹은 소멸되는지를 살펴보았다. 이와 같이 강화나 처벌과 같은 행동의 결과에 직접적으로 노출됨으로써 통제되는 행동을 유관 형성 행동(contingency-shaped behavior)이라 부른다. 그러나 동물들의 행동과는 달리 인간의 행동은 행동의 결과에 의해 영향을 받을 뿐만 아니라 행동과 결과의 관계성에 대한 규칙에 의해서도 영향을 받을 수 있다. 이렇게 규칙에 의해 형성되는 행동을 규칙 통제 행동(rule-governed behavior)이라고 한다(Skinner, 1969). 즉, 규칙 통제 행동이란 행동의 결과에 대한 직접적인 노출이라기보다는 행동과 결과 간의 관계성을 설명해 주는 규칙에 의해 통제되는 행동이라 할 수 있다.

예를 들어, 어떤 공장에 새로 입사한 근로자가 있다고 가정해 보자. 이 공장의 작업장에는 근로자들이 작업 중의 안전을 위해 필히 지켜야 할 여러 가지 사항이 있다. 물론 오랫동안 근무해 온 사람들은 안전을 위하여 어떤 행동을 하지 말아야 할지 혹은 어떤 행동은 반드시 해야 하는지를 잘 알고 있으나 새로 입사한 사람들은 그것을 잘 알지 못할 것이다. 이러한 상황에서 새로 입사한 사람들의 행동이 직접적으로 강화나 처벌을 받아서 형성되어야 한다면, 아마 그들은 극히 위험한 상황에 부딪치거나 행동을 학습하기도 전에 사망하게 될지도 모른다. 예를 들면, 작업장 내로 연결되어 있는 고압 전선은 손으로 만지지 말아야 하는데, 그것을 처벌을 통해 배워야만 한다면 근로자들은 살아남을 수가 없을 것이다. 그러므로 이와 유사한 상황에서 근로자들은 보통 어떤 규칙을 전해 받고 그 규칙에 따라 행동하게 된다. 그래서 근로자들이 '고압선에 가까이 가지 마시오.' 라는 규칙을 듣거나 읽으면 그 규칙에 따라 행동하게 된다. 이것이 규칙 통제 행동의 한 예다.

어떤 특정한 규칙을 따르느냐 따르지 않느냐는 규칙의 정확성이나 규칙을 전해 주는 사람과의 개인적인 과거 경험에 달려 있다고 할 수 있다. 즉, 우리는 어떤 규칙을 따르느냐 따르지 않느냐를 조작적 조건화를 통하여 학습하게 된다. 어머니가 아이에게 "난로를 만지지 마라. 만지면 손을 데." 라고 말했다고 하자. 아이가 어머니의 말을 듣지 않고 난로를 만져서 손을 데었다면 난로를 만지면 손을 덴다는 어머니의 규칙과 실제로 만짐으로써 손을 덴 결과와의 일치성을 경험함으로써 앞으로 어머니의 규칙을 따를 확률이 높아지게 된다. 그러나 난로를 만졌음에도 불구하고 손을 데지 않았다면 앞으로 어머니의 규칙을 따를 확률은 감소하게 된다.

규칙 통제 행동은 직접 경험하지 않고도 그 행동을 학습할 수 있는 기회를 준다. 모든 행동이 유관적으로만 형성된다면 우리는 행동을 평생을 통해서도 다 배우지 못할 것이다. 다행히 다른 동물들과는 달리 인간은 언어 능력을 바탕으로 직접적으로 경험하지 않고도 규칙을 통해 많은 행동을 배울 수 있다. 그러나 인간의 행동 모두를 규칙 통제 행동이라고 할 수는 없다. 거의 모든 인간 행동은 규칙 통제 행동과 유관 형성 행동의 혼합이라고 보는 것이 옳을 것이다.

규칙 통제 행동은 습득이 빠르다는 장점이 있다. 그러나 그런 행동은 완전하지 못하다는 단점이 있다. 즉, 단지 어떤 규칙을 따라 하는 행동은 유관적으로 형성된 행동에 비해서 효율성이나 속도가 현저히 떨어진다. 예를 들면, 외국어를 배우는 것은 일종의 규칙 통제 행동이라고 볼 수 있는데 영어를 배울 때의 불규칙 동사의 과거와 과거완료형을 배운다고 가정해 보자. 우리나라 사람이 영어 'go'의 과거형을 쓰기 위해서는 교과서나 선생님이 가르쳐 주는 것을 그대로 따라 하는 수밖에 없다. 즉, 'go'의 과거형을 써야 할 상황에서 'go'의 과거형은 'goed'가 아니라 'went'라는 것을 선생님이나 교과서로부터 배운 규칙 그대로 따라 하게 된다. 이것이 바로 규칙 통제 행동이라고 할 수 있다. 그러나 여기서의 문제점은 'went'라는 낱말을 써야 할 상황에서 그 행동이 즉각적으로 혹은 효율적으로 나오지 않는다는 것이다. 외국인을 직접 만나서 대화를 해야 할 경우, 'went'라는 말이 즉각적으로 어려움 없이 나올 때 효과적으로 대화를 할 수 있음에도 불구하고 우리는 아무 말도 하지 못하고 머뭇거린 경험을 대부분 가지고 있다. 우리가 배운 영어는 일종의 규칙 통제 행동으로서 일단은 먼저 규칙을 떠올린 다음 그 규칙을 따라 해야 하기 때문에 시간이 걸리고 비효율적이다. 반면에 영어가 모국어인 나라에서 태어나 자란 사람들은 이러한 규칙을 배울 필요가 없다. 그들은 영어를 사용하는 사회에서 자라면서 'go'의 과거는 'goed'가 아니라 'went'라는 것을 직접적으로 강화나 처벌을 받으면서 학습해 왔기 때문이다. 그래서 타인과 대화를 할 때 규칙을 떠올릴 필요 없이 즉각적으로 그 상황에 적합한 말을 할 수 있는 것이다.

요약하면, 인간의 행동은 규칙 통제 행동과 유관 형성 행동으로 구성되어 있는데 특정 행동의 학습은 이 두 종류의 행동이 상호 보완적으로 작용한 결과라고 할 수 있다. 규칙 통제 행동은 학습 속도가 빨라 단시간 내에 다양한 행동을 학습할 수 있는 장점을 가진 반면에 비효율적이며 완전하지 못한 성격을 가지고 있다. 반면에 유관 형성 행동은 일단 형성되고 나면 그 행동이 완전하며 효율적이지만 학습에 많은 시간이 소요된다. 인간 행동의 대부분은 앞의 두 가지 형태의 행동이 상호작용하여 형성된다고 볼 수 있다.

5) 조작적 조건화의 응용

지금까지 살펴본 조작적 조건화의 원리는 우리 실생활에서 매우 광범위하게 적용될 수 있다. 스키너는 우리가 직면하고 있는 여러 가지 사회문제는 조작적 조건화의 원리를 이용하여 상당 부분 해결될 수 있다고 주장하였다. 예를 들면, 자동차 사고에 따른 부상이나 사망은 심각한 사회문제라고 할 수 있는데 이러한 문제는 안전벨트를 매는 행동을 조작적 조건화의 원리를 이용하여 증가시킴으로써 부분적으로 해결할 수 있다. 로버츠와 패누릭(Roberts & Fanurik, 1986)은 승용차로 통학하는 학생들을 대상으로 안전벨트를 매는 행동에 대해 피자, 스티커, 그림책 등으로 강화를 준 결과, 안전벨트를 착용하는 비율이 평균적으로 7배 이상 증가하는 결과를 가져왔다고 보고했다.

이 외에도 우리가 직면하고 있는 많은 문제가 조작적 조건화의 원리를 통해 해결될 수 있다. 학교에서는 강화와 소거 등을 이용하여 학생들의 문제 행동을 감소시키고 학업 성취도를 향상시킬 수 있으며 산업체에서는 보상을 이용하여 결근율 감소, 생산성 향상, 산업 안전사고 감소라는 결과를 얻을 수 있다. 그뿐 아니라 조작적 조건화의 원리는 환경보호를 위한 쓰레기 재활용 증가에도 효과적인 것으로 밝혀졌다. 또한 임상장면에서도 다양한 이상행동을 치료하는 데 효과적으로 적용될 수 있다. 특히 정신병원에서 흔히 적용되는 토큰 경제(token economy)는 조작적 조건화를 이용한 대표적인 치료법이다. 이는 환자들이 사회적으로 적절한 행동을 할 때마다 토큰을 주어 이것을 나중에 음식, 담배 혹은 환자들이 원하는 다른 물건과 교환할 수 있게 해주는 치료 방법으로 매우 성공적인 것으로 알려져 있다.

4 관찰학습

앞서 언급된 고전적 조건화와 조작적 조건화를 통해 학습되는 것 이외에도 다른 방법을 통해서도 행동이 학습될 수 있다. 실제로 인간 행동의 많은 부분은 고전적 조건화나 조작적 조건화와 같은 직접적인 경험을 통해서가 아니라 다른 대상을 관찰하고 모방함으로써도 학습될 수 있다. 물론 인간뿐만 아니라 동물들조차도 이러한 방식을 통한 학습이 가능하다. 예를 들면, 한 실험(Previde & Poli, 1996)에서 햄스터가 관찰을 통해 특정 행동을 학습할 수 있다는 것을 증명한 적이 있다. 이 실험에서는 햄스터 새끼를 어미와 같이 우리에 넣어서 길렀는데, 어미들 중 몇 마리는 쇠사슬에 달려 있는 해바라기 씨를 앞발과 치아로 먹도록 특별히 훈련을 시켰다. 이 실험에서의 의문은 과연 새끼 햄스터가 어미가 하는 행동, 즉 치아와 앞발로 해바라기 씨를 먹는 행동을 관찰을 통해 학습할 수 있는가 하는 것이었다. 실험 결과에 의하면 이러한 행동을 하도록 특별히 훈련 받은 어미와 같이 지낸 새끼 햄스터는 그런 훈련을 받지 않은 어미와 지낸 새끼 햄스터에 비해 이러한 행동을 더 잘할 수 있다는 것이 밝혀졌다. 즉, 특별 훈련을 받지 않은 어미와 지낸 새끼 햄스터가 이런 행동을 보인 비율은 20%가 채 되지 않은 것에 비해, 특별 훈련을 받은 어미와 지낸 새끼 햄스터가 이런 행동을 보인 비율은 73%에 이르렀다. 또 다른 실험에서도 이와 유사한 결과가 나온 적이 있다. 이 실험(Zentall, Sutton, & Sherburne, 1996)에서는 비둘기들을 실험 대상으로 하였는데, 비둘기들이 나무 막대기 위에 올라서거나 혹은 나무 막대기를 부리로 쪼면 음식을 먹을 수 있도록 훈련을 시켰다. 그리고 이런 훈련을 받은 적이 없는 비둘기들을 이미 훈련을 받은 비둘기들이 음식을 먹기 위해 나무 막대에 올라가거나 쪼는 행동을 하는 것을 관찰하게 하였다. 그 결과, 훈련을 받지 않은 비둘기들도 훈련 받은 비둘기와 동일한 행동을 할 수 있다는 것이 밝혀졌다.

반두라(Bandura, 1986)에 의하면 사람들은 타인을 관찰함으로써 학습할 수 있다고 한다. 이렇게 관찰 대상이 되는 타인을 모델이라 하며 이러한 과정을 관찰학습이라고 한다. 이러한 관찰학습 현상을 증명해 줄 수 있는 반두라와 그 동료들(1961)의 고전적 실험에서는 아동들에게 공격적인 행동을 하는 성인 모델을 관찰하게 하여, 그 관찰 효과를 파악하였다. 그 성인 모델은 '보보 인형'이라는 공기로 채워져 있는 오뚝이 기능을 하는 인형에게 공격적 행동(예: 그 위에 앉거나 망치고 치고 발로 차고 공을 던지는 것과 공격적 언어 행동)을 하였고 이러한 행동들을 아동들이 관찰하도록 하였다. 그 후 실험자는 아동들을 장난감이 가득한 방으로 데려갔으나 그 장난감은 다른 아이들을 위한 것이라는 핑계를 댄 후 가지고 놀지 못하게 하여 일종의 좌절감을 느끼게 하였다. 그러고 나서 실험자는 어린이를 보보 인형이 있는 바로 옆방으로 데리고 가서 혼자 있도록 하고 난 뒤 아동의 행동을 관찰하였다. 그 결과, 공격적 행동을 하는 성인을 관찰한 아동

Albert Bandura(1925~)

들은 공격적 행동을 하지 않은 성인을 관찰하거나 어떤 모델도 관찰하지 않은 아동들에 비해 보보 인형에 대한 공격적 행동을 더 많이 하는 것으로 나타났다. 이후 실험실이 아닌 일반 상황에서 수행된 연구(Wood, Wong, & Chachere, 1991)에서도 이와 비슷한 현상을 발견하였는데 TV나 영화에서 공격적 모델을 관찰한 아동이나 청소년들은 그렇지 않은 아동이나 청소년들보다 더 공격적인 해동을 하는 것으로 나타났다.

관찰학습은 공격적 행동과 같은 좋지 못한 행동을 학습하게 하기도 하지만 좋은 행동을 하게 만들 수도 있다. 한 연구(Bandura, Blanchard, & Ritter, 1969)에서는 뱀에 대한 공포증을 가진 사람들이 타인들이 뱀에게 다가가는 것을 관찰함으로써 공포감을 감소시키고 뱀에게 직접 다가가는 행동을 할 수 있다는 것을 발견하였는데 이것이 바로 모델을 통한 관찰학습이 공포감 치료에 이용되는 원리다. 또 다른 연구(Bryan & Test, 1967)에 의하면 사람들은 일반적으로 다른 사람들이 타인들을 도와주는 행동을 하는 것을 관찰하게 되면 본인이 그런 행동을 할 가능성이 더 높아진다고 한다.

반두라에 의하면 관찰학습은 단순히 자동적으로 나오는 반사적 행동은 아니라고 한다. 관찰학습에는 크게 두 가지 과정이 있는데, 습득(acquisition)과 수행(performance)이 바로 그 두 가지 과정이다. 이 두 가지 과정의 차이는 특정인이 행동을 습득하였다고 해서 그 행동이 바로 나타나는 것이 아니라 그 사람이 행동을 수행하도록 동기화되어야 행동을 하게 된다는 것이다. 즉, 행동이 동기화되어 나타날 때까지 습득된 행동은 잠복되어 있는 상태라고 할 수 있다. 반두라는 관찰학습을 다음의 네 가지 단계로 구성되어 있다고 하였다.

- 주의(attention): 관찰학습이 되기 위해서는 학습자가 모델의 행동과 그 행동의 결과에 대해 주의를 기울일 수 있어야 한다.
- 회상(retention): 타인의 행동을 관찰한 후 그 행동을 실행하기 위해서는 관찰한 행동을 회상할 수 있어야 한다.
- 재생(reproduction): 주의 및 기억이 필요조건이지만 관찰자는 그 외에 모델의 행동을 옮겨서 실행할 수 있는 능력이 있어야 한다.
- 동기(motivation): 관찰한 행동의 실행 여부는 관찰자가 행동을 실행함으로써 올 수 있는 결과에 대한 기대감에 달려 있다. 다시 말하면, 사람들은 행동 후 강화를 받게 되는 모델의 행동을 더 잘 모방하며 반대로 행동 후 강화를 받지 못하는 모델의 행동은 덜 모방하게 된다.

이 장의 중심 내용

01 학습이란 경험을 통해 얻은 행동과 지식의 비교적 영속적인 변화라고 정의된다.

02 학습 원리는 고전적 조건화, 조작적 조건화의 두 가지로 구분될 수 있다.

03 고전적 조건화는 파블로프에 의하여 연구되었다. 이는 무조건 반응을 유출시키는 무조건 자극과 중립 자극을 여러 차례 연합시켜, 결국 중립 자극이 무조건 자극 없이도 무조건 반응을 유출시킬 수 있게 하는 과정을 말한다. 조건화 형성을 통해 중립 자극은 조건 자극이 되고 무조건 반응은 조건 반응이 된다.

04 고전적 조건화에는 고차적 조건화와 소거, 자발적 회복, 자극 일반화, 변별 등의 개념이 포함된다.

05 조작적 조건화는 스키너에 의해 체계적으로 연구되었으며, 정적 강화, 부적 강화, 소거, 처벌 등의 개념을 포함한다.

06 정적 강화란 특정 행동이 나오고, 이 행동 뒤에 즉각적으로 자극(강화인)이 제시됨으로써 이후에 행동의 빈도가 증가되는 과정을 말한다. 부적 강화는 특정 행동의 결과로 어떤 자극이 없어짐으로써 행동의 빈도가 증가하게 되는 과정을 말한다.

07 간헐적 강화 스케줄에 의한 강화는 계속적 강화 스케줄에 의한 강화보다 소거가 느리게 나타난다.

08 처벌이란 특정 행동에 즉각적으로 뒤따라 나오는 자극의 변화(처벌인)에 의해 나중에 특정 행동의 빈도가 감소하게 되는 과정을 말한다.

09 조형은 현재 유기체가 할 수 있는 행동이 아닌, 새로운 행동을 형성시키려고 할 때 효과적으로 사용될 수 있다.

10 행동이 나타나기 이전에 존재하는 사전 자극으로서 변별 자극이 행동을 통제하는 현상을 자극 통제라고 한다.

11 관찰학습은 크게 습득과 수행의 두 과정을 통해 주의, 회상, 재생, 동기의 네 가지 단계로 구성되어 있다.

학습과제

1 고전적 조건화에 포함되는 모든 용어를 이해하고, 이를 이용하여 고전적 조건화 과정에 대해 설명하시오.

2 고차적 조건화란 무엇인지 설명하시오.

③ 고전적 조건화에서의 소거란 무엇인지 설명하시오.

④ 고전적 조건화에서의 자극 일반화와 변별 현상에 대해 설명하시오.

⑤ 고전적 조건화의 원리를 이용하여 설명할 수 있는 실생활에서의 사례를 찾아보고 이를 설명하시오.

⑥ 강화의 원리에 대해 설명하되, 정적 강화와 부적 강화를 구별하시오.

⑦ 조작적 조건화에서의 소거란 무엇인가? 고전적 조건화에서의 소거와 비교하여 설명하시오.

⑧ 강화 스케줄이란 무엇인가? 강화스케줄 중에서 FR, VR, FI, VI가 무엇인지 설명하시오.

⑨ 미신적 행동이란 무엇인지 설명하시오.

⑩ 처벌의 원리를 설명하고, 처벌을 적용할 때의 주의점에 대해 설명하시오.

⑪ 조형이란 무엇인가? 예를 들어 설명하시오.

⑫ 자극 통제란 어떠한 현상을 말하는지 설명하시오.

⑬ 규칙 통제 행동이란 무엇을 말하는 것인지 설명하시오.

⑭ 조작적 조건화의 원리가 적용될 수 있는 사례를 찾아보시오.

⑮ 관찰학습의 네 단계를 설명하시오.

06 동기와 정서

학습 개요

동기는 심리학에서 가장 많은 관심을 끌어온 분야 중의 하나다. 그 이유는 행동의 원인이라 할 수 있는 동기에 대한 이해 없이는 인간 행동을 올바르게 설명하기 힘들기 때문이다. 그러나 인간 행동의 원인을 파악하고 이해하는 것은 그리 단순하지가 않다. 인간 행동을 결정짓는 원인은 수없이 많을 수 있으며, 개개인이 어떠한 환경에서 어떻게 성장해 왔느냐에 따라 행동의 특성과 방향성은 달라질 수 있기 때문이다.

이 장에서는 이러한 행동의 특성과 방향성을 결정지어 주는 여러 요인에 대해 살펴보고자 한다. 우선 가장 기본적인 동기라고 할 수 있는 갈증, 배고픔, 성 행동, 그리고 공격성에 대해 살펴보면서 동기에 대한 기본적인 원리를 파악해 보고, 보다 복잡한 형태의 동기라고 할 수 있는 조직 내에서의 동기에 대해 살펴볼 것이다. 또한 동기와 밀접한 관련성을 가지고 있는 정서에 대한 개념과 기능 및 이론에 대해 살펴보고, 정서가 인간의 행동에 미치는 영향력을 알아본다.

학습 목표

1. 동기란 무엇인지 기본적인 개념을 파악하고, 본능적 행동이나 반사적 행동이 동기화된 행동과 어떠한 차이점이 있는지 이해한다.
2. 가장 기본적인 생물학적 동기인 갈증과 배고픔이 섭취 행동을 어떻게 유발시키는지를 동질정체와 부적 피드백의 개념에 근거하여 이해한다.
3. 섭취 행동에 영향을 미치는 외적인 요인을 이해한다.
4. 성 행동과 공격성에 영향을 미치는 내적 · 외적 요인의 영향력을 이해한다.
5. 정서 이론을 통해 정서와 행동의 관련성을 이해한다.
6. 심리적 동기를 구성하는 기본 요소를 이해한다.

1 동기의 개념

우리는 사람이나 동물이 행하는 특정 행동에 대해 '왜 그런 행동을 하는 것일까?' 라는 의문을 가질 때가 있다. 이러한 종류의 의문을 가질 때 우리는 바로 사람이나 동물이 행하는 행동에 대한 동기를 묻고 있는 것이다. 예를 들면, '그 사람은 왜 살인을 했을까?' 혹은 '그는 왜 그렇게 공부를 열심히 하는 걸까?' 와 같은 질문을 할 때 우리는 어떤 특정한 행동, 즉 사람을 죽이는 행동과 열심히 공부하는 행동의 동기에 대해 묻고 있는 것이다.

이러한 질문에 대한 답은 매우 중요한 의미를 가지고 있을 수 있다. 가령, A라는 사람이 B라는 사람을 총으로 쏘아 죽였을 때 우리는 왜 A가 B를 죽이게 되었는지를 묻게 되며, 이러한 질문은 곧 A의 행동이 의도적이었는지 아니었는지를 묻는 것과 같다. 만약 의도적이었다면 A의 행동은 살인이라고 할 수 있지만, 그렇지 않았다면 과실치사라고 할 수 있다. 이 차이점은 행동의 동기에 있는 것이다.

이렇게 볼 때 어떤 행동의 동기에 대해 알려고 하는 것은 행동의 원인에 대해 알려고 하는 것과 동일하다고 볼 수 있다. 우리가 행동에 대한 원인을 찾고자 하는 데는 다음과 같은 두 가지 이유가 있다.

첫째, 행동의 원인이 무엇이냐에 따라 그 행동에 대해 적절히 대처할 수 있기 때문이다. 앞서 언급한 예에서 A가 B를 죽인 사건의 직접적 발생 원인은 개인에게 무기를 휴대할 수 있도록 허용한 사회적 환경, 살인에 대한 미약한 사회적 처벌 제도, 그리고 A의 정신적 이상 등이 될 수 있다. 이와 같은 원인을 파악할 수 있게 된다면 그에 따른 적절한 조치를 취하는 데 적지 않은 도움을 얻을 수 있다.

둘째, 사물이나 현상에 대해 이해하고자 하는 우리 인간의 본질적인 욕구에 있다. 설사 행동에 대해 어떤 조치를 취할 의도가 없다 하더라도 우리는 행동의 원인이 무엇인지에 대해 알고 싶어 하는 기본적인 욕구를 가지고 있다.

심리학자는 또한 동기가 개인 내부

에서 오는 것(개인의 내적인 기질)인지, 외부 환경(문화적 기대와 사회적 압력)에 대한 반응인지를 구분한다. 이에 대한 학문적 가정이 다양한 만큼 그 설명도 다양하다. 심리학자가 인간 행동을 연구하기 위하여 동기의 개념을 사용해 온 이유는 다음과 같다.

- 다양한 행동을 설명하기 위해서: 수행을 개인적 차이로 설명하지 못할 때 동기로 설명한다. 동기는 왜 어떤 날에는 일을 잘하고 다른 날은 그렇지 못한가를 설명해 준다. 또한 왜 어떤 사람은 경쟁적 상황에서 다른 사람보다 더 잘하는가를 설명해 준다.
- 행동을 생물학적으로 설명하기 위해서: 인간은 생존을 위해 신체적 기능을 자동적으로 조절하는 내적 기제를 지닌 생물학적 유기체다. 박탈 상태(음식이 필요한 것)는 자동적으로 이러한 기제를 일으키고, 신체 기능(배고픔을 느끼는 것)과 동기 상태를 만드는 데 영향을 미친다.
- 행동으로 개인의 상태를 설명하기 위해서: 다른 사람의 행동에 대해 반응하는 데는 두 가지 방법이 있다. 즉, 액면 그대로 보거나 내재적인 동기의 증후로 보는 것이다. 예를 들어, 사랑하는 사람이 당신의 생일날에 전화하는 것을 잊었다면 당신은 그 원인을 환경적인 문제(매우 바쁘다)로 귀인할 수도 있고, 개인적인 문제(정말로 당신을 사랑하지 않아서 기억에 대한 동기화가 이루어지지 않았다)로 돌릴 수도 있다.
- 행동에 대한 책임 소재를 밝히기 위해서: 개인적 책임의 개념은 법률이나 종교와 같이 내적인 동기와 능력이 자신의 행동을 통제할 수 있다고 보는 것이다. 이는 의식적으로 지향된 동기를 가정하지 않고는 생각할 수 없다. 동기화된 행동은 의도적이고 계획적인 것이다. 따라서 좋을 때는 칭찬을, 나쁠 때는 처벌과 비난을 받을 수 있다.
- 역경에 대한 도전을 설명하기 위해서: 동기는 왜 유기체가 어렵거나 다양한 조건에서도 확실하게 지속적으로 일을 하는지를 이해하도록 돕는다. 즉, 동기는 매우 피곤할 때나 날씨가 매우 나쁠 때도 정시에 일을 하도록 한다. 동기화되었을 때는 비록 성공하지 못할 것이라고 인식해도 최선을 다하게 된다.

2 생리적 동기

1) 욕구

헐(Hull, 1943)의 추동이론(drive theory)에 따르면, 생리적 박탈과 결핍(물, 음식, 수면 등의 부족)이 생물학적 욕구를 생성하는데, 그 욕구가 계속 충족되지 않으면 생리적 추동이 생성된다. 추동(推動)이라는 것은 생물학적 결핍에 기인하는 심리적 불편함, 즉 긴장감이나 불안감을 나타내는 이론적 용어다. 이러한 추동 에너지는 유기체가 생리적 욕구를 해결하는 행동을 하도록 이끈다.

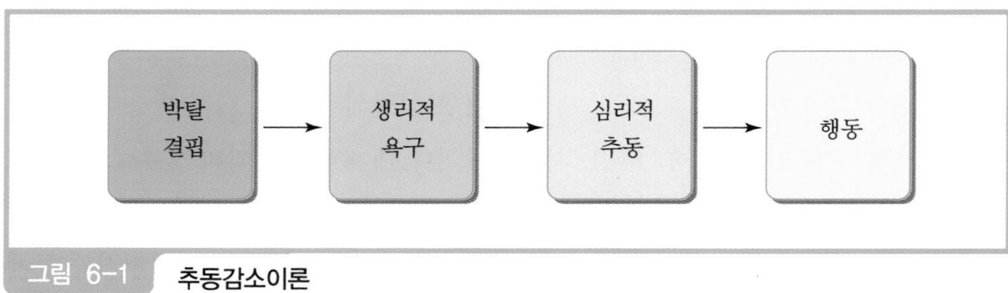

그림 6-1 추동감소이론

그러므로 욕구(need)란 유기체가 생명을 유지하고, 성장하며, 안녕을 도모하는 데 필수불가결한 조건이라고 할 수 있다. 이를 간과하거나 욕구가 좌절되면 생물학적 · 심리적 안녕이 방해받게 된다. 동기화 상태는 이러한 방해를 받기 전에 유기체가 행동하도록 만드는 것이다.

(1) 동기화 상태

동기화 상태는 음식 박탈이나 물의 박탈에서 나올 수 있다. 그러나 이는 단순히 음식이나 물의 박탈에 의해서만 나올 수 있는 것이 아니다. 유기체가 살아가는 데 필요한 기본적인 생리적 욕구(수면, 공기, 온도 등) 또한 동기화 상태를 유발할 수 있다. 이로 인해 유기체는 여러 형태의 임의적인 행동을 할 수 있게 된다. [그림 6-2]는 동기화 상태에 의해 유발될 수 있는 여러 가지 임의적인 행동에 대한 개념을 나타내 주고 있다.

'동기화 상태'의 개념은 행동의 생리적인 원인을 이해하고자 하는 심리학자에게 매력적인 개념이었다. 이것은 생물학적 체계와 동기화된 행동 간의 직접적인 연결고리를 만들어 주었으며, 동질정체와 부적 피드백이라는 두 가지 중요한 개념을 도출하는 기반이 된다.

이 행동은 쥐를 대상으로 한 실험에서 쥐가 보인 반응이다.

그림 6-2 욕구가 만들어 낸 행동

(2) 동질정체

유기체는 변화하는 내외 환경에 직면하여 안정적인 내적 상태를 유지하려는 신체적 경향성을 가지고 있다. 이를 위해 여러 가지 생리적 현상을 안정적으로 조절하는 데 필요한 기제를 가지고 있는데, 이러한 생리적 안정 상태의 유지 기제를 동질정체(homeostasis)라고 한다. 이는 생리적 수단이나 행동적 수단으로 충족될 수 있다. 예를 들어, 우리 몸은 체온이 너무 높이 올라가면 땀을 흘림으로써 체온을 내려가게 하고, 반대로 체온이 너무 낮으면 피부를 수축시킴으로써 더 이상 열기가 바깥으로 빠져나가지 못하게 하여 가능한 한 체온을 일정한 범위 내에서 안정적으로 유지하려 한다.

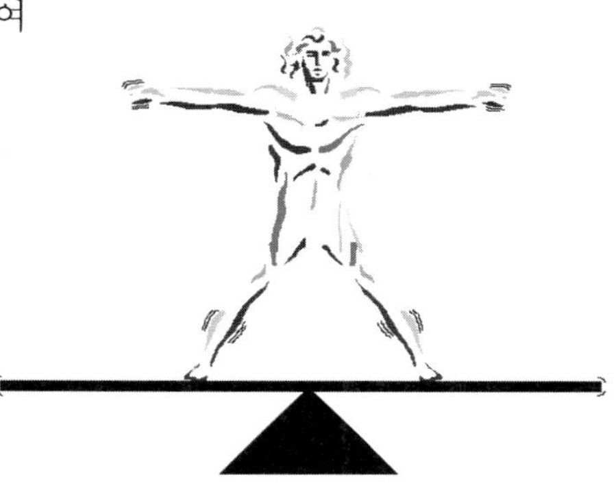

행동을 통해서도 이러한 체온 조절이 가능하다. 체온이 너무 높은 경우에는 나무그늘 밑으로 들어감으로써 체온을 낮추고, 체온이 너무 낮은 경우에는 불을 피우거나 옷을 두툼하게 입음으로써 체온을 높인다. 체온뿐만 아니라 여러 가지 다른 형태의 생리적 상태 역시 이와 비슷한 조절 과정을 거친다. 갈증은 유기체에게 물을 찾아 마시게 함으로써 신체가 물을 필요로 할 때 공급하도록 하는 것이며, 배고픔은 음식을 찾아 먹게 함으로써 신체가 음식을 필요로 할 때 공급하도록 하는 것이다. 즉, 유기체가 비교적 일정한 수준의 수분이나 영양분을 유지하는 것은 생리적 수단뿐만 아니라 행동적 수단을 통해서 이를 신체 내부에 공급하기 때문이다.

(3) 부적 피드백

동질정체의 생리적 정지 체계가 부적 피드백이다. 즉, 추동에 의해 활성화된 행동을 부적 피드백이 정지시킨다고 할 수 있다. 신체가 추동을 제지하지 못한다면 불행한 결과가 올 수도 있다(예컨대, 죽을 때까지 먹는다). 부적 피드백으로 인해 사람은 배고프지 않을 때까지 먹고, 졸리지 않을 때까지 잠을 자게 된다. 생리적 욕구가 필요 이상으로 채워지기 전에 우리 몸의 부적 피드백은 포만 상태라는 신호를 보내는 것이다.

부적 피드백(negative feedback)이란 투입(input)에 의한 산출(output)이 그 투입을 제어하는 시스템을 의미한다고도 볼 수 있다. 자동 온도조절장치가 달린 냉방장치가 그 좋은 예라 하겠다. 실내 온도가 올라가면(input) 냉방장치가 작동하여(output) 실내 온도를 내려가게 한다. 즉, 산출이 투입을 제어하게 되는 것이다. 이러한 시스템이 바로 부적 피드백이다. 마찬가지로 자동 난방장치도 부적 피드백의 예가 될 수 있다. 실내 온도가 너무 떨어지면(input) 난방장치가 작동하고(output), 이 작동이 온도를 올라가게 함으로써 투입을 차단하게 되는 것이다.

유기체의 행동을 여기에 적용해 보면, 실내 온도가 너무 올라갈 때 유기체는 보다 시원한 장소로 옮기거나 수동으로 냉방장치를 작동할 수도 있다. 그리고 실내 온도가 너무 떨어질 때는 옷을 더 입는다거나 불을 피울 수도 있다. 말하자면 우리 신체도 이러한 부적 피드백 과정을 거쳐서 동질정체 상태에 머물게 되는 것이다.

2) 갈증

(1) 내부 조절

우리 몸은 약 2/3가 물로 이루어져 있는데, 그중 2% 이상 줄어들면 갈증을 느끼게 된다. 적절한 동질정체 수준 이하로 물이 부족하면 생리적 욕구가 발생하여 갈증을 일으키고 필요한 만큼 물을 찾게 되는 것이다. 신체의 수분은 2/3 정도가 세포 안에 있고, 1/3 가량은 세포 바깥에 있다. 세포 내 수분이 부족하게 되는 것은 탈수가 원인으로 이것이 갈증의 주원인이라고 할 수 있다. 이는 물을 마시면 해소된다. 세포 외 수분이 부족하게 되는 것은 출혈이나 구토 등으로 인

한 혈장 감소가 원인으로, 혈장 증가가 이루어지면 해소된다(Epstein, 1973).

우리 몸의 뇌와 간 역시 갈증의 해소에 관여한다. 뇌는 (시상하부를 통하여) 수분 부족에 기인하는 세포 내 수축을 감시한다. 수축이 발생하면 혈장으로 호르몬을 방출하여 간이 소변을 농축하는 형태로 몸 안의 수분 양을 보존하도록 한다. 시상하부는 이와 같은 불수의적 작용뿐만 아니라 갈증을 느껴 주의를 집중하고 수분을 보충하도록 행동하는 의식적 심리 상태도 만든다. 또한 갈증에 대한 심리적 경험을 의식으로 전환하는 작용을 담당한다.

(2) 외부 영향

유기체의 수분 섭취는 동질정체 기제에 의존하는 측면과 함께 다음과 같은 외부 환경의 영향으로 이루어지는 측면이 있다.

- 물을 쉽게 구할 수 있는가와 이에 대한 지각이 영향을 미친다. 물이 풍부한 곳에 사는 동물은 부족한 곳에 사는 동물보다 적게 마신다.
- 유기체는 생리적 욕구와 상관없이 일정한 시간표에 따라 물을 마신다. 대부분의 포유류는 음식 섭취 전후에 물을 마신다(Toates, 1979).
- 가장 영향력이 큰 요인으로 맛을 들 수 있다(Pfaffmann, 1982). 단맛은 큰 유인가를 가지며, 물에 섞여 제공되는 알코올과 카페인은 중독을 유발하기도 한다. 또한 사회 · 문화적 영향이 나타나기도 하는데, 대학생의 과도한 음주문화가 그 예다(Reeve, 2001).

3) 배고픔

(1) 내부 조절

배고픔은 단기적으로는 혈당량을 조절하여 해소하고, 장기적으로는 지방 에너지의 저장을 통하여 해소한다. 우선, 단기적 조절의 경우를 살펴보자. 우리 몸의 간은 혈액 속의 당분 부족을 파악하여 식욕을 자극하도록 뇌의 외측시상하부에 신호를 보낸다. 시상하부의

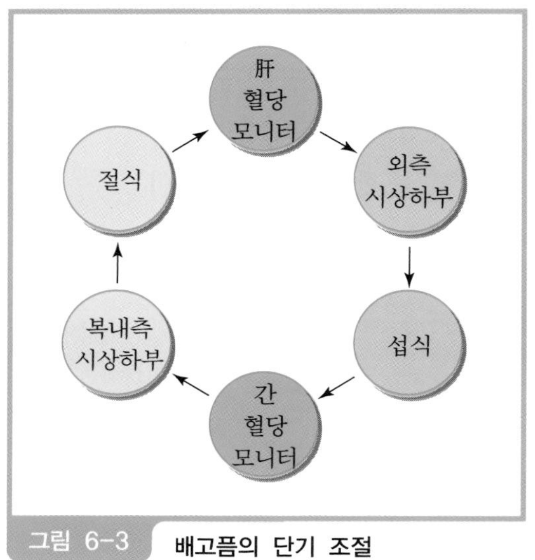

그림 6-3 **배고픔의 단기 조절**

명령을 받아 음식을 섭취하면 혈당 수준이 증가하고, 이를 간에서 파악하여 다시 포만 신호를 뇌의 복내측시상하부에 보낸다([그림 6-3] 참조). 이렇게 형성된 혈당이 세포 내의 당으로 전환되어야 에너지를 생산하는데, 바로 인슐린이 세포막의 투과성을 높여 혈액 내의 당이 세포 내로 이동하도록 만드는 것이다(당뇨병 환자는 인슐린이 부족하여 이러한 작용을 하지 못하므로, 혈당량이 높은데도 항상 배가 고프다).

장기적 조절의 경우를 살펴보자. 지방은 안정적이고 지속적인 에너지 생성원이다. 저장된 지방이 동질정체 이하로 부족해지면 지방 조직에서 혈장으로 호르몬을 방출하여 음식을 섭취하도록 만들어 체중이 증가한다. 반면에 동질정체 이상으로 지방의 양이 증가하면 지방 조직에서 혈장으로 렙틴(leptin)이라는 호르몬을 방출하여 음식 섭취를 줄이도록 한다. 이렇게 하여 체중이 감소하게 된다. 이와 같은 조절에 의해 개인의 지방세포는 일정한 수준을 유지한다.

(2) 맛에 이끌리는 섭취 행동

실험용 쥐에게 충분한 양의 물과 음식을 제공해 준 후, 다시 설탕물을 제공해 주면 쥐가 전체 혈액량의 2~3배를 마시는 현상을 보인다(Ernits & Corbit, 1973). 이 경우의 쥐는 생리적인 의미에서 배가 고프다든지 목이 마르기 때문에 설탕물을 마시는 것이 아니다. 충분한 물과 음식이 제공되었기 때문에 설탕물이 아닌 보통의 물이 제공되었다면 과다 섭취 행동을 보이지는 않았을 것이다. 또한 쥐는 섭취 행동뿐만 아니라 설탕물을 먹기 위해 임의적으로 설정된 어떠한 형태의 행동도 훈련을 통하여 할 수 있게 된다. 이를테면, 설탕물을 얻기 위해 미로를 달린다거나 지렛대를 누르는 행동을 하도록 훈련받았다면 이러한 행동을 할 수 있다.

이러한 현상을 통해 알 수 있는 사실은 모든 동기화 상태가 유기체의 내부 요인에 의해서만 유발되지는 않는다는 것이다. 즉, 유기체의 신체 외부에 있는 요인 역시 동기화 상태를 유발할 수 있다. 특히 과다한 섭취 행동을 유발하는 음식의 맛은 현대사회에서 문제가 되는 비만 현상을 어느 정도 설명해 준다. 여러 연구(Corbit & Stellar,

1964; Keesey, 1980) 결과에 의하면, 정상적으로 양육되어 정상 체중을 유지하고 있는 쥐에게 특별한 맛을 가진 음식을 제공해 주면 쥐는 과다 섭취 행동을 하게 되어 결과적으로 비만 현상을 보인다고 한다. 또 극단적인 경우에는 평소 체중의 2~3배가 되는 비만 현상이 발생한다고 한다.

(3) 다양성의 효과

음식의 맛뿐만 아니라 다양한 종류의 음식이 제공될 때도 유기체의 과다 섭취 행동이 나타날 수 있다. 아마 거의 모든 사람이 같은 음식을 계속 먹으면 식욕이 점차 감퇴되어 가는 것을 느낄 것이다. 이러한 현상에 대한 임상적인 연구(Hashim & Van Itallie, 1965)에 따르면, 비만인 사람이 병원에 장기간 입원해 있을 때 계속적으로 동일한 종류의 식사를 제공받으면 체중이 줄어들게 된다. 쥐를 이용한 실험(Rolls, 1979)에서도 역시 비슷한 결과가 나왔다. 한 집단의 쥐에게는 30분마다 네 가지 종류의 음식을 제공하고, 다른 집단의 쥐에게는 두 시간 동안 한 가지 종류의 음식을 제공한 결과, 첫 번째 집단에 속한 쥐가 두 번째 집단에 속한 쥐보다 평균 30% 정도를 더 먹는다는 사실을 발견하였다. 인간 역시 한 가지 종류의 샌드위치가 제공되었을 때보다 다양한 종류의 샌드위치가 제공되었을 때 더 많이 먹는다고 한다. 그리고 음식의 모양도 이와 비슷한 결과를 낳는다고 한다. 즉, 같은 재료로 만든 음식도 모양을 달리하였을 때 사람은 더 많이 먹는다는 것이다(Rolls, Rowe, & Rolls, 1982).

결론적으로 말하면 맛이나 모양 등과 같은 음식의 속성이 변화할 때 유기체의 섭취 행동도 변화한다고 할 수 있다. 이러한 현상은 어떤 측면에서는 유기체에게 도움을 줄 수도 있다. 한 가지 종류의 음식을 충분히 먹었다고 해서 필요한 영양분을 골고루 섭취하였다고는 볼 수 없다. 그러므로 한 가지 음식을 충분히 먹었더라도 다른 종류의 음식이 제공되었을 때 그 음식을 또 먹을 수 있다는 사실은 영양분을 고루 섭취할 수 있다는 의미에서 유기체가 살아가는 데 도움을 준다. 그러나 이러한 현상이 유기체에게 나쁜 영향을 끼칠 수도 있다. 즉, 맛있는 음식이나 다양한 종류의 음식은 필요 이상의 과다 섭취를 가져올 수 있어, 비만 등과 같은 좋지 못한 결과가 생겨나는 것이다.

BOX 1 신경성 식욕부진증(Anorexia Nervosa, 거식증)(Wong, 2000)

먹을 수 있는 음식을 앞에 놓고도 적절하게 섭취하지 않는 경우를 식욕부진 혹은 식욕상실이라고 한다. 신경성 식욕부진은 극단적인 날씬함을 추구하여 음식을 먹지 않고, 죽음에까지 이를 수 있는 섭식장애다(Bruch, 1973). 보통 여성이 겪으며 남자는 환자의 5% 정도다. 주로 백인 중상류층에서 많이 나타나는 경향이 있다. 최소한의 진단 기준은 몸무게의 25% 감소다(최근에는 15%로 보기도 한다). 월경불순이나 무월경이 주요 증상의 하나인데, 사춘기 이전에 신경성 식욕부진이 나타나면 체지방이 줄어들기 때문에 초경이 지연된다. 먹는 것에 대한 태도가 왜곡되어 이를 거부하고 몸무게가 줄어드는 것을 기뻐하며 극단적으로 마른 체형을 원하게 된다. 식욕부진 환자는 자신의 신체를 주변 사람과는 다르게 보며 극심한 저체중 상태에서조차도 자신은 뚱뚱하다고 주장한다(Bemis, 1978). 따라서 과도한 운동을 하게 된다.

신경성 식욕부진은 동질정체에 입각한 에너지 균형이 깨진 것으로 그 원인에 대한 연구가 많이 이루어졌다. 그중에서 사회학적, 심리학적, 생리학적 원인을 살펴보자. 1960년대부터 현재까지 젊은 여성은 날씬한 이미지를 원한다. 대다수 젊은 여성이 매력을 발산하기 위해서는 더 날씬해야 한다고 느낀다(Fallon & Rozin, 1985). 여성의 몸매는 호리호리해야 한다고 생각한다. 이러한 믿음이 사회경제적 지위가 높은 계층에 만연하여 그들로 하여금 급격하게 체중을 줄이는 다양한 활동을 하게 만들었다.

또 다른 설명은 환자의 행동 습득에 초점을 맞춘다. 식욕부진은 타인의 관심을 얻고, 자신의 성적 특질을 거부하고, 기대가 큰 부모에 대처하기 위한 수단이라는 것이다(Bruch, 1973). 이 설명에 따르면, 신경성 식욕부진 환자의 어머니는 지배적이고 강요하는 유형이다. 환자는 자신의 자율성을 찾으려 노력하는 과정에서 인생의 중요한 결정에 대한 통제력을 확립하는 차원으로 먹기를 거부할 수 있다는 것이다. 이는 주로 부모를 관찰한 임상의학자가 선호하는 관점이지만, 일치하는 경험적 자료가 부족하다.

세 번째 설명은 생리적 요인의 중요성을 강조한다. 예를 들면, 월경 실패와 식욕부진이 관계가 있다는 것이다(Frisch, 1987). 즉, 공통적인 생리적 요인이 있다는 것이다. 시상하부는 섭식행동과 호르몬 작용에서 아주 중요하기 때문에 이 부분에 문제가 발생하면 식욕부진의 중요한 원인이 될 수 있다(Garfinkel & Garner, 1982).

신경성 폭식증(Bulimia Nervosa)

식욕부진 환자가 먹지 않으려고 하는 데 비해, 폭식증 환자는 단시간에 엄청난 양의 음식을 먹는 폭식을 한다. 한 연구에 따르면 1,000에서 55,000 칼로리를 섭취한다(Johnson et al., 1982). 환자는 한번 폭식을 시작하면 멈추지 못하며, 폭식 후에는 죄책감을 느끼고 우울해지며 공황상태에 빠진다. 폭식증으로 고통 받는 환자는 폭식 후에 통제 불능을 호소하고, 결과적으로 일부러 구토를 하거나 설사약이나 이뇨제를 남용한다든지 혹독한 다이어트를 하여 통제감을 회복하고 자신의 체중을 유지하려 한다(Petri, 1995).

사회적 제재

프랑스에서는 2006년 브라질 출신 모델이 거식증으로 사망한 후 젊은 여성의 거식증 문제가 사회쟁점으로 부각되었다. 결국 2008년 4월 프랑스 하원은 극도로 마른 체형을 광고하여 거식증 등 섭식장애를 유발하는 인터넷 웹사이트와 각종 출판물을 처벌하는 법안을 통과시켰다. 또 패션쇼에 지나치게 마른 모델을 등장시키는 것을 제재하는 방안도 논의하였다.

(4) 비만과 외부 단서의 관계성

우리는 지금까지 욕구의 해소에 대해 살펴보면서 동질정체를 유지하는 유기체의 내부 상태의 영향과 외부 요인이 섭취 행동에 미치는 영향에 대해서 알아보았다. 그러나 외부 요인에 의한 섭취 행동은 앞서 언급한 것처럼 생리적 필요성에 의해 동기화된 행동이 아니기 때문에 오히려 동질정체를 파괴하는 결과를 초래할 수도 있다. 샤터(Schachter, 1971)는 이러한 사실에 착안하여 비만에 대한 하나의 이론을 전개하였다. 이 이론을 간략하게 말하자면 정상 체중을 가진 사람의 섭취 행동은 일반적으로 신체 내부 요인에 의해 더 영향을 받지만, 비만인 사람의 섭취 행동은 신체 외부 요인에 의해 더 영향을 받는다는 것이다. 만약 이것이 사실이라면 우리 사회에 범람하고 있는 광고물은 비만현상에 기여하는 하나의 큰 요인이라고 할 수 있다.

샤터는 실험을 통하여 이러한 사실을 증명해 보려고 노력하였다. 이들은 정상 체중을 가진 사람과 비만인 사람에게 배가 충분히 부를 만큼 음식을 먹도록 유도한 다음 여러 종류의 크래커를 제공하였다. 그리고 정상인과 비만인이 크래커를 먹는 양에서 어떠한 차이를 보이는지를 관찰하였다. 그 결과는 [그림 6-4]에 나타나 있다.

그림에서 볼 수 있는 것처럼 정상 체중을 가진 사람은 배가 부를 때 크래커를 먹는 양이 배가 고플 때보다는 줄어든다는 사실을 알 수 있다. 그러나 비만인 사람은 오히려 그 양이 늘어났다. 바꾸어 말하면, 비만인 사람은 신체 내부 요인보다는 신체 외부 요인(이 실험의 경우 크래커의 제시에 따른 시각적 효과 요인)에 의해 더 많은 영향을 받는다는 것이다. 샤터의 이러한 실험과 이론은 외부 단서에 대한 민감성이 인간의 비만을 설명해 주는 한 요인이라는 결론을 내리게 해 준다.

그러나 이것이 비만을 완전히 설명해 준다고 보기는 어렵다. 왜냐하면 비만인 사람뿐만 아니라 야윈 사람도 외부 단서에 대해 민감성을 보이는 경우가 많으며, 과다 섭취 행동만이 비만을 초래하는 것도 아니기 때문이다. 즉, 비만은 과다 섭취 행동 이외의 다른 변인에 의해서도 나타날 수 있는 현상이다. 결론적으로 지금까지의 내용을 요약해 보면 다음과 같다.

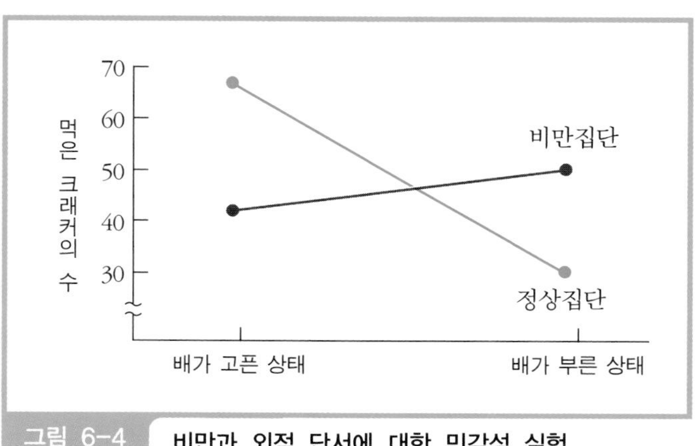

그림 6-4 비만과 외적 단서에 대한 민감성 실험

BOX 2 나는 비만인가?

인간의 삶의 질을 평가하는 데 있어서 건강의 중요성이 날로 증가하고 있다. 그러나 현대인은 풍요로운 식생활에 비해 운동량이 절대로 부족한 경우가 많아서, 비만의 위험에 노출되어 있다. 따라서 많은 사람이 자기 체중의 정상 여부에 관심을 가지고 있는데, 정상체중인지 비만인지를 판별하는 방법에는 여러 가지가 있다. 체지방의 경우, 남자는 25% 이하, 여자는 30% 이하인 경우를 정상이라고 판별한다. 최근에는 체질량지수(Body Mass Index: BMI)를 통한 판별을 많이 하는데, 이는 다음과 같이 계산한다.

체중(kg)/키의 제곱$(m)^2$

산출된 지수에 따라 아래와 같이 분류한다.

20 이하	저체중	
20~25	정상	
25~30	과체중	약간 위험
30~35	비만	위험
35~40		매우 위험
40 이상	고도 비만	?

• 유기체의 내부 요인뿐만 아니라 외부 요인도 동기화 상태를 유발할 수 있다.
• 외부 요인의 효과는 실질적으로 동질정체를 위협할 수도 있다.
• 외부 요인에 대한 민감도는 개인에 따라 서로 다를 수 있다.

4) 성 행동

물과 음식을 섭취하는 행동이 개체가 살아가는 데 필수적인 것과 마찬가지로 종(種, species)이 살아남기 위해서는 생식(生殖, reproduction)도 필수적이라 할 수 있다. 또한 어떤 종에게는 공격적 행동도 필수적이다. 공격성과 생식이 서로 밀접하게 관련될 수 있기 때문이다. 이것이 이 장에서 성 행동과 공격성을 연이어 다루는 한 가지 이유이며, 또 다른 이유는 성 행동과 공격성이 서로 유사점을 가지고 있다는 것이다. 성 행동과 공격성은 앞서 살펴보았던 갈증, 배고픔과 유사점을 가지고 있는 동시에 차이점을 가지고 있기도 하다. 갈증과 배고픔처럼 성과 공격성도 내부 요인과 외부 요인에 의하여 모두 영향을 받는다는 점에서는 유사하다. 그러나 다음과

같은 차이점이 있다.

- 성과 공격성은 동질정체적인 성격을 가지고 있지 않다. 섭취 행동과는 달리 성적 행동과 공격적 행동을 통하여 어떤 생리적 균형 상태가 유지되는 것도 아니며, 설사 그러한 행동을 하지 않더라도 유기체는 생리적인 타격을 받지 않는다. 그러므로 성과 공격성은 내부 요인보다는 외부 요인에 의해 더 민감하게 영향을 받는다고 할 수 있다.
- 섭취 행동은 유기체가 혼자서 행할 수 있는 행동인 반면, 성 행동과 공격적 행동은 반드시 대상이 있어야 한다. 즉, 성과 공격성을 이해하기 위해서는 적어도 둘 이상 유기체의 상호작용에 대한 고려가 필요하다.
- 특히 인간의 경우 성과 공격성은 학습과 문화 요인에 상당한 영향을 받는다(하등 동물로 내려갈수록 문화적 요인과 학습의 영향력은 크게 줄어든다). 이러한 영향력이 너무 크기 때문에 인간의 성과 공격적 행동에 생리적 기제가 얼마만큼의 영향력을 발휘하는지에 대해서는 의문스럽기까지 하다.

BOX 3 성 행동과 공격성

스티클백(Stickleback, 큰가시고기)이라는 물고기가 보여 주는 성적 행동과 공격적 행동에 대해 살펴보자. 봄이 되면 스티클백은 호르몬 변화로 인해 생식 상태에 들어간다. 이러한 상태가 되면 여러 가지 신체적 변화가 생기는데, 수놈의 경우 아랫배 부분이 붉은색으로 변한다. 또한 행동에도 변화가 나타난다. 스티클백은 튜브 모양의 집을 짓고 마치 다른 놈이 오는 것을 기다리듯이 집 근처를 배회한다. 만약 접근하는 물고기의 배가 붉은색이면, 그 물고기를 라이벌로 생각하고 공격적 행동을 한다. 공격적 행동은 머리를 아래로 숙이고 지느러미를 펴는 것과 같은 위협적인 행동 패턴으로 이루어져 있다. 이러한 위협적인 행동 패턴은 침입자의 붉은색 배에 의해 유발되는 것이다.

반면에 접근하는 물고기가 암놈인 경우, 수놈은 일종의 구애 행동을 하게 되는데, 앞뒤로 헤엄치면서 지그재그로 춤을 추는 듯한 행동 유형을 보인다. 이러한 행동 유형을 유발시키는 자극은 알을 배고 있는 암놈의 불룩한 배다. 일단 이런 식으로 암놈의 주목을 끈 수놈은 자신의 집으로 암놈을 유인하여 코로 집의 입구를 가리키고, 암놈이 집 안으로 들어가면 암놈의 등을 코로 비빔으로써 알을 낳게 한다. 그런 다음 수놈도 수정을 위해 집 안으로 들어가 알에 정액을 분비하고 부화될 때까지 알을 보살핀다.

스티클백의 이러한 일련의 행동 유형은 암놈의 모양이나 행동이 제공하는 특정 자극에 의해 유발되는 본능적인 행동 유형이라고 할 수 있다. 이와 같은 사실은 암놈 스티클백과 비슷하게 보이는 모델을 통한 실험에서도 밝혀진 바 있다(Tinbergen, 1951).

(1) 내부 요인(호르몬과 성적 동기)

수컷 쥐의 경우 거세를 하면 성 행동은 점차적으로 쇠퇴하여 결국 없어지게 된다. 그리고 테스토스테론(testosterone)이라는 남성 호르몬을 주입하면 성 행동은 다시 나타난다. 그러므로 쥐에게는 테스토스테론이 성 동기에서 중요한 요인이 된다고 할 수 있다. 더욱 중요한 사실은 이러한 호르몬이 동기화 상태를 유발한다는 것이다. 즉, 쥐는 교미할 기회를 보상으로 받을 때 여러 가지 임의적 행동을 학습할 수 있게 된다 (Kagan, 1955).

고등 동물의 경우도 호르몬이 중요한 역할을 한다. 그러나 일반적으로 고등 동물로 올라갈수록 호르몬보다는 경험이나 외적인 자극 요인이 더 중요하게 작용한다. 사람의 경우 사춘기 이전에 거세를 하면 성적인 관심이 발달하기 힘들지만, 성 경험이 있는 성인은 성적 동기가 몇 년 동안이나 지속될 수 있다. 다시 말하면, 인간은 남성 호르몬이 결핍된다고 해서 성적 충동이나 성 행동이 반드시 없어지는 것은 아니다.

남성 호르몬은 성적 동기를 불러일으키는데 반드시 필요하지는 않지만 성적 동기를 촉진하는 역할을 할 수는 있다. 이는 인간의 성적 활동이 가장 왕성한 시기가 테스토스테론 수준이 가장 높은 청년 후반기라는 사실로도 알 수 있다. 또한 테스토스테론 수준이 낮은 남성은 발기 빈도와 성적 활동 수준이 낮으며, 이 호르몬을 인위적으로 주입하면 발기 빈도와 성적 활동 수준이 올라간다는 사실로도 알 수 있다 (Davidson, Camargo, & Smith, 1979).

포유류 암컷의 호르몬 분비는 주기적으로 이루어진다. 쥐의 발정 주기는 4~5일 간격이며, 인간의 월경 주기는 약 한 달로 되어 있다. 암쥐나 다른 육식동물의 성 행동은 그 주기 중 발정기 동안에만 나타나며, 이 기간에는 에스트로겐(estrogen)이라는 여성 호르몬의 분비가 왕성해진다. 동물의 성 행동은 완전히 호르몬의 영향을 받기 때문에 호르몬이 분비되지 않으면 성 행동도 일어나지 않는다. 그러나 인간의 경우는 호르몬이 그다지 중요한 역할을 하지는 않는다. 즉, 인간은 배란기 동안에만 성 관계를 가지는 것이 아니며, 자궁을 제거한다고 해서 성적 충동이 없어지는 것도 아니다.

(2) 외부 요인

앞에서 살펴보았듯이, 섭취 행동은 내부 요인뿐만 아니라 외부 요인에 의해서도 영향을 받는다. 마찬가지로 성 행동도 내부 요인뿐만 아니라 외부 요인에 의해서도 영향을 받을 수 있다. 예를 들면, 동물은 페로몬(pheromone)이라는 냄새에 의해 성 행동이 유발되기도 한다. 인간도 이와 유사한 외부 자극에 의해 성적인 충동이 발생할 수 있다. 매력적인 여성을 본다거나 그런 사진을 보게 되면 남성은 발기 현상을 보일 수 있다.

그러나 인간의 경우는 앞서 언급한 동물처럼 특정 자극에 대해 무조건적으로 반응한다고 보기 힘들다. 왜냐하면 인간에게 성적 매력이라는 개념은 문화에 따라 많은 차이가 있기 때문이다. 어떤 사회에서는 여성이 날씬해야 매력적으로 보지만, 또 어떤 사회에서는 반대로 풍만한 여성을 매력적으로 보기도 한다. 그러므로 매력적인 여성이나 그런 사진에 의해 성적 충동을 받게 되는 현상은 특정한 문화 내에서 성장하면서 획득한 학습 현상이라 볼 수 있다.

(3) 다양성의 효과

한 가지 음식만 계속 제공될 때보다 다양한 음식이 제공될 때 유기체의 섭취 행동이 증가한다는 사실은 이미 살펴보았다. 다양성은 성 행동에도 유사한 영향을 미친다. 어떤 종은 성적 활동의 대상이 바뀌지 않을 때보다 여러 대상을 접하게 될 때 성적 활동 수준이 높아지는데, 이러한 현상을 쿨리지 효과(Coolidge effect)라고 한다.

쿨리지 효과는 인간에게서도 찾아볼 수 있다. 과거 태평양 군도를 지배한 식민정부가 첩을 금지시키자 아내에 대한 남성의 성적 관심이 저하되었다고 한다(Davenport, 1965). 또한 미국 성인의 경우 많은 사람이 성교를 하면서 성적 흥분감을 고조시키기 위해 상상을 한다는 보고가 있는데, 이는 주로 옛 애인이나 가상의 매력적인 여성을 생각하는 경우가 많았다고 한다(Tavris & Sadd, 1977). 이러한 점에 비추어 볼 때 다양성은 인간의 성 행동에도 많은 영향을 미친다는 사실을 충분히 짐작할 수 있다.

5) 공격성

(1) 내부 요인

어떤 종에 있어서 공격성과 성 행동은 아주 밀접한 관련이 있기 때문에 이 둘을 한 종류의 동기로 볼 수도 있다. 사슴의 경우도 교미할 시기가 되면 수컷에게 안드로겐(androgen)이 분비되어 성 행동과 공격적 행동을 동시에 유발한다. 안드로겐은 성적 행동뿐만 아니라 공격적 행동도 유발하는 내부 요인이라고 할 수 있다. 더구나 많은 종에서 사춘기 이전에는 공격적 행동이 거의 나타나지 않으며, 사춘기 이후의 공격적 행동도 암컷보다는 수컷이 더 많이 한다는 사실에서 남성 호르몬이 공격적 행동을 유발하는 내부 요인이라는 것을 짐작할 수 있다.

인간의 공격적 행동도 어느 정도는 호르몬의 영향을 받는다. 전 세계적으로 남성이 여성보다 과격한 범죄를 더 많이 저지른다는 것은 명백하며(Brain, 1979), 남성에게서 공격성과 테스토스테론 수준의 상관관계는 놀라울 정도로 높은 것으로 밝혀졌다(Persky, Smith, & Basu, 1971; Kreuz & Rose, 1972). 또 다른 실험에서는 약물치료를 통하여 테스토스테론의 수준을 낮추었을 때 공격적 행동도 그에 따라 감소하였다는 사실이 밝혀졌다(Money et al., 1975).

(2) 외부 요인

공격적 행동은 내부 요인에 의해서만 유발되는 것이 아니다. 성적 행동과 마찬가지로 공격적 행동도 외부 자극에 의해 유발될 수 있다. 모이어(Moyer, 1976)는 공격적 행동을 유발하는 수많은 자극을 파악하여, 그 자극에 따라 공격적 행동을 유형별로 구분하였다. 육식동물에게서 흔히 볼 수 있는 공격적 행동의 하나는 사냥감을 보았을 때 나타나는 공격적 행동(predatory aggression)이다. 이러한 행동은 배가 고프지 않은 상태에서도 나타날 수 있다고 한다.

다른 형태의 공격적 행동은 유기체가 혐오적인 자극을 받게 될 때 나타나는 공격적 행동(irritable aggression)이다. 한 쌍의 쥐에게 고통스러운 전기 자극을 주면 서로 공격적 행동을 보인다고 한다(Azrin, Hutchinson, & McLaughlin, 1965). 그리고 인간에게서도 이와 유사한 공격적 행동이 나타난다고 한다.

사냥감을 보았을 때 나타나는 공격적 행동

또 하나의 공격적 행동은 모성적 공격 행동(maternal aggression)이다. 일반적으로 남성이 여성보다 공격성의 정도가 높다는 사실을 감안할 때, 모성적 공격 행동은 특이한 현상이라고 볼 수 있다. 쥐나 토끼도 암컷이 임신 중이거나 새끼에게 젖을 먹일 때 수컷이 접근하면 암컷은 수컷을 공격한다고 한다(Svare, 1983).

(3) 학습의 영향

많은 종에서 공격적 행동은 학습되지 않은 본능적 행동이다. 그러나 이러한 본능적 공격 행동도 경험에 의해 변화될 수 있다. 고양이가 쥐와 어릴 때부터 함께 성장하면 쥐를 공격하지 않고 오히려 보호해 준다고 한다. 반대로 고양이가 다른 고양이나 쥐와 함께 성장하지 않고 고립된 상황에서 혼자 성장하면 쥐를 보는 즉시 죽여 버린다고 한다(Eibl-Eibesfeldt, 1961). 이러한 실험 결과를 통해 동물의 공격적 행동도 학습의 영향을 받는다고 볼 수 있다.

(4) 문화와 인간의 공격성

성 행동과 마찬가지로 공격성도 경험의 영향을 많이 받는다. 인간에게 문화는 공격적 행동을 일으키는 데 결정적인 역할을 한다고 볼 수 있으며, 또 공격적 행동이 나오는 경우 어떤 형태로 표출되는지를 결정하는 데도 문화의 역할은 크다고 할 수 있다. 공격성에 미치는 문화적 요인의 영향을 알아보기 위해 다음의 두 사례를 살펴보자.

사례 1 타이티에서는 어린아이가 공격적 행동을 보일 때 부모나 친구로부터 아무런 보상을 받지 못하고 오히려 처벌을 받게 된다. 타이티 사람은 좀처럼 화를 내지 않고 상대방에 대한 나쁜 감정을 쉽게 없애며, 복수라든가 적대적인 공격성을 거의 가지고 있지 않은 사람으로 알려져 있다. 또한 그들은 분노를 일으키게 하는 상황을 거의 만들지도 않으며, 설사 공격성을 보이더라도 신체적 수단보다는 언어적 수단으로 그것을 표출한다(Bandura, 1973).

어린아이가 타이티 사회에서 성장한다면 사회적 영향 때문에 자연적으로 공격성의 수준은 아주 낮을 수밖에 없을 것이다. 그러나 다음에 제시하는 경우처럼 사회에서 아이가 성장한다면 공격성 수준은 어떻게 될까?

사례 2 야노마모족(Yanomamo, 남미의 오리노코 강 근처에 사는 종족)은 세상에서 가장 공격적인 종족으로 알려져 있다. 타인과 싸우거나 타인을 위협하는 행동은 이 종족에게서 항상 볼 수 있는 행동이다. 또한 남자는 여자에게 무조건적인 복종을 요구하며, 이를 위해 여자를 때리는 것도 흔한 일이다. 그뿐 아니라 남자는 서로의 용맹성을 알아보려고 일부러 싸워 보기도 하며, 이러한 도발적 행동으로 인하여 서로를 죽이는 경우도 생겨 결국에는 마을끼리의 전쟁까지도 일어나게 된다(Hunter & Whitten, 1976).

야노마모족 사회에서 자란 아이가 타이티와 같은 사회에서 자란 아이와 공격성 수준에서 큰 차이를 보일 것은 틀림없는 사실이다. 즉, 인간의 공격성이 사회적 · 문화적 요인에 의해 많은 영향을 받는다는 것은 명백한 사실이다.

3 심리적 동기

앞서 살펴본 생리적 동기는 인간이나 동물 모두 가지고 있다. 생리적 동기에 의존하여 삶을 보다 원활하게 영위해 가는 것이다. 그러나 인간은 생리적 동기가 충족시켜 주는 삶에 만족하지 않고 더 고차원적인 형태의 심리적 동기를 추구한다. 자율성(자기 결정)을 추구하는 욕구, 자신의 역량을 발휘하여 능력을 확인하려는 욕구, 다른 사람과 좋은 관계를 추구하려는 욕구가 그것이다.

생리적 욕구를 따르는 행동은 반응적 특성이 있다. 일정 시간 물이나 음식의 공급이 중단되어야만 갈증이나 배고픔을 느끼는 것이다. 이에 비해 심리적 욕구를 따르는 행동은 사전에 행동이 이루어질 수도 있다. 인간은 심리적 욕구를 만족시킬 수 있는 자극을 찾고 그러한 환경을 만들려고 노력하는 측면이 있는 것이다. 그런 이유로 생리적 욕구를 '결핍 동기'로, 심리적 욕구를 '성장 동기'로 표현하기도 한다.

1) 자율성 추구

자율성(autonomy)은 인간이 행동을 시작하고 통제할 때 자기 스스로 선택하고 결정하는 경험을 원하는 심리적 욕구를 말한다. 이러한 욕구는 선천적이기 때문에 어린아이에게도 관찰할 수 있다. 엄마가 준비해 준 깨끗한 옷 대신에 어제 입었던 흙투성이 옷을 다시 입겠다고 고집하는 아이가 엄마 입장에서는 성가시겠지만 동기 차원에서는 건강한 어린아이인 것이다. 외부의 힘이 특정한 사고나 감정 혹은 행동 방식을 강요하면 이는 자율성의 반대인 타율성이 된다. 우리는 보통 타율적인 상태보다는 자율적인 상태를 선호한다.

이러한 자율성 상태를 판단하기 위해서는 세 가지 기준을 생각해 볼 수 있다. 첫 번째는 행동의 원인이 자신에게 있는지 혹은 외부에 있는지의 여부이며, 두 번째는 행동이 자신의 의지에 따라 이루어졌는지의 여부, 세 번째는 선택 가능한 대안이 얼마나 있었는가의 여부다. 행동의 원인이 자신에게 있고, 자신의 의지에 따른 행동이며, 여러 대안 중에서 선택한 행동인 경우에는 자신이 목표로 하는 행동에 능동적으로 참여하며 개인적인 책임감을 가진다. 반대로, 원인이 외부에 있고, 타율적이며, 달리 선택의 여지가 없는 행동의 경우에는 수동적이고 반응적으로만 행동하면서 개인적인 책임감을 보이지 않게 된다. 이런 경우 놀이도 노동이 되고 여가도 의무가 된다. 억지로 놀고 의무적으로 휴가를 가는 것이 과연 즐거울까?

2) 자신의 역량 확인

역량(competence)이란 자신에게 가장 알맞은 도전을 추구하고 완성하여 능력을 확인하고자 하는 심리적 욕구를 말한다. 역량을 최대한 발휘할 때 환경과의 상호작용이 효과적으로 이루어지기 때문에 흥미를 느끼면서 능력과 기술이 더욱 진보하는 결과를 이끌어 낼 수 있고, 이는 삶에 긍정적인 영향을 준다. 어리고 젊은 사람의 도전정신을 고취시키기 위해 실패에 대한 관용을 베풀어야 하는 이유가 여기에 있다. 실패를 두려워하면 도전하지 않고, 도전하지 않으면 자신의 역량을 확인할 수 없으며, 자신의 역량을 모르는 상태에서 성공하기는 쉽지 않다.

인간은 끊임없이 도전하면서
자신의 역량을 확인하려고 한다.

심리학자 칙센트미하이(Csikszentmihalyi)는 최적의 도전 상태에서 집중하고 몰입하면서 즐거움을 느끼는 상태를 'flow'라고 표현하였는데, 우리는 충만감(flow)을 맛보리라는 기대를 가지고 행동을 되풀이하면서 즐거움을 경험한다(Csikszentmihalyi & Nakamura, 1989). 이 상태에서는 행동이 힘들지 않고, 자신의 현재 기술이나 능력에 맞는 도전할 만한 과제를 찾아 완성하려고 한다. 목숨을 걸고 높은 산에 도전하는 사람은 이전 등반에서 맛보았던 충만감을 다시 느껴 보고자 하는 욕구가 강한 사람이다.

3) 관계 추구

관계(relatedness)에 대한 욕구는 다른 사람과 정서적 유대감을 가지고 애착을 형성하고자 하는 심리적 욕구를 말한다. 그렇기 때문에 우리는 친구를 사귀고 어느 집단의 일원이 되려고 하는 것이다. 그 안에서 서로 친밀한 관계를 맺고, 이해하고 인정받기를 원하기 때문이다. 그런 관계는 이익과 손해를 초월하여 서로를 염려하고 배려하는 관계다. 우리로 하여금 일을 더 잘하도록 만들고, 스트레스를 이겨 내도록 만들고, 심리적 문제를 극복하도록 돕는다. 일을 하면서 스트레스 등 다양한 심리적 문제를 피할 수 없는 현대인의 삶을 생각해 볼 때 중요한 의미를 가지는 동기다.

관계 욕구의 해소는 가족 내에서 가장 먼저 이루어진다. 성장하면서 친구가 이를 대신하게 되는데, 친구가 없는 삶이 얼마나 끔찍할지 상상해 보면 쉽게 이해가 갈 것이다. 이러한 관계 욕구로 인해 사회적 유대가 쉽게 형성되며, 유대가 공고하게 형성되면 오랜 시간 지속될 수 있다. 한 가지 주목할 점은 관계의 양보다는 질이 중요하다는 것이다. 피상적인 관계는 아무리 많아도 심리적 욕구를 충족시키지 못한다.

또래 친구들과 어울리는 청소년들

우리가 바람직한 삶을 누리기 위해서는 우선 생리적 욕구를 해결하는 것이 중요하다. 나아가 인간적인 삶을 누리기 위해서는 심리적 욕구를 해소하는 것이 중요한 문제다. 인간은 자율성을 추구하고, 자신의 역량을 확인하면서, 다른 사람과 바람직한 관계를 형성할 때 능동적인 삶을 산다고 할 수 있다. 이렇게 심리적 욕구를 북돋는 환경이 조성되면, 학습이나 성장 및 발달이 잘 이루어질 수 있다.

정 서

인간이 경험하는 가장 기본적인 느낌에는 갈증과 배고픔뿐만 아니라 즐거움이나 분노와 같은 정서(emotion)도 포함된다. 그리고 이러한 정서는 동기와 매우 밀접한 관계성을 가진다. 정서는 동기와 같이 행동을 활성화할 수도, 행동의 방향을 결정지을 수도 있다. 또한 정서는 동기화된 행동을 수반한다. 예를 들면, 성(sex)은 하나의 강력한 동기일 뿐만 아니라 즐거움의 원천이 될 수도 있다.

이러한 유사점에도 불구하고 동기와 정서는 구별할 필요가 있다. 동기와 정서를 구별해 주는 차이점은 다음과 같다.

- 정서는 주로 외부 요인에 의해 유발되는 반면, 동기는 주로 내부 요인에 의해 유발된다.
- 동기는 주로 특정 욕구에 의해 유발되는 반면, 정서는 광범위한 종류의 자극에 의해 유발된다.

그러나 이러한 차이점이 동기와 정서를 절대적으로 구분해 준다고 볼 수는 없다. 예를 들면, 맛있는 음식을 보거나 냄새를 맡는 것과 같은 외부 요인에 의해서도 배고픔이라는 동기화 상태는 생길 수 있으며, 반대로 심하게 배고픈 상태는 짜증과 같은 정서를 유발할 수도 있다.

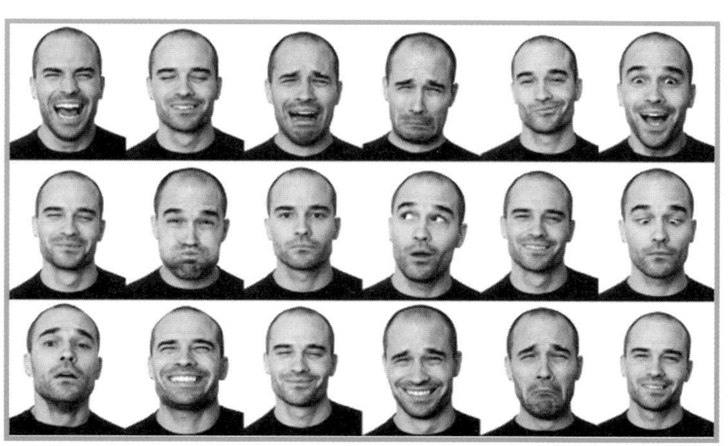

1) 정서적 각성의 생리적 기초

공포나 분노와 같은 강한 정서를 느낄 때 우리 신체에는 수많은 변화가 일어난다. 예를 들면, 심장박동이나 호흡이 가빠지거나 목과 입이 마르는 것, 땀을 흘리거나 근육이 뻣뻣해지는 것과 같은 변화를 느끼는 것이다. 정서적 각성에서 생기는 생리적 변화는 신체가 위급한 상황에 대처할 수 있도록 하기 위한 자율신경계의 교감신경의 작용에 의한 것이다. 교감신경은 주로 우리가 각성 상태에서 느낄 수 있는 여러 가지 생리적 현상을 일으키는데, 한마디로 유기체의 에너지 산출을 조정해 준다고 할 수 있다. 교감신경계는 다음과 같은 생리적 변화를 일으킨다.

- 혈압과 심장박동의 증가
- 호흡의 빨라짐
- 동공의 확대
- 타액과 점액의 감소와 땀의 증가
- 혈당 수준의 증가
- 혈액 응고 속도의 증가
- 소화관 운동의 감소
- 피부의 털이 일어서고 소름이 끼침

이와 달리 정서적 각성 상태가 가라앉을 때는 신체의 에너지를 보존하는 역할을 하는 부교감신경계가 앞서 언급한 생리적 변화와 반대되는 현상을 촉진함으로써 신체를 정상 상태로 되돌아가게 해 준다. 정서가 자율신경계와 밀접하게 관련되어 있다는 사실은 엑스(Ax, 1953)의 연구 결과에 잘 나타난다. 그의 연구에 따르면, 서로 상이한 정서를 유발하는 자극에 대한 사람들의 생리적 반응에는 차이가 있다. 예를 들어, 공포를 유발하는 자극과 분노를 유발하는 자극에 대한 사람들의 생리적 반응은 차이가 있는데, 분노보다는 공포를 경험할 때 맥박 수와 혈압에서 더 큰 상승이 있다고 한다.

또한 특정한 정서를 유발하는 자극에 대한 생리적 반응은 사람마다 차이가 있다고 한다. 예를 들면, 긴장을 유발하는 자극을 접했을 때 사람에 따라 심장박동 수의 변화나 혈압의 변화로 자극에 반응할 수도 있고, 위장운동의 변화로 자극에 반응할 수도 있다는 것이다. 그리고 이러한 반응 패턴은 아동기에서 성인기까지 일관성이 있다. 결론적으로, 인간이 가진 기본 정서의 생리적 기초는 자율신경계에 있다고 할 수 있다.

2) 정서의 기능

사람이나 동물에게 정서는 어떤 기능을 하는가? 어떤 면에서 이로운가? 이와 같은 물음에 대해 많은 학자들이 정서가 인간 생활에서 중요한 역할과 다양한 기능을 수행하고 있다고 하였다. 그중 롤스(Rolls, 1990)는 정서적 행동과 표현에는 적어도 다음과 같은 일곱 가지 기능이 있다고 하였다. 정서의 이러한 특성은 유기체로 하여금 복잡하게 변화하는 환경에 적응할 수 있도록 돕는 역할을 한다.

- 위기에 대처하기 위하여 자율신경 반응을 이끌어 낸다.
- 특별한 지역 조건에 알맞은 반응을 하도록 한다.
- 목표를 이루기 위해 행동하도록 동기화시킨다.
- 타인에게 자신의 의도를 전달한다.
- 사회적 유대를 증가시킨다.
- 사건에 대한 기억과 평가에 영향을 미친다.
- 특정 기억의 저장을 향상시킨다.

3) 정서의 표현

정서적 표현은 생득적일 수도 있고 학습된 것일 수도 있다. 지구상의 거의 모든 사람은 슬플 때 울고 기쁠 때 웃는다. 이는 슬픔이나 기쁨의 정서적 표현이 학습된 것이 아닌 생득적이라는 사실을 말해 준다. 또한 태어날 때부터 앞을 보지 못하는 어린이의 경우, 여러 종류의 정서와 관련된 표현이 그들이 성숙함에 따라 자연스럽게 나타났다는 사실이 밝혀졌다. 이러한 점에 비추어 볼 때, 정서 표현의 많은 부분이 생득적이며, 성숙에 따라 발달한다고 볼 수 있다. 즉, 타인이 어떠한 표현을 하는지 볼 수 없는데도 시각장애아동은 타인과 유사한 형태의 정서적 표현을 할 수 있는 것이다.

이와 유사하게 에크만과 프리센(Ekman & Friesen, 1975)에 의하면, 어떤 얼굴 표정은 문화와 관계없이 보편적 의미를 가지고 있다고 한다. 서로 다른 문화의 구성원 다섯 사람에게 인간의 기본적 정서인 행복, 분노, 슬픔, 혐오, 공포, 그리고 놀라움에 대한 얼굴 표정 사진을 보여 주고, 각 표정에 관련된 정서를 구별하도록 하였을 때 구별에 거의 어려움이 없었다. 그러나 이러한 생득적 정서 표현이 학습이나 문화의 영향을 전혀 받지 않는 것은 아니다.

다윈(Darwin)은 정서적 표현이 생득적인 것이기는 하지만, 이 중 어떤 것은 언어처럼 학습된 것이라고 하였다. 이를테면, 솔직한 감정 표현을 하는 것이 어떤 문화권에서는 바람직한 것으로 받아들여지기도 하지만, 또 어떤 문화권에서는 감정을 억제하는 것이 더 바람직한 것으로 받아들여지기도 한다. 특히 정서적 표현 중에서 의사소통 수단으로 사용되는 것의 대다수가 학습된 것이라고 볼 수 있다. 결국 정서의 표현은 생득적인 표현과 더불어 문화적으로 학습된 표현이 중복되어 있다고 할 수 있다.

다윈은 이러한 정서의 표현이 진화론적으로 의미가 있다고 하였다. 예를 들어, 급박한 위기상황 혹은 좋은 상황에 처했을 때, 그 상황을 같은 종(種, species)의 다른 개체에게 알리는 것은 그 종이 살아남는 데 도움이 된다는 것이다. 다윈은 이러한 설명에 대한 근거로서 다음 몇 가지를 지적하였다.

- 하등 동물과 인간의 정서 표현에 유사점이 많다.
- 인간에 있어 성인과 유아의 정서 표현이 비슷하다.
- 선천적인 시각장애아동도 정상인과 유사한 정서적 표현을 하며, 서로 다른 문화 간에도 정서 표현에는 많은 공통점이 있다.

4) 정서 이론

(1) 제임스-랑게이론

우리는 대부분 특정한 정서를 느끼면 그 정서 때문에 신체적 변화가 온다고 생각하는 경향이 있다. 예를 들면, 슬픔을 느끼기 때문에 눈물이 난다고 생각한다. 그러나 19세기 말경 미국의 심리학자 제임스(James)는 정서 때문에 신체적 변화가 오는 것이 아니라, 어떤 상황에서 신체적 변화가 먼저 오고 그 변화를 지각하게 될 때 특정한 정서를 느낀다고 주장하였다. 즉, 슬프기 때문에 눈물을 흘리는 것이 아니라 눈물을 흘리기 때문에 슬픔을 느낀다는 것이다. 덴마크의 생리학자 랑게(Lange)도 같은 시대에 이와 유사한 주장을 하였다. 따라서 이 이론을 제임스-랑게이론이라고 한다.

이 이론은 정서에 대해 우리가 가지고 있는 상식과 정반대의 설명을 하고 있으며, 행동주의적 관점과 유사점이 있다. 즉, 정서는 어떤 행동의 원인이 아니라 어떤 상황에서 일어난 신체반응에 대한 지각이라고 주장하는 것이다. 예를 들어, 위협을 받고 있는 상황에 처하면 그 상황에 대처하기 위해 신체 내부에서 생리적 변화가 일어나며, 이러한 변화를 지각하게 될 때 우리는 특정한 정서를 느끼게 된다.

(2) 캐넌-바드이론

생리학자 캐넌(Cannon)은 제임스-랑게이론이 여러 가지 이유로 타당하지 않다고 반박하였다. 그중 중요한 몇 가지 이유는 다음과 같다.

- 뇌와 신체기관을 연결하는 신경을 절단하고 나서도 정서를 느낄 수 있다.
- 신체기관의 반응은 위협적인 상황이나 분노를 느끼게 하는 상황에서 경험하는 정서를 설명하기에는 그 속도가 너무 느리다.
- 정서의 종류는 다양하지만, 자율신경계의 반응은 거의 동일하다.

제임스-랑게와 달리 캐넌은 정서에서 중심적인 역할을 하는 것은 뇌의 시상(thalamus)이라고 하였다. 즉, 그는 환경에서 정서를 유발하는 자극이 시상에 전달되면, 시상은 다시 대뇌피질과 신체의 여러 부위에 정보를 보내어 정서적 경험과 신체적 변화를 동시에 유발한다고 주장하였다. 캐넌의 이러한 이론은 바드(Bard)에 의해 확장되어 캐넌-바드이론이라고 부른다.

(3) 인지평가이론

우리가 정서를 경험할 때, 먼저 그 정서를 경험하게 된 상황에 대한 평가를 하는데 이러한 평가는 정서적 경험에 상당한 영향을 미친다. 샥터(Schachter)는 일찍부터 정서와 인지의 상호작용 가설을 제안하였으며, 싱어(Singer) 역시 그와 유사한 입장을 취하였다. 정서에는 신체적 각성과 인지적 해석이 함께 포함되어 있다고 하였기 때문에 이들의 제안을 2요인 이론이라고도 부른다.

따라서 샥터-싱어의 이론에서는 신체의 생리적 반응에 대한 인지적 해석을 중요시한다. 유사한 신체 반응이지만 상황에 따라 이를 달리 해석함으로써 똑같은 심장박동이 분노로 느껴지기도 하고 기쁨으로 느껴지기도 한다는 것이다. 결론적으로 인지평

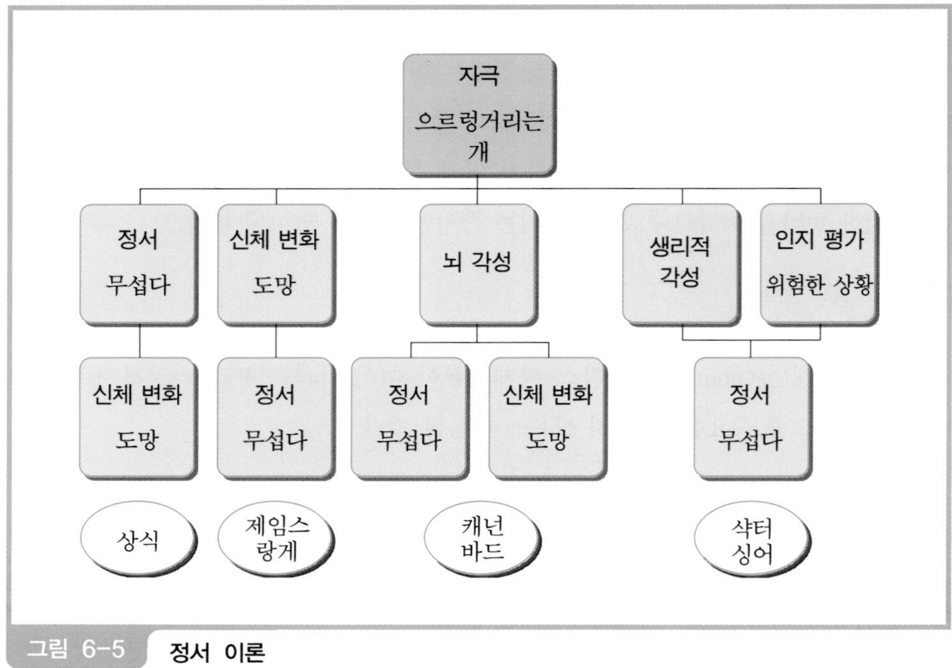

그림 6-5 정서 이론

가이론에서는 정서 경험이 인지적 평가나 해석 후에 발생한다고 보았는데 이는 인지를 정서의 필수 요소로 생각한 것이다. 지금까지 살펴본 정서 이론이 [그림 6-5]에 정리되어 있다.

5) 정서적 각성의 효과

정서적 각성에는 크게 두 가지의 상반된 효과가 있다. 즉, 정서적 각성은 수행을 방해할 수도 있는 반면, 행동을 조직화하고 유출하는 에너지를 공급하는 데 중요한 역할을 할 수도 있다. 적절한 수준의 정서적 각성은 생활 속에서 많은 경우 어떤 일을 수행하는 데 도움이 된다. 그러나 정서적 각성의 정도가 너무 높을 때에는 반대되는 현상을 초래할 수 있다.

이러한 현상은 흔히 볼 수 있는 것이다. 예를 들어, 화재가 난 건물 안에 갇힌 경우처럼 극한적인 위기상황에 처해 있을 때 대부분의 사람은 그 상황에 대처할 수 있는 효과적인 행동을 하기 어렵다. 일반적으로 중간 정도의 정서적 각성이 효율적인 행동을 할 수 있게 하는 최적의 상태라고 할 수 있다. [그림 6-6]에 이러한 정서적 각성의

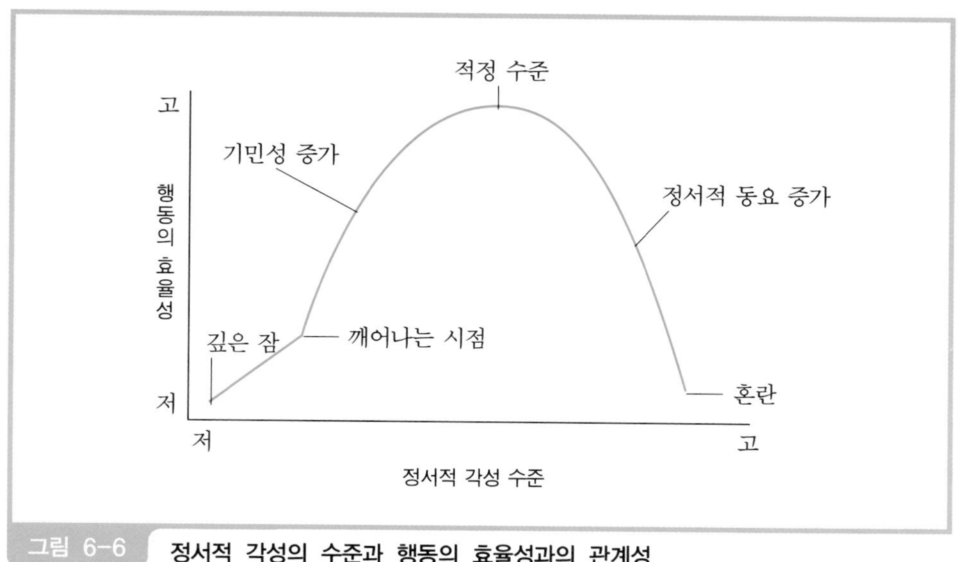

그림 6-6 정서적 각성의 수준과 행동의 효율성과의 관계성

수준과 행동의 효율성 간의 관계가 나타나 있다.

그러나 일반적인 관계성을 벗어나는 경우도 있을 수 있다. 예를 들면, 특정한 상황에 적절히 대처할 수 있도록 충분한 훈련을 쌓는다면 [그림 6-6]에서 볼 수 있는 관계성과 달리, 정서적 각성 상태에서도 효율적인 행동을 보일 수 있게 된다. 그렇지만 충분히 훈련된 행동이라도 극단적으로 정서적 각성이 된 상태에서는 행동의 효율성이 떨어진다고 볼 수 있다. 또한 수행하는 행동이 어떠한 종류인가에 따라서도 그 관계성이 달라질 수 있다. 즉, 쉽거나 단순한 과제의 경우에는 약간 높은 각성 수준에서 최적의 행동 효율성을 보이는 반면에, 어렵거나 복잡한 과제의 경우에는 약간 낮은 각성 수준에서 최적의 행동 효율성을 보인다.

이 장의 중심 내용

01 행동의 원인이라 할 수 있는 동기에 대한 이해 없이는 인간 행동을 올바르게 설명하기 힘들기 때문에 동기는 심리학에서 많은 관심을 끌어왔다.

02 욕구란 유기체가 생명을 유지하고 성장하며 안녕을 도모하는 데 필수 불가결한 조건이다. 이를 적절하게 해소하지 않으면 생물학적·심리적 안녕이 방해받게 된다. 동기화 상태는 그러한 방해를 받기 전에 유기체로 하여금 행동하도록 만드는 것이라고 볼 수 있다.

03 유기체의 신체는 변화하는 내·외 환경에 직면하여 안정적인 내적 상태를 유지하려는 신체적 경향성을 가지고 있다. 이러한 생리적 안정 상태의 유지 기제를 동질정체라고 하며, 동질정체의 생리적 정지 체계가 부적 피드백이다.

04 갈증과 배고픔을 조절하는 내부 기제는 동질정체의 원리에 따른다. 외부 요인으로는 여러 가지 요소가 관여하며, 인간의 비만은 외부 요인이 초래하는 대표적인 결과다.

05 성 행동과 공격성의 경우 하등 동물일수록 내부 기제인 호르몬의 영향을 많이 받고, 고등 동물일수록 외부 요인인 학습과 문화의 영향을 많이 받는다.

06 자율성은 인간이 행동을 시작하고 통제할 때 자기 스스로 선택하고 결정하는 경험을 원하는 심리적 욕구를 말한다.

07 역량이란 자신에게 가장 알맞은 도전을 추구하고 완성하여 능력을 확인하고자 하는 심리적 욕구를 말한다.

08 관계 욕구는 다른 사람과 정서적 유대감을 가지고 애착을 형성하고자 하는 심리적 욕구를 말한다. 그렇기 때문에 우리는 친구를 사귀고 어느 집단의 일원이 되려고 하는 것이다.

09 정서는 동기와 매우 밀접한 관계성을 가지고 있다. 정서는 동기와 같이 행동을 활성화시킬 수도 있으며, 행동의 방향을 결정지어 주기도 한다.

10 정서적 각성으로부터 생기는 생리적 변화는 신체로 하여금 위급한 상황에 대처할 수 있도록 하기 위한 자율신경계 교감신경의 작용에 의한 것이다.

11 정서의 여러 특성은 유기체로 하여금 복잡하게 변화하는 환경에 적응할 수 있도록 돕는 기능을 한다.

12 정서적 표현은 생득적일 수도 있고 학습에 의해 영향을 받을 수도 있다.

13 제임스-랑게이론은 신체적 변화가 우선 오고 우리가 이러한 변화를 지각하게 될 때 특정한 정서를 느끼게 된다고 주장한다. 캐넌-바드이론은 정서에서 중심적인 역할을 하는 뇌의 시상이 정서적 경험과 신체적 변화를 동시에 유발시킨다고 주장한다. 샥터의 이론은 자신이 처해 있는 전체 상황에 대한 평가를 통한 신체적 각성의 해석이 정서에 영향을 미친다고 주장한다.

14 일반적으로 말해서, 중간 정도의 정서적 각성이 효율적인 행동을 할 수 있게 하는 최적의 상태라고 할 수 있다.

학습과제

1. 인간을 이해하는 데 동기가 중요한 이유는 무엇인지 설명하시오.

2. 동질정체와 부적 피드백은 어떤 역할을 하는지 설명하시오.

3. 갈증 및 배고픔과 성 행동 및 공격성은 어떤 면에서 차이가 나는지 설명하시오.

4. 심리적 동기의 세 가지 요소를 설명하시오.

5. 정서의 역할은 무엇인지 설명하시오.

07 기억과 사고

학습 개요

기억과 지식은 감각과 지각적 처리 과정을 거쳐 유입된 정보를 내면화하고 영속성을 부여하는 매우 중요한 과정이다. 우리는 일상생활에서 많은 정보를 학습하고 기억하며 때로는 기억으로부터 잃어버린다. 전화번호를 기억하는 비교적 단순한 기억 과정을 설명함에 있어서도 인지심리학자들은 매우 정교한 모형을 제공하고자 하였다. 이 장에서는 기억을 설명하는 대표적인 모형과 기억 속에 저장되어 있는 지식의 구조를 살펴본다. 또한 인간의 의사결정 과정과 언어 처리를 이해함으로써 인간의 사고 과정을 좀 더 폭넓게 이해하도록 한다.

학습 목표

1. 기억의 전통적 그리고 대안적 모형 및 이론들을 살펴보고 이해한다.
2. 기억 처리 과정의 단계별 특징을 알아보고 그 기능을 이해한다.
3. 망각을 설명하는 이론 및 모형과 기억의 왜곡 현상에 대한 사례를 살펴본다.
4. 지식 표상이 뜻하는 바를 이해하고 관련 모형 및 이론들을 살펴본다.
5. 인지와 사고 과정에서 나타나는 일반적인 특징들을 개괄적으로 이해한다.

기억이란 무엇일까? 인지심리학자들은 기억을 '과거 경험으로부터 얻은 정보와 지식을 유지하고 현재에 되살려 주어진 과제에 맞춰 사용할 수 있도록 하는 수단'으로 정의하고 있다(Tulving, 2000; Tulving & Craik, 2000). 기억의 과정은 대략적으로 부호화(encoding), 저장(storage), 인출(retrieval)의 세 가지 과정으로 분류된다. 부호화는 감각 정보가 기억 속에 저장 가능한 표상(memory representation)으로 전환되는 과정을 말하며 저장은 부호화된 정보를 기억 속에 유지하는 역할을 일컫는다. 인출은 기억 속의 정보를 과제 수행을 위해 이끌어 내는 과정이다.

기억 이론

기억 연구를 위해 흔히 사용되는 과제는 크게 회상 과제(recall task)와 재인 과제(recognition task)로 나뉜다. 회상 과제는 기억 속의 정보를 아무런 단서 없이 이끌어 내도록 요구받는 경우이며, 재인 과제에서는 회상과는 달리 단서를 제시하고 기억된 정보와 일치하는가를 판단하도록 요구한다. 예를 들어, 단답형 주관식 시험은 회상 과제로 보고, 사지 선다형 객관식 시험은 재인 과제로 볼 수 있다. 사람들은 대개 회상 과제보다는 재인 과제에서 월등한 수행을 보인다.

사람의 이름을 회상하여 보고하거나 재인하는 기억 과제는 기억 정보를 의식적으로 보고할 수 있다는 데에서 외현적 기억(explicit memory) 과제라고도 불린다. 하지만 외현적 기억 외에도 의식적 · 의도적으로 기억하려 한 적이 없음에도 불구하고 과거 경험을 통해 기억이 살아나는 암묵적 기억(implicit memory) 또한 존재한다. 예를 들어, 책을 읽을 때 자동적이고 즉각적 회상이 요구되는 수없이 많은 단어의 의미와 심리학 개념들은 외현적 기억이라기보다는 무의식적으로 인출되는 암묵적 기억에 가까울 것이다. 또한 운전 시 숙달된 기어 변속 과정에 필요한 기억 처리 과정이나 자전거를 타는 과정에서 균형감의 습득에 사용되는 기억 처리 과정 모두 암묵적 기억의 일환으로 분류될 수 있다. 특히 이 암묵

적 기억은 의식적으로 회상할 수 없는 상황에서 더욱 중요한 기능을 하고 있는 것으로 나타났다. 그 예로, 그라프 등(Graf, Squire, & Mandler, 1984)은 기억 손상(amnesia) 피험자들과 정상 피험자들 간의 단어 기억을 비교하였다. 실험 과정에서 피험자들은 단어 목록을 학습한 후, 회상 검사를 받았는데, 그 결과는 기억 손상 피험자들의 경우 정상 피험자들보다 훨씬 못했다. 반면에, 단어 완성 과제에서는 기억 손상 피험자들의 완성도가 정상인과 동일한 것으로 나타났다. 즉, 기억 손상 피험자들은 단어를 암묵적으로 기억하고 있었음에 틀림없다. 하지만 그들은 자유 회상 과제에서 이 기억 내용에 의식적으로 접할 수 없었다.

1) 전통적 기억 모형

1960년대 후반에 애트킨슨과 쉬프린(Atkinson & Shiffrin, 1968)은 기억을 세 단계로 구분한 기억 모형을 제시하였다. 첫째는 감각 저장소(sensory store)로서 감각 기관을 통해 들어온 정보가 극도로 짧은 시간(~250ms)만 머무는 기억 저장소로 정의되었으며 비교적 저장 용량이 큰 것으로 알려져 있다. 두 번째는 단기 저장소(short-term store)로서 감각 기억에 비해 정보가 머무르는 시간은 상대적으로 길지만(~10초) 기억 가능한 정보의 양이 매우 적은 것으로 알려져 있다. 세 번째는 장기 저장소(long-term store)로서 무한대에 가까운 양의 정보를 오랜 시간 영구적으로 저장하는 기억 저장소로 알려져 있다. 각 저장소에 저장된 기억 정보들은 각기 감각기억, 단기기억, 장기기억으로 명명되었다.

조지 스펄링(Sperling, 1960)은 일련의 실험을 통해 감각기억과 단기기억의 차이를 명확히 구분하였다. 그의 기억 실험에서는 순간 노출된 여러 개의 기억 항목들(숫자나 알파벳 등)에 대한 회상이 요구되었으며, 두 가지의 서로 다른 기억 과제, 즉 전체 보고(whole report)와 부분 보고(partial report)가 사용되었다. 전체 보고 조건에서 과제 참가자는 순간 노출되고 즉시 사라진 기억 항목들을 모두 회상해 보고하도록 지시받았다. 반면에 부분 보고에서는 기억 항목들이 제시되고 사라진 후 약 250ms 이내에 특정 항목들에 지시 단서(cue)를 제시하였다. 과제 참가자는 그 단서가 지정한 항목들만 선별적으로 회상하도록 지시받았다. 스펄링은 전체 보고 조건에서 참가자들이 기억 항목들을 4~5개 정도밖에 회상하지 못하는 것을 관찰하였으나, 단서를 사용한 부분 보고 조건에서는 약 12개 정도를 무리 없이 회상하는 것을 관찰하였다. 이러한 현격한 차이는 기억 항목이 제시된 직후 찰나의 순간 동안 유지되는 감각기억의 용량은 상대적으로 매우 큰 반면, 단서 없이 전체 보고를 요구할 경우 소요되는 약 3~4초의 지연 시간(예: 기억 항목에 대한 구두보고에 소요되는 시간) 동안 살아남는 정보는 극히 제한되어 있다는 사실을 의미한다. 이러한 결과는 애트킨슨과 쉬프린의 단계적 처리 모형 중 감각기억과 단기기억의 타당성을 지지하는 것으로 해석되었다.

단기기억에 저장되는 정보의 양은 얼마나 될까? 조지 밀러(George Miller, 1956)는 다양한 기억 항목들을 통해 단기기억의 용량을 측정하여 약 7±2개의 항목이 저장될 수 있음을 보고하였다. 밀러는 이러한 제한된 기억 용량의 이면에는 정보의 조직화를 통해 효율을 증가시킬 수 있는 의미덩이짓기(chunking)가 가능함을 발견하였다. 예를 들어, 국번을 포함한 이동전화번호 11자리를 외운다고 가정할 때, '01012345678'을 한꺼번에 외우기보다는 '010은 흔히 볼 수 있는 이동 통신사 번호, 1234는 국번, 5678은 전화번호…'와 같은 방식으로 정보를 조직화할 경우 단기기억에서 쉽게 사라지지 않는다. 최근의 연구는 좀 더 엄격한 측정 방식을 사용하여 감각 체계별(예: 시각, 청각 등) 단기기억의 용량이 약 3~4개 정도인 것을 밝혀내었다(Cowan, 2001; Luck & Vogel, 1997).

단기기억에 저장된 정보는 주의 집중(focused attention)이 요구되는 반복적인 암송(rehearsal) 그리고 의미덩이짓기와 같은 정보의 조직화를 통해 장기기억으로 전환되어 저장된다. 장기기억으로 전환된 정보의 용량은 얼마나 되며, 얼마나 오랫동안 지속될까? 현재까지 장기기억의 용량이 한계가 있는지를 명확히 밝혀주는 증거는 없으나 몇몇 연구 사례는 장기기억의 용량이 무한대에 가까우며 매우 오랜 시간 동안 저장될 가능성을 시사하였다. 예를 들어, 한 기억 연구에서는 고령의 노인들에게 25년 전 고등학교 동창의 사진과 이름을 재인하도록 요구하였는데, 참가 노인들 모두 고등학교 동창들의 얼굴과 이름을 매우 정확하게 기억하고 있었다(Bahrick, Bahrick, & Wittlinger, 1975).

2) 대안적 기억 모형

기억을 설명하는 다른 대표적인 모형에는 크레이크와 로크하트(Craik & Lockhart, 1972)의 처리 수준(level of processing: LOP) 모형과 배들리(Baddeley, 1986)의 작업기억(working memory: WM) 모형이 있다. 크레이크와 로크하트는 기억이 용량 및 파지 시간 등에 따라 단계별로 분리되어 있기보다는 부호화와 인출 단계에서 정보가 얼마나 깊이 있게 처리되는지에 따라 그 용량과 지속 시간 등이 결정된다고 하였다. 예를 들어, 크레이크와 툴빙(Craik & Tulving, 1975)은 실험 참가자들에게 기억이 요구되는 단어 목록을 보여 주기에 앞서 그 단어와 관련이 있는 질문을 제시하였다. 제시된 질문들은 뒤이어 제시되는 단어와 관련이 있었으며, 단어들의 처리 수준을 달리하기 위한 방법이었다. 예를 들어, 깊이가 매우 낮은 표면적(superficial)인 수준의 처리를 위해서는 단어의 대소문자(upper or lower case) 여부를 질문하였으며 중간 정도 수준의 처리를 위해서는 운율 특성(rhyming)을 물어보았다. 마지막으로 매우 심도 있는 수준의 처리를 위해서는 의미적 관련성(semantic relation)을 질문하였다. 이처럼 물리적(physical), 청각적(acoustic), 그리고 의미적(semantic) 수준의 관련성을 묻는 서로 다른 질문들은 참가자가 제시된 단어들을 처리 깊이가 얕은 수준부터 매우 깊은 수준까지 서로 달리 처리할 것을 요구한다. 이처럼 처리 깊이를 달리한 질문에 응답한 후 실시된 회상 과제에서 참가자들은 요구된 처리 수준이 깊어질수록 단어들을 잘 기억하고 있었다. 이러한 실험 결과에 근거해 처리 수준 모형은 그 타당성을 한때 인정받았으나, 처리 수준이 낮음에도 불구하고 기억 효율이 좋은 경우를 예로 든 반론이 제기되면서 모형의 타당성이 많이 퇴색하였다.[1)]

한편 배들리는 기존의 기억 모형의 개념을 수정하여 저장소적 기능을 강조한 과거의 관점과는 달리 기억 정보의 흐름을 제어하는 중앙 집행기(central executive)를 포함시켜 저장소의 정보를 능동적으로 활성화하고 유지하는 과정을 중요하게 부각시켰다. 그의 작업기억(working memory) 모형에 의하면 단기기억은 감각기관을 통해 유입된 정보 또는 장기기억에서 인출된 정보가 일시적으로 활성화되고 유지되는 과정으로 정의된다. 여기에서 단기기억은 저장소 기능뿐 아니라 중앙 집행기가 기억 저장소에 정보를 일시적으로 저장하고 조작하는 과정을 모두 포괄한다. [그림 7-1]에 도해된 바와 같이, 배들리는 작업기억이 주의와 반응 통제를 담당하는 중앙 집행기와 시각적 정보를 저장하는 시공간 잡기장(visuo-spatial sketchpad) 및 언어 이해와 청각적 암송을 담당하는 음운 루프(phonological loop), 마지막으로 기타 종속 체계들(subsystems)로 구성되어 있다고 제안하였다. 중앙 집행기를 제안하여 능동적 정보 처리의 중요성을 강

1) 시를 외울 경우를 상상해 보라. 대다수의 시는 단어와 구절 간 의미적 개연성이 매우 적음에도 불구하고 시구간의 운율을 일관성 있게 사용함으로써 암송자의 회상 능력을 배가시키는 효과를 거두고 있다.

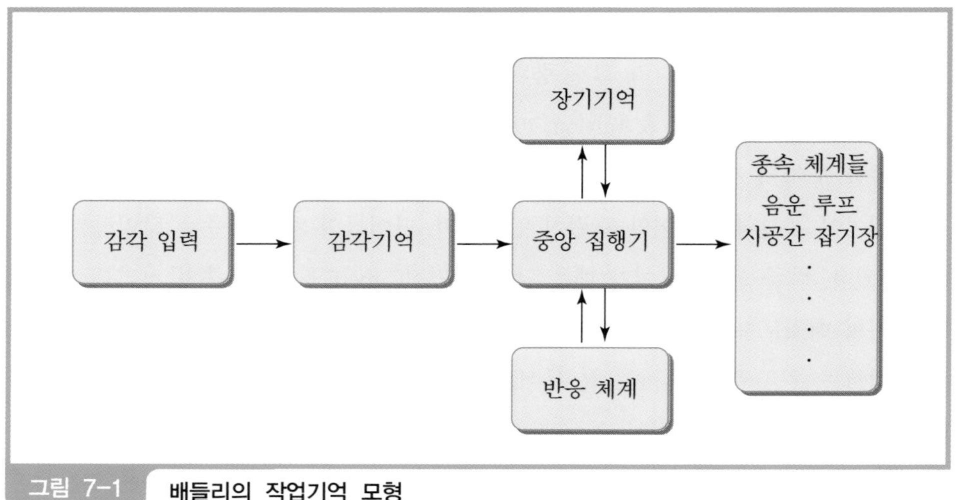

그림 7-1 배들리의 작업기억 모형

조한 그의 모형은 여러 고전적 기억 모형으로 설명이 불가능한 기억 현상을 명확하게 설명함으로써 가장 합리적인 모형으로 각광 받고 있다.

2 처리 과정으로서의 기억

앞서 설명되었던 애트킨슨과 쉬프린의 기억 모형에서는 암송과 정보의 조직화가 단기기억에 저장된 정보를 장기기억으로 넘겨 주는 역할을 한다고 보았다. 이러한 전환 과정에 대한 모형으로 인지심리학자들은 기억 공고화(memory consolidation) 가설을 제안하였다. 공고화 과정은 암송과 정보의 조직화에 의한 기억 속의 기존 정보와 새로운 정보의 연합을 의미하며, 불안정하고 망각되기 쉬운 단기기억장치 속의 새로운 정보가 암송과 조직화에 의해 안정된 상태로 장기기억장치에 저장되는 현상을 의미한다. 공고화 과정의 존재에 대한 검증은 공고화 과정에서 발생하는 정보의 연합을 방해함으로써 조사되었다. 일례로, 스콰이어(Squire, 1986)는 전기충격치료(electroconvulsive therapy)를 받은 환자들이 경험하는 일시적인 기억상실증을 조사하였는데, 전기충격치료가 행해진 시기 전후에 환자가 보고한 정보들이 비교적 부정확함을 보여 주어, 전기충격으로 인한 정보 연합 과정의 방해가 기억상실의 직접적인 원인임을 밝혀냈다.

1) 암송

공고화 과정에서 필요한 정보의 연합에는 암송(rehearsal)이 매우 중요한 역할을 한다. 이미 1800년대에 에빙하우스(Ebbinghaus, 1985)는 반복적인 암송이 기억을 공고화시키는 데 큰 효과가 있음을 발견하였다. 특히 반복적인 암송은 단기간에 급하게 행해지는 집중학습(masssed practice)보다는 규칙적인 시간간격을 두고 여러 번 행해지는 분산학습(distributed practice)에서 기억 증진 효과가 큰 것이 밝혀졌다. 실례로, 교육현장에서는 일상적으로 치러지는 많은 시험을 준비함에 있어서 벼락치기 학습을 통한 시험공부 방식보다는 미리미리 규칙적으로 교재를 반복해서 공부하는 방식을 권하고 있다. 인지심리학자들은 분산학습이 상대적으로 집중학습보다 우월한 이유를 첫째, 규칙적 학습회기(learning period)마다 변화하는 정보들을 연합함으로써 좀 더 다양한 맥락 정보를 추가적으로 저장하기 때문이며 둘째, 규칙적 학습회기 동안 취해지는 안정적이고 반복적인 수면이 기억 공고화에 도움이 되기 때문이라고 하였다.

2) 조직화

암송이 비교적 처리 깊이가 낮은 수준의 공고화 과정으로 이어진다면 정보의 조직화(organization)는 좀 더 깊은 수준의 공고화로 이어진다. 특히 기억해야 하는 정보가 매우 복잡하고 다량일 경우 정보의 조직화는 암송과 더불어 학습 효과를 극대화하는 데 크게 기여한다. 기억술(mnemonic devices)은 복잡하고 많은 양의 정보를 효율적으로 기억할 수 있도록 도와주는 책략을 의미한다. 기억술에는 다음과 같은 종류가 있다.

첫째로, 기억해야 할 항목 중 유사한 것들끼리 범주로 묶는 범주화 과정이 있다. 예를 들어, 장을 보러 갈 때 사과, 우유, 건빵, 포도, 식빵, 요구르트, 치즈, 자몽, 양상추를 꼭 기억해서 사야 한다면 과일인 사과, 포도, 자몽 및 제과류인 건빵과 식빵, 그리고 유제품인 우유, 요구르트, 치즈 및 채소류인 양상추 등의 범주로 분류해서 기억하는 것이 좀 더 효율적이다.

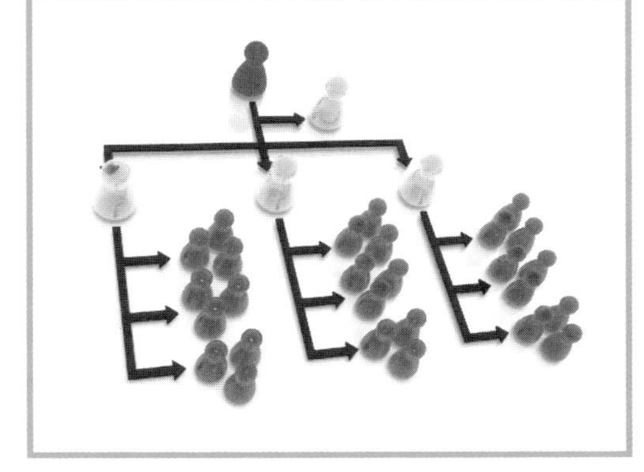

둘째로는 기억 항목들이 가지는 특성들을 서로 연결시켜 임의의 상호작용 관계를 부여하는

상호작용 이미지 생성법이 있다. 예를 들어, 토끼, 볼펜, 야구 방망이, 톱, 거울과 같은 항목을 외워야 할 경우, 토끼가 야구 방망이를 한 손에 들고 반대 손에는 톱을 들고 볼펜을 입에 문채로 거울을 보고 있는 모습을 상상해 본다.

셋째는 쐐기법인데, 이미 익히 알고 있던 지식 항목들과 암기해야 할 완전히 새로운 항목들을 서로 연합시켜 이미 알고 있던 항목을 인출 단서로 사용하는 방식이다. 예를 들어, '두루치기, 할아버지, 새끼발가락, 다슬기, 너구리, 여수' 등을 외워야 한다면 '하나 하면 할아버지, 둘 하면 두루치기, 셋 하면 새끼발가락, 넷 하면 너구리, 다섯 하면 다슬기, 여섯 하면 여수…' 등과 같이 조직화해 암기하는 방식이다.

넷째는 장소법으로서, 친숙한 지형 지물에 기억해야 할 항목을 연관시킨다. 예를 들어, 자전거, 구두, 우산, 유리병, 잡채 등을 외워야 한다면 머릿속으로 학교 정문 꼭대기에 자전거가 걸려 있고, 주차요금 정산소에서는 티켓 대신 구두를 선물하며 강의실이 속한 단과대 건물 입구에서 우산을 나눠 주고, 강의실 책상에 빈 유리병을

BOX 1 효율적인 기억을 위해 기억술보다 더 중요한 것은?

대학 생활을 시작하면서 학생들이 깨닫는 것은 공부할 교재의 분량이 너무나 방대하다는 점이다. 대학 입학 이전에는 비교적 한정된 내용의 교재와 정해진 주제 안에서 학습 내용이 반복되는 경향이 있는 반면에, 대학 교재는 내용도 어렵고 전문적이며 분량도 월등히 많고 외국어 교재인 경우도 비일비재하다. 이 장에서는 다양한 기억술을 제시하고 있지만 기억술 자체만으로는 부족한 감이 없지 않다. 방대한 분량의 정보를 효율적으로 학습하고 기억하기 위해서는 어떻게 해야 할까? 첫째, 기억의 개인차에 대한 연구들은 기억할 내용에 대한 효율적인 선택이 중요하다고 강조한다. 일반적으로 학습 수행 능력이 월등한 사람들은 기억 용량 자체가 탁월한 경우도 있지만, 무엇을 기억해야 주어진 과제에 효율적으로 대처할 수 있는지를 잘 파악한다. 이러한 선별적 정보 처리를 위해서는 예습과 강의 경청을 통해 평가 대상이 될 주제들을 잘 파악해 두는 것이 필요하다. 중요한 내용을 파악 못하고 두꺼운 교재의 내용들을 두서없이 학습하려는 시도는 무모하다. 둘째, 학습 내용 선별이 잘 이루어졌더라도 그것을 정확히 기억하기 위해서는 효율적인 기억술의 선택이 필요하다. 이는 학습에 소요되는 시간의 효율성 차원에서 매우 중요하다. 예를 들어, 어떤 학생들은 벼락치기 시험공부를 하는데도 평가에서 좋은 성적을 얻는 경우가 있다. 이 경우, 그 학생의 기억 용량 자체가 탁월할 수도 있겠지만, 기억할 정보의 특성에 따라 적절한 기억술을 선택하고 활용하는 능력이 탁월한 경우도 많다. 이는 적절한 기억술 선택에 의해 증진된 기억 효율성이 부적절한 학습 습관에서 발생할 수 있는 불이익을 상쇄시킨 경우에 해당한다. 결국, 효율적인 기억과 학습을 위해서는 개인의 노력이나 시간 투자는 물론 기억할 정보를 선별적으로 처리하고 적절한 기억술을 선택하는 능력이 선행되어야 함을 잊지 말아야 할 것이다.

놓고 맛있는 잡채를 먹고 있는 여러분을 상상하면 된다.

다섯째는 머리글자 이용하기인데, 실제로 'USA' 나 'UFO' 및 'IQ' 등과 같이 실생활에서 자주 이용되는 방식이다.

3) 인출

지금까지 대부분의 처리 과정은 기억 정보의 공고화를 통한 저장 과정에 중점을 두었으나, 실제로는 저장 과정만큼 중요한 것이 기억 항목을 어떻게 인출해 내는가의 문제다. 사울 스턴버그(Sternberg, 1966)는 단기기억에서의 인출 특징을 조사하기 위하여 서로 다른 숫자들(예: 2, 0, 6, 4, 7…)을 순차적으로 제시하고 피험자로 하여금 그 항목을 기억하도록 요구하였다. 피험자가 기억 항목을 제시받은 직후, 피험자는 화면상에 숫자 하나를 제시받았다. 이 숫자는 기억을 검사하기 위한 검사 항목으로서 피험자는 그 숫자가 기억 항목 중 하나인지 아닌지를 판단하도록 요구받았다. 스턴버그는 제시된 검사 항목이 기억 항목 중 하나였을 경우(정답 항목 시행) 반응 시간을 분석한 결과, 기억 항목의 수가 증가할수록 반응 시간이 점차 증가하였다. 이는 단기기억 내 저장된 정보를 인출하는 과정은 기억 항목 전체를 한꺼번에 인출하는 것이 아니라 하나하나씩 인출하는 순차적 처리(serial process) 방식을 따름을 시사한다. 또한 기억 항목의 증감과는 무관하게 검사 항목이 기억 항목 내에서 속한 위치는 반응 시간에 영향을 미치지 않았다. 이는 기억된 항목의 인출은 순차적이되 일단 인출 과정이 시작되면 기억 항목 전체를 인출하기 전까지는 종료되지 않는 전체적 순차 처리(exhaustive serial process) 과정임을 의미한다.

장기기억은 단기기억과는 달리 저장과 인출 과정을 별도로 측정하기 매우 어렵다. 현재까지 알려진 바에 의하면 기억 실패는 저장 과정에서의 문제점뿐 아니라 인출 과정의 실패로도 설명될 수 있다. 예를 들어, 툴빙과 펄스톤(Tulving & Pearlstone, 1966)은 피험자로 하여금 기억 항목을 가능한 한 많이 생각나는 대로 회상하는 자유 회상(free recall) 과제와 회상 단서를 제시받는 단서 회상(cued recall) 과제를 실시하였는데, 단서 회상의 회상 수준이 훨씬 높은 것을 발견하였다. 이는 회상 실패가 기억 저장 과정의 실패 때문이 아니라 인출 단계에 필요한 적절한 단서 정보의 부재 때문일 가능성을 보여 준다.

3 망각 과정과 기억 왜곡

기억 실패, 즉 망각의 원인을 설명하는 데에는 두 가지 관점이 있다. 하나는 경쟁하는 다른 정보 때문에 기억해야 할 정보를 잊어버리는 간섭(interference) 이론이고, 다른 하나는 단순히 시간이 흘러가면서 기억 항목이 점차 사라지는 쇠잔(decay) 이론이 있다. 간섭을 측정하기 위한 과제 중 브라운-피터슨(Brown-Perterson) 과제는 기억 항목을 3~4개 제시하고, 피험자가 기억 항목을 암송해야 하는 파지 간격(delay interval, 기억 항목 제시부터 검사까지 간격) 동안 부가적 과제(방해 과제)를 추가적으로 실시하여 단기기억 저장을 방해하는 과제다. 예를 들어, 피험자가 T, F, K와 같은 알파벳 낱자를 암송하는 동안 숫자 300을 3씩 감산(300, 297, 294, ……)하는 부가 과제를 실시하여 기억 항목의 저장을 방해하는 것이다. 이러한 방해 과제는 기억 항목의 회상율을 크게 떨어뜨리는 것으로 관찰되었는데, 예를 들어 세 글자 낱자가 기억 항목인 경우 파지 간격이 10여 초가 지나면 회상이 거의 불가능해진다.

1) 간섭 모형

기억의 간섭 현상을 설명하는 데에는 간섭이 행해지는 방향, 즉 기억 항목이 제시되는 순간을 기점으로 제시 이전에 학습된 정보가 기억 항목의 저장 및 회상에 영향을 미치는지, 아니면 제시 이후에 학습된 자극이 영향을 미치는지의 여부 또한 매우 중요하다. 기억 항목 제시 이전에 제공된 정보가 기억 항목의 저장에 영향을 미치는 경우를 순행 간섭(proactive interference)이라 하며, 반대로 기억 항목 제시 이후에 제공된 정보가 기억 항목의 저장에 영향을 미치는 경우를 역행 간섭(retroactive interference)이라 한다. 예를 들어, 브라운-피터슨 과제의 경우 숫자 감산 과제가 기억 항목인 알파벳 낱자의 저장에 영향을 미치므로 역행 간섭으로 볼 수 있다. 반대로 브라운-피터슨 과제에서 기억해야 할 낱자 수가 매우 많아지면 암기하는 과정에서 먼저 암기한 낱자들이 뒤에 암기할 낱자들의 기억을 방해할 수 있는데, 이러한 간섭은 순행 간섭으로 볼 수 있다.

망각의 원인에 대한 연구를 위해서는 브라운-피터슨 과제뿐 아니라 계열 위치 곡선(serial position curve)을 조사하는 방법이 있다. 계열 위치 곡선이란 목록 내 기억 항목의 위치, 즉 항목이 제시된 순서에 따라 각 단어의 회상률을 나타낸 도표를 의미한다. 예를 들어, 임의의 10개 단어 정도를 순서대로 제시하고 피험자로 하여금 일정 시간 후 회상을 하도록 요구하면 [그림 7-2]에 예시된 바와 같이 맨 처음 제시된 몇 개의 단어가 상대적으로 잘 회상되는 초두 효과(primacy effect)와, 맨 나중에 제시된 몇 단어가 잘 회상되는 최신 효과(recency effect)가 나타난다.

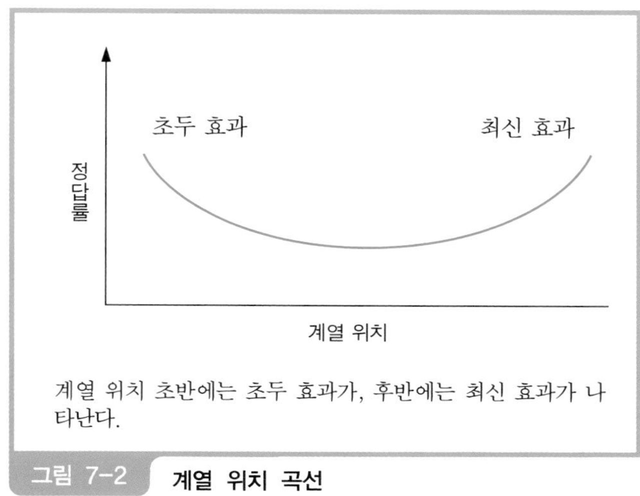

계열 위치 초반에는 초두 효과가, 후반에는 최신 효과가 나타난다.

그림 7-2 **계열 위치 곡선**

이와 같은 계열 위치 곡선의 특징은 간섭 이론에 비추어 잘 설명될 수 있는데, 예를 들어 초두 효과는 목록의 전반부에 제시되는 단어가 후반부에 제시된 단어의 회상을 간섭하여 상대적으로 전반부의 단어가 잘 회상된 것처럼 나타나기 때문에 순행 간섭의 영향이 원인인 것으로 해석할 수 있으며, 최신 효과는 후반부에 제시된 단어가 전반부에 제시된 단어의 저장을 방해하여 상대적으로 후반부에 제시된 단어가 잘 회상되는 것처럼 나타나므로 역행 간섭의 영향이 원인인 것으로 해석할 수 있다. 초두 효과와 최신 효과는 기억 항목의 특성에 관계없이 일관적이고 강력하게 나타나는데, 기억 회상 과제에 추가적으로 방해 과제를 실시하고 이 두 효과의 유무를 조사함으로써 방해 과제에 의한 간섭 현상을 조사하는 데 흔히 사용된다.

2) 쇠잔 모형

간섭에 의한 망각 현상을 지지하는 여러 증거들에 비해, 쇠잔에 의한 망각을 지지하는 증거는 매우 드물다. 이것은 쇠잔 모형이 이론적으로는 가능성이 있으나 실험적 검증 과정에서는 피험자에게 암송이 완전히 배제된 파지를 요구하는 것이 거의 불가능하기 때문이다. 리트먼(Rieitman, 1971)은 비교적 어렵지 않은 기억 과제에 대한 추가적 방해 과제로서 지각적 수준의 음탐지 과제를 실시함으로써 기억 과제를 수행하는 피험자가 암송을 사용할 기회를 최소화시켰다. 약 15초 동안의 파지 간격 후 회상률이 25%나 감소하였는데, 그녀는 이를 쇠잔 현상의 증거로 제시하였다. 그럼에도 불구하고 쇠잔 모형을 지지하는 증거들은 간섭 모형에 비해 상대적으로 빈약하여 현재로서는 그 입지가 매우 좁아져 있다.

3) 기억 왜곡

기억 실패를 설명하는 데에는 망각 현상뿐만 기억 왜곡 현상이 있다. 기억 왜곡의 특징 중 하나는 왜곡 현상은 무작위적이 아니라 체계적이며 구성적이라는 점이다. 예를 들어, 자신의 개인사에 관련된 기억을 자전적 기억(autobiographical memory)이라 일컫는데, 자전적 기억에 대한 연구는 개인들이 자신에 관한 기억에서 자신이 경험한 그대로를 기억하기보다는 자신이 이해하는 방식대로 내용을 구성한다는 것을 발견하였다. 특히 목격자 증언(eye-witness testimony)의 특성을 연구한 로프터스, 밀러와 범즈(Loftus, Miller, & Bums, 1978)는 사건 목격 직후 제시된 질문의 내용이 목격 당시 저장된 기억을 강력하게 왜곡함을 발견하였다. 예를 들어, 이들은 피험자들에게 정지 신호 직후 우회전하다 보행자를 치게 되는 차량의 사고 장면이 담긴 슬라이드를 보여 준 직후 기억을 왜곡할 가능성이 있는 질문을 던졌다. 즉, 피험자 중 절반에게는 '자동차가 정지 신호에서 멈춰 있을 때 다른 차가 지나갔나요?' 라는 질문을 하였고, 나머지 피험자에게는 '정지' 를 '양보' 라는 단어로 바꾸어 질문하였다. 일정 시간이 지난 후 피험자는 과거에 본 슬라이드와 완벽하게 동일한 슬라이드와 '정지' 신호를 '양보' 신호로 바꾼 슬라이드 두 종류 중 과거에 본 사고 장면과 동일한 슬라이드를 골라내도록 요구받았다. 놀랍게도 피험자 중 '양보' 로 바뀐 질문을 받았던 피험자는 '정지' 질문을 받았던 피험자들에 비해 34%나 더 '양보' 사인이 포함된 슬라이드를 골라내는 오류를 범했다. 이는 기억 저장 직후 처리된 정보의 특성에 의해 저장된 기억 내용이 왜곡될 수 있음을 보여 주는 증거이며, 여러 사건 사고 현장에서 목격자 증언의 신빙성에 대해 되돌아볼 중요한 기회를 제공하였다.

4) 기억 왜곡 줄이기

사람들은 이따금 건망증이나 기억이 날 듯 말 듯한 애매한 상황으로 인해 당황하곤 한다. 이러한 상황을 벗어나기 위해 기억심리학자 헤르만(Herrmann, 1982)은 기억을 향상시킬 수 있는 구체적인 방법을 제시하고 있다. 즉, 자신이 기억하고 있는 정보를 왜곡하지 않고, 기억을 향상하기 위한 학습 기법으로 다음을 제시하고 있다.

첫째, 반복해서 공부하는 것이다. 재료를 숙달하기 위해 분산(간격을 두고 반복해서) 복습을 하는 것이 효과적이다. 어떤 개념을 학습하기 위해 버스에서 혹은 캠퍼스를 걸으면서, 또는 수업 시간을 기다리면서 짧은 시간 간격을 두고 많은 반복적 암송을 시도하는 것이 좋다. 토마스 란다우어(Thomas Landauer, 2001)는 특정 사실과 인물들을 기억하기 위해 "기억하려는 이름이나 숫자를 반복해서 암송하고, 잠시 기다렸다가 다시 암송하기 위해 기다리는 시간은 그 정보를 잃지 않을 만큼의 시간이어야 한다."고 제안하였다. 즉, 새로운 정보는 아직 약하기 때문에 반복적으로 연습하여 강화할 필요가 있다는 것이다.

둘째, 재료의 의미화다. 인출 단서들의 네트워크를 구축하기 위해 교재와 강의노트를 자신이 이해할 수 있는 말로 요약하는 것이 필요하다. 공허하게 다른 사람의 말을 반복하는 것은 효과가 없다. 왜냐하면 사람들마다 의미화하는 도식의 형식이 다르기 때문이다. 즉, 개념들을 자신의 삶의 경험에 적용시키기 위해 이미지를 형성하고, 정보를 이해하여 조직화하고 재료를 이미 알고 있는 것이나 경험한 것과 관련시켜 자신의 말로 정리하는 것이 도움이 된다.

셋째, 연합을 통한 인출 단서들을 확대하는 것이다. 학습이 처음으로 이루어진 상황과 분위기를 정신적으로 재창출하기 위해 노력하면, 예를 들어 동일한 장소로 돌아가서 단서를 떠올리게 함으로써 자신의 기억을 일깨울 수 있을 것이다.

넷째, 기억술을 사용하는 것이다. 항목들을 걸이단어들(peg words)과 연합시키는 것이 핵심 기술이다. 그 과정에서 항목들의 생생한 이미지를 통합시키는 스토리를 구성한다면 훨씬 기억하기 쉬울 것이다. 즉, 정보를 두 문자어로 의미덩이짓기(chunking)하는 기술이며, 세계기억술의 대가들이 가장 많이 사용하는 기마트리아(Gimatria, 고대 유대인들의 기억법) 방식과 매우 밀접한 관련이 있다.

다섯째, 간섭을 최소화하는 것이다. 예를 들어, 프랑스어와 이탈리아어처럼 서로 간섭을 일으키기 쉬운 정보들은 연속해서 공부하려는 스케줄을 잡지 않는 편이 좋다.

여섯째, 수면을 충분히 취하는 것이다. 수면 동안, 뇌는 장기기억 속에 정보를 조직화하고 공고화하며, 수면 박탈은 이런 과정을 분열시킨다. 실제로 어떤 이들은 잠자는 과정에서 무의식중에 뭔가를 발견하고 봉착된 문제를 해결한 경우도 종종 나타난다.

4 지식 표상

기억에 저장된 심리적 표상은 한편으론 우리가 흔히 알고 있는 지식(knowledge)의 한 형태로 볼 수 있다. 지식 표상을 논할 때는 외부의 이미지를 감각적 이미지 그대로 표상한다는 '심상(imagery)론'과 의미를 가진 단어들의 명제적 연결로 표상한다는 '명제(proposition)론'이 대립한다. 예를 들어, 심상론자의 경우는 '개'는 털이 북슬북슬하고 꼬리를 흔들며 네 발로 걸어 다니는 개의 모습과 짖는 소리와 같은 감각적 정보가 지식 표상을 구성한다고 본다. 반대로 명제론자는 '개'와 연결된 여러 특성을 의미하는 언어적 기술의 명제적 연결, 쉽게 말하면 관련 단어들의 관계('개' - '네 발' - '짖다' - '집 지키기' - ……)로 표상된다고 주장한다.

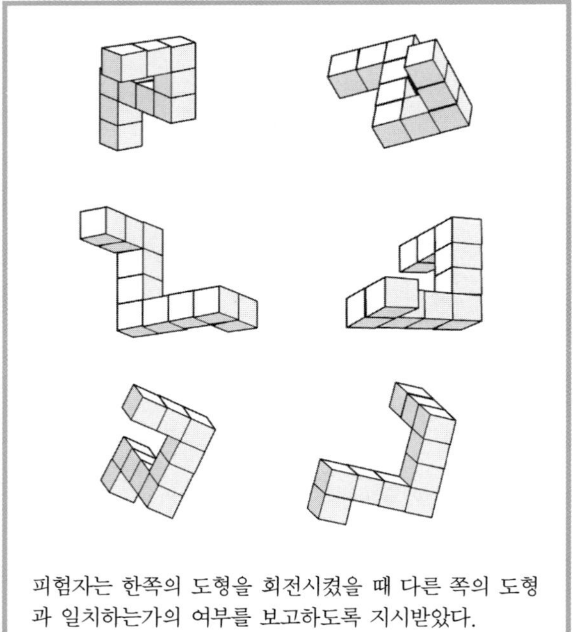

피험자는 한쪽의 도형을 회전시켰을 때 다른 쪽의 도형과 일치하는가의 여부를 보고하도록 지시받았다.

그림 7-3 쉐퍼드와 메츨러의 심적 회전 실험에 사용된 자극

1) 심적 회전

쉐퍼드와 메츨러(Shepard & Metzler, 1971)는 심상론을 지지하는 매우 중요한 실험 결과를 얻어냈다. 그들의 심적 회전(mental rotation) 실험은 피험자에게 [그림 7-3]에 예시된 바와 같이 두 장의 그림을 좌우에 제시하고 그중 한쪽 그림 속의 물체를 마음속으로 회전시키면 다른 쪽 그림 속의 물체와 같은지를 판단하도록 요구하였다. 피험자에게 제시된 시행들 중 절반은 한쪽의 물체를 일

정 각도 회전시키면 다른 한쪽 물체와 일치하고, 나머지 절반의 시행은 어떠한 방향으로 회전시켜도 일치하지 않았다. 흥미롭게도 양쪽 그림을 비교하기 위해 회전시켜야 하는 각도가 늘어날수록 피험자의 판단 반응에 소요된 시간은 점점 더 지연되었다. 이는 물리적 세계의 물체를 회전시킬 때 회전 각도가 크면 더 오랜 시간이 걸리듯이 마음속의 이미지를 회전시켜야 할 경우도 회전 각도가 크면 오랜 시간이 걸림을 의미한다. 이는 기억에 저장된 지식이 오감을 통해 경험할 수 있는 물리적 특성을 그대로 표상하고 있을 가능성을 시사한다.

2) 서술적 지식과 절차적 지식

지식은 또한 진술될 수 있는 사실들인 서술적 지식(declarative knowledge)과 실행 가능한 절차에 대한 절차적 지식(procedural knowledge)으로 구분할 수 있다. 서술적 지식은 우리가 일반적으로 이해하고 있는 서술 가능한 형태의 여러 지식들을 의미한다. 예를 들어, 서울에서 부산을 가기 위한 한 방법으로 서울역에서 열차표를 끊어서 부산역으로 갈 수 있다는 사실은 서술적 지식의 한 형태라 볼 수 있다. 반면에 절차적 지식은 반복된 학습이나 숙련에 의해 암묵적으로 습득되는 지식의 형태로서 숙련된 기술(예: 차량 기어 변속)이 절차적 지식의 좋은 예가 된다.

3) 개념의 범주화와 위계

세상의 사물과 사건에 대한 이해를 표상하는 개념(concept)들은 유사한 개념들끼리 묶어지는 범주(category)를 형성하는데(예: 조류, 견과류, 침엽수……), 이런 범주를 표상하는 방법은 두 대립되는 모형에 의해 설명된다. 원형 이론(prototype theory)은 범주가 속성 특징(characteristic feature)에 의해 형성된다고 본다. 속성 특징이란 표상되는 개념들이 보편적으로 가지고 있는 세부 특징(feature)들을 의미한다. 특히 원형 이론에서 중요시하는 전형은 그 범주의 속성 특징을 가장 많이 보유하여 그 범주를 평균적으로 가장 잘 표상한다고 여겨지는 일종의 대표 모형이며, 실생활에는 존재하지 않는 이상적(ideal)인 것이다. 특정 개체의 범주는 이러한 전형과의 유사성(similarity)에 대한 비교를 통해 결정된다. 반면에 본보기(exemplar) 이론은 특정 개체의 범주는 범주를 가장 잘 대표하는 특정 개체에 대한 유사성 비교를 통해 결정된다고 본다. 예를 들어, 개념들

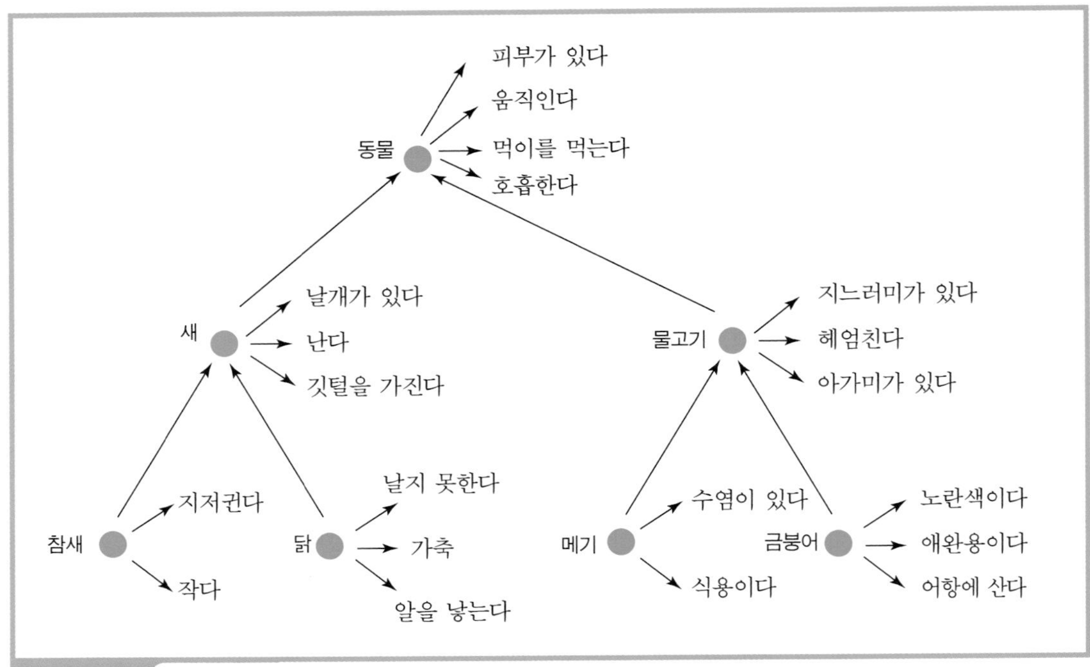

그림 7-4 콜린스와 퀼리언(Collins & Quillian, 1969)이 제시한 의미망 모형의 예

의 범주화 과정에서 개체들은 유사한 개체들끼리 본보기를 중심으로 범주화(예: 참새[본보기]-제비-까치-독수리……)되고 그 과정에서 예외적인 개체들은 또 다른 본보기가 중심이 된 다른 범주의 군집(예: 파리[본보기]-모기-잠자리-나비)을 형성한다.

반면 일정 범주에 속한 개체들은 개체들의 전형성(typicality) 정도에 따라 위계성(hierarchy)의 표상이 필요하다. 예를 들어, 참새와 타조는 조류라는 개념의 하위 개체이며, 조류는 동물이라는 개념의 하위 개체다. 콜린스와 퀼리안(Collins & Quillian, 1969)은 의미망(semantic network) 모형을 통해 지식의 위계 표상에 대한 모델을 제시하였다. 예를 들어, 그들은 '참새는 새이다.' 보다 '참새는 동물이다.' 란 문장에 대한 진위 판단 시간이 더 오래 걸리는 것을 발견하였다. 이는 [그림 7-4]에 예시된 의미망 예에서 볼 수 있듯이, 참새는 의미망 내 위계 구조에서 가장 하위 개체인데 상위 범주인 새와 동물 중 새가 더 가깝기 때문에 접근 시간이 빠른 것으로 볼 수 있다.

4) 도식의 활용

다양한 정보들이 지속적으로 저장되는 과정에서 우리는 나름대로의 원리를 가지고 기억 속에 저장하는 법을 배우게 된다. 그 과정에서 원래의 정보와는 차이가 있지만, 개인적으로 중요시하는 내용을 중심으로 파지하는 과업을 수행하는 것이 더 효율적이라 여기고 그 방법을 계속적으로 사용하다 보면 자신만의 노하우가 되기도 한다. 이러한 특징을 잘 설명하는 것이 바틀렛(Bartlett, 1932)의 '유령들의 전쟁' 이라는 이야기를 사용한 실험이다. 이는 참여자에게 문화적으로 상이한 용어가 어떻게 자신의 기억 속에 왜곡되어 저장되는지를 보여 주는 실험이다. 실제로 피험자들은 자신이 알고 있는 다양한 용어들을 활용하여 이 새로운 정보를 들여오면서, 원래 이야기에서 상당 부분을 누락시켰다. 하지만 기억에서 이러한 부정확성 자체가 특별히 흥미로운 것은 아니다. 이 부정확성이 규칙적이고 체계적이라는 점이 중요하다. 피험자들은 자신들이 들은 이 이야기를 자신들의 문화적 속성에 맞추어 왜곡하고 있었다. 예를 들면, 원래 이야기에서 "무엇인가 검은 것이 그의 입에서 나왔다."가 어떤 피험자들의 이야기에서는 "그의 입에 거품을 물었다." 또는 "그는 토했다."로 바뀌었다. 원래 "바다표범 사냥"이었던 것이 "고기잡이"로 바뀌거나 "카누"였던 것이 그냥 "배"로 바뀌는 현상을 발견할 수 있었다. 특히 해석하기 힘든 부분, 예를 들어 통나무 뒤에 숨기라든가 인디언의 부상과 전쟁의 종결과의 연결은 빠져 있는 경우가 많았다. 더욱이, 어떤 피험자는 유령의 역할을 완전히 바꾸었다. 즉, 피험자들은 자신의 도식과 부합되지 않는 이야기를 읽을 때, 이야기를 왜곡해서 도식해 맞추려는 강한 경향을 보인다는 것을 발견할 수 있다. 따라서 인간은 이러한 과정에서 유실되는 정보를 유지하는 것보다 정보를 빨리 이해하는 것이 더욱 중요한 것으로 판단되는 인지적 특성이 있다는 것을 알 수 있다.

5 인지와 사고

인간의 인지 과정은 사고 체계와 밀접한 관련이 있다. 특히 일상의 문제를 해결하는 과정의 체계성에 대한 조사는 인지심리학의 오랜 주제 중의 하나였으며, 문제 해결(problem solving) 분야를 통해 지속적으로 연구되어 왔다. 일반적으로 문제 해결 과정은 ① 문제의 인식, ② 문제의 정의, ③ 문제 해결을 위한 전략 구성, ④ 문제에 대한 정보 조직화, ⑤ 자원 할당, ⑥ 해결 여부 점검, ⑦ 문제 해결의 평가 단계를 순환적으로 거친다. 즉, ⑦의 평가 과정에서 문제 해결이 완벽하지 못한 경우 ①의 단계로 돌아가 문제 해결 과정을 다시 거치거나 아니면 ③부터 ⑥까지의 과정을 부분적으로 되풀이하게 된다.

1) 알고리즘과 어림법

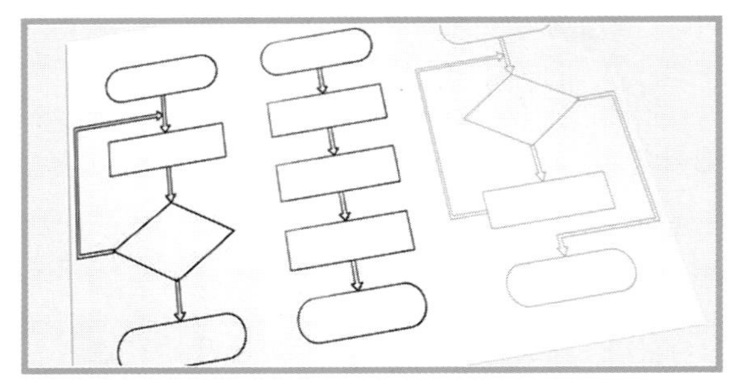

뉴얼과 사이먼(Newell & Simon, 1972)은 문제 해결에 대한 인공 지능 모형(artificial intelligence model)에서 문제 해결 과정에 필요한 제약을 고려해 파생되는 모든 발생 가능한 행위들이 존재하는 영역을 문제 공간(problem space)이라 규정하였다. 이 공간에는 문제의 초기 상태와 목표가 되는 문제의 해결 상태를 동시에 점검할 수 있다. 이 공간에서 문제 해결은 공간 내 적용되는 일련의 전략을 거쳐 이루어지며, 각 전략의 단계는 하위 절차들의 조합으로 구성되어 있다. 이러한 하위 절차들은 알고리즘(algorithms)인데 정해진 절차 내의 하위 목표들을 달성할 때까지 반복적으로 수행되는 특징이 있다.

뉴얼과 사이먼은 인간의 인지 과정은 컴퓨터처럼 복잡한 계산을 정확하게 수행하지는 못한다는 점에 착안하여, 문제를 해결하는 과정에서 일종의 지름길을 선택하는 어림법(heuristics)을 사용한다고 주장하였다. 예를 들어, 자재 창고의 물건 중 공사에 필요한 재료 한 가지를 찾아야 한다고 치자. 매우 신속한 계산이 가능한 기계적 알고리즘은 그 재료와 일치하는 시각적 형태나 특징을 가진 물건을 재빠르고 신속하게 검증하는 방법을 사용할 것이다. 그러나 상대적으로 비효율적인 인간의 경우, ① 자재 창고 관리인을 찾거나 ② 자재 보유 현황 보고서를 활용하거나 ③ 구간을 크게 범주화해 그 재료가 있을 가능성이 가장 큰 구역을 먼저 살피는 어림법을 사용할 가능성이 크다. 어림법 사용 시의 특징은 정해진 알고리즘에 근거한 문제 해결 방식에 비해 좀 더 신속한 해결이 가능한 반면에, 목표로 정한 문제 해결에 도달하지 못할 가능성이 항상 존재한다는 특징이 있다.

2) 통찰과 갖춤새

문제 해결을 돕는 요소 중 하나는 통찰(insight)이다. 통찰은 문제 해결 과정 중 해결에 결정적인 역할을 하는 방법을 갑작스럽게 발견하거나 이해하는 현상이다. 누구나 수수께끼를 풀면서 답을 발견하지 못하다가 갑작스럽게 그 해결책을 찾아낸 경험이 있을 것이다. 이러한 통찰 현상은 갑작스럽게 나타나는 것으로 생각되기 쉬우나, 기존의 다양한 연구들은 통찰이 문제 해결 과정에서 습득하는 누적 정보와 새로운 정보에 대한 통합 시도 과정에서 나타나는 점진적 처리 과정의 산물일 가능성을 시사한다.

문제 해결에 방해를 주는 요소 또한 존재하는데 대표적인 것으로 마음 갖춤새(mental set)가 있다. 마음 갖춤새는 문제를 표상하는 데 사용되었던 기존의 심적 틀을 계속 사용하려는 경향을 의미한다. 예를 들어, 주어진 문제를 해결할 책략을 적용하는 과정에서 여러분은 같은 문제에 대한 똑같은 실수를 계속하고 있는 자신을 발견한 경우가 있을 것이다. 이는 문제 해결의 여부와 관계없이 일반적으로 많이 사용되는 문제 해결 방식에 자신도 모르게 고착(fixate)되는 것이다. 사회 인지적 측면에서 이러한 마음 갖춤새는 고정관념(stereotype) 등과 같은 현상으로 나타나기도 하는데, 이는 특정한 표본 사례에서 나타나는 지극히 제한적이고 구체적인 특성에 근거해 표본들이 속한 대규모 전집의 특성 또한 표본의 특성과 동일하리라고 예상하는 오류에 기인한다.

3) 의사결정

인지와 사고 과정의 또 다른 중요한 형태는 의사결정(decision making) 과정이다. 이는 여러분이 어느 과목을 수강해야 할 것인가, 직장은 어느 곳에 갈 것인가, 누구와 데이트할 것인가와 같이 여러 대안으로부터 한 가지를 골라내야 하는 상황에는 모두 적용이 된다. 의사결정에 관한 초기 연구들은 인간의 의사결정 과정이

① 가능한 모든 대안과 정보들을 고려하며 ② 대안의 세부 차이를 완벽하게 구분하며 ③ 선택 과정에서 선정되는 대안은 가장 합리적인 결정을 따른다고 주장하였다. 예를 들어, 인간의 의사결정 과정은 확률과 통계의 원칙을 정확히 고려할 수 있다고 가정되었으며, 고전 경제학의 많은 원리들이 이러한 가정 아래 제안되었다.

반면에 최근의 의사결정 이론들은 인간의 의사결정 과정은 합리적이고 객관적인 대안 선택을 하기보다는 개개인이 판단한 주관적 효용(subjective utility) 가치를 따른다고 보았다. 예를 들어, 아이가 딸린 주부의 경우 값비싼 핸드백을 구입하는 것이 한창 데이트에 열중할 미혼 여성과 비교하여 효용가치가 떨어지며, 지출 과정에 필요한 의사결정 과정에서 핸드백을 사느냐 마느냐의 선택에 대한 합리성은 두 사람에게 큰 차이가 나게 된다.

트베르즈키와 카네만(Tversky & Kaneman, 1971, 1974)은 사람들의 의사결정 과정이 편향(bias)과 어림법(heuristics)을 주로 사용한다고 제안하였다. 그들이 발견해 낸 편향과 어림법의 대표적인 예 중 하나는 대표성(representativeness) 어림법이다. 예를 들어, 동전을 8번 던져서 무작위로 앞면과 뒷면이 나오는 경우를 예상할 때 '앞-앞-앞-앞-뒤-뒤-뒤-뒤' 가 나타나는 확률과 '앞-앞-뒤-앞-뒤-뒤-앞-뒤' 가 나올 확률은 동일하다. 그러나 일반적으로 사람들은 전자보다는 후자가 좀 더 나올 확률이 높다고 생각하는데 이는 후자가 좀 더 무선적 사건의 확률(randomness)을 좀 더 잘 대표하고 있는 것처럼 보이기 때문이다.

편향과 어림법의 또 다른 예는 가용성(availability) 어림법이다. 이는 어떤 사건의 가장 적당한 예라고 여겨지는 것이 얼마나 쉽게 마음에 연상되는지에 기초해 의사결정을 하는 경향을 말한다. 예를 들어, 철자 'R' 로 시작되는 단어는 실제로 'R' 이 세 번째에 들어 있는 단어에 비해 많다고 지각된다. 그러나 실제 빈도를 조사해 보면 'R' 로 시작하는 단어보다 'R' 이 세 번째 있는 단어가 월등하게 많다. 이는 'R' 로 시작되는 단어가 세 번째에 있는 단어보다 쉽게 잘 연상되기 때문이다.

대표성 어림법과 가용성 어림법의 차이는 다음과 같다. 대표성 어림법의 경우, 판단 대상이 특정한 프로토타입을 얼마나 잘 대표하는지에 따라 확률을 추정하는 것을 의미하기 때문에, 우리가 나름대로 구성한 범주들 중에 어느 한 가지 범주를 비논리적으로 통계를 무시한 채로 선택하게 되는 경우라고 한다면, 가용성 어림법의 경우는 우리가 가지고 있는 정보의 심적 가용성을 바탕으로 마음속에 불현듯 떠오르는 정보(최신성, 생생함, 특이성)를 주는 대상일수록 지각된 가용성을 증가시키게 된다. 따라서

BOX 2 인지심리학자의 노벨 경제학상 수상

2002년 노벨 경제학상은 미국의 경제학자인 버논 스미스 박사와 심리학자인 프린스턴 대학의 대니얼 카네만(Daniel Kahneman) 교수에게 공동 수여되었다. 많은 사람들은 노벨 경제학상 수상자들인 만큼 두 학자가 모두 경제학 분야의 전문가일 것을 예상했다. 그러나 카네만 교수의 경우 이례적으로 인지심리학자임이 밝혀져 어떻게 심리학자가 노벨 경제학상을 수상할 수 있었는지에 대한 매우 큰 궁금증을 자아냈다. 카네만 교수는 인간의 의사결정 과정이 기계처럼 논리적이고 정확한 확률에 근거하기보다는 상황에 따라 어림짐작이나 그릇된 편향에 의존하는 경향이 크다는 사실을 일련의 연구를 통해 밝혀냈다. 예를 들어, 자동차의 기름값도 나오지 않는 생활 쿠폰을 들고 1~2불을 절약하기 위해 이곳저곳 슈퍼마켓을 돌아다니는 대다수 미국 서민들의 비합리적 행동은 그 쿠폰이 할인해 주는 1~2불의 실제 가치가 10~20불에 상응하는 자동차의 기름값보다 경우에 따라서는 가치가 훨씬 크게 느껴지기 때문이라는 매우 일상적인 심리학적 원리에 근거한다. 카네만 교수는 이득과 손실에 대한 평가에 있어서 상황적인 비합리성이 인간의 의사결정 과정에 내재함을 밝힘으로써 현대 사회의 시장(market)을 움직이는 소비자들의 주요 의사결정들이 반드시 합리성과 정확한 확률계산에 의해 지배되지는 않는다는 매우 중요한 원리를 밝혀냈다. 그의 노벨 경제학상 수상은 심리학이 인간 사회를 움직이는 매우 근본적인 원리를 밝혀내는 데 결정적인 역할을 할 수 있음을 확인시켜 줌으로써, 대다수 심리학자들의 자부심과 동기부여에 크게 기여했다. 카네만 교수는 또한 인지심리학 분야에서 선택적 주의 연구로 유명한 프린스턴 대학 앤 트리즈만(Anne Treisman) 교수의 남편이기도 하다.

통계적 사실이 하나의 생생한 사례와 맞붙을 때 기억할 만한 사례가 종종 이기는 경우가 있다. 그 예로, 기억이 가능하고 가용할 수 있는 테러 행위와 대량학살 때문에 시민대량학살은 최근에 증가한 것처럼 보이지만, 사실 이러한 시민대량학살은 1980년 후반 이래로 급격히 감소했다(Pinker, 2007; U. S. Department of State, 2004).

4) 직관의 영향

직관(intuition)에 대한 과거 인지심리학자들의 입장은 그렇게 긍정적이지 않다는 것이 일반적이지만, 허버트 사이먼(Herbert Simon, 2001)은 직관이라는 개념을 통찰적 재인이라고 하였고, 오래된 학습으로 굳어진 분석력이라고 설명하였다. 즉, 직관을 활용하는 사람들은 자신의 인지적 추론 과정이 무의식적으로 복잡한 정보에 접근할 수 있도록 한 것이고, 근본적으로는 경험에서 우러나오기 때문에 우리 자신의 경험적 지식, 창의성, 함축성 등을 보다 효율적으로 처리할 수 있는 가능성을 가지게 된다. 예를 들어, 퇴원을 희망하는 환자의 검사결과를 두고 여러 가지 데이터를 각각 살펴본다면 모든 측면에서 환자의 퇴원 가능성을 알려주고 있지만, 숙련된 의사의 경우 경험적으로 배태되어 있는 매우 복잡하게 얽혀 있는 요인들 간의 상호작용을 직관적으로 찾아낼 수 있다. 이것은 매우 대단한 능력이며, 알고리즘적인 의사결정이 갖는 한계를 극복할 수 있는 전략이기도 하다. 하지만 모든 사람들의 직관이 동일한 결과를 가져오지는 않기 때문에 비교적 전문가의 능력에 한해서만 직관의 긍정적인 효과를 기대할 수 있을 것이며, 간호사, 소방관, 예술비평가, 형사, 축구선수, 그리고 이 글을 읽고 있는 여러분까지도 자신만의 전문적인 영역을 특별한 지식으로 발전시킨다면 눈 깜짝할 사이에 엄청난 정보 처리를 하는 직관력을 발휘할 수 있을 것이다.

이 장의 중심 내용

01 기억 연구를 위해 사용되는 과제에는 회상 과제와 재인 과제가 있다. 전통적 기억 모형은 기억의 저장소적 특성을 강조하여 감각 저장소, 단기기억과 장기기억으로 구분하였다. 대안적 모형은 처리 수준을 강조하고 작업기억의 개념을 강조하였다.

02 기억 공고화를 위해서는 암송과 조직화가 중요한 역할을 담당한다. 인출 과정은 기억 저장소로부터 기억의 내용을 이끌어 내는 과정이다.

03 인출 실패는 곧 망각을 의미하며 망각을 설명하는 이론에는 간섭 모형과 쇠잔 모형이 있다. 기억은 망각뿐 아니라 쉽게 왜곡되는 특징이 있으며 목격자 증언 패러다임을 통해 자세히 연구된 바 있다.

04 지식 표상을 설명하는 이론에는 지식 표상이 외부의 감각적 이미지의 물리적 특성을 그대로 반영한다는 심상론과, 의미를 가진 단어와 개념들에 의해 지식 표상이 이루어진다는 명제론이 대립하고 있다. 지식에는 서술적 지식과 절차적 지식이 있으며, 개념의 범주화를 설명하기 위한 이론에는 원형 이론과 본보기 이론이 있다.

05 문제들은 알고리즘과 어림법, 통찰 등에 의해 문제 해결의 단계로 진전되며, 때로는 마음 갖춤새 등에 의해 문제 해결이 방해받기도 한다. 고전적 의사결정 이론은 의사결정 과정이 반드시 합리적으로 이루어진다고 보았으나, 최근의 의사결정 이론은 주관적 효용성을 강조하며 인간의 의사결정 과정이 편향과 어림법에 크게 의존하고 있음을 제안하였다.

학습과제

1. 회상 과제와 재인 과제의 차이점을 설명하시오.

2. 전통적 기억 모형과 대안적 기억 모형을 비교하고 차이점을 설명해 보시오.

3. 기억 공고화를 설명하고 이를 돕는 두 가지 중요한 인지 처리 과정을 간략히 설명하시오.

4. 망각의 배후 기제를 설명하는 모형을 제시하시오.

5 목격자 증언 패러다임이란 무엇이며 기억의 어떤 특성을 조사하는 데 사용되는가?

6 지식 표상을 설명하는 심상론과 명제론을 정의하고 비교하시오.

7 원형 이론과 본보기 이론의 차이점을 설명하시오.

8 어림법이란 무엇이며, 고전적 의사결정 이론과 최근의 의사결정 이론의 차이점을 설명하시오.

08 발달심리학

학습 개요

인간은 태어나면서부터 죽을 때까지 여러 변화를 거치면서 살아가게 된다. 이처럼 사람들이 일생 동안 살아가면서 경험하는 변화를 연구하는 학문이 발달심리학이다. 발달심리학자들은 어떤 변화가 어느 시기에 무엇 때문에 일어났는지, 그리고 그러한 변화에는 개인차가 있는지 등에 대해 의문을 제기하고 그에 대한 대답을 찾고자 한다.
이 장에서는 우선 발달심리학의 핵심 질문들을 살펴볼 것이다. 그다음, 한 개인이 수정란에서부터 성숙한 성인 그리고 더 나이 든 노인으로 어떻게 발달하는지를 살펴볼 것이다. 구체적인 영역으로는 신체적, 인지적 및 사회·정서적 영역 등이다. 지금까지 이루어진 연구는 무수히 많지만, 여기서는 핵심적인 문제와 그에 관한 연구결과를 중심으로 발달심리학을 살펴보고자 한다.
끝으로 전 생애 발달심리학적 관점이 가지는 의미를 살펴보고, 성인 발달 분야의 대표적인 이론인 에릭슨의 인간발달 8단계 이론과 레빈슨의 이론을 검토할 것이다.

학습 목표

1. 발달심리학의 핵심 문제, 즉 발달의 연속성, 발달의 원천 그리고 발달에서의 개인차를 이해하고 이와 관련된 변인과 여러 입장을 이해한다.
2. 유아·아동·청소년기에 이루어지는 신체 및 운동 발달을 파악하고 그 의미와 시사점을 이해한다.
3. 인지 발달에 관한 피아제와 비고츠키의 이론을 이해하고 비교한다.
4. 도덕성 발달에 관한 세 이론, 즉 피아제, 콜버그, 길리건의 이론적 입장을 이해하고 그 차이점과 유사점을 파악한다.
5. 유아·아동·청소년기에 이루어지는 사회성 발달의 변화 패턴을 이해하고 애착, 또래관계 및 성역할이 갖는 함의를 이해한다.
6. 성인기 신체 발달, 인지 발달, 사회성 발달의 변화 패턴을 이해하고 그 시사점을 이해한다.
7. 전 생애 발달심리학적 관점의 필요성과 그 특징적인 입장을 이해한다.
8. 에릭슨의 인간 발달 8단계 이론과 레빈슨의 성인 발달 이론의 구조 및 내용을 이해한다.

발달심리학은 한 개인의 전 생애에 걸쳐 일어나는 신체적, 사회적, 정서적, 도덕적 및 지적 발달의 과정과 원인을 연구하는 심리학의 한 분야다. 발달이란 체계적이고 순서적이며 지속적인 연령 관련 변화를 의미한다. 따라서 질병이나 사고 혹은 약물 등을 통한 단기적이거나 뒤바뀔 수 있는 변화는 발달에 포함되지 않는다. 또한 날마다 바뀌거나 계절에 따라 달라지는 변화 역시 발달에 속하지 않는다.

발달심리학자들은 특정 행동이 언제 처음으로 나타나는지 그러한 행동이 나이와 함께 어떻게 변화하는지 이러한 변화가 갑자기 일어나는지 아니면 점진적으로 일어나는지 등을 연구한다. 그들은 또한 한 영역의 발달, 예를 들면 인지 발달이 사회성 발달과 같은 다른 영역의 발달과 어떤 관련성이 있는지, 모든 사람들이 동일한 속도로 발달하는지 아니면 개인 간에 차이가 있는지를 알고자 한다. 그들은 발달의 과정(process)뿐만 아니라 발달에 영향을 미치는 요인들, 가령 환경과 유전의 영향을 밝히고자 한다.

1 발달심리학의 핵심 질문들

발달심리학자들이 수행하는 연구나 그와 관련된 이론적 입장은 매우 다양하지만, 발달 과정에 관한 〈표 8-1〉의 세 가지 기본적인 질문에 대해서는 그들 모두 관심을 공유하고 있다. 첫째, 연속성의 문제다. 즉, 발달이 점진적인 과정인지 아니면 급격히 변화해서 새로운 형태의 사고와 행동이 갑자기 출현하는지의 문제다. 둘째, 발달의 원천에 관한 문제로, 발달적 변화의 과정에 유전과 환경이 미치는 영향이 무엇인지의 문제다. 셋째, 개인차에 관한 문제다. 똑같은 두 사람이 존재하는 것은 불가능한데,

표 8-1 발달심리학의 핵심 질문

핵심 질문	내 용
Ⅰ. 발달의 연속성	발달이 점진적인지 혹은 급격한 변화를 동반하는 과정인지의 문제,하위 문제로 인간과 다른 종과의 연속성 문제, 발달이 양적 변화인지 질적 변화인지의 문제, 그리고 환경이 발달에 미치는 영향의 연속성 문제
Ⅱ. 발달의 원천	발달이 유전에 의한 것인지 혹은 환경에 의한 것인지의 문제
Ⅲ. 개인차의 문제	사람 간의 차이가 안정적인지 그리고 그 원인이 무엇인지의 문제

어떻게 한 개인이 자신만의 독특한 특성을 발달시키는지의 문제다.

1) 발달의 연속성

이에 관한 문제는 크게 세 가지 질문으로 이루어져 있다. 첫째, 인간의 발달 원리가 다른 종의 발달 원리와 유사한가라는 질문이다. 인류와 다른 종과의 관련성이 연속적인 한, 다른 동물에 대한 연구는 인간 발달에 대한 매우 유용한 정보를 제공할 수 있다. 반대로, 인간의 발달이 독특한 만큼 다른 종에 대한 연구를 인간에게 적용하는 것은 그릇될 수 있다. 인간의 유전자가 침팬지와 99% 동일하더라도 인간은 고유한 특성을 보이고 있다. 인간은 생존을 위해 투쟁해 온 이전의 세대가 만들어 놓은 독특한 환경 속에서 발달한다(Bruner, 1996). 이러한 특별한 환경은 도구와 언어 같은 인공물, 그러한 인공물을 어떻게 만들고 사용하는지에 대한 지식, 세상에 대한 신념, 그리고 가치 등으로 이루어져 있다. 인류학자들은 이러한 요소들의 축적을 문화(culture)라고 부른다. 또한 인간은 언어를 통해 자신들의 문화를 형성하고 후세대에게 전수한다.

둘째, 인간 발달은 작은 양적인 변화들의 축적으로 이루어진 연속인지 아니면 질적인 변화를 수반하는 불연속인지에 대한 문제다. 개체 발생은 작은 변화들이 연속적이고 점진적으로 축적됨으로써 이루어진다고 믿는 심리학자들은 양적인 변화를 강조한다. 반대로, 발달의 특정 시기에 질적으로 새로운 패턴이 출현한다고 주장하는 사람들은 개체 발생을 불연속적이고 갑작스러운 변화의 과정으로 본다. 이러한 특정 패턴을 발달 단계(developmental stage)라고 언급한다. 이 문제에 대한 대답은 발달의 구체적 내용에 따라 달라진다. 가령, 어휘의 수는 양적으로 변화하지만, 옹알이에서 말하기로의 이행과 같이 질적으로 다른 측면도 있다.

셋째, 환경이 발달에 미치는 영향이 연속적인지 아니면 특정 시기의 경험이 정상적인 발달에 결정적인지에 대한 문제다. 즉, 발달에 '결정적' 혹은 '민감한' 시기가 있는가의 문제다. 여기에서 '결정적 시기'란 발달이 정상적으로 이루어지기 위해서는 특정 시기에 외부 자극에 대해 생물학적으로 준비되어 있고 민감하게 반응하는 시기를 일컫는다. 가령, 갓 부화한 이후 결정적 시기 동안 병아리는 자신이 처음으로 본 움직이는 물체에 부착되어, 이후 그 물체를 계속 따라 다닌다. 그럼에도 불구하고 이 개념은 인간의 발달을 설명하는 데 너무 제한적이어서 많은 발달심리학자들은

'민감기' 라는 개념을 더 지지한다. 여기에서 민감기는 특정 발달이 이루어지기 위한 최적의 시기, 그리고 그러한 발달을 촉진하는 데 환경적 영향이 가장 효과적인 시기를 의미한다.

2) 발달의 원천

이 문제는 발달이 유전에 의한 것인지 아니면 환경에 의한 것인지에 대한 문제다. 이것은 종종 천성(nature) 대 양육(nurture)의 상대적 중요성에 대한 이슈로 알려져 있다. 천성이란 개인이 생물학적으로 지니고 있는 유전적 경향이고, 양육은 사회적 환경, 특히 가족과 지역사회가 개인에게 미치는 영향을 지칭한다. 이러한 논쟁은 아동의 양육방식에 큰 영향을 미쳤다. 예를 들면, 여아들은 선천적으로 수학이나 과학에 관한 재능이 없다고 생각하는 부모는 그들이 이러한 과목을 공부하도록 격려하거나 지원하지 않을 가능성이 높다. 반대로, 수학과 과학에 대한 재능이 대개는 양육의 결과라고 믿는 부모는 남아와 여아를 모두 동등하게 교육시킬 것이다.

오늘날 심리학자들은 이 둘을 따로 구분해서 발달을 논의하는 것이 적절하지 않다는 점에 대부분 동의하고 있다. 왜냐하면 유기체와 그 환경이 상호작용하여 발달을 유도하기 때문이다. 예를 들면, 사교성이나 정서적 안정성과 같은 성격 특성은 유전과 환경으로부터 동일한 영향을 받고, 정신장애의 원인 역시 유전적인 것과 환경적인 것 모두를 가지고 있다. 그럼에도 불구하고 인간의 발달을 연구할 때 이 둘의 영향을 분리해서 독립적으로 다루는 경향이 강하다. 이때 다루는 연구 문제는 천성과 양육의 상대적 영향력 및 그 둘의 상호작용을 밝히는 것이다.

3) 개인차의 문제

사람들은 같은 종에 속하기 때문에 어느 정도 서로 비슷하다. 또한 생물학적 특성이나 문화적 특성을 공유한 만큼 사람들은 서로 유사하다. 뿐만 아니라 사람들은 각자 생물학적으로나 심리적으로 독특하다. 유전적으로 동일한 쌍둥이조차도 모든 면에서 동일하지는 않다. 발달에 대한 본질을 이해하기 위해서는 개인차에 관한 문제를 두 가지 측면에서 고려해야 한다. 즉, 개인차의 원인은 무엇이고, 개인적 특성은 어느 정도 안정적인가를 살펴봐야 한다. 몇몇 연구자들은 다양한 심리적 특성에서 어느 정도 안정적인 개인차를 발견했다. 예를 들면, 21개월 때 수줍어하고 확신하지 못하는 아이는 12세 이상 때도 여전히 소심하고 조심스러울 가능성이 높았다(Kagan, 1994). 이처럼 아동의 심리적 특성이 안정적인 것은 그들의 유전적 구성 요소의 영향뿐만 아니라 안정적인 환경의 영향 때문이기도 하다. 예를 들면, 유아기부터 청소년기까지 돌봄을 거의 받지 못한 채 고아원에서 자란 아동은 무기력하고 지능이 떨어졌으며, 성인이 되어서도 지적으로나 정서적으로 어려움을 겪을 위험에 처해 있었다. 그러나 그들의 생활 환경을 개선하거나 유복한 가족이 그들을 입양했을 때, 그 아동들은 현저하게 좋아졌다(Clarke & Clarke, 1986).

2 유아 · 아동 · 청소년기

이 절에서는 태어나면서부터 청소년기까지 나타나는 발달을 몇몇 주요 측면에서 살펴볼 것이다. 대략적으로, 영 · 유아기는 0~2세, 전 학령기는 3~5세, 학령기는 6~11세, 청소년기는 12~20세에 해당하는 것으로 보았다. 우선, 이 시기에 이루어지는 신체, 감각 및 운동 발달을 살펴본 다음, 인지 발달과 도덕 발달, 사회성 발달을 차례로 살펴볼 것이다.

1) 신체, 감각 및 운동 발달

(1) 영 · 유아기

사람들은 신생아가 무기력하고 느낄 수 없다고 생각할지 모른다. 물론 그들은 생존하기 위해서 다른 사람들의 도움을 필요로 한다. 그렇지만 신생아는 볼 수 있고 들을 수 있으며 맛을 느낄 수도 있고 고통과 촉감을 경험할 수 있다. 신생아는 자신의 얼굴로부터 30cm 정도 떨어진 곳에 있는 물체에 초점을 맞출 수 있고, 그 물체를 좌우로 천천히 움직이면 그에 따라 눈의 초점을 이동시킬 수 있다. 처음에는 물체의 끝부분에 주의를 집중하지만, 몇 주 후에는 물체의 표면 전체를 탐색한다. 3~4개월쯤에 신생아는 복잡한 형태를 조직화할 수 있으며, 겹쳐 있는 형태들을 구분할 수 있다. 영 · 유아들은 사람의 얼굴에 특히 많은 흥미를 가지는데, 그러한 자극은 영 · 유아의 주의를 사로잡고 미소를 유발한다. 태어난 지 1시간 정도 된 신생아조차도 사람의 얼굴 그림을 다른 형태의 그림보다 더욱 선호하는 것으로 나타났다(Johnson & Morton, 1991).

청각은 출생 시부터 완벽하게 발달해 있는 것은 아니지만 시간이 지날수록 점점 더 발달해져서 강도, 기간 그리고 반복성에서 서로 다른 소리를 구분할 수 있게 된다. 또한 신생아는 공간적인 환경에 대한 자신의 지각을 조직화해서 반응할 수 있다. 소리가 점점 더 커질 때, 매우 어린 영·유아도 그 소리를 피하는 특성을 보인다(Freiberg, Tually, & Crassini, 2001). 뿐만 아니라 영·유아들은 맛도 구분할 수 있다. 그들은 음식과 음료에서 선호하는 것이 있어서 영·유아들의 빠는 비율은 단 것을 마실 때 증가하지만, 짜거나 쓴 것을 마실 때는 감소한다(Crook, 1978). 영·유아들은 냄새에 대해서도 유사한 방식으로 반응한다. 얼굴 표정이나 머리의 방향을 보면 유아들이 특정 냄새를 좋아하는지 싫어하는지를 알 수 있으며(Soussignan, 1997), 이러한 선호는 생존에 도움을 준다.

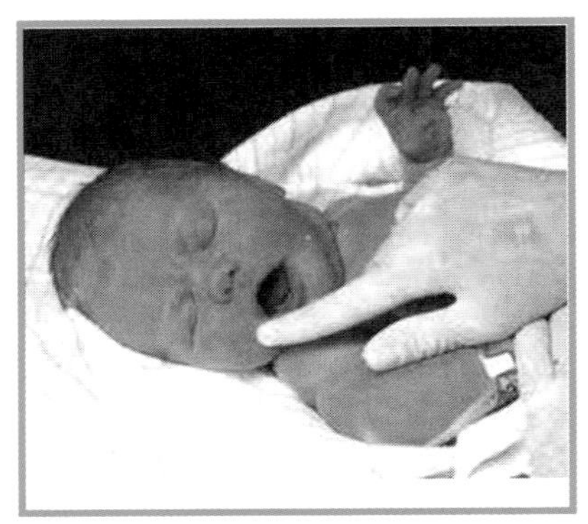
신생아의 지향 반사

신생아는 몇몇 반사(reflex)를 가지고 태어나는데, 여기서 반사란 외부 자극에 자동적으로 이루어지는 신체적 반응을 의미한다. 예를 들면, 지향(rooting) 반사는 얼굴에 닿는 사물 쪽으로 머리와 입이 향해지는 것이고, 빨기 반사는 입 안에 있는 물체를 빠는 경향성을 말한다. 외부 자극에 대해 선택적이고 의도적으로 반응할 수 없는 상태에서 반사는 생존에 결정적인 역할을 한다. 가령, 지향 반사와 빨기 반사 덕분에 신생아는 얼굴이 어머니 가슴에 닿았을 때 젖꼭지를 찾아 모유를 먹을 수 있다. 비록 반사가 생물학적으로 주어진 것이기는 하지만, 초기 경험이 반사의 출현에 영향을 미칠 수 있다. 예를 들면, 출생 후 1시간 동안 어머니와 분리되어 있던 신생아는 올바른 빨기 기술을 보이지 않을 수 있다(Righard & Alade, 1990).

운동 능력의 발달은 여타의 발달과 관련해서 매우 중요한 의미를 가진다. 우선 운동을 할 수 없을 때, 영·유아는 자신에게 가해지는 자극을 통제하기도 어렵고 그러한 자극에 수동적으로 반응할 수밖에 없다. 그러나 운동 능력의 발달로 자극을 능동적으로 취사선택할 수 있게 된다. 또한 운동을 할 수 없을 경우 영·유아는 시각이나 청각을 통해서만 대상을 이해하게 된다. 그러한 이해는 대상을 직접 만져 보거나 조작해 볼 수 없기 때문에 그 대상의 피상적인 특성만을 이해하게 된다. 그러나 운동의 발달은 그 사물을 능동적으로 조작할 수 있게 함으로써 듣거나 보는 것만으로는 알 수 없는 그 사물의 속성을 알 수 있게 한다. 그렇기 때문에 운동 발달은 인지 발달에 매우 필수적인 하나의 조건이다.

(2) 전 학령기

2세경에 아동의 지각 능력은 크게 향상되어 많은 측면에서 성인과 비슷해진다. 그럼에도 불구하고 운동기술과 협응의 측면에서 가야 할 길이 멀고, 이후 몇 년 동안 큰 발달이 이루어진다. 이 시기에 대부분의 아이들은 도움 없이 혼자 걸을 수 있고 독자적으로 사물을 조작할 수 있지만, 걸음걸이가 불안정하고 손놀림이 완벽하지 않다. 이후의 2년 동안에 이러한 측면에서의 능력이 향상되고, 자신의 몸을 좀 더 잘 통제할 수 있게 된다. 3세경에는 달릴 수 있지만, 방향을 바꾸거나 멈출 때 혹은 균형을 잡을 때 어려움을 겪는다. 4세 때에는 던지고 잡는 것, 점프하는 것과 같은 기술이 발달하고, 5세 때에는 기본적인 움직임을 매우 유능하게 수행할 수 있게 된다.

(3) 학령기

학령 초기 아동의 감각 능력은 전반적으로 발달하여 많은 측면에서 성인의 수준만큼 기능한다. 또한 이 시기의 아동은 여전히 성장하고 있고 많은 기술들을 더 발달시켜야 하지만 신체적으로 상당히 발달해 있다. 그들은 다양한 신체적 활동을 수행할 수 있으며, 움직임을 더 잘 통제할 수 있고 통합할 수 있게 된다(Cleland & Gallahue, 1993). 신체적 성장과 발달에서 나타나는 개인차는 유전과 환경 모두에 의해 영향을 받는다. 예를 들면, 미숙하게 태어난 아이의 다수는 6세 때에 지각-운동상의 문제를 보였다(Jongmans, Mercuri, Dubowitz, & Henderson, 1998). 또한 매우 작은 신장은 인지 발달의 지체와 관련이 있는 경향이 있었으며, 이러한 아이들은 경제적으로 혜택을 누리지 못한 집안의 출신이었다(Dowdney, Skuse, Morris, & Pickles, 1998).

아동기 전체를 통해 사람들은 매우 점진적인 속도로 발달하지만, 청소년기의 시작과 함께 그들은 또 다른 급진적인 변화를 경험하게 된다. 소위 성장급등(growth spurt)이 소녀들에게는 전형적으로 10~13세 사이에 발생하고 소년들에게는 12~15세 사이에 일어난다. 이전 시기에 비해 이 시기의 성장은 매우 빠르게 이루어지고 사춘기로의 전환도 매우 급진적이다. 사춘기 동안 특히 중요한 신체적 변화가 '이차 성징'의 출현이다. 이러한 신체적 변화는 호르몬의 발달에 따른 것으로 소녀들의 경우 에스트로겐 그리고 소년들의 경우 안드로겐 분비의 증가에 의한 것이다.

(4) 청소년기

심리적인 측면에서 볼 때 이러한 발달적 변화는 청소년들의 자아에 대한 인식 및 타인과의 관계에 큰 영향을 미치기 때문에 중요하다. 청소년들은 자신들이 겪고 있는 변화를 매우 잘 의식하고 있다. 이차 성징의 출현으로 인해 청소년들은 자신을 초기 성인으로 보기 시작하고 그에 따라 자신의 외모와 행동을 달리 한다. 또한 이러한 발달의 속도에서 개인차가 존재하는데, 좀 더 일찍 성숙한 청소년들은 인기와 자신감이라는 혜택을 누릴 수 있는 반면, 성숙이 느린 청소년들은 불안을 경험할 수도 있다(Alsaker, 1992). 반면에, 일찍 성숙한 남자청소년들은 비행과 같은 행위를 함으로써 주변의 가까운 성인들과 갈등을 겪을 수 있고, 더 빨리 성숙한 여자청소년들은 심인성 신체적 장애를 겪을 수 있다(Ge, conger, Rand, & Elder, 2001).

2) 인지 발달

(1) 피아제의 인지 발달 이론

Jean Piaget(1896~1980)

대부분의 부모들은 자녀의 신체적 성장과 함께 지적인 변화도 함께 이루어진다는 것을 인식하고 있지만, 그러한 변화의 본질을 이해하는 데 어려움을 겪을 수 있다. 스위스 심리학자 장 피아제(Jean Piaget, 1896~1980)는 오늘날 심리학자들이 이러한 변화를 기술하는 데 가장 큰 영향력을 미친 사람으로, 20세기 가장 영향력 있는 사상가 중의 한 명으로 인정받고 있다.

피아제 이전에는 아동의 인지 발달이 생물학적 성숙에 의해 이루어진다는 관점과 사회학습에 의해 이루어진다는 관점이 주류를 이루었다. 그러나 피아제는 아동의 자연적인 성숙 능력과 환경과의 상호작용을 강조한다. 피아제는 아동을 생물학적 요인이나 환경적 자극에 대해 수동적으로 반응하는 존재가 아니라 발달에 능동적으로 참여하는 존재로 보았다. 또한 그는 아동이 이 세상에서 무슨 일이 일어나는지를 알기 위해 실험을 수행하는 과학자라고 생각했다.

이러한 실험을 통해 아동은 자신이 경험하는 세계를 조직화해서 물리적 및 사회적 세상이 어떻게 작동하는지에 대한 이론을 구성한다. 피아제는 이러한 이론을 '도식(schema, 스키마)' 이라고 불렀다. 새로운 사건이나 대상을 접할 때, 아동은 그것을 기존의 도식을 통해서 이해하고자 한다. 피아제는 이것을 동화(assimilation), 즉 새로운 사건을 기존의 도식에 동화시키는 과정이라 불렀다. 기존의 도식이 새로운 사건을 수용하는 데 적합하지 않으면 그 도식을 수정하여 세상에 대한 자신의 이론을 확장시킨다. 피아제는 도식을 수정하는 이러한 과정을 조절(accommodation)이라고 불렀다.

피아제는 지능검사에서 아동의 틀린 답에 관심이 있었다. 그래서 아동의 추론이 어른의 추론과 어떻게 다른지 알아보기 위해 자신의 세 자녀를 관찰했다. 그러한 관찰을 통해 피아제는 아동이 성숙해 감에 따라 그들의 사고 및 추론 능력이 질적으로 다른 일련의 단계를 거쳐 진행한다고 확신했다. 그는 인지 발달을 4개의 주요 단계로 구분하였는데, 각 단계와 주요 특징이 〈표 8-2〉에 제시되어 있다.

감각운동기(sensorimotor stage: 0~2세) 동안 영 · 유아의 지적 발달은 주로 언어 이

표 8-2 피아제의 인지 발달 단계

단 계	특 징
감각운동기 (출생~2세)	• 대상으로부터 자아를 분화시킨다. • 자아를 행위의 주체로 인식하고 의도적으로 행동하기 시작한다. 예를 들어, 모빌을 움직이게 하기 위해 줄을 잡아당기거나 소리를 내기 위해 딸랑이를 흔든다. • 대상 영속성 개념을 획득한다. 즉, 눈에 보이지 않아도 대상은 계속해서 존재한다는 것을 깨닫는다.
전조작기 (2~7세)	• 언어 사용을 학습하고 대상을 이미지와 말로 표상한다. • 사고는 여전히 자기중심적이다. 즉, 다른 사람의 관점을 취하는 데 어려움을 겪는다. • 대상을 하나의 특징으로 분류한다. 예를 들어, 모양에 상관없이 모든 빨간 나무토막을 하나의 집단으로 분류한다.
구체적 조작기 (7~11세)	• 사물과 사건에 대해서 논리적으로 사고할 수 있다. • 수, 양 그리고 무게에 대한 보존 개념을 획득한다. • 사물을 여러 개의 특징에 따라 분류하고, 크기와 같은 하나의 차원에서 그들을 나열할 수 있다.
형식적 조작기 (11세 이상)	• 추상적인 명제에 대해 논리적으로 사고할 수 있고, 가설을 체계적으로 검증할 수 있다. • 가상적인 것, 미래 그리고 이념적인 문제에 대해 관심을 갖게 된다.

외의 측면에서 이루어진다. 영 · 유아의 운동 활동과 지각 간의 상호작용에 주목한 피아제는 이 시기를 감각운동기라고 명명했다. 이 시기의 영 · 유아는 자신의 행동과 그 행동이 가져오는 결과 간의 관계를 발견하는 데 몰두한다. 예를 들면, 그들은 얼마나 멀리까지 떨어져 있는 대상을 잡을 수 있는지 알게 되고, 접시를 탁자 가장자리 밖으로 밀치면 어떻게 되는지 등을 알게 된다. 이러한 실험을 통해 그들은 외부 세계와 분리된 존재로서 자신에 대한 개념을 발달시킨다.

이 시기에 이루어지는 하나의 중요한 성취는 대상 영속성(object permanence) 개념으로, 이는 자신이 볼 수 없어도 대상은 계속해서 존재한다는 인식을 획득하는 것이다. 장난감을 천으로 덮으면 8개월 된 영 · 유아는 그 장난감에 대해 더 이상 관심을 보이지 않고 그것을 찾으려고도 하지 않는 등 그 물체가 더 이상 존재하지 않는 것처럼 행동한다. 그러나 10개월 된 영 · 유아는 천 아래에 숨겨진 물체를 적극적으로 찾는다. 이것은 그 영 · 유아가 사라진 대상에 대한 정신적 표상(mental representation)을 지니고 있음을 함축한다.

전조작기(preoperational stage: 2~7세)의 아동은 언어라는 상징을 사용해서 사고하기 시작한다. 그러나 그들의 사고는 매우 직관적이기 때문에 추론이나 논리를 거의 사용하지 않는다. 피아제는 2~7세 아동의 인지 발달을 전조작적이라고 했는데, 왜냐하면 그들은 아직 특정 규칙들 혹은 조작들(operations)을 이해하지 못하기 때문이다. 조작이란 정보를 논리적으로 분리하거나 결합하고 혹은 변형하는 정신적인 과정이다. 예를 들면, 구슬 10개를 흩어 놓거나 한곳에 모아놓아도 그 수는 변하지 않지만, 이 시기의 아동은 흩어 놓았을 때 구슬의 수가 더 많다고 지각한다. 결과적으로 이 시기의 아동은 아직 보존(conservation) 개념을 획득하지 못한 상태다.

이 시기 아동의 또 다른 특징은 자아중심성(ego-centrism)으로, 그들은 다른 사람의 입장을 이해할 수 없다. 그 아동들은 자신을 세상의 중심으로 생각한다. 예를 들면, 그들은 자신이 태어난 나라에서도 내국인이고 다른 나라에서도 내국인인 반면, 이 나라에서 외국인인 사람은 그의 본국에서도 외국인이라고 생각한다. 이 시기 아동이 특히 이기적이고 비협동적인 이유가 이러한 자아중심성 때문일 수 있다. 그러나 여기에서 말하는 이기적이라는 말은 일반적인 의미에서가 아니다. 아이는 단지 타인의 관점이 자신의 관점과 다르다는 것을 깨닫지 못할 뿐이다.

구체적 조작기(concrete operational stage: 7~11세)에 있는 아동은 다양한 보존 개념들을 획득하고 여러 논리적 조작들을 수행하기 시작한다. 그들은 키나 무게와 같은 하나의 차원에서 대상들을 정렬시킬 수 있으며 일련의 행동에 대한 정신적 표상을 형성할 수 있다. 가령, 이 시기의 아동은 특정 장소를 찾아가는 경로를 지도로 그릴 수 있다. 피아제는 이 시기를 구체적 조작기라고 명명했는데, 비록 아이들이 추상적인 용어를 사용할 수 있더라도 구체적인 대상과 관련해서만 그렇게 할 수 있기 때문이다.

형식적 조작기(formal operational stage: 11세 이상)의 아동이나 청소년들은 상징적인 용어로도 추론할 수 있게 된다. 그래서 이 시기의 사고는 민주주의, 도덕, 명예, 상관 등 추상적인 원리에 기초한다. 그들은 또한 점차적으로 가상적인 가능성들, 예를 들면 가정이나 추측을 고려할 수 있게 된다. 완전한 성인의 지적 능력은 이 형식적 조작기 동안에 이루어진다. 좀 더 나이 든 청소년들은 연역적 · 귀납적 추론을 할 수 있고 수학, 물리, 철학, 심리학 등과 같은 추상적인 체계를 이해할 수 있다. 그러나 성인들이 모든 주제에 대해 형식적으로 생각하는 것은 아니다. 가령, 친숙하지 않은 주제에 대해서는 구체적 조작기 단계에서 사고할 수도 있다.

(2) 비고츠키의 사회문화적 이론

최근에 심리학자들은 러시아 출신의 학자 비고츠키(Lev Vygotsky, 1896~1934)의 사회문화적 이론(Wertsch & Tulviste, 1992)에 관심을 보이고 있다. 그의 핵심적인 아이디어는 아동의 사고가 좀 더 능력 있는 사람들과의 대화를 통해 발달한다는 것이다. 사회문화적 이론에 의하면 아동의 인지 발달은 사회적 상호작용만으로 이루어지는 것이 아니라 그 아동이 속한 사회문화적 맥락과도 밀접한 관련성이 있다. 예를 들면, 유아는 태어나면서 주의집중, 감각 및 기억과 같은 몇몇 기초적 정신 기능을 가지고 태어난다. 이러한 기능은 문화에 의해 고도의 정신 기능이라는 새롭고 복잡한 정신 과정으로 변형된다. 가령, 문화는 아동에게 지적 적응의 도구, 그중에서도 특히 언어를 제공하여 기초적 정신 기능을 더욱 발달시킬 수 있도록 한다.

Lev Vygotsky(1896~1934)

또한 아동의 인지적 기술 대부분은 부모나 교사 및 그 외 유능한 협력자와의 상호작용을 통해서 이루어진다. 비고츠키는 발달이란 그 문화권에서 좀 더 성숙한 사람과 협동하면서 일어나는 도제 과정으로 보았다. 예를 들면, 한 아이가 퍼즐을 풀 때 옆에 있는 아빠로부터 약간의 도움을 받고 나서야 문제를 해결할 수 있었다. 이 상호작용은 아동이 자신보다 더 나은 기술을 가진 사람과 함께 활동할 수 있게 하는 지도하의 참여(guided participation)이고, 이를 통해 아동의 인지 발달이 이루어진다.

비고츠키의 발달 개념에서 가장 독특한 것 중의 하나가 근접발달영역(zone of proximal development: ZPD)이다. 앞의 퍼즐 예시처럼 아이가 아빠의 도움을 받아 문제를 해결할 수 있는 영역이 근접발달영역에 해당한다. 이에 비해, 발달 영역은 아이가 외부의 도움 없이 혼자서 문제를 해결할 수 있는 영역이고, 미발달 영역은 외부의 도움을 받더라도 문제를 해결할 수 없는 영역을 말한다. 발달은 미발달 영역이 근접발달영역으로 되고 그다음 최종적으로 발달 영역이 되는 과정을 거쳐 이루어진다.

이러한 입장에서 보면, 발달과 관련해서 교육과 같은 환경적인 요인이 가장 중요한 부분은 근접발달영역이다. 왜냐하면 이 영역에서 섬세한 가르침이 이루어지고 그에 따라 새로운 인지적 성장이 일어나기 때문이다. 인지적 성장을 촉진시키는 사회적 협동이 갖는 하나의 특징이 발판화(scaffolding, 스캐폴딩)이다. 이것은 학습자가 문제를 해결하는 데 필요한 도움의 양, 방법과 내용을 적절하게 조정하여 제공함으로써 문제에 대한 이해력을 증가시키는 경향을 말한다. 이러한 측면은 피아제의 이론과는 달리 교사의 지도하에 이루어지는 참여활동을 강조한다.

3) 도덕 발달

대부분의 사람들은 자신이 도덕적인 사람으로 평가받기를 원하지만, 실제 도덕성의 수준에는 개인차가 많이 있을 수 있다. 일반적으로 도덕적으로 성숙한 사람은 개인적 보상과 무관하게 사회적으로 올바른 행동을 수행하는 사람이다. 이들의 핵심적인 특징은 학습한 도덕적 원칙들을 내면화해서 그에 근거한 행동을 수행하는 것이다. 발달심리학자들은 도덕성의 구성 요소를 정서적 요소(도덕적으로 행동하려는 동기), 인지적 요소(옳고 그름에 대한 판단), 그리고 행동적 요소(도덕적 행동의 수행)로 본다.

(1) 피아제의 도덕 발달 이론

피아제는 공기놀이를 하는 아동들에게 놀이와 관련된 규칙들에 대해 여러 질문을 했고, 그에 대한 아이들의 대답을 분석하여 도덕 추론을 이론적으로 체계화했다(Piaget, 1965). 도덕 발달의 첫 번째 단계는 전도덕적 단계다. 2~4세경 아동은 도덕에 대해 분명한 생각을 가지고 있지 않다. 두 번째 단계는 도덕적 실재론(moral realism)의 단계다. 5~7세경의 아동은 규칙이 외부의 권위자나 절대적인 힘을 가진 존재에 의해 만들어졌기 때문에 반드시 따라야 하고 바꿀 수 없다고 믿는다. 또한 이들은 규칙을 위반하면 반드시 처벌을 받는다고 믿고 있다. 마지막 세 번째 단계는 도덕적 상대론(moral relativism)의 단계로 8세경의 아동은 규칙은 사람들이 주어진 사회에서 서로 잘 공존하기 위해서 만들어진 것으로 이해하기 시작한다. 인지적 발달을 통해 이 시기의 아동은 규칙의 속성을 잘 이해하게 되고 규칙이 어떻게 만들어지는지도 알게 된다. 그래서 규칙은 사람들이 협의하면 바뀔 수도 있다고 생각한다.

(2) 콜버그의 도덕 발달 이론

콜버그(Kohlberg, 1969)는 피아제의 이론을 확장시켰다. 그는 도덕적 딜레마에 대해 사람들이 사용하는 추론을 분석하여 도덕 발달에 관한 3수준 6단계 이론을 제시하였다. 먼저, '전인습적 수준'에 있는 아동의 도덕적 추론은 권위에 대한 복종, 보상과 처벌에 의해서만 통제된다. 단계 1은 복종 지향적으로 아동은 처벌을 피하기 위해서 어른들이 옳다고 말하는 대로 한다. 단계 2는 보상 지향으로 아동은 미래에 돌아올 호의를 기대하기 때문에 타인에게 잘 한다. '인습적 수준'에 있는 사람은 도덕적 의사결정을 타인이 기대하는 사회적 규범에 근거한다. 단계 3은 착한 소년/소녀를 지향하는 단계로, 타인의 기대에 따라 행동함으로써 그들의 칭찬을 얻고자 한다. 단계 4는 권위 지향 단계로 그들은 사회적 규칙과 기대, 법은 사회의 질서 유지에 필수적이고 모든 사람에게 이롭다고 생각한다. '후인습적 수준'에 있는 사람은 개인적, 도덕적 원리에 근거하여 도덕적 추론을 한다. 단계 5는 사회적 계약을 지향하는 단계로 기대와 법이 모든 구성원에게 이롭기 때문에 그들은 이러한 계약을 지킨다. 그러나 그것이 더 이상 이롭지 못할 경우 그 의미는 없어진다. 단계 6은 윤리적 원리 지향의 단계로 정의, 평등과 같은 보편적 도덕 원리에 근거해서 도덕적 추론을 한다.

Lawrence Kohlberg
(1927～1987)

콜버그가 제안한 대로 나이가 들수록 도덕성 발달의 수준이 높아지는 경향이 있다(Stewart & Pascual-Leone, 1992). 예를 들면, 단계 1과 2는 아동과 어린 청소년들에게 보편적인 것이지만 나이 든 청소년이나 성인들에게는 3단계와 4단계가 보편적이다. 그렇다고 모든 사람이 마지막 단계에 도달하는 것은 아니다. 이러한 지지에도 불구하고 콜버그의 도덕 발달 이론은 몇 가지 한계점을 가지고 있다. 우선, 도덕적 추론이 문화보편적이지 않을 수 있고 성별에 따라 다를 수 있다. 예를 들면, 힌두교는 개인의

표 8-3 콜버그의 도덕 발달 3수준 6단계 이론

수 준	단 계	특 징
수준 I: 전인습적 수준	단계 1	복종 지향(처벌을 피하기 위해 규범에 복종하는 단계)
	단계 2	보상 지향(보상과 호의를 얻기 위해 따르는 단계)
수준 II: 인습적 수준	단계 3	착한 소년/소녀 지향(타인의 승인을 얻고 비난을 피하기 위해 따르는 단계)
	단계 4	권위 지향(권위자의 비난을 피하고 의무 불이행에 따르는 죄의식을 피하기 위해 법과 규범을 지키는 단계)
수준 III: 후인습적 수준	단계 5	사회적 계약 지향(공공의 선을 위해 다수가 동의한 원칙에 따라 행동하는 단계)
	단계 6	윤리적 원리 지향(정의, 존엄, 평등과 같이 자신이 스스로 선택한 윤리적 원칙에 따라 행동하는 단계)

권리와 정의가 아니라 타인에 대한 의무와 책임을 강조한다(Simpson, 1974). 또한 도덕적 추론과 실제 도덕적 행동과는 별개일 수 있다. 지금까지의 경험적인 연구를 보면 이 둘은 상관이 없거나 있어도 매우 미약했다.

(3) 길리건의 도덕 발달 이론

길리건(Gillgan)은 콜버그의 이론이 정의를 강조하는 남성들에게 적합한 반면에, 타인을 돌보는 것에 관심이 많은 여성들에게는 부적합한 이론이라고 주장했다. 이에 그녀는 타인에 대한 돌봄과 책임을 획득하는 발달적 단계를 제안하였다. 첫 번째 단계에서 아동은 자신의 요구에 몰두한다. 그래서 자신에게 이득이나 도움이 되는 행동을 도덕적인 것으로 보는 반면, 자신에게 피해를 주는 행동을 부도덕한 행동으로 간주한다. 두 번째 단계에서 사람들은 타인에게 도움을 주거나 돌보는 행동을 도덕적인 것으로 본다. 특히 스스로를 돌볼 수 없는 노인이나 아동을 돌보는 것을 중시한다. 이 단계에서는 자기 자신을 희생하면서도 상대방의 욕구를 충족시키는 데 몰두한다. 마지막 세 번째 단계에서는 인간관계에 관여하는 모든 사람들을 돌보는 데 관심을 갖는다. 그래서 자신과 타인을 모두 돌보고자 한다.

남성과 여성의 도덕적 추론의 기반은 다른가? 지금까지 이루어진 연구들을 모두 종합한 결과(Jaffee & Hyde, 2000), 아동이나 성인 모두 남성이 여성보다 정의적인 도덕 수준에서 더 높았으며, 여성은 남성보다 돌봄을 강조하는 도덕 수준에서 더 높았다. 그러나 이러한 성차는 미미한 것이었으며 둘 다 정의와 돌봄의 도덕 추론을 모두 고

려하고 있었다. 이러한 차이는 도덕적 추론의 기반이 남녀에 따라 크게 다르기보다는 상당히 비슷하다는 점을 시사한다.

4) 사회성 발달

(1) 영 · 유아기

성인과 마찬가지로 유아도 사회적 동물인데 세계와의 연결이 유아에게는 특별히 더 중요할 수가 있다. 왜냐하면 다른 사람의 주의나 보살핌이 없으면 유아는 살아남을 수 없기 때문이다. 또한 유아의 초기 사회성 발달이 부모, 형제, 친척, 친구 등과의 관계를 형성하는 데 필요한 기초가 되기 때문이다. 특히 유아는 태어난 지 수일 혹은 심지어 수 시간이 지난 아이도 자신의 어머니 얼굴을 낯선 여자의 얼굴보다 더 선호한다(Walton, Bower, & Bower, 1992). 그러면서 아이는 선택(selectivity)하는 특징을 보이는데, 특정 사람과 함께 있는 것을 더 좋아하고 낯선 사람에 대해서는 두려움을 보이기 시작한다. 사회적 선택의 두 측면, 즉 애착(attachment)과 낯선 사람에 대한 불안은 처음부터 매우 밀접하게 관련되어 있다. 애착을 통해 유아는 양육과 보호를 받을 기회를 최대로 하고 나머지 세계를 탐색하는 데 필요한 안전한 기지를 구축할 수 있다(Bowlby, 1988).

에인스워스(Mary Ainsworth)는 유아와 양육자 간에 존재하는 세 가지 애착 유형을 제안했다(Ainsworth, Bell, & Stayton, 1971). 그녀는 '낯선 상황(strange situation)'이라는 실험실 상황에서 유아의 반응을 관찰하여 이러한 유형을 검증하였다. 처음에 유아는 어머니와 함께 놀이를 하고 있고, 이때 낯선 사람이 접근한다. 잠시 동안 어머니가 그곳을 떠난 다음 되돌아온다. 어머니는 이러한 과정을 반복해서 하기도 한다.

첫 번째, '안정애착' 유형의 유아는 어머니가 있는 동안 낯선 새로운 상황에서 재미있게 놀이를 한다. 어머니가 떠났을 때 약간의 불안을 보이지만 어머니가 돌아오면 열렬하게 반기면서 긍정적인 반응을 보인다. 이러한 유형의 유아 어머니는 유아의 요구에 민감하게 반응하고 유아 스스로 노는 것을 충분히 허용해 준다. 두 번째, '불안정 회피애착' 유형의 유아는 어머니가 떠나도 별로 동요하지 않고, 어머니가 돌아와도 다가가지 않고 무시하는 경향을 보인다. 이런 유형의 어머니는 유아의 요구에 무감각하고 유아와의 신체적 접촉을 적게 하며 아이를 거부적인 방식으로 다룬다. 세 번째, '불안정 저항애착' 유형의 유아는 어머니가 있어도 상황을 탐색하는 정도가 덜

BOX 1 원숭이의 애착에 대한 실험

심리학자들은 처음에는 영아의 애착이 발달하는 것은 엄마가 가장 기본적인 욕구 중 하나인 먹을 것을 제공하기 때문이라고 생각하였다. 그러나 할로우(Harry Harlow)라는 심리학자는 원숭이를 대상으로 애착 실험을 하면서, 어미와 새끼의 애착에는 먹여 주는 것 이상의 것이 있음을 보여 주었다(Harlow, 1959).

그는 우선 태어난 지 얼마 되지 않은 원숭이를 어미로부터 떼어 우리에 넣고 길렀다. 그리고 원숭이에게 어미를 대신할 수 있는 두 개의 인형을 만들어 주었다. 하나는 철사로 되어 있어서 촉감은 좋지 않지만 우유를 제공하는 젖꼭지가 달린 인형이었고, 또 다른 하나는 젖꼭지는 없지만 부드러운 천으로 만들어 촉감이 좋은 인형이었다. 이 실험은 어린 원숭이가 먹이를 주는 인형을 선택하는지, 아니면 부드러운 천으로 만든 인형을 선택하는지 관찰하고자 하는 것이었다.

언뜻 생각하면 원숭이에게 제일 중요한 문제는 먹는 것이므로 당연히 젖꼭지가 달린 인형에게 매달려 있을 것 같지만, 실험의 결과는 정반대였다. 배가 고플 때만 잠시 젖꼭지 인형에게 갔고, 대부분의 시간은 천으로 만든 인형에게 붙어 있었다. 이는 원숭이가 엄마를 선택하는 데 있어서 배고픔의 욕구 충족보다는 접촉을 통한 위안을 줄 수 있는가의 여부가 훨씬 더 중요하다는 사실을 나타낸다. 공포에 대한 반응을 비교해 본 결과, 어린 원숭이들은 공포감을 느낄 때마다 천으로 만든 인형에게 달려가 매달려 있었다. 천으로 만든 인형을 없앤 뒤에 공포감을 주자, 어린 원숭이들은 웅크리고 앉아서 얼어붙어 있거나 큰 소리로 울부짖는 등의 이상행동을 보였다.

이 실험의 더욱 주목할 점은, 생후 초기에 정상적인 애착 과정을 박탈당한 원숭이는 나중에 성장해서도 비정상적인 행동을 보였다는 점이다. 다른 원숭이들과 정상적인 상호작용을 하지 못했고 비정상적인 공격행동을 보였다. 그리고 암컷의 경우, 자신의 첫 새끼를 방임하거나 학대하는 경향을 보였다. 이 실험 결과는 원숭이에게만 해당되는 것이 아니라 인간에게도 똑같이 해당된다. 이러한 신체적 접촉을 통한 부모와의 애착이 어린 시절 충분했다면, 그 사람의 정서도 안정된다고 한다. 즉, 이 세상의 모든 것을 의미하는 엄마의 따뜻한 품을 경험한 아이는 나중에 성장해서도 세상이 따뜻한 것으로 여긴다는 것이다.

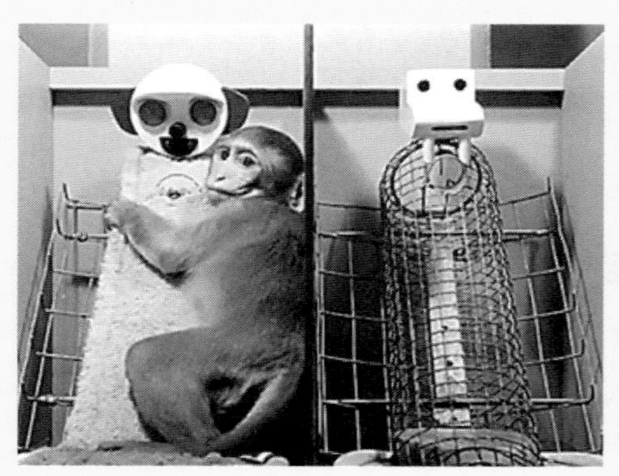

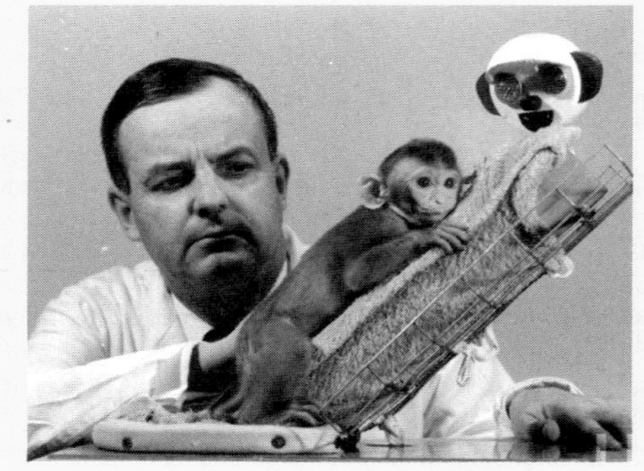

하고 어머니가 떠나면 극심한 불안을 보인다. 어머니가 돌아오면 화를 내지만 어머니 곁에 머물러 있으려고 하면서도 어머니가 안으려고 하면 저항하는 특징을 보인다. 이런 유형의 어머니는 유아의 요구에 무감각하지만 거부적이지는 않다.

이러한 일차적 애착은 유아가 이후에 직면하는 여러 도전들을 극복하는 기반이 된다. 이러한 측면에서 볼 때, 안정애착 유형의 유아가 유리하다고 할 수 있다. 안전하고 지지를 받고 있다고 느끼는 아이는 주변 상황을 탐색해서 학습할 준비가 되어 있다. 기본적인 관계가 긍정적이고 즐겁기 때문에 유아는 다른 관계도 즐거울 것으로 기대하게 되고 그럼으로써 다른 사람과의 상호작용할 수 있는 기회에 대해 우호적으로 반응한다. 많은 연구들은 안정애착의 유아가 학령 전기나 그 이후 수년 동안 인지적 · 사회적 기술의 발달 수준에서 더 높다는 것을 예증하고 있다(예: Meins, Fernyhough, Russell, & Clark-Carter, 1998).

(2) 전 학령기

전 학령기 동안의 사회성 발달과 관련해서 많은 연구자들은 아동이 가정에서 보이는 주된 행동 패턴이 그의 외부 행동에도 영향을 미친다고 믿는다. 러셀과 피니(Russell & Finnie, 1990)는 오스트레일리아에서 학령전기 아동이 다른 동료들과 사귀는 문제를 연구했다. 그 결과, 그들은 어머니들이 자녀가 동료들로부터 수용 받을 수 있도록 자녀에게 전략을 지도해 준다는 것을 발견했다. 인기 있는 아동의 어머니는 동료들과 활동을 같이할 것을 제안하는 반면, 동료들로부터 무시당하는 아동의 어머니는 물건을 주는 것에 초점을 맞추도록 제안하는 경향이 있었다. 또한 안정애착의 아동은 전 학령기 때 동료들과의 사회적 활동을 더 많이 하는 것으로 나타났다(LaFreniere & Sroufe, 1985).

전 학령기 아이는 광범위한 동료들과 놀지만 기회가 주어지면 분명하게 자신이 선호하는 친구와 노는 특성을 보인다. 이들은 좀 더 빈번하게 노는 동료들과 동일시하여 친구가 된다. 이러한 초기의 우정은 사회적 유능감을 키워주고 정서적 지지를 제공하는 등 매우 중요한 기능을 수행한다. 불행하게도 몇몇 아동들은 이러한 우정관계를 형성하지 못해 동료들로부터 거부되거나 무시된다. 학령 전기에 이러한 어려움을 겪은 아동은 동료 관계와 개인적 적응의 측면에서 아동기 및 심지어 성인기에 이르기까지 계속해서 문제에 직면할 수 있다(Coie, Terry, Lenox, & Lochman, 1995).

이 시기의 아동은 또한 성(gender)에 대해 학습한다. 그들은 성에 따라 분리하고 행동에서 서로 다른 선호를 보이는 경향이 있다. 2세 말경에 아이들은 자신이 남자인지 여자인지를 알고 남녀를 구분할 수 있게 된다. 또한 그 이후 수년 동안 아이들은 남녀에 대한 많은 지식을 획득하게 되고 특정 행동을 보고 그 사람의 성을 예측할 수도 있게 된다. 분명히 이 시기의 아이들에게도 성은 사회적 세계를 조직화하는 데 매우 기본적인 범주다.

이 시기의 남아들은 놀이에서 더 신체적이고 적극적인 반면, 여아들은 인형을 갖고 노는 것을 좋아한다. 하나의 이론은 이러한 차이가 유전적으로 미리 프로그램화되어 있다는 것이다. 성에 따른 이러한 행동이 공격성이나 배우자 유혹하기와 같은 이후의 사회적 활동이나 재생산 활동의 기초가 된다는 것이다. 또 다른 설명은 문화적인 것으로서 아이들은 자신의 성과 부합하는 것이 무엇인지를 부모로부터 직간접적으로 듣게 된다. 이것은 아이들의 특정 행동을 강화하고 또 다른 행동을 없애는 데 기여한다. 마지막으로 아이들끼리도 성에 맞는 행동을 하는 데 서로 영향을 미친다.

(3) 학령기

아동이 학령기에 접어들면서 다른 사람들과의 교류, 특히 또래와 보내는 시간이 현저하게 증가하게 된다. 인지적 발달이 이루어지고 사회적 요구가 증가하면서 관계 그 자체가 더 복잡해진다. 또한 아동은 다른 동료와의 비교를 통해서 자신의 능력과 한계점을 파악하게 되고 그에 따라 자부심, 수치, 불안, 야망과 같은 정서를 경험한다. 이러한 과정을 통해서 아동은 자신을 좀 더 깊이 있게 평가하게 된다.

앞서 언급한 것처럼 전 학령기의 아동도 자신이 선호하는 친구가 있다. 그러나 이 시기에 대부분의 관계는 단기적이다. 그들은 가까이 살거나 최근에 같이 논 친구들을 선호한다. 그렇기 때문에 이러한 관계는 매우 일시적일 수 있고 갈등이 발생하면 끝나기 쉽다. 그러나 학령기 아동의 경우 우정은 점점 더 지속적으로 되고 우정에서 서로 성격이 맞는 것이 더 중요해진다(Hartup, 1998). 우정에 관한 아동의 개념을 연구한 결과(Damon, 1983), 4~7세의 아동은 우정을 서로 좋아하고 활동을 공유하는 것으로 정의한다. 이 단계의 아동은 상호 기대, 가령 서로 친절하고 장난감을 공유하는 것과 같은 기대를 가지고 있다. 그러나 그들은 우정의 심리적 차원에 대해서는 거의 언급하지 않는다. 그러나 학령기 중기 아동은 상호 지지와 신뢰를 더 강조하는데, 가령 7~8세 아동은 우정을 구체적인 용어로 기술하지만 공유된 활동과 협동을 점점 더 강조한다. 그 다음 몇 년 동안에는 상호성, 우정에 대한 의무, 친구의 심리적 특성을 더 강조한다. 이러한 식으로 사회성 발달은 인지적 발달과 함께 이루어진다.

전 학령기와 마찬가지로, 학령기 동안에도 성역할에 관한 발달이 계속해서 이루어진다. 즉, 성을 중심으로 사회적 세상을 조직하고 남성이나 여성이 의미하는 것에 관한 정보를 축적해 간다. 또한 그 사회가 성 관련 전통적으로 기대하는 것이 무엇인지를 매우 잘 알게 된다. 그러나 그러한 전통적인 역할을 따르는 데 남아와 여아 사이에는 큰 차이가 있다. 학령기 동안 여아들이 여성성에 대한 요구를 따르는 것에 비해, 남아들은 남성성에 대한 요구를 훨씬 더 엄격하게 따른다. 대부분의 남아들은 자신의 성에 위배되는 행동을 수용하지 않지만, 여아들은 종종 남성적인 여가 활동에 참여하기를 좋아한다(Archer, 1992). 이것은 아마도 전통적으로 남성이 지배적인 위치에 있었기 때문에 남아들의 남성성에 대한 역할이 더욱 엄격했을 수 있다.

(4) 청소년기

청소년기의 사회적 상황은 급변한다. 이 속에는 생물학적이고 인지적인 변화와 함께 새로운 기회와 타인의 기대 등도 들어 있다. 이전 시기에 비해 청소년기의 아이들은 동료들과 더 많은 시간을 보내고 이러한 동료 관계를 자신의 정체성에서 매우 중요한 요소로 생각한다. 실제 여러 측면에서 청소년들의 선택과 행동은 그의 친구의 행동과 관련성이 매우 높다. 가령, 청소년의 비행이나 약물 사용에 그의 동료들이 영향을 미칠 수도 있다. 그러나 친구의 행동이 반드시 원인으로 작용하는 것만은 아닐 수도 있다. 청소년들의 보고에 따르면, 그들은 동료의 압력을 자신들의 행동에 대한 주요 원인으로 생각하지 않았으며, 그러한 압력을 다루기가 힘들다고 지각하지도 않았다(du Bois-Reymond & Ravesloot, 1994).

또한 동료의 영향은 삶의 영역에 따라 다른 것으로 보인다. 동료의 영향이 외모나 사교적인 측면에서는 강력하지만, 도덕적 가치, 반사회적 행동이나 진로 결정에는 크지 않다(Brown, 1999). 동료들이 나쁜 행동을 항상 촉진하는 것도 아니고 때로는 그러한 행동을 하지 말도록 설득하기도 한다. 또한 동료들이 항상 부모의 부정적인 영향을 해독시켜 주는 역할을 하는 것도 아니다. 예를 들면, 약물 사용과 같은 청소년기의 행동은 동료보다는 부모의 행동 특성과 더 관련성이 큰 경향이 있고, 친구를 선택하는 것도 부모의 영향을 받을 수 있다. 따라서 청소년기에 동료가 중요하지만 만능은 아니다.

성은 청소년기에 훨씬 더 중요해진다. 이 시기에 일어나는 생물학적 변화는 청소년들 및 다른 사람들에게 성을 두드러지게 만든다. 그 결과, 사회는 성에 적합한 행동을 더욱 강력하게 요구하게 된다. 아동기 때는 자신의 성에 부합하지 않는 행동을 해도 어느 정도 용납되지만, 청소년기에 부모나 친구들은 사회적으로 수용될 수 있는 행동과 그럴 수 없는 행동을 훨씬 더 엄격하게 구분하는 경향이 있다. 게다가, 특히 호르몬 상의 변화로 인해 청소년들은 성에 대해 더욱 관심을 갖는다. 그래서 남자 청소년들은 성 관련 행동에 관여하게 되고, 여자 청소년들은 부모의 태도나 친구의 성행동과 같은 사회적 요인에 더 영향을 받는 경향이 있다(Crockett, Raffaelli, & Moilanen, 2003).

3 전 생애 발달 관점과 성인기 발달 이론

여기에서는 성인기 발달 연구의 근간을 이루는 전 생애 발달심리학적 관점을 알아보려 한다. 그다음에 성인기 발달 이론 중에서 가장 대표적인 에릭슨(Erikson)의 심리사회적 발달 이론과 레빈슨(Levinson)의 인생의 사계절 이론을 소개할 것이다.

1) 전 생애 발달심리학적 관점[1)]

내가 그의 이름을 불러 주기 전에는
그는 다만
하나의 몸짓에 지나지 않았다.

내가 그의 이름을 불러 주었을 때
그는 나에게로 와서
꽃이 되었다.

김춘수 시인의 '꽃'의 일부다. 난데없이 시구를 인용하는 것은 이 장에서 말하고자 하는 전 생애(life-span) 발달심리학의 역사도 마찬가지이기 때문이다.

처음에는 그냥 사람만 있었다. 아동도 사람이고, 어른도 사람이고, 노인도 사람이

1) 이 부분은 김도환, 정태연(2002)의 1, 2장에서 일부 중복되는 내용이 있음을 밝힌다.

었다. 하지만 근대가 시작되면서 처음으로 아동이 '발견' 되었다. 오늘날 우리가 너무나 당연시 여기고 있는 아동에 대한 표상과 연구들은 사실상 지극히 근대적 현상이고 사회문화적 맥락에 좌우된 것이다. 다시 말해서, 현재 암묵적으로 정의되는 '순수하고 때 묻지 않아 교육을 통해 잘 길러져야 하는 존재' 로서의 아동은 20세기에 들어와서 심리학자, 교육학자들에 의해 만들어진 창조물이다. 발달심리학 이론의 존재 근거가 되는 아동의 개념 자체가 역사적으로 상대적이다(김정운, 2000). 아동기가 발견되고 나서야 비로소 아동에 대한 연구와 과학적 논의들이 이루어졌다. 일찍이 에릭슨(Erikson, 1976)은 "어린이를 중요시하는 시대(century of a child)가 도래하고 나서야 우리는 비로소 아동기에 대해 연구했듯이, 언젠가 다가올 성인의 세기에는 성인을 연구하게 될 잠재적 가망성이 있다."고 말한 바 있다. 그래서 이제 사람은 아동과 성인으로 구분되었다. 아동은 성인과는 많이 다른 존재였다는 것을 알게 된 것이다. 그러다가 20세기가 시작할 무렵 아동과 성인 사이에 끼어 있는 청소년이 인식되고 '질풍노도의 시기' 에 대해 연구자들은 주목하기 시작했다.

인생 시기에 대한 구분은 계속된다. 1970년대 이후 서구에서 노년기가 새롭게 부각된 것이다. 아동, 성인과 또 다른 연령 집단으로서의 노년이 다시 "이름을 얻게 된다." 노인은 성인과는 다른 나름의 차이점이 있다는 사실이 인식된 것이다. 이에 맞물려, 노화(aging)가 사회적 이슈가 되고 노년학 분야가 각광받기 시작했다.

이제 사람은 아동, 청소년, 성인, 노인으로 구분되었고 이는 현실적으로도 이론적으로도 상당히 견고한 구분으로 자리 잡게 된다. 하지만 세분화는 멈추지 않고 성인기와 노년기 사이의 중년기를 또 발견한다. '중년기의 위기' 는 다른 인생 시기와 또 다르다는 것이다. 이러한 패턴은 계속 되어 최근에는 성인기조차 성인 초기와 성인 중기로 나누고 있고, 노년기 역시 노년 초기, 노년 중기, 노년 후기로 세분화하는 실정이다.

다시 말해, 아동은 인간의 역사 이래 계속 존재하였지만, 사람들이 '아동' 이라고 명명한 이후에야 아동에 대한 연구가 시작되었듯이, 성인 발달에 대한 연구는 매우 최근에 나타난 연구 주제인 것이다. 독립된 주제로 인식되고 나서야 비로소 말이다.

여기서 말하는 전 생애 발달심리학적 관점이란 수태에서 죽음까지의 인생 과정을 통해 개체 행동의 일관성과 변화에 대해 연구하는 것을 의미한다. 전 생애 발달심리학적 관점에서는 인간 발달에 영향을 주는 다음의 세 가지 요인을 전제한다(Baltes, 1987).

- '연령 단계별 영향' 은 생물학적인 연령과 밀접한 관계가 있으며, 시간적 순서(발

BOX 2 전 생애 발달심리학적 관점의 특징적인 명제들(Baltes, 1987)

1. **생애 발달**: 개체발생적 발달은 평생에 걸친 과정이다. 어느 연령 시기도 인간 발달을 본질적으로 통제하는 우위를 점하지 못한다. 일생의 모든 단계에서 연속적, 비연속적 과정 모두가 다 작용한다.
2. **다방향성**: 동일한 영역 안에서조차 매우 큰 다양성 또는 다원성이 (개체발생을 구성하는 변화들의 방향성에서) 나타난다. 변화의 방향은 행동 범주에 따라 다양하다. 동일한 발달 시기 동안 행동의 어떤 체계들은 증가하는 반면, 다른 것은 기능적 수준에서 분명한 감소를 보인다.
3. **획득과 상실로서의 발달**: 발달의 과정은 상승적인 성장처럼 더 높은 효율성을 향해 나아가는 단순한 과정이 아니다. 일생을 통해 발달은 언제나 획득(성장)과 상실(쇠퇴)의 통합적인 발생으로 이루어진다.
4. **가소성**: 개인의 커다란 가소성(수정 가능성)이 심리적 발달에서 나타난다. 한 개인의 생활조건 및 경험에 따라 발달 과정은 여러 가지 형태로 일어난다. 핵심적인 발달 사항은 가소성의 범위 및 그것의 한계를 찾는 것이다.
5. **역사적 기반**: 개체발생적인 발달은 역사문화적인 조건에 따라 상당히 다르다. 연령과 관련된 개체발생적 발달이 어떻게 진행되는가는 특정한 역사적 시기에 존재하는 사회문화적 조건들의 종류와 시간이 지남에 따라 그것들이 어떻게 발전하는가에 따라 크게 영향을 받는다.
6. **맥락주의 패러다임**: 개체발달의 특정 경로는 발달적 영향들, 즉 연령 단계별, 역사 단계별, 그리고 비규범적인 세 가지 체계들 사이의 변증법적 상호작용의 결과로서 이해된다. 이러한 체계들의 작용은 맥락과 밀접한 관련이 있다.
7. **다학문적 발달 분야**: 심리학적 발달은 관련된 다른 학문들(인류학, 생물학, 사회학 등)이 제공하는 학제 간 맥락에서 볼 필요가 있다. 생애 조망의 학제적 입장에서 보면, 가장 '순수한' 심리학적 견해는 수정에서 사망까지의 행동 발달의 부분적인 표상만을 제시한다.

BOX 3 엘더(Elder)의 생애과정(Life Course) 이론(1998)

1. 인간 발달과 노화는 생애 전체에 걸쳐 지속되는 과정이다.
2. **시기의 원칙**: 생애 전환, 사건, 행동 패턴에서 나타나는 발달적 선행사건과 그 결과는 개인 생애에서 어느 시기인지에 따라 다양하게 나타난다.
3. **연결된 생애의 원칙**: 생애는 상호 의존적이며 사회역사적 영향들은 공유된 관계의 그물망을 통해 나타난다.
4. **역사적 시공간의 원칙**: 개인의 생애 과정은 그가 인생에서 경험하는 역사적 시공간 속에서 구현되고 바꾸어진다.
5. **인간 주체(agency)의 원칙**: 선택과 행동을 통해 개인은 자신의 생애 과정을 구성하며, 그러한 선택과 행동은 역사와 사회 환경이 제공하는 기회와 제약을 받게 된다.

생, 지속)에 있어서 예측 가능하고, 대부분의 개인들에게 유사한 효과를 주는 생물학적 · 환경적 결정요인들로 정의된다. 생물학적 성숙 및 연령 단계별 사회화 사건들은 이것의 실례들이다.

- '역사 단계별 영향'은 생물학적 및 환경적 결정요인 모두를 다 포함하는데, 역사적 시대와 연관되어 있으며 개인들이 발달하는 보다 커다란 진화적인 맥락과 생물 · 문화적 상황으로 정의된다. 두 가지 형태의 역사단계별 영향이 있을 수 있는데, 예를 들면 근대화를 향한 장기간의 변화나 전쟁 같은 것들이다.
- '비규범적인 영향'은 역시 생물학적 · 환경적 결정요인을 포함하는데 주요한 특징은 발생, 유형화, 계기성이 다수의 개인들에게 적용되지 않을 뿐만 아니라 일반적이고 예측 가능한 과정을 따르지도 않으며, 대신에 행동 발달의 특이성 또는 개별성을 나타낸다.

그런데 이러한 전 생애 발달심리학적 연구는 종래의 발달심리학(주로 아동 발달심리학)에 새로운 하나의 연구 영역을 접목시키는 것이 아니라 발달에 대한 새로운 관점을 제창한 것이며 종래의 발달심리학 견해를 전 생애적 관점으로 다루려는 하나의 운동이라고 볼 수 있다. 따라서 그것은 지금까지의 발달심리학에 새로운 지식 체계를

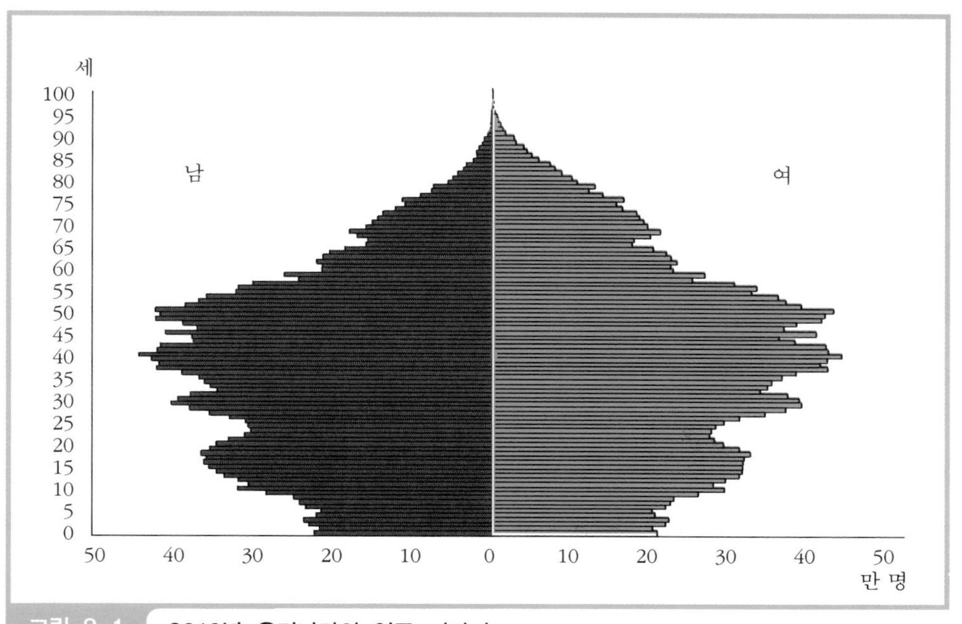

그림 8-1 2010년 우리나라의 인구 피라미드

부가하는 것이 아니라 새로운 '관점'을 부여하려는 것이다. 이는 '인간의 발달이 그 전 생애를 통해 영위된다.'는 지극히 타당한 모델에 따르는 것으로서 발달심리학에 있어서 가장 지체된 '깨우침'이었다고 할 수 있다. 따라서 전 생애 발달심리학은 아동심리학, 청년심리학 또는 노인심리학과 같은 전문적 연구 영역을 가지고 있지는 않으며, 발달심리학의 방향성 내지는 오리엔테이션을 목적으로 하고 있다는 것이다(황상민, 김도환, 2001; 백운학 역, 2002).

더군다나 평균 수명의 증가와 맞물려 고령화 사회에서는 성인 이후 인생 시기에 대한 연구가 현실적인 필요에 의해서도 중요해질 수밖에 없다. 60세 전후로 은퇴한다고 하더라도 최소한 30년 이상의 수명이 더 남아 있으며 이 시기 동안 개인이 겪는 각종 심리사회적 경험의 중요성은 청소년기나 성인 초기 못지않게 의미를 가질 것이다. 특히 2010년 인구총조사 결과(통계청, 2010)에 따르면, 65세 이상 노인 인구는 2005년 9.3%에서 2010년 11.3%로 증가하였으며, 전국 모든 시도의 고령 인구 비율이 7%를 초과해 '고령화 사회'로 진입한 상황이다.

2) 에릭슨과 레빈슨의 이론

Erik H. Erikson(1902~1994)

전 생애 발달심리학에서 가장 대표적인 이론가는 에릭 에릭슨(Erik Homburger Erikson, 1902~1994)과 다니엘 레빈슨(Daniel Levinson)이다. 먼저, 에릭슨은 1973년 미국의 인문과학을 위한 국립기금(National Endowment for The Humanities)의 제퍼슨 강연자(Jefferson Lecturer)였다. 이 강연은 국제적인 명성을 지닌 학자로 하여금 백악관의 고위 관리, 국회의원, 기타 저명인을 대상으로 그의 지혜, 지식, 그리고 경험을 피력하게 함으로써, 현실 문제와 학문 사이의 거리를 좁히려는 데 그 목적이 있던 행사다. 에릭슨이 200명이 넘는 경쟁자 속에서 두 번째 강연자로 선정되었다는 사실은 그의 학문적 영향력을 짐작케 한다. 그는 이 강연의 시작을 다음과 같은 문장으로 시작했다.

> 저는 단지 '거인 어깨 위의 조그만 난장이(A dwarf on a giant's shoulder)'에 불과합니다. 제가 인간의 삶에 대해서 멀리 내다 볼 수 있었던 것은 나의 스승인 프로이트라는 거인의 어깨 위에 올라앉아 있을 수 있었기 때문입니다.

아마도 인간 발달을 연구하는 사람 중에서 그의 이론에 영향을 받지 않은 사람이 없다고 해도 과언이 아닐 만큼, 에릭슨의 인간 발달 이론은 심대한 영향을 주고 있다(Shaffer, 1996). 특히 에릭슨은 '자아정체성(ego-identity)'이라는 용어로 우리에게 잘 알려져 있다. 청소년기부터 성인 초기, 아니 죽는 그 순간까지도 끊임없이 거의 모든 사람들을 기쁘게도 하고 슬프게도 하는 그 질문은 바로 "나는 누구인가?"다. 에릭슨이 자아정체성 연구에 평생을 바치게 된 것은 결코 우연이 아닐 것이다. 그는 아버지가 누구인지 모르는 채 유대인인 어머니 밑에서 자랐으며, 유대인 또래 집단 속에서는 너무나 이질적인 외모로 이방인 신세였다. 그의 꿈은 화가였으나 결국 프로이트의 영향을 받아 심리학자로서의 인생을 살았고, 정규 교육은 고등학교 졸업이지만 하버드 대학교의 교수로서 은퇴했으며, 유럽에서 태어났으나 제2차 세계대전으로 인하여 인생의 후반기를 미국에서 이민자로 살았다. 그는 개인적 · 사회적으로 엄청난 자아정체성의 혼란 속에서 살았던 것이다. 에릭슨 이론에 대한 요약은 〈Box 4〉에 제시되어 있다.

BOX 4 에릭슨(Erikson)의 심리사회적 발달 이론

에릭슨은 일생을 통한 발달을 8단계로 구분하였다. 그는 발달이 인생의 다양한 시점에서 이루어지는 사회적 관계에 달려 있다고 믿었기 때문에, 이 단계를 심리사회적 단계라고 불렀다. 에릭슨에 따르면, 모든 사람은 생애주기를 거치면서 일련의 주요 위기를 극복해 간다. 각 단계에서 그 개인이 지금까지 성취한 자기와 사회가 제기하는 다양한 요구 사이의 결정적 갈등이 존재한다. 몇몇 단계는 아동기 때 일어나고, 나머지는 청소년기 및 그 후에 발생한다. 이러한 단계가 다음의 표에 제시되어 있다.

단계 및 연령	심리사회적 위기	발달과업
1단계: 0~1.5세	신뢰 대 불신	어머니에 대한 애착으로, 이것은 이후에 타인에 대한 신뢰의 기초가 됨
2단계: 1.5~3세	자율성 대 수치심과 의심	(배변훈련과 같은) 자기와 환경에 대한 기본적인 통제력을 획득하는 것
3단계: 3~6세	주도성 대 죄책감	목적 지향적이고 방향성을 획득하는 것
4단계: 6세~사춘기	근면성 대 열등감	사회적 · 신체적 · 학업적 기술을 발달시키는 것
5단계: 청소년기	정체성 대 역할 혼돈	아동에서 성인으로 이행하는 것으로, 정체감을 발달시키는 것
6단계: 성인 초기	친밀감 대 고립감	사랑 및 우정과 같은 친밀한 유대를 형성하는 것
7단계: 중년기	생산성 대 침체성	가족, 직업 및 사회와 관련된 인생의 목표를 수행하는 것으로, 미래의 세대와 관련된 관심사를 발달시키는 것
8단계: 노년기	자아통합 대 절망	자신의 인생을 되돌아보면서 그 의미를 수용하는 것

에릭슨의 인간 발달 8단계 이론은 종종 그의 학문적 아버지인 프로이트의 심리성적 발달 이론과 비교된다. 즉, 프로이트 이론이 아동기에 국한하여 개인의 심리성적 문제에 초점을 맞춘 반면에, 에릭슨 이론은 인간 발달이 전 생애에 걸쳐 지속되고 개인뿐만 아니라 사회역사적 맥락 역시 인간 발달에서 매우 중요하다고 강조한다. 또한 에릭슨은 인생에서 각 단계의 발달이 긍정-부정의 양 측면을 동시에 포함하고 있고, 점성적(漸成的, epigenetic) 원칙에 의해 발달한다고 본다. 그가 주장하는 점성적 원칙이란 다음과 같다(Erikson, 1976).

- 기본적 특질들의 각각의 조합은 육체적, 인지적, 정서적, 그리고 사회적 발달로 인해 위기를 느끼게 될 때 보다 우위(優位)의 단계로 넘어간다. 이 우위의 단계들은 대각선을 구성한다.
- 각각의 우위의 단계들은 '그 단계 나름의' 성숙의 위기에까지 수직적으로 전진해야만 하는 선행 단계가 (대각선의 아래쪽에) 있다.
- 각각의 위기는 계속되는 위기가 출현할 때마다 (대각선의 위쪽에) 그 당시의 우세한 갈등의 새로운 수준까지 전진해야만 한다.

에릭슨이 전 생애 발달의 기초를 다졌다면, 레빈슨은 성인기의 발달에 관한 종합적인 이론을 제시하였다. 레빈슨(1978)과 그의 동료들은 1967년부터 십여 년에 걸쳐 미국 북동부 지역에 사는 40명의 중년 남자들을 대상으로 심층 면접을 통해 성인 발달의 단계를 제시했다. 레빈슨은 개인의 인생에는 출생부터 사망에 이르기까지 개인차를 초월한 보편적 유형이 있다고 보고 인생을 특정한 단계나 기간이 연속적으로 순서대로 나타나는 계절(era)의 개념으로 접근하였다.

〈Box 5〉에서 보는 바와 같이 개인의 인생에는 아동 · 청소년기, 성인 초기, 성인 중기, 성인 후기라는 질적으로 서로 다른 네 개의 계절이 존재하고, 각 계절은 약 20년 정도 지속된다고 보았다. 그러므로 성인기의 인생도 아동기나 청소년기와 마찬가지로 기본적인 순서에 의해서 진행하기 때문에 성인 발달에 대한 연구에서도 발달적 접근이 필요하며 그 인생의 구체적인 특성들을 탐구해야 함을 강조하였다.

레빈슨에 의하면 '인생구조(life structure)'의 발달은 일군의 발달심리학자들이 이야기하는 '성격 발달'과는 다르다. 그가 인생구조의 개념을 사용하여 지적하고자 하는 성인 발달은 각 개인의 어떤 개별적 특징에 집중하기보다는 훨씬 더 포괄적으로 그 개인이 세계와 맺고 살아가는 '관계(relations)'에 집중한 것이라고 한다. 따라서 그는 자신의 발달 개념을 꼭 진보적인(progressive) 것으로 이해할 필요는 없다고 말한다(Levinson, 1990). 그가 제안한 인생구조는 다음과 같은 세 변수들로 이루어져 있다.

- 개인에게 심리적으로 중요한 사회문화적 세계: 이것은 출신 지역, 부모의 직업과 경력 수준, 개인과 가족 전체의 소비 수준과 같은 사회경제적 배경에 해당하는 요인이다. 또한 천재지변, 정치 · 경제적 변화와 같은 시대적 격변도 이에 해당한다.
- 숨겨져 있거나 현재 가장 부각된 자아의 구성 요소들: 개인에게는 다양한 자아의 측면들이 있다. 그러나 그 개인이 현재 처한 발달적 맥락에 따라 자아의 어떤 부분이 부각되는 반면, 다른 부분은 숨겨져 있다. 개인의 발달 과정이 진행되면서 숨겨졌던 자아와 부각된 자아는 계속 바뀌어 간다.

BOX 5 인생주기의 시대와 전환기(Levinson, 1978)

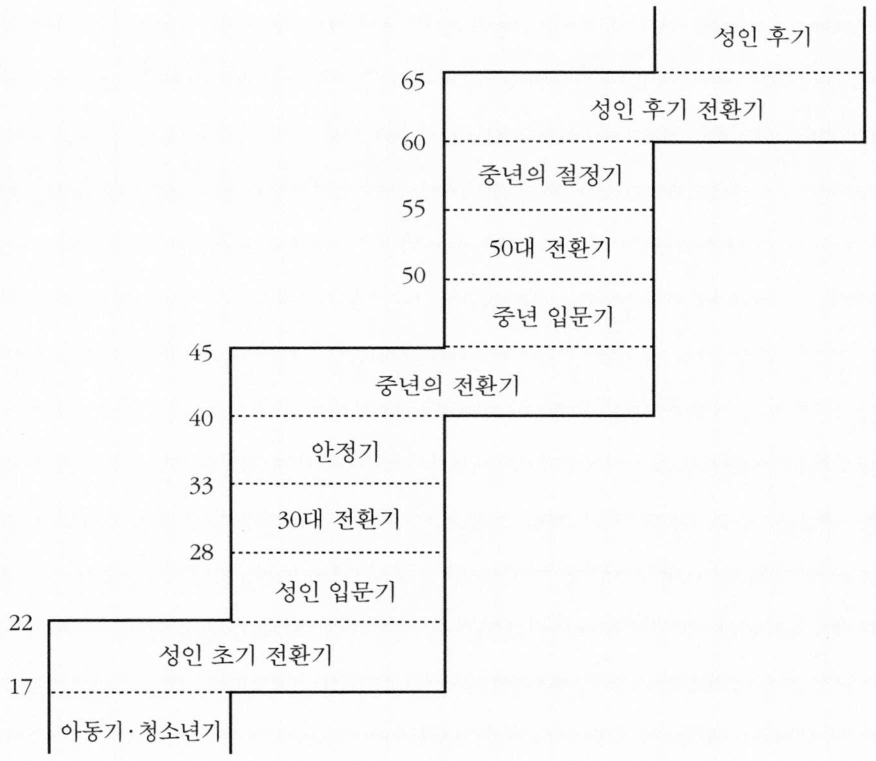

- 개인이 현재 참여하고 있는 활동들: 개인이 과거와 현재 어떤 활동에 관심을 가지고 참여하고 있는지에 관한 요인이다. 대학생의 경우는 그 학생이 참여하고 있는 학생운동단체나 종교단체, 동아리 혹은 희망전공 같은 공적인 참여가 있고, 연애와 우정관계 같은 개인적 참여 등도 이 변수에 모두 포함된다.

레빈슨의 인생구조 개념을 한마디로 요약하자면, 그것은 아마도 1930년대 미국 연극계의 희곡에 대해 비평한 아더 밀러(Arthur Miller)의 표현에 가장 잘 함축되어 있을 것이다.

> 사회는 인간 속에 존재하며 인간은 사회 속에 존재한다. 당신이 그의 사회적 관계와 현재의 그가 되도록 만든 그리고 현재의 그가 아닌 어떤 존재가 되지 못하게 방해한 사회적 힘을 이해하기 전에는, 당신은 무대 위에서 진실 되게 그려진 심리적 실체를 창조할 수 없다. 물고기는 물속에 있으며 물은 물고기 속에 있다(Miller, 1958).

이러한 레빈슨 이론의 내용을 성인 초기를 중심으로 확인해 보자. '성인 초기 전환기'는 청소년기와 성인 초기를 연결하고 있다. 그 뒤를 이어 '성인 입문기'가 이어진다. 이 시기의 일차적인 과제는 성인 초기의 첫 인생구조를 형성하는 것이며 이 구조는 '30대 전환기'에 다시 수정된다. 그리고 이러한 안정과 전환이 성인 후기까지 계속 이어진다.

레빈슨(1978)의 연구 표본에 따르면 '성인 초기 전환기'는 전형적으로 17~18세에 시작해서 5년간 지속되었으며, 22~23세에 끝난다. 어떤 경우에도 그것은 16세보다 빨리 또는 18세보다 늦게 시작되지는 않았으며 4년 이하 또는 7년 이상 지속되지도 않았다.

성인 초기 전환기에는 두 개의 주요한 과제가 있다. 그 하나는 청소년기의 인생구조를 마무리 짓고 '성인 이전기를 떠나는 것'이다. 젊은 남성은 그 세계의 본질과 그 안에서 자신의 위치에 대해 의문을 던져 보아야 한다. 중요한 사람들이나 기관들과 맺고 있는 관계를 수정하고, 성인 이전기에 형성된 자아를 수정할 필요가 있다. 수많은 결별, 상실, 그리고 변형이 불가피하다.

다른 하나는 '성인 세계로 예비적인 발걸음을 내딛는 것'이다. 즉, 성인 세계에서의 가능성을 탐색해 보고 그 안에서 참여자로서 자신을 상상해 보고 그 속에 완전히 들어가기 전에 몇 가지 잠정적인 선택들을 해서 시험해 본다. 첫 번째 과제는 끝맺는 과정을, 두 번째 과제는 시작하는 과정을 수반하게 된다.

'성인 입문기' 는 보통 22세(±2년)에 시작해서 약 6년 동안 지속되었으며 28~29세에 끝난다. 성인의 세계로 들어갈 때, 젊은이들은 자아와 성인 세계를 연결해 줄 수 있는 최초의 인생구조를 형성하고 그것을 시험해 보아야 한다. 그는 이제 자신의 삶의 중심을 태어날 때부터 속한 가족의 어린이 위치에서 자신이 새롭게 구성한 가정에 기반한 풋내기 성인의 위치로 전환해야 한다. 이제 성인 세계로 완전히 들어갈 때다. 이것은 다음과 같은 다양한 노력을 필요로 한다. 즉, 유용한 가능성을 찾아내고 성인으로서의 자신을 구체적으로 (결코 마지막 정의는 아닐지라도) 정의하며 직업, 사랑 관계, 삶의 양식, 가치들에 관한 최초의 선택을 하고 또 그것들과 더불어 살기 위한 노력을 하는 것이다. 이러한 다양한 탐색에서 필요한 자세는 '느긋할 것' '대안들에 개방적일 것', 그리고 '깊은 개입을 피할 것' 등이다.

'30대 전환기' 는 28~29세 사이에 시작하여 32~34세 사이에 끝난다. 평균적으로 볼 때 28~33세까지 5년 동안 지속되었다. 이제 남성들은 과거를 재평가하고 미래를 생각해 볼 수 있는 5~6년의 시간을 가질 수 있다. 그는 물어본다. '내 인생에서 내가 한 것은 무엇인가? 내가 하고자 원했던 것은 무엇인가? 나는 앞으로 어떤 새로운 방향을 선택할 것인가?'

30대 전환기에는 20대의 일시적이고 탐색적인 자질은 사라지고 남성들은 이제 더욱 긴박감을 갖게 된다. 그의 인생은 더욱 심각해지고 제약을 많이 받으며 더욱 '실제적' 으로 된다. 그들은 다음과 같은 감정들을 갖게 된다. '내가 내 인생을 변화시키려 한다면 지금이 바로 시작할 때다. 왜냐하면 곧 늦어질 테니까.' 30대 전환기는 성인 초기 내에서 좀 더 만족스러운 인생구조를 만들어 내기 위한 두 번째 기회다.

모든 남성들은 이 시기 동안 약간의 변화를 경험한다. 그래서 그 끝에서는 좋든 싫든 인생구조가 처음 시작할 때와는 반드시 다르다. 모든 전환기에서와 마찬가지로 이 시기의 시작과 그 진행 과정 및 결과에는 미묘한 개인차가 있다.

레빈슨은 성인 초기 전환기, 성인 입문기, 30대 전환기를 합쳐서 '초심자 단계 (novice phase)' 라고 불렀다. 이 단계에서는 크게 다음과 같은 네 가지 중요한 발달적 과제들이 있다.

- 꿈(dream)을 형성하고 인생구조 안에 그 꿈을 배치하기
- 멘토(mentor) 관계를 맺기
- 직업을 선택해서 이력을 쌓아 나가기
- 사랑 관계를 맺어 결혼하고 가족을 이루기

이 중에서 첫 번째, 두 번째 과제의 의미를 좀 더 살펴보자. 먼저 레빈슨이 말하는 꿈은 결코 우리가 밤에 꾸는 꿈이나 우연한 백일몽을 말하는 것이 아니다. 여기서의 꿈이란 성인 세계 안에서의 자신에 대한 막연한 자아감이다. 그것은 흥분과 생동감을 생성해 내는 비전, 막연한 가능성 같은 성질을 가지고 있다. 첫 번째 인생구조가 자신의 꿈과 조화를 이루고 꿈에 의해서 고무되는가 아니면 꿈에 위배되는가에 따라 개인의 성장에 큰 차이가 난다.

두 번째는 멘토인데, 멘토 관계는 남성들이 성인 초기에 가질 수 있는 가장 복잡하면서도 중요한 것 중의 하나다. 멘토는 보통 5~6년 나이가 더 많고 좀 더 많은 경험을 가지고 있으며 젊은이들이 들어가고 있는 세계에서 고참인 사람이다. 여기에서 말하는 멘토의 의미는 선생님, 조언자, 후원자 등의 좁은 의미를 넘어서서 그 이상을 의미한다.

멘토 관계는 가끔 직업 현장에서 생기는데, 선생님이나 상사 또는 대학 선배들이 멘토로서의 기능을 떠맡게 된다. 멘토 역할은 공식적으로 정의되기보다는 관계의 특성과 기능으로 정의된다. 그 기능이란 젊은 남성의 기술과 지적인 발달을 고양시키는 선생으로서 활동하는 것이고, 꿈을 실현하도록 지지하고 촉진하는 것이다. 따라서 좋은 멘토란 좋은 아버지와 좋은 친구의 혼합물이다. 물론 아버지와 친구의 최악의 모습을 조합한 나쁜 멘토들도 있다. 좋은 멘토의 관계는 대개 평균 2~3년, 길면 8~10년 정도 지속된다.

레빈슨 이론과 관련해서 네 가지 확인할 사항들이 있다. 이러한 사항들은 레빈슨 이론의 핵심적인 특징을 대변해 준다.

첫 번째, 가장 놀랄 만한 사실 중의 하나는 각 시기가 끝나고 시작하는 연령이 비교적 안정되어 있다는 것이다. 평균 연령을 중심으로 약 2~3년 정도 차이가 있을 뿐이다. 이는 성인 발달의 속도나 양상이 매우 다양하다는 일반적인 생각에 반대된다. 하지만 그렇다고 해서 연령만을 발달 시기의 기준으로 사용하는 것은 타당하지 않을 수 있다. 발달 시기들은 비록 연령과 연관이 되어 있기는 하나, 단순한 연령의 파생

물만은 아니기 때문이다. 한 시기가 오는 때, 그리고 그 안에서 수행된 발달 과제의 종류는 한 남성이 살고 있는 생물학적 · 심리적 · 사회적 조건에 따라 다양하다.

두 번째, 인생구조의 발달 과정이다. 레빈슨은 개인의 인생구조가 성인기를 통해 연속적으로 진화해 간다고 보고 이러한 과정에는 안정기(stable period)와 전환기(transitional period)가 번갈아 나타난다고 보았다. 6~7년 동안 지속되는 안정기에는 인생구조를 확립하여 풍부하고 안정된 생활을 영위하며 4~5년 정도 지속되는 전환기에는 인생구조를 변화 · 수정하여 다음 단계를 준비한다는 것이다. 따라서 현재의 인생구조가 아무리 적응적이라고 하더라도 그 유효 기간은 최대 7년을 넘지 못한다는 것이다. 인생구조는 '시시포스의 신화' 처럼 결코 '완성' 될 수 없는 것이다.

세 번째, 이론의 보편성에 관한 문제다. 앞서 우리가 살펴본 레빈슨의 이론은 미국 내에 살고 있는 남성들에 대한 연구에 근거하고 있다. 그렇다면 이 이론은 역사상 당시의 미국 남성들에게만 해당되는가? 아니면 다른 사회나 역사적으로 다른 시대에 사는 사람에게도 적절한 모형인가? 레빈슨은 이에 대해 아직은 알 수 없다고 밝히면서도, 탈무드(Talmud)와 공자(孔子)까지 예로 들면서 현재의 모든 인류와 사회 속에는 이러한 인생의 계열이 존재해 왔다고 말한다.

그러나 테난트와 폭슨(Tennant & Pogson, 1995)은 레빈슨 이론이 여성, 흑인, 원주민, 이민자, 그리고 빈곤층과 같은 사회 집단의 경험을 적절하게 반영하지 못한다고 지적했다. 같은 맥락에서 레빈슨 이론은 현재 한국 사회에 살고 있는 우리들의 모습에 대해서 무엇을 말해 줄 수 있을까? 아직까지 우리는 한국 사회의 성인 발달 과정을 묘사하는 이론적 틀을 가지고 있지 못하다. 또한 그러한 발달 과정을 탐색한 경험적 자료도 부재한 상황이다. 이러한 상황에서 레빈슨 이론의 보편성 문제를 논의하기 위해서는 좀 더 많은 검토와 연구들이 절실하게 요구된다고 할 수 있다.

마지막 네 번째 사항은 상당히 논쟁적인 이슈인데, 기존의 성인 발달 이론들이 남성중심적인 관점에서 이루어졌다는 것이다. 레빈슨이 말년에 저술한 『여자가 겪는 인생의 사계절』(1996)까지도 포함해서 말이다. 발달심리학 이론에 나타나는 성적인 편견에 대해 선구적인 비평을 전개해 온 심리학자 길리건(Gilligan)은 대부분의 발달 문헌에 나오는 성인기의 모습이 여성의 인생과 일치하지 않는다고 주장한다. 왜냐하면 이러한 문헌들은 건강하고 적응적인 성격에 대한 개념들을 절대적으로 남성의 시각에서 묘사하기 때문이라는 것이다. 즉, 분리, 자율, 독립과 같은 용어들은 근본적으로 남성가치적이며, 여성들은 관계, 책임, 공감, 상호 의존을 가치 있게 여긴다고 길리건은 말한다. 따라서 소년들의 정체성이 그들의 주요 양육자(대부분의 경우에 여성)와의 대조와 그들로부터의 분리에 기초한다면, 소녀들의 정체성은 그들의 주요 양육자와의 일치와 애착에 대한 지각에 기초한다.

따라서 여성과 남성은 여러 관계들, 특히 의존성에 대한 문제를 서로 다르게 경험한다. 소년과 남자들에게 있어서 모성으로부터의 분리가 남성다움의 발달에 필수적이기 때문에 분리와 독립이 성 정체성과 결정적으로 연결되어 있다. 그러나 소녀와 여성들의 성 정체성에 대한 논점들은 모성으로부터의 분리와 개별화의 성취에 달려 있지 않다. 남성성이 분리를 통해서 정의되는 반면, 여성성은 애착을 통해서 정의되기 때문에 친교는 남성의 성 정체성을 위협하고 분리는 여성의 성 정체성을 위협한다. 따라서 남성들은 관계를 맺는 데에 어려움을 갖는 경향이 있는 반면, 여성들은 개별화 문제를 갖고 있는 경향이 있다.

그러나 분리의 정도가 증가하는 것이 심리학 이론에서 아동·청소년기 발달의 지표를 의미한다는 점에서 여성의 인생을 특징짓는 사회적 상호작용과 개인적 관계에 대한 몰입은 남성과 대조되면서 단지 기술적 차이뿐만 아니라 발달적 부담으로 작용한다. 따라서 이러한 정의상으로 보면 여성들의 분리 실패는 곧 발달 실패가 된다(Gilligan, 1982).

여성들의 성인 발달에 관한 수십 편의 연구들을 검토한 결과를 보면(Tennant & Pogson, 1995), 여성은 남성과는 다른 특성을 가지고 있다. 즉, 여성들은 자신의 인생

BOX 6 미국 하버드 대학교에 1930년대 말에 입학했던 2학년생 268명을 72년에 걸쳐 추적 조사한 그랜트 연구의 결과(Vaillant, 2002)

1. 우리에게 일어났던 나쁜 일들이 우리의 미래를 결정하는 것은 아니다. 행복한 노년은 우연히 만난 훌륭한 인물들 덕분에 보장되기도 한다.
2. 인간관계의 회복은 감사하는 자세와 관대한 마음으로 상대방의 내면을 들여다볼 때 이루어진다.
3. 50세에 행복한 결혼생활을 하고 있다면 80세에도 행복한 노년을 누릴 수 있다. 그러나 놀랍게도 50세에 콜레스테롤 수치가 낮다고 해서 80세에 반드시 건강하고 행복한 것은 아니다.
4. 알코올 중독은 (불행한 유년 시절과 관계없이) 분명 실패한 노년으로 이어진다. 알코올 중독은 부분적으로 장차 얻을 수 있는 사회적 지원을 가로막는 요인이기 때문이다.
5. 은퇴하고 나서도 즐겁고 창조적인 삶을 누려라. 그리고 오래된 친구들을 잃더라도 젊은 친구들을 사귀는 법을 배워라. 그러면 수입을 늘리는 것보다 한층 더 즐겁게 살 수 있다.
6. 객관적으로 신체건강이 양호한 것보다 주관적으로 건강상태가 좋다고 느끼는 것이 성공적인 노화에 훨씬 더 중요한 요소다. 다시 말해, 스스로 자신이 병자라고 느끼지 않는 한 아프더라도 남이 생각하는 것만큼 고통스럽지 않을 수 있다.

에서 주어지는 여러 가지 역할들(어머니, 아내, 피고용인 등) 사이에서 균형을 유지하는 데 어려움을 느끼며, 따라서 여성의 성인 발달은 하나의 연속적인 단계들이라기보다는 역할 변화로 생기는 특기할 만한 불연속성으로 인해 다양하고 비직선적인 경향이 있다고 한다.

4 성인 초기 · 중년기 · 노년기

성인기는 세 개의 시기로 분류할 수 있는데, 그것이 성인 초기(약 20~40세), 중년기(41~65세) 그리고 노년기(65세 이상)이다. 물론 이러한 시기 내에서도 많은 차이가 있기 때문에 하위 시기로 다시 구분할 수 있지만 여기서는 이러한 포괄적인 시기에 대한 특징을 살펴보는 것에 한정할 것이다.

1) 신체 발달

(1) 성인 초기

대부분의 사람들에게 성인 초기는 신체적 역량이 최고조에 달하는 시기다. 그래서 이 시기의 사람들은 대부분 건강보다는 다른 사회적 성취나 대인관계에 관심을 더 기울인다. 신체의 크기는 10대 후반에 최고조에 달하고 근력은 30대 초까지 계속해서 증가한다. 능숙한 손놀림이나 협응, 그리고 시각과 청각 같은 감각 능력도 최고조에 달한다. 그러나 이러한 능력도 곧 쇠퇴하기 시작한다. 가령, 20대 후반에 높은 음에 대한 지각 능력이 감소하고, 손놀림도 30대 중반에 능숙함이 떨어진다(Whitbourne, 2001).

일반적으로 이 시기의 사람들에게는 힘과 활력이 넘친다. 또한 그들에게 담배나 술과 같은 건강에 해로운 물질이 법적으로 허용되며, 그들이 불법적인 환각제나 자극제에 접근하는 것도 가능해진다. 이 시기의 성인들은 자신의 식습관을 조절하고 운동으로 몸을 관리하는 데 많은 책임이 있다. 이처럼 자신의 신체적인 상태나 전망은 그 어느 때보다도 자기 자신에게 달려 있다.

(2) 중년기

중년기 동안 사람들은 내부적으로나 외부적으로 많은 신체적 변화를 체험한다. 외부적으로는 머리카락이 가늘어지면서 희고 주름과 몸무게가 증가한다. 내적으로는 심혈관계, 호흡기계 및 신경계의 효율성이 감소하는 등의 변화가 일어난다(Whitbourne, 2001). 또한 감각기관의 능력도 저하되는데 가장 대표적으로 노안이 오기 시작하고 청각, 특히 고주파에 대한 민감성이 떨어진다(Wiley et al., 1998). 여성들은 이 시기에 폐경기를 경험하는데 이것은 기분의 변화, 활력의 상실, 불면증과 같은 신체적 · 심리적으로 불쾌한 경험과 관련될 수 있다. 그러나 폐경 여부가 심리적 불쾌의 강력한 원인은 아니고 폐경에 따른 신체적 증상도 문화마다 다를 수 있다.

다른 인생의 단계처럼 이러한 신체적 변화는 심리적 변화와 매우 밀접하게 연합되어 있다. 노화의 신호들은 사람들로 하여금 자신의 인생을 점검해 보게 하고 어떤 사람들은 자신의 신체, 가령 몸매나 몸무게 등에 불만을 느끼기 시작한다. 그래서 음식을 조절하거나 운동을 하는 등 중년기에 접어들면서 몸과 건강에 대한 관심이 급격히 증가하기 시작한다. 당연히, 이러한 관심의 근원에는 신체적으로 노화가 시작되면서 나타나는 실제 건강상의 문제뿐만 아니라 노화에 대한 사회의 부정적인 평가가 있다.

(3) 노년기

노년기는 신체적으로 급격하게 변화하는 시기다. 외적인 변화 중에는 주름, 탄력의 상실 등 피부의 변화, 피하지방의 상실, 가늘어지는 머리카락, 자세의 변화 등이 있다. 내적인 변화로는 심혈관계의 변화, 심장근육의 강도 상실, 근육의 양 감소, 호흡기, 소화기, 비뇨기계의 효율성 저하 등이 있다. 이러한 변화의 속도나 범위가 매우 가변적이기 때문에, 규칙적으로 운동을 하거나 식이요법에 의해 달라질 수 있다. 그럼에도 불구하고, 전반적으로 이러한 신체적 변화는 중년기에 비해 훨씬 더 강하기 때문에 신체적인 질병이나 불편함을 호소하는 경우가 매우 흔하게 된다.

신체 및 감각기관의 효율성은 노년기에 와서 현저하게 저하된다. 손의 능숙한 움직임도 떨어지고 시력도 떨어지며 청각과 미각 및 촉각도 덜 민감해진다. 신체적인 감각 기능은 인생의 전 과정을 거쳐 중요하기 때문에 이러한 기능의 저하나 상실은 심리적으로도 영향을 미친다. 예를 들면, 노년기의 감각적 기능과 지능 간에는 매우 강한 상관이 있다(Baltes & Lindenberger, 1997). 또한 청각의 점진적 상실은 다른 사람의 말을 이해하는 데 문제를 야기함으로써 그들과의 상호작용에 부정적인 영향을 미친다. 또한 이러한 정보처리상의 문제는 타인에 대한 의심을 야기하기도 한다. 더군다나, 이전에 즐겼던 활동의 감소는 노년기 삶의 질에 부정적 영향을 미친다.

2) 인지 발달

청소년기 말에 이른 사람들 대부분 추상적으로 사고할 수 있고 가능한 설명을 비교함으로써 문제를 해결하는 가설 검증적인 사고를 할 수 있다. 피아제의 인지 발달 이론에 따르면 이러한 형식적 조작기에 해당하는 사고는 그 이후에도 계속된다. 그러나 이와 달리 몇몇 연구자들은 성인기의 인지는 그 이전과 다르다는 점을 강조한다. 그들은 형식적 사고가 마지막 단계가 아니고 보다 성숙한 사고 양식으로 후형식적 사고(post-formal thinking)가 출현한다고 주장한다(Kramer, 1989; Riegel, 1975).

크레머(Kramer, 1989)는 사람들이 세 가지 단계, 즉 절대주의적 추론, 상대주의적 추론 및 변증법적 추론을 거쳐 발전한다고 제안했다. 초기 성인기에 있는 많은 사람들은 절대주의적 단계에 있다. 그들은 많은 문제들을 해결할 수 있지만 모든 문제는 정확한 해답을 가지고 있다고 믿는 경향이 있다. 상대주의적 단계에 있는 사람은 모든 문제에는 서로 다른 관점이 있고 그래서 정확한 해답은 맥락에 달려 있다는 것을 인식한다. 궁극적으로 변증법적 단계에 있는 사람들은 서로 다른 입장들을 통합해서 하나의 총체적인 견해를 가질 수 있게 된다. 그들은 왜 다양한 견해가 있는지를 이해할 수 있고 그러한 견해 속에 존재하는 모순들을 해결하려는 노력을 통해 세상에 대한 이해가 증가한다는 점을 알고 있다.

리겔(Rigel, 1975) 또한 성인기 인지 발달에서 변증법적 특징을 강조하고 있다. 우리는 성인기의 경험을 통해 환경의 여러 측면들이 서로 상반되는 특징을 보인다는 점을 알게 된다. 예를 들면, 우리가 사랑하는 사람이 때로는 따뜻하고 관대하지만 어떤 경우에는 자기중심적이고 냉담할 수도 있다. 우리는 매우 다양한 맥락에서 개인, 집단 혹은 조직에 대하여 상충적인 정보에 직면한다. 또한 우리는 특정 주제에 대한 매우 다양하고 상충적인 견해를 접하게 된다. 이러한 사고가 발달한 사람들은 일상의 문제들을 새로운 조망에서 성숙하게 해결할 수 있는 능력이 생긴다. 그리고 그들은 문제를 발견하고 잘못된 문제에 의문을 제기함으로써 창조적인 문제 해결 능력을 키운다(Kimmel, 1990).

성인기에서의 지적 발달을 연구하는 또 다른 접근 방법은 전통적인 심리측정적 관점에서 표준화된 IQ검사를 통해 연령에 따른 지능의 변화를 연구하는 것이다. 웩슬러(Wechsler, 1955)는 자신이 개발한 지능검사를 이용해서 20~60대 사람들의 지능을 측정했다. 그 결과, 연령이 증가함에 따라 지능은 서서히 감퇴했지만 동작성 지능은 급격히 감퇴한 반면, 언어성 지능은 비교적 안정적이었다. 혼(Horn, 1982)은 유동성 지능은 성인 초기에 절정에 이르렀다가 그 후 서서히 감퇴하나 결정화된 지능은 노년기까지 꾸준히 증가한다고 주장했고 경험적으로도 지지되었다. 여기서 유동성 지능이란 여러 양식들 간의 관계를 파악하거나 관계들로부터 의미를 추론해서 통합적으로 이해하는 능력, 가령 귀납적 추리, 공간 지각 능력 등을 말한다. 결정화된 지능은 교육이나 경험으로 축적된 지식의 결정체, 가령 언어, 이해력, 개념형성 등이다.

샤이에(Schaie, 1996)는 수천 명의 미국 성인을 대상으로 기본적 정신 능력의 변화를 장기종단적으로 연구했다. 그들은 주로 다섯 가지 능력, 즉 수 계산, 언어적 회상, 말하기 능력, 귀납추론 및 공간지향에 초점을 맞췄다. 그 결과, 지적인 능력이 20~30대까지 계속 증가했으며 중년기에 들어서 최고점에 달했다. 수를 다루는 기술이나 자극에 대한 반응시간에서 약간의 감퇴가 있었지만, 전반적으로 중년기의 지적 수행은 매우 양호한 편이다.

또한 중년기 사람들의 수행 성적은 과제의 특성에 따라 다를 수 있다. 예를 들면, 데니와 팔머(Denney & Palmer, 1981)는 전통적인 문제 해결 과제 중 하나인 '스무고개'를 20세부터 80세의 사람들에게 제시했다. 그 결과, 나이가 들수록 과제 수행 성적은 더 저조했다. 그러나 홍수로 지하수에 물이 찬 경우나 결함이 있는 제품을 구매한 경우와 같이 '실세계(real world)' 검사에서는 중년기 사람들이 젊은 사람보다 더 잘했다. 뿐만 아니라, 서로 갈등적인 상황을 다룰 때, 젊은 사람에 비해 중년기 사람들은 양쪽의 입장을 좀 더 균형 있게 고려하여 통합하고 감정적으로 한쪽에 편향되지 않았다.

노년기의 지적 특성에 관한 결과는 연구에 따라 매우 다양하다. 가령, 반응시간과 처리속도와 관련된 과제에서나(Rabbitt, 1996) 피아제 식의 과제에서는(Denney, 1984) 나이 든 사람이 젊은 사람에 비해 수행 성적이 떨어진다. 그러나 이러한 차이가 나이에 따른 지적 능력의 감소를 반드시 의미하는 것은 아니다. 앞서 언급한 샤이에(Schaie, 1996)의 연구에서 중년기 이후 노년기로 이어지면서 지적 능력이 감퇴하고 있지만 노년기의 지적 수준은 젊은 사람들의 그것과 비슷했다. 또한 나이 든 사람의 수행 성적은 여러 변인에 따라 신축적이다. 예를 들면, 그들의 수행 수준은 훈련이나 연습을 통해 향상될 수 있다. 그리고 과제의 친숙성이 높고 속도를 요구하지 않는 과제일 때 젊은 사람들의 성적과 큰 차이가 없으며 건강할수록 지적 수행 수준도 높다.

3) 사회성 발달

(1) 성인 초기

대략적으로 이 시기를 시작하는 성인들은 대학에서 학업을 시작하거나 그 과정에 있다. 그들의 주된 관심사는 크게 두 가지인데, 배우자 선택과 진로결정이다. 학업을 하는 이유 중 상당 부분이 직업에 필요한 결정적인 자격을 획득하거나 조직 생활에 필요한 자질을 갖추기 위한 것이다.

에릭슨(Eirkson, 1976)은 정신분석적 입장에서 전 생애에 걸친 발달 단계를 제시하였다(앞의 〈Box 4〉 내용 참조). 그의 이론에 따르면 성인 초기의 발달과업은 친밀감의 형성이다. 이때, 친밀감이란 "자신의 상실에 대한 두려움 없이 자신과 타인을 결합하는 능력"이다. 즉, 다른 사람을 믿고 사랑할 수 있는 능력이다. 이것은 육체적 성 이상의 넓은 의미에서 타인에 대한 관심과 몰입을 의미한다. 그렇기 때문에 에릭슨이 말하는 친밀감은 우정이나 사랑과 같은 친밀한 관계뿐만 아니라, 성적 친밀감, 자기 자신과 자신의 내적 자원 그리고 자신이 흥미를 느끼고 몰입하는 일들에 대한 친밀감까지도 포함한다. 이러한 친밀감의 발달은 성공적인 결혼 생활에 필수적인데, 왜냐하면 희생과 양보 및 자아상실의 위험 속에서도 상호 신뢰와 몰입을 통해서만 사랑이 가능하기 때문이다. 반면, 이러한 친밀감을 발달시키지 못하면 타인과의 관계가 피상적으로 되어 고립감에 빠지게 된다.

직업과 관련해서 슈퍼(Super, 1980)는 직업 발달에 관한 5가지 단계, 즉 수행 → 정착 → 유지 → 감속 → 은퇴라는 단계를 제시하였다. 이 이론에 따르면, '수행'의 시기는 20대 초반에 시작되는 단계로 이때 사람들은 직업에 관한 자신의 자아개념을 실현하기 위해 다양한 직업을 탐색한다. 이 시기 동안 그들은 새로운 직업상의 역할을 배우고 자신의 직업적 자아개념을 더욱 명료하게 하면서 안정화시킨다. 이 시기를 거치면 '정착'의 시기에 도달하게 된다. 보통 30대 초 · 중반에 해당하는 사람들은 직업상에서 어느 정도 안정을 찾게 되고 점차 사회적으로 인정받기 위해 노력한다. 이때 자신의 직무와 직업 적성이 조화로울 때, 직무 만족도가 높아지고 그에 따라 직업 안정성도 증가한다.

이미 앞에서 살펴본 것처럼, 레빈슨(Levinson, 1978) 또한 에릭슨이나 슈퍼의 입장과 비슷하게, '인생의 사계절'이라 불리는 성인기 발달에 4단계를 제시하였다. 그의 이론에 따르면 성인 초기의 젊은이들은 성인의 세계로 입문하게 되면서 이전의 시기인 아동기와의 결별을 통해 정서적으로 부모에게 의존적이던 상태를 독립적인 상태로 전환할 필요가 있다. 그들의 과업은 꿈을 형성해서 삶의 구조 안에 그 꿈을 배치하는 것이다. 꿈이 중요한 이유는 자신의 모든 삶의 방향과 에너지를 꿈을 중심으로 조직화할 수 있기 때문이다. 또한 이들은 자신보다 삶의 경험이 많은 사람과 스승 관계를 형성함으로써 삶에 대한 조언과 후원을 받을 필요가 있다. 그리고 직업을 선택해서 이력을 쌓아나가며 사랑관계를 맺어 결혼하고 가족을 이루는 것도 이 시기의 주된 관심사항이다.

(2) 중년기

중년기는 앞서 살펴본 것처럼 신체적으로 많은 변화를 겪기 시작하는 시기다. 그렇기 때문에 죽음에 대한 생각을 시작하고 자신의 삶의 의미를 재평가하는 등 삶에 대한 입장이 이전과는 크게 달라진다. 또한 가정적으로는 소위 샌드위치 세대라고 해서 위로는 부모를 봉양해야 하고, 아래로는 여전히 자식들을 돌봐야 하는 어려운 시기이기도 하다. 직업적으로는 전문성을 발휘할 수 있는 최고의 시기이지만, 여성의 경우 전통적인 역할과 근대적인 역할 간의 갈등을 경험할 수 있다.

에릭슨(Erikson, 1976)에 따르면, 이 시기는 생산성(generativity)과 침체(stagnation) 간의 갈등에 직면하는 시기다. 이때, 생산성이란 "다음 세대를 보살피고 배려하기 위해 자신의 내적 자원을 이용하는 과정"이라고 할 수 있다. 이러한 생산성은 자신의 삶을 재평가하고 진실된 자아성찰을 할 수 있는 사람에게만 주어지는 삶의 산물이다. 다른 사람이 발달하고 성장하는 데 도움을 줄 수 있는 방법은 매우 다양하다. 예를 들면, 아이를 입양해서 키우는 것이나 직장에서 자신의 기술을 후배들에게 전수하는 것, 혹은 다양한 봉사활동에 참여하는 것 등이 모두 생산성을 실현하는 방법이 될 수 있다. 이러한 생산성에 이르지 못하면 결국 침체의 상태에 빠지게 되어 자아탐닉에 몰두하여 다른 누구에게도 관심이나 배려 없이 자신의 욕구충족에만 골몰하게 된다.

슈퍼(Super, 1980)의 직업 단계 이론에서 볼 때, 중년기의 사람들은 '유지'와 '감속'의 시기에 해당한다. 40대 후반부터 50대 중반까지는 직업적 활동에서 가장 왕성한 시기다. 대부분의 사람들은 직업세계에서 가장 높은 지위에 올라와 있기 때문에 더 이상의 승진이나 더 높은 목표를 추구하는 경향성은 크지 않다. 이때, 자신이 원하는 경력의 목표를 달성한 사람들은 높은 자존심을 유지할 수 있지만 그렇지 못한 사람들은 인생에서의 좌절이나 허전함을 겪을 수 있다. 50대 중반부터는 은퇴를 얘기하기 시작하고 준비하는 감속의 시기에 도달한다. 이 시기의 사람들은 일에 투자해 왔던 에너지를 서서히 거둬들여서 여가와 같은 다른 활동으로 이동할 필요가 있다. 그래야 은퇴로부터 오는 여러 충격을 경감시킬 수 있다.

레빈슨(Levinson, 1978)의 이론에 따르면, 이 시기는 성인 초기를 마무리하고 자신이 지금까지 살아온 삶을 재조명하게 된다. 중년의 전환기(40~45세) 때, 기존의 가치에 대한 환멸 혹은 환상이 감소한다. 또한 사람들은 자신의 욕구를 재발견하기도 하며 앞서 언급한 여러 변화 및 죽음에 대한 직면으로 중년기 위기를 맞기도 한다. 중년 입문기(45~50세)에는 새로운 인생구조를 구축해서 경쟁보다는 배려를 중시하고 친구 관계를 다시 고려하게 된다. 50대로 접어들면서 자녀 출가나 조기은퇴 등의 문제에 봉착한다. 이때, 새로운 역할에 대해 탐색하게 된다. 50대 말에 이른 사람들은 죽음의 필연성을 절감하고 자녀가 모두 출가함으로써 빈 둥우리 시기를 맞이한다. 이때 관계가 좋은 부부는 제2의 신혼기를 맞지만, 그렇지 않은 부부는 완충 역할을 하던 자녀가 없어짐으로써 더욱 갈등적인 상황에 놓일 수 있다.

(3) 노년기

이 시기의 사람들은 거의 모든 측면에서 불리한 조건에 있다고 할 수 있다. 신체적 노화로 인해 많은 사람들이 만성적인 질병을 가지고 있고, 사회적으로는 은퇴를 함으로써 대부분의 역할을 상실한 상태이며 자녀의 출가 및 배우자 등 가까운 사람들과 이별을 경험해야 하는 시기다. 또한 본인의 죽음도 중년기에 비해 훨씬 더 임박한 사건으로 등장한다.

에릭슨(Erikson, 1979)은 이 시기의 사람들이 자아통합과 절망 사이의 갈등에 직면한다고 보았다. 인생의 끝을 향해 나아가면서 이 시기의 사람들은 자신의 과거를 되돌아보고 그 삶을 평가하게 된다. 가령, 본인이 인생의 도전들을 성공적으로 직면하고 가치 있다고 생각하는 목표를 달성했는지 내가 관여하는 사람들의 행복에 기여를 했는지 혹은 자신의 인생을 허비하고 다른 사람의 짐이 되었는지 등을 평가하게 된다. 자아통합이란 인생과 자아의 완성감, 일체감, 만족감 등을 일컫는다. 그렇기 때문에, 자아통합은 지금까지 거쳐 온 인생의 여러 단계를 성공적으로 살아온 사람들이 얻을 수 있는 인생의 결실이다. 반대로, 자아통합에 이르지 못한 사람들은 자신의 삶에 대해 후회와 절망을 느끼게 된다.

이 시기는 직업적으로 은퇴를 하는 때다. 은퇴를 하면 직업적 정체성의 상실로 자아개념이나 자기존중감에 큰 변화를 가져올 수 있다. 은퇴는 경제적인 능력의 상실 이상을 의미한다. 가령, 직업을 통해 다른 사람들과 관계를 유지하고 사회적 지위를 획득하고 유지할 수 있기 때문에 은퇴는 삶의 매우 많은 영역에서 단절과 상실을 가져오기 쉽다. 또한 은퇴는 시간의 관리라는 큰 문제를 야기한다. 그렇기 때문에, 노년기의 여가는 그 어떤 시기 못지않게 매우 중요한 의미를 지닌다.

레빈슨(Levinson, 1978)도 지적했듯이, 노인 전기(60~80세)에 들어서는 사람들은 모든 것을 상실한 것 같은 처절한 느낌을 갖기 쉽다. 사회적으로는 모든 자리를 중년에게 물려주게 된다. 모든 권위를 다음 세대에게 물려줌으로써 제3의 인생을 설계하고 시작할 필요가 있다. 80세 이후 노인 후기에 접어들면 사람들은 인생을 마무리해야 하는 마지막 과업에 직면하게 된다. 이러한 노년기에 직면하는 다양한 변화와 과업을 수행하는 데 필수적인 요소가 사회적 지지다. 특히 배우자, 가족, 친구나 이웃으로부터 오는 정서적 지지는 사회적으로 고립되기 쉬운 노년기 사람들의 삶을 지탱해 주는 매우 중요한 요인이다. 이러한 지지가 확보될 때 노년기의 많은 사람들이 소위 성공적인 노화 과정을 거칠 수 있다.

이 장의 중심 내용

01 발달심리학의 핵심 문제로 크게 세 가지가 있다. 먼저, 발달의 연속성 문제는 발달이 점진적인지 혹은 급격한 변화를 동반하는 과정인지에 대한 문제다. 여기에서는 인간과 다른 종과의 연속성 문제, 발달이 양적 변화인지 질적 변화인지의 문제, 그리고 환경이 발달에 미치는 영향의 연속성 문제 등이 있다. 발달의 원천은 발달이 유전에 의한 것인지 혹은 환경에 의한 것인지에 대한 문제이고, 발달에서의 개인차 문제는 사람 간의 차이가 안정적인지 그리고 그 원인이 무엇인지에 대한 문제를 다룬다.

02 유아는 태어나면서부터 생존에 필요한 감각 기능과 운동 기능을 가지고 있다. 이러한 기능은 연령이 증가하면서 더욱 정확하고 정교하게 발달한다. 특히 운동 발달은 사물을 능동적으로 조작할 수 있게 함으로써, 듣거나 보는 것만으로는 알 수 없는 그 사물의 속성을 알 수 있게 한다. 신체적 발달에는 유전적 요인뿐만 아니라 사회경제적 수준과 같은 환경적인 영향도 받으며 청소년기의 신체 발달은 자신감이나 비행과 같은 요인에도 영향을 미친다.

03 피아제(Piaget)의 인지 발달 이론에 따르면 동화와 조절이라는 과정을 통해 도식을 구성하면서 이루어진다고 본다. 이러한 발달에는 생물학적 성숙이 중요한 역할을 하며 4개의 단계를 거쳐 이루어진다. 반면, 비고츠키(Vygotsky)는 발달에서 사회문화적 요인을 중시한다. 또한 그는 근접발달영역을 발달의 핵심적인 개념으로 상정하면서 발달에서 성숙보다는 환경과 교육이 갖는 중요성을 강조한다.

04 인지 발달에 기초하여 피아제는 도덕 발달에 관한 이론을 제시하였다. 그의 이론에 따르면, 전도덕적 단계, 도덕적 실재론 단계, 도덕적 상대론 단계로 발달이 이루어진다. 콜버그(Kohlberg)는 피아제의 이론을 확장하여 3수준 6단계 이론을 제시하였다. 한편, 길리건(Gilligan)은 콜버그의 이론이 정의를 강조하는 남성 중심적 이론이라고 주장하면서 배려와 돌봄을 강조하는 여성 중심적 이론을 제시한다. 이 이론은 도덕 발달이 자기, 타인, 마지막으로 자신과 타인을 모두 배려하는 단계로 나아간다고 본다.

05 태어나면서 유아는 주로 어머니와 애착관계를 형성하는데 안정애착, 불안정 회피애착, 불안정 저항애착 등의 유형이 나타난다. 연령이 증가하면서 아동은 또래와의 상호작용을 더 많이 하게 되는데 청소년기에 이를수록 태도, 가치관, 취향과 같은 심리적인 요인이 친구관계의 중요한 요소로 등장한다. 또한 성에 관한 발달이 이루어지면서, 성역할에 대한 인식도 구체화되고 청소년기에 이르러 이성에 대한 관심도 발달한다.

06 전 생애 발달심리학적 관점이란 수태에서 죽음까지의 인생 과정을 통해 개체행동의 일관성과 변화에 대해 연구하는 것을 의미한다. 전 생애 발달심리학적 관점에서는 인간 발달에 영향을 주는 ① 연령단계별 영향, ② 역사단계별 영향, ③ 비규범적인 영향을 전제한다.

07 에릭슨(Erikson)의 인간 발달 8단계 이론은 인간발달이 전 생애에 걸쳐 지속되고 개인뿐만 아니라 사회역사적 맥락 역시 인간 발달에서 매우 중요하다고 강조한다. 또한 에릭슨은 일생을 통한 발달을 8단계로 구분하였다. 그는 발달이 인생의 다양한 시점에서 이루어지는 사회적 관계에 달려 있다고 믿었기 때문에 이 단계를 심리사회적 단계라고 불렀다. 모든 사람은 생애주기를 거치면서 일련의 주요 위기를 극복해 간다.

08 레빈슨(Levinson)은 개인의 인생구조(life structure)가 성인기를 통해 연속적으로 진화해 간다고 보고 아동·청소년기, 성인 초기, 성인 중기, 성인 후기라는 질적으로 서로 다른 네 개의 계절이 존재하고 각 계절은 약 20년 정도 지속된다고 보았다. 또한 이러한 과정에는 안정

기(stable period)와 전환기(transitional period)가 번갈아 나타난다고 보았다.

09 성인 초기는 신체적으로 가장 왕성한 시기이지만 중년기와 노년기를 거치면서 감퇴를 경험하게 된다. 특히 노년기에 신체 기능의 저하는 매우 급격하게 이루어진다. 이러한 변화는 건강에 대한 관심을 불러일으키고 중년기의 외모변화나 여성의 폐경기 경험, 노년기에 직면하는 감각기능의 저하 등은 자신감, 대인관계의 제한 등 심리사회적인 측면에 영향을 미친다.

10 성인기의 인지적 특징은 후형식적 사고로 이것은 특정 사건이나 현상을 보는 시각이 다양하게 존재할 수 있음을 수용하고 그러한 상충적인 입장을 통합적으로 종합할 수 있는 능력이다. 이러한 능력과 함께 실세계에서 직면하는 다양한 문제들을 해결할 수 있는 능력은 젊은 사람에 비해 나이 든 사람에게서 더 높다. 또한 나이가 증가한다고 해서 반드시 지능이 감퇴하는 것은 아니고 노년기의 지적 수행은 맥락에 따라 크게 다를 수 있다.

11 성인 초기에는 친밀감을 획득하여 가족을 형성하고 자신의 진로를 결정하게 된다. 중년기는 샌드위치 세대로 부모와 자녀를 모두 돌봐야 한다. 직업적으로는 최고의 시기를 누리기 쉽지만 곧 닥칠 은퇴도 염두에 두어야 하는 시기다. 노년기에는 은퇴를 함으로써 사회적 역할을 모두 상실하게 되고, 배우자, 형제, 친척, 친구 등 중요한 타인의 상실을 경험하기 쉽다. 그렇기 때문에 이 시기의 사람들에게 사회적 지지, 특히 정서적 지지는 매우 중요한 역할을 한다.

학습과제

① 발달의 연속성, 발달의 원천 및 발달에서의 개인차 문제를 그 의미와 다양한 입장을 중심으로 기술하시오.

② 인지 발달에 관한 피아제와 비고츠키의 이론을 비교해서 기술하시오.

③ 도덕성 발달에 관한 피아제, 콜버그와 길리건의 이론을 비교 · 분석하시오.

④ 부모-자녀 간 애착의 유형 및 애착이 사회성 발달에 미치는 영향을 기술하시오.

⑤ 전 생애 발달심리학적 관점의 필요성과 그 특징적인 입장에 대해 기술하시오.

⑥ 에릭슨의 인간 발달 8단계 이론의 구조와 각 단계별 특징에 대해서 기술하시오.

⑦ 레빈슨의 성인 발달 이론의 구조와 각 단계별 특징에 대해서 기술하시오.

⑧ 성인기 신체 발달의 특징과 그것이 심리적 상태에 미치는 영향을 설명하시오.

⑨ 성인기 인지 발달의 변화 패턴과 그 의미를 기술하시오.

⑩ 성인기 사회성 발달의 변화 패턴과 그 의미를 기술하시오.

09 성격과 개인차

학습 개요

동서고금을 막론하고 사람들은 자신의 경험과 상식에 근거하여 자신과 타인에 대해 파악하고 예측하려 노력해 왔고, 자신이 지닌 이런저런 가설들로 사람들을 평가하는 경향이 있다. 그러나 성격심리학은 상식의 수준이 아닌 보다 체계적이고 객관적인 방법으로 성격의 구조 및 형성 과정을 파악하고 연구하는 분야다. 그래서 인간 개개인의 차이와 공통점을 파악함으로써 인간의 행동을 이해하고 설명하려 한다. 이 장에서는 성격이라는 것이 무엇이며 성격심리학 연구에서 목표로 하는 것이 무엇인지 등에 대해 알아본다. 또한 심리학의 대표 이론인 특성이론, 정신분석이론, 인본주의 이론, 행동주의 이론에서 성격의 구조, 형성 및 발달 과정에 대해 바라보는 시각을 설명하고, 마지막으로 성격검사의 종류 및 방법을 살펴보기로 한다.

학습 목표

1. 성격과 성격심리학이 무엇인지 파악한다.
2. 자신과 타인에 대한 이해를 할 수 있다.
3. 성격의 구조를 파악한다.
4. 성격의 형성 및 발달 과정을 이해한다.
5. 성격검사의 원리와 방법을 이해한다.

1 성격의 이해

인간의 성격이라고 하는 것은 고대 그리스 시대부터 현대에 이르기까지 끊임없이 관심의 대상이 되어 왔다. 사람들이 심리학 분야에서 가장 관심을 보이는 주제 중 하나도 성격에 대한 것일 것이다. 자신의 성격이 어떤지, 소개팅에서 만난 상대방이 어떤 행동을 한 것은 성격 때문인지 아니면 상황 때문인지, 성격을 바꿀 수 있는 것인지, 혈액형에 따라 성격이 다른 것인지 등등 자신과 주변 사람들의 성격에 대해 궁금하게 생각하고 자신과 타인의 성격을 파악하려고 애쓴다. 그러한 과정 속에서 사람들은 나름대로의 이론을 가지고 자신과 타인을 판단하고 평가한다. 예를 들면, "저렇게 뚱뚱한 걸 보니 신경이 둔하겠어." "저 사람은 겉으로는 저렇게 행동하지만 실은 내숭이야." "내 성격은 내성적이라서 남 앞에 나서는 것을 싫어해." 등등 자신과 타인의 행동을 관찰하고 나름대로의 견해를 가진다. 이런 점에서 모든 사람들이 성격연구가라고 볼 수 있지만, 성격심리학자들은 보다 객관적이고 체계적인 방식으로 인간을 연구하고 평가하며, 축적된 결과를 토대로 의견을 제시한다는 점에서 일반 사람들과는 다르다. 따라서 이 장에서는 성격심리학자들이 성격을 어떻게 정의하고 분석하고 평가하는지를 살펴볼 것이다.

1) 성격의 정의

성격이 무엇인지에 대해서는 단일한 하나의 정의를 제시하기가 쉽지 않다. 여러 학자들이 다양한 방식으로 성격을 설명하고 있기 때문이다. 성격의 정의가 다양한 이유는 성격심리학자들이 성격에 대해 각자 보는 이론적 시각이 조금씩 다르고 그들이 성격심리를 연구하는 방법이 이론적 접근 방법에 따라 다르기 때문이다. 성격심리학들은 성격에 대해 다음과 같이 다양하게 설명하고 있다.

- Allport(1961): 성격은 개인의 내부에서 특징적인 행동과 사고를 결정하는 정신물리학적 체계의 역동적인 조직이다.
- Guilford(1959): 성격은 한 개인이 가지고 있는 특성들의 독특한 양식이다.
- McClelland(1951): 성격은 세세한 모든 것에 있어서의 한 개인의 행동에 대한 가장 적절한 개념화다.
- Mischel(1976): 성격은 개인이 접하게 되는 생활 상황에 대한 각자의 적응을 특징짓는 행동패턴(사고와 정서 포함)을 의미한다.
- Maddi(1996): 성격은 사람들의 심리적 행동(사고, 정서, 행동)에 있어서 공통성과 차이를 결정하는 일련의 안정된 경향성과 특성이다. 이러한 심리적 행동은 시간에 따른 연속성을 가지며, 어떤 순간의 사회적 · 생물학적 압력의 단일한 결과로서 쉽게 이해될 수 없다.
- Pervin과 John(1997): 성격은 감정, 사고, 행동의 일관된 패턴을 설명해 주는 그 사람의 특징들이다.
- Liebert와 Liebert(1998): 성격은 한 특정한 개인의 신체적 · 심리적 특징들의 독특하고 역동적인 조직으로서, 이 특징들은 사회적 · 물리적 환경에 대한 행동과 반응에 영향을 미친다. 이 특징들 중에서 어떤 것은 그 특정인에게 전적으로 독특하고, 어떤 것은 소수 또는 다수나 모든 타인들과 공유된다.

위에서 제시된 다양한 성격의 정의에서 의미하고 있는 바를 요약하여 함축적으로 표현하면 다음과 같다.

첫째, 성격은 한 개인을 특징짓는 독특한 면이 그 핵심이다. 즉, 다른 사람과는 구분되는 그 사람만의 특성을 의미한다.

둘째, 성격은 여러 상황에서 비교적 일관성 있게 나타나는 행동 및 사고방식이다. 따라서 그 사람만의 독특한 행동 및 사고방식이 여러 상황에서 비슷한 방식으로 나타날 것이라고 가정한다.

셋째, 성격은 개인이 환경에 적응해 나가는 과정에서 나타나는 행동양식이다. 따라서 개인의 성격을 연구할 때 일상생활에 적응적인지가 중요한 관심사가 된다. 따라서 일상생활에 어려움을 주는 심리적 적응의 문제를 성격심리학의 중요한 문제로 다루고 있다.

2) 성격의 요소

'성격'을 뜻하는 'Personality'는 고대 그리스의 연극배우들이 무대에서 얼굴에 쓰던 가면인 persona(페르소나)에서 유래했다. 이 어원에서 의미하는 바를 생각해 보면 성격이라고 하는 것이 내면적인 특성만 있는 것이 아니라 다른 사람이나 환경과 상호작용을 하는 과정에서 타인에게 보이는 측면을 포함하고 있음을 의미한다. 이와 유사하게 특성(character), 기질(temperament)도 역시 성격을 표현하는 용어인데, 특성은 개인이 타고난 요인 중 인지적 · 정서적 · 외현적 특질인 심리요소를 말하고, 기질은 개인이 타고난 생물학적 요인을 강조한 용어로 선천적인 생물학적 유전 요소를 말한다는 점에서 구분될 수 있다.

- 내적 요소
  - 특성(character): 선천적인 심리 요소
  - 기질(temperament): 선천적인 생물학적 유전 요소
- 외적 요소
  - 성격(personality): 후천적인 사회, 문화적 심리 요소

3) 성격심리학의 목표

그렇다면 심리학자들이 성격심리학을 연구하는 이유는 무엇일까?

(1) 개인차

성격심리학을 연구하는 첫 번째 목표는 의미 있고 안정된 사람들 간의 개인차(individual difference)를 파악하는 것이다. 사람들은 같은 상황에서도 서로 다른 행동을 하고 다르게 반응한다. 예를 들면, 시험에 실패했을 때 어떤 사람은 낙심해서 한동안 무기력에 빠지거나, 우울증을 앓거나, 아예 포기하기도 하지만, 어떤 경우 잠시 실망했다가 다시 노력하자는 다짐을 하고 곧 회복되어 더 열심히 공부하기도 한다. 이렇게 같은 상황에서 사람들이 서로 다른 행동을 보이는 것을 '성격'이라는 개인차

로 설명하고자 하는 것이다.

(2) 기술과 예언

성격심리학을 연구하는 두 번째 목표는 한 개인의 행동방식을 있는 그대로 기술(description)하고 지금까지 축적된 행동 방식을 토대로 미래에 그 사람의 행동을 예측하는 것이다. 평소에 항상 긍정적이고 적극적인 생각과 행동을 보이던 사람이 중요한 시험에 실패했다면, 우리는 크게 걱정하지 않고 그 사람이 곧 심리적 충격을 극복할 것이라고 기대한다. 그러나 평소 자신에 대해 매우 부정적이고 미래에 대해 비관적인 방식으로 사고하고 행동하던 사람이 같은 시험에 실패했다면 우리는 그 사람이 혹시 낙담하여 나쁜 일을 저지르지나 않을까 더욱 걱정하게 된다. 이는 우리가 한 개인의 평소 행동 및 사고방식에 대해 기술할 수 있고, 그 기술을 토대로 앞으로 어떻게 행동할 수 있을지를 예측하기 때문이다. 성격심리학자들도 일반 사람들이 하는 것과 유사한 방식으로 성격을 기술하고 예측한다. 그러나 직관적이거나 민간 속설에 의한 기술과 예언이 아니라 과학적 검사도구와 지금까지 축적된 심리학적 연구 결과를 토대로 기술하고 예측한다는 점에서 일반 사람들과는 다르다.

(3) 설명과 이해

성격심리학의 세 번째 목표는 사람들의 차이를 유발하는 요인을 파악하여 특정한 사고, 행동, 정서가 나타나는 기저를 알아내어 설명하고 이해하는 것이다. 어떤 사람이 매우 긍정적이고 낙관적이며 주변 사람들에게 친절한 태도를 지닌 사람이라고 하면, 심리학자들은 그 사람이 그러한 성격을 형성하게 된 심리적 기저가 무엇인지를 설명하려고 한다.

2 성격이론

성격이론은 성격이 무엇이고 어떻게 발달하며 왜 어떤 행동을 보이는지에 대해 기술하고 설명적인 답을 제공해 주는 하나의 틀이다. 연구자마다 현재 어떤 성격이 형성된 원인이 무엇인지, 어떤 과정을 거쳐서 그러한 성격이 형성된 것인지 등에 대한 견해가 매우 다양하며, 그중에서 어떤 것이 맞는다고 단정 짓기는 어렵다.

성격이론은 크게 두 가지 종류로 나눌 수 있다. 하나는 '특성이론' 이고 다른 하나는 '과정이론' 이다. 특성이론은 성격을 단면적인 상태로 이해하려는 연구로서, 성격을 몇 개의 범주로 분류하고 각 범주에 속한 사람들의 성격이 어떤지를 연구하는 데 관심이 있으며, 이는 다시 유형론과 특질론으로 분류될 수 있다. 이에 비해, 과정이론은 성격이 어떻게 형성되고 어떻게 발달하는지 또 그런 성격이 생활하는 데 어떤 기능을 하는지 알고 이해하는 것에 초점을 둔 이론으로, 정신분석이론과 행동주의 이론, 인본주의 이론 등이 대표적이다.

먼저, 특성이론에 대하여 자세히 살펴보도록 하자.

1) 특성이론

(1) 유형론(typology)

유형론은 성격이론들 중에서 가장 오랜 역사를 가진 이론이라 할 수 있다. 사람들을 어떤 유형으로 나누고 각 유형의 성격이 어떻다고 설명하는 이론이라고 볼 수 있다. 다음에 제시된 체액론, 체격론, 체질론 등이 대표적인 유형론이라 할 수 있다.

① 체액론

Hippocrates(B.C. 460~377)

유형론의 가장 오래된 이론은 히포크라테스(Hippocrates)의 이론으로 고대 그리스의 의사인 히포크라테스는 인간의 몸속에 있는 네 가지 체액 중 어떤 것이 우세한가에 따라 성격을 설명한 바 있다. 그에 따르면 인간의 몸속에는 혈액(blood), 흑담즙(black bile), 황담즙(yellow bile), 점액(phlegm)의 네 가지 체액이 있는데 혈액이 우세하면 낙천적이고 다혈질이고, 흑담즙이 우세하면 우울하며, 황담즙이 많은 사람은 성마르고 화를 잘 내며, 점액질이 많은 사람은 침착하고 냉담한 성격이라고 설명하고 있다.

② 체격론

신체 유형에 따라 성격을 분류한 이론도 있는데 크래츠머(Kretschmer)는 체형에 따라 사람을 쇠약형(asthenic), 비만형(pyknic), 근육형(athletic), 이상신체형(dysplastic)의 네 가지 범주로 나누고 각 체형에 따라 성격이 결정된다고 보았다. 예를 들면, 쇠약형은 가냘프고 마른 사람으로 조현병에 걸릴 성향이 많고, 비만형은 둥글고 땅딸한 사람으로 정서불안정성과 관련되고 조울증에 걸릴 성향이 높으며, 근육형은 강하고 근육이 발달된 사람으로 조현병 및 조울증을 나타내는 경향이 높다고 주장하였다. 이러한 세 가지 범주에 부합하지 않는 신체 유형을 이상신체형이라고 하였다.

③ 체질론

크래츠머의 신체 유형에 따른 성격 분류와 유사한 맥락에서, 미국 심리학자인 셀돈(Sheldon)은 신체 유형에 따른 체질론을 제안하였다. 즉, 사람들을 체질에 따라 내배엽형(endomorphic type), 중배엽형(mesomprphic type), 외배엽형(etomorphic type)으로 나누고, 내배엽형은 사교적이고 온화하고 애정적이며 차분한 내장 긴장형으로 분류하였고, 중배엽형은 근육형으로 힘이 넘치고 경쟁적이고 공격적이며 대범한 기질인 신체 긴장형으로 보았으며, 외배엽형은 쇠약한 체격으로 지적이며 내향적이고 초조하고 자의식적 기질인 대외 긴장형으로 분류하였다.

그림 9-1 내배엽형, 중배엽형, 외배엽형의 사람(체형)

(2) 특질론(trait theory)

특질이란 한 사람을 다른 사람과 비교적 영속적으로 구분해 주는 일관된 심리적 경향성을 말하는데, 이러한 특질에 따라 성격을 분류하는 이론으로 대표적인 학자는 올포트(Allport), 커텔(Cattell), 아이젱크(Eysenck) 등을 들 수 있다.

① 올포트(Allport)

올포트는 특질을 다양한 종류의 자극에 같거나 유사한 방식으로 반응할 경향 또는 성향(predisposition)으로 정의하고, 한 사람의 성격을 이해하기 위해서는 그 사람이 보이는 행동의 규칙적인 성향을 알아야 한다고 생각했다. 그는 인간의 특질을 공통 특질(common traits)과 개별 특질(individual traits)로 구분하였는데, 공통 특질은 한 문화 안에 속한 대부분의 사람들이 공통적으로 지니고 있는 특성으로 서로 비교할 수 있는 일반화된 성향들을 지칭한다. 이에 비해, 개별 특질은 개인의 독특한 적응 행동을 방향 짓고 동기화하는 순수하고 신경정신적인 단위를 말하는데 개인에게 고유하기 때문에 타인과 비교할 수 없으며 개인 내에서 그 나름의 독특한 방식으로 작용하며 개인의 성격 구조를 가장 정확하게 반영한다고 보았다. 이러한 개인적 성향을 다시 기본 성향(cardinal disposition), 중심 성향(central disposition), 이차 성향(secondary disposition)으로 나누어서 설명하였는데, 기본 성향은 개인의 생활 전반에 아주 광범위하게 퍼져 있어 거의 모든 행동에서 그 영향력이 발견되는 성향을 말한다. 권력욕구나 인색함 등의 특질을 예로 들 수 있다. 이에 비해, 중심 성향은 기본 성향보다는 더 제한된 범위의 상황에 영향을 미치지만 행동에 있어 폭넓은 일관성을 나타내는 성향을 말하는데 정직함, 친절함, 개방성 등을 예로 들 수 있다. 마지막으로 이차 성향은 중심성향보다 덜 현저하고 덜 일반적이고 덜 일관된 성향을 가리키는 용어로 특정 대상에 대한 태도, 음식에 대한 기호, 특정 상황에서의 행동 경향성 등을 말한다.

② 커텔(Cattell)

특질을 개인 내에 실재하는 것으로 생각한 올포트와는 달리, 커텔은 특질을 행동의 객관적 관찰에서 추론되는 가설적 또는 상상적 구성 개념으로 보았다. 또한 특질은 성격의 기본 요소이며 행동을 예언하는 데 매우 중요한 요인이라고 간주하였다. 커텔은 특질을 표면 특질(surface traits)과 원천 특질(source traits)로 구분하였는데, 표면 특질은 인간의 행동 중에서 겉으로 보기에 한데 묶을 수 있는 특성들을 말한다. 예를 들면, 타인을 비방하기, 욕하기, 불평불만, 타인에 대한 공격성 등은 공격적 특질로 묶을 수 있다. 이에 비해 원천 특질은 표면적인 행동의 결정원인이 되는 기저변인을 가리킨다. 공격적인 특질을 나타내게 하는 기저의 원인을 말하는 것이다. 원천 특질은 훨씬 안정적이며 영속적인 단일 성격요인이고 하나의 원천 특질이 여러 표면 특질들과 관련된다고 볼 수 있다. 커텔은 생애기록, 자기평정, 객관적 검사 등에서 얻어진 자료를 요인분석하여 16개의 근원 특질들을 추출하였고, 그 결과 최종 도출된 16가지 근원 특질을 성격요인(personality factors)이라고 불렀는데 이들을 측정하는 검사인 16PF(Sixteen Personality Factors)가 바로 그것이다.

③ 아이젱크(Eysenck)

아이젱크도 커텔과 마찬가지로 요인분석을 사용하여 성격의 기본 차원을 발견하였는데, 그것은 외향성(extraversion: E), 신경증 성향(neuroticism: N), 정신병 성향(psychoticism: P)의 세 유형이다. 이 중 외향성 차원은 사회성과 충동성에서의 차이와 관련되는데, 외향성은 사교적이고 충동적이며 친구가 많고 모험적인 반면, 내향성은 조용하고 내성적이고 말수가 적고 신중한 성격 특성을 보인다. 두 번째 차원인 신경증 성향은 정서적으로 불안정하고 변덕스러우며 걱정, 불안, 우울, 낮은 자존감, 긴장, 수줍음 등의 특징을 보이며, 세 번째 차원인 정신병 성향은 공격적, 차가움, 자기중심적, 비정함, 비사회적, 비관습적인 것 등으로 특징지어진다. 아이젱크는 왜 이러한 성격 차원들이 나타나는지에 관심을 가지고 연구를 수행하였는데, 주로 성격 차원의 생물학적 기초를 밝히는 데 관심을 가지고 있었다는 점에서 다른 특질론자들과 구별된다.

(3) 특성이론의 공헌과 비평

특성이론은 공헌점과 비판점을 동시에 가지고 있다. 우선 공헌점을 보면 첫째, 사람의 성격을 묘사하고 분류하는 데 유용하다는 점이고 둘째, 사람들의 행동이란 사고의 특징들을 몇 개의 기본 특성의 양적 차이로 기술할 수 있다고 가정함으로써 성격검사의 발전에 공헌하였다는 점이다.

이에 비해 제한점으로는 첫째, 성격이라는 것이 태어나서 죽을 때까지 유전과 환경의 상호작용에 의해 일생 동안 개인에게 독특한 방식으로 영향을 미치는 것인데, 그러한 변화하는 대상을 측정해서 분류하는 것은 정확한 성격의 표현이 될 수 없다는 점을 들 수 있다. 둘째, 각 성격이 어떻게 형성되고 형성된 성격이 어떤 의미를 갖는지에 대한 설명은 하지 못한다는 점을 들 수 있다.

2) 과정이론

과정이론은 앞에서 제시한 유형론과 달리 성격이 어떻게 형성되고 형성된 성격이 어떤 의미를 지니는지에 관심을 두고 연구하는 이론으로, 대표적인 것으로는 정신분석이론, 행동주의 이론, 인본주의 이론 등이 있다. 다음에서 각 이론들을 간략히 살펴보기로 하겠다.

(1) 정신분석이론

정신분석이론에 근거하여 성격을 설명하는 이론가로는 프로이트, 아들러, 융, 호나이, 설리반, 머레이, 프롬, 에릭슨 등 다양하지만 여기에서는 정신분석이론의 가장 대표자인 프로이트의 이론을 중심으로 소개할 것이다.

프로이트는 오스트리아의 정신과 의사로 당시 신경증 환자, 특히 히스테리 환자들의 증상을 다루고 치료하면서 축적한 분석 자료를 기초로 정신분석을 발전시켰다. 히스테리란 심리적 갈등이 마비나 통증과 같은 신체적 증상으로 전환되어 나타내는 신경증으로 주로 여자들에게 많았다. 프로이트는 이에 대해 성적 욕구와 충동의 억압이 그 원인이며 그 억압의 기원이 어릴 때의 욕망과 좌절 및 갈등으로부터 나온다고 주장함으로써 당시 세계에 큰 충격을 주었다. 그 이유는 첫째, 보수적인 빅토리아 시대에 인간이 성욕에 의해 움직이는 존재이며 어린아이도 성욕이 있다는 주장은 매우 받아들이기 힘든 면이 있었고 둘째, 인간의 행동이 자신이 의식하지도 못하는 무의식에 의해 지배된다는 주장은 자신을 스스로 통제할 수 있다고 믿었던 당시 사람들에게 혼란을 가져왔기 때문이었다.

① 정신분석이론의 기본 가정 및 주요 개념

정신분석에서는 기본적으로 인간의 정신세계가 의식, 전의식, 무의식 세 가지로 구성되어 있다고 본다. 프로이트는 이런 자각의 수준을 빙산에 비유하여 거대한 빙산의 일각만이 나와 있듯이 우리의 정신세계도 전체를 10이라고 보았을 때 9/10는 무의식에 해당되고, 의식할 수 있는 부분은 1/10에 해당하는 극히 일부분이라고 하였다.

- 의식(consciousness): 의식은 개인이 현재 자각하고 있는 생각을 말한다. 평소에 사람들이 알거나 느낄 수 있는 모든 경험과 감각이 포함되며 사고, 지각, 느낌, 기억 등이 의식에 속하고 생활의 극히 일부분만이 포함된다.
- 전의식(preconsciousness): 전의식은 의식과 무의식을 연결해 주는 다리 역할을 하는 것으로, 평소엔 의식되지 않지만 조금만 노력하면 곧 의식될 수 있는 정신세계를 말한다. 즉, 원래는 무의식의 부분이지만 의식과 비교적 가까이 있어서 그곳에 저장된 기억, 지각, 생각이 의식으로 변화될 수 있는 부분이라고 보면 된다.
- 무의식(unconsciousness): 무의식은 인간 정신의 가장 깊고 중요한 부분으로 자신에 대한 인식이 없는 상태로 무의식이 정신세계의 대부분을 차지하며, 사람들의

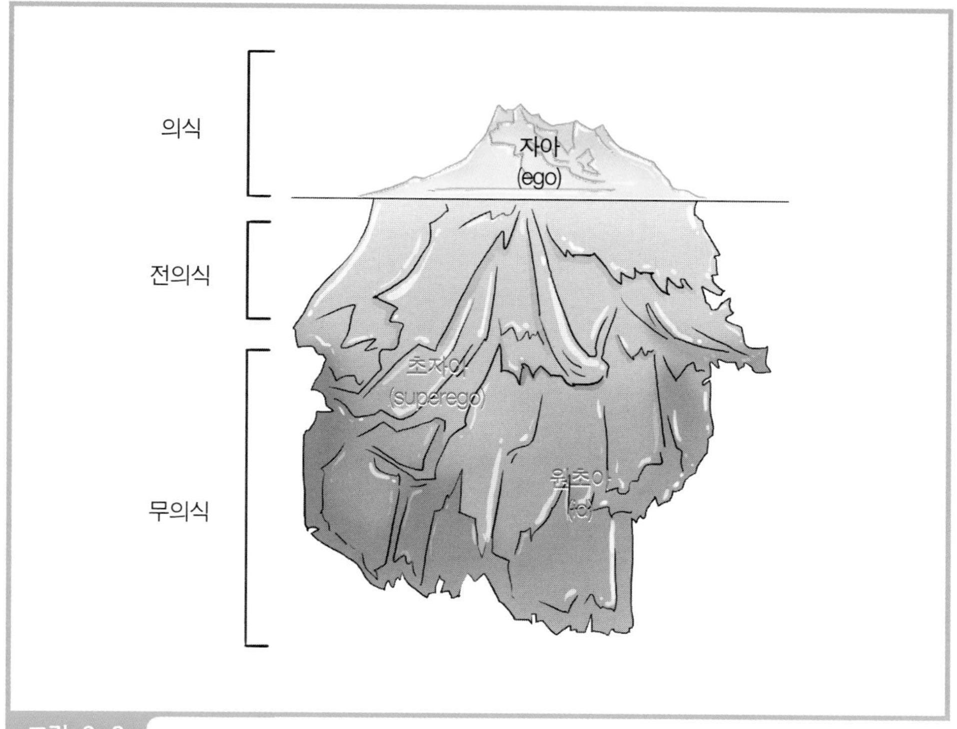

그림 9-2 빙산에 비유한 프로이트의 성격구조

행동을 지배하고 행동의 방향을 결정한다. 정신분석의 초점이 되는 정신 세계가 바로 무의식이다. 자신의 무의식에 대해 스스로 인식하지 못하기 때문에 무의식에 어떤 내용이 있는지 알기 위해서는 꿈이나 말실수, 실언, 신경증 등을 분석함으로써 그 내용을 파악할 수 있다.

② 본능이론

프로이트는 인간의 본능을 크게 두 가지로 보았다. 하나는 삶의 본능이고 다른 하나는 죽음의 본능이다. 삶의 본능은 인간의 생존과 관련된 것으로 식욕, 성욕 등과 같은 생물학적 욕구가 이에 해당된다. 프로이트는 삶의 본능에 의해 나타난 정신 에너지를 '리비도(libido)'라고 하였다. 삶의 본능은 단순히 성욕만을 의미하는 것이 아니고, 인간에게 쾌락을 주는 모든 행동이나 생각을 포함한다.

프로이트는 삶의 본능과 상반된 개념으로 죽음의 본능을 가정하였다. 그는 사람들이 죽는 것에 대한 무의식적인 소망을 가지고 있는데 이러한 죽음 본능의 주요한 구성 요소가 공격성이다. 이러한 죽음의 본능이 타인에게 향했을 경우 타인을 죽이고자 하는 소망으로 나타나 파괴 및 공격의 행동을 하도록 하고 자신에게 향했을 경우는 자살의 형태로 나타난다고 보았다.

③ 성격의 구조

프로이트는 성격이 세 가지 구조적 구성 요소인 원초아, 자아, 초자아에 의해 작동한다고 보았다. 각 요소는 각각의 특성을 가지고 있고 하나가 강해지면 하나가 약해지고 그 역할이 서로 바뀌는 등 역동적으로 움직인다고 보았다. 각 특성을 자세히 살펴보면 다음과 같다.

- 원초아(id): 원초아는 인간의 정신 에너지의 저장소로 성격의 가장 원시적인 부분이며, 출생 때 원초아를 가지고 태어나 성장하면서 점점 자아와 초자아가 분화된다. 원초아는 인간 성격의 생물학적 토대에 기초하는 것들로 식욕, 배설욕, 성욕 등 신체적 욕구를 충족시키고자 하는 동기와 관련된다. 이때 작동하는 주요 원리는 쾌락원리(pleasure principle)다. 즉, 고통은 피하고 쾌락을 얻고자 하는 욕구를 말한다.
- 자아(ego): 자아는 인간 성격의 합리적 측면으로 원초아의 욕구를 현실상황에 맞게 충족시킬 수 있도록 작동하는 성격의 집행자다. 즉, 원초아는 신체적 욕구로 인해 유발되는 긴장을 해소하기 위해 작용하려고 하는데, 이때 자아가 원초아를 일시적으로 억압해서 행동을 통제하고 반응시간을 선택하며 어떤 본능을 어떤 방법으로 만족시킬 것인지 결정한다. 따라서 자아가 따르는 작동 원리는 현실에 적합한지를 판단하는 현실원리(reality principle)라고 할 수 있다. 여기서 유의할 점은 자아가 원초아의 욕구를 좌절시키는 것처럼 생각될 수 있으나 오히려 반대로 원초아의 욕구를 충족시켜 주려고 하는데, 사회적으로 용납될 수 있는 방식으로 집행한다는 사실이다.
- 초자아(superego): 초자아는 인간 성격의 사회적 구성 요소로 개인의 내적 도덕성인 양심과 개인이 추구하고자 하는 자아 이상(ego-ideal)에 의해 작동된다. 주목적은 도덕적 완성을 추구하는 것으로 원초아가 쾌락을 추구하는 것을 억제시키면서 사회적 요구에 부합하는 측면에서 만족을 추구하는 것이다. 따라서 초자아의 작동원리는 도덕원리(morality principle)다.

앞에서 살펴본 바와 같이 세 체계는 각기 다른 원리를 따른다. 보통의 상태에서는 자아의 지도 아래 하나의 협동체로서 작용하며 역동적으로 움직인다. 그러나 각 체계가 고정된 것이 아니라 때에 따라 어느 것이 강해지면 다른 것이 약해지고 또 반대로 되기도 한다. 이때 원초아와 초자아가 갈등을 일으킬 수 있는데 이때 자아는 불안 반응을 일으킨다.

④ 불안

불안에는 다음과 같이 현실불안, 신경증적 불안, 도덕적 불안이 있다.

- 현실불안: 현실불안은 자아가 현실을 지각하여 두려움을 느끼는 불안으로 실제적 위험이 있는 경우 가지게 되는 공포를 말한다.
- 신경증적 불안: 신경증적 불안은 자아와 원초아의 갈등으로 인하여 나타나는 불안으로 원초아에 의해 충동적으로 표출된 행동이 처벌되지 않을까 하는 무의식적인 두려움을 말한다.
- 도덕적 불안: 도덕적 불안은 원초아와 초자아 간의 갈등에서 비롯된 불안으로 도덕원리를 어김으로 인하여 가지게 되는 죄책감을 말한다.

위의 세 가지 불안 중에 신경증적 불안과 도덕적 불안은 대처하기가 매우 어려운데, 이는 객관적인 대상이 없기 때문이다.

⑤ 방어기제

원초아가 현실을 무시한 채 무리한 성적, 공격적 욕구를 충족시키려 할 때 자아는 불안해지면서 전체 유기체의 안전을 위협받지 않는 한도 내에서 그 시도를 들어주려고 한다. 자아의 방어기제(defense mechanism)란 자아의 이런 시도들을 말한다. 인간은 누구나 어느 정도 방어기제를 사용함으로써 고통으로부터 자신을 보호하지만, 지나치게 방어기제를 사용하는 경우 병리적이 될 수 있다. 정신 에너지를 자신의 무의식을 억압하고 왜곡하는 데 모두 쏟기 때문이다. 몇 가지 주요한 방어기제를 제시하면 다음과 같다.

- 억압(repression): 위험한 요소를 의식에서 밀어내거나 의식하지 않으려는 노력.

(예) 자신을 학대하는 부모에 대한 뿌리 깊은 적대감을 알아차리지 못한 것.

- 부정(denial): 현실에서 일어났던 위협적이거나 외상적인 사건을 받아들이지 않고 거부하는 것. (예) 친한 친구의 죽음을 계속해서 '그럴 리 없다' 고 믿지 않으려는 것.
- 반동 형성(reaction formation): 억압하는데도 자꾸 그 생각이나 욕망이 의식 속으로 뚫고 나오려 할 때, 오히려 욕구와 반대되는 행동을 하는 것. (예) 자기 아이를 무의식적으로는 미워하는 엄마가 아이를 지나치게 사랑하는 것.
- 투사(projection): 자신이 가지고 있는 좋지 않은 충동을 다른 사람이 가지고 있다고 원인을 돌리는 것. (예) 자신이 상대를 미워하는 것이 아니라 상대가 나를 미워한다고 생각하는 것.
- 합리화(rationalization): 자신의 실패나 옳지 못한 행동을 그럴듯한 핑계를 사용하여 정당화하는 기제. (예) 이솝우화에서 여우가 맛이 신 포도를 딸 수 없어서 못 먹은 것이 아니라, 시어서 안 먹은 것이라고 하는 것.
- 전위(displacement): 어떤 대상에게 본능적 충동을 표현하기 부적절한 경우 그 대상을 덜 위협적인 대상으로 바꾸는 것. (예) 엄마에게 혼난 아이가 동생을 때리고 그 동생은 마당에 나가 개를 발로 차는 것.
- 승화(sublimation): 전위의 한 형태로 무의식적인 욕망을 사회적으로 도움이 되는 건설적인 활동으로 전환시키는 것. (예) 결혼을 하지 않은 수도사들이 성적인 에너지를 타인에 대한 봉사와 희생으로 전환하는 것.

⑥ 성격의 발달

지금까지 살펴본 프로이트 정신분석이론의 기본 가정을 토대로 성격에 대해 어떻게 설명하는지 살펴보자. 프로이트의 성격 발달 이론은 '심리성적 발달 단계' 라고 하는데, 그 이유는 인간 발달의 중요한 요소를 성적 충동이라고 보았기 때문이다. 성격의 발달과 관련된 프로이트의 이론은 몇 가지 기본적인 전제를 가지고 있다. 첫째, 인간의 성 에너지는 상당량이 출생 시에 나타난다. 둘째, 각 단계마다 성 에너지가 집중되는 부위가 있다. 예를 들면, 구강, 항문, 성기 등에 집중될 수 있다. 셋째, 특정 단계에는 신체의 어떤 부위가 유쾌한 긴장을 가져다줄 어떤 대상이나 활동을 추구한다. 넷째, 특정 단계에서 충분한 욕구충족이 되지 않아 지나치게 좌절되거나 반대로 지나치게 탐닉을 하게 되면 리비도(libido)가 다른 부위로 이동하지 않고 고착(fixation)

될 수 있다. 다섯째, 발달 과정에서 퇴행(regression)이 있을 수 있다. 즉, 다음 단계로 발달하지 않고 반대로 전 단계로 되돌아갈 수 있다는 것이다.

이러한 기본 전제를 고려하면서 각 발달 단계를 자세히 살펴보도록 하자.

1단계: 구강기(oral stage, 생후 1년간) 구강기는 구강을 통해 생물학적인 충동을 해소하는 시기로, 유아는 젖을 빨아먹음으로써 영양을 공급받고 배고픔의 충동을 만족시키고 동시에 움직여서 쾌락을 얻는다. 구강이 유아 활동과 관심의 초점이 되는 것이다. 유아기에 너무 과도하게 자극이 주어지거나 또는 불충분하게 주어질 경우 구강기에 고착되는데, 구강기 고착 성격은 의존적이고 수다스럽고 냉소적이고 욕설과 험담을 잘하고 불안하면 먹어야 하고 소리 내서 껌을 씹는다든가 담배를 많이 피우거나 식탐이 많은 행동을 나타내는 경향이 있다.

2단계: 항문기(anal stage, 1~3세) 항문기는 보통 1~3세까지 진행되는 것으로 성의 에너지인 리비도가 항문에 집중되는 시기를 말한다. 아이들은 대변을 배출하는 데서 쾌락을 느끼는데 이 연령대에는 보통 배변훈련을 시작하면서 쾌락을 지연시키는 방법을 배우게 된다. 이 과정을 통해서 아이들은 자기통제를 배운다. 배변훈련이 원만하게 진행되지 않을 경우 항문기 고착 성격이 나타날 수 있는데, 그 특징으로는 고집이 세고 인색하고 복종적이고 시간을 철저히 지키고 지나치게 청결하거나 혼란이나 모호함을 참지 못하는 성격으로 나타날 수 있고 반대로 지나치게 불결한 형태로도 나타날 수 있다.

3단계: 남근기(phallic stage, 3~5세) 남근기는 3~5세 사이로 리비도가 성기로 옮겨가게 되어 아이들은 자신의 성기를 발견하게 되고 성기를 자극하는 것이 즐거움을 준다는 것을 발견한다. 이때 아이들은 반대 성의 부모에 대해 무의식적 성적충동

을 경험하게 되는데, 남자아이들의 경우 어머니에 대해 여자아이들의 경우는 아버지에 대해 무의식적 충동을 경험하게 된다. 남자아이가 어머니에 대해 가지는 무의식적 성적 욕망을 오이디푸스 콤플렉스(Oedipus complex, 이 용어는 자신도 모르는 사이에 아버지를 살해하고 어머니와 결혼한 오이디푸스 왕에 대한 그리스 신화로부터 나온 것)라고 한다. 이때, 남자아이들은 자신의 생각을 아버지가 알게 되면 자신을 거세할 것이라고 불안해하는데 이를 거세불안(castration anxiety)이라고 한다. 아이는 거세불안을 극복하는 방법으로 자신의 아버지와 '동일시(identification)' 하는 방법을 택한다. 즉, 자신의 아버지의 가치와 행동을 그대로 따라 하여 아버지를 닮아가는 것이다. 왜냐하면 아버지는 자신이 사랑하는 어머니를 차지한 사람이기 때문이다. 이렇게 성인 아버지를 따라 하면서 아이들은 자신에게 알맞은 성역할을 습득하고 사회적 규범과 바람직한 행동 방식을 배워 간다.

그렇다면 여아는 어떨까? 이에 대해 프로이트는 역시 그리스 신화에서 아버지를 살해했던 어머니와 어머니의 정부를 동생을 시켜 살해하게 한 일렉트라라는 신화에서 용어를 따와서 여아가 아버지에 대해 가지는 무의식적 성적 욕망을 일렉트라 콤플렉스(Electra complex)라고 하였다. 여아는 자신이 남아와 같은 남근이 없다는 것을 발견하고 엄마가 자신을 잘 돌보지 못해서 남근을 잃어버린 것으로 생각하며 엄마를 원망하게 되고 남근을 가진 아빠를 사랑하게 된다는 것이다. 프로이트는 이를 남근선망(penis envy)라고 하였다. 여아 역시 어머니와의 동일시로 성역할을 습득하고 사회화된다.

오이디푸스 신화 연극 장면

이 단계에서 오이디푸스 콤플렉스나 일렉트라 콤플렉스를 잘 극복하지 못하면 남근기에 고착되는데, 남근기 고착 성격은 자신의 아름다움과 비범함에 도취하여 남들로부터 이를 끊임없이 인정받고 싶어 한다. 이때 지지를 받으면 기고만장해지고 남들이 별로 좋아하지 않으면 자기가 무가치하다고 생각한다. 남근기적 성격 특성은 허영, 자부심과 만용, 명랑함 등으로 나타나거나, 반대로 자기증오, 슬픔, 겸손 등으로 나타날 수 있다.

4단계: 잠복기(latent stage, 6~11세) 잠복기는 6세에서 사춘기까지로 남근기의 성적·공격적 충동의 해결 후 나타나는 휴식기라고 볼 수 있다. 이때는 성적인 욕구가 억압되는 대신 그 에너지를 주위 환경에 대한 탐색이나 지적 탐색으로 돌려서 지적인 활동을 많이 하게 되며, 리비도가 잠재되어 있기 때문에 특별한 성격 유형이 나타나지 않는다.

5단계: 생식기(genital stage, 사춘기 이후) 생식기는 심리성적 발달의 마지막 단계로 사춘기와 같은 시기가 되는데, 이때 청소년들은 급격한 신체적 성장과 더불어 호르몬의 변화가 오고 이런 신체적 변화에 따라 오랫동안 잠재되어 있던 리비도가 성기에 집중되면서 이성에 대한 관심을 가지게 된다. 이때도 역시 이성 부모에 대한 욕망이 다시 시작되지만 이미 자아와 초자아가 매우 강하게 형성되어 있기 때문에 다양한 방어기제를 사용하여 그 욕구를 충족시킨다. 예를 들면, 아들이 아버지를 극도로 증오하거나, 이성 부모에 대한 사랑을 선생님과 같은 다른 대상으로 옮기게 된다. 동시에 또래 이성에 대한 관심이 증가하는 시기도 이때이다. 프로이트는 생식기적 성격이 성숙한 성격이라고 보았는데, 이 단계까지 아무 단계에도 고착되지 않고 끝까지 발달하였음을 의미하게 때문이다. 이때 성숙의 지표는 일과 사랑이다. 이전 단계에서 고착된 사람은 일을 일 자체로 즐기기보다는 사랑받거나 지배하는 수단으로 사용하기도 하며, 이성과의 관계도 자기를 사랑해 줄 아빠나 엄마를 찾느라 타인을 그 자체

로서 사랑할 수 없기도 한다. 그러나 성숙한 성격은 일을 자체로 즐기고 이성과의 관계에서도 진정한 즐거움을 누릴 수 있는 사람이다.

(2) 인본주의 이론

인본주의적 관점의 이론가 역시 매슬로(Maslow)의 자아실현 접근, 로저스(Rogers)의 인간중심 접근, 프랭클린의 실존주의적 접근 등 다양하지만, 여기에서는 대표적 학자인 로저스의 인간중심 접근에 대하여 다룰 것이다.

로저스의 이론은 현상학(phenomenology)의 영향을 받아서 특정한 대상이나 사건 자체가 아니라 그 대상이나 사건에 대해 개인이 지금(now), 여기(here)에서 느끼고 있는 주관적 경험이 인간의 행동을 결정한다고 보았다. 그러므로 개인의 행동을 이해하기 위해서는 그 사람의 주관적 경험 및 상황에 대한 해석에 초점을 두어야 하며 그 결과 특정한 성격 자체보다는 성격의 발달과 변화에 관심을 가지고 있었다.

로저스의 인간중심이론의 기본 가정 및 주요 개념을 살펴보면 다음과 같다.

① 자아(self)

자아는 '나'로 지각되는 부분으로서 조직화되고 일관된 지각패턴을 말한다. 자아는 새로운 경험을 하면서 계속 변화하지만 항상 정형화되고 통합되고 조직화된 속성을 유지하기에 시간이 지나서 개인이 변화하더라도 그 사람은 자기가 이전과 동일한 사람임을 알 수 있다. 자신에 대한 지각인 자아개념(self concept)은 현재 존재하는 자기 자신뿐 아니라 자기가 되고 싶어 하는 이상적 자아(ideal self)도 포함한다. 이상적인 자아는 개인이 높이 평가하고 지향하는 자아개념으로 자신이 가장 소유하고 싶은 속성들을 포함하고 있다.

② 자아실현(self-actualization) 경향성

자아실현 경향성이라는 것은 자아를 실현, 보존, 향상시키려는 동기로서 유기체가 단순한 실체에서 복잡한 실체로, 의존성에서 독립성으로, 고정성과 경직성에서 유연성과 융통성으로 변화하고자 하며, 자유롭게 표현하고자 하는 유기체의 경향성을 말한다. 로저스는 강한 외적 제약이나 반대하는 힘이 없다면 자아실현 경향성이 자연스럽게 표출될 수 있을 것이라고 믿었다. 이는 인간에 대한 매우 긍정적인 인식으로 로저스는 기본적으로 인간은 자유롭게 자신의 내적 본질을 경험하고 만족할 때 자신 및 다른 사람과 조화를 이루며 살아갈 수 있는, 합리적이고 긍정적인 존재라고 믿었다(Rogers, 1959).

③ 가치의 조건화

로저스는 성격 형성을 이해하는 데 가치의 조건화(conditions of worth)라는 개념을 주장하였다. 가치의 조건화라고 하는 것은 아동의 기본적인 자기가치(self-worth)에 조건을 부과하여 어떤 경우에는 가치를 인정하고 다른 경우에는 가치를 인정하지 않는 것을 말하는데, 아동에게 가장 영향력 있는 대상인 부모의 태도에 따라 가치의 조건화를 형성하게 된다. 아동은 자신에게 의미 있는 대상인 부모가 자신을 어떻게 생각하는지에 대해 매우 중요하게 생각한다. 그런데 부모는 자신의 판단에 따라 아동이 해야 할 행동과 하지 말아야 할 행동을 정해 놓음으로써 아동은 부모가 원하는 행동을 할 때만 긍정적인 자기존중을 하여 착한 아이가 되고 부모가 원하지 않는 것을 하면 나쁜 아이가 된다. 그러면 아동은 부모의 긍정적 자기존중을 얻기 위하여 진정으로 자신이 원하는 것은 왜곡하고 부정하며 부모가 원하는 것을 추구하게 된다. 그 결과, 자기가 하는 내적 경험을 무시하게 되어 자아실현 경향성을 방해하게 된다는 것이다. 로저스는 이러한 자기와 경험과의 불일치 경험이 정신병리를 형성하는 데 핵심적 요인이라고 주장하였다.

④ 성격의 발달

로저스는 성격 발달 단계에 대한 이론을 가지고 있지 않았는데, 그 이유는 성격이라고 하는 것이 상태가 아닌 과정이라고 보았기 때문이다. 자아실현은 평생 죽을 때까지 계속 진행되는 것이지 완료되거나 정체된 상태가 아니라는 것이다. 따라서 미래지향적인 목표를 가지고 앞을 내다보면서 자아의 모든 국면이 개발되도록 노력하는 사람이 건강한 성격을 지니는 것이라고 보았다. 그가 관심을 가졌던 부분은 아이가 자아실현을 할 수 있도록 돕는 조화롭고 자유로운 환경에서 성장했는지의 여부다. 자아의 건강한 발달은 부모들이 아이의 특정 행동을 용납하지 않을 때에도 아이가 충분히 경험하고 그 자체를 수용할 때 이루어진다. 부모도 아이의 특정 행동을 용납하지 않는 것이지 아이 자체를 거부하는 것은 아님을 아이에게 인식시킬 때 아이는 건강하게 발달할 수 있다(노안영, 강영신, 2002).

건강한 자아를 발달시키고 자아실현을 하고 있는 사람들의 특성을 보면 자기가 아닌 어떤 사람들로 가장하거나 자기 자아의 일부를 숨기고서 가면이나 표면 뒤로 숨는 행동을 하지 않는다. 또한 무조건 규정대로 따르거나 상황마다 각각 다른 성격을 나타내지 않는다. 따라서 자아실현을 한 사람은 다른 사람이 규정한 것에 의하여 살아가지 않으며 방향선택이나 행동표현 여부가 전적으로 자기 자신에 의해 결정된다.

(3) 행동주의 이론

앞의 성격의 정의에서 언급했던 바와 같이 성격은 일반적으로 개인의 행동이나 경험에 대한 것을 규정하는 개인 내의 역동적 체계라고 정의된다. 이에 비해 행동주의 심리학에서는 이런 의미의 성격을 부정하고, 개인의 여러 가지 행동으로부터 추정될 수 있는 것이지 직접적으로 관찰될 수 있는 것은 아니라고 보았다(Lievert & Spiegler, 1974). 특히 행동주의의 선구자인 스키너(Skinner)는 심리학은 행동에 대한 과학이기 때문에 유기체의 내부 구조나 내부 과정에서 원인을 찾아서는 안 되고 환경 내에 있는 강화 요인이 무엇인가를 찾아야 한다고 보았으며, 개인차보다는 인간의 보편적인 원리를 찾는 데 관심을 가지고 있었기에 성격이라는 것이 궁극적으로는 불필요한 것이라고 보았다. 그러나 행동주의 입장에서도 반두라(Bandura)나 로터(Rotter)와 같은 학자들은 개인의 인지적 과정을 적극적으로 인정하고 그 관점으로부터 개인의 행동을 이해하고자 하였다. 따라서 여기에서는 반두라의 사회학습이론에 대해 살펴보기로 한다.

① 반두라의 사회학습이론

개인, 행동, 및 환경의 상호결정론 반두라는 인간의 행동이 내적 과정과 환경의 영향 두 가지 요인의 상호작용으로 인해 발생한 결과로 보았다. 즉, 환경 자극이 인간의 행동에 영향을 주지만, 신념, 기대 등과 같은 사람 요인 역시 인간의 행동 방식에 영향을 준다는 가정이다. 이는 인간이 단순히 환경 사건에 반응하는 것이 아니라 적극적으로 자신의 환경을 창조하고 변화시키기 위해 행동하는 존재라는 것을 의미한다.

학습모델 반두라의 사회학습이론은 행동주의적 학습이론의 확장인데 정적 강화, 부적 강화, 소거, 일반화, 고전적 조건형성, 조작적 조건형성을 포함하는 행동주의의 원리를 통합하고 있으며, 그 외에 인지적 중재를 포함시켜서 보다 체계적이고 통합적인 개념 모델을 제안하였다. 인지적 중재는 인간의 사고 과정에서 나타나는 실제적 상황과 행동의 상징적 표상을 의미한다.

관찰학습 반두라의 인간 행동 및 성격 이해에 가장 큰 영향을 미친 것은 관찰학습(observational learning) 혹은 대리적 학습(vicarious learning)일 것이다. 그는 인간의 경우 반드시 직접적인 경험을 거치지 않고 단순히 모델이 하는 행동을 보기만 함으로써 특정한 행동이 학습됨을 발견하였다. 예를 들면, 어떤 아동은 친구가 교사에게 혼나는 것을 관찰한 이후 교사에 대해 공포심을 갖게 될 수 있다.

자기효능감 반두라는 자기효능감(self-efficacy)의 개념을 발달시켰는데, 자기효능감이란 바람직한 효과를 산출하는 행동을 성공적으로 수행할 수 있다는 개인의 신념을 말한다. 즉, 자기효능감은 특별한 상황에서 발휘할 수 있는 자신의 행동 능력에 대한 믿음을 말한다. 자기효능감은 자신의 과거 성취 경험, 타인의 성공이나 실패를 통한 대리 경험, 타인으로부터 듣는 언어적 설득, 수행 상황에서 느끼는 불안이나 스트레스와 같은 정서적 각성의 네 가지로부터 획득될 수 있다. 자기효능감이 낮은 사람은 불안, 우울, 무력감 또는 수치심을 지니는 경향이 있으며, 이상행동을 하는 사람들도 대체로 자기효능감의 수준이 낮은데, 이는 상황에 잘 대처하지 못할 것이라는 믿음 때문이라고 보았다. 반두라는 이러한 심리적 부적응에 대해 자기효능감을 높임으로써 행동수정에 대한 자신감을 유발하고 강화시키는 것이 치료 방법이 될 수 있다고 생각하였다(Engler, 1999).

성격의 발달 반두라는 부적응적 행동이 역기능적 학습의 결과라고 보았다. 즉, 자신이 부정적 결과에 대해 직접경험을 했거나 모델을 통해 간접적으로 경험을 하게 되면 정신병리학적 발달에 영향을 미친다는 것이다. 따라서 행동의 변화를 위해 '모델링'을 사용하였는데, 주로 공포증 치료나 지배적이고 과잉공격적인 아동들의 행동치료, 자폐아에게 언어 기술을 가르치기, 반사회적인 환자에게 의사소통의 기술을 가르치기 등에 사용하였다.

BOX 1 혈액형에 따른 성격 차이는 존재하는가?

일반 사람들이 혈액형에 대해 가지는 가장 궁금한 것 중 하나는 혈액형과 성격이 정말로 상관이 있는가의 여부일 것이다. 혈액형에 따라 사람의 성격을 구분하는 방법은 일종의 유형론으로 많은 사람이 일상생활에서 상식처럼 믿고 있다. 그러나 일반적으로 이야기하는 혈액형의 특성이 실제 그러한지에 대해 학문적 타당성이 인정된 바가 없다. 이 혈액형과 성격의 관계를 논한 것은 1927년 일본의 후루가와의 혈액형 기질 상관설에 의한 것이라고 한다. 그 후 많은 심리학자들이 타당성 검사를 하였으나 이에 대한 타당성은 입증되지 못한 상태다(박아청, 2001). 그렇다면 왜 사람들은 각 혈액형에 대한 성격의 기술 내용이 자신을 잘 설명한다고 느끼게 되는 것일까?

사람들의 경우 보통 막연하고 일반적인 특성, 즉 누구나 가지고 있는 특성을 자신의 성격이라고 묘사하면, 다른 사람들에게도 그러한 특성이 있는지의 여부는 생각하지 않고, 자신만이 가지고 있는 독특한 특성으로 믿으려는 경향이 있다. 이러한 경향은 자신에게 유리하거나 좋은 것일수록 강해지는데, 이처럼 착각에 의해 주관적으로 끌어다 붙이거나 정당화하는 경향을 '바넘 효과'라고 한다. 바넘 효과라고 이름이 붙은 까닭은 19세기 말 곡예단에서 사람들의 성격과 특징 등을 알아내는 일을 하던 바넘(P. T. Barnum)에서 유래하였는데, 1940년대 말 심리학자인 포러(Bertram Forer)가 성격진단 실험을 통해 처음으로 증명한 까닭에 '포러 효과'라고도 한다.

포러는 자신이 가르치는 학생들을 대상으로 각각의 성격 테스트를 한 뒤, 그 결과와는 상관없이 신문 점성술 칸의 내용 일부만을 고쳐서 학생들에게 나누어 주었다. 그는 이 테스트 결과가 자신의 성격과 맞는지 맞지 않는지를 학생들이 평가하도록 하였다. 자신이 받은 테스트 결과가 자신에게만 적용되는 것으로 착각한 학생들은 대부분이 자신의 성격과 잘 맞는다고 대답하였다. 포러가 학생들의 성격진단 결과로 나누어 준 점성술 칸의 내용은, 대부분의 사람이 가지고 있는 보편적인 특성을 기술한 것이다. 포러는 실험을 통해 보편적 특성을 개개인에게 적용할 때 사람들이 어떻게 반응하는가를 알아보고, 그 결과로 바넘 효과를 증명한 것이다(두산백과사전 Encyber).

3 성격검사

성격검사는 자기보고식 검사와 투사검사, 행동관찰의 세 가지 방법에 의존하고 있으며 이들 세 가지 평가 방법들은 서로 다른 성격이론을 기반으로 하고 있다. 따라서 초점을 두는 평가 영역도 서로 다르다. 자기보고식 검사는 주로 특질이론에 기반을 두고 있고, 투사검사는 정신분석이론에 기반을 두고 있으며, 행동관찰은 사회인지이론에 기반을 두고 있다. 이 중 일반적으로 많이 사용되는 대표적인 성격검사들을 중심으로 소개를 하고, 좀 더 자세한 내용은 13장 심리측정과 평가에서 소개하고자 한다.

1) 자기보고식 검사

자기보고식 검사(self-report inventories)는 성격평가를 위한 검사 중에서 가장 일반적으로 사용되는 것으로, 자신의 행동이나 마음의 상태에 대해서 검사를 받는 사람이 검사 항목에 기술된 내용과 자신의 성격 특성이 얼마나 유사한지 응답을 하고, 그 결과를 분석하여 성격을 파악하는 검사다. 자기보고식 검사의 대표적인 것으로는 미네소타 다면적 인성검사(Minnesota Multiphasic Personality Inventory: MMPI), 성격유형검사(Myer-Briggs Type Indicator: MBTI), 캘리포니아 심리검사(California Psychological Inventory: CPI) 등이 있다.

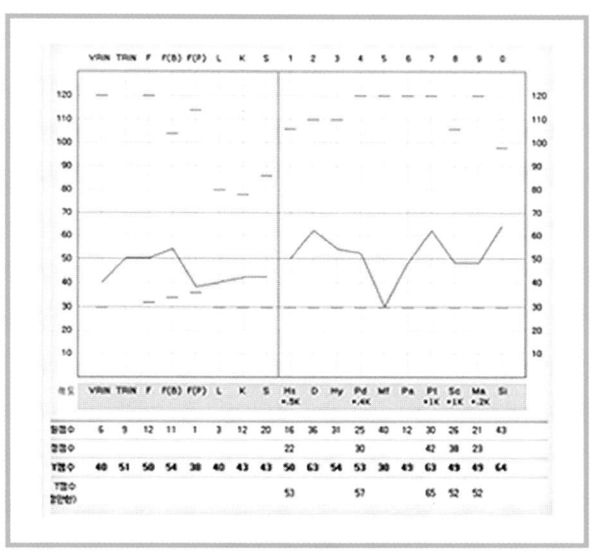

MMPI 프로파일의 예

자기보고식 검사는 보통 표준화되어 있기 때문에 실시자의 경험, 기술에 의해 크게 좌우되지 않고 미리 이론적 체계가 구성되어 있기 때문에 결과의 해석도 애매하거나 복잡하지 않다는 장점을 지닌다. 그러나 검사를 받는 사람이 솔직하고 성의 있게 응답을 했다는 전제하에 평가결과를 해석하기 때문에 솔직하게 반응하지 않을 경우 진정한 평가가 어렵다는 한계를 지닌다.

다면적 인성검사 미네소타 다면적 인성검사(Minnesota Multiphasic Personality Inventory: MMPI)는 세계적으로 가장 널리 쓰이고 가장 많이 연구되어 온 검사로, 556개의 문항에 대해 '예' '아니요'로 반응하게 되어 있다. 검사의 구성으로는 검사에 대한 태도를 측정하는 4개의 타당도 척도와 주로 비정상적 행동의 종류를 측정하는 10개의 임상 척도로 제작되어 있다.

2) 투사검사

투사검사(projective technique)는 우리가 의식하고 있는 행동이나 생각보다는 스스로 인식하지 못하는 내면의 욕구나 갈등이 개인의 성격을 이해하는 데 중요하다고 보고, 애매한 자극을 제시한 뒤 이에 대한 피검사자의 반응을 분석함으로써 겉으로 나타나지 않는 무의식적 욕구나 갈등을 알아내고자 하는 검사다. 대표적으로는 로르샤하 검사(Rorschach inkblot test)와 주제통각검사(Thematic Apperception Test: TAT)가 있다. 투사검사는 '예' '아니요'로만 응답하는 자기보고식 검사에 비해 훨씬 자유로운 반응을 가능하게 한다. 따라서 경험이 많은 전문가가 해석하기 전에는 자신의 반응이 무엇을 의미하는지 알지 못하는 특성이 있다.

투사검사의 장점은 어떤 반응이 어떤 의미를 지니는 것인지 응답자가 알 수 없기 때문에 어떤 반응을 통해 방어를 할 것인지 알 수 없다는 점이다. 따라서 방어가 쉽지 않고 응답의 왜곡이 적다. 또한 반응의 자유도가 넓어 개인의 독특한 문제가 제한 없이 자유롭게 표현될 수 있다는 점이다. 그러나 표준화가 되어 있지 않아 검사자의 주관성이 개입되며 검사의 신뢰성, 타당성이 낮다는 점이 단점으로 지적되고 있다. 그럼에도 불구하고 검사자의 성격과 전문성에 따라 임상적인 깊이와 효용적 가치가 인정되어 임상 장면에서 유용한 검사도구로 이용되고 있다.

로르샤하 잉크반점 검사 도판의 예

로르샤하 검사 로르샤하 검사(Rorschach Inkblot Test)는 1920년의 스위스 정신과 의사 로르샤하(Herman Rorschach)가 개발한 것이다. 서로 대칭되는 잉크반점이 그려진 10개의 카드를 제시하고 무엇으로 보이는지를 보고하면 전문가가 그에 대해 해석을 하는 방식으로 진행된다. 애매모호하고 비구조화된 자극을 어떤 대상으로 조직화해서 본다는 것은 그 사람의 무의식적인 소망, 동기, 욕구 등을 투사한 결과라고 보는 것이다.

주제통각검사 주제통각검사(Thematic Apperception Test: TAT)는 미국의 성격심리학자 헨리 머레이(Henry Murray)가 개발하였다. 원래 검사그림은 30장의 그림카드와 1장의 백지카드가 세트로 구성되어 있으나 피검사자의 나이와 성, 상황에 따라 보통 10개의 카드를 선정하여 검사를 실시한다.

각 그림들은 피검사자의 갈등, 원망, 감정, 인생주제 등을 드러내는 이야기를 유발하도록 도안되었는데, 각 카드의 그림을 보고 피검사자에게 이야기를 구성하도록 함으로써 그 사람의 욕구와 환경으로부터의 압력, 반응방식 등을 분석하는 검사다.

주제통각검사 도판의 예

이 장의 중심 내용

01 성격이란 한 개인을 특징짓는 독특한 특성으로 여러 상황에서 비교적 일관성 있게 나타나는 행동 및 사고방식을 말한다.

02 성격심리를 연구하는 이유는 의미 있고 안정된 사람들 간의 개인차를 파악하고, 개인의 행동방식을 있는 그대로 기술하며, 지금까지 축적된 행동 방식을 토대로 그 사람의 행동을 예측하고, 사람들 간의 차이를 유발하는 심리적 기저를 파악하는 것이다.

03 성격이론은 성격을 단면적인 상태로 이해하고자 하는 특성이론과 성격의 형성 및 발달 과정에 관심을 두는 과정이론이 있다.

04 특성이론에는 체액론, 체격론, 체질론 등과 같이 사람들을 유형에 따라 나누고 각 유형에 따른 성격을 설명하는 유형론과 특질이라고 하는 심리적 경향성에 따라 성격을 분류하는 특질론이 있는데, 특질론의 대표자로는 올포트(Allport), 커텔(Cattell), 아이젱크(Eysenck) 등이 있다.

05 정신분석에서는 인간의 정신 세계를 의식, 전의식, 무의식으로 구분하고, 이 중 의식으로 설명할 수 있는 부분은 전체의 1/10에 불과하며, 인간은 9/10인 무의식적 욕구에 의해 움직이는 존재라고 보았다. 따라서 정신분석이론의 대표자인 프로이트는 무의식적 욕구가 각 발달 단계에 맞게 적절히 충족되었는가에 따라 성격이 결정될 수 있다고 하였다.

06 인본주의에서는 인간의 주관적인 경험을 중시하여 특정한 사건이나 대상이 아닌 그 사건 및 대상에 대해 개인이 지금(now), 여기(here)에서 느끼고 있는 주관적 경험이 인간의 행동을 결정한다고 보았다. 이는 인간을 스스로 자아실현을 위해 애쓰는 긍정적인 존재로 인식한 것으로, 특히 인본주의 학자의 대표자인 로저스(Rogers)는 건강한 성격 발달을 위해서는 개인이 자아를 있는 그대로 인식하고 자신의 인식에 따라 자유롭게 행동할 수 있는 자유로운 환경이 필요하다고 하였다.

07 행동주의에서는 기본적으로 유기체 내부에서 행동의 원인을 찾아서는 안 된다고 보는 입장이지만, 반두라의 사회학습이론에서는 인간의 행동이 내적 과정과 환경의 영향 두 가지의 상호작용에 의해 발생한 결과로 보았다. 따라서 환경 자극이 인간의 행동에 영향을 주지만 개인이 지닌 신념이나 기대 등과 같은 요인도 인간의 행동방식에 영향을 준다고 설명하며, 이 과정에서 인간의 인지적 과정을 중요시하였다.

08 성격검사의 대표적인 방식은 자기보고식 검사와와 투사검사인데, 심리학자들이 심리검사를 사용하는 이유는 인간의 성격을 보다 객관적이고 엄격하게 측정함으로써 연구의 정밀성을 높이고 정확한 진단을 통해 임상 및 상담 과정에서 효과적으로 활용하기 위해서다.

학습과제

1. 성격을 정의할 때 공통적으로 나타나는 특성들이 무엇인지 간략히 기술하시오.

2. 특성이론의 장단점이 무엇인지 기술하시오.

3. 프로이트의 정신분석이론에서 가정하고 있는 성격의 구조와 각 요소의 특성을 설명하시오.

4. 로저스의 성격이론에서 중시하는 주요 개념들을 설명하시오.

5. 반두라의 상호결정론이 무엇인지 설명하시오.

6. 심리검사의 대표적인 방식인 자기보고식 검사와 투사검사의 특징은 무엇인지 설명하시오.

10 사회 속의 개인

학습 개요

우리가 누군가를 사랑하거나 미워할 때도 그렇고, 자신이 얼마나 일을 잘하는지 평가할 때에도 다른 사람과의 비교가 필수적이다. 뿐만 아니라, 우리는 특정 집단에 소속되어 있으면서 때로 그 집단의 영향을 받으면서 행동한다. 이에 사회심리학은 사람들이 자신, 타인 및 환경을 포함하는 세상에 대해서 어떻게 생각하고 느끼고 행동하는지, 그리고 어떻게 상호작용하고 영향을 주고받는지를 연구하는 학문이다. 사회심리학은 사회적 상황에서 각 개인들이 하는 행동의 원인을 이해하기 위해 상황적 요인과 내재적 요인을 모두 고려한다. 개인의 행동을 결정하는 데 그가 처한 즉각적인 상황의 힘은 우리가 상상하는 것보다 훨씬 더 강력하다. 또한 개인의 내적 요인들, 가령 학습, 동기, 성격 등도 그 개인의 행동에 중요한 영향을 미친다.

이 장에서는 사회심리학자들이 다룬 연구 영역 중에서 4개의 큰 주제에 관한 연구들을 중심으로 살펴보려 한다. 먼저, 사회적 지각에 관한 주제로 자아, 귀인, 태도에 관한 연구를 알아보며, 그 다음, 대인관계에 관한 주제로 대인지각과 매력에 관한 연구를 살펴볼 것이다. 그리고 사회적 영향에 관한 주제로 동조와 복종 및 이타행동을 살펴보며, 마지막으로 집단 역학에 관한 주제로서 집단 내에서의 수행과 의사결정 및 공격성에 대해 살펴볼 것이다.

학습 목표

1. 자기개념의 근원과 자아의 기능을 이해하고, 자기개념의 문화적 차이를 파악한다.
2. 귀인의 정의, 귀인의 기능 및 귀인의 세 가지 차원 및 편향을 이해한다.
3. 태도의 3요소, 태도의 형성과 변화를 이해한다.
4. 대인 간 매력에 영향을 주는 요인을 이해하고 공격성에 관한 다양한 이론을 파악한다.
5. 동조의 원인으로 규범적 영향과 정보적 영향을 이해하고 소수자 효과를 이해한다.
6. 밀그램의 복종실험을 중심으로 권위자에 대한 복종을 이해하고 그 함축하는 바를 파악한다.
7. 방관자 효과가 무엇인지 이해하고 그것이 함축하는 바를 파악한다.
8. 집단수행으로서 사회적 촉진과 사회적 태만을 이해하고, 집단의사결정으로 집단극화와 집단사고, 몰개성화 현상을 이해한다.

1 사회적 지각

우리는 일상생활에서 자신과 타인을 관찰하고 이러한 관찰에 근거하여 그들에 대한 어떤 믿음을 형성한다. 사회심리학에서는 이러한 믿음에 대한 연구를 '대인지각' 혹은 '사회적 지각'이라고 불러왔다. 이 절에서는 사회적 지각과 관련해서 먼저 자기 자신에 대한 지각, 즉 자기지각을 알아보겠다. 그다음으로 다른 사람에 대한 지각과 관련해서 귀인을 살펴보고, 마지막으로 태도에 대한 연구들을 검토할 것이다.

1) 자기(self)

우리들은 대부분 '자신은 어떤 사람이다.'라는 인식을 가지고 있다. 예를 들면, 어떤 사람은 자신을 신체적으로는 키가 크고 성격적으로는 온순하고 사회적으로는 특정 축구동호회에 가입한 사람으로 인식할 수 있다. 이와 같은 자기에 대한 지식이나 신념을 통틀어서 자기개념(self-concept)이라고 한다. 그렇다면 이러한 자기개념은 어떻게 생겨나는 것일까?

(1) 자기개념의 근원

쿨리(Cooley, 1902)는 우리의 자기개념이 사회적 상호작용을 통해 발달하고 삶의 과정을 통해 많은 변화를 겪는다고 본다. 또한 사람들은 다른 사람, 특히 중요한 타인이 자신에게 하는 행동을 통해서 자기개념을 형성한다는 것을 쿨리는 "거울 속에 비친 자기(looking-glass self)"라는 개념을 통해서 강조한다. 여기에서 거울이란 곧 자신에 대한 다른 사람의 행동인 셈이다. 말하자면, 사람들은 다른 사람의 눈을 통해서 그리고 그들이 자신에게 보이는 반응을 통해서 자신을 알게 된다. 예를 들면, 아동은 부모나 교사들이 자기를 어떻게 생각하고 있는지에 따라 자신에 대한 인식이 달라질 수 있다. 부모가 자기를 착한 사람으로 인식하고 있다고 생각하고 학교 교사는 자기를 성취 지향적으로 보고 있다고 생각한다면, 그 아동은 이에 상응하는 방식으로 자기개념을 형성하게 된다. 이처럼 특정 개인의 자기개념 형성에 주변의 중요한 타인이 미치는 영향은 비단 아동에게만 국한하지 않는다. 성인들의 경우에도 다른 사람들의 지각에 따라 자기에 대한 인식이 달라지고 그럼으로써 자기개념도 변하게 된다.

자기개념의 또 다른 근원을 사회비교이론(Festinger, 1954)에서 찾을 수 있다. 이 이론에 따르면 사람들은 자신의 능력 수준과 태도의 정당성을 정확히 평가하려는 동기를 가지고 있다. 이를 위해 사람들은 자신을 유사한 다른 사람과 비교한다. 사회비교이론의 가정에 따르면 사람들은 자신의 의견과 능력을 정확하게 평가하려는 동기를 가지고 있고, 직접적인 물리적 기준이 없을 경우 타인과 비교함으로써 자신을 평가하고, 일반적으로 자신을 유사한 타인들과 비교하는 것을 선호한다. 가령, 한 초등학생은 165cm인 자신의 키가 큰지 혹은 작은지 어떻게 알 수 있을까? 가장 흔한 방법은 자신의 키를 같은 또래 아이들의 키와 비교해서 상대적으로 평가하는 것이다. 마찬가지로 사람들은 자신의 성공, 재능, 책임감, 봉급 수준 등에 대한 평가를 위해 자기와 비슷한 상황에 있는 사람들과 비교하고, 이러한 비교를 통해서 나온 결과에 따라 자신에 대한 자기개념을 형성하게 된다.

(2) 자기의 기능

자기는 자신과 관련된 정보를 처리하고 세상을 이해하는 데 기초가 된다. 먼저, 사람들은 자신과 관련된 정보에 훨씬 더 관여하고 더 민감하게 반응한다. 예를 들면, 사람들은 시끄러운 교실에서도 선생님이 부르는 자기 이름을 다른 사람의 이름보다 더 잘 알아듣는다. 또한 사람들은 자신과 관련해서 타인을 지각하는 경향이 있다. 예를 들면, 우리가 자신을 정직한 사람이라고 생각한다면 다른 사람이 정직한지 그렇지 않은지에 대해서 주목하는 경향이 강하다. 그래서 타인들의 특징이 자기와 관련될 때 그러한 특징들을 더 잘 기억하게 된다. 이러한 효과를 자기참조효과(self-referencing effect)라고 한다.

뿐만 아니라, 사람들은 자기중심적으로 사고하는 경향이 강하다. 사람들은 자기와 관련된 정보를 중시하고 다른 사람들도 자기처럼 생각할 것이라고 믿는다. 또한 자신을 가능한 한 긍정적으로 보려는 강한 경향성을 가지고 있다. 가령, 시험에 합격하면 그것은 자신의 능력이나 노력의 결과이고, 떨어지면 나쁜 운이나 문제의 난이도 등을 탓한다. 마지막으로 자기는 자신의 행위에 일관성을 부여하는 기능을 한다. 비록 사람들은 다양한 상황에 따라 서로 다른 행동을 보일 수 있지만, 그것은 상황에 따른 것이지 내면적으로는 일관적인 특성을 가지고 있다고 생각한다.

(3) 자기의 문화 차이

나는 누구이고 어떠한 일을 하는 것이 가치 있는 일인지, 그리고 어떠한 삶의 목표를 추구할 것인지 등 자기 관련 개념은 특정 개인이 속한 사회문화적 맥락 속에서 만들어지는 산물이다. 그렇기 때문에 자기에 대한 사람들의 인식은 그가 속한 문화적 특성을 반영할 수밖에 없다. 이러한 아이디어에 기초하여 몇몇 심리학자들은 서양과 동양 문화 간에 존재하는 자기인식의 차이를 개념화하였다. 이때 연구자들은 동양사회를 집단주의적 문화권으로 규정하고, 서양사회를 개인주의적 문화권으로 규정하는 경향이 강하다. 이 차원은 홉스테드(Hofstede, 1980)가 문화를 구분하기 위해 제시한 네 개의 차원 중 하나다. 집단주의 문화는 집단에 속한 사람들이 서로서로를 돌봄으로써 그 집단에 대한 충성심을 함양하는 문화로, 개인의 욕구나 독립성보다는 집단의 목표와 구성원들 간의 조화와 화합을 강조하는 특징이 있다. 반면에, 개인주의 문화는 사람들이 자기 자신뿐만 아니라 직접적으로 관련된 가족을 돌보는 것을 촉진시키는 문화로, 개인의 독립성과 자율성을 강조하는 특징을 가지고 있다.

이러한 문화적 특성에 기초하여 마커스와 키타야마(Markus & Kitayama, 1991)는 문화를 독립적 자기(independent self)와 상호의존적 자기(interdependent self)를 추구하는 문화로 구분하였다. 북미와 서유럽 같은 독립적 자기를 추구하는 문화에서 사람들은 자기실현을 삶의 최대 목표로 생각하며 독립적이고 안정된 자기를 확립하기 위해 노력한다. 또한 이처럼 안정된 자기로부터 자신의 삶을 일관적으로 영위하는 것이 곧 성숙한 사람의 모습으로 간주한다. 반면에, 상호의존적 자기를 추구하는 문화, 특히 중국과 한국 및 일본과 같이 유교적 특성이 강한 문화권의 사람들은 같은 집단이나 지역에 속하는 사람들과 원만한 관계를 유지하고자 한다. 또한 개인적 욕망을 추구하기보다는 그러한 욕망의 절제 속에서 자신에게 주어진 사회적 역할과 책임을 다하는 데서 삶의 의미를 찾고자 한다. 그리고 변화하는 상황 속에서 자신에게 요구되는 행동이나 적합한 행동에 부응하고자 노력하기 때문에 자기에 근거한 행동의 일관성을 독립적 자기문화권에 비해 덜 중시한다. 이와 유사하게 트리안디스(Triandis, 1989)는 자기를 세 가지 구성 요소로 구분하였다. 자신의 성격이나 정서 및 행동으로 이루어지는 사적 자기, 자신이 속한 집단의 구성원으로서 자신을 인식하는 집단적 자기, 남들에게 알려져 있는 나를 지칭하는 공적 자기가 그것이다. 이때 집단주의 문화에서는 공적 자기의 비중이 상대적으로 크고, 개인주의 문화권에서는 사적 자기의 비중이 더 크다고 할 수 있다.

2) 귀인

대부분 과학의 핵심은 어떠한 현상의 원인과 결과를 발견하는 것이다. 일반인들도 특정 행동의 발생 이유와 원인을 파악했을 때 그 행동을 제대로 이해했다고 생각한다. 그렇기 때문에 사람들은 자신이나 타인의 행동이 왜 발생했는지 그 원인을 파악하려는 강한 동기를 가지고 있다. 심리학자들은 행동의 원인을 설명하기 위해서 거치는 과정을 귀인(attribution)이라고 일컫는다. 여기서는 귀인의 일반적 특성, 귀인의 편향, 그리고 귀인에서의 문화 차이를 알아보겠다.

(1) 귀인의 일반적 특성

먼저, 귀인이 이루어지는 시기와 관련해서, 사람들은 발생하는 모든 일에 대하여 그 원인을 찾지는 않는다. '왜 사람들은 하루에 세 끼를 먹는가?' 등과 같이 일상적이고 평범하며 예측 가능한 일에 대해서는 그 원인을 찾고자 하지 않는다. 대신에 사람들은 어떤 기대에 미치지 못했거나 특이한 일이 일어났을 때 혹은 고통스럽거나 불쾌한 사건이 발생했을 때 사람들은 '왜'라는 질문을 하게 된다. 예를 들면, 열심히 공부했는데도 성적이 나쁘게 나왔을 때, 사람들은 왜 그런지 그 이유나 원인을 알고자 한다.

귀인은 몇 가지 측면에서 중요한 기능을 한다. 우선, 귀인은 환경을 예측하고 통제하는 데 도움을 준다. 긍정적 사건보다도 부정적이거나 기대에 못 미친 사건에 대해서 귀인을 하는 이유는 원인 규명을 통해 앞으로 그러한 사건을 피하거나 예방하고자 하기 때문이다. 또한 귀인은 우리의 감정, 태도 및 행동을 결정하는 역할을 한다. 예를 들면, 교통법규를 위반한 운전자에 대해서 급한 일이 생겨서 어쩔 수 없이 그랬을 것이라고 생각할 때와 상습적으로 위반하는 사람이라고 생각할 때, 그에 대한 우리의 행동은 다를 것이다. 마지막으로 과거의 수행에 대한 귀인은 미래의 수행에 영향을 준다. 예를 들면, 수학 과목에서의 낙제가 나쁜 운보다는 자신의 노력부족이라고 생각할 때 앞으로 성취를 위해 좀 더 노력할 가능성이 높다.

어떤 행동에 대한 원인을 규명할 때 중요하게 고려하는 하나의 요인이 귀인의 차원에 관한 것이다. 첫째, 원인의 소재 차원은 특정 행위의 원인을 행위자의 내적인 요인에서 찾을 것인지 아니면 외부의 요인에서 찾을 것인지의 문제다. 내적 요인에는 행위자의 기분, 태도, 성격, 능력, 건강, 욕구 등이 있고, 외적인 요인에는 타인의 압력, 금전, 사회적 상황, 날씨 등이 포함된다. 둘째, 안정성 차원은 행위의 원인이 시간적 측면에서 안정적인지 아니면 불안정한지의 문제다. 예를 들면, 내적 요인 중에서 능력이나 성격은 잘 변하지 않는 안정적인 차원이지만, 노력이나 기분과 같은 요인은 잘 변하는 요인이다. 외적 요인 중에서 규칙이나 사회적 역할 등은 안정적인 요인이지만, 운이나 날씨 등은 가변적인 요인이다. 셋째, 통제 가능성 차원은 어떤 원인을 개인이 통제할 수 있는지 혹은 없는지의 문제다. 예를 들면, 능력과 같은 원인은 통제 불가능하지만 노력은 통제 가능하다. 성취 관련해서 이러한 세 가지 차원에 대한 예를 〈표 10-1〉에 제시하였다.

표 10-1 성취 관련 귀인의 세 가지 차원에 대한 예

통제 가능성	내적 요인		외적 요인	
	안 정	불안정	안 정	불안정
통제 가능	일반적으로 투자하는 노력	특정 과제에 투자한 노력	교사의 호의	기대하지 않은 타인의 도움
통제 불가능	능력	기분	과제의 용이성	운

(2) 귀인에서의 편향들

사람들은 어떤 사건이나 행동에 대한 원인을 매우 합리적이고 논리적인 과정을 통해 규명할 수 있다. 그러나 지금까지의 경험적 연구들을 보면 귀인의 과정에 지속적인 편향이 존재한다. 여기서는 가장 보편적인 세 유형의 편향, 즉 기본적 귀인 오류(fundamental attribution error), 행위자-관찰자 편향(actor-observer bias), 이기적 편향(self-serving bias)을 살펴보겠다.

우리가 다른 사람의 행동을 판단할 때 상황적인 요인을 고려하지만 필요한 만큼 고려하지는 않는다. 즉, 외부 상황의 역할을 과소평가하면서 그들의 행동을 성향(dispositional qualities)에 귀인하는 강한 편향이 있는 것 같다. 이처럼 행동을 판단할 때 상황적(situational factors) 혹은 외적 요인을 과소평가하고 성향적 혹은 내적 요인을 과대평가하는 경향성을 '기본적 귀인 오류'라 한다(Ross, 1977). 예를 들면, 한 식당에서 어떤 사람이 종업원에게 화를 내는 장면을 목격했을 때, 우리는 그 사람이 매우 다혈질적이기 때문에 화를 냈다고 판단하면서 종업원이 불친절했거나 주문한 음식이 지나치게 늦게 나왔을 가능성은 고려하지 않는 경향이 있다.

또한 우리는 다른 사람의 행동을 성향적인 요인에 귀인하는 반면, 자신의 행동은

상황적인 요인에 귀인하는 경향이 있는데, 이것을 '행위자-관찰자 편향'이라고 한다(Jones & Nisbett, 1972). 예를 들면, 다른 사람이 특정 과목에서 좋은 성적을 받지 못했을 경우, 우리는 그가 무능하거나 성실하지 않기 때문이라고 생각하는 반면, 자신이 그랬을 경우는 시험이 너무 어렵거나 터무니없기 때문이라고 생각하는 경향이 있다. 이러한 경향성에 대한 하나의 설명으로 관찰자와 달리 행위자는 자신의 행동이 상황에 따라 어떻게 달라지는지를 잘 알고 있기 때문에 자신의 행동을 안정적인 내적 특성보다는 각각의 특수한 상황적 요인에 귀인하기 때문이다. 또 다른 설명은 조망(perspective)의 차이, 특히 특출성의 차이에 따른 것이다. 관찰자에게는 행위자가 두드러진 자극이 되어 그의 행위를 성향에 귀인하지만, 행위자는 자신의 행동을 보지 못하고 상황(장소, 다른 사람들 및 그들의 기대 등)을 보기 때문에 자신의 행동을 이러한 외적인 요소에 귀인하게 된다.

'이기적 편향'이란 성공은 자기의 공적이고 실패는 다른 사람이나 상황의 탓이라고 보는 경향을 말한다. 예를 들면, 정부 관료들은 국가의 경제적 성장을 자신들의 경제정책과 신중한 재정 관리의 덕택으로 생각하는 반면, 경제적 어려움에 대해서는 국제 경제의 침체나 국제적 금융시장의 악화를 탓한다. 이러한 이기적 편향은 집단적인 수준에서도 발생하는데, 우리는 자신이 속한 집단을 보호하는 식으로 귀인을 한다. 즉, 사람들은 긍정적이고 사회적으로 바람직한 행동을 자신의 집단이 행한 경우에 내적 귀인하고, 다른 집단이 한 경우 외적 귀인한다. 이러한 이기적 편향은 여성보다는 남성에게서 그리고 비서구 문화권보다는 서구 문화권에서 좀 더 강하게 나타난다(Higgins & Bhatt, 2001).

표 10-2 귀인의 편향들

기본적 귀인 오류 (fundamental attribution error)	다른 사람이 행동할 때 성향적 혹은 내적 요인을 과대 평가하는 경향성
행위자-관찰자 편향 (actor-observer bias)	다른 사람의 행동을 성향적인 요인에 귀인하는 반면, 자신의 행동은 상황적인 요인에 귀인하는 경향
이기적 편향 (self-serving bias)	자신의 집단이 긍정적인 행동을 행한 경우에 내적 귀인하고, 다른 집단이 한 경우에는 외적 귀인하는 경향

(3) 귀인에서의 문화 차이

귀인하는 방식도 문화 간에 차이가 있을 수 있다. 먼저, 기본적 귀인 오류에서 나타나는 문화 차이를 전체적으로 다룬 연구(Choi, Nisbett, & Norenzayan, 1999)에 따르면, 미국인들은 이러한 오류를 범하는 경향을 보이는 반면, 동아시아인들은 그렇지 않았다. 그러나 이러한 문화적 차이가 동아시아 사람들이 귀인에서 성향적인 사고를 하지 않기 때문이 아니라, 맥락과 상황에 좀 더 민감하게 반응하기 때문이다. 또한 이기적 편향을 다룬 연구들의 전반적인 결과(Mezulis, Abramson, Hyde, & Hankin, 2004)를 살펴보면 귀인에서의 이기적 편향이 모든 연구에 걸쳐 매우 강하게 나타났다. 그리고 유럽계 미국인, 아시아계 미국인, 아프리카계 미국인, 히스패닉계 미국인, 미국 원주민 및 혼혈 미국인들 간에 차이가 없었다. 아시아 국가 사람들도 이기적 편향을 강하게 보였지만, 국가 간에 편차가 컸다. 즉, 일본 사람들은 이기적 편향을 보이지 않았지만, 한국 사람과 중국 사람은 미국인들 못지않게 강한 이기적 편향을 보였다.

3) 태도

태도란 한 개인이 어떤 대상에 대해 가지고 있는 체계적인 느낌과 신념으로서, 그 대상과의 과거 경험에 기초하고 있으며 그 개인의 행동에 영향을 미친다(Ajzen, 2001). 태도는 보통 '좋다-나쁘다'와 같은 평가적인 특성을 가지고 있어서 사람들로 하여금 대상에 대해 접근적인 혹은 회피적인 행동 경향성을 발달시키도록 하고, 그래서 궁극적으로 이 세상에 효과적으로 적응하는 데 기여한다.

(1) 태도의 3요소

일반적으로 태도를 구성하는 요소에는 인지적, 정서적, 행동적 요소가 있다. 인지적 요소는 태도 대상에 대한 생각과 신념으로 이루어져 있다. 예를 들면, 흡연에 대한 태도에서 인지적 요소는 "담배는 공부에 도움이 된다." "담배는 폐암을 일으킨다." "담배가격이 매년 상승하고 있다." 등이 있을 수 있다. 정서적 요소는 태도 대상에 대한 '좋다' '싫다'와 같은 느낌으로 이루어져 있어서 평가적인 특성을 지닌 요소다. 가령, "흡연은 나쁘다." 혹은 "흡연은 좋다." 등이 정서적 요소에 해당한다. 마지막으로, 행동적 요소는 태도 대상에 대한 신념과 평가적인 느낌을 어떻게 보일 것인

표 10-3 태도의 3요소

구성요소	내용	예시
인지적 요소	태도 대상에 대한 지식, 신념들	'담배는 폐암을 일으킨다.'
정서적 요소	태도 대상에 대한 감정 및 평가	'담배는 나쁘다.'
행동적 요소	태도 대상에 대한 반응 준비성 및 행동 의도	'스스로 금연을 실천한다.'

가를 결정하는 요소다. 예를 들면, "스스로 금연을 실천한다." "금연을 권장하는 캠페인에 참가한다." 등이 여기에 해당한다.

일반적으로 태도를 구성하는 인지적 요소는 매우 복잡하다. 왜냐하면, 우리는 보통 태도 대상에 대해서 많은 생각과 신념을 가지고 있기 때문이다. 뿐만 아니라, 각각의 인지적 요소들은 평가적인 측면에서 서로 상이할 수 있다. 예를 들면, 어떤 사람이 "흡연은 공부에 도움이 된다."라는 신념을 가지고 있을 때, 이 요소는 평가적으로 긍정적이지만, "흡연은 폐암을 일으킨다."라는 요소는 부정적이다. 마지막으로 각 인지적 요소는 그 중요성에서 다를 수 있다. 예를 들면, 흡연이 공부에 도움을 주는 것보다는 폐암을 일으키는 것이 더 중요할 수 있다. 이처럼 태도 대상에 대한 신념들은 복잡하더라도, 그에 대한 정서적 혹은 평가적 반응은 단순하다. 태도 대상에 대한 전반적인 평가는 '좋다' 혹은 '나쁘다'로 매우 단순하게 이루어지고, 이러한 전반적인 평가가 나머지 모든 감정들을 지배하고 조직화한다.

태도를 구성하는 이 세 가지 요소는 여러 가지 이유로 인해 항상 일치하는 것은 아니다(Eagly & Chaiken, 1993). 우선, 사람들은 매우 다양한 경쟁적인 동기와 태도를 가지고 있다. 예를 들면, 환경보호를 위해 기부하는 것에 대해 긍정적인 태도를 가지고 있더라도, 친구의 생일선물을 사기 위해서 기부하지 않을 수도 있다. 또한 태도는 많은 방식으로 표현될 수 있다. 환경보호에 대한 긍정적인 태도는 기부, 환경보호캠페인, 환경 파괴적 개발에 대한 항의집회 등 개인에 따라 다양할 수 있다. 마지막으로, 사회적 압력으로 인해 사람들은 자신의 태도와 일치하는 행동을 하기가 어려울 수 있다. 이러한 이유 때문에 환경보호를 지지하는 사람들도 무차별 개발에 항의하는 집회에 참여하지 않을 수 있다.

(2) 태도의 형성

모든 학습의 원리가 태도를 형성하는 데 기여한다. 먼저, 고전적 조건형성을 통해

사람들은 어떤 대상을 특정 인지 및 정서와 연합한다. 예를 들면, 특정 제품을 선전하는 광고를 보면, 그 제품만 등장하는 경우는 거의 없다. 대부분의 경우 그 제품 및 유명 정치인이나 연예인 등이 그 제품을 선전하는 모델로 같이 등장한다. 모델은 보통 긍정적인 정서나 생각을 불러일으키는 사람이기 때문에 특정 제품과 모델을 반복적으로 제시하여 쌍을 이루게 하면, 사람들은 그 제품을 모델의 긍정적 특성과 연합함으로써 그 제품에 대해 긍정적인 태도를 형성한다.

조작적 조건형성에 따르면 강화를 받은 행동은 이후에 발생할 가능성이 높아진다. 마찬가지로 태도 형성도 조작적 조건형성의 영향을 받는데, 사람들은 강화를 받은 행동에 대해서 좀 더 긍정적인 태도를 형성하게 된다. 예를 들면, 심부름을 해서 칭찬이라는 강화를 받은 아이는 심부름에 대해서 긍정적인 태도를 형성하게 된다. 특정 과목에서 우수한 성적을 받은 학생은 그 과목에 대해서 긍정적인 태도를 갖기 쉽다.

태도 형성에서 모방학습이나 다른 형태의 사회학습 등 간접적인 학습도 중요하다. 예를 들면, 아동들은 부모로부터 여러 대상들에 대해 어떻게 생각하고 느끼고 행동해야 하는가를 배우게 된다. 그러나 사회학습에 따른 태도 형성이 아동기에만 중요한 것은 아니다. 가령, 사람들은 매스컴이나 책을 통해 새로운 대상에 대한 태도를 형성한다. 물론 태도 대상과의 직접적인 접촉을 통해 태도가 형성된다. 그 하나의 형태가 특정 대상에 반복적으로 노출되어 친숙성이 높아지면, 그 대상에 대해 긍정적인 태도를 형성하게 된다. 이것을 단순노출효과(mere exposure effect)라고 하는데, 새로 나온 대중가요를 몇 번 들은 후에 일반적으로 사람들은 그 노래를 좋아하게 된다.

뿐만 아니라, 특정 대상에 대한 다른 사람들의 태도가 그 대상에 대한 우리의 태도 형성이나 변화에 영향을 미친다. 예를 들면, 본인이 좋아하는 친구가 정치적으로 보수적인 특정 정당을 지지한다면 자신도 그 정당을 지지하는 태도를 형성하고, 혹은 본인이 그 정당에 대해서 이미 부정적인 태도를 가지고 있었다면 이 태도를 긍정적인 방향으로 바꿀 수 있다. 이러한 현상을 하이더(Heider, 1958)의 균형이론(balance theory)으로 설명할 수 있다. 이 이론에 따르면, 사람들은 특정 태도 대상에 대해서 자신이 좋아하는 사람과 같은 태도를 갖고, 싫어하는 사람과는 다른 태도를 갖고자 하는 경향이 있다.

(3) 태도의 변화

특정 대상에 대한 사람들의 태도가 항상 일관적인 것은 아니다. 그 대상에 대한 인지적 · 정서적 요소들의 변화로 인해 태도가 달라지기도 하고, 태도 대상에 대한 행동의 변화를 통해서 태도가 변하기도 한다. 뿐만 아니라, 다른 사람의 설득에 의해 특정 대상에 대한 자신의 태도가 달라지기도 한다. 이러한 태도 변화와 관련해서 인지부조화이론(cognitive dissonance theory), 자기지각이론(self-perception theory), 그리고 합리적 설득모형을 살펴보도록 하자.

먼저, 인지부조화이론은 사람들이 자신의 태도와 불일치하는 행동을 했을 때, 어떻게 태도 변화가 일어나는지를 매우 잘 설명하고 있다. 이 이론의 가정에 따르면, 사람들은 자신의 태도와 행동 간의 일관성을 유지하고자 하기 때문에 비일관성 혹은 부조화는 심리적 긴장을 야기한다. 그래서 사람들은 그 행동을 취소할 수 없을 때, 태도를 변화시켜 이 둘 간의 일치성, 즉 조화를 확보함으로써 심리적 불편감을 제거한다. 예를 들면, "흡연은 건강에 나쁘다."라는 태도를 가지고 있으면서 흡연을 하는 경우, 여러분은 이 둘 간의 부조화를 줄이고자 할 것이고, 그 한 가지 방법은 흡연에 대한 태도를 바꾸는 것이다.

페스틴저와 칼스미스(Festinger & Carlsmith, 1959)의 고전적인 연구에서 대학생 참가자들은 널빤지 위에서 나무못을 돌리는 매우 지루한 과제를 수행하였다. 그 후, 실험자는 참가자에게 실험의 목적이 과제에 대한 선입견(재미있다 혹은 재미없다 등)이 수행에 미치는 영향을 알아보는 것이라고 말했다. 또한 실험자는 다음 번의 참가자들이 과제에 대해서 호의적인 정보를 받도록 되어 있다고 말하고, 개인 사정으로 오지 못한 실험보조자 대신 그의 일을 대신해 줄 것을 참가자들에게 요청했다. 그들이 할 일은 다음 실험을 기다리고 있는 학생들에게 이 실험이 매우 재미있다고 말해 주는 것이었다. 그 일의 대가로 한 집단의 참가자들에게는 1달러를, 그리고 또 다른 집단의 참가자들에게는 20달러를 주겠다고 말했다. 요청을 받은 모든 참가자들이 기꺼이 그 일을 수용하여, 밖에서 기다리는 학생들에게 과제가 매우 재미있다고 말했다.

그런 다음 과제에 대한 이들의 태도를 측정한 결과, 1달러를 받은 집단이 과제에 더 흥미 있다고 보고했으며, 비슷한 실험에 참가할 용의도 더 높게 나왔다. 그 이유는 무엇일까? 다른 사람들에게 지루한 일을 재미있다고 말함으로써, 참가자들은 부조화를 경험하게 된다. 이러한 부조화를 줄이기 위해 1달러를 받은 사람들은 과제에 대한 자신의 태도를 더 우호적으로 바꿨다. 왜냐하면, 1달러를 받기 위해 자신이 거짓말을 했다고 합리화하기에는 그 액수가 충분하지 않은 보상이기 때문이다. 반면에, 20달러를 받은 사람은 자신의 거짓말을 정당화하기에 상대적으로 충분한 보상을 받았다. 즉, 비록 그 행동이 자신의 태도와는 불일치하지만, 20달러를 받기 위해 했다고 정당화할 수 있다. 결국, 20달러를 받은 집단은 부조화를 감소할 수 있는 보상이라는 또 다른 요인을 가지고 있기 때문에 과제에 대한 자신의 태도를 바꿀 필요가 크지 않았다.

태도 변화에 대한 또 다른 원리로서 자기지각이론(Bem, 1972)을 들 수 있다. 이 이론에 따르면, 때로 사람들은 특정 대상에 대한 자신의 태도를 확신할 수가 없는 상황에 직면한다. 이때 사람들은 그 대상에 대한 자신의 행동을 되돌아보고 상황을 고려하여 자신의 태도를 추론한다. 예를 들면, 어떤 사람이 심심하거나 힘들 때면 별 생각 없이 한 이성 친구에게 전화를 걸어 만나서 얘기도 하고 술도 마시는 등 많은 시간을 보내다가, 자신의 이런 행동을 보고는 "내가 그 사람을 좋아하는구나."라고 판단할 수 있다.

앞에서 기술한 페스틴저와 칼스미스(1959)의 연구결과를 자기지각이론으로 해석할 수 있다. 즉, 1달러를 받은 참가자는 "나는 그 과제가 재미있다고 말했고, 그 대가로 1달러를 받았다. 1달러는 나를 거짓말하도록 만들기에 불충분하고, 그래서 나는 그 과제가 재미있다고 생각하는 게 틀림없다."라고 생각할 수 있다. 반면에, 20달러를 받은 참가자는 "나는 과제가 재미있다고 거짓말을 했고, 그 대가로 20달러를 받았다. 20달러는 나를 거짓말하도록 만들기에 충분하고, 그래서 나는 실제로 과제가 재미있다고 생각하지 않는다."라고 말할 수 있다. 결국, 인지부조화이론과 자기지각이론은 동일한 결과를 예측하지만, 그 결과에 대한 해석이 다르다.

표 10-4 태도 변화에 관한 이론

인지부조화이론	사람들이 자신의 태도와 불일치하는 행동을 했을 때 심리적으로 불편함을 경험하는데, 이러한 부조화를 줄이기 위한 하나의 방법으로 태도를 변화시킨다.
자기지각이론	사람들은 자신의 행동을 되돌아보고 상황을 고려하여 자신의 태도를 추론한다.
합리적 설득모형	의사전달자: 전문가로서 신빙성이 높고, 신뢰할 만하고 고상한 사람이 설득력 높음
	메시지: 상위, 양방적/일방적 주장, 두려움의 효과
	청중: 지적 능력 및 자존감, 문간에 발 들여놓기 기법 및 면전의 문 기법

태도 변화를 가져오는 또 다른 강력한 방법이 의사소통을 통한 설득이다. 하나의 합리적 설득모형(Hovland, Janis, & Kelley, 1953)은 사람들이 자신의 태도를 의식하고 있고, 정보를 합리적으로 평가한다고 가정한다. 이 모형에 따르면, 의사소통이 태도 변화에 성공할지의 여부는 의사전달자(communicator), 메시지(message), 청중(audience) 등의 요인에 달려 있다.

'의사전달자'의 다양한 특성이 설득의 효과에 중요한 영향을 미친다. 특정 주제에 대해서 전문가로서의 신빙성이 높고(credible), 신뢰할 만하고(trustworthy), 고상한 사람이 그렇지 않은 사람에 비해 태도를 변화시키는 데 더 효과적이다. 예를 들면, 의사전달자의 권력이나 매력, 전문성, 명성 등이 태도 변화에서 매우 중요한데(Petty, Wegener, & Fabrigar, 1997), 가령 사람들은 체중감소전략에 관해서 지방신문기자가 쓴 칼럼보다는 대학 교수가 수행한 연구결과를 더 믿기 쉽다. 이와 유사하게 사람들은 성숙한 얼굴을 가진 사람, 신체적으로 매력적인 사람, 자신과 유사한 사람을 더 신뢰하기 쉽다.

의사전달자가 전달하는 '메시지'의 특성도 태도 변화에 영향을 미친다. 먼저, 의사전달자의 메시지와 청중의 태도 간의 차이, 즉 상위(discrepancy)가 클수록 태도 변화에 대한 압력도 커지지만, 그렇다고 해서 항상 태도 변화가 큰 것은 아니다. 왜냐하면, 상위가 클수록 청중은 자신의 태도를 바꾸기가 점점 더 곤란해진다. 이러한 상황에서 청중들은 설득력 있는 메시지에 따라 태도를 바꾸지 않은 것이 자신의 고집이나 비합리성 때문이 아니라, 그 메시지 전달자가 신빙성이 없기 때문으로 귀인한다. 일반적으로 연구들은 중간 정도의 상위에서 태도 변화가 가장 크고, 의사전달자의 신뢰성이 높을수록 이 상위의 크기가 증가함을 보여 주고 있다.

메시지의 또 다른 특성으로 양방적 주장 대 일방적 주장이 갖는 설득 효과는 청중의 기존 태도에 달려 있다(McGuire, 1985). 특정 현안에 대해 의사전달자의 태도에 이미 공감하는 청중들에게는 그러한 태도를 지지하는 내용만을 담고 있는 일방적 메시지가 태도의 강도를 증가시킬 것이다. 반대로, 의사전달자의 태도에 반대적인 견해를 가지고 있는 청중에게는 양방향적인 메시지, 즉 그 현안에 대해 긍정적인 측면과 부정적인 측면을 모두 제시하는 것이 일반적으로 더 효과적이다. 한편, 메시지가 청중들에게 두려움을 불러일으킬 경우 태도를 변화시킬 수 있는데, 이것을 두려움의 효과(fear appeal)라고 한다. 흡연처럼 건강과 관련될 때, 메시지가 야기하는 두려움이 과도하지 않을 때, 그리고 두려움을 감소시킬 수 있는 정보를 제공할 때, 이 방법이 효과적이다.

'청중' 의 특성도 설득의 효과를 결정하는 데 영향을 미칠 수 있다. 가령, 지적인 사람은 그렇지 않은 사람에 비해 메시지의 주장을 더 잘 이해함으로써 자신의 태도를 더 쉽게 바꿀 수 있다. 반대로, 이러한 사람은 그러한 주장에서 논리적인 단점을 더 잘 찾아낼 수 있고 그래서 태도를 바꾸도록 설득될 가능성이 낮다. 그래서 실제 지능과 태도 변화와는 전반적으로 관련이 없는 것으로 보인다(Rhodes & Wood, 1992). 또한 자존감이 낮은 사람은 자신의 태도에 대해 확신하지 못하지만 설득 메시지에 대해 부주의하거나 관심이 없기 때문에 설득에 따른 태도 변화가 거의 없을 수 있다. 자존감이 높은 사람은 낮은 사람과 정반대의 특성을 보이는데, 그들 역시 설득에 따른 태도 변화가 거의 없다. 그러나 자존감 수준이 중간 정도인 사람은 메시지에 주의도 기울이면서 자신의 태도에 대해 어느 정도 확신하지 못하기 때문에 이러한 사람의 태도 변화가 가장 크다(Rhodes & Wood, 1992).

행동을 통해서 태도를 변화시키는 방법으로 문간에 발 들여놓기 기법(foot-in-the-door technique)이 있다. 처음에 사소한 요구에 동의한 사람들은 이후에 더 큰 요구를 들어줄 가능성이 높다(Dillard, 1991). 예를 들면, 안전운전을 촉구하기 위해 당신의 앞마당에 보기 흉한 대형 표지판을 세울 수 있도록 요청한다면 당신은 분명히 이러한 요청을 거절할 것이다. 그러나 당신이 우선적으로 작은 표지판을 세우도록 허락하면 이후에 큰 표지판의 설치도 허락할 가능성이 높다. 이러한 효과에 대한 가능한 설명은 특정 행동을 함으로써, 자신의 행동이나 안전운전에 더 관여하고 개입하게 된다는 것이다. 또 다른 설명으로 작은 표지판의 설치와 같은 사소한 요구에 대한 수용이 안전운전과 같은 문제에 대한 자기개념을 긍정적으로 변화시킬 수 있다. 이러한 변화가 더 큰 요구를 수용하게 만든다는 것이다.

문간에 발 들여놓기 기법과 정반대의 방법으로 면전의 문 기법(door-in-the-face technique)이 효과적일 때가 있다. 이 기법에 따르면 어떤 사람에게 처음에는 매우 큰 요구를 해서 거절당한 다음, 좀 더 작은 요구를 하면 그 사람이 이 요구를 들어줄 가능성이 높다. 예를 들면, 한 달간 집을 비우는 사이에 자기네 개에게 먹이를 주고, 화분에 물을 주고, 잔디를 깎아 달라고 한 이웃이 당신에게 부탁을 하면 당신은 미안하지만 거절을 할 것이다. 그 다음날 그 이웃이 다시 와서는 적어도 우편물이나 좀 챙겨달라고 부탁하면 아마도 당신은 이 요청은 들어줄 것이다. 가능한 설명으로 큰 부탁을 단념한 이웃은 뭔가를 포기한 것처럼 보인다. 그래서 당신은 그의 작은 요구를 수용함으로써 그가 포기한 것을 보상해 주고자 하는 것이다.

대인관계

사회심리학에서 다루는 주제 중에서 대인관계는 우리가 일상적으로 만나는 사람들과 어떻게 관계를 형성하고 유지하고 종결하는지를 체계적으로 연구하는 분야다. 이 절에서는 우리들로 하여금 다른 사람에게 끌리도록 만드는 요인은 무엇인지 알아보려 한다. 또한 타인과의 관계가 항상 긍정적이거나 좋은 상태에만 있는 것은 아니고 때로는 갈등을 겪기도 하는데, 이러한 갈등의 가장 전형적 형태인 공격성에 대해서도 살펴볼 것이다.

1) 대인 간 매력

(1) 근접성

사람들 간의 매력을 결정짓는 요인은 크게 환경적 요인과 개인적 요인으로 나누어 볼 수 있다. 먼저, 환경적 요인으로 물리적 근접성을 들 수 있다. 다수의 연구들에 따르면, 누구와 친구가 될 것인지를 예측하는 주요 요인은 얼마나 근처에 있는가라고 한다. 기숙사에서 서로 옆에 살거나 교실에서 서로 옆에 앉는 학생들이 멀리 떨어져 있는 사람보다 훨씬 더 강한 관계를 형성한다.

이러한 물리적 근접성이 왜 중요한가? 한 가지 이유는 물리적으로 만나지 못하는 사람을 좋아할 수 없기 때문이고, 근처에 있을 경우 만날 가능성이 높기 때문이다. 이와 같은 물리적 접촉의 증가가 왜 호감을 가져오는 것일까? 한 가지 이유는 친숙성의 효과다. 새로운 자극에 반복적으로 노출되면, 그 자극에 대한 호감이 증가한다 (Moreland & Zajonc, 1982).

(2) 신체적 매력

대인 간 매력을 결정하는 개인적 요인으로 가장 강력한 것 중 하나가 바로 신체적 매력이다. 어마어마한 사람들이 성형수술, 화장품, 패션, 다이어트 등에 많은 돈을 투자하거나 물리적으로도 상당한 시간을 투자하는 것을 보면 신체적 매력이 가지는 효과가 얼마나 큰지 짐작할 수 있다. 이성관계에서 신체적 매력의 효과는 남녀 모두에게 나타난다. 그래서 서로 모르는 남녀 대학생을 임의적으로 쌍으로 정해서 서로에

표 10-5 매력에 영향을 미치는 요인

환경적 요인	개인적 요인	
근접성	신체적 매력	유사성
서로 가까이 있을수록 호감을 느끼기 쉽다.	외모가 출중한 사람은 그 자체로 호감을 받을 뿐만 아니라 성격과 같은 차원에서도 좋게 지각된다.	배경, 나이, 흥미, 태도, 신념 등에서 서로 비슷하면 서로 간의 매력을 증가시킨다.

대한 호감을 평가할 때도, 상대방의 신체적 매력이 서로를 좋아하게 만드는 중요한 요인으로 작용한다. 여성은 남성의 외모가 중요하지 않다고 언급할 가능성이 높지만, 실제로는 그들의 행동에 남성의 외모가 여전히 영향을 미친다(Feingold, 1990).

훌륭한 외모는 이성과의 관계에서만 유리한 것이 아니다. 하나의 긍정적인 특성을 가진 사람들은 관계없는 또 다른 긍정적인 특성도 가지고 있다고 가정하는 경향성, 즉 후광효과(halo effect)의 득을 보게 된다. 그래서 외모가 출중한 사람은 좋아할 만하고, 지적이고, 따뜻하며, 유머가 있고, 정신적으로 건강하고, 사회적 기술이 뛰어나다고 생각한다. 그러나 실제 신체적 매력은 지능, 재능 혹은 능력과 거의 아무 상관이 없다(Feingold, 1992). 그럼에도 불구하고, 아동기 때부터 주변으로부터 긍정적인 피드백을 받음으로써, 매력적인 사람은 자기효능감에서 더 높고, 사회적으로도 더 능숙하고 적응적이며, 이성과의 관계에서도 좀 더 유능하다(Baron & Byrne, 2002).

그렇다면 왜 사람들은 신체적으로 매력적인 사람을 더 선호하는 것일까? 나이가 든 징후들을 다산에 대한 부정적인 요인으로 생각해서 매력적이지 않은 것으로 보는 것과 마찬가지로, 모든 문화는 질병과 기형에 대한 신체적 징후들을 매력적이지 않을 것으로 생각한다. 또한 모든 문화는 남성다운 남성과 여성다운 여성을 원한다. 아마도 신체적으로 매력적인 사람은 이러한 문화보편적인 매력의 기준을 갖춘 사람일 수 있다. 물론 문화적으로 매력을 결정하는 구체적인 요인 및 매력적인 사람의 특징은 매우 다양하다. 또 다른 이유로, 우리 자신의 사회적 위상과 자기존중감이 매력적인 사람과 같이 있음으로써 높아질 수 있다.

비록 사람들은 매력적인 사람과 만나 관계를 맺는 것을 좋아하지만, 장기적으로 데이트를 하거나 결혼을 하는 사람들은 신체적 매력에서 서로 유사하다. 사람들은 신체적으로 가장 매력적인 사람을 파트너로 원하지만, 그런 사람에 대한 수요는 가장 크기 때문에 거절을 당할 가능성도 높다. 그래서 사람들은 자신과 비슷하게 매력적인 사람을 파트너로 선택한다. 이것을 조화가설(matching hypothesis)이라고 한다. 한편으로는 관계가 지속되면서 신체적 매력이 가지는 긍정적 효과는 감소하지만, 대신 성격과 같은 다른 요인들이 관계만족에 중요한 요인으로 부상하게 된다.

(3) 유사성

대인 간 매력에 영향을 주는 또 다른 개인적 요인으로는 유사성을 들 수 있다. 유사성이란 배경, 나이, 흥미, 태도, 신념 등에서 서로 얼마나 비슷한가를 지칭한다. 대인 매력에서 가장 강력한 유사성 중의 하나가 태도의 유사성이다. 가령, 정치적 입장이 다를 때보다는 유사할 때 두 사람이 서로를 좋아할 가능성이 훨씬 높다. 이처럼 태도 유사성이 매력을 증가시키는 한 이유는 동일한 의견을 가진 다른 사람이 자신의 의견을 지지해 주고 옳은 것으로 인정해 주기 때문이다.

그러나 태도 유사성과 매력과의 관계는 일방적이기보다는 쌍방적이다. 사람들이 한동안 상호작용을 하면 매력은 태도 유사성에 영향을 미치기도 하지만, 반대로 영향을 받기도 한다(Clark & Reis, 1988). 일단 한 사람이 다른 사람과 친밀한 관계를 형성하게 되면, 그의 태도는 상대방의 태도와 유사하게 되거나 상태방의 태도를 자신의 태도와 더 유사한 것으로 지각한다. 이러한 유사성의 증가는 서로 간의 매력을 증가시킨다.

2) 공격성

공격성이란 다른 사람에게 해를 가하려는 의도를 가지고 행한 모든 종류의 행동을 의미한다. 인간이 타인을 공격하는 이유는 무엇인가? 공격성은 매우 복잡한 현상이기 때문에 단순히 어느 한두 개의 원인으로 설명하기는 힘들다. 대신에 연구자들은 공격성을 매우 다양한 방식으로 설명해 왔다.

(1) 본능

어떤 이론가들은 인간이 선천적으로 공격적인 본능을 가지고 태어난다고 주장한다. 이러한 본능이론을 지지하는 유명한 학자가 프로이트(Freud, 1933)다. 그는 공격성을 인간의 선천적이고 독립적이며 본능적인 경향성으로 보았다. 이런 입장에 따르면 공격에너지는 신체 과정에 의해서 끊임없이 발생한다. 그래서 이러한 공격충동은 직접

표 10-6 공격성을 설명하는 방식들

본능	• 인간은 선천적으로 공격적인 본능을 가지고 태어난다(Freud, 1933). • 공격성은 종과 개체의 보존에 기여한다(Lorenz, 1966).
좌절	• 자신이 원하거나 기대하는 것을 다른 사람의 방해 때문에 얻지 못할 때, 사람들은 그러한 좌절을 야기한 사람을 공격하기 쉽다(Dollard et al., 1939). • 다양한 혐오적 자극들은 불쾌함을 야기함으로써 적대감과 공격성을 높일 수 있다(Anderson, Anderson, & Deuser, 1996).
사회학습	• 다른 사람들의 공격행동을 관찰함으로써 사람들이 공격성을 학습한다(Bandura, 1973). • TV의 폭력에 대한 반복적인 노출은 공격성을 증가시킬 수 있다(Bushman & Huesmann, 2001).

적으로나 간접적으로 방출되어야 한다. 동물행동학자들도 공격에 대해 생물학적인 견해를 제시한다. 그들은 야생에서 여러 동물들의 행동을 관찰하고 그들 간의 유사성 및 그 원인을 찾고자 한다. 이들에 의하면 특정 고정된 행동패턴은 에너지의 축적에 달려 있지만, 이 에너지가 방출되기 위해서는 외부의 자극이 필요하다. 마찬가지로 공격충동이 행동으로 표출되기 위해서는 외부의 특정 방출자극(releaser)이 있어야 한다.

로렌츠(Lorenz, 1966)에 의하면 공격성은 종과 개체의 보존에 기여한다. 유기체는 다른 종에 대해서보다도 자신의 종에 대해 더 공격적인데, 그 목적은 종의 구성원들을 분리시켜 생존에 필요한 충분한 영역을 확보하도록 하는 것이다. 또한 공격행동과 함께 그러한 행동을 본능적으로 억제하는 메커니즘도 함께 발달한다. 그래서 종 내에서의 싸움은 대개 패배자를 죽이지 않고 단지 굴복시키는 수준에서 끝난다. 바람직하지 못한 공격행동은 그에 대한 억제들이 충분히 발달하지 못했을 때 나타난다. 가령, 인간은 다른 사람을 공격할 수 있는 엄청난 무기들을 개발해 왔지만, 그것을 제어할 수 있는 생물학적 메커니즘은 상대적으로 덜 진화해 왔다.

인간이 선천적으로 공격적인 본능을 가지고 있다는 생각은 직관적으로 설득력이 있어 보인다. 그러나 많은 심리학자들은 이러한 설명에 의문을 제기한다. 예를 들면, 프로이트와 로렌츠의 견해는 다소 순환 논리적이다. 또한 공격성에 대한 로렌츠의 설명은 인간과 동물의 행동을 치밀하게 비교한 것은 아니다. 문제의 핵심은, 상황에 따라 사람들은 공격행동을 하기도 하고 그렇지 않기도 하며, 동일한 상황에서도 사람마다 공격행동의 수준이 다르다는 것이다. 공격본능이라는 개념만으로는 이러한 점을 설명하기에 불충분해 보인다.

(2) 좌절

자신이 원하거나 기대하는 것을 다른 사람의 방해 때문에 얻지 못할 때, 사람들은 그러한 좌절을 야기한 사람을 공격하기 쉽다. 이러한 생각을 반영하는 것이 좌절-공격 가설이다(Dollard et al., 1939). 이 가설에 따르면 좌절은 특정 유형의 공격을 항상 야기한다. 그리고 공격은 항상 좌절로부터 생긴다. 이러한 주장이 설득력이 있어 보이지만, 정확한 것은 아니다. 좌절당한 사람들이 공격적 사고나 말 혹은 행동을 항상 유발하는 것은 아니다. 예를 들면, 좌절당한 사람은 공격 대신 무기력 상태에 빠질 수 있다. 또한 모든 공격이 좌절로 인해 나오는 것은 아니다. 가령, 전시에 군인들은 전혀 좌절을 경험하지 않은 경우에도 명령에 따라 공격행동을 한다.

좌절은 공격할 가능성을 높일 수 있는데, 왜냐하면 좌절은 불쾌한 경험이기 때문이다. 다양한 혐오적 자극들은 불쾌함을 야기함으로써 적대감과 공격성을 높일 수 있다(Anderson, Anderson, & Deuser, 1996). 이러한 혐오적 자극에는 모욕, 높은 온도, 고통, 혐오적 냄새나 색깔 등도 포함된다. 그러한 자극은 전반적인 흥분 수준을 높임으로써, 사람들로 하여금 공격단서, 즉 공격과 연합된 단서에 더욱 민감하게 반응하도록 만들 수 있다. 또한 혐오적인 자극은 분노 및 공격과 연합된 사고, 기억, 표현을 활성화시키는 경향이 있다. 공격단서 중에는 분노를 야기하는 생각과 같이 내적인 것들도 있지만, 대부분은 외적인데 가령 모욕, 공격적 행동 및 제스처 등은 공격적인 행동과 강하게 연합되어 있다. 무기는 공격적 행동을 유발하는 특히 강력한 단서로 기능할 수 있는데, 이것을 무기효과(weapon effect: Berkowitz, 1968)라고 한다.

(3) 사회학습

공격성에 대한 가장 설득력 있는 설명 중의 하나이면서, 가장 단순한 설명이 바로 사회학습이다. 사회학습이론은 다른 사람들의 공격행동을 관찰함으로써 사람들이 공격성을 학습한다고 본다(Bandura, 1973). 사회학습이론은 인지적 과정, 사회화 및 모델링을 조합해서 학습원리와 행동을 설명한다. 이에 따르면, 인간의 내부에 공격본능이 존재하는 것이 아니라, 공격행동은 학습되는 것이다. 그렇기 때문에 아동기 때 폭력을 당한 사람은 이후에 폭력적으로 될 가능성이 높다.

이러한 입장에서 보면 TV의 폭력에 대한 반복적인 노출은 공격성을 증가시킬 수 있다. 미디어 폭력에 대한 접촉은 폭력을 증가시키는 데 기여하는 한 요인이 될 수 있고, 실제 많은 연구들은 이러한 가능성을 지지해 주고 있다(Bushman & Huesmann,

2001). TV 폭력이 아동에게 얼마나 많은 영향을 미치는가? 아동들은 폭력적이거나 공격적인 행동을 봄으로써, 새로운 공격행동을 배울 수 있다. 혹은 그들은 공격적으로 행동하는 것이 아무런 문제가 없다는 것을 학습할 수도 있다. TV에 나오는 주인공은 악당처럼 폭력적으로 행동하는데, 그러한 공격적 행동에 대해 칭찬이나 보상을 받는다. 또한 TV는 새로운 반사회적 행동을 가르칠 뿐만 아니라 시청하는 사람들이 지닌 위험한 충동을 해제시킨다. 금지해제(disinhibition)는 평소에는 억제되는 행동이 밖으로 드러나도록 하는 것이다.

3 사회적 영향

사회적 영향(social influence)은 다른 사람들의 행위에 의해 유발된 행동의 변화를 일컫는다. 이 주제만큼 사회심리학의 핵심적인 주제도 없을 정도로 사회적 영향에 관한 고전적인 연구와 이론은 극적이고 설득적이다. 사회적 영향은 우리들의 일상생활에서 매우 흔하게 일어나는 현상으로 단순한 암시에서부터 강력한 세뇌에 이르기까지 다양하다. 여기서는 먼저 다수에 대한 동조, 소수에 대한 동조, 권위에 대한 복종, 그리고 이타행동과 관련한 방관자 효과에 대해서 알아보겠다. 그다음에 집단적 맥락과 관련해서 수행, 의사결정 및 몰개성화를 살펴볼 것이다.

1) 동조

(1) 정보적 영향

어떤 사람이 다른 사람들의 특정 행동을 자발적으로 따라 하는 것을 동조(conformity)라 한다. 가령, 대학생들은 다른 학생들의 머리스타일이나 복장을 따라서 그와 비슷하게 하는 경향이 있다. 그러면 왜 우리는 다른 사람에게 동조하는 것일까? 그 한 가지 이유로 우리는 자신의 개인적인 판단보다는 다수의 의사결정이 더 타당할 수 있다고 생각하기 때문이다. 이러한 집단의 영향을 정보적 영향(informative influence)이라고 하는데, 이런 영향은 올바르고 합리적인 판단을 하고자 하는 우리의 욕망에 기초한다.

예를 들면, 쉐리프(Sherif, 1937)는 대학생을 대상으로 암실에서 정면의 스크린에 하나의 불빛을 비추고 그 불빛이 움직인 거리를 추정하도록 했다. 실제 고정되어 있는 그 불빛은 착시로 인해 불규칙하게 아무렇게나 움직이는 것처럼 보인다. 이 과제를 개인적인 조건에서 혼자 수행할 때, 움직인 거리는 변화무쌍했다. 그러나 실험 협조자와 함께 2~3명이 집단을 형성하여 이 과제를 수행했을 때, 집단 차원의 판단 기준이 생기면서 피험자는 나머지 사람들과 크게 다르지 않은 판단을 했고, 나중에는 거의 일치하는 쪽으로 나아갔다. 이러한 동조는 그 집단에 대한 신빙성이 높고 과제의 불확실성이 클 때 증가한다.

(2) 규범적 영향

반면에, 우리는 자신의 의견이나 결정이 옳고 집단이 틀렸다고 확신하면서도 집단의 의견에 동조하는 경우가 있다. 집단은 이탈자를 거부할 수 있고 직접적으로 처벌을 가할 수도 있고, 반대로 동조자에게는 여러 가지 지위를 보장하거나 물질을 제공하는 등 다양한 보상을 할 수 있다. 이러한 상황에서 우리는 집단에 동조하게 되는데, 이것을 집단의 규범적 영향(normative influence)이라고 한다. 이런 영향은 집단의 인정을 받고 거부를 피하고자 하는 우리의 욕망에 기초한다.

애쉬(Asch, 1952, 1955)는 전형적인 실험 절차에서 한 명의 진짜 피험자를 7~9명의 실험 협조자들과 함께 한 테이블에 앉혔다. 그들에게 길이가 다른 세 개의 직선이 그려져 있는 하나의 카드를 보여 주고 이 중 어떤 직선이 또 다른 카드에 있는 기준선과 그 길이가 같은지 판단하도록 했다. 각 피험자는 자신의 결정을 발표했으며, 진짜 피험자의 순서가 되기 전에 대부분의 참가자들이 먼저 자신들의 결정을 이야기했다. 이러한 과제를 여러 번 반복해서 수행했다. 각 과제에서 올바른 판단은 매우 분명하고, 모든 사람들이 대부분의 연습시행에서 제대로 반응했다. 그러나 미리 정해 놓은 몇몇 결정적 시행에서 모두 실험 협조자들은 동일하지만 틀린 답을 말하도록 지시받았다. 그다음 애쉬는 피험자가 다수의 틀린 응답에 동조하는 양을 관찰했다.

이 연구의 결과는 매우 획기적이었다. 올바른 답이 항상 분명했음에도 불구하고 결정적 시행에서 집단

의 일치된 의견에 동조한 피험자는 32%에 이르렀으며, 74%의 피험자가 적어도 한 번 이상 동조했다. 더군다나, 이러한 동조를 유발하는 데 집단이 클 필요도 없었다. 애쉬가 집단의 크기를 2~16명까지 변화시켰을 때, 3~4명의 실험 협조자로 된 집단이 이보다 큰 집단만큼이나 동조를 유발하는 데 효과적이었다. 그렇다면 사람들은 왜 이러한 상황에서 동조를 하는가? 피험자가 보기에 집단 구성원들이 자기의 반대의견을 이해할 수 없다는 식으로 볼 수 있다. 확실히 집단 구성원들은 그를 무능한 사람으로 판단할 수도 있고, 그 피험자가 계속 반대하면 그것은 집단의 역량에 대한 직접적인 도전으로 보일 수도 있다. 이러한 도전은 다른 사람을 모욕하지 말라는 강력한 사회적 규범을 위반하는 것이다.

그러나 집단의 의견이 만장일치가 아닐 때, 동조압력은 크게 약화되었다. 심지어 한 명의 실험 협조자가 나머지 다수의 실험 협조자와 불일치하더라도 동조의 양은 전체 시행의 32%에서 약 6%로 떨어졌다. 놀랍게도 이 반대자가 옳은 답을 말할 필요도 없었고 심지어 다수의 응답보다 더 부정확하더라도 피험자는 자신의 올바른 판단을 더 많이 제시했다. 뿐만 아니라, 반대자가 누구인지는 별로 중요하지 않았다. 흑인 반대자는 인종적으로 편견을 가진 백인 피험자들의 동조를 줄이는 데 백인 반대자만큼 효과적이었다. 집단의 조롱이나 거부를 공유할 수 있는 다른 한 명이라도 존재할 때, 피험자는 전적으로 혼자라는 느낌 없이 동조하지 않을 수 있다.

(3) 소수자 효과

앞서 살펴본 것처럼, 다수가 소수에게 미치는 영향은 매우 일반적이다. 그렇다면 소수가 다수에게 미치는 영향은 없는가? 사조의 변화나 이념의 변동처럼 역사적으로 중요한 변화는 소수가 주도하여 다수에게 영향을 미침으로써 이루어지는 경우가 많다. 이에 모스코비치(Moscovici, 1985)는 애쉬의 실험과제를 변형하여 소수가 다수에게 미치는 영향을 알아보았다. 6명의 집단에게 슬라이드를 보여 주면서 그 색을 평정하도록 요구했다. 모든 슬라이드는 청색이었으며 그 밝기에서 차이가 있었다. 6명 모두 실제 피험자로 된 집단의 경우, 누구도 다른 색깔을 대지 않았다. 그러나 6명 중 2명을 실험 협조자로 대치하여 이들로 하여금 슬라이드를 녹색이라고 일관되게 답하도록 했다.

그 결과, 약 1/3의 피험자들이 한 번 이상 녹색이라고 대답했고, 이들이 한 전체 응답의 8%가 녹색이었다. 이러한 결과에 대해 모스코비치는 소수의 주장이 일관적이고 강력해야 한다고 제안한다. 다수는 이러한 소수의 행동을 자신감과 확실성의 신호라고 생각하고, 그럼으로써 자신의 견해를 의심하게 되어 궁극적으로 소수의 입장으로 전향하게 된다. 최근의 연구는 소수의 영향을 결정짓는 요인으로 이 외에도 다른 요인을 확인했다(Maass & Clark, 1984). 소수는 일관적이면서도 완고하지 않을 때, 즉 융통성이 있을 때 가장 효과적이었다. 또한 소수자가 현재의 사회적 추세에 일치하는 주장을 할 때 더 효과적이다. 예를 들면, 성적인 보수주의가 팽배하는 시대에서는 성의 허용을 주장하는 소수보다는 성적 제약을 주장하는 소수가 더 설득적이다.

2) 복종

일상적인 삶 속에서 우리는 합법적인 권위를 가진 사람이 복종을 요구하는 경우를 매우 자주 본다. 어느 사회에서나 그들의 명령에 대한 복종이 중요하다. 가령, 군대의 장교는 자신의 명령에 부하들이 복종할 것을 요구하고, 교통경찰관은 자신의 명령에 운전자들이 따를 것을 기대한다. 그러나 때로는 권위에 대한 복종은 나치 독일에서 일어난 유대인 대량학살처럼 비도덕적이거나 불법적인 행위를 야기할 수 있다. 특히 권위자의 요구가 자신의 신념이나 가치와 모순될 수 있는 상황에서도 사람들은 비인간적인 명령에 복종한다. 그 한 가지 이유가 복종하는 사람이 처한 전체 상황에 따른 것이다.

이러한 점을 가장 극적으로 보여 주는 연구가 밀그램(Milgram, 1963, 1974)의 권위에 대한 복종실험이다. 그는 광고를 통해 다양한 직업과 연령대의 사람들을 참가자로 모집했다. 그들에게 처벌의 강도가 학습에 미치는 효과를 알아보기 위한 실험이라고 설명하고, 그들을 2인 1조로 편성하여 제비뽑기를 통해 한 명은 선생으로 다른 한 명은

그림 10-1 밀그램의 복종실험 상황

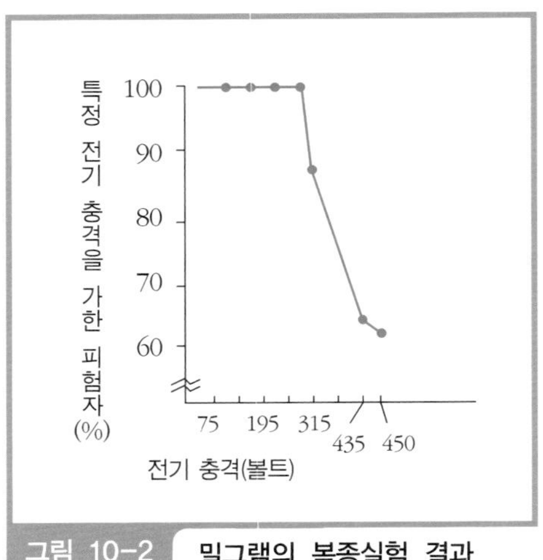

그림 10-2 밀그램의 복종실험 결과

학생으로 지정했다. 진짜 피험자인 선생의 역할은 실험 협조자인 학생이 외워야 할 단어 쌍을 큰 소리로 읽어주고 학습시킨 다음 시험을 봐서, 학생이 실수를 할 때마다 전기충격을 가하는 것이었다. 전기충격기에는 30개의 스위치가 부착되어 있었는데, 15V에서부터 조금씩 증가하여 450V까지의 전기충격을 줄 수 있도록 되어 있었다. 또한 이러한 숫자 옆에는 '약한' '강한' '극심한' '위험' 등의 언어적 표기도 부착되어 있었다. 선생은 학생이 처음 틀렸을 때 그에게 15V의 전기충격을 주고, 틀릴 때마다 그다음 수준으로 전기충격의 강도를 높여 학생을 처벌하도록 되어 있었다.

학생은 실험자의 옆방에 있는 의자에 앉아 있었으며, 그의 팔은 의자에 끈으로 묶여 있었다. 선생과 학생은 서로 볼 수 없었으며, 인터폰을 통해서만 소통할 수 있었다. 실험이 진행되는 동안, 학생은 미리 짠 계획에 따라 실수를 했고, 그때마다 선생은 전기충격으로 그를 처벌했다. 실제 전기충격을 받지는 않았지만, 전기충격 수준에 따라 강도를 달리한 반응을 녹음해서 들려주었다. 예를 들면, 120V에서 학습자는 전기충격이 매우 고통스럽다고 소리쳤다. 150V에서는 "실험자, 여기에서 내보내 줘요. 나는 더 이상 실험에 참가하지 않을 거예요. 계속하기를 거부합니다!"라고 학습자가 울부짖었다. 이러한 학습자의 반응에 선생이 망설이거나 더 이상 전기충격을 주지 않겠다고 하면, 실험자는 선생에게 "당신에게는 다른 선택이 없습니다. 계속해야 합니다."라고 말하면서 전기충격을 계속 줄 것을 지시했다.

연구 결과는 예상 밖이었다. 선생의 역할을 한 참가자 40명 모두가 300V까지 전기충격을 주었고 65%가 최고치인 450V까지 주었다. 일련의 연구에서 복종을 증가시키는 조건을 알아보았다. 그 결과, 사람들로 하여금 자신의 행동이 지니고 있는 부정적 측면을 강조할 때 복종은 감소했다. 가령, 희생자를 피험자 옆에 두면 복종이 감소했다. 또한 희생자가 자신이 원할 경우 더 이상 실험을 계속하지 않는다는 조건으로 참가한 경우 피험자는 실험자의 명령에 덜 복종했다. 뿐만 아니라, 피험자 스스로 가할 전기충격의 수준을 결정할 수 있을 때, 전반적으로 피험자들은 낮은 수준의 전기충격을 선택했다.

3) 방관자 효과

앞서 살펴본 것처럼, 사람들은 다른 사람들이 어떻게 행동하느냐에 따라 그 영향을 받는다. 1964년 미국의 뉴욕에서 발생한 키티 제노베스(Kitty Genovese) 살인사건에 나타난 것처럼, 사람들의 이타행동도 다른 사람의 존재에 의해 영향을 받는다. 이 사건에서 많은 사람들이 젊은 여자의 비명소리를 들었지만, 아무도 경찰에 신고조차 하지 않았다. 이러한 현상에 대한 하나의 해석이 도시가 사람들을 도덕적으로 타락하고 서로에게 무관심하게 만들어 소외시키기 때문이라고 해석했다.

라타네와 달리(Latane & Darley, 1970)는 또 다른 해석을 제시했다. 즉, 주변의 사람들이 많을수록 도움 행동이 감소할 것이라는 것이다. 이러한 생각을 검증하기 위해서 그들은 실험실과 현장에서 일련의 연구를 수행했다. 한 실험에서 참가자들은 옆방에서 나오는 '위기' 의 소리를 듣는다. 이때, 그 상황을 여럿이 알고 있다고 생각하는 참가자보다 혼자 있던 참가자들이 그 자극에 더 많이 반응했다. 더 많은 사람들이 있을수록 실제로 도움을 제공할 가능성은 더 적고, 도움을 제공하기까지의 평균 지연시간도 더 길었다. 그들은 이것을 방관자 효과(bystander effect)라고 명명했다.

왜 이러한 현상이 나타날까? 하나의 설명은, 타인들의 존재로 인한 책임감 분산이다. 오직 한 사람이 고통을 겪는 피해자를 목격한다면 그 상황에 대한 책임이 전적으로 그 자신에게 있기 때문에 도움을 제공하지 않을 경우 그에 따른 죄의식이나 비난을 모두 받게 된다. 그러나 여러 다른 사람들도 함께 존재할 경우, 피해자를 돕지 않았을 때 그 책임은 그 상황에 존재하는 모든 사람들이 함께 지게 된다. 두 번째 설명은, 상황 해석상의 애매성과 관련된다. 주변 사람들의 행동은 우리가 그 상황을 해석하는 데 영향을 준다. 가령, 주변 사람들이 상황을 무시하거나 아무 일도 아닌 것처럼 행동한다면, 우리도 역시 그 상황을 아무 일도 아닌 것으로 해석할 수 있다. 세 번째 설명은, 평가 염려다. 다른 사람들이 우리의 행동을 보고 있음을 알고 있다면, 우리는 자신의 행동이 부적절해서 타인들의 부정적 평가를 받을 것에 대해 걱정할 수 있다. 그래서 다른 사람들을 돕는 행동을 억제할 수도 있다.

BOX 1 도움행동에 미치는 상황적 영향

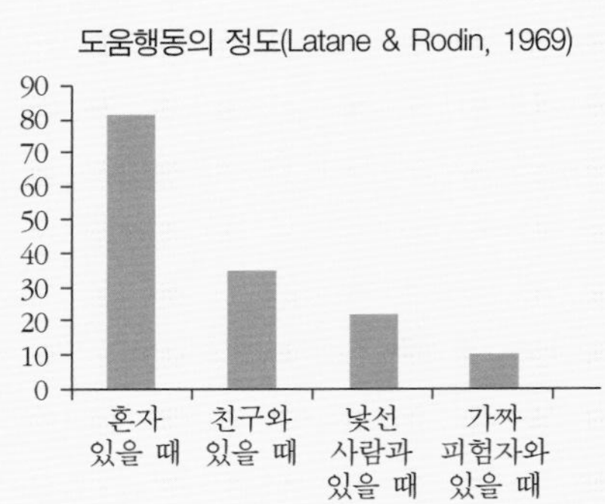

우리는 일반적으로 사람이 많은 곳에서 도움행동이 일어날 가능성이 높다고 생각하기 쉽다. 그러나 실제로 주변에 사람이 많을수록 도움행동은 잘 일어나지 않는다. 예를 들어, 복잡한 도심거리를 걸어가고 있는데, 길 중앙에 어떤 사람이 쓰러져 있는 것을 보았다고 가정해 보자. 많은 사람이 이 광경을 보았지만 선뜻 나서서 도와주는 사람은 별로 없다. 왜 그런가? 이는 자기가 아니더라도 그 사람을 도와줄 사람이 있겠지 하는 책임감 분산 때문이다(Mynatt & Sherman, 1975).

또한 도움행동을 하는 정도는 다른 사람들과의 관련성에 의해서도 영향을 받는다. 즉, 다른 사람들이 낯선 사람일 때는 도움행동이 줄어드는 경향이 있고, 친한 친구들과 있을 때는 도움행동이 보다 쉽게 일어난다. 이것은 낯선 사람과는 도움행동에 대한 서로의 의견을 주고받기가 쉽지 않지만, 친한 사람들과는 도움행동에 대해서 공감하고 의논할 수 있기 때문이다.

이러한 경우를 다음과 같은 실험에서 알아보았다(Latane & Rodin, 1969). 한 여성 실험자가 피험자들을 방에 데려다 놓고 기다리게 하는 장면을 설정했다. 그 사람들은 혼자 있거나, 친구들과 있거나, 낯선 사람들과 있거나 혹은 가짜 피험자들로 구성된 낯선 사람들과 있는 각각의 경우로 구성되었다. 실험자는 커튼이 쳐져 있는 방 뒤의 사무실로 들어갔다. 약 5분 후에 그녀는 책상 서랍을 열고 닫거나, 책을 나른다거나 하는 허드렛일을 하면서 일상적인 소리를 내는 연기를 하였다. 그러다가 무언가가 크게 깨지는 소리가 나고 그녀는 비명을 지른다. '맙소사…… 내 발! 발을 못 움직이겠어 ……!' 그리고 커튼 밖에 있는 피험자들은 이러한 소리를 듣는다.

이러한 상황에서 피험자들은 어떻게 행동할까? 그래프에서 보듯이 사람들은 혼자 있을 때에는 실험자를 돕는 행동을 가장 많이 하였지만, 다른 사람들이 있게 되면 도움행동이 확연히 줄어들었다. 그리고 낯선 사람들과 있을 때보다 친한 사람들과 있을 때 도움행동이 더 많았다. 또한 실험 전에 미리 도움행동을 하지 말라고 지시받은 가짜 피험자들과 함께 있는 경우에 가장 도움행동을 적게 하였다. 우리는 이러한 연구들로부터 도움행동에 있어서 개인의 양심 이외에도, 상황적인 요인이 중요하다는 것을 알 수 있다.

 집단 역학

1) 집단 수행

(1) 사회적 촉진

집단이 사람들에게 미치는 영향의 한 측면이 수행에 관한 것이다. 자전거 선수가 혼자 달릴 때보다 다른 사람과 함께 경주할 때 그의 기록이 단축된다. 이러한 사실에 기초해서 트리플릿(Triplett, 1898)은 아이들로 하여금 낚싯줄을 가능한 한 빨리 감도록 지시했다. 그 결과, 혼자서 감는 아이들보다는 여러 사람이 같은 일을 하는 집단 상황에서 개별적으로 줄을 감는 아이들이 더 잘했다. 다른 사람이 있을 때 수행 수준이 높은 현상을 사회적 촉진(social facilitation)이라고 한다. 사람들은 덜 붐비는 방에서보다 사람들로 꽉 찬 방에서 코미디를 볼 때, 그것을 더 재미있다고 지각하는데(Freedman & Perlick, 1979), 이러한 현상 역시 사회적 촉진으로 해석할 수 있다.

한동안 사회적 촉진은 매우 보편적인 현상이라고 알려져 왔다. 그러나 이와 정반대의 현상도 나타나기 시작했다. 가령, 무의미 철자의 암기와 같은 과업에서는 다른 사람의 존재가 수행 수준을 저하시켰다. 이러한 상충적인 효과를 제이온스(Zajonc, 1965)는 흥분이 수행에 미치는 영향으로 설명을 한다. 그에 따르면 다른 사람의 존재는 흥분을 증가시키는데, 이러한 흥분은 발생 가능성이 가장 높은 반응을 촉진하기 때문에 쉬운 과제의 경우는 올바른 반응을, 어려운 과제의 경우는 틀린 반응을 촉진한다. 따라서 자전거 타기와 같은 기계적이고 단순한 과업에서는 다른 사람의 존재가 그 수행 수준을 높이지만, 고도의 지적인 작업을 요하는 수학문제 풀기와 같은 과제에서는 타인의 존재가 수행 수준을 떨어뜨린다.

(2) 사회적 태만

사회적 촉진은 집단 상황에서 개인의 동기 수준이 높아지는 현상을 다루고 있다. 반면에, 특정 과업을 수행하기 위해서 팀 전체의 노력을 필요로 할 경우, 그러면서 각 개인이 어느 정도 노력했는지를 확인할 수 없는 경우에 사람들은 개인적인 상황에서보다 덜 노력하는 경향이 있다. 이것을 사회적 태만(social loafing)이라고 한다. 예를 들면, 줄다리기에서 2인 집단은 개인보다 1.9배, 3인 집단은 2.5배, 6인 집단은 4배

더 당겼다. 이 외에도 소리 지르기, 박수치기 등의 과제에서도 사회적 태만 현상이 나타났다. 사회적 태만의 한 원인으로 동기의 감소를 들 수 있다. 사회적 태만을 보이는 과제에서는 집단 차원에서만 수행을 평가하고 각 개인의 수행 정도를 알 수가 없다. 이러한 상황에서 다른 사람과 함께 일을 하는 것은 개인의 동기를 떨어뜨린다.

2) 집단 의사결정

(1) 집단극화

일반적으로 집단으로 이루어진 의사결정이 개인적으로 한 것보다 좀 더 안전하고 중도적일 것이라고 생각할 수 있다. 그러나 심리학 연구를 보면 대개는 그렇지 않다. 스토너(Stoner, 1961)는 대학생들에게 한 전기기사의 이직 결정에 조언을 해주도록 했다. 즉, 그는 보수는 많지 않고 적당하지만 안정적인 현재의 직장을 고수할 것인지 아니면 성공하면 훨씬 많은 돈을 받지만 실패하면 아무것도 없는 벤처회사로 이직할지를 결정해야 했다. 이때 벤처회사의 성공 확률을 5/10, 3/10, 1/10로 달리 했다. 그 결과, 참가자들은 혼자서 결정할 때보다 집단으로 토론해서 한 결정이 더 모험적이었다. 이것을 모험적 이행(risky shift)이라고 한다.

그러나 집단의 의사결정이 개인의 의사결정보다 항상 더 모험적인 것은 아니다. 예를 들면, 사람들로 하여금 경마장에서 개인적으로 혹은 집단토론 후 말에게 돈을 걸도록 했다(Knox & Safford, 1976). 그 결과, 집단토론을 한 후에 돈을 건 말은 개인적으로 건 말보다 더 흔히 우승 예상 말에 속해 있었다. 말하자면 우승할 확률은 높지만 우승에 따른 배당액은 높지 않은 말로, 집단의 결정이 더 조심스러웠다. 이것을 보수적 이행(cautious shift)라고 한다. 결국, 집단은 평균보다 좀 더 극단적인 의사결정을 하는 경향이 있는데 이것을 집단극화(group polarization)라고 한다. 그 극화는 원래 그 집단이 평균적으로 선호한 방향으로 발생한다. 예를 들면, 집단 구성원이 처음에 평균적으로 낙태에 찬성하는 쪽이면, 집단토론 후 그 집단은 좀 더 극단적으로 찬성하는 경향을 보인다.

집단극화의 원인으로 우선, 토론을 통해서 얻게 되는 새로운 정보의 영향이 있을 수 있다. 사람들은 자신이 원래 가지고 있지 않던 설득력 있는 주장들을 습득함으로써, 기존의 입장을 더욱 강화시킬 수 있는 토대를 마련하게 된다. 또 다른 원인으로, 자신이 속한 집단에 동조함으로써 집단극화가 나타날 수 있다. 사람들은 토론을 통해 자신과 타인을 비교하는 과정에서 집단의 전형적인 규범을 파악하게 된다. 일반적으로 전형적인 규범은 평균적인 의견이나 태도가 아니라 좀 더 극단적이기 때문에 이러한 규범에 자신의 입장을 맞추도록 구성원들이 좀 더 극단적으로 이동함으로써 집단극화가 발생한다. 마지막으로, 모든 구성원이 자신의 주장을 표현하고자 하는 상황에서 그러한 주장을 단순히 반복하는 것도 집단극화를 가져온다(Brauer & Judd, 1996).

(2) 집단사고

집단사고(groupthink)는 좀 더 극단적인 현상이다. 다양한 경험과 지식 및 재능을 가진 사람들로 이루어진 집단이 항상 옳고 타당한 의사결정만을 하는 것은 아니다. 예를 들면, 미국 케네디 정부의 쿠바 피그만 침공, 존슨 정부의 베트남 전쟁의 상황 오판, 그리고 부시 정부의 이라크 침공 등이 그 전형적인 예다. 제니스(Janis, 1982)는 이러한 현상을 설명하기 위해서 집단사고라는 개념을 만들었다. 집단사고는 사람들이 응집성이 강한 집단에 몰입함으로써 대안적 사고에 대한 충분한 검토 없이 성급하게 만장일치에서 도달하려는 사고방식을 일컫는다. 이러한 집단의 특성으로, 응집성이 매우 높고, 외부의 영향으로부터 고립되어 있으며, 과거의 잦은 실패와 그에 따른 자존심의 하락 및 강한 스트레스 상황하에 있고, 공정한 리더십이나 적절한 의사결정을 위한 규범이 없다는 것을 들 수 있다.

이와 같은 집단사고를 방지하기 위해서는 몇 가지 조치들을 취할 필요가 있다(Janis, 1982). 우선, 리더는 자신이 선호하는 의견을 밝히지 말고 모든 구성원들이 자

표 10-7 집단 역학 관련 현상

집단 수행	사회적 촉진	타인이 있을 때 한 개인의 수행 수준을 높이는 현상. 쉬운 과제에서는 수행 수준을 높이지만, 고도로 어려운 과제에서는 오히려 수행 수준을 떨어뜨림
	사회적 태만	특정 과업을 위해 팀 전체가 참여할 경우 익명성이 보장되면 전체 수행 수준이 개별 수행 수준의 합보다 떨어지는 현상
집단 의사결정	집단극화	집단 전체의 의사결정이 개인적 의사결정의 평균보다 더 극단적으로 되는 현상
	집단사고	사람들이 응집성이 강한 집단에 몰입함으로써 대안적 사고에 대한 충분한 검토 없이 성급하게 만장일치에서 도달하려는 사고방식
몰개성화	집단 속의 한 개인이 자신에 대한 분리된 개인으로서의 정체성을 상실하고 집단에 통합되어 있다고 느끼는 상태	

유롭게 자신의 의견을 개진하도록 고무시켜야 한다. 또한 나온 제안에 대해 자유롭게 비판하도록 권장하고, 한 명 이상에게 반대의견을 내는 역할을 부여해서 다양한 입장을 고려하도록 고무시켜야 한다. 게다가 전체 집단을 여러 하위집단으로 나누어 그 하위집단별로 토론이 이루어지게 함으로써, 종합토론에서 다양한 의견이 나올 수 있도록 해야 한다. 의사결정을 최종적으로 하기 전에 한 번 더 고려해 볼 수 있는 절차를 거쳐야 한다. 마지막으로 외부 전문가에게 집단의 의사결정을 문의하고 이에 대한 반박과 평가를 받아야 한다.

3) 몰개성화

사회심리학의 마지막 주제로 군중이 개인에게 미치는 가장 극적인 영향 중 하나를 살펴보겠다. 군중 속에서 행동할 때, 사람들은 평소와는 다른 행동을 하는 것을 자주 볼 수 있다. 때로 그들은 상상하기 어려울 정도로 폭력적으로 행동하기도 한다. 이에 대한 하나의 설명으로 군중이 개인을 완전히 변형시켜, 그 개인은 자신의 개성을 상실하고 몰개성화되어 완전히 비이성적으로 된다는 것이다.

현대 사회심리학에서 짐바르도(Zimbardo, 1970)는 몰개성화(deindividuation)라는 개념을 확장시켰다. 이 개념은 집단 속의 한 개인이 자신에 대한 분리된 개인으로서의 정체성을 상실하고 집단에 통합되어 있다고 느끼는 상태를 지칭한다. 높은 수준의 흥분과 익명성이 존재할 때 이러한 상태가 발생할 가능성이 높다. 몰개성화는 평상시에는 억제 상태에 놓여 있는 충동적인 행동들을 풀어놓는다.

몰개성화에 대한 한 연구에서, 여대생은 4명으로 된 집단으로 실험에 참가하여 학습실험에 참가하고 있는 다른 여학생에게 전기충격을 주도록 요구받았다. 그들 중 반은 정체성을 느끼지 못하도록 큰 실험복 코트를 입고 두건을 썼다. 그리고 실험자는 그들을 집단으로만 불렀으며 어느 누구의 이름도 언급하지 않았다. 나머지 반의 여학생은 자신의 원래 옷을 입은 상태로 있었으며 큰 명찰을 달고 서로 통성명을 했다. 참가자들은 학습자가 실수할 때 자기 앞에 있는 버튼을 눌러 전기충격을 주도록 되어 있었다. 그 결과, 몰개성화된 집단이 그렇지 않은 집단에 비해 2배의 전기충격을 가했다(Zimbardo, 1970).

BOX 2 공격행동에 미치는 상황적 영향

교도관과 수감자

어떻게 선량한 사람이 포로 학대를 일삼는 악한 병사로 돌변하는 걸까? 또 그것이 나쁜 일인 줄 알면서도 죄의식 없이 동참하는 까닭은 무엇일까? 우리는 과연, 자신이 항상 착할 거라고 자신 있게 말할 수 있을까? 2004년 이라크 아부그라이브 교도소에서 자행된 포로 학대는 전 세계를 경악케 했다. 더욱 충격적인 것은 그들이 고향에서는 더없이 평범한 이웃, 선량한 가족이었다는 사실이다. 그러나 겉보기에 선하기 그지없는 사람들이 다른 사람에게 악행을 일삼는 당혹스러운 사례는 세계 곳곳에서 무수히 찾아볼 수 있다.

1971년에 스탠퍼드 대학의 작은 건물에서는 아부그라이브 교도소의 사례에 대한 해답을 제시하는 엄청난 실험이 진행되고 있었다. '스탠퍼드 모의 교도소 실험(Stanford Prison Experiment: SPE)' 이라고 알려진 이 실험에서 사회심리학자 필립 짐바르도(Philip Zimbardo)는 평범한 대학생들을 '수감자' 와 '교도관' 으로 임의적으로 나눈 후, 모의 감옥 실험을 시작했다(Zimbardo, Maslach, & Hanley, 1999). 실험이 시작된 후 이틀째, 수감자 역할을 맡은 사람들의 집단행동과 반란이 일어났다. 나흘째, 수감자들은 이미 통제 불능의 상태가 되었고, 닷새째에는 교도관이 수감자들에게 폭력과 성적 수치심을 일으키는 학대를 가했다. 급기야 엿새째, 실험은 중단되었다.

이 실험의 가장 중요한 교훈은 '상황의 중요성' 을 인식하는 것이다. 사회적 상황은 개인, 집단, 국가 지도자들의 행동적 · 심적 활동에 우리가 생각하는 것보다 훨씬 깊은 영향을 준다. 어떤 상황은 우리가 감히 할 것이라고는, 할 수 있으리라고는 미처 생각하지도 못했던 행동으로 우리를 이끌 정도로 강력한 영향력을 발휘한다. 즉, 어떤 인간이 저지른 행동은 그것이 아무리 끔찍한 것이라고 하더라도 우리 모두가 저지를 수 있다는 점을 이 실험은 말하고 있다. 그와 같은 인식을 고대 그리스의 희극 작가 테렌티우스의 말인 '인간에 의한 것이라면 아무것도 낯설지 않다.' 라는 말로 내면화해 두는 것이 좋을 듯하다.

이 장의 중심 내용

01 자기개념은 중요한 타인이 나에게 어떻게 행동하는지, 또한 나와 비슷한 다른 사람과의 비교를 통해서 형성된다. 자기개념을 통해 사람들은 자신과 관련된 정보에 훨씬 더 관여하고 더 민감하게 반응하며 자기와 관련된 정보를 더 중시하게 된다. 이러한 자기개념에는 문화 간 차이가 있다.

02 귀인이란 행동의 원인을 설명하기 위해서 거치는 과정이다. 귀인은 환경을 예측하고 통제하는 데 도움을 주고, 우리의 감정, 태도 및 행동을 결정하는 역할을 하며, 과거의 수행에 대한 귀인은 미래의 수행에 영향을 준다. 귀인에는 세 가지 차원, 즉 통제 소재, 안정성 및 통제 가능성이 있다. 귀인편향으로는 기본적 귀인 오류, 행위자-관찰자 편향 및 이기적 편향 등이 있으며, 이러한 편향에는 문화 간 차이가 있다.

03 태도는 인지적 요소, 정서적 요소 및 행동적 요소로 구성되어 있다. 태도는 고전적 조건형성, 조작적 조건형성, 모방학습 등의 간접적 학습과 다른 사람의 태도 등에 의해 형성된다. 태도 변화에 관한 이론으로 인지부조화이론, 자기지각이론 및 합리적 설득모형 등이 있다. 특히 합리적 설득모형에는 의사전달자, 메시지, 청중 등의 요인들이 포함되어 있다.

04 대인 간 매력에 영향을 주는 요인으로는 근접성, 신체적 매력 및 유사성 등이 있다. 근접성은 친숙성을 증가시켜 호감을 높이고, 신체적 매력은 후광효과를 가져오며, 유사성은 상호지지적인 특성을 가진다. 공격성을 설명하는 이론으로는 인간의 선천적 공격성을 강조하는 본능이론, 공격에서 좌절의 역할을 강조하는 좌절-공격가설 및 다른 사람의 공격행동을 모방함으로써 공격행동이 증가한다는 사회학습이론이 있다.

05 동조의 원인으로 정보적 영향과 규범적 영향이 있다. 쉐리프의 연구에서처럼 정보적 영향은 자신의 개인적인 판단보다는 다수의 의사결정이 더 타당할 수 있다고 생각하기 때문에 다수의 의견에 동조하는 것이다. 애쉬의 연구에서처럼 규범적 영향은 집단의 인정을 받고 거부를 피하고자 하는 우리의 욕망에 기초하여 다수에 동조하는 것을 의미한다. 소수자 효과란 소수가 다수에게 미치는 영향으로, 소수자가 일관적이고 융통성이 있으면서 사회적 추세에 부합하는 주장을 할 때 설득적이다.

06 밀그램의 복종실험에서 선생의 역할을 한 참가자 40명 모두가 300V까지 전기충격을 주었고 65%가 최고치인 450V까지 주었다. 이러한 결과는 일반적으로 사람들은 권위자의 지시가 사회적으로 바람직하지 않더라도 매우 복종적임을 잘 보여 준다. 때로 복종이 사회적으로 필수적이고 긍정적인 측면도 있지만, 항상 그런 것은 아니다.

07 방관자 효과란 더 많은 사람이 있을수록 실제로 도움을 제공할 가능성은 더 적고 도움을 제공하기까지의 지연시간도 더 긴 것을 의미한다. 이에 대한 설명으로는 책임감 분산, 상황 해석에서의 애매성 그리고 평가에 대한 염려 등이 있다.

08 집단 수행으로는 다른 사람들이 같은 일을 하거나 주변에 있을 때 수행 수준이 높아지는 사회적 촉진과, 집단 전체가 특정 과업을 할 때 그 수행 수준이 떨어지는 사회적 태만이 있다. 또한 집단은 의사결정 시 극단적인 경향을 보이고, 응집성이 높은 집단의 경우 성급하게 비생산적이고 비합리적인 의사결정을 할 수 있다. 마지막으로, 몰개성화는 집단 속의 한 개인이 자신에 대한 분리된 개인으로서의 정체성을 상실하고 집단에 통합되어 있다는 느끼는 상태를 의미한다.

학습과제

1 자기개념의 근원, 자기의 기능 및 자기개념의 문화적 차이를 설명하시오.

2 귀인의 차원 및 여러 편향을 기술하시오.

3 태도 변화에 대한 인지부조화이론과 자기지각이론을 비교 · 설명하시오.

4 태도 변화에 대한 합리적 설득모형을 설명하시오.

5 대인 간 매력에 영향을 주는 요인을 기술하시오.

6 공격성을 설명하는 다양한 이론들을 설명하시오.

7 동조의 원인으로 규범적 영향과 정보적 영향을 설명하고, 소수자 효과가 무엇인지 설명하시오.

8 밀그램의 복종실험을 중심으로 권위자에 대한 복종을 설명하시오.

9 방관자 효과가 무엇인지 기술하고 그 의미를 설명하시오.

10 사회적 촉진과 사회적 태만이 무엇인지 설명하시오.

11 집단극화와 집단사고 그리고 몰개성화 현상을 설명하시오.

11 스트레스와 정신건강

학습 개요

스트레스는 이제 피할 수 없는 우리 삶의 일부가 되어 버렸다. 과도한 스트레스가 우리 몸과 정신건강에 안 좋은 영향을 끼치는 것은 명백하지만 적절한 스트레스는 우리가 어떤 일을 하는 데 있어 동기와 능률을 높여 주기도 한다. 이번 장에서는 스트레스의 정의, 종류 및 원인, 그리고 신체 및 정신건강에 미치는 영향을 알아볼 것이다. 또한 스트레스에 대처하고 이를 관리하는 여러 가지 방법들을 살펴볼 것이다.

학습 목표

1. 스트레스의 정의, 종류 및 원인을 이해한다.
2. 스트레스가 신체 및 정신건강에 미치는 영향을 이해한다.
3. 스트레스에 대처하는 대표적인 방법을 알아본다.
4. 스트레스를 관리하는 여러 가지 방법들을 알아본다.

요즘같이 경쟁이 치열한 시대를 살아가면서 흔히 듣는 말 중에 하나가 '스트레스 받는다.' 라는 말일 것이다. 그만큼 스트레스는 피할 수 없는 우리 삶의 일부가 되어 버렸다. 많은 사람들이 자신의 경험을 통해 스트레스에 대한 나름대로의 개념을 가지고 있는데, 이는 주변 환경이나 사람으로부터 오는 압박감, 긴장감, 불편감 등 주로 부정적인 것과 관련이 많다. 그러나 이러한 스트레스의 개념은 일부분에 지나지 않는다. 그렇다면 오늘날 심리학 분야에서는 스트레스를 어떻게 정의하는지 알아보도록 하자.

1 스트레스의 정의

중요한 시험을 앞둔 대학생이 있다고 가정해 보자. 이 학생은 시험이 다가올수록 머리가 아프고, 소화도 안 되며, 심장이 두근두근거리는 증상을 호소한다. 우리는 이 학생이 현재 스트레스를 받고 있다는 것을 쉽게 알아차릴 수 있다. 그렇다면 무엇을 근거로 이 학생이 스트레스를 받고 있다고 생각하는 것일까? 스트레스에 대한 정의는 학자들마다 다양하지만 주로 다음의 세 가지 측면에서 이를 정의할 수 있다. 첫째, 자극(stimulus)으로서의 스트레스다. 이는 주변 환경이나 사람으로부터 오는 다양한 자극을 스트레스로 보는 것이다. 예를 들면, 중요한 시험이라는 상황이 위의 학생에게 스트레스인 것이다. 둘째, 반응(response)으로서의 스트레스다. 이는 스트레스원(stressor, 스트레스를 일으키는 외부 자극)에 대한 신체적인 반응을 스트레스로 보는 것이다. 예를 들면, 위의 학생이 보인 시험(스트레스원)에 대한 신체적인 반응들(두통, 소화불량, 심장 두근거림)이 스트레스인 것이다. 셋째, 오늘날 스트레스를 설명하는 관점 중 가장 영향력이 있는 것으로, 환경과 개체 사이의 상호작용(interaction)으로서의 스트레스다. 이는 스트레스가 단지 자극 자체나 스트레스원에 대한 반응이 아니라는 것을 의미한다. 우리는 같은 상황인데도 다르게 반응하는 사람들을 흔히 보게 된다. 다

Richard S. Lazarus(1922~2002)

시 말해, 특정 상황에 처했을 때 스트레스를 받을지 받지 않을지, 혹은 스트레스를 많이 받을지 적게 받을지는 개인에 따른 차이가 있고, 이에 따라 개개인이 보이는 신체 반응에서도 차이가 난다. 예를 들면, 앞의 학생의 경우 중요한 시험을 앞에 두고 여러 가지 괴로운 신체 증상을 보이지만, 어떤 학생은 이러한 증상을 보이지 않을 수 있다. 이러한 차이는 어디에서 오는 것일까? 라자루스(Lazarus)는 이러한 차이가 개인이 처한 상황을 어떻게 평가하느냐에 따라 결정된다고 보았다. 이처럼 개인과 환경 간의 상호작용 결과로 스트레스가 결정되는 과정에는 환경의 특성과 함께 그 환경에 대한 개인의 지각, 인지 및 대처 능력과 같은 다양한 변인이 관련된다. 이렇게 본다면 스트레스는 개인이나 환경 가운데 어느 한쪽의 관점이 아니라 양자 간의 상호작용 결과라는 관점에서 이해하는 것이 보다 더 타당하다.

표 11-1 스트레스를 일으키는 상황의 특징

특징	설명
삶의 전환	삶의 환경이나 상태가 변하는 것 (예) 부모가 되는 것, 은퇴
예상치 못한 시점	예상했던 일이 더 빨리 혹은 늦게 일어나는 것 (예) 갑작스러운 명예 퇴직, 늦은 나이에 결혼
모호함	어떤 것에 대한 명확성이 없는 상황 (예) 직장의 불안정한 상황, 병의 예후
낮은 바람직성	대부분의 사람들에게는 바람직하지 않은 상황 (예) 화재로 집을 잃는 것, 교통위반 딱지를 떼는 것
낮은 통제력	행동이나 생각으로 통제할 수 없는 상황 (예) 만성통증, 외상사건에 대한 생각을 멈출 수 없는 것

출처: Lazarus & Folkman (1984).

BOX 1 스트레스는 항상 나쁜 것인가?

Hans Selye(1907~1982)

많은 사람들은 스트레스를 좋지 않은 것으로 여기지만, 경우에 따라서는 스트레스가 좋은 때도 있다. 스트레스 연구의 아버지라 불리는 셀리에(Selye)는 스트레스를 일으키는 외부적인 자극을 스트레스원이라 하고, 이에 대한 유기체의 '비특이적 반응'을 스트레스라고 정의했다. 여기에서 말하는 외부적인 자극이란 반드시 나쁜 의미의 자극만을 뜻하지는 않는다. 예를 들어, 자기가 원하는 대학에 최종 합격했다는 통보를 받았다고 가정해 보자. 이에 따른 신체 반응은 심장이 두근거리거나, 얼굴이 벌겋게 상기되는 등 다양하게 나타날 것이다. 그러나 우리는 보통 이러한 신체반응을 부정적으로 여기기보다는 긍정적으로 여긴다. 이렇듯 스트레스는 단순히 불쾌한 일이나 경험에 국한되는 것이 아니라, 기쁨이나 흥분을 유발하는 상황에서도 발생할 수 있다. 따라서 심리학자들은 스트레스를 부정적 스트레스(distress)와 긍정적 스트레스(eustress)로 나눈다. 부정적 스트레스는 우리에게 익숙한 개념으로 스트레스의 파괴적인 측면을 반영하고, 정도가 심하거나 장기간 지속될 경우 수행 능력을 저하시키며 건강에 유해한 결과를 초래하게 된다. 반면에 긍정적 스트레스는 스트레스의 유쾌한 측면으로, 적당한 스트레스는 적절한 긴장감을 유지시킴으로써 성과를 증대시킬 수도 있다.

2 스트레스의 원인

스트레스의 원인은 굉장히 다양하지만 다음의 세 가지로 크게 나눌 수 있다. 첫째, 대격변의 사건(catastrophe)이다. 대격변의 사건은 보통 갑자기 발생하는 매우 강한 스트레스원으로, 동시에 수많은 사람들에게 영향을 끼친다. 예를 들면, 건물붕괴나 테러 혹은 태풍이나 지진 같은 자연재해가 대격변의 사건에 해당된다. 대격변의 사건으로 인한 스트레스는 강력하고 오래 지속될 수 있지만, 항상 그런 것은 아니다. 특히 자연재해로 인한 스트레스는 시간이 지나면서 그 영향력이 줄어드는 경향이 있다. 이는 일단 자연재해가 끝나게 되면 사람들은 최악의 경우가 지나갔다는 것을 알고 미래를 대비하기 때문이다.

둘째, 개인적 스트레스원이다. 이는 개인의 생활에서 주요한 의미를 가지는 사건들로서 부모의 죽음, 중요한 시험에서의 불합격, 연인과의 헤어짐과 같은 사건들이 여기에 해당이 된다. 보통 사람들은 이러한 개인적 스트레스원에 즉각적이고 상당한 스트레스 반응을 보이지만, 이러한 반응은 시간이 지날수록 줄어드는 경향을 보인다. 예를 들면, 사랑하는 연인과 헤어짐으로부터 오는 스트레스는 헤어지고 난 바로 직후 가장 클 수 있지만, 시간이 지날수록 이에 더 잘 대처할 수 있게 되면서 스트레스를 덜 느끼게 된다. 그러나 대격변의 사건이나 위협적인 사건을 겪은 사람들은 때로 외상후 스트레스 장애를 경험하기도 한다. 외상후 스트레스 장애(post traumatic stress disorder: PTSD)란 이러한 위협적인 사고를 경험한 후 외상적 사건이 회상이나 꿈 등으로 반복되고 외상과 관련된 자극을 지속적으로 회피하며 신체적으로 긴장하는 상태가 지속되는 질환이다.

911 테러로 폐허가 된 뉴욕 중심부

셋째, 일상의 작은 골칫거리(daily hassle)로부터 오는 스트레스다. 예를 들면, 버스를 타려는데 누군가가 새치기를 한다거나 학교 도서관에서 공부하는데 누군가가 떠드는 등 일상생활에서 겪는 사소한 사건들이 여기에 속한다. 이러한 사건들은 일회성으로 끝나는 경우도 있지만, 만성적으로 지속될 수도 있다. 보통 사건이 일회성으로 끝나는 경우 불쾌한 정서를 유발할지라도 이에 대한 대처가 크게 필요한 것은 아니다. 그러나 아무리 사소한 사건이라도 스트레스가 지속되거나 누적이 되면 우리의 신체적, 정신적 건강에 영향을 줄 수 있다.

일상생활에서 겪는 작은 골칫거리의 예

스트레스가 건강에 미치는 영향

흔히들 스트레스는 만병의 근원이라고 한다. 스트레스가 오래 지속되고 심해지면 이에 따른 다양한 신체적, 심리적, 행동적 증상들(〈표 11-2〉 참조)이 나타나게 되고, 더 나아가 질병으로 발전하기도 한다. 특히 심장질환, 당뇨병, 고혈압, 천식, 소화성 궤양, 과민성 대장 증후군, 비만, 우울증, 수면장애, 불안공포증, 신경성 피부염, 암 등을 스트레스와 관련이 있는 대표적인 질병으로 보고 있다. 그렇다면 스트레스는 어떤 경로를 거쳐서 이러한 질병으로 발전하게 되는 것일까?

표 11-2 스트레스의 대표적인 증상들

신체적 증상	피로, 어지러움, 두통, 불면증, 근육통/경직(특히 목, 어깨, 허리), 심계항진(맥박이 빠름), 흉부 통증, 복부 통증, 구역, 전율, 사지 냉감, 안면홍조, 땀, 자주 감기에 걸림 등
심리적 증상	집중력이나 기억력 감소, 우유부단, 무기력, 마음이 텅 빈 느낌, 혼동, 불안, 신경과민, 우울증, 분노, 좌절감, 근심, 걱정, 불안, 성급함, 인내 부족 등
행동적 증상	왔다 갔다 함, 안절부절못함, 신경질적인 습관(손톱 깨물기, 발 떨기), 과식, 과음, 흡연, 울거나 욕설, 공격적인 행동 등

1) 스트레스의 직접적 영향

스트레스는 신체의 변화를 직접적으로 유발하여 우리의 건강에 영향을 준다. 생리학자인 캐넌(Cannon)은 1900년대 초반에 스트레스에 대한 현대적인 의미를 제시했다. 그는 스트레스 반응을 '투쟁-도피 반응(fight or flight response)'으로 묘사하였는데, 이는 유기체가 위협이나 위험 자극에 노출되었을 때 그 자극에 맞서 싸우거나 도망갈 수 있게 신체 내에서 일련의 생리화학적인 변화가 일어난다는 것이다. 원시시대 인간들이 거친 자연환경에 적응하고 맹수들에 맞서 싸우거나 도망가서 생존할 수 있었던 것도 바로 이런 대응 시스템이 있었기 때문이다. 현대사회에서도 이런 대응 시스템이 유용하게 쓰이는데, 예를 들어 고속도로에서 운전하는데 갑자기 차가 끼어든다면 대응

Walter B. Cannon(1871~1945)

시스템의 활성화로 인해 급정거를 할 수 있게 된다. 그러나 현대사회에서는 원시시대와는 달리 야생에서 겪는 긴박한 위험들이 더 이상 존재하지 않게 되었고, 생활방식은 전반적으로 육체노동으로부터 정신적 노동으로 바뀌어 왔다. 결과적으로 정신적인 스트레스는 훨씬 증가했고, 그중에서도 급성의 스트레스보다는 만성적인 스트레스가 많아지게 되었다.

셀리에(Selye)는 투쟁-도피 반응 동안에 신체 내에서 어떤 일이 일어나는지 정확하게 추적할 수 있었다. 그는 실제 세계의 위험이나 머릿속 상상의 위험에 상관없이 대뇌피질에서 시상하부로 경고신호를 보낸다는 것을 발견했다. 이러한 경고신호를 받은 시상하부는 교감신경계를 활성화시켜 신체에 여러 가지 반응을 일으키게 한다. 예를 들어, 심박동수, 호흡수, 근육긴장, 신진대사, 그리고 혈압이 모두 증가하게 되고, 온몸의 피가 근육으로 몰리면서 손과 발은 차가워진다. 또한 장의 운동이 감소되고, 동공은 확대된다. 이러한 반응은 긴박한 상황에서 신체가 더 효율적으로 대응하도록 돕는 것이지만, 스트레스가 만성화되면 투쟁-도피 반응은 사라지지 않고 계속 유지된다. 이를 통해 여러 가지 스트레스성 증상들이 나타날 수 있고, 더 나아가 우리의 신체 및 정신건강에 심각한 영향을 끼칠 수 있다.

2) 스트레스의 간접적 영향

과도한 스트레스는 질병을 유발하거나 기존의 건강 상태를 악화시킬 수 있는 행동에 영향을 미치기도 한다. 예를 들면, 높은 수준의 스트레스를 경험하는 사람들은 열량이 높은 지방 음식을 많이 먹고, 과일과 야채는 적게 먹으며, 운동을 덜 하고, 담배를 피고, 술을 마실 확률이 높다. 이러한 행동들은 심장질환이나 간질환 같은 다양한 질병의 원인이 될 수 있다. 또한 스트레스는 수면에 영향을 주기도 하는데, 수면부족으로 인해 주의력이 떨어져 작업을 할 때 사고가 발생할 확률이 높아질 수 있다. 예를 들면, 높은 수준의 스트레스를 경험하는 사람들은 수면부족으로 인해 스포츠나 직장 활동, 운전 중에 사고로 다치는 경우가 실제로 높다고 한다.

BOX 2 스트레스 평가

최근 1개월 동안 다음 문항의 내용들을 얼마나 자주 느꼈는지 표시하십시오.

		전혀 없었다	거의 없었다	때때로 있었다	자주 있었다	매우 자주 있었다
1.	예상치 못했던 일 때문에 당황했던 적이 얼마나 있었습니까?	0	1	2	3	4
2.	인생에서 중요한 일들을 조절할 수 없다는 느낌을 얼마나 경험하였습니까?	0	1	2	3	4
3.	신경이 예민해지고 스트레스를 받고 있다는 느낌을 얼마나 경험하였습니까?	0	1	2	3	4
4.	당신의 개인적 문제를 다루는 데 있어서 얼마나 자주 자신감을 느꼈습니까?	4	3	2	1	0
5.	일상의 일들이 당신의 생각대로 진행되고 있다는 느낌을 얼마나 경험하였습니까?	4	3	2	1	0
6.	당신이 꼭 해야 하는 일을 처리할 수 없다고 생각한 적이 얼마나 있었습니까?	0	1	2	3	4
7.	일상생활의 짜증을 얼마나 잘 다스릴 수 있었습니까?	4	3	2	1	0
8.	최상의 컨디션이라고 얼마나 자주 느끼셨습니까?	4	3	2	1	0
9.	당신이 통제할 수 없는 일 때문에 화가 난 경험이 얼마나 있었습니까?	0	1	2	3	4
10.	어려운 일들이 너무 많이 쌓여서 극복하지 못할 것 같은 느낌을 얼마나 자주 경험하셨습니까?	0	1	2	3	4

자신이 스트레스를 받는 정도를 확인하기 위해 각 문항의 점수를 먼저 더하시면 됩니다.

13점 이하 – 정상적인 스트레스 상태로 스트레스 요인 자체가 심각하지 않거나 좋은 스트레스로 받아들인 경우
14점 이상 – 이미 스트레스의 영향을 받기 시작. 만약 이런 상태가 지속되면 나쁜 스트레스의 결과가 나타날 수 있음
17점 이상 – 정신질환으로 발전될 가능성이 높아진 상태
19점 이상 – 전문가의 도움이 필요

출처: 대한신경정신의학회

스트레스의 대처

우리는 스트레스를 다루는 데 있어 다양한 대처방법들을 사용한다. 보통의 경우 이러한 대처방법들이 우리의 의식 없이 일어나기도 하지만 스트레스가 크거나 오래 지속될 때는 이를 해결하기 위해 더 큰 노력을 필요로 하게 된다. 그렇다면 스트레스를 대처하는 효과적인 방법에는 어떤 것들이 있을까? 우선 스트레스를 효과적으로 대처하는 방법은 크게 두 가지로 분류된다. 어떤 사람들은 스트레스가 일어난 상황의 원인을 알아내어 이를 해결하는가 하면, 어떤 사람들은 스트레스를 통해서 일어난 불편한 감정 자체를 해결하기도 한다. 이러한 두 가지 방법은 주로 스트레스원의 특성에 따라 사용되는 경향이 있다. 예를 들면, 스트레스원에 의해 생긴 문제가 해결될 수 있는 경우에는 문제중심의 대처방법이 효과적인 반면에, 문제가 해결될 수 없거나 다시 되돌릴 수 없는 경우에는 정서중심의 대처방법이 효과적이다. 따라서 스트레스에 대한 효과적인 대처방법은 우리가 바꿀 수 있는 것과 그럴 수 없는 것을 명확하게 인식하는 데서부터 시작한다. 보통 위 두 가지 방법을 상황에 맞게 쓰는 것이 효과적이지만, 복잡한 문제를 해결하는 데는 이 두 가지 방법을 적절하게 같이 사용하는 것이 효과적이다. 그러나 이 두 가지 방법을 상황에 맞지 않게 쓸 경우(예를 들어, 문제를 해결할 수 있는 상황임에도 불구하고 정서적인 대처를 하는 경우), 오히려 상황을 악화시킬 수도 있다.

1) 문제중심 대처

많은 연구에서 문제중심 대처는 우리의 건강에 가장 긍정적인 영향을 미친다고 알려져 있다. 스트레스 상황을 능동적이고 계획적으로 해결하려고 노력하거나, 문제를 해결하는 데 있어 다른 사람들에게 도움(예를 들면, 재정지원, 관련 정보수집)을 구하거나, 자기 주장을 통해 대인관계 문제에 대한 해결책을 모색하는 것은 우리가 처한 상황을 바꿀 수 있을 뿐만 아니라 앞으로의 상황에 대처할 수 있는 힘을 주기도 한다. 이러한 대처는 우리가 실제적으로 스트레스 상황을 어느 정도 해결할 수 있는 상황에서 사용하는 것이 적절하다. 그러나 우리가 해결할 수 없는 스트레스 상황에서 문제중심 대처를 하게 되면, 자기 자신이나 처해 있는 상황에 대해 좌절감이나 환멸감 같

표 11-3 문제중심 대처의 예

- 주어진 상황에서 앞으로 어떻게 할 것인지 계획 세우기
- 협상 기술 사용하기
- 다음 단계에 집중하기
- 자기 주장하기
- 같은 문제에 대해서 다른 해결책 만들어 보기
- 시간 관리 기술 적용하기
- 다른 사람의 관점에서 보기
- 과거 경험 돌아보기
- 살아가면서 도움이 되는 기술 습득하기
- 문제를 다루는 데 있어 체계적인 접근하기

은 부정적인 감정을 느끼기도 한다.

2) 정서중심 대처

정서중심 대처는 문제중심 대처에 비해 상대적으로 효과적이지 않고 우리의 건강에도 좋지 않은 영향을 줄 수 있다고 알려져 있으므로, 많은 사람들이 정서중심 대처에 대한 부정적인 인식을 가지고 있다. 예를 들어, 문제 자체를 부정하거나, 해결하지 않고 지연시키거나, 흡연이나 음주 혹은 약물을 통해 우리의 주의를 문제로부터 분산시키는 행동들은 단기적으로 봤을 때 부정적인 감정을 완화시키는 데 어느 정도 도움

표 11-4 정서중심 대처의 예

- 유머 사용하기
- 정서적 지지 구하기
- 상황 받아들이기
- 주의를 다른 곳으로 돌리기
- 운동하기
- 이완요법 사용하기
- 용서하기
- 다른 측면에서 상황을 보거나 상황에 대한 긍정적인 측면 찾기
- 생각과 감정을 기록하기
- 부정적인 생각에 대해 도전하기

은 되지만, 장기적으로 봤을 때는 문제를 더 심각하게 만들고, 우리의 신체 및 정신건강을 해칠 수 있다. 그러나 우리가 실제적으로 상황을 해결할 수 없는 경우라면, 문제중심 대처보다 정서중심 대처를 사용하는 것이 적절하다. 문제 상황을 수용하거나, 다른 사람들에게 정서적인 지지를 구하거나 기도와 같은 행동들은 문제 자체를 해결하는 데 도움이 되지는 않지만, 스트레스로 인해 생길 수 있는 여러 가지 부정적 감정이나 사고에 쉽게 영향을 받지 않도록 도와준다.

5 스트레스의 관리

스트레스는 우리 삶의 일부이며 항상 나쁜 것은 아니다. 예를 들어, 적절한 스트레스는 우리가 어떤 일을 하는 데 있어 동기와 능률을 높여 주기도 한다. 그러나 과도한 스트레스가 신체 및 정신건강에 안 좋은 영향을 끼치는 것은 명백하다. 그렇다면 스트레스의 부정적인 효과를 줄이는 구체적인 방법에는 무엇이 있을까? 스트레스를 관리하는 방법은 여러 가지가 있는데, 이런 다양한 스트레스 관리 기법들은 스트레스의 원인과 종류, 그리고 특정 개인의 여러 가지 조건을 고려하여 사용되고 있다. 따라서 스트레스를 효과적으로 관리하기 위해서 우선 특정 개인이 어떤 일에 얼마나 스트레스를 받는지 정확하게 파악하는 것이 중요하다. 또한 개인의 성격, 평소 생활습관, 그리고 스트레스를 대처하는 데 사용했던 기존의 방법들을 파악하는 것도 효과적인 스트레스 관리의 중요한 측면 중 하나다. 이를 위해 스트레스 반응 기록지(〈표 11-5〉 참조)를 작성하게 되면 스트레스를 관리하거나 대처하는 방법이 건강한지 아닌지를 규명하는 데 도움이 될 것이다. 불행하게도 많은 사람들이 스트레스에 건강하지

표 11-5 스트레스 반응 기록하기

스트레스 반응 기록지는 일상생활에서 겪는 스트레스원과 이에 대처하는 방법을 규명할 수 있게 도와준다. 이러한 기록지를 매일 꾸준하게 작성하면 스트레스원과 이에 대한 대처방법의 패턴이나 공통적인 특징에 대해 알 수 있게 된다. 스트레스 반응 기록지는 다음의 내용을 포함한다.

- 스트레스를 일으킨 요인은 무엇인가? (예: 기말고사 준비)
- 스트레스에 대해 신체적 · 정서적으로 어떤 반응을 보였는가? (예: 가슴이 뛰고, 불안했다)
- 스트레스를 줄이기 위해서 어떤 행동을 취했는가? (예: 담배를 피웠다)

표 11-6 건강하지 않은 스트레스 대처방법

- 흡연
- 과음
- 과식
- 과다수면
- 텔레비전이나 컴퓨터 앞에서 오랜 시간 보내는 것
- 일을 지연시키는 것
- 스트레스를 다른 사람에게 푸는 것
- 대인관계를 피하는 것

않은 방법으로 대처하는 경향이 있는데 이는 〈표 11-6〉과 같다.

만약 스트레스에 대처하는 방법이 건강에 좋지 않은 영향을 끼친다면 이때가 바로 스트레스에 대처하는 건강한 방법을 찾아야 하는 때다. 스트레스를 관리하고 대처하는 건강한 방법들이 많이 있지만 이들의 공통적인 목표는 스트레스 상황을 해결하거나 스트레스에 대한 반응을 바꾸는 것처럼 무언가를 변화시키는 것이다. 사람들마다 스트레스에 독특하게 반응하기 때문에 스트레스를 관리하는 데 있어 모두에게 맞는 특정 방법은 없다. 모든 사람에게나 혹은 모든 상황에서 한 가지 방법만이 통하지 않으므로 자신에게 잘 맞는 기법들을 찾아보는 것이 중요하다.

여기에서는 스트레스 관리 기법을 여섯 가지로 나누어 살펴보도록 하겠다.

1) 스트레스 관리 기법 1: 불필요한 스트레스 피하기

우리가 살아가면서 모든 스트레스를 맞닥뜨리지 않고 피한다는 것은 현실적으로 불가능하다. 그렇다고 충분히 해결할 수 있는 상황에서 피하는 것은 건강하지 않은 방법이다. 다음의 방법들을 통해 우리는 불필요한 스트레스를 어느 정도 피할 수 있다.

- 거절하는 법 배우기: 자신의 한계를 알고 거기에 충실해야 한다. 사적인 일이나 공적인 일을 하는 데 있어 자신의 한계에 다다르게 된다면 그 이상의 일은 맡지 않고 거절하는 것이 좋다.
- 스트레스를 유발하는 사람 피하기: 누군가가 계속 스트레스를 주고 또한 그 사람과의 관계를 좋은 방향으로 회복시키는 것이 어렵다면 그 사람과 보내는 시간을

줄이거나 관계를 끝내는 것이 좋다.

- 환경 통제하기: 만약 뉴스를 시청하는 것이 스트레스를 유발하면 텔레비전을 끄는 것이 좋다. 교통체증 때문에 짜증이 나면, 좀 더 오래 걸리지만 막히지 않는 길로 가는 것이 대안이 될 수 있다.
- 논쟁을 일으키는 대화 주제 피하기: 종교나 정치같이 쉽게 논쟁을 일으킬 수 있는 주제로 대화를 나눌 때 사람들과 자주 부딪힌다면 이 주제로 대화를 하지 않는 것이 좋다.
- 할 일 줄이기: 현재 자신의 스케줄과 맡은 책임, 그리고 매일 해야 할 일을 분석한다. 만약 너무 많은 일이 계획되어 있다면 꼭 해야 하는 일과 그렇지 않은 일을 구분해서 할 일을 줄이는 것이 좋다.

2) 스트레스 관리 기법 2: 스트레스 상황 바꾸기

만약 스트레스 상황을 피할 수 없다면 그 상황을 바꾸려고 노력하는 것이 도움이 된다. 차후에 그 문제가 다시 생기지 않도록 바꿀 수 있는 것이 무엇인지 알아보는 일이 중요한데, 이를 위해 보통 의사소통하는 방법이나 자기관리하는 방법을 바꾸게 된다.

- 감정을 밖으로 표현하기: 만약 대인관계에 있어서 갈등이 생긴다면 이로 인해 생기는 부정적인 감정을 억누르지 말고 상대방에게 자신이 느끼는 감정을 말하는 것이 좋다. 그렇지 않으면 상황은 쉽게 변하지 않을 것이다.
- 타협하기: 누군가의 행동이 마음에 들지 않아 그것을 바꾸려고 할 때, 자신의 행동도 상대방에 맞춰 어느 정도 바꾸는 부분이 있어야 서로 좋은 결과를 얻을 수 있다.
- 자기 주장하기: 문제가 생겼을 때 뒤로 물러나거나 참아서 상황이 해결되는 것을 기다리는 것보다 먼저 나서서 문제를 해결하거나 예방하는 데 적극적인 노력을 하는 것이 좋다.

• 시간을 효율적으로 관리하기: 효율적이지 못한 시간관리는 많은 스트레스를 유발할 수 있다. 너무 많은 일이 밀려 있으면 차분하게 집중하는 것이 어렵다. 그러나 계획을 미리 짜고, 무리하게 잡지 않으면 스트레스를 어느 정도 조절할 수 있다.

3) 스트레스 관리 기법 3: 스트레스원에 적응하기

만약 스트레스원을 바꿀 수 없다면 스트레스원에 반응하는 방법을 바꾸는 것이 좋다. 예를 들어, 스트레스원에 대한 기대나 태도를 바꿈으로써 스트레스 상황에 어느 정도 적응할 수 있고, 또한 스트레스에 대한 통제감도 얻을 수 있다.

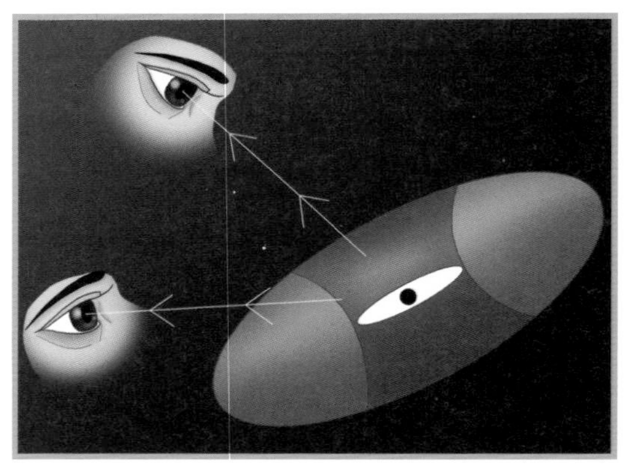

• 문제 재조명하기: 좀 더 긍정적인 관점에서 스트레스 상황을 바라보려고 노력하는 것이 좋다. 예를 들어, 교통체증에 화를 내기보다는 잠시 쉬어가고, 좋아하는 라디오를 듣거나 혼자 있는 시간을 즐기는 기회로 삼을 수 있다.

• 좀 더 큰 맥락에서 스트레스 상황 보기: 현재 스트레스 상황이 장기적으로 봤을 때 자신에게 얼마나 중요한지 생각해 보는 것이 도움이 된다. 만약 현재 스트레스 상황에 괴로워하는 것이 장기적으로 별 도움이 안 된다면 자신의 시간과 에너지를 다른 곳에 투자하는 것이 좋다.

• 기준 수정하기: 우리가 피할 수 있는 주요 스트레스원은 완벽주의다. 자신이나 다른 사람에게 완벽주의를 요구하는 것보다 합리적인 기준을 세우는 것이 좋다. 완벽한 것을 지향하기보다 '완벽하진 않지만 이 정도면 충분하다.' 라고 생각하는 방법을 배우는 것이 필요하다.

• 긍정적인 면에 초점 두기: 스트레스로 인해 괴로울 때 자신의 삶에서 감사할 수 있

는 것들이 무엇이 있는지 생각해 보는 시간을 가지는 것이 좋다. 이러한 단순한 기법이 때로는 삶을 살아가는 데 힘이 되어 주기도 한다.

4) 스트레스 관리 기법 4: 바꿀 수 없는 것 수용하기

스트레스원을 피할 수 없는 경우도 있다. 예를 들면, 사랑하는 사람의 죽음이나 심각한 질병 같은 스트레스원은 바꿀 수 없거나, 사전에 예방할 수 없는 경우가 많다. 이를 대처하는 가장 좋은 방법은 스트레스 상황을 있는 그대로 인정하고 받아들이는 것이다. 이러한 수용의 자세는 생각보다 쉽진 않지만, 결과적으로 봤을 때는 바꿀 수 없는 상황에 맞서는 것보다 쉬운 편이다.

- 통제할 수 없는 것은 통제하지 않기: 다른 사람의 행동을 쉽게 통제할 수 없는 것처럼 삶에서 많은 부분들은 우리의 의지대로 통제하기 힘들다. 따라서 통제할 수 없는 상황을 극복하려고 애쓰기보다 상대적으로 쉽게 통제할 수 있는 방법인 상황에 대한 반응을 바꾸는 것에 초점을 맞추는 것이 좋다.
- 상황을 다른 면에서 보기: 스트레스 상황에 직면했을 때 이를 성장의 기회로 보는 것이 도움이 될 수 있다. 만약 자신의 생각이나 행동이 스트레스를 일으키는 데 일조했다면 그것을 돌이켜 생각해 보고 자신이 행한 실수로부터 배우는 것이 좋다.

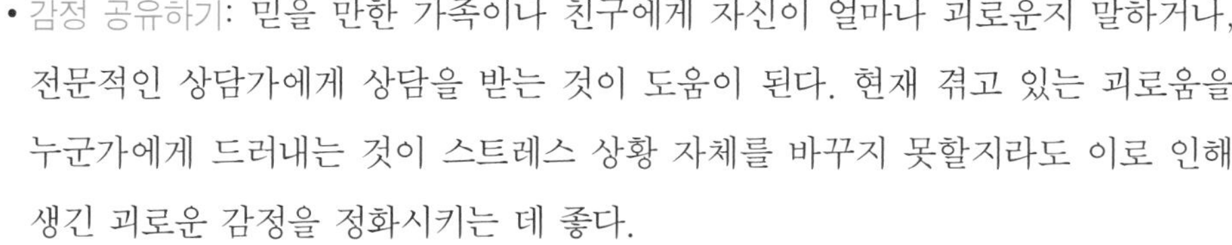

- 감정 공유하기: 믿을 만한 가족이나 친구에게 자신이 얼마나 괴로운지 말하거나, 전문적인 상담가에게 상담을 받는 것이 도움이 된다. 현재 겪고 있는 괴로움을 누군가에게 드러내는 것이 스트레스 상황 자체를 바꾸지 못할지라도 이로 인해 생긴 괴로운 감정을 정화시키는 데 좋다.
- 용서하는 법 배우기: 우리는 불완전한 세상에서 살고 완벽하지 못해 종종 실수할 수도 있다는 것을 받아들이는 것이 좋다. 화가 나는 감정을 붙잡고 괴로워하는 것보다 문제를 일으킨 자신이나 다른 사람을 용서하는 마음을 갖는다면 이러한 부정적인 에너지로부터 벗어날 수 있다.

5) 스트레스 관리 기법 5: 여가시간을 만들거나 이완하기

자기 자신을 직접 돌보는 방법으로도 스트레스를 줄일 수 있다. 만약 정기적인 여가시간이나 이완하는 시간을 갖게 되면 필연적으로 오는 스트레스에 좀 더 잘 대처할 수 있다.

표 11-7 이완하거나 재충전할 수 있는 건강한 방법들

• 산책하기	• 따뜻한 차 한 잔하기
• 자연(휴양림)에서 시간 보내기	• 애완동물과 시간 보내기
• 친구에게 전화하기	• 마사지 받기
• 운동하기	• 음악 듣기
• 반신욕하기	• 개그 프로그램 보기

- 이완시간을 따로 만들기: 일상생활에서 별도의 휴식시간이나 이완시간을 포함시키는 것이 좋다. 이 시간은 모든 일로부터 벗어나는 잠깐의 휴식시간이며 재충전의 시간이다.
- 다른 사람과 어울리기: 자신의 삶에 도움이 되는 사람들과 시간을 함께 보내는 것이 좋다. 이들로부터 오는 사회적·정서적 지지는 스트레스의 부정적인 영향을 완충시켜 주는 역할을 할 것이다.
- 좋아하는 일 매일 하기: 자신에게 즐거움을 가져다주는 여가생활 시간을 만드는 것이 좋다.
- 유머감 유지하기: 웃음은 스트레스에 대한 신체의 저항 능력을 올려주는 긍정적인 효과를 가지고 있다.

6) 스트레스 관리 기법 6: 건강한 생활양식 취하기

신체건강을 증진시킴으로써 스트레스에 견디는 능력을 높일 수 있다.

- 꾸준하게 운동하기: 신체적 활동은 스트레스의 부정적인 효과를 줄여 주거나 막는 데 중요한 역할을 한다. 적어도 일주일에 3번 30분 정도 운동을 하는 것이 좋다.
- 건강한 식단: 건강한 영양섭취는 스트레스에 대처하는 데 도움이 된다. 아침부터

좋은 식단으로 시작하는 것이 좋다. 영양의 균형이 잡힌 식사는 신체 에너지를 유지하게 해 주고 정신을 맑게 해 준다.

- 카페인이나 설탕 섭취 줄이기: 카페인이나 설탕이 많이 함유된 음식(예를 들면, 커피, 소다, 초콜릿)을 섭취하는 것은 잠시 동안 기분을 고양시키거나 에너지를 높여 줄 수 있지만 장기적으로 봤을 때는 건강에 해롭다. 따라서 이러한 카페인 섭취를 줄인다면 건강에 좀 더 도움이 되고, 수면의 질도 높일 수 있다.
- 음주, 흡연, 약물복용 피하기: 음주나 흡연은 스트레스로부터 잠시나마 쉽게 벗어날 수 있게 해 준다. 그러나 이러한 방법을 통해 문제를 회피하거나 차단하는 것보다는 문제를 해결하려고 하고 정신을 맑게 하는 것이 도움이 된다.
- 충분한 수면 취하기: 적절한 수면은 신체뿐만 아니라 정신건강에 도움을 준다. 적절한 수면을 취하지 못해 오는 피곤함은 부정적인 생각과 감정을 일으켜 스트레스를 높일 수 있다.

BOX 3 건강한 수면을 위한 10계명

1. 잠자리에 드는 시간과 아침에 일어나는 시간을 규칙적으로 하라.
2. 잠자리에 소음을 없애고, 온도와 조명을 안락하게 하라.
3. 낮잠은 피하고 자더라도 15분 이내로 제한하라.
4. 낮에 40분 동안 땀이 날 정도의 운동은 수면에 도움이 된다.
   (그러나 늦은 밤에 하는 운동은 도리어 수면에 방해가 된다.)
5. 카페인이 함유된 음식, 알코올 그리고 니코틴은 피하라.
   (술은 일시적으로 졸음을 증가시키지만, 아침에 일찍 깨어나게 한다.)
6. 잠자기 전 과도한 식사를 피하고 적당한 수분 섭취를 하라.
7. 수면제의 일상적 사용을 피하라.
8. 과도한 스트레스와 긴장을 피하고 이완하는 것을 배우면 수면에 도움이 된다.
9. 잠자리는 수면과 부부 생활을 위해서만 사용하라.
   (즉, 잠자리에 누워서 책을 보거나 TV를 보는 것을 피하라.)
10. 잠자리에 들어 20분 이내 잠이 오지 않는다면, 잠자리에서 일어나 이완하고 있다가 피곤한 느낌이 들 때 다시 잠자리에 들어라. 즉, 잠들지 않고 잠자리에 오래 누워 있지 마라. 이는 오히려 과도한 긴장을 유발하여 더욱 잠들기 어렵게 만든다.

출처: 대한수면연구학회

이 장의 중심 내용

01 스트레스에 대한 정의는 학자들마다 다양하지만 주로 다음의 세 가지 측면, 즉 자극으로서의 스트레스, 반응으로서의 스트레스, 환경과 개체 사이의 상호작용으로서의 스트레스로 정의할 수 있다.

02 스트레스는 파괴적인 측면을 반영하고 건강에 유해한 결과를 초래하는 부정적 스트레스(distress)와 적절한 긴장감을 유지시켜 성과를 증대시킬 수 있는 긍정적 스트레스(eustress)로 나누어진다.

03 스트레스의 원인으로는 대격변의 사건, 개인적 스트레스원, 일상의 작은 골칫거리로부터 오는 스트레스가 있다.

04 스트레스는 신체의 변화를 직접적으로 유발하거나, 혹은 간접적으로 질병을 유발하거나 건강 상태를 악화시킬 수 있는 행동에 영향을 미쳐 신체 및 정신건강에 영향을 줄 수 있다.

05 스트레스에 효과적으로 대처하는 두 가지 방법에는 스트레스가 일어난 상황의 원인을 알아내어 이를 해결하는 문제중심 대처와 스트레스를 통해서 일어난 불편한 감정 자체를 해결하는 정서중심 대처가 있다.

06 스트레스를 관리하는 방법은 여러 가지가 있는데, 이들의 공통적인 목표는 스트레스 상황을 해결하거나 스트레스에 대한 반응을 바꾸는 것처럼 무언가를 변화시키는 것이다.

07 스트레스 관리 기법으로는 첫째, 불필요한 스트레스 피하기, 둘째, 스트레스 상황 바꾸기, 셋째, 스트레스원에 적응하기, 넷째, 바꿀 수 없는 것 수용하기, 다섯째, 여가시간을 만들거나 이완하기, 여섯째, 건강한 생활양식 취하기가 있다.

학습과제

1 스트레스의 정의와 종류를 설명하시오.

2 스트레스의 원인을 종류별로 열거하고 각각의 특징을 설명하시오.

3 스트레스가 신체 및 정신건강에 미치는 직접적인 영향과 간접적인 영향을 각각 설명하시오.

4 스트레스에 대처하는 두 가지 방법을 설명하시오.

5 스트레스를 관리하는 방법을 열거하고 각각의 특징을 설명하시오.

12 이상행동

학습 개요

우리는 인생을 살아가면서 이해할 수 없는 행동을 보이는 사람이 많이 있다는 사실을 알게 된다. 혼자서 중얼거리는 사람, 아무 목적 없이 길거리를 방황하는 사람, 시비를 걸고 싸움을 하는 사람, 자기를 쳐다본다고 폭행을 하는 사람, 경제적 이유 때문에 자살을 하는 사람, 마음이 울적하여 집안에만 있는 사람, 그리고 지하철에 불을 질러 많은 사람이 희생되도록 한 사람 등 헤아릴 수 없는 많은 소식을 접하게 된다. 심지어 자기가 한 일도 왜 그렇게 했는지 잘 모르는 사람도 있다. 우리 주변에는 이처럼 이해하기 어려운 행동을 보이는 사람이 많이 있는데, 이는 모두 심리적으로 도움이 필요한 사람들이다. 즉, 정상에서 벗어난 행동을 보이는 사람들이 있는데, 이를 심리학에서는 이상행동이라고 한다. 이 장에서는 이상행동의 정의와 설명 모델을 살펴보고, 이상행동의 유형들에는 어떤 것들이 있는지, 이상행동의 분류 체계는 무엇인지, 그리고 이상행동에 적용할 수 있는 심리치료에는 어떤 것들이 있는지를 설명하고자 한다.

학습 목표

1. 이상행동의 준거 기준을 알아보고 이상행동의 정의를 이해한다.
2. 이상행동을 이론적으로 설명하는 입장을 살펴보고 그 특징을 이해한다.
3. 이상행동의 분류 체계와 이상행동의 주요 유형을 살펴보고 임상적 특징을 학습한다.
4. 이상행동을 나타내는 사람들에 대한 심리치료기법을 학습한다.

이상행동의 준거 기준

이상행동을 진단하고, 치료하고, 예방하기 위해서는 그에 대한 올바른 이해가 앞서야 한다. 또 자신이나 타인을 정상에서 벗어났다고 말할 때에는 그러한 표현이 객관적이고 타당해야 한다. 이를 위해서는 이상행동이 무엇인지에 대한 합의가 이루어져야 하며, 이러한 합의를 쉽게 이루기 위해 심리학자들은 어떤 현상을 조작적으로 정의하고 있다. 이상행동에 대한 정의도 이러한 조작적 정의라는 틀 속에서 이루어지고 있다. 틀을 어떤 관점에서 보느냐에 따라 이상행동을 정의하는 준거도 달라진다. 따라서 이 절에서는 이상행동을 정의하는 준거를 간단히 살펴본다.

1) 사회적 정의

사회적 규범에서 이탈한 행동을 이상행동으로 간주한다. 즉, 사회적 행동의 규율에서 기대하는 역할을 위배하는 행동을 하게 되면, 그 사람을 일탈자 혹은 이상행동자로 간주된다. 예를 들어, 매일같이 과도하게 술을 마셨기 때문에 직장에 나갈 수 없다든지 극단적으로 기분변화가 심해서 다른 사람의 기분마저도 상하게 하면 이상으로 간주할 수 있다. 그러나 이 기준은 절대적인 것이 아니고, 그가 속하고 있는 사회집단에 따라 크게 달라질 수 있다.

2) 통계적 정의

심리검사 등의 점수에서 통계적 기준을 설정하여 정상범위에서 벗어나는 경우를 이상심리로 정의할 수 있다. 이 경우 이상은 어떤 기준이나 평균에서의 일탈을 의미하게 된다. 그러나 이러한 기준을 제시할 경우, 예컨대 극단적으로 지능이 높은 사람, 또 정신적으로 월등하게 건강한 사람들도 이상으로 간주해야 하는 문제가 생긴다. 그러므로 이상을 정의할 때 통계적 기준에 따르면 이상행동의 본질이 지나치게 간소화되는 폐단이 있다.

3) 의학적 정의

의학에서는 증후와 질병이 전혀 없는 상태를 정상이라고 한다. 즉, 이상과 정상은 질병체의 유무 개념으로 생각할 수 있기 때문에 이상의 증후가 완전히 없어지면 정상으로 회복되었다고 말할 수 있다. 그러나 심리적 문제와 관련된 행동장애도 매우 많기 때문에 의학적 기준을 따르게 되면 질병이라는 개념을 사용하게 되는데, 질병은 신체적 이상을 기술하는 데에만 적합한 개념이지 정신적 문제에는 적합하지 않게 된다.

4) 정신분석적 정의

정신분석적 정의는 의식과 동기의 관계를 크게 강조하고 있다. 즉, 의식적 동기가 행동에 큰 영향을 줄 때에는 정상으로 간주하지만, 반대로 무의식적 동기가 행동에 큰 영향을 줄 때에는 이상으로 간주된다. 그러므로 자기 자신을 의식할 수 없고 자기의 감정과 동기를 이해할 수 없을 때에는 이상으로 간주된다. 그러나 이러한 기준 또한 과학적 검증이 매우 어렵다는 점에서 문제가 있다.

5) 법률적 정의

정상과 이상을 법률적으로 정의하려는 시도다. 즉, 금치산자가 아닌가, 정신병원에 입원 명령을 받은 자가 아닌가, 그리고 범죄에 대한 책임 능력이 있는가 등의 기준을 세우려는 노력이다. 그러나 이 경우 정신병원에 입원명령을 받았다고 해서 반드시 그 사람을 금치산자로 볼 수 있는가, 범법행위를 저지른 그 시간에 법률적으로 정신이상자라는 점을 명시할 수 있는가 등의 문제가 뒤따른다.

6) 정신의학적 진단과 치료

정신의학적 진단이 이상행동의 진단기준이 된다. 즉, 정신의학의 교과서에 나와 있는 증후들이 나타날 때 이상으로 간주한다. 그러나 문제는 그와 같은 진단을 내려 주는 사람이 있는가 없는가, 또 설사 있다 하더라도 진단자 간의 의견이 서로 일치하는

가의 문제가 있을 수 있다. 한편, 정신의학적 치료를 받은 사실이 있으면 이상으로 간주한다. 그러나 이 경우 이상행동을 보이더라도 치료를 받지 않았다면 이 유목에서 제외될 수 있다는 문제가 있다.

7) 부적응

특정 문화가 허용하는 사회 환경에 적응하지 못하면 이상으로 간주한다. 그러나 이러한 기준에도 문제가 있다. 예를 들어, 어떤 아이가 조용하고, 말이 적고, 어른이나 부모가 시키는 대로 행동하면 잘 적응하는 아이라고 말할 수 있겠지만, 이러한 기준이 어디에나 통용되는 것은 아니고 사회의 구조와 문화적 특성에 따라 서로 다르게 해석될 수 있기 때문이다.

8) 주관적 정의

이상행동은 주관적으로 정의할 수 있다. 예를 들어, 본인이 어떤 심리적 고통을 크게 느끼고 이를 호소한다면 이상이라고 간주할 수 있다. 그러나 심리적 장애가 심한데도 자신에게는 전혀 문제가 없다고 부인하는 사람들에게 이 기준을 적용하는 데는 한계가 있다.

9) 객관적 심리검사

객관적 심리검사의 결과에 의해서 이상행동을 정의할 수 있다. 그러나 심리검사의 신뢰도 및 타당도의 문제가 있다.

2 이상행동의 설명 모델

1) 생리학적 모델

생리학적 모델(physiological model)은 의학적 모델(medical model) 혹은 질병 모델

(disease model)이라고 부른다. 즉, 생리적으로 볼 때 심리적 장애도 신체적 질병과 본질적으로 크게 다르지 않다는 것이다. 선천적 유전인자 때문에 조현병 환자가 되기도 하고, 신경전달물질의 장애로 우울증에 빠지기도 하며, 자율신경계통의 결함으로 불안해지기도 하고, 뇌장애로 뇌증후군이 발전되기도 하기 때문에 생리학적 모델은 이러한 신체적 원인을 밝히는 데 큰 비중을 두고 있다. 그래서 어떤 이상행동을 치료하고 예방하기 위해서는 약물이나 외과적 수술이 크게 도움이 된다고 보고 있다.

2) 정신분석 모델

프로이트(Freud)의 정신분석 모델은 개인의 행동이 원초아(id), 자아(ego) 및 초자아(superego)의 상호작용에 의해 이루어지기 때문에 이상행동에는 어떤 분명한 원인이 있다고 주장한다. 본능적 욕구를 추구하는 원초아의 쾌락원리(pleasure principle), 원초아의 욕구와 외부 세계의 현실을 매개하는 자아의 현실원리(reality principle), 그리고 사회의 금기와 가치를 내면화시키는 초자아의 도덕적 기능이 서로 다르기 때문에 심한 갈등을 일으키는 경우가 많고, 이러한 갈등을 원만하게 극복하지 못할 때 신경증(neurosis, 노이로제)이나 다른 정신적 장애와 같은 이상행동이 발생하게 된다는 것이다. 한편, 정신분석 모델에서는 무의식의 개념을 크게 강조하고 있다. 즉, 무의식의 심층에는 의식 세계에서 버림받은 불쾌한 기억, 경험, 그리고 제지된 욕망 등이 저장되어 있다. 개인은 그러한 무의식의 세계에 저장된 사실을 의식하지 못하지만, 자아의 통제가 일시적으로나마 해이해지면 공상이나 꿈을 통해서 나타나게 되고, 또 자아와 통합을 이루지 못하면 불합리한 부적응행동으로 발전하게 된다고 보고 있다.

3) 행동주의 심리학적 모델

행동주의 심리학적 모델은 인간행동에 있어서 학습의 역할을 크게 강조한다. 즉, 인간행동은 조건화의 역사에 따라서 좋을 수도 있고 나쁠 수도 있고, 또 합리적일 수도 있고 비합리적일 수도 있다. 행동주의 심리학적 모델은 러시아의 생리학자 파블로프(Pavlov)의 연구결과에 기반을 두고 있으며, 그의 사상은 왓슨(Watson), 손다이크(Thorndike), 그리고 스키너(Skinner)와 같은 미국 심리학자들에게 계승 발달되었다. 파블로프는 개가 조건반사 과정에서 서로 다르게 반응한다는 사실을 바탕으로 사람의 경우도 생활 스트레스에 대해 서로 다르게 반응한다는 사실을 주장하였다.

왓슨은 파블로프의 조건화 기법을 도입하여 동물을 매우 좋아하는 11개월 된 꼬마 앨버트(Little Albert)를 대상으로 실험연구를 실시하였다. 그리고 불합리한 공포 혹은 공포증이 유발되는 조건화 과정을 입증하였다. 또한 손다이크는 효과의 법칙(law of effect)을 도입하여 보상받는 반응은 강화되거나 학습되지만, 혐오적 결과를 가져오거나 벌을 가져오는 행동은 소실되거나 약화된다고 주장하면서, 인간의 이상행동을 학습원리에 따라 설명해야 한다고 주장하였다. 따라서 행동주의 심리학적 모델은 이상행동을 첫째, 필요한 적응적 행동을 습득하지 못한 결과, 둘째, 꼬마 앨버트의 사례에서 보는 것과 같이 부적응 반응의 학습, 셋째, 파블로프의 실험신경증에서와 같이 개체가 극복하기 어려운 스트레스 장면에서 오는 결과로 보고 있다.

4) 통계학적 모델

통계학적 모델에 의하면 정상인의 행동 및 특성은 평균이나 평균값에서 크게 일탈하지 않는다. 즉, 대부분 사람은 평균치를 중심으로 분포하고 소수의 사람들은 양끝에 분포하기 때문에 이를 정상분포곡선으로 그릴 수 있다. 예를 들어, 우리 모두는 불안을 느끼는데, 그 정도가 평균 수준이면 정상으로 간주하지만 정도가 지나치게 높다거나 낮으면 이상으로 간주하는 경우다.

통계학적 모델을 이상행동에 적용한 대표적인 학자로는 아이젱크(Eysenck)를 들 수 있는데, 그는 성격을 신경증적 경향성 차원(neuroticism dimension), 외향성-내향성 차원(extraversion-introversion dimension), 그리고 정신병적 경향성 차원(psychoticism dimension)으로 구분하여 설명하였고, 각 차원들의 조합을 이용하여 이상행동을 설명하였다. 예를 들어, 어떤 사람이 특정한 차원상에서 높게 평가되었거나 낮게 평가되었다면 이상에 속한다는 것이다. 그러나 통계학적 모델은 행동을 수량화하고 객관적으로 비교할 수 있는 근거를 제시하는 장점이 있지만, 이상행동의 발생 원인과 과정 등에 대한 정보를 충분히 제공하지 못하고 있다.

5) 인본주의 심리학적 모델

인본주의 심리학적 모델은 제임스(James), 올포트(Allpot), 매슬로(Maslow), 로저스

(Rogers), 그리고 펄스(Perls) 등의 이론을 기초로 발달한 것인데, 선량한 인간의 본질과 선천적으로 타고난 자기지향성에 역점을 두고 있다. 현대 심리학에서 제3세력의 심리학(The Third Forces Psychology)이라고도 불리며, 인간 그 자체, 특히 잠재적인 인격 발달과 그 기능, 인간의 자아실현과 성장 가능성에 역점을 두고 있다. 인본주의 심리학자들은 개인의 중요성을 크게 강조하고 있다. 왜냐하면 개인이라는 존재는 다양한 유전적 소인과 잠재적 가능성을 가지는 독특한 존재이기 때문이다. 또한 개인의 성장을 강조하며, 한 개인의 가치와 그 충족에 역점을 두고 있다. 따라서 이들의 주장에 따르면 개인의 성장이 왜곡되었을 때 나타나는 것이 이상행동이다. 또한 자아의 개념을 도입하여 이상행동을 설명한다. 즉, 인간은 이상적인 자아와 현실적인 자아가 있는데, 두 자아 간의 불일치가 클 경우에도 이상행동이 발생한다고 보고 있다.

6) 실존주의 심리학적 모델

실존주의 심리학적 모델은 인본주의 심리학자들이 주장하는 것과 매우 비슷하나, 인본주위 심리학적 모델과 다른 점은 이들이 인간을 그렇게 낙천적으로만 보지 않고 인간의 본질적 비합리성을 강조한다는 점이다. 실존주의 심리학적 모델이 가지는 특징을 보면 다음과 같다.

첫째, 실존(existence)의 본질(essence) 추구를 기본 과제로 삼고 있다. 자신이 태어나고 싶지 않았다고 할 때 그 자체는 틀림없는 진리이지만, 실존적 용어를 쓰자면 그것은 잘못된 것이다. 왜냐하면 태어나고 싶었건 태어나고 싶지 않았건 간에 그는 이 세상에 존재하는 것이며, 더 나아가서는 하나의 인간으로 엄연히 존재하고 있기 때문이다. 따라서 자신의 본질은 자신이 형성해 나가야 한다.

둘째, 실존주의자들은 의미를 추구한다(will-to-meaning). 또 가치를 추구하는 의미는 사람마다 다르기 때문에 사람마다 자기의 가치유형을 추구해야 한다. 실존주의 심리학적 모델은 하이데거(Martin Heidegger, 1889~1977), 야스퍼스(Karl Jaspers, 1883~1969), 키에르케고르(Soren Aabye Kierkegaard, 1813~1855) 및 사르트르(Jean Paul Sartre, 1905~1980) 등과 같은 유럽 철학자들의 사상에 바탕을 두고 있다.

7) 대인관계의 모델

대인관계의 모델을 처음으로 주장한 사람은 정신의학자인 설리반(Harry Stack Sullivan, 1892~1949)이다. 설리반의 주장에 따르면 서로 다른 대인관계의 유형에 따라 성격은 끊임없이 발달하는데, 이 발달 과정이 장애를 받으면 그것이 곧 이상행동을 유발하는 중요한 원인으로 작용한다고 한다. 즉, 인간의 모든 이상행동의 일차적 원인은 바람직하지 못한 대인관계인데, 이는 아동기 초기에 형성된다. 예를 들어, 아동은 다른 사람이 자신을 업신여기며 무가치한 것으로 생각하고 있음을 알게 되면 자신도 스스로를 무가치하고 쓸모없는 사람이라고 보게 된 나머지, 부정적 자아상을 형성하고 마침내 이상행동을 하게 된다. 그러므로 이상행동을 교정하기 위해서는 새로운 대인관계를 학습하는 것이 곧 치료 과정이라는 점을 내포하고 있다.

3 이상행동의 분류 체계

현재 주로 사용하고 있는 이상행동의 분류 체계로는 미국정신의학회에서 발행한 『정신장애의 진단 및 통계편람 제4판(*Diagnostic and Statistical Manual of Mental Disorder-Forth Edition:* DSM-IV)』(1994)과 세계보건기구에서 발행한 『국제질병분류체계(*International Classification of Disease:* ICD-10)』가 있다. 이 중에서 DSM-IV의 기본적인 특징을 살펴보면 다음과 같다.

첫째, 이상행동의 원인과 정의를 이론보다는 임상적인 특징을 중심으로 기술하였으며, 각 장애에 대한 구체적인 진단 준거를 마련함으로써 객관적이고 신뢰할 수 있게 진단할 수 있게 되었다.

둘째, 각 장애와 관련된 부가적인 특징, 즉 발병 연령, 문화 및 성별에 따른 특징, 그리고 유병률, 병의 진행 과정, 합병증과 선행요인, 그리고 감별진단에 필요한 특징을 세분하여, 이상행동을 이해하고 치료계획을 세우는 데 도움이 될 수 있도록 하였다.

셋째, 진단을 위한 정보가 부족하거나 환자의 임상적 상태 및 병력이 진단 준거와 완전히 일치하지 않을 경우에는 진단을 유보하거나 분화시키지 않을 수 있는 방법을 제시하였다. 따라서 DSM-IV에서는 비정형(atypical), 미분류형(not otherwise specified), 잔여형(residual)과 같은 진단명을 발견할 수 있다.

넷째, 환자를 종합적으로 진단하기 위하여 다양한 변인을 평가하는 방법을 사용하였다. 즉, DSM-IV는 〈표 12-1〉과 같이 다섯 개의 진단축을 이용하여 평가하고 있다. 또한 〈표 12-2〉에는 DSM-IV의 정신장애를 분류해 놓았다.

표 12-1 DSM-Ⅳ의 다축 체계

축 I: 임상적 장애 및 임상적 관심의 초점이 되는 기타 상태
축 II: 성격장애, 정신지체
축 III: 일반적인 의학적 상태
축 IV: 심리사회적, 환경적 문제
축 V: 전반적인 기능평가

표 12-2 DSM-Ⅳ의 정신장애 분류

1. 유아기, 아동기, 청소년기에 진단되는 장애

정신지체, 학습장애, 운동기술장애, 의사소통장애, 광범위성 발달장애, 주의력 결핍 및 과잉행동장애, 행위장애, 유아기 또는 초기 아동기의 수유 및 섭식장애, 틱장애, 배설장애, 분리불안장애, 반응성 애착장애 등의 기타 장애가 포함되어 있다.

2. 섬망, 치매, 기억상실 및 기타 인지장애

여기서는 주로 기질적 정신장애, 즉 기질적 뇌증후군으로 유발된 정신장애를 다루고 있다. 기질적 정신장애는 뇌조직의 영구적인 손상이나 일시적인 기능장애에 의해 정신기능 및 행동에 장애가 초래되고, 또 발병 전의 기능 수준에 비해 인지 또는 기억 등에 있어서 임상적으로 심각한 결함이 있는 것이 특징이다. 여기에는 섬망과 치매, 기억상실장애 등이 포함되어 있다.

3. 일반적인 의학적 상태로 인한 미분류 장애

이 장애는 일반적인 의학적 상태의 직접적인 생리적 결과라고 판단되는 정신증상을 특징으로 한다. 여기에는 일반적인 의학적 상태로 인한 긴장형 장애, 일반적인 의학적 상태로 인한 성격 변화, 일반적인 의학적 상태로 인한 미분류 정신장애가 포함된다.

4. 물질 관련 장애

암페타민 관련 장애, 대마계 제제 관련 장애, 코카인 관련 장애, 환각제 관련 장애, 흡입성 관련 장애, 아편류 관련 장애, 펜사이클리딘 관련 장애, 진정제 수면제 항불안제 관련 장애, 알코올 관련 장애, 카페인 관련 장애, 니코틴 관련 장애, 기타 물질 관련 장애가 포함되어 있다.

5. 조현병과 기타 정신병적 장애

비논리적 사고, 망상, 환각 등 정신병적 증상을 보이고 발병 전보다 훨씬 떨어진 인지적 · 사회적 기능을 보이며 현실 검증 능력 손상 및 기괴한 행동을 보이는 장애들이다. 조현병, 분열정동장애, 망상장애, 단기정신병적 장애, 그리고 공유정신병적 장애 등이 포함되어 있다.

6. 기분장애

우울한 기분이 2주 이상 지속되거나 거의 모든 활동에 관심을 보이지 않는 주요 우울일화를 보이는 우울장애, 우울일화와 비정상적이고 지속적으로 고양되고 확장되거나 홍분하는 기분상태를 보이는 조증일화를 보이는 양극성 장애로 나누어져 있다. 양극성 장애는 조증일화를 보이면서 가끔 주요 우울일화를 보이는 양극성 장애 I 형, 그리고 주요 우울일화를 보이면서 가끔 경조증일화를 보이는 양극성 장애 II형이 있다.

7. 불안장애

과도한 불안이나 걱정, 공포 등이 특징적으로 나타나는 것으로 여기에는 공황장애, 광장공포증, 특정공포증, 사회공포증(사회불안장애), 강박장애, 외상후 스트레스 장애, 급성 스트레스 장애, 일반불안장애 등이 포함되어 있다.

8. 신체형 장애

이 장애는 일반적인 의학적 상태나 물질, 다른 정신장애에 의해 충분히 설명될 수 없는 신체적 증상을 특징으로 한다. 이러한 증상은 의도적인 것이 아니며 사회적 · 직업적 기능에 손상을 가져오거나 심각한 혼란을 가져온다. 여기에는 신체화장애, 전환장애, 통증장애, 건강염려증, 신체기형장애 등이 포함되어 있다.

9. 가성 장애

이 장애는 환자의 역할을 하기 위하여 의도적으로 아픈 것을 가장하기 위해 만들어 낸 신체적 · 심리적 증상을 특징으로 한다. 그러나 특별한 외적인 유인가가 없음에도 불구하고 아픈 역할을 하고 싶은 심리적 욕구에 의해 나타나는 증상을 말한다. 가성 장애는 주로 심리적 징후와 증상이 있는 것, 주로 신체적 징후와 증상이 있는 것, 그리고 심리적 · 신체적 징후와 증상이 함께 있는 것으로 구분된다.

10. 해리성 장애

이 장애는 뇌손상이나 질병과는 전혀 무관하며, 스트레스에 대한 순수한 기능적 손상이라는 점에 그 특징이 있다. 의식, 기억, 정체감, 환경에 대한 지각 등의 기능이 통합되지 못하고 혼란을 보인다. 발병 원인은 생명에 위협을 주는 전쟁, 질병 및 재난에 직면할 때, 부부간의 심한 싸움, 배우자의 사망, 이별 등과 같은 심한 심리적 충격을 받았을 때 발병하는 경우가 많다. 해리성 기억상실, 해리성 둔주, 해리성 주체감 장애(다중성격장애), 이인증이 포함되어 있다.

11. 성적 장애 및 성적 주체감 장애

성적 역기능이란 성적 욕구의 혼란, 성적 반응 주기의 혼란, 성적 접촉과 관련된 통증 등으로 인하여 심각한 장애를 겪거나 대인관계의 어려움을 겪는 장애를 말한다. 여기에는 성기능장애, 성욕장애, 성욕감퇴장애, 성적혐오장애, 성적흥분장애, 남성 발기장애, 절정감 장애, 조루증, 성교통증장애, 성적 주체감 장애, 성도착증 등이 포함되어 있다.

12. 섭식장애

섭식장애는 섭식행동의 심각한 혼란을 특징으로 하고 있다. 여기에는 최소한의 정상 체중을 유지하는 것을 거부하는 신경성 식욕부진증(거식증)과 탐식을 한 후에 이에 대한 보상행동으로 스스로 토하거나 다이어트를 하거나 과도하게 운동을 하는 신경성 폭식증이 포함되어 있다.

13. 수면장애

수면-기상을 조절하는 기제의 내인성 이상에서 비롯되는 일차적 수면장애와 기분장애나 불안장애와 같은 정신장애와 관련된 수면장애 및 약물 등에 의해 야기된 수면장애가 있다. 악몽장애, 수면 중의 경악장애, 불면증, 수면과다 등이 이 장애에 포함되어 있다.

14. 충동조절장애

충동조절장애는 타인에게 해로운 행위를 하려는 충동, 추동 및 시도를 억제하는 데 실패하는 것을 특징으로 한다. 여기에는 간헐적 폭발성 장애, 병적 도벽, 병적 방화, 병적 도박, 발모광 등이 포함되어 있다.

15. 적응장애

적응장애는 정신사회적 스트레스에 반응하여 임상적으로 심각한 정서적 또는 행동적 증상이 발생하는 것이다. 스트레스에 적절히 대처하지 못하고 자신이 감당할 수 없다고 느낄 때 적응에 문제가 오는데, 그것이 곧 적응장애다. 적응장애는 증상에 따라 우울한 기분이 있는 것, 불안이 있는 것, 불안과 우울한 기분이 함께 있는 것, 행위장애가 있는 것, 정서 및 행위장애(또는 품행장애)가 있는 것으로 구분된다. 기간에 따라서도 급성과 만성으로 분류된다. 전자는 6개월 이하일 때, 후자는 6개월 이상일 때다.

16. 성격장애

사회문화적으로 기대되고 있는 것과 뚜렷하게 일탈된 행동이나 내적 경험이 지속되거나 바뀌지 않는 것이 성격장애다. 성격장애는 크게 세 집단으로 분류된다. 첫째 집단에는 편집성(망상성), 정신분열성, 정신분열형 성격장애가 들어 있는데, 이들은 행동이 이상하고 엉뚱하며 동떨어진 경향을 보이는 성격장애들이다. 둘째 집단에는 반사회적, 경계선급, 연기성, 자애성 성격장애가 들어 있는데, 이들은 행동이 극적이며 감정적이고, 그리고 변덕스러운 특징을 보이는 성격장애들이다. 셋째 집단에는 회피성, 의존성, 강박성 성격장애가 들어 있는데, 이들은 불안하고 근심 걱정이 많고, 그리고 무서워하는 경향이 있다.

17. 임상적 관심의 초점이 될 수 있는 기타 상태

여기에는 진단이나 치료가 초점이 되는 문제, 또는 개인이 정신장애를 가지고 있지 않은 경우, 개인이 정신장애를 가지고 있으나 문제와 관련이 없는 경우, 개인이 정신장애를 가지고 있으며, 문제와도 관련이 있는 경우에 임상적으로 주의를 해야 하는 장애들이 기술되어 있다. 여기에는 의학적 상태에 영향을 미치는 심리적 요인, 투약으로 유발된 운동장애, 기타 투약으로 유발된 운동장애, 부모-자녀 관계와 같은 관계의 문제들, 학대나 방치와 연관되는 문제, 사별, 종교문제, 그리고 임상적 관심의 초점이 될 수 있는 부가적 상태 등이 포함되어 있다.

4 이상행동의 유형과 치료

우리는 가끔 신경증(노이로제)이니 정신병(사이코)이니 하는 말을 하게 되고 또 듣게 된다. 이상행동을 신경증과 정신병으로 구분해서 진단하는 일은 DSM-Ⅲ 이후 공식적으로 사라졌지만, 지금도 이들 용어가 많이 사용되고 있고 DSM-Ⅳ에서도 정신병이라는 용어가 일부 진단에 적용되고 있다. 신경증과 정신병이라는 용어를 엄격하게 설명하기는 쉽지 않으나, 신경증은 불안이나 불안과 관련된 증상을 호소하는 것으로서 일상생활의 기능은 크게 상실되지 않는 경우다. 또 자신의 증상을 해소하고 생활을 변화시키려는 노력을 하는 편에 속한다. 우리가 흔히 말하는 노이로제(neurosis)가 바로 신경증이다. 그러나 정신병은 현실을 왜곡하여 지각하고, 망상이나 환각을 경험하기도 하며, 사회생활과 기능 수준이 현저하게 저하되어 독립적인 생활을 하기 어려운 경우가 대부분이다. 또 이들은 자신의 질병에 대한 통찰력이 부족하기 때문에 장애를 인정하지 않는 경우가 많다. 조현병, 양극성 장애 등이 바로 가장 전형적인 정신병에 속한다.

이상행동은 그 원인에 따라서 치료 방법도 달라진다. 이상행동이 신체적 원인 때문에 발병하는 것이라면, 정신외과술이나 약물치료가 우선적으로 선택될 것이다. 만약 심리적 원인 때문이라면, 심리학적 입장에서 이상행동을 치료하는 심리치료 기법이 적용될 것이다. 일반적으로 이상행동을 수정하고 치료하려는 전문가들은 자신의 교육배경에 따라서 치료 방법을 결정한다. 즉, 의사는 생물의학적 치료를 치료의 우선순위로 둘 것이고 약물치료를 선호할 것이다. 그러나 심리학자는 행동치료나 인지치료를 선택할 것이다. 그러므로 심리장애인을 치료하기 위해서는 여러 치료 전문가가 팀을 구성하여 접근하는 자세가 필요하다. 심리치료란 심리적 이론과 원리를 적용하여 전문치료자가 심리장애로 고통을 받고 있는 내담자, 내담자 집단, 그리고 그 외 내담자 가족 등과 언어적 대화와 상호작용을 통해 심리적 문제를 해결해 나가는 과정이다. 이론과 방법이 다른 심리치료 기법이 약 250가지 이상 보고되고 있는데, 가장 널리 사용되고 있는 것은 정신분석치료, 행동치료, 인지치료, 인본주의 치료, 집단치료 및 가족치료, 그리고 예방 및 재활치료를 들 수 있다.

이 절에서는 여러 정신장애 중 조현병, 기분장애, 불안장애, 성격장애를 중심으로 이상행동의 유형을 살펴보고, 각각의 치료 방법도 함께 알아볼 것이다.

1) 조현병

(1) 조현병의 증상과 유형

조현병(schizophrenia, 정신분열증)은 정신장애 가운데 그 정도가 가장 심하고 또 일반인들에게 가장 많이 알려져 있기 때문에, 정신장애의 영역에서는 많은 연구자와 임상가들이 관심을 가지고 치료하고 연구하고 있다. 조현병은 크게 양성 증상과 음성 증상으로 구분된다. 전자는 정상적 기능의 과다 또는 왜곡을 반영하는 것으로 추리적 사고(망상), 지각(환각), 언어 및 의사소통(와해된 언어), 그리고 행동조절(전반적으로 와해된 언어 및 긴장된 행동)의 과장 또는 왜곡이 포함되어 있다. 후자는 정상적 기능의 감소나 상실을 반영하는 것으로 정서적 표현(정서적 둔마), 사고 및 언어의 유창함과 생산성(무논리증), 그리고 목적 지향적 행동(무욕증)이 포함되는데, 이러한 각 요소의 범위와 강도가 크게 제한되어 있다. 조현병은 적어도 6개월 이상 지속되며, 1개월 이상의 활성기 증상이 있어야 한다. 즉, 망상이나 환각, 와해된 언어, 전반적으로 와해된 행동 및 긴장된 행동, 그리고 음성 증상 중 두 가지 또는 그 이상의 증상을 보여야 한다.

조현병의 하위 유형은 편집형 또는 망상형, 해체형, 긴장형, 감별불능형, 그리고 잔류형으로 구분된다. 편집형 또는 망상형은 현저한 망상이나 환청의 출현으로, 망상은

조현병을 소재로 다룬 영화 〈샤인〉과 〈뷰티풀 마인드〉

피해망상이나 과대망상, 또는 이 두 가지가 함께 있는 것이 전형적이다. 그러나 경우에 따라서는 질투망상, 종교망상, 그리고 신체망상과 같은 다른 주제를 보일 수도 있다. 또한 환각은 망상의 내용과 연관되어 있다. 피해망상 때문에 자살을 시도할 수 있고, 분노를 동반하는 과대망상이나 피해망상으로 인해 난폭성을 보이기도 한다. 해체형은 주로 와해된 언어, 와해된 행동, 둔마된 정동, 또는 부적절한 정동이 필수 증상으로 나타난다. 긴장형은 부동증, 과다운동증, 극단적 거부증, 함구증, 자발적 운동의 괴이성, 그리고 반향언어 및 반향행동 등의 현저한 정신운동장애를 보인다. 감별불능형은 조현병의 진단 기준을 부분적으로 충족시키지만, 편집형, 해체형, 또는 긴장형의 진단 기준을 충족시키지 않는 증상의 발현이 있는 경우다. 잔류형은 적어도 한 번 이상 조현병 삽화(에피소드)가 있었으나 현재는 현저한 양성의 정신병적 증상이 없는 경우, 음성 증상이나 2개 이상의 약화된 양성 증상에 의해 장애가 지속되는 경우, 그리고 망상이나 환각이 있더라도 그것이 현저하지 않고 강한 정동이 수반되지 않을 경우에 이 진단이 내려진다.

(2) 조현병의 원인과 치료

조현병은 뇌의 신경생리학적 이상, 신경생화학적 이상, 유전적 성향, 성격, 성장 과정, 그리고 가족 및 사회 환경 등 여러 요인이 복합적으로 작용하여 발병하는 일종의 복합증후군이다. 조현병은 병 자체가 유전된다기보다는 병에 걸리기 쉬운 성향들이 후손에게 전달되는 것으로, 이러한 성향에는 성격적 결함, 사고장애 그리고 자율신경계 및 신경통제기능의 결함 등이 있다. 그러나 조현병의 발병에 유전적인 요인이 관여하는 것은 사실이나, 어떠한 유전인자가 구체적으로 작용하는지는 분명하지 않다. 따라서 유전적 요인만으로는 증상의 원인을 충분히 설명할 수 없기 때문에 환경적 요인과 사회문화적 요인도 함께 연구하고 있다. 현재까지 조현병의 원인을 설명하고 있는 이론들로는 크게 유전적 요인, 생화학적 요인, 스트레스 취약성 이론, 정신분석적 원인, 가족이론, 사회문화적 및 인류학적 원인을 들 수 있다.

조현병은 대부분 서서히 진행되며, 특히 초기 단계에서는 뚜렷한 증상을 보이지 않기 때문에 인지하기 어려울 뿐만 아니라 진단 역시 쉽지 않다. 다른 사람들이 보기에 환자는 막연히 힘들어하거나 어딘지 모르게 이상하게만 보인다. 환자와 매일 같이 사는 가족들도 이 병의 초기 증상을 고집스럽고 변덕스러운 성격 탓으로 보는 경우가 많다. 그러므로 병원에 환자를 데려 올 때는 병이 상당히 진행된 다음인 경우가 많다.

그러나 조현병은 뇌의 병이므로 마치 당뇨나 고혈압처럼 약을 규칙적으로 장기간 복용하는 것이 좋다.

심리치료는 환자가 일상생활에서의 활동수행을 향상시킬 수 있도록 해 주고, 사회적 기술을 익히도록 도와주기 위한 심리교육, 일관성 있는 약물관리, 재활, 그리고 지지적 치료가 효과적이다. 또한 조현병은 장기간의 치료를 요하는 병이므로 환자와 가족, 전문가 사이의 굳건한 협조 체제가 필수적이다. 그런 의미에서 가족치료와 가족 구성원의 교육이 중요하다. 그러므로 환자 가족들에게 조현병의 증상과 환자와 대화하는 방법 등을 교육시켜야 한다. 조현병 환자의 자살률은 10~20% 사이이다. 자살은 주로 정신병적 증상이 악화된 후에 사기저하 및 우울 기간과 관련해서 일어나지만, 급성 삽화 기간에도 일어날 수 있기 때문에 조심스러운 관찰이 선행되어야 한다.

2) 기분장애

DSM-IV에서 다루고 있는 기분장애는 크게 우울장애, 양극성 장애, 기타 기분장애로 구분하고 있다.

(1) 우울장애

주요우울장애, 기분부전장애, 달리 분류되지 않는 우울장애가 우울장애에 속한다. 주요우울장애(major depressive disorder)는 조증 삽화, 혼재성 삽화, 또는 경조증 삽화의 과거력이 없는 상태에서 한 번 이상의 주요 우울증 삽화를 특징적으로 보이는 경우다. 즉, 한 번 이상의 주요 우울증 삽화로만 특징되는 경우다. 기분부전장애(dysthymic disorder)는 적어도 2년 동안 우울한 기분이 없는 날보다 있는 날이 더 많고, 하루 대부분 지속되는 만성적인 우울한 느낌이 있는 경우다. 즉, 기분부전장애는 주요우울장애보다 심하지 않은 경한 상태이며, 증상이 삽화적인 것이 아니고 만성적이라는 점, 그리고 조증 삽화가 없다는 점이 특징이다. 달리 분류되지 않는 우울장애의 범주는 주요우울장애, 기분부전장애, 우울기분이 있는 적응장애, 또는 불안과 우울기분이 혼재된 적응장애의 진단 기준을 충족시키지 않는 우울증적 양상이 있는 장애다. 예를 들어, 월경 전기에 나타나는 불쾌기분장애, 가벼운 우울장애, 재발성 단기 우울장애, 조현병 이후의 우울장애, 망상장애, 달리 분류되지 않는 정신병적 장애, 그리고 임상가가 우울장애가 존재한다고 결론을 내리기는 했지만 우울장애가 일차적인 것인지,

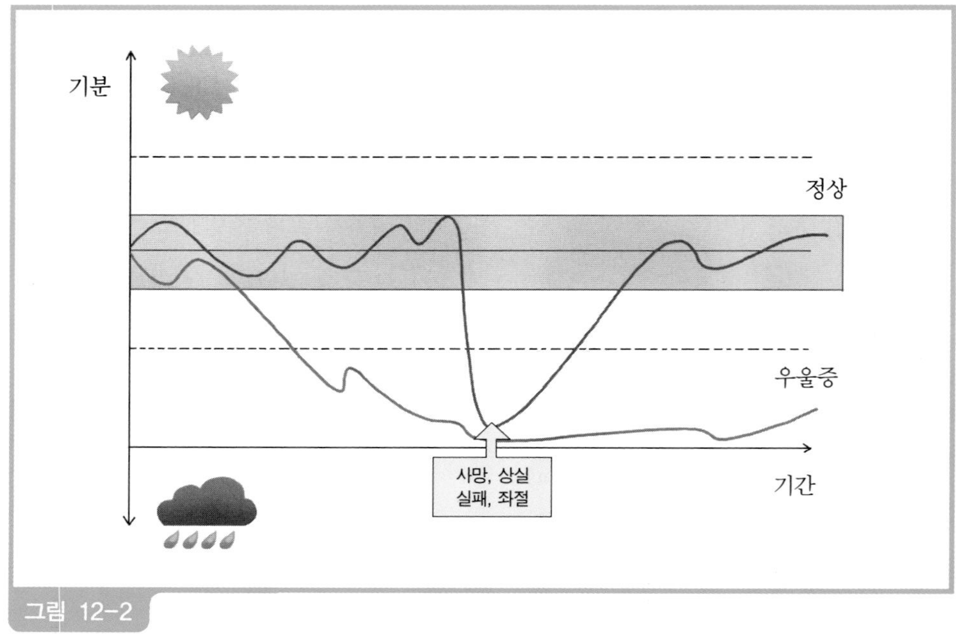

그림 12-2

일반적인 의학적 상태로 인한 것인지, 또는 물질로 유발된 것인지를 결정할 수 없는 상황일 경우다.

① 우울장애의 원인

우울장애는 개인의 생물학적 취약성 및 심리적 취약성과 스트레스 사건이나 힘든 생활 사건과의 상호작용에서 유발된다. 그러나 조현병과 마찬가지로 그 원인이 분명하지 않다. 우울증의 원인으로 생물학적 배경 중 유전적 소인을 들 수 있다. 가족 중에 우울증이 있는 경우 그 발병률은 높다. 일반 인구의 주요우울장애의 발생 빈도가 약 1%인 데 비해 우울증의 가족력이 있는 경우는 5~15%이다.

우울증의 생화학적 가설은 간뇌, 뇌간, 변연계 등 기분에 관계하는 뇌의 부위에서 신경전달물질의 대사가 장애를 받거나 전달기제가 장애를 받기 때문이라는 것이다. 특히 신경전달물질 중 세로토닌이 우울증의 원인으로 거론되고 있다. 즉, 세로토닌이 감소하면 우울증이 발생한다는 것이다. 따라서 우울증을 치료하는 약은 신경전달물질의 활동을 강화시키는 것으로 모아지고 있다. 또 고령자의 경우 우울증이 증가하고 있는데, 이는 고령에 따른 뇌의 노화에 의해 감정을 조절하는 기능이 약해진 것으로 생각할 수 있다.

행동주의 이론은 우울한 행동을 유발시키는 원인으로 부적절하고 불충분한 강화물(reinforcers) 또는 사회적인 강화 빈도수의 감소 때문이라고 보고 있다. 즉, 우울한 사람의 분위기와 행동은 반응 수반적인 정적 강화의 낮은 비율 때문이다. 그래서 치료법은 정적 강화를 만드는 활동들을 더욱 많이 할 수 있게 도와주는 것이기 때문에 이를 강화 모델이라고 부른다.

한편 여러 연구자들은 우울증의 인지 모델을 제안하고 있다. 즉, 우울한 사람들은 그들 주위의 사건들을 부정적으로 바라보는 경향이 있다고 한다. 이들은 일련의 무기력감과 체념을 갖고 있다. 자신의 경험, 세계 속에서 환경의 사건들을 부정적으로 인지하면서 우울증이 생긴다. 이들은 자신의 미래도 스스로 부정적으로 평가한다. 예를 들어, 우울증 환자들은 긍정적인 것보다 훨씬 더 많이 부정적인 것들을 상기한다. 이들은 대인관계도 매우 비관적인 태도로 대한다. 그래서 발생한 사건들을 잘못 해석하고 받아들인다. 따라서 이들의 자기개념은 더욱 부정적일 수밖에 없다. 그러므로 치료는 왜곡되고 비논리적인 인지를 바로 잡는 것에 있다.

학습된 무기력 모델은 자신의 무력감에 대한 믿음이 학습된 결과에 의해 초래된 것이라는 주장이다. 사람은 통제 불능의 사태에 계속적으로 직면하게 되면 무기력 상태에 빠지는데, 이는 동기, 인지 및 정서의 결함에서 온 학습결과다. 실험실 안에서 피할 수 없는 전기쇼크를 반복해서 받은 개는 포기상태에 빠져서 그것을 피동적으로 받게 된다. 또 개는 충분히 피할 수 있는 상태에서도 전기쇼크를 피하려 하지 않고, 정서적으로 불쾌한 상태에 빠져 땅바닥에 누워 있기도 하고 애처롭게 울기도 한다. 통제 불가능한 사건에 직면하였을 때 사람이 보이는 반응도 개의 반응과 크게 다를 바가 없다. 즉, 통제 불가능한 사태에 직면한 사람이 그것을 자신의 능력 결함이나 낮은 지능 수준 때문인 것으로 귀인하거나 설명할 때, 무기력 상태에 빠지게 되고 우울증에 빠진다.

② 우울장애의 치료

우울증은 심리치료나 약물치료를 통하여 치료할 수 있다. 심리치료로는 관계중심적인 정신분석치료, 인지치료, 그리고 대인관계 정신치료 등을 포함한 여러 가지 방법이 유용하게 사용하고 있다. 관계중심적인 정신치료(interpersonal psychotherapy)는 우울증이 배우자, 자녀, 가족, 동료 등과의 대인관계에서 일어나는 사별이나 이별, 대인관계의 갈등, 이사나 승진 등의 역할 변화, 그리고 사회적인 고립 등과 연관되고,

이런 문제가 우울증에 의해 더욱 악화된다고 보고 있다. 따라서 치료는 대인관계에서 서로가 무엇을 원하고 무엇이 필요한지를 발견하고 그것을 얻는 방법을 배울 수 있도록 돕는 것에 있다. 인지치료는 우울증 환자가 환자 자신과 그가 처한 환경, 그리고 미래에 대한 부정적인 생각들이 환자 내부의 정신 세계를 이루게 되면서 우울증에 걸린다고 보고 있기 때문에 치료는 환자가 스스로 이런 부정적인 사고방식을 갖고 있음을 깨닫게 하고, 보다 융통성 있는 관점을 발전시켜 새로운 사고방식과 이에 따른 행동을 할 수 있도록 하는 것에 목적이 있다.

한편 약물치료는 삼환계 항우울제(TCAs)와 선택적 세로토닌 재흡수 차단제(SSRIs)가 많이 쓰인다. 그러나 선택적 세로토닌 재흡수 차단제는 메스꺼움, 구토, 입 안이 마름, 졸음, 설사, 불면증, 성기능 장애, 그리고 불안감 등의 부작용이 올 수 있다. 또 삼환계 항우울제의 부작용으로는 입 안이 마름, 시야가 몽롱함, 졸음, 피곤감, 변비, 방광이상, 체중 증가, 심장박동수 증가 등이 있다.

(2) 양극성 장애

조증과 우울증이 교대로 또는 조증이 반복적으로 나타나는 장애를 양극성 장애라고 부른다. 양극성 장애에는 양극성 장애 I, 양극성 장애 II, 그리고 순환성 장애가 있다. 양극성 장애 I은 조증과 우울증이 교대로, 또는 조증이 반복적으로 나타나는 장애다. 양극성 장애 II는 우울증과 경조증이 교대로 나타나는 것이다. 여기서 말하는 경조증은 조증의 정도가 심하지 않은 것을 의미한다. 양극성 장애 II를 가지고 있는 사람에게 가장 심각한 위험요인은 자살인데, 실제로 이들 가운데 10～15%는 자살을 시도한다. 이 장애는 남자보다 여자에게 더 많고, 이 장애를 가졌던 여성은 출산 직후 삽화를 경험할 위험성이 매우 높다. 순환성 장애는 기분의 변동이 있는 만성적인 장애로서, 잦은 경조증적 증상 기간과 잦은 우울증적 증상 기간으로 이루어져 있다. 즉, 순환성 장애는 양극성 장애 II의 경한 상태에 해당되는 것으로, 경조증과 경우울증의 삽화가 교대로 나타나는 것이 특징이다.

① 양극성 장애의 원인

유전적 요인과 스트레스가 증상 발현에 중요한 역할을 한다. 양극성 장애 I의 진단을 받은 사람들의 가계에서는 양극성 장애 I과 양극성 장애 II 모두 위험률이 높다. 쌍생아 연구에서는 일란성 쌍생아 중 한 명이 양극성 장애의 진단을 받은 경우, 다른 한 명 또한 그 진단을 받을 확률은 50%에 이른다. 스트레스 또한 장애의 발현과 깊은 관계가 있다. 특히 양극성 장애 환자들의 가족 분위기가 중요한데, 가족이 환자에게 지나친 기대를 가지고 있고 본인은 그 목표를 달성하지 못할까 봐 염려하는 갈등 속에서 나타난다고 한다.

한편 사람의 기분을 조정하는 뇌신경에서 생화학적 작용의 불균형이 양극성 장애를 초래한다는 주장도 있다. 예를 들어, 양극성 장애 환자의 다수에서 호르몬 생산의 불규칙성이 관찰된다는 것이다.

② 양극성 장애의 치료

양극성 장애의 치료는 쉽지 않다. 진단적 절차가 필요할 때, 자살 또는 살인의 위험이 있을 때, 환자가 안전을 도모하지 못할 때, 식사를 소홀히 할 때, 급성 증상의 악화가 있을 때, 그리고 충분히 돌봐 줄 수 있는 체계가 없을 때 입원이 많이 이루어진다. 입원이 안 되는 경우 환자의 약물남용, 낭비 그리고 성적 문란 등을 잘 감독해야 한다. 특히 환자는 병적으로 과민한 상태이므로 환자와 대립하거나 논쟁을 벌여 병세를 악화시키지 않도록 조심해야 한다. 약물치료는 리튬이 많이 사용된다. 리튬이 치료 농도에 도달하기 위해서는 처음 투여 후 1주일 이상 시간이 걸리므로, 약물치료로 안정이 되기까지는 최소 2주간이 필요하며, 약 1개월 정도의 기간이 소요된다. 정신치료는 질병의 이차적인 장애 방지, 역동적 요인의 해결, 의사소통능력, 긴장 감소, 대인관계, 그리고 사회적응을 위해 필요하다. 그러나 환자의 증상이 급성기, 악화시기에 있을 때에는 환자의 안정을 위해 약물치료가 우선되어야 한다.

약물치료에 반응을 잘 하지 않거나 약물의 부작용이 심해 약물치료를 충분히 하기 힘든 환자, 상태가 심각해서 즉각 효과를 보아야 하는 경우 등에서는 전기충격치료가 시도될 수 있다. 전기충격치료는 조현병 치료보다 예후가 더 양호하나 재발 경향성이 높다.

3) 불안장애

불안이란 일반적으로 무서움이나 걱정, 공포의 감정을 말하며 두통, 발한, 심계항진, 흉부압박감 등 자율신경계와 관련된 증상을 동반한다. 정상인도 일상생활에서 불안을 자주 경험한다. 그러나 불안의 정도가 심하거나 오래 지속되어 생활에 지장을

준다면 이는 불안장애로 진단된다. 혹은 일반인은 특별한 불안을 경험하지 않는 상황에서 심한 불안을 경험하는 사람이 있다면 그 사람도 불안장애로 진단될 것이다. DSM-IV에서는 공황발작, 광장공포증, 공황장애, 특정공포증, 사회공포증, 강박성 장애, 외상후 스트레스 장애, 급성 스트레스 장애, 일반불안장애 등으로 구분하고 있다. 여기서는 가장 대표적인 것 몇 가지만 살펴보도록 한다.

(1) 공황발작

공황발작(panic attack)은 예기치 못한 비정기적인 극심한 두려움이나 불편감으로서 몸의 떨림이나 전율, 심계항진, 그리고 죽음에 대한 두려움 등 신체적 · 인지적 증상들이 갑자기 일어나는 것이다. 이러한 발작이 있는 동안에는 숨이 가쁘고, 몸이 떨리며, 가슴의 통증이나 답답함, 질식할 것 같은 느낌, 미칠 것 같은 두려움이나 자신을 조절할 수 없을 듯한 두려움 등의 증상이 나타난다. 또 불안이 급속도로 최고조에 도달하고(일반적으로 10초 이내), 곧 죽을 것 같은 위급감과 그러한 상황에서 도피하고 싶은 마음이 일어나는 경우다. 이와 같은 증상은 일반적으로 급작스럽게 나타나서 10분 동안에 절정에 이르는 것이 특징이다. 공황발작은 발작이 시작될 때의 유발요인에 따라 돌발적이거나 또는 아무런 단서 없이 일어나는 발작, 상황적 또는 어떤 단서에 의해 일어나는 발작, 그리고 상황적 · 노출적 발작의 세 가지로 분류되고 있다.

공황발작의 원인으로 사람의 두뇌 속에 긴장과 불안을 담당하는 청반핵이라는 부위가 있는데, 이 부위가 너무나 민감해서 아무런 이유 없이 경보를 울리는 상태가 공황발작 상태다. 여기서 경보를 울리면 온몸은 즉각적으로 반응하여 숨이 가빠지고 혈압과 맥박이 상승하며 온몸에 극도의 긴장이 느껴진다. 숨이 막혀 죽기 직전, 또는 미치는 바로 그 순간과 같은 느낌을 준다. 체질적으로 자율신경계가 예민한 사람들이 어떤 순간에 교감신경계의 흥분으로 공황발작을 겪게 된다. 그러나 공황발작이 유전에 의한 것이라고는 볼 수 없다. 자율신경계가 예민해지는 것은 환경적인 요인으로 만성적으로 스트레스를 받아도 생길 수 있기 때문이다. 생물학적 원인으로는 노르에피네프린과 세로토닌 및 가바(GABA)의 신경전달물질이 관련되어 있는 것으로 알려지고 있다. 심리학적 원인으로는 이별불안이 거론되고 있는데, 이에 따르면 17세 이전에 부모를 상실했거나 이별한 경험이 있는 경우가 그렇지 않은 경우보다 공황발작이 더 높다. 특히 이들은 자신의 신체감각이나 증상에 대해 매우 민감한 성향을 가지고 있다. 유발요인으로 과도한 음주, 지나친 피로, 수면박탈, 긴장, 불규칙한 생활, 그리고 커피 등의 중추신경 흥분제가 들어 있는 음료 등이 거론되고 있다.

치료로는 공황발작의 증상을 완화시키는 약물치료가 시도되고 있으나, 약물치료 단독으로는 증상 조절의 한계가 있기 때문에 인지행동치료가 함께 사용되어야 한다. 주로 왜곡된 사고와 행동을 교정해서 불안이나 공포심을 줄이는 것에 목적을 두고 있다.

(2) 특정공포증

특정공포증(specific phobia)은 특정한 대상이나 사태에 대해 지속적으로 느끼는 불합리한 공포다. 공포자극에 실제 직면하거나 또는 직면할 가능성이 있다고 생각했을 때에도 본인은 강한 불안을 느끼고, 그러한 사태를 회피하려고 한다. 예를 들어, 공포증을 야기하는 대상 그 자체를 무서워하는 것이 아니라, 자동차 사고가 나면 어쩌나 하는 공포가 앞서게 되고, 뱀 공포증은 뱀 그 자체가 무서운 것이 아니라 뱀한테 물리지나 않을까 하는 두려움이 앞서고, 폐쇄공포증은 밀폐된 장소 그 자체보다는 밀폐된 장소에 갇혀 있게 되지나 않을까 하는 두려움이 각각 앞서는 경우다. 특정공포증을 가지고 있는 사람들은 자신의 두려움이 비합리적이라는 사실을 잘 알고 있기 때문에 어떤 경우에는 두려워하면서도 공포자극을 견디려고 노력하지만, 대부분의 경우

공포자극을 회피하려고 많은 애를 쓰게 된다. 특정공포증은 공포자극의 대상에 따라 동물형, 자연환경형, 혈액-주사-손상형, 상황형, 그리고 기타형으로 분류된다.

특정공포증의 치료를 보면, 프로이트는 공포증을 오이디푸스 콤플렉스와 그에 유래한 거세공포, 근친상간에 대한 불안, 그리고 기타 성적 흥분에 따르는 갈등이 불안을 초래하고, 그러한 불안은 용납되지 않는 무의식적 갈등에 대한 경고라고 보았다. 행동이론에서는 특정공포증을 조건화된 반응으로 보고 있다. 또한 모델링이라는 관찰학습이론으로 설명하기도 한다. 환경적 스트레스를 만성적으로 받게 되면 특정공포증이 발생된다고 한다. 치료 방법은 체계적 둔감법(systematic desensitization)이 가장 널리 사용되며, 그 효과도 좋은 것으로 평가되고 있다.

(3) 사회공포증

사회공포증(social phobia)은 어떤 특정한 사회적 상황이나 활동 상황에 노출되었을 때 유발되는 심각한 불안이 그 특징으로, 이러한 증상은 회피행동을 유도하게 된다. 발병은 심한 긴장이나 치욕스러운 경험으로 인해 갑자기 시작될 수 있고, 장애의 경과는 흔히 지속적으로 나타난다. 증상은 성인기에 약화되거나 완화되기도 하지만, 그 기간은 보통 일생 동안 지속된다. 예를 들어, 이성교제에 대한 공포가 있는 사람은 결혼 후에 사회공포증이 감소되었다가 배우자와 헤어지거나 배우자가 사망하면 그러한 공포증을 다시 보이기도 한다. 또 연설을 할 필요가 전혀 없었던 사람이 연설을 요구받는 자리로 직장 내 위치 변동이 있을 때 사회공포증이 생기기도 한다. 일반인들 가운데 사회공포증이 있는 대부분의 사람들은 연설을 두려워하는 반면, 절반 이하의 사람들은 낯선 사람과 대화하거나 새로운 사람을 만나는 것을 두려워한다. 실제 임상 장면에서는 성별의 차이는 없다.

사회공포증의 원인으로 뇌신경계통의 요인과 개인의 성격 특질, 그리고 환경적 요인의 측면이 크게 작용한다. 뇌신경계통의 요인이란 대인공포 증상이 있는 이들의 신경계에서는 상대적으로 불안을 일으키는 물질이 너무 쉽게, 또 너무 많이 분비되는 경향이 있다는 것이다. 예를 들어, 남이 쳐다보는 앞에서 글씨를 쓰려면 그 누구라도 어느 정도는 긴장되고 불안한 마음이 되는 것은 당연한 것이다. 즉, 이런 때에도 대부분의 사람들의 신경계에서는 정상적으로 소량의 불안 유발물질이 분비된다. 그러나 대인공포증이 있는 사람의 경우에는 분비되는 불안 유발물질의 양이 지나치게 많거나 그 불안 유발물질을 받아들이는 정도가 지나치게 예민하다. 이는 마치 당뇨병 환자의 경우처럼 인슐린의 분비가 적정하지 못해 문제가 되는 것과 근본적으로는 다를 바가 없다. 사회공포증 환자에게는 내향적 성격 특질의 사람들이 많고, 환경적 영향으로는 부모의 태도가 거절적이거나 지나치게 과잉보호적인 경우가 많다.

사회공포증의 치료는 그것이 어떤 유형이냐에 따라 달라진다. 수행형의 경우 공공장소에서 말하기나 식사하기, 또는 공중화장실을 이용하기 등의 상황에 대한 공포가 주요 특징이므로 교육, 안심, 시연, 체계적 둔감법, 그리고 얼굴이 붉어지거나 몸이 떠는 것을 막아주는 베타수용체 차단제(beta-blocker) 등의 조합 치료가 효과적이다. 사회공포증의 일반형에는 베타수용체 차단제는 효과가 없고, 모노아민 오시다제 억제제(monoamine oxidase inhibitors)나 SSRIs가 도움이 된다. 그러나 이러한 약물들은 불안을 감소시켜 사회 상황에 접근할 수 있도록 도와주지만, 약효가 떨어지면 다시 재발할 수 있고 습관성이 있다는 단점이 있다. 베타 아드레날린 차단제는 발표가 있거나 두려워하는 행위를 하기 전에 복용하면 발표하는 동안에 불안 반응을 막아 주는 역할을 한다. 또한 노출기법이나 인지 재구성화를 강조하는 인지행동치료를 실시하면 매우 효과적이며, 약물치료와 다르게 지속적인 효과가 있어 재발을 더 잘 막을 수 있다는 장점이 있다.

(4) 강박성 장애

강박성 장애(obsessive-compulsive disorder)는 본인의 의지와는 전혀 관계없이 사고, 심상, 충동, 그리고 행동 등이 반복적으로 그리고 지속적으로 일어나는 것이 특징이다. 본인은 주관적으로 자신의 강박적 감각을 느낀 나머지 그것을 의식적으로 제지하고 싶은 마음이 생긴다. 그러나 그것이 자기 뜻대로 통제되지 않는다. 강박성은 흔히 사고나 행동 또는 양자가 거의 같은 시간에 나타나기 때문에 강박성 장애라고 부른다. 강박성 장애는 강박적 사고와 강박적 행동으로 구분된다.

강박성 장애의 원인은 뇌전달물질 중의 하나인 세로토닌의 감소 또는 조절장애 때문이라는 주장이 있고, 뇌의 좌측반구의 장애 때문이라는 가설도 있다. 수면뇌파 소견이 우울증과 유사하게 나타나기 때문에 우울증과 관련이 있다는 주장도 있다. 부모가 강박증인 경우 자녀가 강박증일 확률은 35%로 유전적 요인이 작용한다. 양전자방출단층촬영(PET)을 이용한 여러 연구에서 안와전두엽(orbitofrontal cortex) 미상핵(caudate Nu) 및 대상엽(cingulate cortex)의 기능이상이 보고되고 있다. 정신분석적으로는 불안에 의해 강박증상이 생기는 것으로 설명된다. 학습이론에서는 강박사고를 고전적 조건반사이론으로 설명한다. 그리고 강박행동은 강박사고와 연관되는 불안이 특정 행동에 의해 완화되는 것을 경험하게 됨으로써 강화를 받게 되고, 이후에는 불안을 회피하기 위해 그러한 행동에 집착하는 경향이 있다는 것이다.

강박성 장애의 치료는 다양한 인지치료, 행동치료 및 약물치료가 있다. 장애의 심각성 및 손상 정도가 중간 정도라면 인지행동치료만으로도 효과가 있다. 강박적 행동의 치료는 강박적 사고의 치료보다 더 효율적인데, 그 이유는 환자를 불안에 노출시켜 강박행동을 하지 않았을 때의 결과가 어떤지를 알아볼 수 있게 하는 반응예방 환경 설정이 보다 수월하기 때문이다. 약물치료로 세로토닌계의 약물이 효과가 있고, 심리치료에 잘 반응하지 않는 사람에게도 좋은 결과를 나타낸다. 중간 정도 이상의 심각한 환자라면 심리치료와 약물치료의 조합이 효과적이다. 약물로는 클로미프라민(clomipramine)과 SSRIs가 주로 사용된다. 특히 행동치료는 사고중단기법, 노출치료, 체계적 둔감법이 자주 사용된다.

(5) 외상후 스트레스 장애

외상후 스트레스 장애(post traumatic stress disorder: PTSD)는 충격적인 사건을 경험한 후 그 후유증으로 충격사건을 다시 재경험하는 것이다. 그리고 이와 관련된 각성증상이 증가하고, 외상과 관련되는 자극을 회피하려는 반응 특징을 보이게 된다. 외상적 사건은 주위에서 흔하게 찾아볼 수 있다. 처참한 돌발적 사고를 당했다든지, 투옥되었다든지, 신체의 어느 특정한 부위가 절단되었다든지, 치열한 전투에 참전했다든지, 어떤 충격적인 사건을 목격했다든지, 부적절한 성적 경험을 당했다든지, 생명을 위협하는 질병의 진단을 받았다든지, 추행을 당했다든지, 혹은 자연적 또는 인위적 재해를 당하는 것과 같이 스트레스가 심한 장면에 직면해서 정신적 장애를 갖게 되는 경우다. 일반적으로 볼 때 스트레스 장면이 소실되면 곧 심리적 기능이 회복되는 것이 사실이지만, 어떤 사람은 자아구조에 점진적 손상이 오기 시작하여 마침내는 조그마한 스트레스도 극복할 수 없는 상태에 빠지게 되는 경우도 있다. 특히 평상시의 사회적 적응이 원만하지 못했던 사람의 경우 그 정도는 더욱 심하게 나타나고, 일상생활기능은 크게 위축을 받게 된다.

외상후 스트레스 장애의 원인은 스트레스 요인과 깊은 관련이 있다. 그러나 스트레스 요인이 필요하지만 충분조건은 아니다. 그래서 임상가는 한 개인이 가지고 있는 생물학적·심리학적 조건 및 외상 후 나타난 상황을 고려해야 한다. 보다 최근에는 스트레스 요인 그 자체의 강도보다는 외상에 대한 개인의 주관적 반응이 더욱 중요시되고 있다. 인지요인으로 환자는 이 장애를 유발시킨 외상을 처리하는 과정에서 적절한 인지기능을 사용하지 못한다. 생물학적 요인에 따르면, 이 장애를 가진 환자군에서 교감신경계의 항진이 지속적으로 관찰되며, 특히 환자가 이 장애를 유발한 사건에 다시 노출되면 자율신경계의 각성이 크게 증가된다. 수면연구 결과, 수면잠복기가 증가하고 수면시간이 줄어들며 자주 깨는 등 수면효율성이 낮아지고 REM 수면[Rapid Eye Movement Sleep, '역설수면'이라고도 하는데, 잠을 자고 있는 듯이 보이나 뇌파는 깨어 있을 때의 알파파(α波)를 보이는 수면상태를 말함]이 증가한다. 유전적인 요인도 관여되고 있는데, 이 질병을 앓고 있는 참전 군인의 일차 친족에서는 다른 불안장애의 유병률이 높다는 보고가 있다.

외상후 스트레스 장애의 경우 치료보다는 예방이 더 수월하다. 심리치료에서는 환자들이 극단적인 스트레스에 노출된 후 경험할 수 있는 가능한 초기 증상들에 대해 교육시키는 일이 포함되어 있다. 외상후 스트레스 장애는 발병하고 나면 만성화될 위험이 크다. 특히 직장을 오랫동안 쉴 수 있고 장애보상을 받는 것과 같은 이차적 이득이 있는 경우 만성화될 가능성이 높다. 치료는 지속적인 심리교육, 인지탐색, 행동적 노출, 그리고 잦은 약물치료 등을 조합하는 것이 좋다. 또한 곧 회복되리라는 기대를 자극하는 것도 매우 중요하다. 특히 인지행동치료를 통해서 인지의 재구성과 노출요법으로 외상과 관련된 회피행동을 직면하도록 돕는 것이 중요하다. 약물치료는 항우울제가 효과적인데, 이는 우울증상을 경감시켜 주고 악몽이나 사고 당시 장면이 회상되는 것을 감소시켜 줌으로써 수면을 정상화시키기 때문이다.

(6) 일반불안장애

일반불안장애(generalized anxiety disorder)는 최소한 6개월 이상 지속되는 심한 불안이나 근심걱정이 특징을 이룬다. 즉, 이 장애의 핵심 증후는 근심걱정으로, 적어도 근심걱정이 6개월 동안 최소한 한 번에 며칠 이상 지속되는 경우다. 근심걱정의 대상은 가족, 금전문제, 직업 및 질병, 그리고 사소한 일상생활 주변의 사건들이 될 수 있다. 그러나 불안과 걱정의 강도, 기간 및 빈도는 두려워하는 사건의 실제 가능성과는 비례하지 않는다. 경과양상은 주로 만성적이지만, 기복이 있고 스트레스 기간 중에는 악화되는 특징이 있다.

일반불안장애의 원인에 대한 정신분석학적 주장에 따르면 불안이란 해결되지 않은 무의식적 갈등이 표현된 증상이라고 한다. 인지행동적 입장에서 보면 환경의 부정적인 요인에 대해서만 선택적으로 관심을 기울이고 자신의 대응능력이 나쁘다고 생각하면서 불안이 생긴다. 성격적으로 볼 때 예민한 사람이 계속 걱정을 많이 하다 보면 이 병이 생길 수 있다. 생물학적으로는 뇌의 신경전달물질 중 불안과 관련된 가바나 세로토닌의 기능이상이 보고되고 있다. 신경해부학적으로는 해마를 비롯한 변연계, 전전두엽, 후두엽, 기저핵 및 뇌간 등이 거론되고 있는데, 이들 부위에 상기 신경전달물질의 수용체가 많기 때문이다. 수면뇌파연구에서는 렘수면 잠재기의 증가, 렘수면의 감소, 잠이 드는 데 걸리는 시간의 증가, 그리고 전체적인 수면시간의 감소 등을 보인다.

일반불안장애에 대한 확실하게 효과적인 치료 결과는 발표되지 않고 있다. 약물치료도 특별한 성공을 거두지 못한 채 계속해서 시도되고 있다. 항불안제인 벤조디아제파인계 약물이 1차 선택약물로 사용된다. 교감신경 항진 증상이 두드러지는 경우 교감신경차단제인 프로프란오돌(propranolol)이 사용된다. 근심이나 근심으로 인한 회피행동이 주요 표적일 경우 인지행동치료를 실시하면 효과적이다. 약물치료와 인지치료의 조합은 유용하다. 때로는 정신분석치료가 효과를 보기도 하는데, 그것은 개인이 고착되어 있는 일상의 근심 속에 숨겨진 무의식적 위험을 밝히고자 하는 시도 때문인 것으로 해석되고 있다. 특히 심리적 갈등이 불안의 주된 근원일 경우 역동적 정신치료가 도움이 된다. 이완요법이나 바이오피드백요법도 도움이 된다.

4) 성격장애

성격장애(personality disorder)는 개인의 성격 특질이 융통성이 없고 부적응적이어서 사회생활을 하거나 또는 어떤 일을 수행하는 데 있어 중대한 손상이나 주관적 고통을

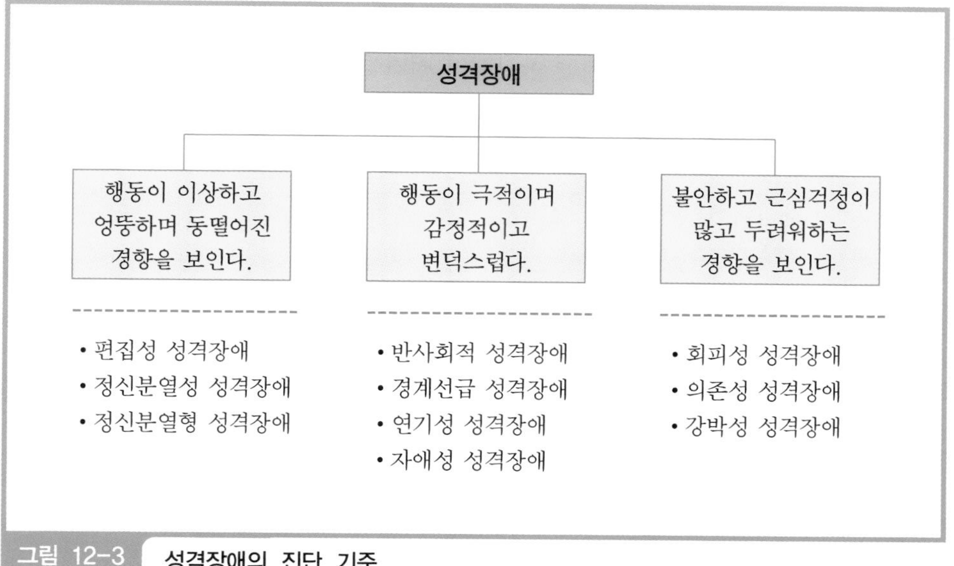

그림 12-3 성격장애의 진단 기준

일으키는 것을 말한다. 예를 들어, 우리 주위에는 지나치게 의존적인 사람도 있고, 매우 공격적이며 도전적인 사람도 있으며, 너무 수줍어서 대인접촉이 거의 없는 사람도 있다. 또 대인관계가 매우 피상적이며 전혀 속마음을 털어놓고 지낼 수 없는 사람도 있다. 이와 같은 성향이 매우 광범위하고 장기적으로 지속되어 한 개인이 생활하는 데 많은 어려움에 직면하게 된다면 성격장애로 진단될 수 있다.

DSM-IV에서는 성격장애를 크게 세 집단으로 분류하고 있다. 첫째 집단에는 편집성(망상성) 성격장애, 정신분열성 성격장애, 정신분열형 성격장애가 들어 있는데, 이들은 행동이 이상하고 엉뚱하며 동떨어진 경향을 보이는 성격장애들이다. 둘째 집단에는 반사회적 성격장애, 경계선급 성격장애, 연기성 성격장애, 자애성 성격장애가 들어 있는데, 이들은 행동이 극적이며 감정적이고 변덕스러운 특징을 보이는 성격장애들이다. 셋째 집단에는 회피성 성격장애, 의존성 성격장애, 강박성 성격장애가 들어있는데, 이들은 불안하고 근심걱정이 많고, 무서워하는 경향이 있다. 그 외에 이들 성격장애에 맞지 않는 경우 달리 분류되지 않는 성격장애의 진단 기준을 두고 있다.

(1) 성격장애의 원인

성격장애의 원인을 살펴보면 크게 생물학적 요인, 심리적 요인, 그리고 사회문화적 요인을 들 수 있다.

첫째 집단의 성격장애, 특히 정신분열형 성격장애 환자의 가족에는 조현병이 많다. 둘째 집단의 성격장애 가족 중에는 반사회적 성격장애와 알코올 중독이 많다. 특히 경계선급 성격장애의 가족에는 기분장애가 많다. 또한 연기성 성격장애는 신체화 장애와 관련이 높다. 셋째 집단의 성격장애 중 강박적 성향은 일란성 쌍둥이 간의 일치율이 이란성 때보다 높고 우울과 관련이 있다. 회피성 성격장애는 불안성향이 높다. 어릴 때부터의 기질도 성인의 성격장애와 관련이 있는데, 예를 들어 어렸을 때부터 공포심이 많았던 사람은 회피성 성격을 가질 수 있고, 어려서 경미한 신경학적 증후가 있었던 사람은 나중에 반사회적 및 경계선급 성격장애가 되기 쉽다. 충동적 성향은 테스토스테론의 증가와 관련이 있다. 정신분열성 성격장애 때 혈소판 MAO의 기능이 낮고, 유연한 안구추적운동(smooth pursuit eye movement)에 장애가 있다. 엔도르핀의 증가는 냉담한 수동적 성격과 관련이 있다. 경계선급 성격장애에서 세로토닌 대사의 저하는 자살 및 공격성과 관련이 있다. 그리고 반사회적 및 경계선급 성격장애에서는 뇌파상에 이상소견이 관찰되는 것으로 보고되고 있다.

(2) 성격장애의 치료

성격장애의 치료는 성격장애를 반영한다고 간주되는 문제들을 분석하고 이를 교정하는 데 목적이 있으나, 그 효과는 매우 미미하다. 그러나 편집성 성격장애를 가지고 있는 사람들은 비판에 과민하기 때문에 체계적 둔감법 혹은 합리적 정서적 상담기법(rational-emotive therapy: RET)을 실시하면 효과적이다. 타인과의 대인관계가 원만하지 못하고 의견불일치를 보이는 사람은 그의 논쟁적이고 적대적인 태도 때문이므로, 이를 교정하기 위해서는 상황에 맞는 적절한 자기 표현 방법 기술을 연습시키는 것이 좋다. 반사회적 성격장애의 경우 특별한 치료 방법은 없으나, 시간이 흐르면 자연적으로 좋아지는 경향이 있다. 연기성 성격장애의 경우 반대 성을 가진 사람에게 치료를 받게 하는 것은 바람직하지 않다. 왜냐하면 이성에게 치료를 받게 할 경우 이들은 치료보다는 치료자의 관심과 주의를 끄는 일에 집착하기 때문이다. 의존성 성격장애를 가진 사람들에게는 인지행동치료가 큰 도움이 된다. 강박성 성격장애의 경우 심리치료를 실시하면 효과가 좋다. 그러나 어느 성격장애이든 약물치료의 효과는 체계적으로 알려진 것이 없다.

이 장의 중심 내용

01 이상행동의 기준에는 사회적 정의, 통계적 정의, 의학적 정의, 정신분석적 정의, 법률적 정의, 정신의학적 진단 및 치료의 유무, 부적응, 주관적 정의, 그리고 객관적 심리검사의 기준이 있다.

02 이상행동을 설명하는 여러 가지 학문적 모델은 나름대로의 독특한 설명 특징을 가지고 있다. 가장 대표적인 것으로는 생리학적 모델, 정신분석 모델, 행동주의 심리학적 모델, 통계학적 모델, 인본주의 심리학적 모델, 실존주의 심리학적 모델, 그리고 대인관계의 모델을 들 수 있다.

03 이상행동의 분류에서 흔히 DSM-Ⅳ가 사용되고 있다. DSM-Ⅳ는 다섯 가지로 구성된 다축 체계를 가지고 있기 때문에 한 개인의 이상행동에 대한 특징을 이 다섯 가지 축에 따라 나타낼 수 있다.

04 이상행동의 유형은 여러 가지가 있으나 가장 대표적인 것들로는 조현병, 기분장애, 불안장애, 그리고 성격장애 등을 들 수 있다. 이들 이상행동에 대한 치료는 한 개인이 나타내는 증후특징과 그 내용에 따라 심리치료 및 약물치료 등을 단독으로 또는 이 둘을 병행하여 실시할 수 있다.

학습과제

1 이상행동을 설명하는 대인관계 모델에 대해 설명하시오.

2 DSM-IV는 다축 체계를 따르고 있다. 각 축에 기제되어야 할 사항을 설명하시오.

3 조현병의 원인 중 가족이론에 대하여 설명하시오.

4 양극성 장애 I 과 양극성 장애 II 의 차이를 설명하시오.

5 성격장애 중 둘째 집단의 성격장애에는 어떤 것들이 포함되는지 설명하시오.

13 심리측정과 평가

학습 개요

소크라테스가 말한 것으로 알려져 있는 '너 자신을 알라'라는 문구는 시대를 막론하고 인간을 겸손하게 만드는 명언이며, 개인으로 하여금 자신의 생각이나 감정을 관찰하여 자신에 대한 통찰과 이해를 증진하는 것이 얼마나 중요한지를 깨닫게 해 준다. 대부분 우리는 누구보다도 자기 자신을 잘 알고 누구보다도 자신과 가까운 사람들을 잘 안다고 호언장담하는 경우가 많으며, 물론 어떤 면에서는 실제로 그럴지도 모른다. 하지만 어떤 사람들은 자신을 객관적으로 보지 못하거나 자신의 실패나 결점을 관대하게 대하지 못할 뿐만 아니라, 자신의 갈등이나 현실적 문제를 부정하거나 왜곡시키는 경우도 허다하다.

비록 개인이 비교적 사회에 잘 적응하여 특별한 문제를 일으키지 않으면 모르겠으나, 개인의 문제가 사회 활동에 지장을 일으키고 대인관계를 힘들게 하며 가족들에게 피해를 입히고 더 나아가 자신의 건강한 삶을 영위하지 못하게 한다면, 결국 그 개인은 어떤 형태로든 타인의 도움을 필요로 할 것이다. 이와 같이 한 개인의 현재 상태와 문제의 원인을 밝히고 이해하기 위해 객관적이고 타당한 방법으로 측정하는 데 심리평가가 필요한 것이다. 즉, 심리평가는 표준화된 검사도구를 사용하여 개인의 지적 기능, 정서 상태, 갈등, 성격 특성, 대인관계 양상, 자원, 그리고 적성과 능력 등을 객관적으로 평가하는 데 그 목적을 두고 있다.

따라서 이 장에서는 심리평가의 목적 및 발달 역사와 함께 심리평가가 갖추어야 할 신뢰도, 타당도 및 표준화의 문제를 설명하고, 주로 많이 사용되는 지적 능력을 측정하는 지능검사, 성격 특성을 측정하는 성격검사, 그리고 무의식적이고 역동적인 성격 구조를 분석하는 데 사용되는 투사적 검사를 소개하여 심리평가에 대한 이해를 높이고자 한다.

학습 목표

1. 심리평가의 정의와 목적, 그리고 장점을 이해한다.
2. 심리검사법, 면담법, 행동평가법의 차이를 파악한다.
3. 신뢰도, 타당도, 표준화의 개념을 이해한다.
4. 지능을 이해하고, 한국판 웩슬러 지능검사의 구성요인을 파악한다.
5. 객관적 성격검사의 종류와 다면적 인성검사의 구성요인을 이해한다.
6. 투사적 검사의 특징과 종류를 이해한다.

1 심리평가의 이해

이 절에서는 심리평가에 대한 개괄적인 소개와 함께 주로 사용하는 검사도구들을 살펴보고자 한다. 비록 심리평가라는 용어보다는 심리검사라는 용어가 더 익숙하고 널리 사용되는 것은 사실이지만 굳이 구분하는 것은 한 개인을 평가하는 데 단순히 심리검사 결과에만 의존하는 것이 바람직하지 못하며, 더 나아가 단편적이며 잘못된 해석을 내릴 가능성이 높기 때문이다. 따라서 심리평가(psychological assessment)란 심리검사, 면담, 그리고 행동관찰 등 여러 방법에 의해 개인의 심리적 특성을 통합적으로 이해하는 일련의 전문적인 과정이라 할 수 있다(Goldstein & Hersen, 1990). 물론 심리평가 과정에서 심리검사가 가장 기본적이고 중요한 과정이지만, 이 외에도 개인 기록이나 면담, 자연적 상황이나 체계적 상황에서의 행동관찰, 평가자의 심리학적 · 정신병리학적 지식, 그리고 임상적 경험이 바탕이 되어야만 개인의 심리적 특성을 보다 정확하게 종합적으로 분석하고 해석할 수 있다는 것이다.

심리평가는 다른 평가에 비해 1회의 시행으로 개인에 대한 다양한 정보를 객관적이고도 심층적으로 이해할 수 있다는 장점을 지니고 있으나, 이런 장점을 제대로 발휘하기 위해서는 이를 시행하는 평가자의 철저한 임상 훈련과 경험 그리고 이론적 배경이 요구된다. 또한 평가자는 심리평가가 단순한 평가로 끝나는 것이 아니라 피검자의 복잡한 심리적 특성을 이해하고 보다 건강하고 행복하게 살아갈 수 있도록 돕는 전문적인 과정이므로 평가 대상을 존엄한 인간으로 자각하며, 자신의 평가결과에 지속적인 의문을 가지고 진정한 해답을 찾으려는 노력이 필요할 것이다.

이와 같이 심리평가는 개인의 행동이나 성격을 이해하고 문제를 해결하기 위해, 심리검사를 실시하여 다양한 정보를 측정할 뿐만 아니라 세부적인 임상적 진단을 내리고 효율적인 치료 방법을 제안한다. 또한 피검자의 입장에서 보자면, 심리평가를 통해서 타인과의 차이를 인정하고 자신에 대한 이해의 폭을 넓히며 통찰력을 갖게 된다고 할 수 있다.

1) 심리검사법

심리검사(psychological test)란 각 개인의 심리적 상태를 비교하고 개인의 인격적,

행동적 측면을 이해하기 위한 심리학적 측정 과정이라고 할 수 있는데, 여기서 심리학적 측정(psychological measurement)이란 각 개인의 심리적 특성을 측정하여 수량적으로 표현하는 과정이다(Nunnally, 1970). 하지만 심리적 특성은 물리적으로 측정될 수 있는 개념이 아니라 추상적인 구성개념(construct)이므로 이를 측정할 수 있도록 조작적으로 정의하고 구성개념과 관련이 있는 반응을 측정하는 것이다. 즉, 심리학적 측정은 구성개념을 조작적으로 정의하고 이를 측정할 수 있는 심리검사를 제작하고, 심리검사로 측정된 결과를 해석하는 일련의 과정을 거치게 된다.

심리검사를 보다 구체적으로 정의한 학자들을 살펴보면, 크론바흐(Cronbach, 1970)는 심리검사란 두 사람 이상의 행동을 비교하는 체계적 과정이라고 정의하였으며, 아나스타시(Anastasi, 1982)는 행동의 표본을 심리학적 방식으로 측정하는 기법이라고 정의하였다. 이런 학자들의 정의에서도 나타나듯이, 심리검사는 개인의 모든 행동을 측정하는 것이 아니라 소수의 대표적인 행동 표본을 표준화된 방법으로 측정하여 전체 행동을 예견하는 것이다. 여기서 표준화란 검사를 실시하고 채점하는 과정이 일정한 방식으로 진행된다는 의미로서(Anastasi, 1982), 이러한 검사의 표준화를 통해 피검자의 반응이 실시 조건이나 채점 방식에 따라 변화될 가능성이 제거된다. 또한 심리검사는 개인의 자료를 수집하는 과정에서 평가자의 주관적인 판단을 방지해 주며, 관찰법이나 면담법에서는 불가능한 양적 측정을 통해 개인 간 비교를 할 수 있다는 장점을 지니고 있다.

요약하면, 심리검사는 측정하고자 하는 특정 행동을 체계적이고 표준화된 방식에 따라 양적으로 측정하여 개인 내 비교뿐만 아니라 개인 간 비교도 가능하게 하는 심리측정법이라고 할 수 있다.

2) 면담법

면담(interview)이란 일반적으로 검사자와 피검자가 면대면으로 마주 대하고 어떤 주제에 대해 협의하거나 상담하는 과정으로서, 심리검사의 내용을 보완하고 심리검사 해석의 타당성을 뒷받침한다. 즉, 언어적 또는 비언어적 정보를 교환하는 의사소통 과정을 통해 검사자와 내담자(피검자) 간에 정보, 태도, 감정을 교환하는 과정이다. 이와 같은 면담과 일반 대화의 차이는 피검자를 도와주고자 하는 목적을 가지고 있고, 면담 과정이 체계적이고 계획적인 방법으로 이루어지며, 검사자와 피검자가 대등한 관계가 아니라 역할이 구별되어 있다는 점이다.

면담이 심리평가 과정에서 필요한 경우는 대개 심리검사를 실시하기 전에 피검자로 하여금 검사에 대한 동기를 유발하고 검사 장면에서의 불안과 긴장을 해소하기 위한 경우이거나, 검사 도중 피검자가 검사에 저항하거나 과제를 적절히 수행하지 못하여 긴장할 때, 그리고 검사 후 피검자에게 검사 결과를 설명해 주거나 검사 시 느낀 불편한 점이나 궁금한 점을 파악하는 경우다.

면담을 성공적으로 수행하기 위해서는 우선 피검자에 대한 기초적인 신상 자료(연령, 가족관계, 직업, 종교, 생활 환경 등)를 수집해야 하고, 피검자의 평가에 대한 이해와 동기가 있어야 한다. 면담은 언어를 통해 정보를 수집하고 의사소통을 하는 과정이므로 검사자와 피검자가 사용하는 어휘 수준이 맞지 않으면 서로 부담을 느끼게 된다. 따라서 피검자에 맞는 적절한 질문을 하는 것이 바람직하다. 이를 위해 한 번에 여러 가지 중복된 질문을 하기보다는 한 번에 한 가지 질문을 해야 하고, 피검자가 '예'나 '아니요'와 같이 단답형으로 답할 수 있는 질문은 피하는 것이 바람직하다. 또한 면담 장소와 분위기도 중요한 문제인데, 검사자와 피검자 모두 마음이 편안하고 소음이 들리지 않는 차분한 분위기의 장소에서 서로 신체적으로 불편을 느끼지 않게 일정한 거리를 두고 앉는 것이 필요하다. 이때 검사자는 피검자를 인격체로 대하고 성실하게 대하는 태도를 잃지 말아야 한다.

3) 행동평가법

행동평가(behavioral assessment)란 개인의 특이한 행동을 발견하고 이런 문제행동을 유발하는 요인과 이들 간의 상호 관련성을 밝히는 과정으로서, 관찰 가능하고 측정 가능한 행동을 그 대상으로 한다. 검사자는 환경적 사건이 문제행동을 발생시킨다는 전제하에 개인 행동과 환경의 상호작용 및 문제행동 발생 전후의 환경적 사건에 주의를 기울인다. 즉, 평가의 대상이 되는 것은 오래전에 발생한 환경적 사건이나 사건과 행동 간의 상호작용이 아니라, 현재의 환경적 사건이나 상호작용의 경험 등이다.

행동평가법으로 주로 사용되는 몇 가지 유형을 살펴보면 다음과 같다.

- 자연관찰법: 자연관찰법은 자연 환경 내에서 일어나는 피검자의 행동을 체계적으로 관찰하는 방법으로서, 자연스러운 행동을 관찰한다는 장점이 있으나 피검자

가 타인으로부터 관찰된다는 것을 알게 되면 실제 반응과는 다른 반응이 유발될 수 있다.

- 유사관찰법: 유사관찰법은 주로 자연스러운 환경에서 관찰하기 어려운 행동, 발생 빈도가 낮은 행동, 그리고 정상적인 방법으로는 나타나지 않는 행동을 제한된 통제 환경 속에서 관찰하는 방법이다. 하지만 이 방법은 제한적이고 조작된 관찰 환경이 개인 행동에 영향을 미칠 수 있으며, 이렇게 관찰된 결과를 자연적인 상황에 일반화시키는 데 문제가 있다.
- 자기관찰법: 자기관찰법은 피검자가 자신의 행동을 스스로 직접 관찰하고 기록하는 방법이다. 이 방법은 광범위한 문제행동에 적용 가능하고 비용과 시간이 절약되며 자연적 상황에서도 자료 수집이 가능하다는 장점을 지니고 있으나, 자신의 행동을 자신이 직접 관찰하고 보고하므로 객관성이 떨어진다는 문제가 있다.
- 참여관찰법: 참여관찰법은 피검자의 주변 인물(부모, 형제자매, 배우자, 담임선생님 등) 가운데 관찰자를 선정하여 피검자의 행동을 평가하는 방법으로서, 발생 빈도가 낮은 행동이나 외부 관찰자에 의해 영향을 많이 받는 행동을 평가할 때 유용하며, 광범위한 문제행동에 적용할 수 있고 자연적 상황에서도 자료 수집이 가능하고 비용이 저렴하다는 장점이 있다. 하지만 검사자의 편견이 내포될 가능성이 높다는 단점도 있다.

이러한 여러 행동평가법의 적용은 문제행동의 유형과 상황에 맞게 적절히 선택하는 것이 바람직하다.

2 심리검사의 발달

심리검사의 기원은 동서양의 시험제도까지도 포함시킬 수 있으나, 객관적인 검사의 모습을 갖추기 시작한 시기는 19세기 이후로 보는 것이 적절하다. 대략 1800년대 이전에는 사람들 간의 개인차를 인정하지 않았고, 어떤 능력에서 차이가 생기면 그것은 게으르거나 의지가 약하기 때문이라고 생각하였다.

그러나 1800년대 중엽, 지능의 유전 가능성과 개인 능력의 측정에 관심을 가지기 시작한 갈톤(Galton)은 간단한 감각-운동검사를 개발하여 개인차에 관한 연구를 시작하였고, 개인차를 강조하는 영국의 생물학 분야의 발전과 측정이론을 뒷받침하는 통계학의 발전이 심리검사 영역에 지대한 영향을 끼쳤다. 이와 함께 1897년 흔히 심리학의 아버지라 불리는 분트(Wundt)에 의해 실험심리학이 발전하면서, 물리학처럼 심리학에서도 엄격한 표준화와 객관적 연구를 통해 인간 행동을 설명하려는 시도가 본격적으로 도입되었다.

이후 1890년 커텔(Cattell)은 감각 반응시간과 감각 판별력을 측정하는 간단한 정신검사를 개발하였으며, 이를 통해 근육운동속도, 자극에 대한 민감성, 시각과 청각의 예민성, 반응시간, 기억 등의 요인을 측정하여 개인의 지적 수준을 확인하려고 하였다. 반면, 비네(Binet)는 시몬(Simon)과 함께 1905년 최초의 아동용 지능검사를 개발하여, 기억, 상상력, 주의집중능력, 이해력, 판단력, 추론능력 등 다양한 능력을 측정하였는데, 이것이 비네-시몬 검사다. 비네의 지능검사는 1916년 미국으로 건너가 터먼(Terman) 등에 의하여 스탠퍼드-비네 지능검사로 발전하였는데, 이 검사를 통해 정신연령을 생활연령으로 나누어 100을 곱한 소위 비율지능지수(Ratio IQ)가 산출되었다.

하지만 심리검사가 본격적으로 널리 사용된 것은 집단 심리검사의 필요성이 절실하게 대두되었던 제1차 세계대전부터였다. 새로 입대한 군 징집자들의 정신능력과 적성을 평가하기 위해 1917년 집단용 지능검사인 군대용 알파, 베타 검사가 제작되었으며, 1920년에는 최초의 성격검사인 우드워스(Woodworth)의 Personal Data Sheet가 제작되어 군징집자들의 성격진단에 활용되었다. 이후 1920년 로르샤하(Rorschach)에 의해서 인간의 정신의학적 증상과 심층적 특성을 진단하기 위한 투사검사로서 로르샤하 잉크반점검사가 출간되었고, 1925년 스트롱(Strong)에 의해 집단용 홍미검사의 효시인 직업홍미검사가 제작되었다. 이와 같이 제1차 세계대전은 심리검사 발전에 중요한 계기가 되었으며, 또한 1930년대 미국의 경제공황으로 인해 실업자들의 직업소개의 목적으로 직업적성검사가 개발되었다. 1930년대 이후 심리검사에 대해 실망하고 회의를 느끼게 되어 심리검사의 발전이 다소 정체되었으나, 1941년 제2차 세계대전을 계기로 다시 군인의 선발과 배치를 위해 여러 형태의 심리검사가 필요하게 되었다.

제2차 세계대전 후 급속하게 진전된 산업 발달과 인사관리의 합리화 운동으로 적성검사를 비롯한 각종 심리검사에 대한 필요성이 제기되어 다양한 검사가 개발되었다. 1950년에 조사된 검사의 종류만 해도 약 1,300여 종에 이르렀다. 이러한 각종 심리검사의 개발과 이익만을 목적으로 한 다소 질이 낮은 검사의 출판이 사회적으로 문제가 되자 1954년에 미국심리학회, 교육연구협회 및 교육측정협회가 공동으로 『심리검사 제작, 출판 및 활용과 사용자의 자격기준에 관한 지침서』를 출간하기에 이르렀다.

이후 1960년대에는 투사적 검사의 신뢰도와 타당도에 대한 검토와 객관적 검사의 폭넓은 사용 및 전산화 작업이 추진되었는데, 엑스너(Exner)에 의해 1974년 로르샤하 검사의 종합체계가 확립되었고, MMPI(Minnesota Multiphasic Personality Inventory)의 시행 및 해석에 대한 전산화 작업도 추진되었다. 이와 함께 다양한 성격검사, 지능검사, 그리고 신경심리검사 등에 컴퓨터가 활용되어 복잡한 분석과 해석 과정을 신속하고 정확하게 채점하고 분석하여 결과를 제시해 주게 되었다(Goldstein & Hersen, 1990).

1970년대 인본주의 사상의 확산으로 인해 심리검사가 오히려 인간의 발전 가능성을 저해하고 인간을 일정한 틀 속에 끼워 맞추는 역기능적인 역할을 하고 있다는 비난이 제기되었다. 또한 당시 유행했던 로저스(Rogers)의 내담자중심이론에서도 심리검사자는 문제해결의 권위자로 인식되어 피검자의 의존성을 유발시킨다는 문제를 지적하였다.

하지만 학교 장면에서 학생지도에 필요한 지능 수준의 측정, 아동에 대한 진학상담, 그리고 정서적 문제 등에 심리검사의 필요성이 제기되면서 지능검사를 비롯한 다양한 심리검사들이 적용되었다. 1980년대 이후에는 비교적 심리검사의 유용성에 대한 논란에서 벗어나, 상황과 필요에 따라 적절히 사용되어야 하고 검사결과를 지나치게 신뢰하거나 맹신하는 태도는 버려야 한다는 점이 강조되고 있다.

3 심리검사가 갖춰야 할 사항

심리검사는 언제 측정하더라도 점수의 차이가 크지 않고 일관적이어야 하고, 측정하고자 하는 것을 충실하게 측정해야 측정도구로서의 가치를 지니게 된다. 이를 흔히 검사의 신뢰도와 타당도라고 하는데, 이것은 검사의 가치를 판단하는 중요한 측면이 된다. 신뢰도가 측정하고자 하는 것을 얼마나 정확하게 측정하느냐와 관련이 있다면, 타당도는 무엇을 측정하느냐에 초점이 맞춰져 있다.

1) 신뢰도

신뢰도(reliability)란 한 검사가 개인의 특성을 측정할 때 얼마나 오차 없이 측정하고 있느냐의 개념으로서, 검사점수들의 반복 가능성 및 일관성과 관련이 있다. 즉, 검사가 어떤 대상을 일관성 있게 측정하면 그 검사는 신뢰할 만하다고 할 수 있다. 검사 신뢰도가 높다면, 한 집단을 시점을 달리해서 반복 측정하더라도 집단 내 사람들의 점수 순서는 대체로 동일하게 유지될 것이다. 하지만 동일인에게 동일한 검사를 실시하여도 검사점수는 일반적으로 어느 정도 차이가 나게 마련인데, 이는 측정오차가 작용하기 때문이다. 이런 측정오차는 여러 가지 요인에 의해서 영향을 받게 되는데, 주로 검사자의 상태나 지시, 피검자의 검사받는 시기, 장소, 기분, 건강상태, 그리고 검사문항 표집에 따른 오차 등이 중요한 요인이다.

물리학이나 화학 등의 분야에서는 이러한 측정 과정에서의 오차를 알아보기 위해 동일한 대상을 몇 번이나 반복 측정하여 점수의 변산 정도를 나타내는 측정의 표준오차를 계산하여 측정 과정이나 도구의 신뢰도를 구하고 이런 오차의 한계를 고려하여 측정 결과를 해석한다. 하지만 인간을 측정 대상으로 하는 경우에는 이런 반복 측정은 불가능하므로 한 사람을 반복 측정하는 대신에 여러 사람을 동시에 측정하여 오차의 정도를 추정할 수밖에 없다.

이와 같은 신뢰도를 추정하는 방법에는 여러 종류가 있는데, 동일한 검사를 2회 이상 실시하여 신뢰도를 추정하는 '동형검사 신뢰도'와 '검사-재검사 신뢰도'가 있고, 반면에 1회만 실시하여 신뢰도를 추정하는 '단일검사 신뢰도(반분 신뢰도와 문항내적 합치도)'가 있다.

2) 타당도

신뢰도와 함께 중요한 개념이 타당도(validity)로서, 이는 한 측정도구가 문항 제작 시 의도했던 목적을 어느 정도 충실히 측정하고 있느냐 하는 검사의 능력을 의미한다. 즉, 검사가 재고자 하는 바를 잴 때 그 검사는 타당도가 있다고 한다. 하지만 현재 타당도의 정의는 좀 더 포괄적으로 적용되는데, 검사가 제대로 만들어지고, 잘 실시되고, 올바르게 채점 및 해석되어 피검자에게 의미 있게 적용되는 것 모두를 타당도가 있다고 한다. 이러한 타당도를 검증하는 방법에는 여러 유형이 있으나, 주로 검사도구가 측정하고자 하는 내용을 충실히 측정하는지를 분석하는 '내용 타당도', 검사 결과가 경험적 기준과 얼마나 관련이 있고 예언할 수 있는지를 분석하는 '준거 타당도', 그리고 검사결과의 요인이 그 검사의 이론적 개념과 얼마나 일치하는지를 분석하는 '구성 타당도' 등이 대표적이다.

3) 표준화 및 규준

흔히 심리검사를 표준화된 측정이라 하는데 여기서 말하는 표준화는 실시 및 채점에서의 일관성을 의미한다. 심리검사는 한 검사를 여러 사람에게 실시할 때 피검자가 달라져도 검사 실시나 채점 방법이 동일하여 측정된 결과를 서로 비교할 수 있다. 따라서 심리검사의 표준화 과정은 검사의 실시, 채점, 그리고 해석 방법을 일정하게 하여 검사 과정을 동일하게 만드는 과정이다.

검사의 표준화를 위해 검사의 실시 및 채점에 대한 상세한 지시사항이 매뉴얼에 포함되어야 하며, 실제 검사자들은 매뉴얼에 맞게 검사도구의 올바른 사용, 시간제한 엄수, 검사의 예시나 연습문제 제시, 검사 중 질문에 대한 응답 등에 대해 일관적으로 정확하게 수행해야 한다. 또한 표준화를 위한 규준 설정도 중요한 문제인데, 측정된 검사점수는 그 검사에 대한 정상적인 분포인 규준과 비교된다. 한 개인이 집단 내에서 어느 정도인지를 모른다면 개인의 점수는 의미가 없게 된다. 즉, 만일 한 개인이 100점 만점의 시험에서 90점의 높은 점수를 얻었다 하더라도 다른 응시자들의 평균에 대한 정보가 없이는 그가 잘한 것인지 못한 것인지 판단할 수 없다. 그러므로 어떤 검사가 올바르게 사용되기 위해서는 규범적 분포인 규준이 반드시 있어야 한다.

4 지능검사

1) 지능의 본질

일반인들은 대개 개인검사나 집단검사 형태의 지능검사를 통해 자신의 지능점수를 알고 있는 경우가 많으며, 높은 지능을 학업 및 사회적 성취를 이루는 데 가장 중요한 요인으로 간주하여 개인 능력의 다양성과 잠재력을 무시하는 경향도 있다. 하지만 일반적으로 IQ 점수로 알려져 있는 지능의 개념은 다양한 요인들로 구성되어 있으며 변화 가능성이 내포되어 있는 개념이다. 따라서 이 절에서는 개인의 지적 능력에 대한 여러 학자들의 관점과 함께 지능을 측정하는 대표적인 개인검사와 이를 통해 측정되는 개인의 지적 능력을 살펴보고자 한다.

(1) 지능 구조

19세기 스펜서(Spencer)가 지능이란 용어를 처음으로 심리학에 도입한 이래, 지능에 대한 개념은 지속적으로 발전하여 각 이론가마다 다른 정의를 내리고 있으며, 임상적 측면과 이론적 측면에 따라 각기 다른 방향으로 발전되어 왔다. 임상적 측면은 비네, 터먼, 웩슬러와 같은 연구자들을 중심으로 발전되어 온 반면, 이론적 측면은 스피어만(Spearman), 손다이크(Thorndike), 서스톤(Thurstone), 커텔(Cattell), 길포드(Guilford) 등을 중심으로 발전되어 왔다. 전자는 이론적 배경이 충분치 않더라도 지능의 구성 요소에 대한 가설을 기초로 지능검사를 제작하여 개인의 능력을 평가하는 데 주로 초점을 둔 반면, 후자의 이론적 측면은 지능의 개념을 과학적으로 정의하기 위해 지능검사 결과와 성별, 연령, 학력 등과의 상관관계 연구나 지능검사의 소검사들에 대한 요인분석 연구를 바탕으로 지능의 개념을 발전시켰다.

특히 임상적 측면을 강조한 비네(Binet, 1905)는 지능의 요소로 판단력, 이해력, 논리력, 추리력, 기억력을 제안하면서 기억, 산수, 어휘 등의 소검사로 구성된 지능검사를 제작하였으며, 지능이 동기, 의지, 인격 및 이와 유사한 행동 특징과도 관련이 있다고 주장하였다. 이런 입장을 이어 웩슬러(Wechsler, 1939)도 지적 행동은 단순한 지적 능력 이외의 것들도 포함한다고 제안하면서, 지능검사가 개인의 인지적 요소뿐만 아니라 정서적, 정의적 측면을 모두 포함하므로 지능을 성격의 다른 부분과 분리하여 생각할 수 없다고 하였다.

이와 달리, 이론적 측면을 강조한 스피어만은 정신기능에 대해 요인분석을 실시하여 지능에는 공통적으로 존재하는 하나의 '일반 요인(g-factor)'과 특수한 기능을 지닌 여러 개의 '특수 요인(s-factor)'이 작용한다는 지능의 2요인설을 주장하였다. 더 나아가 서스톤은 능력의 차이에 관심을 두고 일곱 개의 기초 정신 능력인 공간 능력, 기억, 지각 속도, 단어 유창성, 수리 능력, 추리, 언어 등을 제안하였으며, 지능에 대한 요인 구조론을 지지하는 길포드(Guilford, 1959)는 스피어만과 서스톤의 지능이론의 한계점을 지적하면서 경험적 자료와 이론을 근거로 새로운 지능 구조 모형을 제안하기도 하였다.

반면, 커텔(Cattell, 1972)은 지능을 '유동적 지능(fluid intelligence)'과 '결정적 지능(crystallized intelligence)'으로 구분하였다. 전자는 개인의 신체구조에 기초해서 발달하다가 뇌손상이나 노령화에 의해 감소되는 지적 능력인 반면, 후자는 유동적 지능을 바탕으로 문화적, 교육적 경험에 의해 영향을 받아 40세까지 또는 환경에 따라 그 이후에도 발전될 수 있는 지능을 말한다.

이와 달리 인간의 정보 처리 과정에 초점을 둔 지능연구자들은 문제해결 능력이나 주의, 지각과 같은 특성과 지능과의 관계를 밝히려는 시도를 계속하고 있다. 지능에 대한 이런 접근은 피아제(Piaget)로부터 시작되었으며, 이후 헌트 등(Hunt et al., 1976)과 같은 연구자들은 장기기억과 단기기억의 차이에 관심을 기울이거나 문제해결 전략에서의 정신지체아와 정상인의 차이를 밝히고자 하였다. 또한 스턴버그(Sternberg, 1981)는 지능의 개인차를 단순한 지능검사점수의 차이로 보는 것은 합당하지 않으며, 상호작용하는 많은 심리적 과정들이 문제를 해결하는 데 걸리는 시간이라고 규정하였다.

(2) 지능지수

흔히 지능이 얼마냐고 묻는 질문은 지능점수, 즉 지능지수가 얼마인지를 묻는 것이다. 여러 연구자들에 의해 지능지수 산출법이 제안되었는데, 처음 비네(Binet, 1908)는 아동의 지적 능력의 정도를 정신연령으로 표현하였다. 각 연령에 따라 지적 기능들이 발달되는데, 한 개인이 자신의 연령대 아동들이 평균적으로 해결할 수 있는 과제를 풀었을 경우 그 수준의 정신연령을 지녔다고 볼 수 있다는 것이다. 이러한 비네의 정신연령 개념을 이용하여 스턴버그는 정신연령과 생활연령의 비율로 지능지수를 산출하여 '비율지능지수'라고 명명하였는데, 이를 요약하면 다음과 같은 공식이 된다.

$$IQ = (\text{정신연령} \ / \ \text{생활연령}) \times 100$$

비율지능지수에서는 정신연령과 생활연령이 동일하면 지능은 100이 되고, 정신연령이 생활연령보다 크면 100이 넘고, 반대로 정신연령이 생활연령보다 낮으면 100 이하의 IQ가 된다. 하지만 이런 지능지수 산출법은 연령마다 동일한 지능지수를 얻었을 때 이를 직접적으로 비교할 수 없는 문제를 해결하지 못하자 웩슬러에 의해 '편차지능지수'가 제안되었다. 이 지수는 특정 시점에서의 한 개인의 지능을 동일한 연령집단 내의 상대적 위치로 산출한다. 이는 평균이 100이고 표준편차를 15로 변환한 표준점수인데, 현재 대부분의 지능검사가 편차지능지수의 개념을 따르고 있다. 이러한 편차지능지수는 원점수를 환산점수로 전환함으로써 개인 내 소검사 점수들을 비교할 수 있으며, 성인 지능지수도 연령에 관계없이 동등하게 해석할 수 있다는 장점이 있다.

2) 지능검사의 발전 배경

인간 정신 능력에 관한 이론 분야에서 정신 능력을 측정하는 도구 및 검사법의 개발은 필수적인 요구사항이며, 또한 교육 및 심리진단 분야에 지능검사의 현실적 필요성이 지속적으로 요구됨으로써 다양한 검사도구들이 개발되었다. 대표적인 지능검사 도구로는 비네 지능검사 및 웩슬러 지능검사와 같은 개인 검사와 함께 다양한 집단용 지능검사들이 있다.

(1) 비네 지능검사

비네는 1905년에 시몬과 함께 정상 아동과 정신지체 아동을 감별하기 위한 목적으로 비네-시몬 검사를 제작하였는데, 이것이 공식적인 지능검사의 효시다. 이 검사는 30개의 문항으로 구성되어 있으며, 문항을 내용에 따라 구분하지 않고 난이도 수준에 따라 배열하였다. 1908년에 비네는 이를 연령 수준별로 개정하여 정신연령의 개념을 도입하였다. 즉, 연령이 증가할수록 일반적으로 나타나는 변화 정도를 확인하기 위해서 정신연령과 생활연령을 비교하여 지적 능력을 측정하였다. 그 후 터먼에 의해서 스탠퍼드-비네검사(1916)로 개정된 후 재표준화되었으나 성인과 매우 나이 어린 아동에게 적합하지 않고 재검사를 실시하기 위한 동형검사가 없다는 단점을 지니고 있었다. 이런 단점을 보완하기 위해 1937년에 터먼과 메릴은 L형과 M형의 동형검사를 제작하고 연령범위도 확대하였다. 그 후 1960년대 다시 미펀(Miffin)이 1937년판을 개정하면서 시대에 맞는 문항과 편차지능지수를 도입하기에 이르렀으며, 1986년에 제4차 개정판이 발표되었으나 실제 활발하게 사용되지 못하고 있는 실정이다. 우리나라에서는 1937년판을 기준으로 하여 고대-비네 검사를 개발하였으며 주로 만 4세에서 14세까지의 아동용 개인 지능검사로 사용되고 있다.

(2) 집단검사

개인용 지능검사가 개인의 정신 능력, 지적 결함 등을 보다 정밀하게 진단하려는 임상적인 목적을 지니고 있는 반면, 집단용 지능검사는 일시에 많은 피검자의 정신

능력을 변별하기 위한 간편성과 경제성 때문에 발달되었다. 집단용 검사의 시초는 제1차 세계대전 중 미국심리학회가 제작한 군대알파검사(1917)와 군대베타검사(1920)이다. 검사의 측정 내용은 대부분 스탠퍼드-비네검사와 같은 개인용 지능검사에서 다루어진 내용으로서 언어, 수리, 추리 능력으로 구성되어 있다. 1940년대 이후 요인분석의 영향을 받아 각 하위 검사마다 동질적인 문항을 구성하여 제작하는 경향이 널리 보급되었으며, 우리나라에서도 1963년 초등학교 저학년용의 표준화 지능성숙검사가 개발된 이래로 수십 종의 검사가 제작되어 사용되고 있다.

(3) 웩슬러 지능검사

1939년 미국의 심리학자인 웩슬러는 비네 지능검사와 군대용 집단검사에서 문항을 수집하여 성인용 지능검사(Wechsler-Bellevue Intelligence Scale Form I)를 제작하였다. 그는 지능을 개인이 목적을 이루기 위해 합리적으로 사고하고 행동하며 환경을 효율적으로 처리하는 총체적인 능력이라고 정의하였다. 즉, 지능은 성격의 일부 요소로서 인지적 요인뿐만 아니라 비인지적인 요인인 불안, 지구력, 목표자각 등의 영향을 받는 것으로 보았고, 지능검사를 단순히 지능 수준을 평가하는 도구이기보다는 성격까지도 측정할 수 있는 역동적인 도구라고 주장하였다(Kaufman, 1990).

이후 1946년에 두 번째 유형의 검사(Wechsler-Bellevue Alternative Form II)가 개발되었고, 뒤이어 아동용(Wechsler Intelligence Scale For Children: WISC, 1949), 성인용(Wechsler Adult Intelligence Scale: WAIS, 1955), 그리고 취학전 아동용(Wechsler Preschool and Primary Scale of Intelligence: WPPSI, 1967)이 제작되었다. 취학전 아동용 검사의 개정판(WPPSI-R, 1989), 아동용 검사의 개정판(WISC-R, 1974; WISC-III, 1991)과 성인용 검사의 개정판(WAIS-R, 1981; WAIS-III, 1997)이 각기 제작되어 현재 가장 유용한 개인용 지능검사로 널리 사용되고 있다.

3) 한국판 웩슬러 지능검사

우리나라에 처음으로 소개된 웩슬러 지능검사는 한국판 웩슬러 지능검사(Korean Wechsler Intelligence Scale: KWIS)로서 전용신 등(1963)이 WAIS를 표준화한 것이다. 그 뒤 WISC를 이창우와 서봉연(1974)이 표준화하여 한국판 웩슬러 아동용 지능검사(K-WISC)를 제작하였으며, 박경숙 등(1987)이 WISC-R을 표준화하여 한국교육개발원 웩

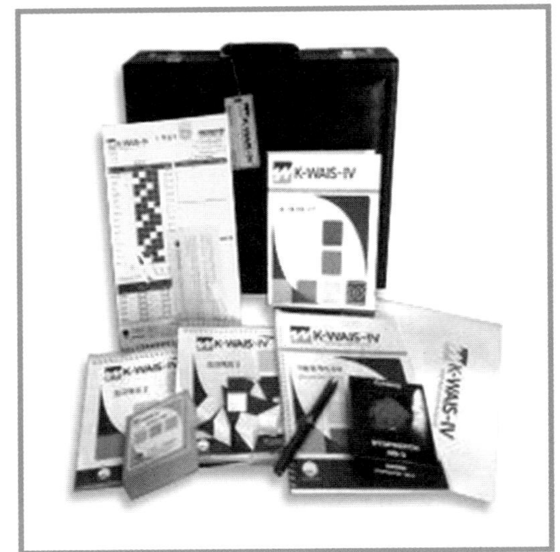

슬러 아동용 지능검사(KEDI-WISC)를 개발하였고, 곽금주 등이 K-WISC-III(2001), K-WISC-IV(2011)를 개발하였다. 성인용 검사는 염태호 등(1992)이 WAIS-R(1981)을 한국판 웩슬러 성인용 지능검사(K-WAIS)로 표준화하여 사용하고 있으며, 황순택 등(2008)이 WAIS-IV를 K-WAIS-IV로 표준화하여 사용하고 있다.

현재 한국판 웩슬러 성인용 지능검사(K-WAIS)는 적절한 예비 문항선정, 1차 예비 검사, 2차 예비 검사, 문항분석, 본 검사 실시, 규준설정 등의 과정을 거쳐 한국인에게 적절하고 일상생활에서 쉽게 접할 수 있는 친숙한 문항을 선정하였으며 특히 이전 KWIS에서 유용성이 검증된 몇 개의 문항을 제외하고는 새로운 문항을 선정하였다. 표집대상은 1986년의 인구센서스 자료를 기준으로 16~64세까지 연령, 성별, 거주지, 학력을 고려한 층화표집 방법으로 선택하여 성인인구를 적절하게 대표하였다.

(1) 검사의 구성 및 시행 방법

K-WAIS는 WAIS나 WAIS-R과 같이 여섯 개의 언어성 검사(기본 지식, 숫자 외우기, 어휘 문제, 산수 문제, 이해 문제, 공통성)와 다섯 개의 동작성 검사(빠진 곳 찾기, 차례 맞추기, 토막짜기, 모양 맞추기, 바꿔쓰기) 등 총 11개의 소검사로 구성되어 있다. 대개 언어성 검사와 동작성 검사를 한꺼번에 실시하며, 경우에 따라서는 나누어서 실시할 때도 있다. 검사 결과는 각 소검사의 표준화 점수뿐만 아니라 언어성 IQ, 동작성 IQ, 그리고 전체 IQ가 산출된다.

웩슬러 지능검사는 시행 시간만 해도 대략 1시간 내지 1시간 30분이 소요되는 상당한 시간적·정신적 노력과 전문적인 검사수행 및 해석이 요구되는 작업이다. 다른 검사와 마찬가지로 개인의 잠재 능력을 평가하므로 검사시행의 표준절차를 반드시 지켜야 하며, 피검자로 하여금 검사에 대한 동기를 갖고 안정되고 자연스러운 상태에서 자신의 최대 능력과 일상적인 행동을 그대로 나타내도록 도와주어야 한다. 특별한 이유가 없는 한, 한 번에 전체 검사를 수행해야 하며, 검사에 대한 피검자의 저항이 많거나 적합하지 않은 상황인 경우에는 검사시행을 중단하거나 면담을 통해 이를 극복하도록 시도하는 것이 바람직하다. 또한 검사자는 검사를 시행하는 데 있어 채점의 원칙을 미리 알고 있어야 하며 독특한 반응을 채점 원리에 따라 정확하게 채점할 수 있어야 한다.

(2) 언어성 하위 검사

기본 지식(information) 소검사는 총 29문항으로 이루어져 있으며 개인의 기본 지식의 정도를 측정한다. 주로 기억의 발달, 기억의 기능, 지적 민첩성, 동기 및 정보의 파지, 지적 포부 수준과 관련되어 있는 문항들로 이루어져 있다.

숫자 외우기(digit span) 소검사는 검사자가 제시하는 숫자를 바로 따라 외우는 7문항과 거꾸로 따라 외우는 7문항의 총 14문항으로 구성되어 있으며, 청각적 단기기억과 회상력, 주의력을 측정한다.

어휘(vocabulary) 소검사는 총 35문항으로 이루어진 단어의 뜻을 측정하는 검사로서 일반 지능의 주요 지표이며, 학습 능력, 기억범위, 교육수준 및 문화적 배경, 일반 개념의 정도를 측정한다.

산수(arithmetic) 소검사는 종이와 연필을 사용하지 않고 산수 문제를 해결하는 16문항의 검사로서 수개념의 이해, 주의집중력, 지속적 주의력, 수학적 추리력을 측정한다.

이해(comprehension) 소검사는 속담의 뜻이나 상황을 이해하고 대처하는 16문항으로 구성되어 있으며 일상 경험의 응용 능력이나 도덕적 · 윤리적 판단 능력, 현실 검증력을 측정한다.

공통성(similarities) 소검사는 두 단어의 공통점을 찾는 총 14문항의 검사로서 유사성 파악 능력, 추상적 사고 능력, 개념형성 능력 등을 측정한다.

(3) 동작성 하위 검사

빠진 곳 찾기(picture completion) 소검사는 총 20문항으로 구성되어 있으며, 그림을 보고 그림 속에서 중요한 부분이 빠진 곳을 지적하도록 하는 검사로서 사물의 본질적인 부분과 비본질적인 부분을 구별하는 능력 및 시각적 예민성, 주의집중 능력을 측정한다.

차례 맞추기(picture arrangement) 소검사는 총 10문항으로 순서가 뒤섞인 카드 그림을 이야기 순서에 맞게 배열하도록 구성되어 있다. 전체 상황에 대한 이해력과 계획

능력을 측정하는 것으로서 사회문화적 배경의 영향을 많이 받는다.

토막짜기(block design) 소검사는 두 개의 면은 빨간색, 두 개의 면은 흰색, 나머지 두 개의 면은 빨간색과 흰색이 절반씩 칠해져 있는 정육면체의 토막 아홉 개를 이용하여 제시되는 모형에 맞게 토막을 맞추는 검사로서 총 9문항으로 구성되어 있으며, 지각적 구성 능력과 공간적 표상 능력 및 시각-운동협응 능력을 측정한다.

모양 맞추기(object assembly) 소검사는 작은 조각으로 전체 모양을 완성하는 검사로서 총 4문항으로 구성되어 있으며, 지각 능력과 재구성 능력 및 시각-운동협응 능력을 측정하며, 시각적 분석과 부분을 종합하는 능력 및 조립 기술과 관련이 있다.

바꿔쓰기(digit symbol) 소검사는 보기의 각 숫자에 해당하는 기호를 쓰는 총 93문항의 검사로서, 제한된 시간 안에 기록한 기호의 개수를 파악한다. 주로 정신운동속도, 주의집중력, 단기기억, 민첩성, 학습 능력 및 시각-운동협응 능력을 측정한다.

5 객관적 성격검사

1) 성격검사의 발달

심리학 분야에서 성격만큼 그 개념과 이론이 다양하고 논의가 많은 것도 드물 것이다. '도대체 성격이란 무엇인가?' 라는 질문에 많은 학자들이 그 해답을 찾으려고 노력하였지만 그 누구도 성격이란 바로 '이것이다' 라고 정의 내리지 못하는 실정이다. 하지만 대개 성격에 대한 정의를 내릴 때 독특성과 안정성을 전제로 한다. 즉, 성격은 한 개인을 타인과 구별 짓게 하는 독특성이 있으며 이런 독특성이 순간적이거나 불규칙하게 나타나는 것이 아니라 매우 안정되고 일관되게 나타난다는 것이다.

성격연구의 대가인 올포트(Allport)는 성격이란 한 개인의 특징적 행동과 사고를 결정하는 개인 내부의 정신신체적 체제의 역동적 조직체라고 하였으며, 길포드(Guilford)는 한 개인의 독특한 특성이라고 정의하였다. 행동주의 입장에서 성격을 연구한 미셸(Mischel, 1979)은 성격을 개인이 생활 장면에 적응하도록 하는 사고와 정서를 포함한 고유한 행동 유형이라고 정의하였다. 이처럼 성격에 대한 정의는 연구자들의 이론적 관점에 따라 각기 달라서 성격을 측정하는 것은 매우 어려운 작업이고, 더군다나 한 개인이나 집단의 성격 특성을 몇 마디 말로 요약하는 것은 불가능한 일이다. 이것이 바로 심리검사, 특히 성격검사를 제작하고 실시하고 해석하는 사람들의 어려움이다.

원래 객관적 성격검사는 검사자가 직접 평가하는 방법으로부터 시작되었으나, 피검자 자신이 문화적 관습에 따라 결정된 문항에 직접 응답하는 자기보고식 질문지가 널리 사용되고 있다. 최초의 객관적 성격검사는 우드워스(Woodworth)의 Personality Personal Data Sheet(1920)로서 제1차 세계대전 당시 군징집자들에 대한 진단평가를 위해 처음으로 사용되었는데, 주로 신경증적 증상에 대한 문항으로 구성된 검사였다. 하지만 이와 같은 검사들이 경험적인 증거가 없다는 비판이 제기되자 이를 극복하기 위해 경험적 방식에 근거한 검사들이 제작되었다. 그 대표적인 검사가 하서웨이(Hathaway)와 맥킨리(Mckinley)에 의해 제작된 다면적 인성검사(Minnesota Multiphasic Personality Inventory: MMPI, 1994)로서, 문항 선택이 경험적 근거에 따라 이루어졌으며 현재도 정신장애 진단용 검사로 널리 이용되고 있다.

이와는 달리 통계적인 방법, 즉 요인분석에 의해 성격검사를 제작하는 방식이 있는데, 이는 성격검사 문항에 대한 요인분석을 실시하여 동질적인 검사척도를 구성하는 것이다. 이는 성격연구자들이 성격의 기본 차원을 발견하고자 사용했던 방식으로서, 가장 대표적인 검사가 커텔의 16 성격요인검사(16PF)이다.

최근에는 앞서 제시한 여러 성격검사 제작 방식을 결합시킨 검사가 발표되었는데, 잭슨(Jackson)의 Differential Personality Inventory(DPI, 1972), Personality Research Form(PRF)(Jackson, 1984), 그리고 밀런(Millon)의 Clinical Multiaxial Inventory(MCMI, 1982) 등이 대표적인 검사들이다. 이들은 이론에 근거하여 먼저 문항을 수집한 다음 내적 일치도 검증과 요인분석을 통해 척도를 구성한 후, 마지막으로 외적 준거에 대한 경험적인 타당성을 입증하는 단계를 거쳐 제작되었다.

이와 같이 성격검사를 제작 방식에 따라 구분하는 방법 이외에 이론적 배경에 따라 구별할 수 있는데, 그중 하나가 유형론과 특성론적 입장에 따른 구분이다. 유형론적 입장에서는 성격을 불연속적 범주들의 집합이라고 간주하여 한 개인이 어떤 유형에 속하는지를 기술하는 반면에, 특성론적 입장은 성격을 연속적 차원으로 기술하여 한 개인에게 어떤 성격 특성이 얼마나 많은지를 기술하는 것이 차이점이다. 대표적인 성격차원검사로는 아이젱크의 성격검사(Eysenck Personality Scale), 캘리포니아 성격검사(California Personality Inventory: CPI) 등이 있다. 이들은 주로 정신병리적 측면에서 성격장애를 진단하기 위해 고안된 것이 아니라 정상적인 성격 구성 개념을 밝히거나 성격 특성을 성격 이론적 입장에서 규명하고자 제작된 것이다. 반면, 정신병리적 측면에서 성격 유형을 진단하고자 제작된 검사로는 MCMI, 성격장애검사(Personality Disorder Examination) 등이 있다.

여기에서는 가장 널리 사용되는 검사 위주로 몇 가지 성격검사를 제시하고자 하는데, 특히 임상 장면에서 진단용으로 널리 사용되고 있는 MMPI의 각 하위척도에 대해서 간략히 설명하고자 한다.

2) 성격요인검사

커텔 등(Cattell et al., 1970)에 의해 제작된 16PF는 경험적 연구과 요인분석, 문항수정 연구를 통해 1970년대부터 성격평가 도구로서 활발하게 사용되고 있다. 이 검사는 1990년 염태호와 김정규에 의해 한국어로 표준화되어 '다요인 인성검사' 로 보급되었는데, 타당도 척도인 무작위 반응척도, 14개의 성격척도, 그리고 5개의 이차요인척도(외향성, 불안, 강인성, 자립성, 자아강도)로 구성되어 있으며, 척도 점수들의 상호 조합에 의해 성격 프로파일의 역동적 해석도 가능하다. 16PF 검사는 여러 성격 특성을 측정할 수 있고 진단에 유용하다는 장점이 있으나, 피검자가 자신의 반응을 고의로 조작할 수 있고 사회적 바람직성이 검사 반응에 영향을 줄 수 있다는 단점도 있다.

3) 성격차원검사

아이젱크 부부(Eysenck & Eysenck, 1975)는 신경증적 경향성 차원(N), 외-내향성 차원(E), 허위성 차원(L), 그리고 강인성 혹은 정신병적 경향성 차원(P)을 측정할 수 있는 아이젱크 성격검사(Eysenck Personality Questionnaire: EPQ)를 개발하였다. 이후 1985년 아이젱크는 요인분석을 통해 P척도를 새롭게 보완하고 고섭과 아이젱크(Gossop & Eysenck, 1980)가 개발한 중독성 척도와 범죄성 척도를 첨가하여 총 106문항으로 구성된 EPQ-R을 제작하였으며, 이와 함께 세 가지 하위척도(충동성, 모험성, 감정이입)로 구성된 충동성 질문지(Impulsiveness Questionnaire)를 새롭게 제작하였다. 이와 같은 연구의 결정판으로 아이젱크(1991)는 EPQ-R과 단축형, 그리고 충동성 질문지를 하나로 묶어 총 3부로 구성된 아이젱크 성격척도검사(Eysenck Personality Scale-Adult: EPS)를 발표하였다.

4) 다면적 인성검사

MMPI(Minnesota Multiphasic Personality Inventory)는 1940년 하서웨이와 맥킨리에 의해 정신의학 분야와 일반 의료분야에서 환자들의 임상 진단의 정보를 제공하기 위해 제작되었다. 이 검사는 이론적 배경에 의해 문항이 선택된 것이 아니라, 기존 문항들 중에서 내용과 주제를 고려하여 추출한 후, 정신장애군과 정상인군을 변별해 주는 문항이 최종적으로 선택되었다. 이런 집단 간 비교를 통해 여덟 개의 임상척도(건강염려증, 우울증, 히스테리, 반사회성, 편집증, 강박증, 조현병, 경조증)가 구성되었다. 이후 1946년에 두 개의 임상척도(남성성-여성성, 내향성)가 추가되어 총 566문항의 4개의 타당도 척도와 10개의 임상척도로 제작되었다.

비록 MMPI가 임상 진단용으로 제작되었으나 단일 임상척도의 상승이 특정 정신장애와 직접적으로 관련이 있다고 볼 수 없다. 즉, MMPI의 각 척도들은 정신병리를 진단해 주는 측정도구로 간주되어서는 안 된다. 또한 대개 임상척도가 단독으로 상승하기보다는 몇 개의 척도들이 동시에 상승하는 경향이 많은데, 동시에 상승하는 프로파일에 대한 형태분석이나 내용분석이 유용하고 가치 있는 정보를 제공해 준다.

다음과 같이 4개의 타당도 척도와 10개의 임상척도에 대한 간단한 설명을 제시하였는데, 동시에 상승하는 프로파일에 대한 분석과 해석은 전문 서적을 참고하기 바란다.

(1) 타당도 척도

- 무응답 척도: 무응답 문항이나 이중으로 응답한 문항의 개수로서 30개가 넘으면 다른 임상척도의 점수를 왜곡시키기 때문에 검사의 신뢰도가 떨어진다.
- L척도: 이 척도는 다소 세련되지 못하고 미숙한 수준에서 자신을 보다 좋게 보이려는 정도를 측정하는 척도로서, 이 점수의 상승은 지나치게 긍정적으로 보이려는 방어적 태도를 시사한다.
- F척도: 이 척도는 비정상적인 경험, 생각 및 감정 등의 정도를 알아보는 척도로서 일반적으로 매우 드물게 나타난다. 높은 점수는 자신을 지나치게 나쁘게 보이려는 경향이 있거나 정신병리 및 심리적 갈등의 정도가 심한 것으로 볼 수 있다.
- K척도: 이 척도는 자신의 정신병리나 심리적인 상태를 드러내지 않고 방어하려는 경향이 어느 정도인지 말해 주는 척도로서, 높은 점수는 개인적 정보나 문제를

노출시키려 하지 않는 비협조적이며 저항적 태도를 시사한다.

(2) 임상척도

- 척도 1(건강염려증): 건강염려증(Hs) 척도는 신체적 건강을 부정하고 다양한 신체적 증상에 집착하는 내용으로 구성되어 있으며, 순수한 내과적 증상을 지닌 환자도 상승하지만 정신장애자 집단보다는 낮다. 높은 점수의 피검자는 여러 가지 모호한 만성적인 신체증상을 보이며, 불행감을 느끼고 애처롭게 호소하며 타인의 관심을 원한다.
- 척도 2(우울증): 우울증(D) 척도는 비관 및 슬픔의 정도를 나타내는 척도로서 우울증의 여러 증상인 행복감이나 개인 존중감의 부족, 정신성 운동의 지연과 위축, 외부에 대한 관심 저하, 그리고 근심과 걱정 같은 내용의 문항으로 구성되어 있다.
- 척도 3(히스테리): 히스테리(Hy) 척도는 히스테리 증상을 평가하기 위한 척도로서 신체 건강의 부인과 여러 신체 증상의 호소 및 심리적 문제의 전반적인 무관심과 같은 내용의 문항으로 구성되어 있다. 높은 점수의 피검자는 스트레스를 처리하는 데 부정과 억압과 같은 신경증적 방어기제를 사용하며 스트레스가 높을 때 신체적 증상을 드러낸다.
- 척도 4(반사회성): 반사회성(PD) 척도는 만족의 결여, 가족 문제, 이탈 행동, 성문제, 권위자와의 어려움 등의 문항으로 구성되어 있다. 높은 점수의 피검자는 사회의 가치관과 기준을 받아들이지 못하고 반사회적 행동을 하며, 충동적이고 계획성이 없고 적대적이며 냉소적이다.
- 척도 5(남성성-여성성): 남성성-여성성(Mf) 척도는 직업에 대한 관심, 취미, 여가활동, 걱정, 두려움, 과민성, 사회적 활동, 종교, 가족 관계, 성적인 내용의 문항으로 구성되어 있다. 이 문항에서는 남자들이 여성 특성을, 여자들이 남성 특성을 나타낼 때 높은 점수를 얻는다. 남자의 경우 이 척도가 매우 높으면 동성애적 경향이나 성정체감 및 남성적 역할에 대한 불안정감, 명백한 여성적 행동을 보인다. 이에 비해 여자의 경우는 전통적인 여성적 역할에 대한 거부, 높은 남성적 취향, 그리고 남성적 직업과 전문직을 선택하는 경향을 보인다.
- 척도 6(편집증): 편집증(Pa) 척도는 명백한 정신증적 행동, 즉 의심, 관계망상, 피해망상, 과대망상 외에도 과민성, 냉소적 태도, 비사교적 행동, 과도한 도덕주의,

타인에 대한 불만과 같은 문항들로 구성되어 있다. 높은 점수의 피검자는 남을 비난하거나 원망하며 적대적이거나 따지기를 좋아하며 경계심이 많고 지나치게 민감하고 논쟁을 좋아하며 남 탓하기를 잘하는 사람들이다.

- 척도 7(강박증): 강박증(Pt) 척도는 강박적인 행동 외에도 비정상적인 공포, 자기비판, 자신감의 저하, 주의집중 곤란, 과도한 예민성, 우유부단 및 죄책감과 같은 문항으로 구성되어 있다. 이 척도는 심리적 고통이나 불안을 나타내는 좋은 지표로서 높은 점수의 피검자는 불안, 긴장, 매우 사소한 일에도 걱정이 많고 겁이 많으며 공포심을 갖는다. 비록 청결하고 조직적이며 세밀하지만 창의성, 독창성, 융통성이 없으며 의사결정에 있어 우유부단하다.
- 척도 8(조현병): 조현병(Sc) 척도는 명백한 조현병 증상과 여러 행동 특질로 구성되어 있다. 문항은 지각의 혼란, 사고장애 등의 증상 외에 사회적 고립, 가족관계의 문제, 성적 관심, 충동 통제나 집중의 실패 등 다양한 내용으로 구성되어 있다. 높은 점수의 피검자는 소외되고 위축되며 타인과의 관계나 새로운 상황의 접근

BOX 1 지속적으로 매맞은 아내의 MMPI 프로파일 특성

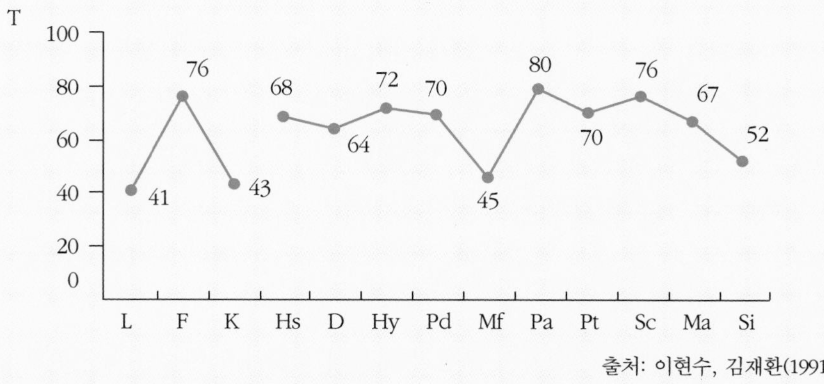

출처: 이현수, 김재환(1991).

이 그림은 '구타당하는 아내 집단' 중에서 MMPI 프로파일의 이탈도가 가장 큰 집단의 양상이다. Pa 척도가 T80 이상이고, F, Sc, Pt, Hy, Pd 척도가 T70 이상으로 상승되어 있어 다소 자신의 증상을 과장하는 면도 있으나 주변 상황에 극도로 예민하고 불안한 것으로 보인다. 이들의 주요 증상으로는 손발이 떨리고 숨쉬기가 힘들며 깜짝깜짝 놀라고 남편과 시집 식구들에 대한 공포를 드러낸다. 또한 악몽에 시달리고 있으며, 이야기가 장황하고 조리가 없으며, 적개심이 표출되는 등 감정의 통제가 제대로 이루어지지 않는 것이 특징이다.

을 피한다. 자신의 정서를 잘 표현하지 못하고 현실과 분리되고 공상 속에 갇히는 경향이 있으며 자아불신감, 열등감에 사로잡혀 있고 성적 집착과 성적 역할의 혼돈이 흔히 나타난다.

- 척도 9(경조증): 경조증(Ma) 척도는 고양된 정서, 활발한 행동, 사고의 비약으로 표현되는 조증 상태를 진단하기 위한 문항과 가족관계, 도덕적 가치나 태도, 신체적 관심에 대한 문항으로 구성되어 있다. 이 척도가 높은 피검자는 정력적이고 그 정력으로 무엇인가를 하지 않고는 못 견디는 사람이다. 인지 영역에서는 사고의 다양성, 비약 및 과장성을 보이며, 행동 영역에서는 과잉 활동적이고 안절부절못하고, 정서 영역에서는 불안정성, 흥분성, 민감성 및 기분의 고양을 보인다.
- 척도 0(내향성): 내향성(Si) 척도는 사회적 접촉과 책임으로부터의 철수 경향을 평가하기 위해 사회적 장면에서의 불편감, 고립, 일반적 부적응 및 자기비하의 내용으로 구성되어 있다. 높은 점수의 피검자는 다른 사람들로부터 회피하는 경향이 있고, 불안정감, 자신감 결여, 지나친 억제, 냉담, 사회적 내향성을 보인다.

6 투사적 검사

현재 사용되고 있는 성격검사는 크게 성격의 겉으로 드러난 행동을 평가하는 것, 개인의 행동, 감정, 태도에 대해 내성적으로 분석하는 것, 그리고 인식하지 못하고 있는 개인의 무의식적 측면의 역동성을 평가하는 검사도구 등으로 나뉠 수 있다. 특히 임상 장면에서는 겉으로 관찰될 수 없고 인식하지 못하는 무의식적이고 역동적인 성격구조를 분석해야 할 경우가 많은데, 이때 사용되는 방법이 투사적 기법(projective technique)의 검사들이다.

이러한 투사적 기법은 검사자의 주관적 해석에 의존하고 뚜렷한 표준화도 없을 뿐만 아니라 신뢰성이나 타당성에 대한 명확한 검증을 할 수 없는 검사라 하여 많은 심리학자로부터 냉대를 받아온 것이 사실이다. 그럼에도 불구하고 임상심리학자들은 꾸준한 연구와 역동적 성격이론을 기반으로 1950년대 이후 널리 사용하고 있다. 특히 대표적인 투사적 검사인 로르샤하(Rorschach) 검사는 스위스의 정신의학자인 로르샤하(Rorschach)가 개발한 것으로 1960년대 후반까지만 해도 이에 관한 많은 연구논문들이 발표되었었다. 그러나 그 후 이론적 견해에 대한 논란, 분석과 해석에 시간이 많이 드는 점, 그리고 행동주의적 접근방식의 선호 등으로 인해 그 관심이 예전과 달리 많이 줄어들었다. 하지만 정신역동성에 대한 중요성을 강조하는 연구자들은 꾸준히 투사적 기법의 사용을 옹호하고 성격이해의 도구로 사용하고 있으며, 다른 객관적 검사에서는 밝힐 수 없는 심층적이고 역동적인 성격을 평가할 수 있다는 장점을 강조한다. 그러나 피검자의 반응을 추론적으로 해석하여 결과를 분석하므로 지나친 추론으로 인한 왜곡 가능성을 주의해야 하며, 이러한 왜곡 가능성을 줄이기 위해 경험 있는 검사자가 직접 검사를 실시하고 해석하는 것이 바람직하다.

Hermann Rorschach(1884～1922)

이 절에서는 이러한 로르샤하 검사를 비롯하여, 그 밖의 투사적 검사인 주제통각검사, 투사적 그림검사, 문장완성검사를 살펴보기로 한다.

1) 로르샤하 검사

1921년에 제작된 로르샤하 검사는 투사법 검사 중 가장 대표적인 심리진단 검사로서 표준화된 잉크반점 카드로 구성되어 있으며, 개인의 지각 과정을 통해 행동 특징이나 성격을 예측한다. 로르샤하 검사자극은 대칭으로 된 10개의 잉크반점 카드인데 카드 I, IV, V, VI, VII은 무채색이고, 카드 II, III은 검정과 붉은 색채가 혼합되어 있으며, 카드 VIII, IX, X은 여러 가지 색채가 혼합되어 있다. 이 카드들은 불분명하며 뚜렷한 의미가 없는 것으로, 특정 대상이나 사물을 지칭하지는 않으나 다양한 함축적 의미를 지니고 있다.

검사자는 피검자에게 카드를 제시하기 전에 검사에 대한 간단한 소개를 한 후 각 카드에 대해 "이것이 무엇처럼 보입니까?" 라고 질문하여 반응을 얻는다. 각 반응들은 표준화된 방식으로 채점되며, 간략하게 다음과 같은 성격 특징들을 측정한다.

- 인지적 또는 지적 측면: 지적 상태와 그 기능, 접근 방법, 관찰력, 사고의 독창성, 생산성, 흥미의 폭
- 감정적 또는 정서적 측면: 일반적인 정서 상태, 자신에 대한 감정, 타인에 대한 반응성, 정서적 긴장에 대한 반응, 정서적 충동의 통제
- 자아 기능의 측면: 자아의 강도, 갈등 영역, 방어

BOX 2 로르샤하 검사의 예(1번 카드)

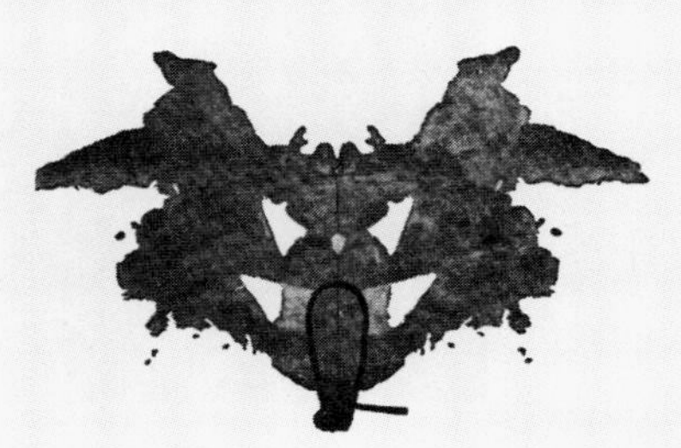

검사자: 이것이 무엇처럼 보입니까?
피검자: 여우 얼굴이요.
검사자: (피검자의 반응 반복)
피검자: 예. 입 벌린 여우 얼굴이요.
검사자: 어디가 그렇게 보였는지 잘 모르겠는데요?
피검자: 전체가 얼굴인데 하얀 부분이 눈과 입이고 하얀 이빨도 있고…….

이 반응과 같이 피검자는 잉크반점에 대해서 '입 벌린 여우 얼굴'로 지각하였는데, 잉크반점의 전체 반점 형태에 근거해서 반응하였으며, 동물의 얼굴을 지각하고 흰 공백 부분을 눈과 입이라고 말하면서 이빨과 같은 반응을 보인 점 등을 고려해 볼 때, 피검자의 비행행동과 관련하여 부정적이고 적대적인 행동 특징이 나타나는 것으로 생각된다.

주로, 로르샤하 검사는 정신의학적 진단의 보조 수단으로서 감별 진단을 하는 데 사용되며, 로르샤하 검사를 통해 밝혀진 성격구조는 심리치료에 상당한 도움이 되기 때문에 치료 계획을 세우는 보조 수단으로도 사용된다.

2) 주제통각검사

주제통각검사(Thematic Apperception Test: TAT)는 개인과 환경과의 관계를 밝히는 검사로서 피검자의 성격, 내적 욕구 및 동기, 환경과의 심리적 갈등에 대한 정보를 빠르게 얻을 수 있다는 장점이 있다. 1935년 머레이(Murray)와 모르간(Morgan)에 의해 제작된 이 검사는 초기에는 진단적 자료를 수집하는 데 사용되었으나, 정신병리적 상태, 태도와 정서, 그리고 문화와 성격의 상관연구에도 사용되고 있다. 주제통각검사의 기본 가정은 사람들은 모호한 상황을 자신의 과거 경험과 현재의 소망에 따라 해석하는 경향이 있으며, 또한 축적된 경험과 의식적 · 무의식적 감정 및 욕구와 일치하는 방향으로 이야기를 만드는 경향이 있다는 것이다.

주제통각검사는 피검자가 쉽게 동일시할 수 있는 여러 생활 장면을 묘사한 30장의 그림 카드와 1장의 공백 카드로 구성되어 있으며, 성인 남녀, 소녀, 소년 등 내담자에 따라 각기 20장의 카드를 반으로 나누어 2회에 걸쳐 실시하는데, 심리검사 배터리의 일부로 사용되는 경우 보통 10장 정도의 카드를 사용하기도 한다. 피검자에게 그림 카드를 제시하고 각 그림에 대해 현재 무슨 일이 일어나고 있고 인물들의 생각, 느낌, 행동은 어떤지, 과거에는 어떠했고 미래에는 어떻게 될 것인지를 상상력을 발휘하여 이야기하도록 지시한다.

이처럼 주제통각검사가 성인의 성격을 진단하는 데 매우 유용한 도구로 사용되고 있지만 아동에게는 적합하지 않아 1940년대 후반 벨락(Bellak)이 3세부터 10세 사이의 아동을 위한 아동용 주제통각검사(Children Apperception Test: CAT)를 제작하였다. 그는 도판의 자극 장면을 아동이 쉽사리 투사할 수 있는 그림으로 바꾸고 도판에 등장하는 주인공도 동물로 바꾸었다. 이처럼 동물을 등장시킨 이유는 아동들은 인간 자극보다 동물 자극에 더 잘 동일시하기 때문이다. CAT에 의해 주로 측정되는 내용은 아동이 주요 인물이나 충동에 대응하는 방식, 대인관계, 사회적 상호작용, 동일시 양식, 형제간의 경쟁, 부모에 대한 태도, 그리고 부모가 한 이불 속에 들어가 있는 것을 보는 것에 대한 환상 등과 같은 것이다.

BOX 3 주제통각검사의 예(4번 카드)

검사자: 이 그림의 장면에 대해서 이야기해 보세요.

피검자: 남자가 빌려 준 돈을 받지 못해 화가 나 있는데 마침 돈 빌려 간 사람이 나타나서 만나러 가려는 것을 부인이 말리고 있어요. 남자가 너무 화가 나 있어서 큰 싸움이 일어날까 봐 부인이 말려요. 결국 남자는 나가지 못하고 술로 화풀이하고 부인이 대신 가요.

이 도판은 남자가 어디론가 빠져나가려 하고 한 여인이 이 남자를 붙들고 있는 모습의 그림이다. 이 그림에 대한 피검자들의 전형적인 반응은 주로 남자와 여자의 갈등이다. 남자는 여자를 떠나 자신의 계획된 일을 하고 싶어 하고 여자는 남자가 떠나지 않기를 바라는 내용과 남녀 사이의 말다툼과 같은 갈등이 묘사되기도 한다. 또한 좌측 상단에 있는 반나체의 여성을 남자의 여자 친구로 지각하고 이들 간의 삼각관계를 언급하는 경우도 있다. 대개 남자 피검자의 경우는 결혼 적응의 문제나 여성과 성에 대한 태도가 주로 언급되고, 여자 피검자의 경우 일반적으로 이야기 구성은 비슷하나 남자를 다루거나 상황을 처리하는 기술이 언급된다(박영숙, 1994).

3) 투사적 그림검사

그림은 마음의 엑스레이라는 한 아동그림 전문가의 말처럼, 그림은 개인의 잠재된 마음이 투영된 것이라고 볼 수 있다. 즉, 자신의 성격이나 고민 등이 사람, 나무, 집과 같은 그림을 매개로 하여 드러나게 되는데, 이러한 개인의 심리적 갈등과 도움을 요청하는 신호를 올바로 받아들이고 진단함으로써 개인의 고민을 해결하는 데 도움을 줄 수 있다.

이처럼 그림을 통해 그 개인을 이해하려는 방법의 발달은 대략 19세기 말로 추정된다. 특히 구디너프(Goodenough, 1926)는 처음에는 인물화 검사를 통해 지능의 발달 수준을 평가하였으며 아동기부터 청소년기까지 인물화의 변화 과정을 제시하였다. 그는 아동의 인물화를 통하여 그림을 그린 아동의 지능발달 수준을 평가하였는데, 주로 세부 묘사를 얼마나 정확하게 많이 하였는가를 측정치로 삼았다.

또한 매코버(Machover, 1949)도 처음에 인물화 검사를 지능평가를 위한 방법으로 사용하다가 지능검사보다는 투사적 성격검사로서의 가치를 인정하고 인물화 검사를 발전시켰다. 인물화 검사에서는 개인이 그린 인물 그림에 그 자신의 신체상이나 자아 개념이 투사될 뿐만 아니라, 개인 습관이나 정서적 특성이 나타나거나 자신에게 중요한 인물에 대한 태도, 사회 상황에 대한 태도 및 검사자나 검사 상황에 대한 태도 등이 반영된다는 것이다. 매코버는 피검자에게 자신이 그린 인물이 누구인지, 몇 살인지, 기분은 어떻고 무슨 생각을 하는지 등과 같은 질문을 하여 연극이나 소설 속에 나오는 인물처럼 상상해서 이야기를 꾸며보도록 하는 연상 단계를 포함시켰다.

이와는 달리 벅(Buck, 1948)은 집-나무-사람 그림 검사를 처음으로 소개하였는데, 그는 개인에게 가능한 가장 멋진 집(나무, 사람) 그림을 그려보라는 지시를 한 후, 그림이 완성되면 그려진 그림에 대해 임상적인 해석을 하였다. 이 외에도 가족을 그리는 가족화 검사나 가족들이 각자 무엇을 하고 있는 활동 모습을 그리는 동작성 가족화 검사들이 널리 사용되고 있다.

4) 문장완성검사

문장완성검사(Sentence Completion Test: SCT)의 종류는 매우 다양하나 기본 형식은 피검자가 미완성의 문장을 완성하는 것이다. 이 검사는 다른 투사적 검사와는 달리

검사자극이 분명하며, 피검자가 검사자극 내용을 지각하므로 의식적 수준의 심리적 현상을 측정할 수 있다. 임상 장면에서 문장완성검사는 다른 검사에 대한 부가적인 정보를 제공해 줄 뿐만 아니라 다른 검사에 의해 나타난 역동적 내용을 확인해 줄 수 있는 매우 간단하면서도 유용한 검사다.

문장완성검사를 통해 주로 피검자 자신과 부모 및 가족에 대한 태도, 포부 수준, 공포감이나 죄책감, 이성이나 동료에 대한 태도, 성적 적응에 대한 태도 등 비교적 성격의 표층 영역에 해당하는 반응 내용을 얻을 수 있다.

다음의 예시는 여러 문장완성검사 중 삭스(Sacks) 방법(60문항)의 일부 내용이다.

- 내 생각에 가끔 아버지는 ______________________
- 다른 가정과 비교해서 우리 집안은 ______________________
- 어머니와 나는 ______________________
- 내가 보는 나의 앞날은 ______________________
- 나의 가장 큰 결점은 ______________________

이 장의 중심 내용

01 심리평가(psychological assessment)란 심리검사, 면담, 그리고 행동관찰 등 여러 방법에 의해 개인의 심리적 특성을 통합적으로 이해하는 일련의 전문적인 과정이라 할 수 있다.

02 심리검사가 본격적으로 널리 사용된 것은 집단 심리검사의 필요성이 절실하게 대두되었던 제1차 세계대전부터였다. 심리검사의 유용성과 회의론이 시대별로 논란이 있었으나, 1980년대 이후에는 비교적 이런 논란에서 벗어나, 심리검사가 상황과 필요에 따라 적절히 사용되어야 하고 검사 결과를 지나치게 신뢰하거나 맹신하는 태도는 버려야 한다는 점이 강조되고 있다.

03 좋은 심리검사는 신뢰도, 타당도, 표준화 및 규준을 잘 갖추고 있어야 한다. 신뢰도란 한 검사가 개인의 특성을 측정할 때 얼마나 오차 없이 측정하고 있느냐의 개념으로서, 검사점수들의 반복 가능성 및 일관성과 관련이 있다. 타당도는 한 측정도구가 문항 제작 시 의도했던 목적을 어느 정도 충실히 측정하고 있느냐 하는 검사의 능력을 의미한다. 또한 표준화는 검사의 실시, 채점, 그리고 해석 방법을 일정하게 하여 검사 과정을 동일하게 만드는 과정이다.

04 인간 정신 능력을 측정하는 다양한 도구 및 검사법이 개발되어 왔다. 대표적인 지능검사 도구로는 비네 지능검사 및 웩슬러형 지능검사와 같은 개인 검사와 함께 다양한 집단용 지능검사들이 있다. 한국판 웩슬러 지능검사는 언어성 하위검사(기본 지식, 숫자 외우기, 어휘, 산수, 이해, 공통성)와 동작성 하위검사(빠진 곳 찾기, 차례 맞추기, 토막짜기, 모양 맞추기, 바꿔쓰기)로 구분되어 있다.

05 성격은 한 개인을 타인과 구별 짓게 하는 독특성이 있으며 이런 독특성이 순간적이거나 불규칙하게 나타나는 것이 아니라 매우 안정되고 일관되게 나타난다는 것이다. 성격을 측정하는 도구는 크게 성격차원검사와 성격요인검사로 구분할 수 있는데, 임상 장면에서 주로 많이 사용되는 다면적 인성검사는 총 566문항의 4개의 타당도 척도와 10개의 임상척도로 구성되어 있다.

06 투사적 검사는 객관적 검사에서 밝힐 수 없는 심층적이고 무의식적이며 역동적인 성격을 평가할 수 있다는 장점을 지니고 있다. 비록 투사적 기법이 검사자의 주관적 해석에 의존하고 신뢰성이나 타당성에 대한 명확한 검증을 할 수 없는 검사라 하여 많은 심리학자로부터 냉대를 받아온 것도 사실이지만, 정신역동성에 대한 중요성을 강조하는 연구자들은 꾸준히 투사적 기법의 사용을 옹호하고 성격이해의 도구로 사용하고 있다. 투사적 검사를 실시할 때는 지나친 추론으로 인한 왜곡 가능성을 주의해야 하며, 이러한 왜곡 가능성을 줄이기 위해 경험 있는 검사자가 직접 검사를 실시하고 해석하는 것이 바람직하다. 로르샤하 검사, 주제통각검사, 투사적 그림검사, 문장완성검사 등이 유용하게 사용되고 있다.

학습과제

1 심리평가란 무엇이고, 이를 통해 인간의 어떤 특성을 알 수 있는지 설명하시오.

2 객관적인 심리검사가 갖추어야 할 사항은 무엇인지 설명하시오.

3 비율지능지수와 편차지능지수는 어떤 차이가 있는지 설명하시오.

4 객관적 검사와 투사적 검사의 차이점은 무엇인지 설명하시오.

5 투사적 검사에는 어떤 종류가 있으며, 왜 이런 검사가 필요한지 설명하시오.

14 상담과 심리치료

학습 개요

경제와 사회가 발전하면 발전할수록 심리적인 문제는 이와는 달리 심각해지는 경향이 있다. 특히 우리나라의 경우 경제협력개발기구(OECD) 국가 중 자살률 1위라는 불명예스런 기록을 가지고 있는데, 이는 우리 사회가 우울증이나 각종 정신장애 등이 증가하고 상태가 악화되어 가는 것을 반영한다. 이러한 문제를 전문적으로 다루기 위해 우리 사회는 이미 심리적 상담 혹은 심리치료의 필요성이 높아진 상태이며, 우리는 이러한 조치가 하루 빨리 필요한 해결안을 만들어 낼 수 있도록 많은 기대를 하고 있는 실정이 되었다. 따라서 이 장에서는 상담의 개념과 기원, 원리 및 과정을 소개하고, 심리치료의 정의와 목적을 설명하면서 현재 널리 쓰이는 다양한 심리치료 접근법들을 살펴볼 것이다. 특히 각 치료 접근의 특징을 살펴보고, 이들이 사용하는 여러 가지 기법들도 소개할 것이다. 마지막으로 과연 심리치료가 심리적 문제를 해결하는 데 효과가 있는지를 여러 측면에서 살펴볼 것이다.

학습 목표

1. 상담의 의미와 목표를 이해한다.
2. 상담의 이론적 기초를 학습한다.
3. 심리치료의 정의와 목적을 이해한다.
4. 현재 널리 쓰이고 있는 심리치료 이론과 기법들을 이해하고 비교해 본다.
5. 심리치료의 효과성과 관련된 이슈들을 알아본다.

1 상담의 의미와 목표

1) 상담의 의미

상담이란 용어는 영어의 counseling에 대한 번역어로서, 라틴어 'consulere'에서 유래되었으며, 고려하다(to consider), 반성하다(to reflect), 숙고하다(to deliberate), 자문하다(to consult), 조언을 받다(to ask counsel), 그리고 조언을 구하다(to ask counsel of) 등의 의미를 가진다. 오늘날 우리가 사용하는 상담이란 말은 윌리엄슨(E. G. Williamson)의 저서인 『학생상담의 기법(*How to Counsel Students*)』(1939)에서 처음 사용되었지만, 이제는 상담의 전문화 과정을 거치면서 많은 다양한 기능을 가지게 되었다. 현대적 의미의 상담은 조언 이외에도 심리치료, 태도변화, 행동수정, 의사결정, 문제해결, 정보제공 등 전문적 기법에 의한 새로운 기능들을 함유하고 있다. 이에 상담이라는 것은 내담자와 상담자 간의 쟁점이고, 이들이 놓여 있는 상황에 따라 다양한 목표를 가질 수 있으며, 그 대처방식도 당양해질 수 있다. 결국 상담이란 상담자와 한 사람 또는 다수의 내담자들 간의 상호작용이라고 할 수 있으며, 그 목표는 사고, 정서, 또는 행동과 관계되는 문제를 가진 내담자를 돕는 것이라고 종합적으로 정의할 수 있다.

2) 상담의 목표

대부분의 상담이론들과 모델에서 강조하는 주요 목표들을 살펴보면 다음과 같다(George & Cristiani, 1995). 첫째, 인간의 행동에 있어서 변화를 촉진시킨다. 대부분의 상담이론을 보면 내담자로 하여금 좀 더 생산적이고 만족스러운 삶을 살 수 있도록 내담자의 행동변화를 가져오는 것을 상담의 목표로 하고 있다. 즉, 사고와 감정 그리고 행동의 변화를 가져오는 것이 상담의 목표다. 둘째, 개인적 혹은 사회적인 역량들을 개선시킨다. 상담은 무엇보다도 내담자 스스로의 역량을 발휘하고 이로 하여금 인간관계를 원만히 하도록 하는 것이다. 특히, 가정, 학교, 직장, 지역사회 등 여러 유형의 인간관계가 나타날 수 있는 맥락에서 보다 증진적인 방향으로 변화되도록 하는 것을 가리킨다. 그리고 상담의 최종 결과는 내담자와 상담자가 '촉진적(facilitative)' 인간관계를 맺고 내담자로 하여금 바람직한 방향으로 변화를 이루게 하여 앞으로도 내담자 자신이 다른 사람과 촉진적 인간관계를 형성하고 발달시킬 수 있는 힘을 기르게 하는 것이다. 셋째, 사회적 효율성과 대처 능력을 증진시킨다. 상담은 내담자로 하여금 문제해결 능력과 적응기술을 증진시킬 수 있다. 문제해결을 상담의 목표로 설정할 경우 삶 그 자체가 문제의 연속이기 때문에 상담 또한 계속 필요한 것이 된다. 그렇기 때문에 상담의 목표는 문제 그 자체를 해결하기보다 내담자 스스로 문제라고 생각하는 것을 해결할 수 있도록 돕는 것이 되어야 한다. 한편, 사람은 사회 · 문화적 환경에 적응해야 생존할 수 있다. 특히 성장 과정에 있는 아동이나 청소년이 새로운 환경에 적응하지 못하면 발달에 대단히 큰 손상을 입을 수 있기 때문에, 상담에서는 사람들이 환경의 변화에 적응하도록 돕는 것이 필요한 일이라고 강조한다. 넷째, 적절한 의사결정 과정을 배운다. 상담은 내담자로 하여금 의사결정 기술을 함양하는 것이다. 우리의 삶은 선택과 결정의 연속이고 합리적인 의사결정을 필요로 하는데 이러한 점에서 상담은 가장 합리적인 의사결정 과정을 익힐 수 있다고 할 수 있다. 다섯째, 인간의 잠재력을 향상시키고 자기발달을 풍부하게 한다. 상담은 내담자의 타고난 잠재 능력을 개발하여 저마다 자기를 실현하는 사람이 되도록 돕는 것이다. 인간은 무한한 잠재력이 있지만 극히 일부만 활용하고 있고, 상담은 이러한 상황에서 내담자로 하여금 자기탐색의 기회를 갖도록 하여 자기탐색의 과정을 거쳐서 자신의 능력과 특성을 발견할 수 있게 훈련시키는 것이다.

2 상담의 이론적 기초

1) 상담자의 자질

상담자가 인간적이고 전문적이어서 효과적인 상담자의 자질을 갖추는 것은 상담의 성패를 좌우하는 가장 핵심적인 기능을 담당한다고 할 수 있다. 일반적으로 상담자의 자질은 인간적 자질과 전문적 자질로 나누어 생각할 수 있다. '인간적 자질' 은 성격

〈인간적 자질〉 〈전문적 자질〉

적인 측면에서 상담을 할 수 있는 소양을 갖추었는가를 의미한다고 볼 수 있다. 첫째, 인간에 대한 긍정적인 관심이 있다. 내담자를 하나의 인간으로서 존중하고 그 가치를 인정하며, 온정과 관심을 보일 수 있어야 한다. 둘째, 자신에 대한 이해와 수용이다. 상담자 자신이 원만한 자기성장을 이루어 상담자가 있는 그대로의 자신을 이해하고 수용할 때 비로소 내담자를 이해하고 수용할 수 있다. 셋째, 정직성이다. 내담자를 마주대함에 있어서 가식 없이 진실한 태도로 마주하며 자신의 생각이나 감정을 은폐하거나 왜곡하지 않는 것을 말한다. 넷째, 공감 능력이다. 상담자가 내담자의 감정과 경험을 마치 자신의 것처럼 진지하게 고민하고 수용적으로 반응할 수 있는 능력을 의미한다. 다섯째, 평정심과 인내력이다. 상담을 하다 보면 각양각색의 문제를 가진 다양한 내담자를 만나게 된다. 이 과정에서 자신의 신념이나 가치관과 상충되는 경우도 있을 것이다. 상담자는 그 어떠한 상황에서도 흔들리지 않는 평정심과 힘든 여건에서도 참고 버티어 낼 수 있는 인내력을 길러야 한다. 여섯째, 유머 감각이다. 상담은 진지하고 섬세한 작업이기 때문에 고도의 긴장을 내포할 수 있으므로 이를 해소하기 위해 유머를 필요로 한다. 다음으로 알아볼 상담자의 '전문적 자질'은 상담을 수행하는 데 필요한 전문적 지식 · 기술 · 태도를 의미한다. 전문적 자질로는 첫째, 심리학적 지식과 상담 이론의 활용이 있다. 심리학은 인간의 생물학적 기초, 지각, 발달, 학습, 성격, 정서와 동기, 정신병리, 사회적 상호작용 등에 대한 폭넓은 지식을 제공한다. 최근의 상담은 치료에 초점을 두기보다는 교육적 · 발달적 · 예방적 상담으로 흘러가고 있다. 따라서 상담자는 발달심리, 성격심리, 학습심리, 사회심리, 지역사회심리 등을 통해서 인간과 관련된 다양한 주제에 대한 연구와 개념을 알아 내담자를 이해하는 데 활용해야 한다. 또한 상담 이론은 인간관, 문제의 발생 배경, 상담 목표와 과정, 상담 기법 등 내담자를 이해하는 틀을 제공한다. 상담 과정에서 이 상담 이론은 지도(map) 역할을 한다. 따라서 내담자의 특성이나 상황에 따라 최선이라고 생각되는 상담 이론을 적용하여 상담해야 한다. 둘째, 상담 기술의 실습과 훈련이 있다. 상담자는 효과적으로 상담을 진행하기 위해서 상담 이론에 대한 충분한 이해를 바탕으로 다양한 상담 기술을 적용할 수 있어야 한다. 상담 기술을 익히는 것은 관련 이론서를 읽는 것만으로는 한계가 있으며, 실제적인 상담 기술 훈련을 거쳐야 한다. 셋째, 문화적 차이에 대한 이해가 있다. 문화란 한 집단 구성원들이 공유하고 있는 가치관이나 행동을 의미하는 것으로 나이, 성, 지역, 사회경제적 계층에 따라 모두 다르다. 내담자 역시 다양한 환경에서 성장하며, 각기 다른 경험을 통해 현재 자신의 모습으로 존재하고 있다. 상담자는 내담자의 문화적 특징을 이해하여 내담자의 세계를 잘 파악하는 것이 중요하다. 넷째, 상담자의 윤리가 있다. 상담 상황에서 상담자가 지켜야 할 윤리가 있다. 먼저, 상담자는 자신의 능력에 대해 한계를 제대로 인지한 태도를 가져야 한다. 즉, 자신이 감당하기 어려운 내담자와 무리하게 상담을 진행해서는 안 된다. 또한 상담 과정에서 알게 된 내담자의 정보에 대해 비밀을 지켜야 하며, 상담자의 태도로 인해 내담자가 상처를 받지 않도록 해야 한다.

2) 내담자의 특성

내담자는 상담의 대상자로서 또 다른 대상인 상담자와 상호작용을 통해 자신의 문제를 해결하고자 하는 사람을 말한다. 내담자들이 갖는 정서, 인지 및 행동적인 측면의 특성은 다음과 같다. 첫째, 내담자는 일반적으로 우울, 불안, 분노 등의 다양한 정서적 혼란을 경험한다. 이러한 감정은 주로 과거에 해결되지 않은 자신의 감정을 충분히 표현하지 못하고 억류한 데서 비롯되는 경우가 많다. 둘째, 인지적으로 많은 왜곡을 하는 경향이 있다. 우리는 세상을 지각하고 판단하여 해석하는 과정을 거치는데, 이 과정에서 있는 그대로 현실을 받아들이기보다 다르게 지각하고 해석하는 성향이 나타난다. 특히 내담자들은 지나치게 경직되어 있거나 극단적이며 현실과 다른 생각을 가지고 있어 현실을 수용하지 않고 왜곡한다. 셋째, 내담자들은 거식증, 불면, 중독, 폭력, 성문제, 불안과 두려움으로 인한 생활상의 어려움 등 다양한 행동문제를 가지고 있다. 이러한 행동은 내담자 자신이 인식할 수 있는 수준부터 그렇지 않은 수준까지 다양하게 존재하며, 피해 범위 역시 사소한 다툼에서부터 주변 사람과 자신에게 심각한 해를 끼치는 수준까지 광범위하게 나타난다.

3) 상담의 기본 원리

전문 상담자라면 반드시 일정한 원리에 따라 상담을 하여야 한다. 그 원리로는 개별화의 원리, 감정표현의 원리, 정서 관여의 원리, 수용의 원리, 비심판적 태도의 원리, 자기결정의 원리, 비밀보장의 원리 등을 들 수 있다(김충기, 강봉균, 2001).

(1) 개별화의 원리

개별화의 원리란 내담자들의 개성과 개인차가 있으므로 상담자는 이 점을 고려하여 상담에 임하여야 한다는 것을 의미한다. 개별화를 위해서는 다음 사항을 준수해야 한다. 첫째, 내담자에 대하여 편견이나 선입견을 갖지 말아야 한다. 둘째, 인간 행동의 유형과 원리에 대하여 전문적으로 이해하고 있어야 한다. 셋째, 내담자의 말을 세밀하게 경청하여야 한다. 넷째, 내담자의 보조에 맞게 상담을 하여야 한다. 다섯째, 내담자의 감정 변화에 민감하여야 한다. 여섯째, 내담자와 견해가 다를 때에는 대치하지 않고 적절한 조화의 선에서 절충 선택하도록 해야 한다.

(2) 감정표현의 원리

감정표현의 원리란 내담자의 감정을 솔직하게 표현하도록 상담자가 모든 노력을 기울여야 한다는 것을 의미한다. 상담자는 내담자의 감정표현을 비난하거나 낙심시키는 행동을 하지 않고 끝까지 인내심을 가지고 경청하고 격려해야 한다.

(3) 정서 관여의 원리

정서 관여의 원리란 내담자가 표현한 감정에 민감하고 의도적이고 적절하게 반응하여야 한다는 것을 의미한다. 상담자는 내담자의 정서 변화를 이해하고 적절하게 반응하는 등 내담자의 정서에 적극적으로 관여하는 것이 필요하다.

(4) 수용의 원리

수용의 원리란 내담자를 수용한다는 말로 구체적으로 내담자의 장단점, 성격의 긍정적 측면과 부정적 측면, 긍정적 정서와 부정적 정서, 건설적 태도와 파괴적 태도 등을 있는 그대로 이해하는 가운데 내담자를 인격체로 존중한다는 의미다.

(5) 비심판적 태도의 원리

비심판적 태도란 내담자의 행위에 대하여 상담자가 판단이나 비판을 하지 않는다는 것을 의미한다. 상담은 내담자 스스로 자신의 문제에 대하여 새로운 통찰을 얻어 결정하도록 하는 것이기 때문에 상담자가 심판자와 같은 행동을 하는 것은 상담의 기본 취지에 어긋난다.

(6) 자기결정의 원리

자기결정의 원리란 어떤 경우이든 상담에서는 내담자가 선택하고 결정한다는 것을 의미한다. 따라서 상담자는 내담자가 스스로 자신을 수용하도록 하고, 자신의 잠재 능력을 발견하고 개발함으로써 인격 성숙을 도모할 수 있도록 하여야 한다.

(7) 비밀보장의 원리

비밀보장의 원리란 상담 과정에 있었던 모든 사항을 제3자가 알지 못하도록 하는 것을 의미한다. 비밀이 철저하게 보장될 때에만 내담자는 상담자를 신뢰하고 상담을 성공적으로 할 수 있다.

3 상담의 과정

1) 초기 단계

상담 초기에는 상담의 성격이나 절차를 이야기함으로써 상담의 방향을 잡아 준다. 상담자가 수용적이고 온화한 태도로 내담자에게 깊은 관심을 갖고 라포(rapport, 친화감)를 형성하는 것은 면접을 계속해 나가는 데 중심적 역할을 한다. 특히 라포라는 것은 내담자와 상담자의 상호 신뢰관계를 의미하는 용어이기 때

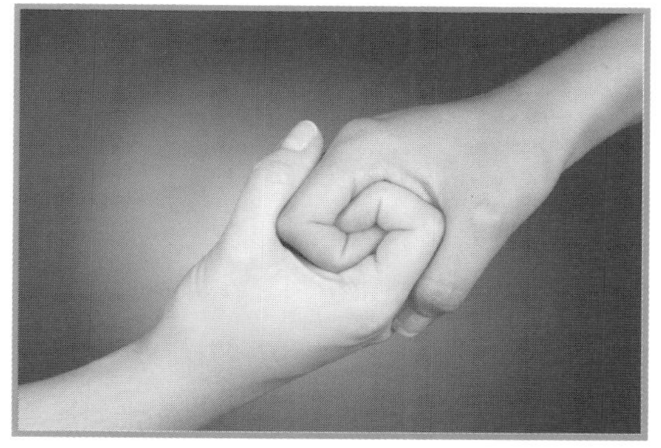

문에 상담의 초기 과정에서 가장 핵심적인 열쇠를 쥐고 있는 것이기도 하다. 즉, 라포의 형성이 제대로 잘 이루어졌다면, 전반적인 상담의 과정이 순조롭고 효과적이며 매우 능률적인 작업이 될 것이다. 하지만 라포를 제대로 형성하지 않은 상태로 상담이 진행된다면 매우 불안한 유대는 위태로워지고, 작은 갈등에도 쉽게 조기 종결될 수 있는 사태를 불러올 수도 있다. 결국 상담 초기에는 라포를 형성하고 강화하여 초기 단계에 필요한 다양한 정보를 확보하는 것이라고 할 수 있으며, 그 구체적인 과정을 다음 여덟 가지로 나누어 살펴보겠다.

- 접수면접에 관한 기본 정보: 접수면접의 날짜, 내담자의 이름과 생년월일, 접수면접자의 이름, 지도감독자가 있다면 그의 이름을 기록한다.
- 호소문제: 내담자가 상담을 받으려는 이유, 상담소에 찾아온 목적이나 배경 등을 듣는다.
- 현재 및 최근의 주요 기능 상태: 내담자가 일상생활을 어떻게 진행하고 있는지의 정보는 매우 중요하며 내담자에게 환경적, 심리적, 생화학적 변화는 내담자의 문제와 관련이 있을 수 있다. 기능 수행의 정도는 현재 어떠한가와 지난 1년간 어떠했는가로 알아볼 수 있다.
- 스트레스 원인 탐색: 내담자의 말과 표현 방식에 의거해서 기록하는 것이 바람직하다. 내담자에게 스트레스나 압력이 될 만한 조건들로는 대인관계의 불화, 의사결정, 학업, 경제적 어려움 등 그 종류와 원인도 다양할 것이다.
- 사회적, 심리적 지원: 사회적으로 지원할 수 있는 자원이 빈약할수록 상담자에게 의존할 가능성이 더 높으며, 위기를 극복할 능력이 더 떨어지거나, 대인관계 기술이 극히 부족한 사람일 가능성이 높으므로 접수면접자는 이를 고려해서 상담자에게 각별히 신경을 쓸 수 있도록 해야 한다.
- 호소문제와 관련된 개인사 및 가족관계: 가족관계는 개인의 성장 과정에서뿐 아니라 현재의 주요 생활 장면이고 대인관계의 기본 무대를 이루기 때문에 호소문제와 관련된 개인사 및 가족관계에 관련된 정보를 상세하게 수집하는 것이 좋다. 이는 내담자의 문제가 발생하고 유지되는 데 관계가 있는 가정적 영향을 밝히는 것에 중요한 자료가 된다. 특히 가족에게 유전적으로 나타나는 신체적 · 정신적 질병이 있는지 등 가계의 유전적 소인에 관한 정보도 수집해야 한다. 또한 가족 안에서의 역할 수행, 관계 맺는 양식 등 다각적인 측면에서 살펴보는 것이 중요하다.

- 외모 및 행동: 내담자의 옷차림, 두발 상태, 표정, 말할 때의 특징, 시선의 적절성, 면접자와 대화할 때의 태도, 행동, 예절 등에 대한 면접자의 관찰을 적는다.
- 진단평가 및 면접자 소견: 정신의학적, 심리학적 진단, 분류 체계를 이용하여 내담자의 문제에 해당하는 진단명을 부여한다. 면접자의 소견은 진단평가를 뒷받침하는 정보, 가설, 관찰 내용, 상담 전략이나 상담 계획에 관한 의견, 상담의 시작 시기를 조정해서 상담자를 긴급 연결해야 할 필요가 있는지에 관한 의견, 내담자에 관한 면접자의 느낌, 인상, 자신이나 타인을 해칠 가능성에 관한 평가, 심리검사가 필요한지에 관한 의견과 필요하다면 어떤 심리검사가 유용할지에 관한 의견 등을 말한다.

2) 중기 단계

상담자와 내담자 사이에 충분한 라포를 형성하게 되면 상담자는 경청하고, 관찰하면서 개인의 문제를 파악, 분석하고 치료 방법을 모색한다. 이러한 과정을 통해서 내담자 스스로 자기통찰과 이해가 촉진될 수 있으며 자신의 문제해결의 실마리를 찾아낼 수 있을 것이다. 이 중기 단계에서는 내담자의 변화를 위한 구체적인 시도가 이루어지는데, 이 과정에서 내담자의 잠정적인 자원, 강점 등을 적극적으로 활용해야 한다.

3) 종결 단계

종결의 경우는 첫째, 상담이 성공해서 종결할 경우를 들 수 있으며, 둘째, 상담을 더 이상 할 수 없어서 종결할 경우인데, 내담자의 이사나 전출 또는 상담자가 다른 곳으로 갈 경우를 들 수 있다. 셋째, 상담의 진전이 별로 없거나 불화로 인하여 중단하는 것으로 상담 실패의 경우라고 할 수 있다. 이상의 어떠한 경우든지 최소한 한 번은 만나서 중단에 관한 문제를 의논하는 것이 바람직하다. 상담의 성공적인 종결 시 반드시 언급해 두어야 할 것은 현재 문제가 해결되었다 하더라도 앞으로 그런 문제가 다시 생길 수 있고, 갈등이 심해서 고통스러울 수 있다는 것을 알려주는 일이다. 그럴 경우 이제는 내담자 자신이 스스로 직면해서 해결할 수 있는 힘을 길러야 한다.

4 심리치료의 정의와 목적

인간은 누구나 한번쯤은 심리적인 문제로 괴로워하게 된다. 이러한 문제를 해결하기 위해 처음에는 스스로 다양한 시도를 하게 되는데, 때로는 이러한 시도가 성공적이어서 수월하게 넘어간다. 하지만 때로는 누군가의 도움 없이는 해결하기 힘든 때도 있다. 이처럼 스스로의 힘으로 해결하기 힘든 경우 심리치료가 도움이 될 수 있다. 흔히 심리치료는 내담자의 문제를 해결하는 데 목적을 두고 있다고 말하는데, 좀 더 크게 보면 그 이상의 목적을 가지고 있다. 심리치료는 약물치료와는 달리 내담자에게 직접적인 처치를 가하는 것이 아니라 문제에 적응하는 기술을 알려준다. 그래서 내담자는 이렇게 배운 기술을 자기가 현재 가진 문제뿐만 아니라 이와 비슷한 문제나 다른 문제에까지도 적용할 수 있게 된다. 이런 점에서 심리치료의 궁극적인 목적은 내담자가 현재 가지고 있는 문제의 해결을 넘어 전인적인 성숙에 있다고 할 수 있다. 현재 400여 개에 이르는 심리치료가 존재하고 있다. 이렇게 많은 심리치료가 있다 하더라도 이들이 공통적으로 지향하는 점은 내담자의 행동을 수정하고 내담자 자신의 과거, 현재, 미래에 대한 이해를 더 높여서 심리적인 문제를 해결하고자 하는 것이다. 다음에서는 심리치료의 유형 중 현재 가장 널리 쓰이는 정신분석치료, 행동치료, 인지치료, 인본주의 치료를 살펴보며, 더불어 집단치료와 심리치료의 효과성에 대해서도 알아보도록 하자.

5 심리치료의 유형

1) 정신분석치료

정신분석치료에서는 무의식의 수준에서 머무르고 있는 해결되지 않은 문제나 사회적으로 용납되지 않는 충동을 의식 수준으로 끌어 올려 내담자들이 자신의 문제를 좀 더 효과적으로 다룰 수 있게 한다. 특히 전통적인 정신분석치료에서는 인간은 사회적으로 용납되지 않는 무의식적인 충동으로부터 자신을 보호해 줄 방어기제를 사용한다는 프로이트(Freud)의 주장을 전제로 한다. 따라서 전통적인 정신분석치료에서는 외현적인 문제행동보다는 이의 의미와 근본적인 원인을 찾는 데 중점을 두고 이를 위해 무의식적인 갈등을 통찰하여 이전의 성격을 전반적으로 재구조화하게 된다. '억압'은 가장 흔한 방어기제 중 하나로서 위협적인 갈등이나 충동을 무의식의 수준으로 끌어내리는 것을 의미한다. 그러나 이러한 갈등이나 충동은 완전히 억압될 수 없기 때문에 신경증적 불안과 관련된 문제행동이 나타날 수 있다. 프로이트는 이러한 불안을 없애고 좀 더 나은 삶을 위해 무의식 수준에 있는 갈등이나 충동을 의식 수준으로 가져와 내담자들에게 직면시켜야 한다고 보았다. 이를 위해 치료자는 내담자의 무의식을 탐험하고 이해하는 데 도움이 되는 기법들을 사용한다.

정신분석치료 장면

첫째로, 정신분석치료의 핵심인 자유연상을 들 수 있다. 치료자는 내담자들에게 마음속(의식)에 떠오르는 것이면 그것이 아무리 고통스럽고, 어리석어 보이고, 보잘것없고, 비논리적이고, 부끄러운 것이라 하더라도 큰 소리로 말하라고 하고, 이를 통해 내담자가 의식하지 못하는 갈등을 알아내려고 한다. 둘째로, 치료자는 내담자가 꾸는 꿈의 실제적인 내용을 통해 그 안에 숨겨진 의미를 찾으려고 한다. 이는 잠을 자는 동안에는 (의식적인) 자아 방어 수단이 약화되고 (무의식적으로) 억압된 감정들은 표면에 떠오른다고 보기 때문이다. 셋째로, 치료자는 내담자가 보이는 무의식적인 저항을 분석한다. 저항은 내담자가 자신을 방어하기 위해 특정한 기억이나, 생각, 동기 등을 드러내는 것을 어려워하거나 드러내고 싶어 하지 않는 것을 의미한다. 넷째로, 치료자와 내담자 간 상호작용 속에서 일어날 수 있는 전이를 분석한다. 내담자는 치료자를 보며 자신에게 의미 있는 사람(예: 부모, 연인)을 떠올릴 수 있다. 이 과정에서 내담자는 이들과의 관계에서 체험한 감정을 치료자에게 무의식적으로 드러낼 수 있는데, 이를 '전이'라고 한다.

(1) 현대의 정신분석치료

전통적인 정신분석치료와는 달리 최근의 정신분석치료는 상대적으로 치료 기간이

정신분석치료를 주제로 한 드라마 〈인 트리트먼트〉

짧다. 또한 전통적인 정신분석치료와 마찬가지로 문제의 근원에 대한 통찰력을 가질 수 있도록 내담자를 돕는 데 목적이 있으나 성격의 전반적인 재구조화에 집중하기보다는 내담자의 현재 인간관계나 특정 문제를 다룸으로써 문제를 해결하려고 한다.

(2) 정신분석치료에 대한 평가

정신분석치료에서는 심리적 문제의 의미와 원인을 이해하기 위해 내담자의 전 생애를 고려하기 때문에 다른 심리치료에 비해 이러한 의미와 원인을 보다 근본적이고 심층적으로 이해할 수 있다. 한편, 정신분석치료에 대한 비판으로는 행동치료나 인지치료 같은 다른 심리치료에 비해 시간이 상당히 많이 걸리고 이에 따라 비용도 비싸다는 점이 있다. 또한 언어가 유창하지 않은 내담자에게는 적합하지 않을 수 있다. 그럼에도 불구하고 정신분석치료는 현재까지 (예전보단 덜하지만) 널리 쓰이고 있고, 때로는 다른 치료에서 해결하기 힘든 심리적인 문제에 대해 효과적으로 쓰이기도 한다.

2) 행동치료

행동치료(혹은 행동수정)는 학습이론에 기반을 둔 심리치료의 한 접근 방법으로, 바람직한 행동에 강화를 주고 그렇지 않은 행동은 제거하는 기법을 사용하여 다양한 심리적 장애를 치료하는 데 목적이 있다. 전통적인 행동치료에서는 문제행동을 학습의 결과로 보기 때문에 다른 접근법들과는 달리 문제행동 기저에 깔려 있는 인지·정서적 과정보다 문제행동을 일으키고 유지시키는 외부적 상황이나 요인들을 규명하는 데 초점을 두게 된다. 이를 바탕으로 행동치료에서는 문제행동이 일어나는 과정을 최대한 객관적으로 구체화시켜 치료 목표를 세운다. 치료를 위해 일반적으로 고전적 조건화와 조작적 조건화 원리에 기반을 둔 기법들을 사용하고, 이를 통해 문제행동을 바람직한 행동으로 대체할 수 있게 된다.

(1) 고전적 조건화 기법

파블로프(Pavlov)를 비롯한 많은 학자들은 고전적 조건화(자극과 반응의 연합)를 통해 다양한 문제행동을 학습할 수 있고, 이렇게 학습된 행동은 '소거'나 '역조건화(counter-conditioning)'의 방법을 통해 제거될 수 있다고 보았다. 특히 소거보다 문제행동을 제거하는 데 있어 더 강력한 방법으로 여겨지는 역조건화는 조건 자극을 기존의 무조건 자극이 아닌 새로운 반응을 일으키는 무조건 자극과 짝짓는 것이다. 예를 들어, '꼬마 앨버트'의 경우(2장 참조)처럼 공포반응을 일으키는 큰 소리(무조건 자극)와 연합된 다양한 자극(조건 자극)들에 동일한 공포반응을 보이게 되는데 이러한 반응을 없애기 위해서는 기존의 조건 자극들을 긍정적인 반응을 일으키는 새로운 무조건 자극(맛있는 음식)과 짝지어서 공포를 극복하게 하는 것이다. 이러한 역조건화의 방법은 고전적 조건화 원리를 기반으로 하는 여러 기법들에서 사용되고 있다.

(2) 혐오 조건화

혐오 조건화는 정서적으로 강한 불쾌감을 일으키는 혐오적인 자극과 바람직하지 않은 행동을 짝지음으로써 그 행동의 빈도를 줄이거나 없애는 것을 목적으로 한다. 혐오치료가 적용되는 문제행동은 주로 중독 관련 장애로 알코올 남용, 약물 남용, 흡연 같은 문제가 포함된다. 예를 들면, 술을 마시거나 담배를 피우게 한 다음 속을 메스껍게 만드는 약물을 투여하여 내담자로부터 고통스럽거나 불쾌한 반응을 이끌어 내는 것이다. 이와 같이 혐오 조건화 절차는 매우 간단하고 즉각적인 효과를 발휘할 수 있지만, 많은 연구자들은 이의 장기적인 효과에 대해서는 의문을 던지고 있다.

(3) 체계적 둔감법

울프(Wolpe)에 의해 개발된 체계적 둔감법은 고전적 조건화 치료의 원리를 이용한 또 다른 형태의 기법으로 공포증이나 다른 불안장애를 치료하는 데 많이 쓰인다. 체계적 둔감법은 혐오 조건화와는 달리 부정적인 반응(공포, 불안)을 긍정적인 반응(이완)으로 대체시킨다. 즉, 내담자로부터 공포나 불안반응을 체계적으로 증대시키는 동시에 이와 대립되는 이완반응을 야

체계적 둔감법의 치료 장면

표 14-1 사회불안이 있는 내담자의 공포 위계표

상 황	공포의 정도 (0~100점)
1. 많은 청중 앞에서 연설하는 것	100
2. 수업시간에 발표하는 것	90
3. 다른 사람들 앞에서 자기 소개하는 것	80
4. 관심 있는 이성에게 말을 거는 것	70
5. 수업시간에 호명되는 것	60
6. 나이트 클럽에서 춤을 추는 것	50
7. 다른 사람들 사이에서 주의가 자신에게 집중되는 것	50
8. 회의에서 발언하는 것	40
9. 파티에 온 손님들에게 인사하는 것	40
10. 낯선 사람에게 자기 소개하는 것	30

출처: Barlow (2007).

기시켜 공포나 불안반응을 점진적으로 제거하는 것이다. 따라서 체계적 둔감법은 다음의 세 가지 단계로 이루어진다. 첫째, 이완 기술을 학습한다. 둘째, 공포나 불안을 야기하는 자극의 위계를 순서(가장 심한 순서부터)대로 만든다(〈표 14-1〉 참조). 셋째, 위계에 따라(가장 덜 심한 순서부터) 장면을 묘사하거나 상황에 노출시키는 동안 이완 기술을 연습한다.

(4) 노출치료

가상현실을 이용한 고소공포증 노출치료

체계적 둔감법이 공포증이나 불안장애에 효과적인 치료로 널리 쓰이고 있지만 이보다 좀 더 간단한 형태로 이완훈련이 생략된 노출치료도 종종 사용되고 있다. 노출치료에서는 내담자들이 무서워하는 상황이나 대상에 갑작스럽게 혹은 점진적으로 대면시켜서 불안에 대한 비적응적인 반응이나 회피행동을 소거하여 결과적으로 불안을 줄이거나 없애게 된다. 그러나 처음부터 노출의 정도가 너무 강하면 오히려 증상을 악화시킬 수 있기 때문에 보통 점진적으로 노출을 시킨다. 예를 들면, 고소공포증을 가진 내담자는 먼저 동영상이나 사진으로 높은 건물에서 바라본 전경을 볼지도 모른다. 그리고 점진적으로 노출 수위를 점점 높여 마지막에는 실제 건물 옥상에 올라갈 수 있도록 한다. 최근에는 전통적인 노출치료가 가지고 있는 제한점을 가상현실을 이용하여 장소나 상황에 구애받지 않고 사용할 수 있게 되었다.

(5) 조작적 조건화 기법

조작적 조건화와 고전적 조건화의 가장 큰 차이점은, 행동을 하는 데 있어 유기체(인간, 동물)의 의지가 반영이 되느냐 되지 않느냐에 있다. 다시 말해, 고전적 조건화에서 문제행동은 주어진 자극에 우리의 의지와 상관없이 반응함으로써 일어나지만, 조작적 조건화에서 문제행동은 우리의 의지가 반영된 행동으로 이후에 어떤 결과를 가져오느냐에 따라 이 행동이 증가할 수도 감소할 수도 있다. 예를 들어, 백화점에서 장난감을 사달라고 바닥에 드러누워 심하게 떼를 쓰는 아이를 생각해 보자. 이러한 행동은 장난감을 얻기 위한 아이의 의지가 반영된 행동이다. 만약 아이의 부모가 이러한 행동에 반응하여 장난감을 사준다면 앞으로 아이는 장난감을 갖고 싶을 때마다 떼를 부리게 될 것이고, 장난감을 (일관적으로) 사주지 않는다면 떼를 부리는 횟수가 점점 줄어들 것이다. 조작적 조건화 원리에 기반을 둔 행동치료는 일반적으로 문제행동이 강화를 통해 유지되거나 대안적인 문제해결기술을 배우지 못해 일어난다고 본다. 따라서 문제행동을 무시하거나 처벌하는 방법으로 없애려고 하고, 바람직한 대안행동을 소개하고 보상(강화)을 제공하여 이를 유지시키려고 한다.

(6) 토큰 강화

조작적 조건화 원리를 적용한 행동치료 기법으로 토큰 강화(token reinforcement)가 있다. 이것은 바람직한 행동에 대해 나중에 원하는 것으로 바꿀 수 있는 칩이나 동전을 주는 것이다. 이는 돈의 사용이 제한되는 환경(정신병원, 감옥)에서 효과적으로 쓰인다.

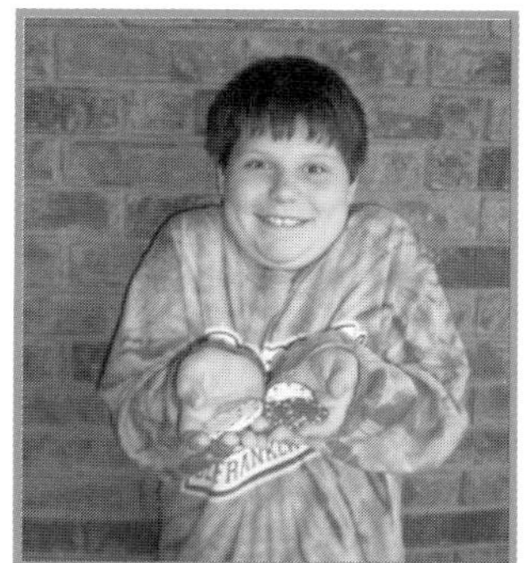

토큰 강화

(7) 유관계약

토큰 강화의 한 종류인 유관계약(contingency contracting)에서는 치료자와 내담자가 상의하에 문서 계약서를 작성하게 되는데 이 계약서에는 내담자가 성취하고 싶은 일련의 목표행동을 기술한다. 또한 그 목표에 도달하게 되면 얻게 될 보상(강화)도 함께 기술한다.

(8) 타임아웃

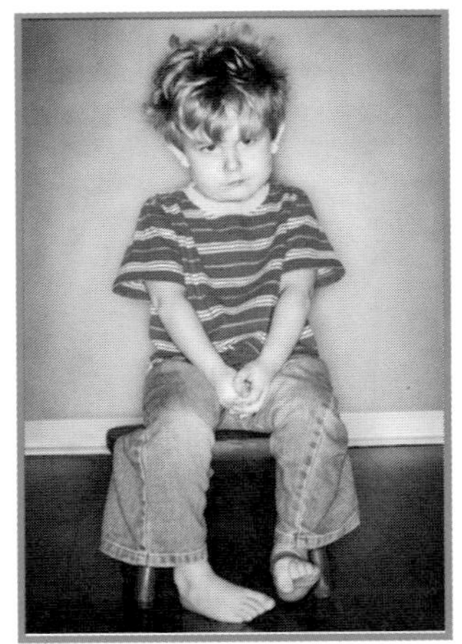
타임아웃을 받는 아이

조작적 조건화의 처벌 원리를 사용한 기법으로 바람직하지 못한 행동을 했을 때 자극이 없는 장소에 잠시 격리를 시킴으로써 정적 강화의 기회를 박탈하여 그 행동의 빈도를 줄이거나 없애는 데 목적이 있다. 이 기법은 주로 영유아에게 효과적이며, 물리적 체벌을 동반하지 않아 훈육에 대한 부작용이 상대적으로 적다고 알려져 있다.

(9) 모델링

반두라(Bandura)의 사회학습이론에 기반을 둔 모델링(혹은 관찰학습)은 다른 사람(모델)의 행동을 관찰하고 따라하는 방법으로 바람직한 행동을 학습하거나 문제행동을 변화시킬 수 있다. 예를 들면, 물에 들어가는 것을 무서워하는 아이는 다른 또래 아이(모델)가 물에서 노는 것을 관찰함으로써 공포를 극복할 수 있다. 이때 모델이 행동에 대한 보상(강화)을 받게 되면 물에 들어가는 것을 무서워하는 아이는 간접적인 강화를 받아 문제행동을 해결하는 데 효과적일 수 있다.

(10) 행동치료에 대한 평가

앞서 보았듯이 행동치료는 특히 공포증과 불안장애를 없애고 충동에 대한 통제력을 키우고 바람직하지 않은 행동을 대체할 수 있는 사회적 기술을 배우는 데 효과적이다. 또한 행동치료는 다른 어떤 치료 기법보다도 효과가 빠르고 비용이 적게 드는 장점이 있다. 한편, 행동치료에 대한 비판으로는 행동치료가 문제행동과 관련된 보다 근원적인 내재적 과정(사고, 태도, 가치)을 고려하지 않고 외현적 행동을 변화시키는 데만 초점을 두고 있기 때문에 문제행동이 언제든 다시 발생할 수 있다는 것이다. 그러나 최근 신경과학연구에 따르면 행동치료가 뇌기능에서도 실제적인 변화를 일으킬 수 있다고 보여 주고 있는데 이는 행동치료가 외현적인 행동 변화를 넘어서 그 이상의 변화를 일으킬 수 있다는 것을 암시하는 것이다.

3) 인지치료

우리는 같은 상황인데도 다르게 반응하는 사람들을 흔히 보게 된다. 예를 들면, 이제 막 말기암 선고를 받은 두 환자가 있다고 가정해 보자. 한 환자는 이 사실에 굉장히 낙담하여 하루하루를 포기한 듯이 사는 반면에, 다른 환자는 낙담하지 않고 생애 마지막을 의미 있게 보내려고 노력한다. 이 두 환자의 차이는 어디에서 오는 것일까? 인지 모델에 따르면 상황 자체보다는 상황을 어떻게 보느냐(생각하느냐)에 따라 우리의 정서와 행동이 영향을 받는다고 가정했다. 즉, 위의 환자들은 말기암 선고를 받은 상황을 서로 다르게 보았기 때문에 이들의 정서와 행동이 같은 상황에서도 달라지게 된 것이다. 이러한 인지 모델을 기반으로 하는 인지치료는 비합리적 신념(〈표 14-2〉 참조)과 그에 따른 왜곡되고 역기능적인 사고(〈표 14-3〉 참조)가 모든 심리적인 문제에서 공통적으로 나타나고, 이것이 정서와 행동에 영향을 미친다고 보았다. 따라서 인지치료에서는 내담자를 우울하거나 불안하게 만드는 왜곡되고 역기능적인 사고와 이의 기저를 이루는 근원적인 비합리적 신념을 찾아내어 현실적인 사고로 수정하는 것을 목표로 한다. 이렇게 수정된 현실적이고 융통성 있는 사고는 내담자의 정서와 행동에 변화를 가져오는데 이러한 변화가 지속되려면 근원적인 비합리적 신념의 수정

표 14-2 비합리적 신념의 유형

1. 자신이 알고 있는 중요한 모든 사람들로부터 사랑받고 인정받고 이해를 받아야만 가치 있는 사람이다.
2. 살면서 타인에게 항상 의지해야 하며 그럴 만한 사람이 필요하다.
3. 다른 사람의 문제나 곤란함에 대해서는 함께 괴로워하고 신경을 써야 한다.
4. 자신에게 해를 끼치거나 나쁜 일을 저지르는 사람은 반드시 비난과 처벌을 받아야 한다.
5. 모든 영역에서 완벽하게 유능하고 성공해야만 가치 있는 사람이다.
6. 일이 뜻대로 진행되지 않으면 끔찍하고 아무런 가치도 없다.
7. 모든 문제에는 언제나 바르고 완전한 해결책이 있는데 그것을 찾지 못하면 큰일이다.
8. 행복은 외적 조건에 의해 결정되며 우리는 그것을 통제할 수 없다.
9. 살면서 어려움에 부딪힐 때 피해 가는 것이 편하다.
10. 현재의 행동은 과거의 경험에 따른 것이며 사람은 과거의 영향에서 벗어날 수 없다.
11. 위험하거나 두려운 일이 일어날 가능성을 늘 염두에 둬야 한다.

출처: Ellis (1962).

표 14-3 인지왜곡의 유형

유 형	설 명
흑백논리	상황을 연속적인 개념으로 보기보다는 극단적 두 가지의 분류로만 판단하는 것
파국화	부정적인 사건을 다른 가능성을 고려하지 않고 과장되게 해석하는 것
평가절하	자신의 긍정적인 경험을 깎아내리는 것
감정적 논리	어떤 것이 사실처럼 느껴지기 때문에 사실이라고 믿는 것
확대와 축소	부정적인 측면은 확대, 긍정적인 측면은 축소해서 판단하는 것
여과하기	상황의 전체를 보기보다는 특정한 일부 부정적인 정보에만 집중하는 것
과잉일반화	충분한 근거가 없는데도 사소한 하나의 측면을 일반적인 경향으로 믿는 것
개인화	자신과 무관한 사건을 자신과 연결시켜 해석하는 것
협소한 시야	상황의 부정적인 측면만 보는 것

출처: Beck (1995)에서 일부 발췌.

이 필요하다. 한편, 외현적 행동을 수정하는 데 초점을 두는 행동치료와는 달리 인지치료는 생각하는 방식뿐만 아니라 행동까지 바꾸고자 한다. 이를 위해 인지치료에서는 종종 행동적 기법을 결합하여 사용하기도 하는데 이러한 치료 접근을 인지행동치료라고 한다. 인지행동치료는 인지치료와 행동치료의 제한점을 서로 상호보완하여 치료 효과를 높이기 때문에 전 세계에 걸쳐 가장 많이 쓰이는 치료이기도 하다.

(1) 인지치료에 대한 평가

인지치료는 다양한 장애(우울, 불안, 약물 남용, 섭식장애)를 다루는 데 있어 약물치료와 비슷한 효과를 내고, 약물치료와 병행 시 치료 효과를 극대화시킨다는 많은 연구결과들이 있다. 또한 정신분석치료나 다른 치료에 비해 상대적으로 짧은 기간 동안 치료가 이루어지며 구체적인 문제에 초점을 맞추기 때문에 그 사이 치료 효과가 어느 정도 나타나고, 치료 후에도 증상의 재발이 적기 때문에 경제적으로 효용성이 높은 치료이기도 하다. 한편, 인지치료에 대한 비판으로는 비합리적 신념이나 왜곡되고, 역기능적인 사고를 좀 더 합리적이고 논리적으로 바꾸는 것이 항상 도움이 되지 않는다는 것이다. 또한 우리의 삶이 항상 합리적이지 않은데 이런 상황을 무시하고 좀 더 합리적인 사고를 하는 데 초점을 맞춘다는 것이다. 이런 비판에도 불구하고 인지치료는 그 효과를 인정받아 많은 치료자들 사이에서 쓰이고 있다.

4) 인본주의 치료

사법고시를 준비하는 학생이 있다고 가정해 보자. 사법고시를 위해 이 학생은 좋은 참고서적들을 구입하고 명강사에게 강의도 듣는다. 그러나 학생 본인이 공부하고자 하는 노력이 없다면 이러한 좋은 환경은 아무 소용이 없다. 즉, 노력이 수반되어야만 사법고시 합격의 확률이 높아지게 될 것이다. 사법고시 당락에 대한 결과의 책임은 온전히 이 학생 자신에게 있다. 인본주의 치료는 자기 책임의 관점에서 치료 기법을 개발해 왔다. 우리는 우리가 살고 싶은 삶을 자유롭게 선택할 수 있고, 이로 인해 발생된 문제를 해결하는 것 또한 우리에게 달려 있다. 따라서 인본주의 치료에서는 내담자 자신에 대한 이해를 돕고 그들이 가진 이상에 좀 더 가깝게 갈 수 있는 방법을 찾을 수 있도록 도와준다. 이러한 관점에서 심리적 문제는 삶의 의미를 찾을 수 없거나 고독감을 느끼거나 다른 사람과 의미 있는 관계를 맺지 못할 때 나타난다고 본다. 또한 인본주의 치료에서 인간은 기본적으로 문제상황을 극복하고 정신건강을 되찾을 수 있는 능력을 갖고 있다고 보고, 이를 바탕으로 치료자는 내담자 스스로 문제를 해결해 나갈 수 있도록 촉진해 주는 역할을 하게 된다.

(1) 내담자 중심 치료

인본주의 치료의 한 가지 형태인 내담자 중심 치료는 로저스(Rogers)에 의해 개발되었고, 내담자의 자아실현을 위해 잠재적 능력에 도달할 수 있도록 도움을 주는 데 목적을 두고 있다. 내담자 중심 치료의 핵심은 치료자가 내담자를 진솔한 태도로 대하고, 아무런 전제조건 없이 긍정적인 존중(unconditional positive regard)을 해 주며, 더 나아가 적극적 경청(active listening)을 바탕으로 한 공감적 이해를 통해 내담자와 소통하는 것이다. 이런 따뜻하고 수용적인 환경을 제공함으로써 치료자는 내담자가 그들의 삶을 향상시킬 수 있는 결정을 내릴 수 있는 분위기를 만들

집단상담 중 로저스가 내담자에게 공감하고 있는 모습

표 14-4 적극적 경청의 유형

유형	설명과 예
명료화하기	내담자의 모호한 말을 조금 더 정교하게 만드는 것 (예) 내담자: 우울해요. 치료자: 우울하다는 게 무엇을 의미하는 거죠?
바꾸어 말하기	내담자의 말을 듣고 다른 표현으로 바꾸어 말하는 것 (예) 내담자: 저는 학교에서 잘하기 위해 늘 열심히 했어요. 치료자: 학교에서 우수한 성적을 유지하기 위해 많은 노력을 하셨군요.
반영하기	내담자의 말을 듣고 그 속에 담긴 감정을 파악하여 전달하는 것 (예) 내담자: 임신기간 동안 남편은 늘 일로 바빴어요. 저는 늘 혼자서 모든 일을 해야만 했어요. 치료자: 혼자서 모든 일을 처리하시느라 외롭고 힘드셨겠어요.

어 주고, 현재 삶에서 방해가 되는 것들에 대한 현실적이고 건설적인 선택을 할 수 있게 해 준다.

(2) 인본주의 치료에 대한 평가

인본주의 치료는 치료의 초점을 문제해결에 도움이 되는 기법을 소개하는 데 중점을 둔 다른 치료들과는 달리, 상담관계 중심으로 돌려놓았다. 또한 심리적인 문제가 성장 잠재력이 제한된 데서 기인한다는 개념은 많은 사람들에게 어필하기도 한다. 한편, 인본주의 치료에 대한 비판으로는 구체성이 없다는 것이다. 인본주의 치료에서는 모든 내담자에게 일반적이고 광범위한 상담 목표를 설정하고 사용되는 기법 또한 수동적이고 비지시적이기 때문에, 구체적인 문제에 집중하고 직접적인 해결 방법을 제시하는 다른 치료에 비해 효과가 제한적일 수밖에 없다. 그럼에도 불구하고 인본주의 치료에서 사용되는 기법들은 특성상 다른 모든 학파의 치료자들이 공통적으로 갖추어야 할 태도이므로 많은 치료 장면에서 유용하게 사용되고 있다.

5) 집단치료

심리치료는 주로 개인과 치료자 사이에서 이루어지지만, 전통적인 정신분석치료를 제외한 대부분의 심리치료는 유사한 문제를 가진 내담자 집단(10명 내외)과 치료자 사이에서 이루어지기도 한다. 이러한 집단치료에서 각각의 내담자는 개인치료에서만큼

집단치료의 장면

치료자의 관심을 받지 못하고, 증상이 심하거나 사회적으로 위축된 내담자의 경우는 참여하기 힘들다는 단점이 있다. 하지만 개인치료에 비해 치료자의 시간과 내담자의 비용을 절감해 주는 단순한 장점뿐만 아니라 집단치료 고유의 치료 요인으로 개인치료에 버금가는 치료 효과를 낼 수 있다. 예를 들면, 유사한 문제를 가진 내담자들이 모이기 때문에 혼자가 아니라는 안도감을 느끼고 서로 위로할 수 있으며, 구성원 각자가 문제행동을 해결하기 위해 사용한 전략들을 교환하고 공유함으로써 대처자원을 늘릴 수 있다. 이러한 과정에서 구성원들은 남에게 도움을 줄 수 있는 중요한 존재라는 인식을 하게 됨으로써 자존감이 높아지고, 더불어 자신의 문제행동을 집단치료를 통해 해결할 수 있다는 희망을 가지게 된다.

(1) 가족치료

집단치료의 특수한 형태 중 하나는 가족치료가 있다. 명칭이 암시하듯 가족치료는 문제를 가지고 있는 부부나 가족의 일부 혹은 전체를 대상으로 한다. 가족치료에서는 가족을 하나의 체계로 보고 가족 중의 문제는 문제를 가진 개인만이 아니라 문제 가족을 대상으로 해결해 나가는 것이 도움이 된

가족치료의 장면

다는 가정을 하고 있다. 따라서 가족치료에서는 가족구성원이 서로 어떻게 상호작용하는지 그리고 이 과정에서 갈등이 어떻게 드러나는지를 이해하려고 한다.

(2) 자조집단

단주모임의 장면

집단치료의 또 다른 형태로 자조집단(self-help group)이 있다. 앞서 설명한 집단치료와는 달리 자조집단에서는 심리치료 전문가가 참여를 하지 않거나 하더라도 역할이 굉장히 제한적이다. 대신에 유사한 문제를 가진 사람들이 모여 그들만이 이해할 수 있는 공통된 감정이나 경험을 함께 얘기함으로써 문제를 해결하는 데 서로 도움을 주게 된다. 가장 잘 알려진 자조집단 중에 하나는 단주모임(Alcoholics Anonymous: AA)으로, 이는 알코올 관련 문제를 가지고 있는 구성원들을 돕기 위해 만들어졌으며, 현재는 전 세계 140여 개 국가에서 운영되고 있다. 단주모임은 12단계의 과정을 통해 알코올 관련 문제를 가진 사람들의 사고방식과 생활방식을 바꾸는 데 도움을 주어 스스로가 회복에 대한 힘과 용기를 얻을 수 있게 한다.

6 심리치료의 효과성

'심리치료는 효과가 있는가?' 라는 질문은 간단하지만 이에 대한 답은 그리 간단하지 않다. 우선 상대적으로 명확한 답이 가능한 부분은 심리치료가 전반적으로 다양한 심리적인 문제해결에 장단기적 효과가 있다는 것이 많은 연구들을 통해서 증명되고 있다는 점이다. 대부분의 경우에서 문제행동 증상은 치료를 받지 않으면 계속 유지되는 경향이 있는데, 적어도 심리치료는 치료를 받지 않을 때보다 효과적이라는 것이다(그렇다고 심리치료가 모든 내담자에게 효과적이라는 것을 뜻하지는 않는다). 그러나 '어떤 치료가 가장 효과적인가?' 혹은 '특정 치료가 다른 치료보다 효과적인가?' 라는 질문에 대한 답은 아직 명확하게 밝혀진 바는 없다. 왜냐하면 효과적인 치료에 영향을 미치는 요소가 굉장히 다양하여 고려할 점이 많기 때문이다. 예를 들어, 대부분의 심리치료에는 기본적으로 포함되는 공통 요소(예: 내담자와 치료자 간 긍정적인 유대관계, 부정적인 정서에 대한 직면)들이 있는데, 이는 치료 간 명확한 비교를 어렵게 만든다. 또한 각 치료 유형 내에서도 치료 효과의 편차가 다양하게 나타날 수 있는데, 이러한 원인 중 하나로 치료자의 능력이나 내담자의 동기 상태를 고려해 볼 수 있다. 한편, 최근에 임상가와 연구자들은 앞의 질문에 대한 답을 구하기보다는 관점을 바꿔 연구를 통해 각 심리적 문제별로 어떤 치료가 효과적인가를 알아보는 데 초점을 맞추고 있다.

연구를 통해 밝혀진 각 심리적 문제에 대한 효과적인 치료법을 정리한 대표적인 도서

이 장의 중심 내용

01 상담이란 상담자와 한 명 또는 다수의 내담자들 간의 상호작용이라고 할 수 있으며, 그 목표는 사고, 정서 및 행동과 관계되는 문제를 가진 내담자를 돕는 것이다.

02 일반적으로 상담자의 자질은 인간적 자질과 전문적 자질로 나누어 생각할 수 있다. 인간적 자질은 성격적인 측면에서 상담을 할 수 있는 소양을 갖추었는가를 의미하며, 전문적 자질은 상담을 수행하는 데 필요한 전문적 지식 · 기술 · 태도를 의미한다.

03 전문 상담자가 알아야 할 기본 원리로는 개별화의 원리, 감정표현의 원리, 정서 관여의 원리, 수용의 원리, 비심판적 태도의 원리, 자기결정의 원리, 비밀보장의 원리가 있다.

04 라포를 형성하는 것은 면접을 계속해 나가는 데 중심적 역할을 한다. 특히 내담자와 상담자의 상호 신뢰관계를 의미하기 때문에 상담의 초기 과정에서 가장 핵심적인 열쇠가 된다.

05 심리치료는 단순히 내담자의 문제를 해결하려는 시도를 넘어 현재의 문제와 이와 유사한 문제에 적용할 수 있는 기술을 습득하는 과정이다. 그러므로 심리치료의 궁극적인 목적은 내담자의 문제해결에 국한되는 것이 아니라 내담자의 전인적인 성숙이라고 할 수 있다.

06 정신분석치료는 무의식 수준에 있는 미해결 문제와 충동을 의식 수준으로 끌어올려 문제행동의 의미와 근본적인 원인을 분석하여 성격의 전반적 재구조화를 목표로 한다.

07 행동치료는 문제행동을 학습의 결과로 보기 때문에 문제행동에 원인을 제공하고 유지시키는 외부적 상황에 초점을 둔다. 행동치료는 고전적 조건화와 조작적 조건화 원리에 기반은 둔 다양한 기법들을 사용하여 문제행동을 대안적인 바람직한 행동으로 대체한다.

08 인지치료는 내담자의 문제행동의 원인인 역기능적인 사고와 비합리적 신념을 찾아 현실적이고 합리적인 사고로 수정하여, 내담자의 정서와 행동을 변화시키는 것을 목표로 한다. 최근에는 인지치료와 행동치료를 결합한 인지행동치료가 널리 사용되고 있다.

09 인본주의 치료에서 치료자는 내담자가 스스로 자신에 대한 이해를 하고, 문제해결에 이를 수 있도록 도와주는 촉진자의 역할을 한다. 인본주의 치료는 명료하지 않은 치료 기법으로 비판을 받고 있지만, 인본주의적 접근에서 강조하는 치료자의 태도는 모든 학파의 치료자가 갖추어야 하는 덕목이다.

10 가족치료, 자조집단 등과 같은 다양한 형태의 집단치료는 집단의 특성으로 인해 참여 가능한 내담자에는 제한이 있지만, 고유한 치료 효과로 널리 사용되고 있다

11 심리치료의 효과성에 대한 연구는 특정 심리적 문제에 어떤 치료적 접근이 효과적인지에 집중되고 있다.

학습과제

1. 상담자의 자질을 구분하여 설명하시오.

2. 상담의 기본 원리를 열거하고 기술하시오.

3. 상담의 과정을 설명하시오.

4. 심리치료의 정의와 목적을 설명하시오.

5. 현재 널리 쓰이는 심리치료 접근을 열거하고 각각의 특징을 설명하시오.

6. 정신분석치료에서 내담자의 무의식에 접근하기 위해 사용하는 기법들을 설명하시오.

7. 행동치료에서 쓰이는 여러 가지 기법들에 대해 설명하시오.

8. 집단치료의 종류를 열거하고 각각의 특징을 설명하시오.

9. 심리치료의 효과성이 명백한 경우와 모호한 경우를 설명하시오.

15 뇌과학의 응용

학습 개요

뇌활동은 인간의 마음과 행동의 근간이다. 따라서 뇌 구조의 기능을 이해하는 것은 인간의 마음과 행동을 이해하는 데 필수적이다. 이 장에서는 사람의 마음과 행동을 이해하기 위하여 뇌의 활동을 측정하고 관찰하는 뇌과학에 대하여 알아볼 것이다. 뇌과학이 무엇인지, 뇌과학에 속하는 세부 전공들이 무엇인지, 그리고 뇌과학의 방법론을 살펴보며, 나아가 오늘날 뇌과학의 발달이 인류의 복지 증진에 어떻게 기여하고 앞으로 어떠한 가능성을 지니고 있는지도 알아보도록 하자.

학습 목표

1. 뇌과학의 기본 철학을 이해한다.
2. 뇌과학의 분류 및 세부 전공을 이해한다.
3. 뇌과학의 방법론 및 각각의 장단점을 이해한다.
4. 최근 뇌과학의 연구 성과들을 이해한다.
5. 신경과학자로서 지켜야 할 윤리적 원칙에 대하여 생각해 본다.

1 뇌과학의 기본 철학과 분류

René Descartes(1596～1650)

심리학은 과학적인 방법론을 이용하여 인간의 마음과 행동을 연구하는 학문이다. 르네상스 시대의 르네 데카르트(René Descartes)는 사람의 마음이나 정신, 지적 능력은 물질 세계에 속한 뇌와 신체를 초월한 비물질적인 존재로서 경험적인 연구의 대상이 될 수 없다고 생각했다. 이것을 심신 이원론(mind-body dualism)이라 한다. 신체의 일부인 뇌가 인간의 마음과 행동의 근간이라는 생각이 일반화된 것은 19세기 이후다. 오늘날 심리학은 인간의 신체와 관련한 모든 현상뿐 아니라 모든 정신적 경험이 뇌의 작용에 의해 이루어진다는 생각에 기반한다. 그렇기 때문에 심리학을 처음 배우는 학생들은 심리학 개론의 첫 수업 시간에 뇌를 구성하는 기본 단위인 뇌 세포, 즉 뉴런(neuron)에 대해서 공부한다. 심리학은 생물학, 공학, 의학과 더불어 뇌과학(neuroscience)의 큰 줄기로 성장하고 있다.

매우 복잡한 구조와 기능을 가지고 있는 뇌를 연구하기 위해서 신경과학자들은 환원주의적 접근(reductionist approach)을 사용하고 있다. 환원주의적 접근이란, 복잡한 연구 대상을 여러 구성 요소로 작게 나누어 체계적인 실험 연구에 적합하도록 단순화시키는 방법을 말한다. 연구 분석의 기본 단위의 규모를 분석의 수준(level of analysis)이라 하는데 신경과학은 분석의 수준에 따라 크게 다섯 단계로 분류할 수 있다(Bear et al., 2001). 규모가 가장 작은 단계부터 열거하면, 분자 신경과학(molecular neuroscience),

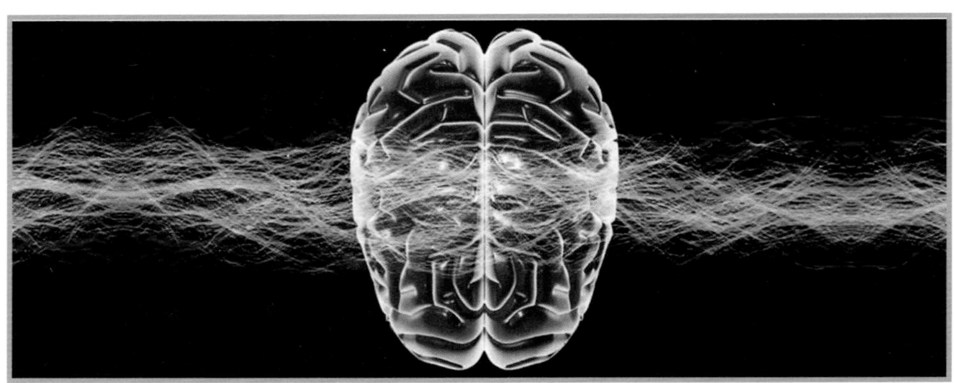

세포 신경과학(cellular neuroscience), 시스템 신경과학(systems neuroscience), 행동 신경과학(behavioral neuroscience), 인지 신경과학(cognitive neuroscience)이 신경과학의 단계별 하위 분야들이다(〈표 15-1〉 참조). '분자 신경과학'은 뇌과학의 분야 중에서 뇌세포 활동의 가장 기초적이고 작은 단위인 분자를 연구 단위로 한다. 뇌에는 다양한 종류의 분자들이 있으며 그중 많은 수가 신경계에만 존재하는 독특한 분자들인 경우가 많다. 서로 다른 종류의 분자들은 뇌의 기능에 각기 다른 방식으로 기여한다. 세포 간 의사소통을 도와주는 역할을 하는 분자, 세포 막 내외로 이동하는 물질을 통제하는 분자, 세포의 성장을 조절하는 분자 등 뇌에는 다양한 기능을 하는 분자들이 존재한다. 분자 신경과학은 이처럼 뇌 기능의 가장 기초적인 단위인 분자의 종류와 기능을 연구하는 학문 분야다. '세포 신경과학'은 다양한 분자들이 함께 기능함으로써 형성하는 세포의 특성을 연구한다. 세포 신경과학에서는 예를 들어, 다음과 같은 연구 문제를 다룬다. '세포의 종류는 얼마나 다양할까? 종류별 세포의 기능은 어떤 차이가 있을까? 세포와 세포 간 의사소통은 어떻게 이루어질까? 세포들이 서로 정보를 주고받으며 어떠한 결과물을 산출할 수 있을까?' '시스템 신경과학'은 동일한 기능을 하는 세포들이 모여 이룬 신경회로, 즉 조직(system) 단위의 기능을 연구하는 학문이다. 우리 뇌에는 동일한 목적을 위해 함께 기능하는 세포들이 모여 이룬 신경회로(neural circuit)들이 있다. 예를 들어, 시각 체계, 청각 체계, 운동 체계 등은 서로 분리된 신경회로를 가지는 신경 시스템을 지닌다. 최근에는 시스템 신경과학의 의미가 확장되어 유기적으로 함께 활동하는 여러 시스템들이 이룬 신경 조직망(neural systems network)에 대한 연구를 포함한다.

'행동 신경과학'은 여러 신경 체계들이 어떠한 방식으로 함께 기능하여 통합된 행

표 15-1 분석의 수준에 따른 신경과학의 분류

분자 신경과학	뇌 기능의 가장 기초적인 단위인 분자의 종류와 기능을 연구하는 학문 분야
세포 신경과학	세포의 종류별 기능과 특성, 세포 간 정보의 전달과 정보 처리의 기제를 연구하는 학문 분야
시스템 신경과학	동일한 기능을 하는 세포들이 모여 이룬 신경회로 단위의 기능을 연구하는 학문 분야
행동 신경과학	여러 신경 체계들이 어떠한 방식으로 함께 기능하여 통합된 행동을 만들어 내는지를 연구하는 학문 분야
인지 신경과학	상위 수준의 인간 정신 활동의 신경생물학적 기제를 연구하는 학문 분야

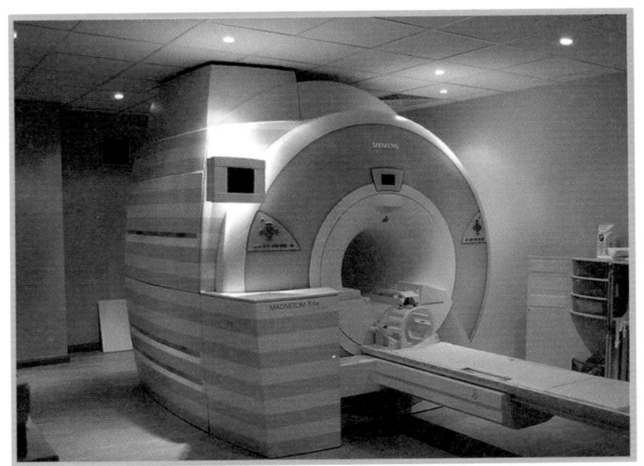
기능적 자기공명영상(fMRI)

동을 만들어 내는지를 연구한다. 행동 신경과학은 일반적으로 동물 실험에 기반하여 인간과 동물에게서 공통적으로 나타나는 인지, 행동과 정서적 경험의 신경생물학적 기제를 연구한다. 행동 신경과학에서 다루는 연구 문제의 예는, '서로 다른 종류의 기억은 서로 다른 기억 체계에 의해 형성되고 유지되는가? 약물 중독이 일어나는 뇌의 기제는 무엇인가?' 이다. '인지 신경과학' 은 보다 상위 수준의 인간 정신 활동의 신경생물학적 기제를 연구하는 학문 분야다. 폭넓은 의미의 인지 신경과학은 지각, 정서, 주의를 포함하는 모든 정보 처리의 신경생물학적 기반을 연구하는 분야다. 다시 말해, 인지 신경과학은 뇌가 어떻게 인간의 정신세계를 형성하는가를 연구한다. 인지 신경과학은 뇌영상 기기의 보급과 뇌영상 분석 기술의 발달에 힘입어 21세기의 핵심적인 학문 분야로 성장하였다. 특히, 기능적 자기공명영상(functional magnetic

표 15-2 전공별 신경과학자의 연구 분야

계산 신경과학자(Computational Neuroscientist)	수학적 모델링과 컴퓨터 시뮬레이션을 사용하여 뇌 기능에 대한 모형을 만듦
발달 신경 생물학자(Developmental Neurobiologist)	뇌가 발달하고 성숙하는 과정을 분석함
분자 신경 생물학자(Molecular Neurobiologist)	뇌에 있는 분자들의 구조와 기능을 연구함
신경 해부학자(Neuroanatomist)	신경계의 구조를 연구함
신경 화학자(Neurochemist)	신경계의 화학 작용을 연구함
신경 동물 생태학자(Neuroethologist)	자연 상태의 동물들의 종 특유의 행동을 연구함
신경 생리학자(Neurophysiologist)	신경계의 전기적 활동을 연구함
신경 약물학자(Neuropharmacologist)	신경계에 미치는 약물의 효과를 연구함
인지 신경과학자(Cognitive Neuroscientist)	인간의 인지적 기능의 신경적 기제를 연구함
정신 물리학자(Psychophysicist)	자극의 특성과 지각적 경험 간의 관계를 수리적으로 연구함
심리 생물학자(Psychobiologist)	인간과 동물 행동의 생물학적 기제를 연구함

resonance imaging: fMRI) 기기를 사용한 연구들이 급속하게 증가하면서 감각 정보 처리뿐 아니라 인간의 언어, 추론, 의사결정, 정서 및 성격에 관계되는 뇌 연결망(neural network)까지 관찰할 수 있게 되었다. 이 중에서 심리학과 가장 밀접한 관계가 있는 두 개의 분야는 '행동 신경과학'과 '인지 신경과학'이라 할 수 있다.

세부 전공에 따라 실험 신경과학자들을 〈표 15-2〉와 같이 분류할 수 있다(Bear et al., 2001).

다음에서는 인지 신경과학의 여러 방법론과 연구 성과들을 개관하고, 인류 사회의 복지에 기여하고 생활에 도움을 줄 수 있는 응용 학문으로서의 뇌과학을 소개하고자 한다.

2 뇌과학의 방법론

뇌과학의 발전은 과학 기술의 진보에 따른 연구 방법론의 발달과 맞물려 있다. 뇌 촬영 기기가 발명되기 전에는 인간 뇌의 기능에 대한 연구는 뇌에 병변(lesion)이 있는 환자들에게 나타나는 행동적 이상을 관찰하는 방법밖에 없었다([그림 15-1] (A) 참조). 뇌의 병변은 대체로 넓은 영역에 걸쳐 일어나기 때문에 병변으로 인한 행동적 장애가 병변이 일어난 영역 내 어느 국소 부위의 손상으로 인한 것인지를 알 수 없다는 제약이 있으며, 또한 환자에게서 관찰된 현상이 정상인에게는 적용되지 않을 수 있으므로 일반화 가능성(generalizability)에 한계가 있다. 한편, 병변을 이용한 연구의 장점은 손

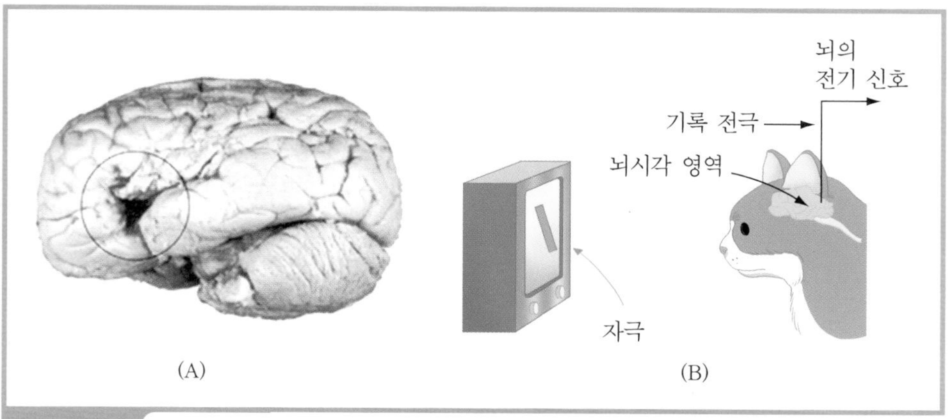

그림 15-1 (A) 폴 브로카(Paul Broca)의 환자였던 일명 '탠(Tan)'의 뇌 사진. 병변이 일어난 곳 주변에 원이 그려져 있다. 브로카는 언어장애가 있었던 환자의 뇌에 병변이 있었던 위치를 '브로카 영역'이라 이름 짓고, 이 영역의 기능은 말하기와 관계가 있다고 주장하였다. (B) 전극을 이용한 전기 생리학적 연구 방법. 실험동물의 뇌에 전극이 꽂혀 있다.

상된 영역과 관찰된 장애 간에 분명한 인과 관계가 있음을 알 수 있다는 것이다. 행동 신경과학 분야에서는 뇌에 전극을 꽂아 뇌세포로부터의 전기 신호를 추출하거나 뇌세포에 전기적 자극을 주는 등의 방법으로 특정 뇌 영역에 위치한 세포들의 기능을 연구하는 전기 생리학적 방법(electrophysiology)이 사용되어 왔다. 하지만 이러한 방법은 뇌 수술을 받는 환자를 제외하고 인간에게 적용할 수 없는 방법론이라는 제한점이 있다.

1990년대 중반 이전까지 활동하는 인간의 뇌를 연구할 수 있는 가장 보편적인 방법은 전기적 뇌파 기록(electroencephalography: EEG)이라는 전기 생리학적 방법으로서, 이는 전극을 두피에 부착하여 넓은 범위의 뇌 영역들로부터 전달된 통합적인 전기 신호를 기록하는 방법이다. EEG는 시간적 해상도(temporal resolution)는 높지만, 공간적 해상도(spatial resolution)가 매우 낮아서 전기 신호가 뇌의 어느 지점에서 발생하였는지를 정확하게 알 수 없다는 제한점을 지닌다([그림 15-2] (A) 참조). EEG와 유사한 기법인 MEG는 뇌세포 활동에 수반되는 자기 신호를 이용하는 방법으로 EEG에 비해 공간적 해상도가 높으나 시간적 해상도가 낮다([그림 15-1] (B) 참조).

양전자 방출 단층 촬영(positron emission tomography: PET) 방법은 비교적 높은 공간적 해상도를 가지고 있지만, 시간적 해상도가 매우 낮으며 피검자에게 방사성 물질을 주입해야 하므로 반복 촬영 시 인체에 해로운 영향을 줄 수 있다는 제한점이 있다([그림 15-3] 참조).

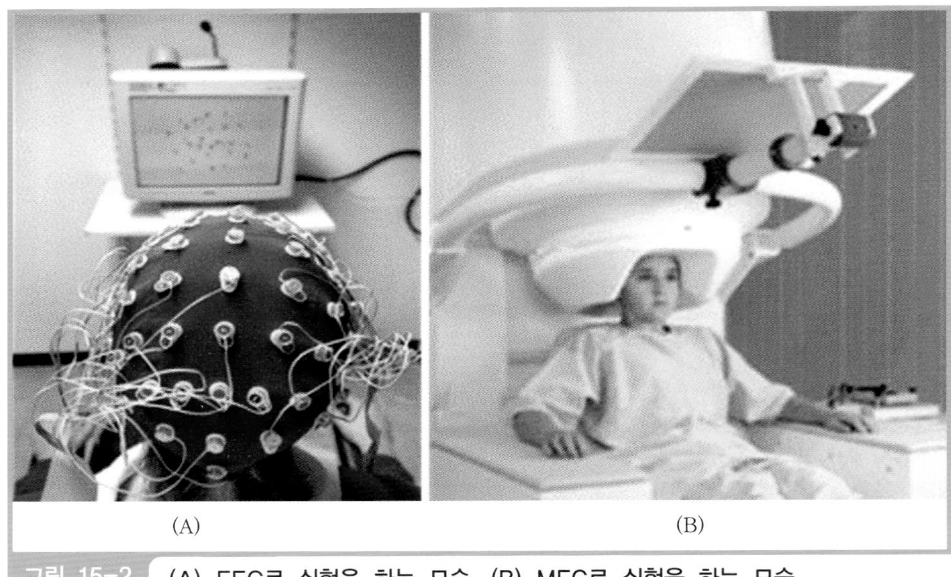

(A) (B)

그림 15-2 (A) EEG로 실험을 하는 모습. (B) MEG로 실험을 하는 모습

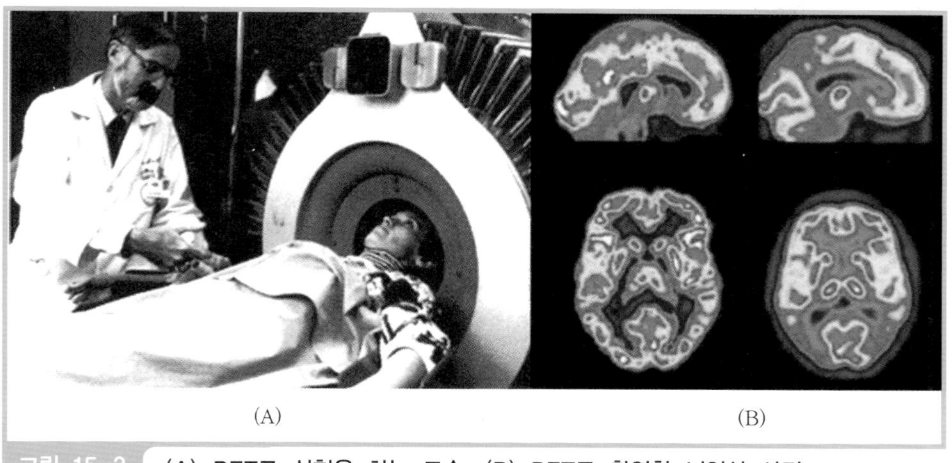
(A) (B)

그림 15-3 (A) PET로 실험을 하는 모습. (B) PET로 촬영한 뇌영상 사진

기능적 자기공명영상(fMRI)은 공간적 해상도가 매우 높고 시간적 해상도도 좋은 편이며 무엇보다 피험자의 인체에 해로운 영향을 미치지 않는다는 장점을 가지고 있어 1990년대 중반 이후부터 인간의 뇌기능 연구 방법으로 보편화되고 있다([그림 15-4] 참조). fMRI의 제한점은 영상 신호가 뇌세포들의 전기적 신호를 직접적으로 반영한 것이 아니라 활동성이 증가하는 뇌 영역으로 혈액이 몰리는 현상에 따른 자기장의 변화를 탐지한 신호이기 때문에 세포 활동의 간접적인 측정치라는 것이다. 뇌영상(neuroimaging)을 이용한 연구에서 자료 해석 시 유의해야 할 점은 피험자가 수행한 인지 과제와 그에 따라 신호가 증가한 뇌 영역들 간에는 상관관계가 있을 뿐 인과관계가 있다고 단정지을 수 없다는 점이다. 왜냐하면 신호가 증가한 영역들 중에는 그 기능이

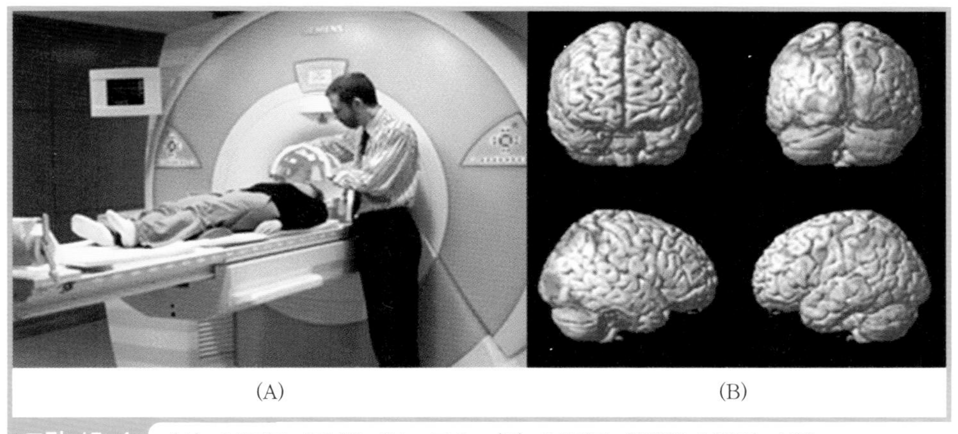
(A) (B)

그림 15-4 (A) fMRI로 실험을 하는 모습. (B) fMRI로 촬영한 뇌영상 사진

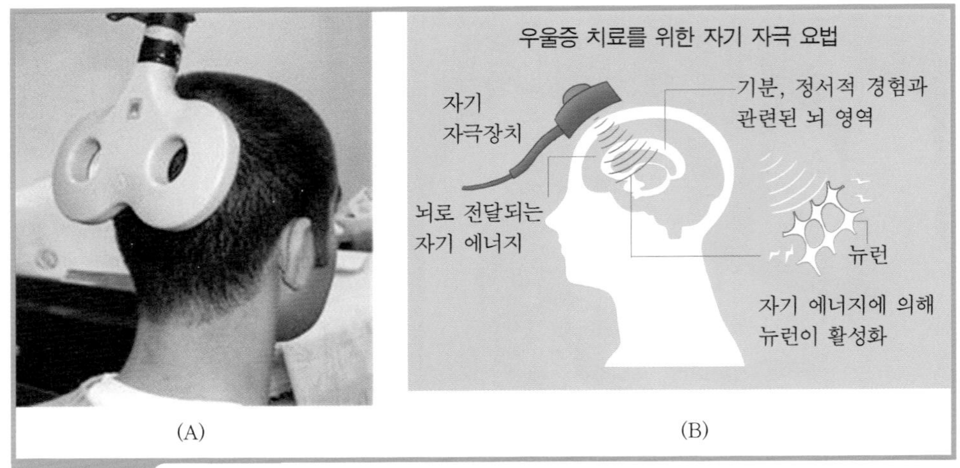

그림 15-5 (A) TMS로 실험을 하는 모습. (B) TMS를 이용하여 만성적 우울 증상을 치료한다는 기사

인지 과제 수행에 충분조건이 되는 영역 외에 필요조건이 되는 경우도 있을 수 있기 때문이다.

이러한 한계를 극복하기 위해 사용할 수 있는 기법으로 경두개 자기 자극(transcranial magnetic stimulation: TMS) 기법이 있다([그림 15-5] 참조). 이 기법은 자기장을 이용하여 일시적으로 특정 부위의 두뇌 기능을 억제 혹은 활성화시켜 특정 뇌 영역과 그 기능 간의 인과관계를 확인할 수 있는 방법으로, 일명 '가상 병변(virtual lesion)' 방법이라고도 불린다. 연구자들은 경두개 자기 자극이 두뇌에 어떠한 작용에 의해 어떠한 영향을 미치는지에 대하여 아직 완전하게 이해하고 있지는 못하다. 그럼에도 최근에는 약물에 의해 치료 효과를 보지 못한 만성우울증 환자의 치료 요법으로 경두개 자기 자극 기법을 사용하기도 한다.

3 뇌활동 분석을 통한 마음 읽기

뇌영상 분석을 통해 인간의 속마음을 읽을 수 있을까? 매 순간 변화하는 복잡한 인간의 생각을 완전하게 반영하는 뇌영상 신호 추출은 현실적으로 매우 어려운 일이다. 하지만 단순화된 실험적 맥락에서 사람의 의식적 정보 처리, 가치 판단, 의사결정을 반영하는 뇌활동을 뇌영상으로 확인 가능하다는 것이 보고되고 있다. 2006년에는

fMRI를 이용한 실험을 통해 의료진으로부터 식물인간 판정을 받은 환자에게 육안으로 관찰되지 않는 의식적 뇌활동이 있다는 것을 보여 주는 연구가 『사이언스(*Science*)』지에 발표되어 많은 신경과학자들의 주목을 받았다(Owen et al., 2006). 이 연구에 따르면, 의료진의 진찰 결과 의식적 정신 활동이 관찰되지 않아 식물인간 판정을 받은 환자가 fMRI 촬영 중 '테니스를 치는 상상을 하라.' 혹은 '집 안을 돌아다니는 상상을 하라.'는 지시를 받았을 때 정상인과 유사한 뇌 영역에서 활동이 증가하였음이 확인되었다. 이 두 과제를 수행할 때 나타나는 뇌활동은 서로 확연히 구별되기 때문에 뇌활동만을 보고도 어떤 과제를 수행했는지를 추측할 수 있다고 한다. 이러한 원리를 이용하면 이론적으로 다른 사람이 관찰 가능한 방식으로 의사소통을 하지 못하는 환자들은 '예'라는 반응을 보이고자 할 때 테니스 치는 상상을 하고, '아니요'라는 반응을 보이고자 할 때 공간을 돌아다니는 상상을 함으로써 상대방이 그에 따른 환자의 뇌활동 패턴을 보고 환자의 생각을 알 수 있을 것이다. 이 연구 결과는 의식적인 운동 반응을 보이지 않는 뇌 손상 환자일지라도 눈으로 관찰 가능하지 않은 의식적 뇌활동이 있을 수 있다는 것을 보여 주는 중요한 연구결과다([그림 15-6] 참조). 또 다른 연구들에서는, 도박 과제 수행 중 의사결정 시 '손실을 기피(loss aversion)'하는 습

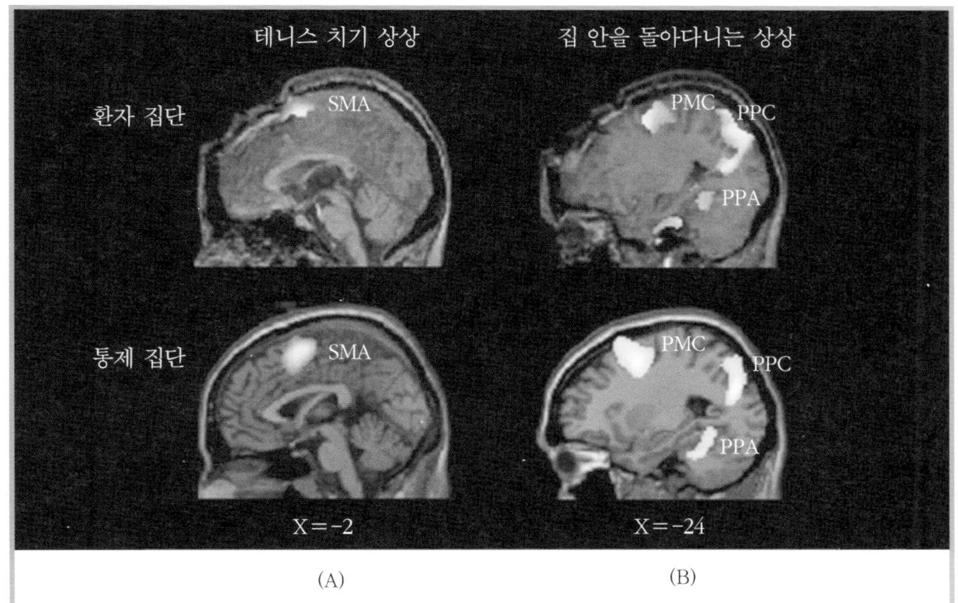

(A) (B)

식물인간 판정 환자(위)와 정상인(아래)이 두 가지 인지 과제(A, B) 수행 시에 매우 유사한 뇌활동을 보였다. (A) 테니스 치기 상상하기 조건. (B) 집 안을 돌아다니는 상상하기 조건

그림 15-6 **fMRI를 이용한 실험 결과**(Owen et al., 2006)

성의 개인차를 반영하는 뇌활동 혹은 제품에 대한 소비자의 선호도 및 구매 행동을 예측할 수 있는 뇌활동이 발견되었다고 보고되어 기업인들의 관심을 사고 있다(Tom et al., 2007; Knutson et al., 2006).

fMRI를 통해 얻는 데이터는 그 규모가 매우 방대하다. 하나의 뇌 사진은 대략 16,000개의 복셀(voxel)이라 불리는 3차원의 픽셀(pixel) 육면체로 구성되며 복셀 단위로 뇌활동 신호의 강도가 기록된다. 일반적으로 한 회기 동안 이러한 뇌 사진을 대략 2초에 한 번씩, 30분에서 1시간 정도에 걸쳐 촬영한다. 기존에는 이러한 영상 데이터를 분석할 때 하나의 복셀로부터의 신호를 하나의 종속변인으로 보아 수많은 통계 검증을 반복적으로 실행하는 방식이 일반적이었다. 그러나 최근에는 이러한 단일 복셀 분석법에 의해 손실되는 정보가 많다는 인식하에 동시에 여러 개의 복셀을 하나의 종속변인으로 보아 분석하는 다변량 패턴 분석(multivariate pattern analysis) 방법이 주목받고 있다(Haynes & Rees, 2006). 예를 들어, 기존의 방법에서는 사진에서 가장 밝은 점들을 보고 사진을 이해하려고 했다면, 다변량 패턴 분석은 여러 점들이 모여 이룬 패턴을 보고 사진을 해석하는 방법이라 할 수 있다. 이와 같은 분석 기술의 발달에 따라 fMRI를 통해 얻은 데이터로부터 예전과 비교할 수 없을 정도로 정밀한 정보를 산출하게 되면서 뇌활동 패턴을 통한 '생각 읽기'가 가능해지고 있다. 한 연구에 따르면, 뇌활동 패턴을 통해 8가지 과제 중 피험자가 수행했던 인지 과제가 무엇이었는지를 85%의 정확도로 예측할 수 있었다고 한다(Poldrack et al., 2009). 또 다른 연구에서는 뇌활동 패턴으로부터 피험자가 조금 전에 본 1,000개 중 하나의 그림이 무엇인지를 예측할 수 있었다고 한다(Nishimoto et al., 2011). 이러한 성과는 뇌활동 패턴 분석을 통해 통제된 실험 상황 속에서 주어진 한정된 가짓수의 사고 과정 중 하나를 맞추는 것으로서 공상과학영화에 나올 법한 독심술은 물론 아니다. 하지만 심리학, 생물학, 공학, 수학, 물리학, 화학 등 다양한 분야의 학문적 협동을 통해 혁신을 거듭하는 신경과학적 방법론의 발달은 무한한 가능성을 시사해 주고 있다. 근래에 미국에서는 법정에서의 거짓말 탐지를 위해 fMRI 촬영의 실효성을 검토하고 있다(Langleben & Moriarty, 2013). 피고가 거짓말을 하고 있음을 증명하는 뇌 영역이 있다는 확실한 과학적 근거는 아직 정립되지 않았으나, 거짓 진술일 가능성을 시사하는 뇌영상 자료가 있다면 법정에서 이를 증거로 채택할 수 있는지에 대한 논쟁이 지속되고 있다. 이와 더불어, 뇌영상을 통해 타인이 개인의 사적인 생각을 엿보는 것은 옳지 않다는 생명과학의 윤리에 대한 문제 제기도 함께 이루어지고 있다.

4 두뇌-컴퓨터 인터페이스

앞에서 설명된 바와 같이 인간이 보고, 듣고, 생각하고, 느끼고, 말하고, 몸을 움직이는 등 모든 행위는 중추신경계를 구성하는 세포들의 전기 화학적 활동에 의해 이루어진다. 중추신경계가 손상되어 말을 하지 못하거나, 수족을 자유롭게 움직이지 못하는 환자들은 자신의 기본적인 욕구도 스스로 해결하지 못하고 다른 사람에게 의존해야 하는 불편한 삶을 살아야 한다. 이러한 환자들에게 독립적인 생활이 가능하도록 도와주는 뇌과학 기술이 개발되었는데, 이를 두뇌-컴퓨터 인터페이스(brain-computer interface: BCI)라고 한다. 두뇌-컴퓨터 인터페이스는 뇌에 심어진 전극을 통해 뇌세포들로부터 전달받은 전기 신호를 추출, 해독하는 장치로 정의된다([그림 15-7] 참조). 이 기술은 환자의 두뇌에서 일어나는 운동 명령, 예를 들어 오른손 검지로 전원 스위치를 누르도록 지시하는 두뇌 신호를 탐지하고 해독하여 컴퓨터, 인공로봇 혹은 전동차 등을 조작하는 신호로 사용하여 환자가 다른 사람의 도움 없이 일상생활을 영위할 수 있도록 도와준다.

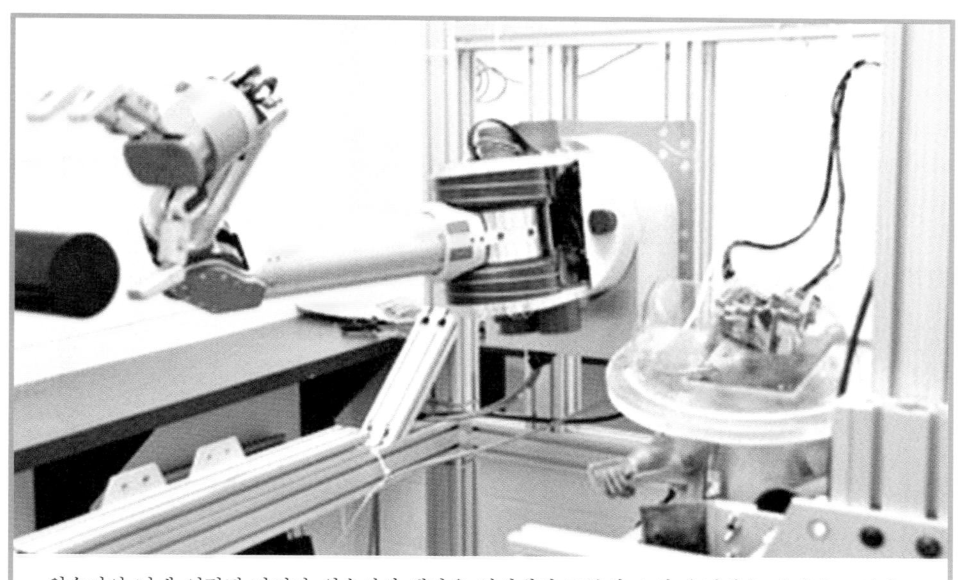

원숭이의 뇌에 연결된 장비가 원숭이의 생각을 읽어내어 로봇의 손의 움직임을 제어하고 있다.

그림 15-7 두뇌-컴퓨터 인터페이스를 이용한 실험 장면

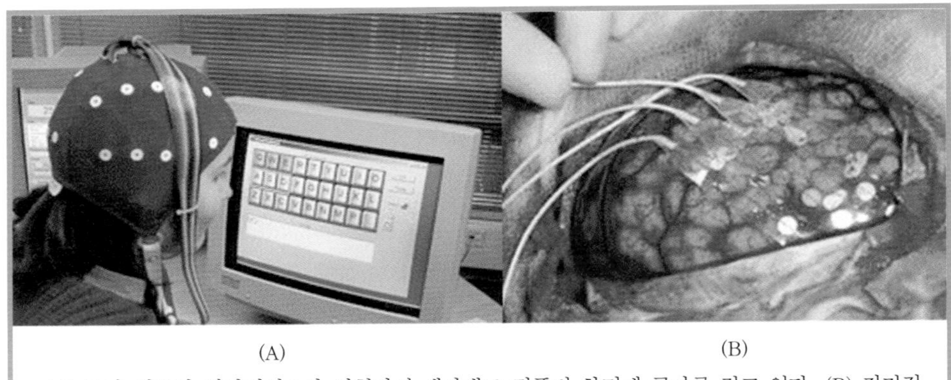

(A) (B)

(A) 두뇌-컴퓨터 인터페이스가 피험자의 생각대로 컴퓨터 화면에 글자를 적고 있다. (B) 전기적 뇌 피질 동시 기록을 하기 위해 대뇌 표면에 전극 격자를 부착하고 있다.

그림 15-8 두뇌-컴퓨터 인터페이스를 이용한 실험 장면

이러한 기술을 이용하면 컴퓨터 화면에 키보드처럼 제시된 아이콘들을 피험자가 마음속으로 하나씩 선택하고 이 생각을 해독하는 장치를 통해 문장을 화면에 적는 것이 가능하다([그림 15-8] (A) 참조). 더 나아가, 현재에는 뇌에 전극을 심지 않고 대뇌피질에 부착한 여러 개의 전극 격자(grid)를 이용하여 동시에 여러 개의 전극에서 오는 전기 신호를 추출할 수 있는 전기적 뇌 피질 동시 기록(electrocorticography: ECoG) 기술을 사용하여 로봇 팔을 제어할 수 있도록 하는 연구가 진행 중이다([그림 15-8] (B) 참조).

현재까지 대뇌-컴퓨터 인터페이스에 대한 연구는 주로 대뇌 운동 명령 정보 처리의 마지막 단계인 일차 운동 피질의 신호를 분석하는 데에 치중하였다. 최근에는 한 걸음 더 나아가 단순히 인공 수족을 움직이고 전기장치를 조작하는 수준을 넘어서 보다 복잡한 인지적 정보 처리, 의사결정 및 주관적 목표를 반영하는 뇌활동을 해독하기 위한 연구가 동물 모델을 이용하여 진행 중에 있다. 대뇌-컴퓨터 인터페이스 연구에서도 앞서 소개한 다변량 패턴 분석이 뇌활동을 해독하는 데에 큰 기여를 하고 있다.

5 인지 훈련을 통한 두뇌 개발

최근 인지 신경과학 분야의 연구자들 간 뜨거운 쟁점 중의 하나는 인지 훈련을 통해 두뇌를 개발하고 일반적인 지능을 향상시킬 수 있는지에 대한 여부이다. 몇몇 연구자

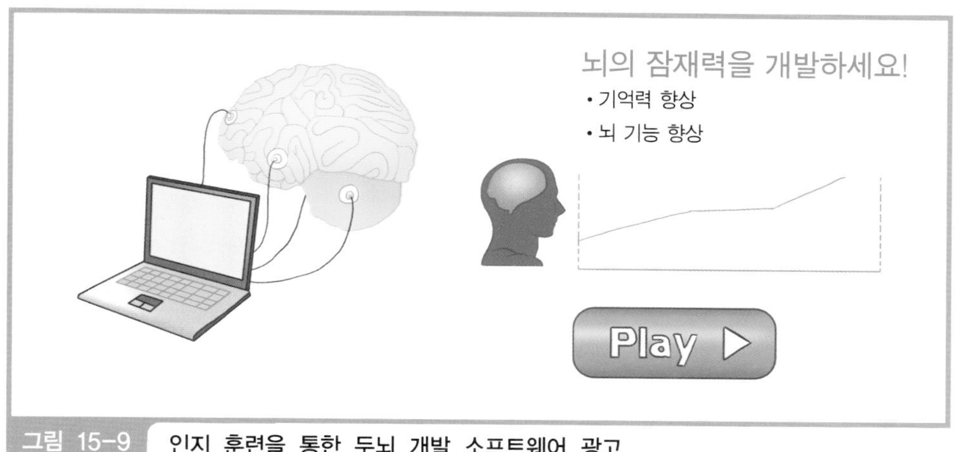

그림 15-9 인지 훈련을 통한 두뇌 개발 소프트웨어 광고

들은 인지 기능 향상을 돕는 컴퓨터 소프트웨어를 상품으로 개발하여 판매하고 있다([그림 15-9] 참조).

이러한 인지 훈련 프로그램의 대부분은 작업기억(working memory)의 용량과 효율성을 높이는 데 초점을 두고 있다. 작업기억은 예전의 단기기억(short term memory)이 발전된 개념으로서 정보, 즉 기억 표상을 유지, 저장하는 동시에 처리(process)하는 체계이자 능력을 말한다. 작업기억은 중앙 집행기(central executive)라는 상위 체계와 여러 하위 체계(subsystem)로 구성되어 있다. 하위 체계에는 시각 정보를 일시적으로 저장할 수 있는 시공간적 스케치패드(visuospatial sketchpad)와, 음운 정보를 일시적으로 저장할 수 있는 음운 루프(phonological loop), 그리고 여러 하위 체계 및 장기기억 체계와 통합적으로 상호작용하는 일화적 버퍼(episodic buffer)가 있다(Baddeley, 2000). 과제를 수행하고 문제를 해결하는 등의 인지적 목표 달성을 위해 필요한 기억 표상을 작업기억 내에서 소멸되지 않도록 보존하는 동시에, 이 표상들을 조작하여 원하는 새로운 정보를 산출할 수 있는 능력은 지능의 핵심적인 요소라 할 수 있다. 그런 의미에서 작업기억은 일반적으로 지능과 추리 능력의 근간으로 간주되고 있다. 작업기억 훈련(working memory training)의 첫 번째 목표는 작업기억의 용량을 증가시키고 정보 처리의 효율성을 향상시키는 것이며, 두 번째 목표는 향상된 작업기억을 활용하여 다른 지적 과제의 수행을 향상시키는 것이다. 한 연구에 따르면, 작업기억 훈련을 통해 주의력 결핍 과잉 행동 장애를 겪고 있는 아동들의 작업기억이 향상되었을 뿐 아니라, 훈련이 끝난 3개월 후에 측정한 주의력 결핍 과잉 행동의 증상이 완화되었다고 한다(Klingberg et al. 2005). 이 저자들에 따르면, 작업기억 훈련을 통해 뇌졸중 환자,

뇌 손상 환자뿐 아니라, 정상적인 성인들도 훈련을 통해 작업기억이 향상될 수 있다고 한다. 이러한 주장에 대하여 의심을 품는 연구자들은 작업기억 훈련으로 인해 향상된 것이 작업기억이 아닌 검사에 임하는 태도나 동기 유발일 수도 있다고 반박한다. 또 다른 연구에서는 취학 전 아동들이 훈련을 통해 작업기억 및 주의 기능을 향상시킬 수 있었으나 인지적 억제 기능은 향상시킬 수 없었다는 결과를 보고하였다. 이러한 결과는 작업기억과 같이 훈련을 통해 향상시킬 수 있는 인지 기능과 훈련을 해도 그 능력이 향상되지 않는 인지 기능이 존재하며, 이 두 가지 서로 다른 종류의 인지 기능들 간의 신경학적 기제가 질적으로 구별된다는 것을 시사한다(Thorell et al., 2009).

작업기억의 용량이 훈련을 통해 향상될 수 있다는 주장에 대해서 연구자들 간에 의견의 불일치를 보이고 있으며, 작업기억 훈련의 효과가 두뇌를 변화시켜 다른 지적 능력으로 그 효과가 전이될 수 있는지의 여부에 대해서도 논쟁이 지속되고 있다(Owen et al., 2010; Jaeggi et al., 2008; Oleson et al., 2004). 작업기억 훈련을 통해 작업기억의 용량과 효율성이 향상될 수 있다는 증거와 이를 지지하지 않는 실험적 증거가 공존하고 있을 뿐 아니라 작업기억의 향상 훈련을 통해 두뇌가 개발되고 유동 지능이 증가한다는 주장을 뒷받침하는 실험적 증거와 그렇지 않다는 증거도 공존하고 있어서 논쟁은 당분간 계속될 것으로 보인다(Pernille et al., 2004; Verhaeghen et al., 2004). 이러한 연구 결과들을 해석할 때 유의할 점은, 작업기억 훈련이 성공적이지 못했다는 결과가 모든 작업기억 훈련 자체가 효과적이지 않아서가 아니라, 해당 연구자들이 고안한 훈련 프로그램이 효과적이지 않았거나, 훈련 방법상의 문제가 있거나 훈련 기간이 충분치 않았기 때문에 나타난 결과일 수도 있다는 점이다. 한편, 작업기억 훈련이 성공적이라고 보고한 자료를 해석할 때는 훈련의 효과가 단순히 반복에 의한 연습 효과가 아닌, 유동 지능을 측정하는 새로운 과제의 수행의 향상을 가져오는 통계적으로 유의미한 수준의 전이 효과인지를 확인해야 한다.

6 광유전학

광유전학(optogenetics)는 스탠퍼드 대학교의 칼 다이서로스(Karl Deisseroth)와 그의 연구진에 의해 2005년에 개발되어 2010년 『네이처(*Nature*)』지의 '올해의 방법(method

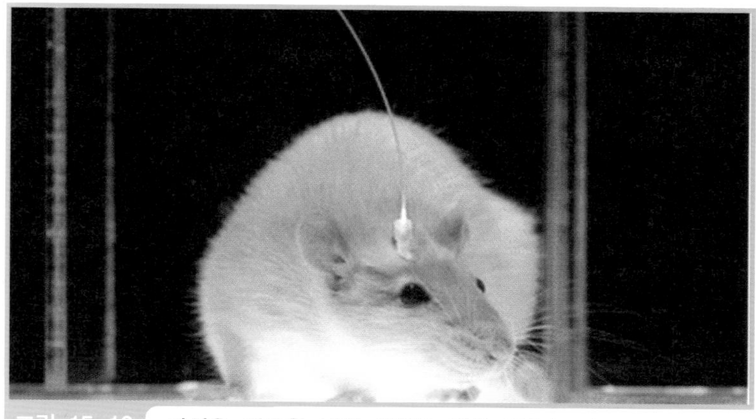

그림 15-10 광섬유 전극을 뇌에 설치한 쥐의 모습(Buchen, 2010)

of the year)' 으로 선정된 새로운 학문 분야다. 광유전학은 광학, 유전학, 신경과학 그리고 바이러스학이 통합된 다학제적인 학문 분야로서, 빛을 이용하여 연구하고자 하는 세포들의 활동을 선택적으로 유발하거나 억제할 수 있는 강력한 방법론을 제시한다(Buchen, 2010). 가장 쉬운 예로, 연구자들은 쥐의 뇌에 광섬유를 통해 빛을 비추면, 쥐가 갑자기 오른쪽 방향으로 원을 그리며 달리도록 조작할 수 있다는 것을 보여 주었다([그림 15-10] 참조). 또 파리의 뇌에 광섬유를 통해 빛을 비추면 파리가 순간적으로 날개를 펴고 날아가려고 하는 동작을 하도록 조작할 수 있었다. 이는 빛에 민감한 단백질 이온 채널을 특정 세포막에 선택적으로 형성되도록 유도함으로써 빛을 비추었을 때 세포막의 이온 채널이 열리면서 세포가 활동하도록 유도하는 방법을 통해 가능한 현상이다.

광유전학의 기본적인 6단계 절차가 [그림 15-11]에 설명되어 있다(Buchen, 2010). 첫째, 빛에 민감한 이온 채널 단백질 형성을 유도하는 유전 물질을 만든다. 둘째, 이 유전 물질을 바이러스에 주입한다. 셋째, 바이러스를 뇌에 주사한다. 넷째, 빛에 민감한 이온 채널 단백질이 목표한 뉴런에 형성된다. 다섯째, 광섬유 케이블에 연결된 전극을 뇌에 연결한다. 여섯째, 전기생리학적 현상을 관찰하고 기록한다.

광유전학이 인류 사회에 도움을 줄 수 있는 응용적 가치는 무한하다. 광유전학을 통해 복잡한 신경회로를 구성하는 세포들 각각의 기능을 선택적으로 알아낼 수 있다는 것은 뇌과학의 발전에 지대한 공헌을 할 수 있다. 예를 들어, 파킨슨병 환자들에게 나타나는 운동 관련 장애나 불안장애와 관련된 표적 세포들의 활동을 빛을 통해 선택적으로 조작하여 치료 효과를 볼 수 있는지에 대한 연구가 현재 활발하게 진행 중이다.

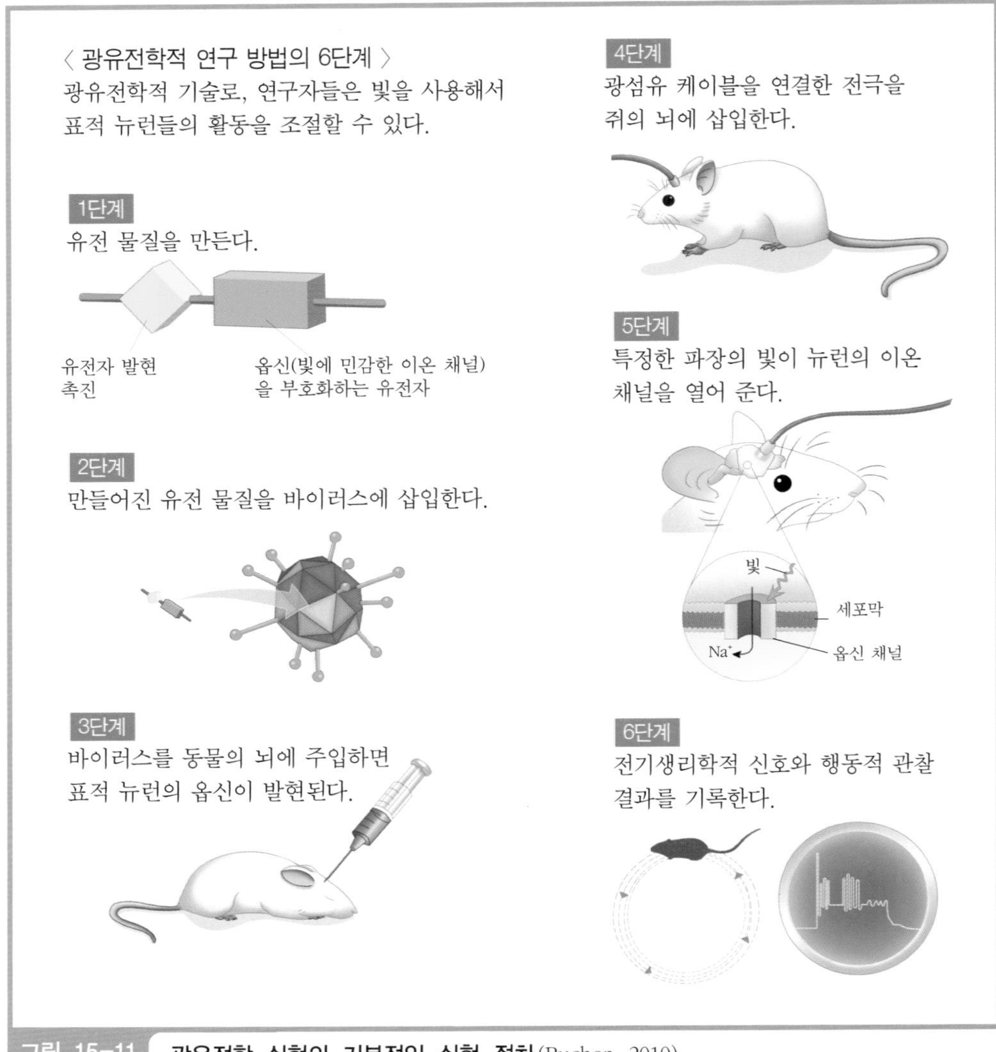

그림 15-11 **광유전학 실험의 기본적인 실험 절차**(Buchen, 2010)

7 뇌영상을 이용한 신경 퇴행성 질환의 조기 진단

신경 퇴행이란 점진적으로 세포의 구조와 기능이 상실되는 현상을 의미한다. 대표적인 신경 퇴행성 질환에는 알츠하이머병(Alzheimer' s disease), 파킨슨병(Parkinson' s Disease), 헌팅턴병(Huntington' s Disease), 그리고 신경 퇴행성 치매 등이 있다. 신경 퇴행성 질환은 대체로 노년기에 많이 나타나며 병의 진행 속도는 느리지만, 점진적인

알츠하이머

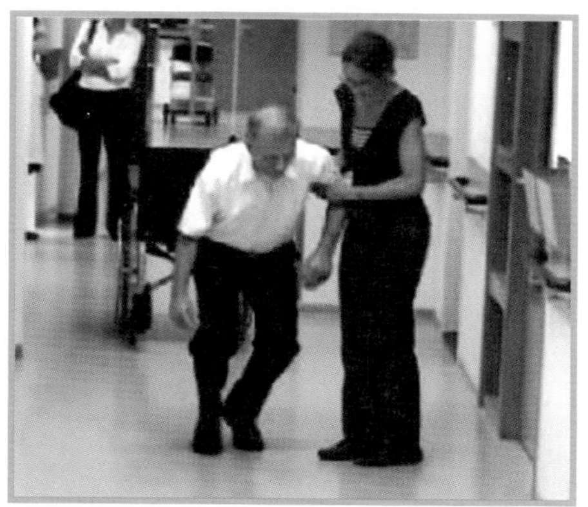

파킨슨병

신경 퇴행으로 인하여 결국 심각한 장애 혹은 죽음으로 이어지게 된다. 최근의 연구들에 따르면 신경 퇴행성 질환은 증상이 나타나기 전 단계(pre-symptomatic phase), 즉 관찰 가능한 증상이 나타나지는 않지만 신경 퇴행이 일어나고 있는 기간이 수년에 이른다고 한다. 이러한 신경 퇴행성 질환의 특성은 조기진단이 어렵다는 현실을 반영하기도 하지만 장기간의 조기 발견의 기회를 제공한다는 양면성을 가진다([그림 15-12] 참조).

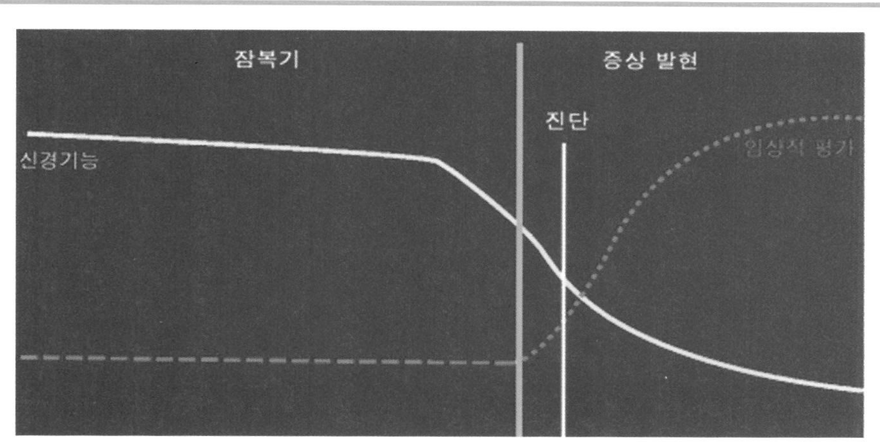

신경 퇴행성 질환의 진행(횡축)에 따라 신경 세포의 기능(노란선)과 임상적 증상(붉은 점선)의 변화를 보여 주는 모형. 증상이 나타나기 시작하는 시점이 초록선으로, 진단이 내려지는 시점이 흰선으로 표시되었다. 이 모형은 신경 퇴행성 질환의 경우 신경 손상은 진행되고 있으나 증상이 나타나지 않는 기간이 길다는 것을 보여 주고 있다.

그림 15-12 **신경 퇴행성 질환의 진행 과정**

증상이 나타나기 전 단계에서 발병 가능성을 조기에 발견하여 신경 퇴행성 질환의 발병을 늦추거나 방지할 수 있는 기회를 마련하는 것이 이 분야 연구자들의 중대한 목표다. 이러한 가능성이 가져다 줄 수 있는 막대한 사회경제적 효과의 예로서, 알츠하이머병의 발병 시기를 5년 정도 늦출 수 있다면 유병률을 50%로 낮출 수 있으며, 발병 시기를 10년 늦출 수 있다면 유병률이 0%에 가까워질 수 있다고 한다(Alzheimer's Association, 2005).

파킨슨병은 뇌의 흑질(substantia nigra)에 분포하는 도파민(dopamine) 신경세포가 점차 소실되어 발생하며 안정 시 떨림(tremor at rest), 경직, 느린 운동 및 자세 불안정성이 특징적 증상이다. 뇌영상을 이용하여 파킨슨병의 신경 퇴행과 관련한 생물학적 표식(biomarker)을 찾는 연구는 시냅스에서 도파민의 양을 가늠할 수 있게 하는 도파민 전구체 분자나 도파민 수송체의 분포를 표적으로 촬영한다. 파킨슨병의 경우 이미 많은 연구들이 이루어져 도파민 관련 뇌영상을 통해 증상이 나타나기 전 단계에서 신경 퇴행을 미리 확인할 수 있다고 한다. 예를 들어, 파킨슨병은 초기에 몸의 한쪽에서 먼저 증상이 나타나기 마련인데 이러한 반-파킨슨병(hemi-Parkinson's disease)을 앓고 있는 환자들의 뇌를 촬영한 결과, 양쪽 뇌의 기저핵(basal ganglia)에서 도파민 관련 활

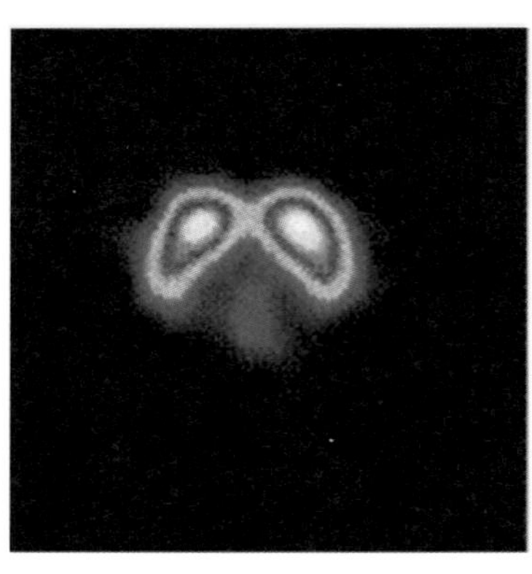

정상인

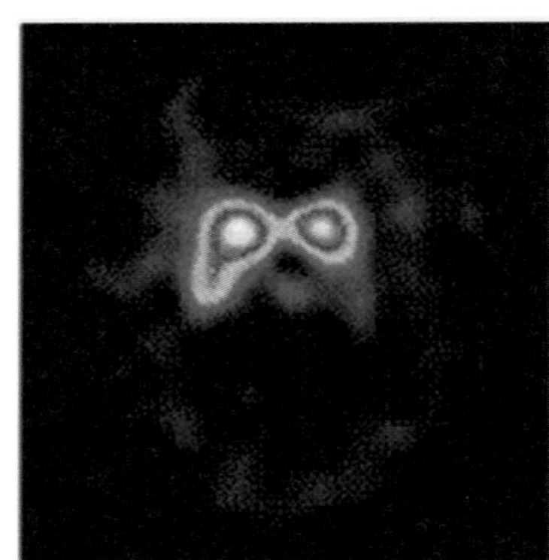

반-파킨슨병 환자

SPECT를 이용하여 정상인(왼편)과 몸의 반쪽에만 파킨슨병 증상이 나타나고 있는 환자(오른편)의 도파민 운전자의 활동을 촬영한 사진. 자료 분석 결과, 도파민 운반자의 활동이 높을수록 밝은 색, 낮을수록 어두운 색으로 표시하고 있다. 정상인과 비교할 때, 환자의 뇌 사진에서 양반구의 기저핵에서 도파민 운반자의 활동이 감소하였음을 알 수 있다. 이는 환자에게서 후에 몸의 양쪽에서 증상이 나타나게 될 것을 예견한다.

그림 15-13 도파민 수송체의 기능적 영상(Marek et al., 1996)

동의 감소를 확인할 수 있어서 환자가 이후에는 몸의 양쪽에서 증상이 나타날 것을 예견할 수 있다(Marek et al., 1996)([그림 15-13] 참조).

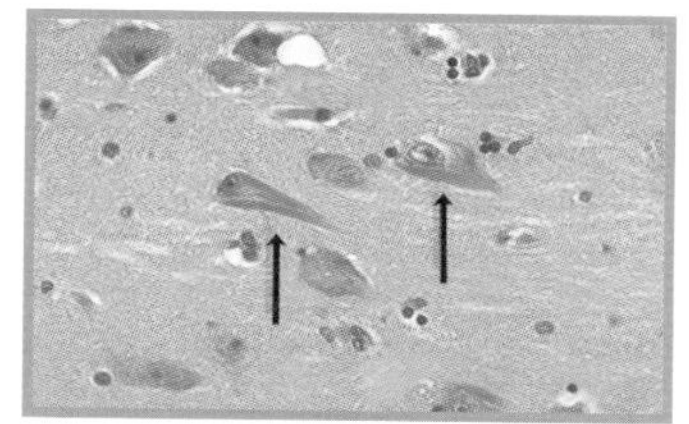

세포 섬유 엉킴

알츠하이머병은 일반인에게도 많이 알려진 신경 퇴행성 질환의 하나로 점진적인 기억 상실을 나타내며, 세포의 상실, 세포 섬유 엉킴(neurofibrillary tangle)과 신경 세포 반점(neuritic plaque) 등의 병변을 나타낸다. 살아 있는 사람의 뇌로부터 이러한 병변이 있는지의 여부를 검사할 수 없기 때문에 알츠하이머병에 대한 임상적 진단은 병변으로 인한 뇌 손상이 심각해진 상태에 이르러서야 내려지게 마련이다. 따라서 알츠하이머병으로의 진전 가능성이 있는 환자의 조기 발견과 치료를 위한 방법으로서 구조적, 기능적 뇌영상 기법의 효과에 대한 연구가 진행 중이다. PET을 이용한 연구 결과, 신경 세포 반점을 만든다고 알려진 베타 아밀로이드 단백질의 분포를 촬영함으로써 알츠하이머병 초기 환자와 정상인의 영상이 구별 가능했다고 한다(Klunk et al., 2004)([그림 15-14] 참조).

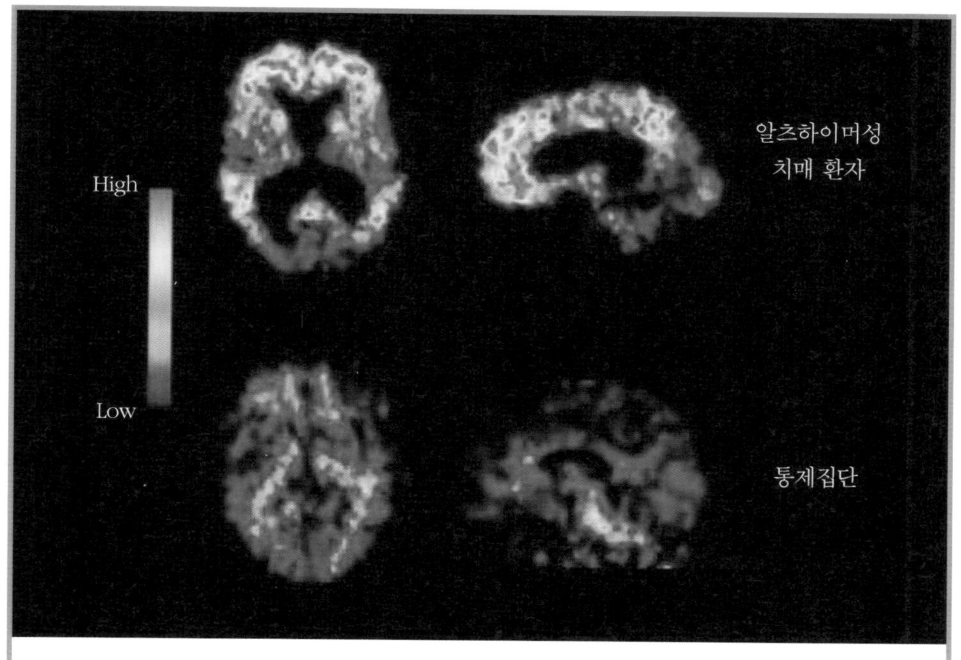

PET을 이용하여 알츠하이머병 환자(위)와 정상인(아래)의 뇌에 베타 아밀로이드 단백질의 분포를 촬영한 사진. 분석 결과, 알츠하이머병 환자의 전두엽과 두정엽, 후 대상피질 등에서 아밀로이드 단백질이 많이 존재함을 알 수 있다.

그림 15-14 **베타 아밀로이드 실험**(Klunk et al., 2004)

이 밖에도 대표적인 PET 연구 결과들을 살펴보면, 노년기 알츠하이머병의 발생 위험과 관계가 있다고 알려진 apolipoprotein E(APOE) 유전자의 ε4 인자를 보유한 피험자들의 휴지기 뇌의 글루코스 대사 수준이 그 인자를 보유하지 않은 사람들과 비교했을 때 더 낮으며, APOE 유전자의 ε4 인자를 보유한 피험자들의 두정엽, 후측 대상피질의 대사 수준이 2년 후의 기억력 감퇴 정도와 관계가 있다는 연구가 발표되었다(Bookheimer et al., 2000).

구조적 MRI를 이용한 연구도 활발하게 진행되고 있는데, 측두엽과 대상피질의 구조를 통해 정상 성인과 3년 후 알츠하이머병으로 진전될 성인을 높은 정확도로 변별할 수 있었다고 한다(Wagner, 2000). 또한 APOE 유전자의 ε4 인자를 보유한 피험자들은 다른 피험자들에 비하여 12개월에 걸친 MRI 촬영 결과 기억 체계의 핵심적 영역인 해마(hippocampus)의 부피가 더 급속도로 감소하는 것이 확인되었다(Schuff et al., 2009).

이러한 일련의 연구들은 대뇌의 손상이 심각한 수준에 이르기 이전에 뇌영상 촬영을 통해 몇 년 후의 기억력 감퇴 정도 및 알츠하이머성 치매의 발병을 예견할 수 있는 도구로 사용될 가능성을 제시한다.

8 뇌영상 유전학

대부분의 신경정신과적 질환에 대한 취약성은 유전적 요인에 의해 큰 영향을 받는다. 쌍생아 연구에 따르면 인지, 기질, 성격 등에 대한 유전율(heritability)은 40~70%로 매우 높다(Plomin et al., 1994). 따라서 유전자의 영향력을 이해하는 것은 인간을 이해하는 데 매우 중요한 역할을 한다. 하지만 현실적으로 유전자의 영향을 인간의 행동 수준에서 직접적으로 관찰하는 것은 매우 어렵다. 유전적 차이에 의한 인간의 정서 혹은 행동의 개인차는 그 통계적 효과가 매우 작고 그 결과가 연구들 간에 일관되게 관찰되지 않기 때문이다. 그런데 유전의 효과가 행동적 수준에서 나타나는 것은 결국 뇌에서의 분자, 세포 수준의 작용에 의해 매개되는 것이라 볼 수 있다. 따라서 유전자가 인간의 행동에 미치는 영향은 유전 인자의 차이에 따라 뇌에서의 구조와 기능이 어떻게 달라지는지를 관찰함으로써 그 매개 효과를 확인할 수 있다. 뇌의 구조와 기능으로 관찰되는 유전자의 영향을 내적 표현 형질(intermediate phenotype or endophenotype)이라고 부른다. 뇌영상 유전학은 뇌와 관련한 유전적 다형성(polymorphism)의 기능적 영향을 탐색함으로써 유전자가 궁극적으로 인간 행동에 어떠한 영향을 미치는지를 알아보고자 하는 학문이다(Bigos & Weinberger, 2010).

정신과적 질환의 유전적 요인을 알아보기 위해 뇌영상 유전학이 사용된 예를 살펴보자. 하리리와 동료들(Hariri et al., 2002)은 세로토닌(serotonin)을 운반하는 단백질 유전자(serotonin transporter gene, SLC6A4)가 편도체(amygdala)의 반응성에 어떠한 영향을 미치는지를 알아보았다. 이미 널리 알려진 바와 같이, 세로토닌 기능의 개인차는 인간의 감정 및 기질과 관계된다. 세로토닌 수송체는 시냅스에 존재하는 세로토닌의 양을 조절하므로 불안이나 우울을 치료하는 약물의 표적이 된다. 이 세로토닌 수송체의 유전자는 여러 형태가 있는데, 이 중에서 짧은 인자를 보유한 사람들은 기질적으로 불안해하거나, 조건 형성된 공포 반응을 보이거나 우울증을 앓을 가능성이 있다. 저자들은 유전자의 효과를 인간의 정서 혹은 행동 수준에서보다 뇌에서의 반응성에서 유전자의 효과를 더 확실하게 관찰할 수 있을 것이라고 판단하고 fMRI를 사용하여 편도체의 반응성을 측정하였다. 그 결과, 저자들이 기대한 대로, 세로토닌 수송체 유전자의 짧은 인자를 적어도 1개 이상 가지고 있는 정상인에게서도 위협과 관련된 얼굴 표정을 지각했을 때 편도체의 반응성이 더 높게 나타났다.

이 밖에도 뇌의 구조와 기능에 대한 측정치를 내적 표현 형질로 사용하여 조현병(schizophrenia), 지능 등과 관련된 유전자의 효과를 찾는 연구들이 많이 보고되고 있다. 그 예로서, 전두엽 내의 도파민 수준을 조절하여 정보 처리에 영향을 주는 효소 중의 하나인 카테콜-오-메틸트랜스퍼레이즈(Catechol-O-methyltransferase: COMT)는 그 활동 수준에 따라 전두엽이 매개하는 정보 처리에 영향을 미치는 것으로 알려져 있다(Sonia et al., 2008). 따라서 COMT 효소를 부호화하는 유전 인자는 전두엽에 의존하는 집행적 주의 기능, 작업기억, 유동 지능, 인지 제어 기능뿐 아니라 조현병 발병 확률 등과 밀접한 관계가 있다. 이 COMT 효소를 부호화하는 유전자의 기능적 변이(functional variant)로 인한 유전 인자의 종류와 조합(met/met, val/met, val/val)에 따라 작업기억 과제 수행 및 과제 수행 시의 뇌활동 수준이 달라진다는 것이 보고되고 있다([그림 15-15, 15-16]). [그림 15-15]는 유동 지능을 요하는 과제 수행 중 활동이 증가하는 뇌 영역들을 뇌의 왼쪽 측면(왼쪽 그림)과 오른쪽 측면(오른쪽 그림)에 각각 붉은색으로 표시하였다. 활동이 증가한 영역은 양반구의 외측 전두피질과 두정엽 그리고 외관에 드러나지 않은 대뇌 안쪽의 전 대상피질 및 전-보조 운동피질 등이다. [그림

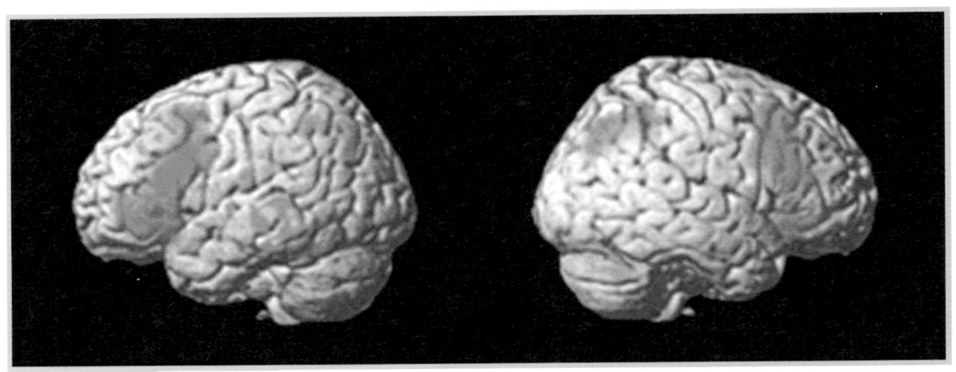

그림 15-15 유동 지능이 요구되는 과제 수행 시 활동이 증가하는 뇌 영역들

15-16]은 각각의 영역들로부터 기록된 뇌활동 신호와 유전 인자의 종류 간의 상관관계를 그래프로 나타내고 있다.

앞에서 개관한 바와 같이 뇌영상 유전학은 중추신경계의 질병이나 장애와 관련한 유전의 영향을 연구하는 강력한 방법론으로서, 인류 사회에 크게 공헌할 수 있는 가능성을 지닌다.

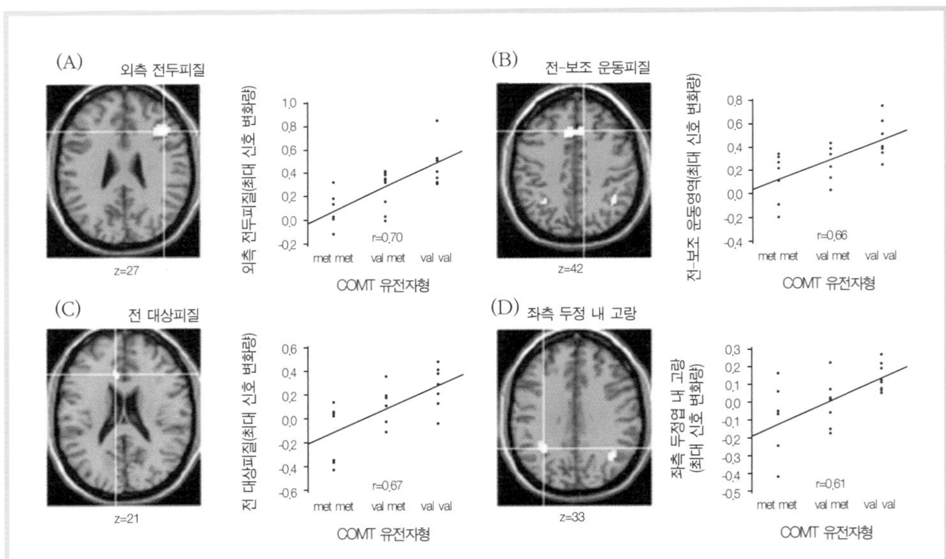

유동 지능이 요구되는 과제 수행 시 활동이 증가한 각각의 뇌 영역들(왼편의 뇌 그림의 노란색 표시 영역)로부터 추출된 뇌 신호와 COMT 유전 인자와의 상관관계를 보여 주는 그래프(오른편). (A) 외측 전두피질(DLPFC). (B) 전-보조 운동피질(pre-SMA). (C) 전 대상피질(ACC). (D) 좌측 두정 내 고랑(IPS)

그림 15-16 뇌 신호와 COMT 유전 인자 종류 간의 상관관계 그래프(Sonia et al., 2008)

이 장의 중심 내용

01 신경과학은 분석의 수준에 따라 크게 다섯 단계로 분류할 수 있다. 규모가 가장 작은 단계부터 열거하면 분자 신경과학, 세포 신경과학, 시스템 신경과학, 행동 신경과학, 인지 신경과학이 신경과학의 분석의 수준에 따른 하위 분야들이다.

02 뇌과학의 방법론에는 신경 심리학적 병변 관찰, 전기생리학적 측정, EEG, MEG, PET, MRI, TMS 등이 있으며 각 방법론의 장점과 단점을 고려하여 연구 목적에 맞는 연구 방법을 선택하여야 한다.

03 최근의 기능적 자기공명영상(fMRI)을 사용한 연구들은 뇌활동을 관찰함으로써 피험자의 생각이나 주관적 마음 상태를 예측할 수 있다는 것을 보여 주고 있다. 특히 다변량 패턴 분석과 같은 분석 기술의 발달은 이 같은 가능성을 더욱 현실화시키고 있다.

04 두뇌-컴퓨터 인터페이스는 뇌에 심어진 전극을 통해 뇌세포들로부터 전달받은 전기 신호를 추출, 해독하는 장치다. 이 같은 기술의 발달은 몸을 자유로이 움직이지 못하는 환자의 두뇌에서 일어나는 뇌활동을 이용하여 컴퓨터, 인공로봇 혹은 전동차 등을 조작할 수 있게 함으로써 환자가 다른 사람의 도움 없이 일상생활을 영위할 수 있도록 도와줄 수 있다.

05 작업기억 향상과 같은 인지 훈련을 통해 두뇌를 개발하고 일반적인 지능을 향상시킬 수 있다는 연구 결과가 보고되고 있다.

06 광유전학은 광학, 유전학, 신경과학 그리고 바이러스학이 통합된 다학제적인 방법론으로서 빛을 이용하여 연구하고자 하는 세포들의 활동을 선택적으로 유발하거나 억제할 수 있는 강력한 방법론이다.

07 증상이 나타나기 전 단계에서 뇌영상을 이용하여 신경 퇴행성 질환의 발병 가능성을 조기에 발견하여 발병을 늦추거나 방지할 수 있도록 도와주는 뇌과학 연구가 진행 중이다.

08 뇌영상 유전학은 행동 수준에서 관찰하기 어려운 유전자의 효과를 뇌활동을 내적 표현 형질로 관찰함으로써 궁극적으로 유전자가 인간 행동에 어떠한 영향을 미치는지를 연구한다.

09 뇌과학은 방법론의 발달에 힘입어 인류 사회의 문제를 해결하고 복지를 증진시키는 데 큰 공헌을 할 수 있는 무한한 가능성을 가지고 있다.

학습과제

1. 뇌의 활동이 인간의 마음과 행동의 근간이라는 생각이 보편화된 것은 19세기 이후다. 뇌에 대한 인간의 생각이 어떻게 변화되어 왔는지에 대한 역사를 조사해 보시오.

2. 동물을 이용한 연구는 뇌과학의 필요 불가결한 요소로 자리 잡았다. 동물을 이용하여 연구를 할 때 연구자가 지켜야 할 윤리적 책임에 대하여 생각해 보시오. 또한 사람을 대상으로 한 연구에서 연구자가 인권을 존중하기 위해 지켜야 할 윤리적 원칙에 대하여 생각해 보시오.

3. PET, MEG, fMRI 등 다양한 뇌영상 기기의 장단점을 비교해 보시오.

4. 광유전학을 이용하여 연구해 보고 싶은 신경회로에 대하여 생각해 보시오.

5. 뇌영상 기기를 이용하여 연구해 보고 싶은 심리적 현상에 대하여 생각해 보시오.

16 법정과 범죄심리

학습 개요

범죄는 인류의 역사와 같이한다는 이야기처럼 인간의 삶에 있어 범죄는 항상 존재하고 지능화, 첨단화로 무장하여 새로운 형태로 나타나며, 이와 함께 이를 탐지하고 억제하고 처벌하려는 제도와 시도도 끊임없이 새롭게 발전하고 있다.

이 장에서는 우선 법정심리학의 여러 분야와 역할, 그리고 범죄 발생의 원인들을 살펴볼 것이며, 여러 법정 및 범죄심리학의 연구 결과 중에서 목격자 진술, 면담 기법, 심문과 자백, 그리고 거짓말 탐지 기법 등에 대해 살펴보겠다.

학습 목표

1. 법정심리학의 정의와 역사적 사건들, 그리고 법정심리학자들의 활동 분야를 이해한다.
2. 법정심리학자의 활동 분야인 경찰심리학, 범죄와 비행심리학, 피해자학과 피해자 서비스, 법률심리학, 교정심리학의 역할을 파악한다.
3. 범죄 발생의 원인을 설명하는 고전학파 이론, 사회학적 이론, 생물학적 이론, 심리학적 이론의 차이를 이해한다.
4. 목격자 진술의 정확성과 신뢰성에 대한 연구 결과와 이를 판단하는 데 고려되어야 할 조건을 이해한다.
5. 일반 면담과 수사 과정에서의 면담을 구분하고, 표준면담, 최면수사, 인지면담기법의 특징과 방법을 이해한다.
6. 효율적인 심문 기법을 이해하고 자백의 종류와 그 심리 상태를 이해한다.
7. 거짓말과 관련된 반응, 거짓말 탐지 기법의 원리와 유형 및 증거 능력을 이해한다.

거의 매일 우리는 각종 언론매체에서 보도되는 범죄를 생생하게 듣고 있으며, 국내뿐만 아니라 국외의 심각한 범죄 사건들도 실시간으로 스포츠 경기를 보듯이 중계를 통해 시청하고 있다. 범죄기사, 범죄관련 전문서적이나 소설, 범죄자 및 피해자에 대한 영화, 심지어는 범죄자가 직접 쓴 책들도 쉽게 발견되며, 일상적인 대화 속에도 범죄와 관련된 이야기로 넘쳐나고 있다.

심리학자들이 범죄현상을 분석하고 연구하기 훨씬 이전부터 철학자들은 사유를 통해 반사회적인 행동과 비도덕성을 이해하고 설명하기 위해 노력하였으며, 법률과 법학은 형법과 처벌의 문제에 대해 오랫동안 씨름하고 있다. 20세기 초, 처음 심리학이 범죄행동을 설명하고 적용되기 시작한 이후로 20세기 중반까지만 해도 법정심리학이나 범죄심리학 분야는 특별한 주목을 받지 못하였으며, 두드러진 결과를 보여 주지도 못하였다.

하지만 인기리에 방영된 〈CSI〉, 〈FBI 실종수사대〉, 〈클로즈 투 홈〉, 해군범죄수사대를 묘사한 〈NCIS〉, 〈특수수사대 SVU〉, 〈넘버스〉, 〈비스트〉, 〈Lie to me〉 등 많은 유명 TV 시리즈물의 흥행성공으로 인해 법정 및 범죄심리학이 대중들에게 급속도로 퍼져 흥미를 끌었다고 해도 과언이 아니다. 현재는 사회적 문제를 일으킨 범죄에 대해 법정 및 범죄심리 전문가들이 인터뷰를 하거나 토론을 하며, 여러 대학 및 대학원 과정에서 법정 및 범죄심리학 과목을 강의하고 학과를 개설하기 시작하였으며, 한국법정심리학회 및 한국범죄심리학회가 결성되어 범죄심리전문가 자격증이 만들어지고 일선 현장에서 전문가들이 활동하기 시작하였다. 이 장에서는 법정심리학의 정의 및 역할, 범죄원인을 설명하는 여러 이론들, 그리고 법정심리학이 적용되고 있는 분야와 연구결과들을 소개하고자 한다.

범죄심리를 다룬 드라마 〈CSI〉

1 법정심리학

법정심리학(forensic psychology)은 다른 전문화된 심리학 분야와 마찬가지로 명확하게 정의 내리기가 쉽지 않다. 그만큼 법정심리학 분야는 매우 다양하고 광범위하며 시대에 따라 새로운 개념과 역할들이 지속적으로 포함되기 때문이다. 오히려 이런 특성을 해결하기 위해 단순하고 포괄적인 정의를 내린 라이츠만(Wrightsman)은 "법정심리학은 법적 체계에서 일어나는 일들을 위해 심리학적 지식이나 방법을 적용하는 것"이라고 정의하였다.

법정심리학의 역사는 매우 오래되었고 중요한 역사적 사건 또한 방대하다. 여기에서 몇몇 중요한 인물과 사건들을 소개하자면, 우선 1893년에 목격자 증언의 정확성에 대해 최초 심리학 실험을 실시한 커텔(Cattell), 1903년 증언의 심리에 대해 학술지를 창간한 스턴(Stern) 등을 들 수 있으며, 프로이트(Freud)도 법정심리학에 흥미를 보여 1906년 「법정의 진실에 대한 규명과 정신분석」이라는 논문을 발표하기도 하였다. 하지만 무엇보다 1908년 법정심리학에 대한 첫 전문서적 중의 하나인 『On the Witness Stand』를 출판하여 이 분야를 널리 소개한 뮌스터버그(Münsterberg)가 법정심리학의 아버지로 여겨진다. 1911년 바렌돈크(Varendonck)는 벨기에 형사재판에 증언을 한 최초의 심리학자이며, 1913년에는 미국 교도소에서 최초로 심리학적 서비스가 제공되었다. 1917년 마스톤(Marston)이 최초의 거짓말 탐지기(polygraph)를 개발하였고, 1921년에는 미국 재판에 심리학자를 전문가 증인으로 활용하였으며, 1922년 심리학자이자 변호사인 마스톤이 American University에서 첫 법정심리학 교수직을 맡아 배심원 제도에 대해 연구하였다. 1931년 버트(Burtt)의 『Legal Psychology』, 1961년 토흐(Toch)의 『Legal and Criminal Psychology』, 그리고 1964년 아이젱크(Eysenck)의 『Crime and Personality』가 출판되었으며, 1974년 미국 네브라스카 대학에서 처음으로 심리학과 법학의 학제 간 과정이 운영되었다. 1972년 교정심리학자가 전문직업인으로 인정받았으며, 1978년부터 미국법정심리위원회(American Board of Forensic Psychology)가 법정심리학 졸업생들에게 전문가 인증을 시작하였고, 2001년 미국심리학회로부터 법정심리학이 전문 분야로 인정받았다.

현재 법정심리학자들이 주로 활동하고 있는 분야는 매우 광범위하고 다양하지만 경찰심리학(police psychology), 범죄와 비행심리학(psychology of crime and delinquency), 피해자학과 피해자 서비스(victimology and victim services), 법률심리학(legal psychology), 교정심리학(correctional psychology) 등으로 크게 분류될 수 있다. 경찰심리학과 교정심리학은 법정심리학을 적용하는 응용 분야 쪽에 가깝고, 범죄와 비행심리학 그리고 법률심리학은 연구에 초점을 둔 기초 분야 쪽에 가깝다. 하지만 이들 분야 모두가 연구에 기초해서 현장에 응용하고 적용하는 연구자-실무자 모델을 강조하고 있어서 기초나 응용 분야로 구분하는 것은 무의미하다.

1) 경찰심리학

경찰심리학(police psychology)은 심리학적 원리와 임상적 기법을 법 집행과 치안에 적용하고 연구하는 분야다(Bartol, 1996). 전반적으로 법 집행기관들이 전문화되고 법 집행 감독관 및 지휘관들이 수준 높은 교육을 받고 대중들로부터 많은 비평과 관심을 받으면서 법정심리학자의 필요성이 크게 대두되었다. 경찰심리학자들의 역할은 주로 경찰관 채용 시의 심리평가, 업무수행의 적합성 평가, 치명적인 폭력사건에 대한 평가 등의 평가업무, 인질협상 훈련이나 전술적 방어훈련과 같은 교육 및 훈련업무, 그리고 범인 프로파일링, 심리분석, 필적분석, 목격자 증언이나 최면과 같은 수사관련 업무도 수행한다.

바톨(Bartol, 1996)의 조사연구에 의하면 경찰심리학자의 89%가 심리학 박사학위 소지자였고, 이들 중 대부분이 임상심리학(60.7%), 상담심리학(17%), 산업 및 조직심리학(8%) 전공자였다. 이들이 주로 종사하는 업무는 채용 시의 심사와 평가(34.3%), 직원 및 그 가족에 대한 심리적 서비스 제공(28.7%), 교육 및 훈련(6.9%), 업무수행의 적합성 평가(6.8%), 그리고 행정업무(3.9%) 순으로 조사되었다.

따라서 경찰심리학자가 되기 위해서는 심리학과 박사학위를 소지하면서 이 분야의 전문가들과 함께 일하고 인턴십을 경찰기관이나 조직에서 수행하는 것도 필요하다. 매우 유능한 경찰심리학자가 되기 위해서는 경찰업무의 성질, 정책과 절차, 그리고 경찰문화에 대한 이해가 필수적인데, 이와 같은 '경찰문화 사회화 과정'이 길면 3년까지도 걸린다는 보고가 있으며(Finn & Tomz, 1997), 24시간 근무대기와 열악한 환경 속에서도 일할 의향도 있어야 한다.

2) 범죄와 비행심리학

범죄와 비행심리학(psychology of crime and delinquency)은 성인과 청소년 범죄자의 행동 및 정신과정을 연구하는 분야다. 범죄행동의 습득과정 및 경로, 유발되고 유지되는 요인, 그리고 수정 가능성 등에 관심을 가지는데, 최근 연구들은 범죄자의 세계관 및 인지적 관점에 초점을 두고 그들의 사고, 믿음, 가치관의 변화 가능성에 대해 수행되고 있다. 더 나아가 범죄행동을 줄이기 위한 예방, 처치, 그리고 치료적 전략을 검토하고 평가한다.

최근 사회적으로 문제가 되고 있는 학교 총기사건에 대한 이 분야의 연구 결과들은 학교 총기사건 범죄자들이 주로 사회적인 고립감과 거절당하는 느낌과 관련되어 있다고 주장하였다(Benson, 2002). 또한 조기예방 프로그램(Fast Track Prevention Program)과 같이 잘 계획되고 실행되는 예방 프로그램들이 청소년 범죄를 줄이고 방지하는 데 도움이 된다는 결과들도 보고하고 있다. 따라서 학교상황에서의 범죄와 비행행동을 줄이려는 시도들이 법정학교심리학(forensic school psychology)이라는 세부 분야로 특화시켜 교정기관뿐만 아니라 국공립 및 사립학교에서의 정신장애 범죄자나 청소년, 법제도 등을 다루게 되었다. 비록 법정학교심리학을 전문적으로 훈련시키는 시스템은 드물지만 교육이 필요한 교정시설의 학생 수가 증가하고 학교의 위험이 커져서 이를 더 안전하게 만들고자 하는 욕구가 증가하고 있기 때문에 이 분야의 전망은 매우 밝아 보인다.

3) 피해자학과 피해자 서비스

피해자학(victimology)이란 신체적, 심리적, 사회적, 그리고 경제적 범죄로 인해 직접적인 피해 및 위협을 경험한 사람을 연구하는 분야로서, 직접적 또는 1차적 피해는 피해와 그에 따르는 영향을 직접 경험하는 경우를 말하며, 간접적 또는 2차적 피해는 피해자와 친밀한 관계의 가족, 친지, 친구 등이 피해를 경험하는 경우다(Karmen, 2001). 유괴사건, 학교 총기사건, 그리고 성폭력과 같은 범죄를 경험한 아동들은 정상적인 발달 과정이 방해를 받으며 지속적으로 인생 전반에 걸쳐 정서적, 인지적 문제를 지닌 채 사는 경우가 많다. 또한 성인들도 폭행, 강도, 그리고 절도와 같은 범죄피해의 영향이 지속적으로 유지되는 경우도 있다.

피해자학이 과학적이고 전문적인 영역으로 인정받은 것은 채 30년도 되지 않았으며, 최근까지 극소수의 범죄피해자들(2~7%)만이 심리적 서비스를 제공받고 있다(Karmen, 2001). 하지만 피해자들의 인권을 보호하는 법률제정, 피해자 상담을 위한 국가지원금 증가, 피해자 지지자들의 노력, 그리고 피해자학의 활발한 연구로 인해 피해자 문제를 이해하고 다루려는 노력이 늘어나고 있다. 특히 성폭행, 가정폭력, 아동 성추행, 그리고 노인폭행을 다루는 피해자 서비스가 몇 년간 급성장하고 있다. 미국에서는 1989년부터 각 대학에서 피해자 서비스를 위한 훈련 프로그램을 교육시켜 자격증 소지자와 학위 졸업생을 배출하고 있으며, 미국 법무부에서 지원하는 NVAA(National Victim Assistance Academy)가 전국적으로 사용되는 표준 교육과정을 개발하고 제공하는 역할을 하고 있다. 향후 법정심리학자들이 다양한 문화권과 연령대의 범죄피해자에 대한 연구, 평가, 그리고 치료 분야에서 큰 역할을 담당할 것으로 기대된다.

4) 법률심리학

법률심리학(legal psychology)은 법원에서 일어나는 다양한 주제에 대해 심리학적 연구 방법과 결과를 적용하는 분야로서, 정신이상자의 변호, 배심원심리학, 증거심리학, 아동양육권 결정, 가정법률 문제, 목격자 신분보장, 배심원 결정에 영향을 미치는 문제 등 매우 다양한 주제를 다룬다. 비록 여기서는 법률심리학을 법정심리학의 한 하위 분야로 구분하였지만, 법률심리학, 법심리학, 법정심리학이라는 용어는 매우 혼재되어 사용되고 있으며, 다루고 있는 주제들도 다른 하위 영역들과 서로 겹치는 경우가 많다.

법률심리학자들이 많은 관심을 가지고 연구하는 대상 중의 하나가 거짓자백(false confession)이다. 용의자들은 자신이 저지른 범죄가 아닌 상황에서도 다양한 이유로 자백을 하기도 한다(두려워서, 자백을 통해 유명해지기 위해, 실제 범인을 보호하기 위해, 결백을 말해도 아무도 믿어주지 않을 것이라 생각해서 등). 하지만 최근의 연구결과들(Kassin, 1997; Kassin, Goldstein, & Savitsky, 2003)은 수사관이 능숙하게 조작하여 이런 거짓자백을 유도할 수 있다고 주장하고 있다. 자백의 심리에 대해서는 이 장의 뒷부분에서 좀 더 자세히 살펴볼 것이다.

2000년 미국 인구조사에 따르면 동성연애자, 동거, 편부모, 그리고 조부모 가정이 급격히 상승하고 있는데, 이런 변화하는 가정환경 및 문제를 대처하는 법정심리학자들의 활동 분야를 흔히 가족법정심리학(family forensic psychology)이라고 한다. 이 분야는 가정법원에서도 해결하기 힘들어하는 주제인 동성연애부모의 방문자격과 양육권, 동거 후 헤어지는 경우의 문제, 대리모 및 정자/난자 기부자의 부모권리, 입양아에 대한 학대, 자녀 부양비 등 가족 간의 이해관계가 얽힌 민·형사 사건을 다룬다.

5) 교정심리학

교정심리학(correctional psychology)은 수감자를 재활, 교정, 재교육하여 사회로의 복귀를 돕는 분야로서 장단기 심리치료, 위기처치, 집단치료, 물질남용치료와 같은 치료적 서비스와 함께 심리 및 적성평가, 수감자의 석방추천이나 보안수준 변경, 교정시설 직원의 심사 및 선발, 직원에 대한 상담과 같은 서비스도 제공한다.

법정심리학 분야 중에서 가장 빠른 성장을 보이고 있는 분야가 이 교정심리학 분야인데, 이는 미국의 2백만 명이 넘는 수감자 수, 4백만 명이 넘는 가석방자 수, 그리고 상습범죄자 1인당 평생 백만 달러 이상의 사회간접비용과 관련되어 있다. 즉, 교정심리학자의 역할과 서비스가 절실한 상황이 되고 있으며, 교정심리학자들도 자신의 역할에 대해 비교적 전문적 만족감을 보이면서 매우 도전해 볼 만한 분야로 인식하는 경우가 많다. 대부분의 교정심리학자의 전공은 임상 및 상담심리학이며, 미국 주립 및 국립교도소의 심리학자 59%가 박사학위 소지자로서 대부분 행정업무(30%), 수감자 치료(26%), 심리검사와 평가(18%), 그리고 연구(6%)에 종사하며 직접적인 치료에 더 많이 참여하기를 희망하였다(Boothby & Clements, 2000).

2 범죄원인론

범죄원인론은 범죄의 발생 원인과 이유를 설명하는 이론이다. 범죄원인론은 각 학파와 학자마다 범죄와 인간에 대한 이해, 범죄원인을 설명하는 방법, 그리고 범죄대책 수립과 미래에 대한 예측이 다른데, 이는 그 시대의 정치, 사회, 문화적 환경 및 인간에 대한 철학 및 세계관과 관련이 있다. 18세기 고전학파 이론이 영향력을 미치기 이전, 서양에서는 악마주의 이론이 팽배하여 인간의 나쁜 범죄행동은 신에 대한 믿음이 약해져 악마의 유혹에 빠진 결과로 발생한다고 믿었다. 더군다나 범죄자로 의심받는 이가 고회하지 않으면 신에 대한 모독이자 왕권에 대한 도전으로 받아들여져 종교재판을 통해 심한 고문이나 화형과 같은 잔인한 처벌을 받았다. 따라서 고전학파 이전에는 범죄에 대한 진정한 형사사법제도나 재판이 없었다고 해도 과언이 아니다.

1) 고전학파 이론

고전학파(classical school) 이론은 이미 17세기에 인간을 자유의지와 쾌락원칙에 의해 행동하는 존재로 인식하는 철학적 인간관에서 태동되기 시작하여, 18세기 계몽주의, 인본주의, 합리주의 사조 아래에서 발전하였다. 고전학파라는 이름은 19세기 실증주의 이전의 이론이라는 의미에서 붙여졌다.

고전학파 이론의 대표학자는 이탈리아의 범죄학자인 베카리(Beccari)와 영국의 벤담(Bentham)으로서, 범죄자를 마치 합리적인 계산기와 같은 존재로 보았다. 즉, 고전학파 이론에 의하면 범죄행위는 합리적인 경제행위라는 점에서 다른 행위들과 그 본질이 다르지 않고, 범죄자도 이해득실을 따지는 경제적인 일반인과 다르지 않다고 보았다. 따라서 범죄의 원인은 개인의 자유의지에 따른 합리적인 판단에 의한 결과로 보았다. 다시 말해, 이 고전학파 이론가들은 범죄행위는 그 행위의 이해득실을 비교하는 합리적인 자유의지에 의한 선택이라고 생각하였으며, 처벌의 대상은 범죄행위 자체이지 범죄자는 아니라고 보았다. 처벌의 대상을 범죄행위로 보기 때문에 형벌은 최소한의 필요한 만큼만 부과되어야 하며, 부적절하거나 지나친 처벌은 오히려 범죄의 원인이 될 수 있다고 하였고, 형벌의 목적도 억제이기 때문에 교도 및 갱생의 가능성도 낮게 평가되었다.

하지만 고전학파 이론으로는 설명하지 못하는 범죄행위와 현상이 너무 많다. 예를 들어, 왜 어떤 사람은 평생을 걸쳐 반복적으로 범죄를 저지르는 반면에 어떤 사람은 1회의 범죄만 저지른 후 다시는 반복하지 않는지, 왜 10대 후반에 범죄 가능성이 증가했다가 20대가 되면 급격히 감소하는지, 그리고 왜 여자보다 남자가 범죄를 많이 저지르는지 등의 현상을 설명하는 데 한계가 있다. 이런 고전학파 이론의 한계점을 극복하기 위해 다양한 실증학파(positivist school) 이론들이 대두되었다.

앞으로 소개할 실증학파 이론들은 범죄행위를 인간이 통제할 수 없는 특정 원인에 의해 결정된다고 보는 결정론적 관점을 지니고 있다. 유럽에서 시작된 실증학파가 본격적인 이론들을 발전시키게 된 이유는 과학적인 증거로 현상을 설명하려는 학문 사조와 20세기 미국 심리학의 영향을 강하게 받으면서부터다. 과학적 연구 방법과 실증적 자료를 강조하는 실증학파 이론들은 크게 사회학적 이론, 생물학적 이론, 심리학적 이론들로 구분된다. 이들의 근본적인 차이점은 범죄행위의 결정요인 소재가 어디에 있느냐에 달려 있다. 즉, 사회학적 이론들은 범죄행위의 결정요인이 행위자 외부에 존재한다고 보는 관점이고, 생물학적 이론들은 결정요인이 행위자 내부에 존재한다고 보는 관점이며, 마지막으로 심리학적 이론들은 외부 결정요인과 내부 결정요인의 상호작용을 중시하는 관점이다.

2) 사회학적 이론

1800년대부터 프랑스의 제도학파가 통계적 연구에 힘입어 범죄를 포함한 모든 사회현상이 사회적 특성과 관련되어 있다는 실증주의적 관점을 제안하였고, 본격적으로 1920년대 미국 시카고 학파는 사회생태학적 관점을 제시하면서 범죄행동의 원인을 밝히는 데 있어 범죄자의 사회적 환경에 초점을 맞춰야 한다고 주장하였다. 사회구조적인 문제로 인해 범죄행동이 유발되는 것으로 보는 사회구조적 이론들은 사회경제적 하류계층을 범죄의 일차적인 원인으로 간주한다는 공통점을 지니고 있다. 이런 견해는 거시적인 관점과 미시적인 관점으로 구분될 수 있는데, 이 구분에 따라 설명하고자 한다.

'거시환경론'의 관점을 따르는 사회구조적 이론은 사회적 상황 자체가 범죄를 유발시킨다는 견해를 지니고 있다. 가장 대표적인 사회해체이론에 따르면, 산업화 및 도시화로 인해 사회조직이 와해되고 해체되며, 이로 인해 내적 · 외적 사회통제가 약화되어 범죄가 발생된다고 하였다. 또한 아노미(Anomie) 이론에 따르면 아노미, 즉 무규범, 이중규범의 혼재상태는 사회구조가 개인의 욕구나 욕망에 대한 통제력을 유지할 수 없을 때 일어나며, 개인이 목표를 달성하기 위해 통제력 없는 아노미 사회에서 자신의 욕구나 욕망에 따라 행동함으로써 범죄가 발생된다고 보았다. 아노미 이론을 기초로 하는 하위문화이론은 범죄행위를 특정 하위문화의 소산으로 보는 입장으로서 일탈을 개인적 반응으로 간주하는 아노미 이론과는 다르게 집단적 반응을 강조한다. 하위문화이론은 대부분의 비행 및 범죄행위가 집단에 의해 대체로 하류계층의 남자들에 의해 발생된다고 전제한다. 이와 같은 거시적 관점의 사회구조적 이론들은 범죄예방이나 재소자의 교화 및 개선, 재사회화를 위한 직업훈련 등과 같이 범죄인에게 합법적인 기회를 제공하고 재범방지책을 수립하는 데 이론적 토대가 되었지만, 중상류층의 비행 및 범죄행위와 하류계층 속에서의 성장효과를 무시한다는 비판을 받고 있다.

거시환경론이 동일한 사회구조적 조건을 지니고 있으면 동일한 반응이 나타난다는 관점인 반면에, '미시환경론'은 동일한 사회구조 속에서 성장하더라도 차별적인 반응이 나타난다는 관점으로서 개인의 개별적인 반응에 초점을 두고 있다. 사회학습이론에 속하는 차별적 문화(접촉)이론에 따르면, 범죄는 유전되는 것이 아니라 대인 간의 사회적인 상호작용에 의해 학습되는 것이고, 법을 위반하는 것에 대한 비호의적인 태도보다 호의적인 태도가 더 많기 때문에 범죄자가 되는 것이라고 하였다(Sutherland & Cressey, 1978). 하지만 이 이론은 대인 간 상호작용이 일어나지 않는 대중매체의 역할을 경시하고 충동적 범죄나 정신이상에 의한 범죄 등을 설명하기 어렵다. 이런 한계점을 보완하기 위해 나타난 차별적 강화이론은 행동주의 심리학적 연구 성과를 적용하여 범죄행동은 직접적인 조건화와 모방을 통해 학습된다고 주장하였다. 차별적 동일시이론은 범죄의 학습 대상을 직접적인 접촉이 가능한 대상에서 확대하여 간접적으로 접촉하는 사람과도 동일시한다면 범죄행위가 발생된다고 주장하여 개인의 차별적인 반응에 대해 설명하였다. 또 다른 사회학습이론인 중화(Neutralization)이론에 의하면, 범죄자들도 사회적 규범이나 규칙을 내면화시키지 못하는 것이 아니라 준법적인 가치와 태도를 지니고 있지만, 일탈행위를 중화, 즉 정당화시키고 규범의식을 마비시키는 합리화 기술을 배워 범죄를 저지른다고 보았다. 이 외에도 인간은 잠재적인 범죄자이므로 범죄성을 통제하기 위한 통제력이 필요하다고 보는 사회통제이론, 그리고 어떤 행위에 대해 사회적으로 부정적 반응을 받아 범죄자로 낙인찍히면 부정적 자아정체감을 형성하게 되어 이후에도 그에 따라 행동한다는 낙인이론(부정적인 사회반응이 범죄문제를 악화시킴)도 중요한 관점을 제시해 주고 있다.

3) 생물학적 이론

생물학적 이론은 범죄의 원인을 범죄자의 생물학적 특징에서 찾으려는 이론으로서, 이미 1500~1700년대에 범죄행동과 체형이나 얼굴 특징의 관계를 밝히려는 연구가 시도되었다. 비록 20세기에 들어 이탈리아 롬브로소(Lombroso)의 쌍둥이 연구로부터 생물학적 이론은 전성기를 맞이하게 되었지만, 생물학적 원인 이외에 다른 대안적인 설명이 부족하고 범죄는 숙명적이므로 막을 수 없고 재사회화도 불가능하다는 관점으로 인해 침체를 면치 못하고 단순한 역사적 호기심으로밖에 받아들여지지 않았다. 그러나 최근 범죄인들의 염색체 연구를 통해 공통된 염색체 이상의 발견, 뇌파와 뇌혈류를 측정하는 신경생리학적 연구, 생화학적 요인에 대한 연구 등으로 범죄행동의 유전적인 영향을 밝히려는 시도가 주목을 받고 있다.

생물학적 이론들 중에서 신체적 특징과 범죄의 상관관계를 밝히려는 연구는 매우 오래전부터 시도되었다. 18세기 골상학 이후 롬브로소에 의해 확립된 두개골과 안면 모양의 특징은 실증적인 증거가 부족함이 밝혀졌고, 크레츠머(Kretschmer)나 쉘던(Sheldon)에 의해 분류된 체격 유형(비만형, 근육형, 두뇌형, 균형형) 연구에서도 근육형이 범죄성향과 관련이 있다는 결론을 주장하였지만, 이 또한 많은 비판 속에 그 영향력이 약화되었다.

범죄자에 대한 신체적 특징을 밝히려는 시도보다 관심을 끈 연구는 범죄자의 범죄행동이 유전되는지를 밝히려는 시도였다. 대표적인 연구로는 범죄자의 가계연구, 쌍생아 연구, 입양아 연구 등이 있는데, 선조의 유전적 결함(조현병이나 간질과 같은 정신병, 정신병질, 정신박약, 음주벽, 전과사실 등)이 후손에게 이어져 범죄발현에 영향을 준다는 입장이다. 19세기 말 유전에 의해 수많은 범죄자와 창녀를 생산한 가문으로 오명을 들은 뉴욕의 죽스(Jukes)가에 대한 가계연구, 일란성과 이란성 쌍생아의 범죄일치율 연구, 친부 및 양부와 양자의 범죄일치율에 대한 입양아 연구 등은 범죄에서 유전의 영향을 어느 정도 밝힌 연구 결과라 할 수 있다. 하지만 유전적 결함 자체가 직접적 원인인지 아니면 그런 부모로 인한 나쁜 환경이 간접적 원인인지 명확하지 않다는 비판이 있고, 유전소질이 동일한 쌍생아라도 성격은 일치하면서도 사회적 행동이나 범죄성은 동일하지 않다는 지적 등과 같이 유전과 환경의 영향을 정확하게 분리하기 어렵다는 비판을 받고 있다.

염색체가 발견되고 특히 성염색체가 그 형태나 구성, 개수 등에 이상이 생길 수 있으며, 이로 인해 성격적 결함이 드러날 수 있다는 연구가 발표되자, 성염색체 이상과 범죄성의 관계를 밝히려는 연구가 시도되었다. 클라인펠터증후군은 정상인보다 X염색체 수가 증가된 경우로서 가장 많이 나타나는 성염색체 이상이다. 신체적으로 왜소한 고환, 무정자증, 여성형 유방이 특징이고 낮은 지능, 반사회성, 미성숙한 정신, 동성애 경향, 성범죄나 절도를 범하려는 경향을 드러내지만, 범죄학적으로 위험하지는 않다. 돌연변이에 의해 발생한 것으로 여겨지는 XYY형(초남성형)은 남성적 특징을 나타내는 Y염색체가 증가한 경우로서 지능이 낮으며 키가 크고 성적으로 조숙하고 초범연령이 빠르며, 공격성이 강해 성범죄나 방화, 살인 등의 강력범죄를 범하기 쉽다는 보고가 있으나, 그들의 신체적 특징으로 인해 눈에 띄기 쉽고 낮은 지능 때문에 검거율이 높을 뿐, 특별히 범죄성이 높은 것으로 볼 수 없다는 주장도 있다. 이와 같이 여러 유전연구들은 선천적 요인이 범죄에 영향을 미친다는 결과를 보여 주기는 하지만, 범죄성 자체가 유전된다고 단언하기 어렵다.

이 외에도 신체의 생화학적 기능장애(비타민이나 미네랄 등의 영양결핍이나 저혈당증), 뇌의 기능장애, 여성호르몬 변화 등과 범죄의 연관성을 밝히려는 시도는 지속되고 있으나, 이들 장애와 범죄의 상관관계를 단정 짓기는 어렵다. 다만, 여성호르몬 변화를 예로 들자면, 여성호르몬 수치 자체가 직접 범죄를 유발하는 것으로 여겨지지는 않으며, 단지 이런 상태가 다른 요인들과 결합하여 범행 가능성을 증가시키는 요인 중 하나로 설명하는 것이 일반적이다.

초기의 생물학적 이론가들은 결정론적인 입장에서 범죄인들은 열등적인 존재이고 범죄자가 될 수밖에 없는 결정된 운명을 타고났다고 생각하였다. 하지만 최근의 이론들은 비행 성향을 지닌 사람들도 환경에 의해 그런 성향이 나타나기도 하지만 그렇지 않을 수도 있다는 탄력적인 입장을 취함으로써 범죄예방과 재범방지를 위한 교육과 선도에 관심을 기울이게 되었다. 이런 입장에 의하면 유전은 평범한 환경에서 그 중요성이 커지지만, 열악한 환경에서는 유전보다는 환경적 요소가 더욱 부각되므로 그 중요성은 상대적으로 작아진다는 것이다.

4) 심리학적 이론

앞서의 다른 이론들과 다르게 심리학적 이론은 범죄행위를 설명하기 위해 체계화되고 구성된 것이 아니라, 인간의 심리, 성격, 행동, 인지, 정신병리 등을 설명하기 위해 구성된 이론들이 범죄를 이해하기 위해 적용된 것이다. 심리학적 이론들은 개인의 심리적 특이성 때문에 범죄가 발생하는 것으로 보며, 처벌 위주에서 치료로 형사정책이 바뀌는 경향과도 일치하여 현재 활발하게 연구되고 있다.

인간이해에 대한 새로운 관점을 제시해 준 정신분석이론은 인간을 성적 발달 단계에 따라 단계적으로 성장하는 존재로 보았으며, 범죄행위를 본능, 즉 이드(id)와 초자아(superego) 사이에서 자아(ego)가 중간자적인 입장으로 적절하게 조절하지 못했을 때 발생하는 것으로 보았다. 즉, 인간본성은 태생적으로 반사회적인데 장기간에 걸친 사회화 과정을 통해 비로소 사회규칙을 준수하고 내면화하게 되며, 이때 경험하는 고통스러운 갈등을 해소하기 위해 대처기제와 방어기제를 형성하게 되고 이것이 범죄의 원인이 된다고 하였다. 특히 알렉산더와 힐리(Alexander & Healy, 1935)는 프로이트의 성적 발달 단계의 항문기에 즉각적인 욕구가 충족되지 못하더라도 참는 능력과 현실원칙에 따라 행동하는 능력을 제대로 터득하지 못한 사람들이 범죄를 저지른다고 하였다. 비록 정신분석학적 이론이 범죄를 설명하는 데 많은 기여를 하였으나, 현재보다는 과거 초기 아동기의 경험을 중요하게 생각하는 반면, 문화적 · 환경적 영향을 중요하게 생각하지 않았으며 성적 발달 단계를 지나치게 강조한다는 비판을 받고 있다.

성격심리이론은 사람의 성격을 다양한 준거에 따라 구분하고 분류하여 범죄와의 관계성을 확인하고자 하였다. 가장 대표적인 이론가인 아이젱크(Eysenck, 1977)는 범죄에 대해 생물학적 관점에 기반을 둔 성격이론을 주장하였다. 그에 의하면, 범죄자의 대부분은 외향성자인데, 이들은 내향성자에 비해 선천적으로 신경계 강도가 강하고 각성 수준이 낮아 신체의 항상성을 유지하기 위해 끊임없이 외적 자극을 추구하고 각성 수준을 높이려는 행동을 한다는 것이다. 하지만 후속연구에서 외향성 성격 중에서 충동성만이 범죄행위와 관련되어 있으며, 외향성보다는 오히려 신경증적 경향성이나 정신병적 경향성이 범죄행위와 유의미한 관련성이 있다고 하였다. 최근 성격장애에 대한 관심이 증대되면서 특히 반사회성 성격장애(antisocial personality disorder)와 범죄행위의 관계를 밝히려는 시도들이 많아졌다. 반사회성 성격장애자의 80%는 남성이고, 경범죄자보다는 강력범죄자들이 많으며(McCord, 1982), 불안과 각성 수준이 낮아 새로운 자극을 추구하고 쉽게 지루함을 느낀다고 하였다. 이러한 성격이론의 주장에 대해 비판도 많은데, 즉 특정 성격의 사람이 반드시 범죄행위를 유발하지 않으며 그 반대의 경우도 입증하지 못하는 경우가 허다하다.

행동주의 심리학이 등장하면서 학습이론은 많은 인간행동을 설명하였다. 다른 행위와 동일하게 범죄행위도 학습이론으로 설명하였는데, 사람들이 범죄행위를 통해 이득과 강화를 받게 되면 그 행위를 더 자주 할 것이며, 반대로 처벌을 받게 되면 그 행위는 사라진다고 주장하였다. 이와 같이 직접적인 강화와 처벌을 받는 경우, 이 외에도 타인의 행동을 관찰하는 대리학습을 통해서도 학습이 발생된다는 사회학습이론도 제안되었다. 반두라(Bandura, 1986)는 실증적인 실험을 통해 아동의 관찰학습을 확인하였으며, 이런 학습이 지속적이고 반복적인 조건화 과정을 통해서만 발생하는 것이 아니라 단 한 번의 관찰시행으로도 가능함을 입증하였다. 하지만 관찰학습을 통해서만 범죄행위의 원인을 설명하기에는 많은 한계점을 지니고 있다. 즉, 같은 범죄행위를 관찰하더라도 범죄를 저지르지 않은 사람이 많으며 직접적인 처벌을 받더라도 반복적으로 범죄를 저지르고 형벌을 받는 사람도 많기 때문이다.

사회학습이론의 한계를 설명하고자 시도한 사회인지이론은 개인 간 인지 과정을 강조한 이론으로서, 범죄자는 타인의 언어와 행동을 지각하고 인지적으로 해석하는 데 일반인과 차이가 있다는 관점이다. 특히 범죄자는 타인의 입장을 이해하고 타인의 감정을 공감하는 능력이 부족하다는 것이다. 한 연구(Crick & Dodge, 1994)에 의하면, 공격적인 사람은 그렇지 않은 사람보다 사회적 단서와 맥락을 탐지하는 능력이 부족하고, 그런 단서를 지나치게 폭력적으로 해석하며, 갈등관계에서 폭력적인 공격행동 외에는 적절한 반응양식을 잘 찾지 못하며, 자신의 폭력반응이 사회적으로 용납되는 것으로 잘못 판단하는 경우가 많다고 하였다.

지금까지 살펴본 여러 심리학적 이론들은 범죄자의 교정 및 교화 분야에 많이 응용되고 있으나 처벌이 아닌 치료 감호 처분과 같은 치료 행위를 지나치게 강조한다는 비판을 받고 있다. 또한 앞서 언급한 바와 같이 범죄관련 성격과 특정 범죄 사이의 직접적인 관계에 대해 근거가 많이 부족하다는 평가를 받고 있다.

3 법정 및 범죄심리학 적용 영역

법정심리학 분야는 매우 광범위하고, 어느 한 학문 분야에 국한되기보다는 다양한 전문 분야가 관련되어 있어, 이 절에서 모두를 소개하기는 지면상 불가능하다. 더군다나 한국적 법체계와 범죄 상황이 현실적으로 외국의 상황과 맞지 않아 설명이 어려운 영역도 존재한다. 따라서 여기에서는 현재 국내외적으로 활발히 연구되고 주목받는 몇 가지 영역을 중심으로 간단히 소개하고자 한다.

1) 목격자 진술

범죄나 극적인 사건을 목격한 사람을 흔히 목격자라 하는데, 법정에서 이루어지는 판결에 흔히 목격자 또는 증인의 진술이 결정적인 영향을 미친다. 목격자가 의도적으로 거짓진술을 하는 경우 이외에 거짓진술하려는 의도가 전혀 없는 경우에도 기억의 왜곡 때문에 틀린 증언을 할 가능성은 항상 존재한다. 이와 같은 목격자 및 증인 진술의 정확성에 대해서 매우 방대한 양의 심리학적 연구가 수행되어 왔으며, 체계적으로 정리되어 있다(Williams, Loftus, & Deffenbacher, 1992; Christianson, 1992 참조).

목격자 진술의 신뢰성에 대해 집중적인 연구를 수행하여 학계 및 일반 대중들로부터도 상당한 주목을 받은 심리학자가 로프터스(Loftus)다. 그녀의 연구(Loftus & Palmer, 1974)는 사건에 대한 목격자의 기억이 사건 후 제공되는 정보에 의해 쉽게 변경되고 왜곡될 수 있음을 밝혔다. 가장 대표적인 실험을 예로 들자면, 실험피험자들에게 자동차 충돌사고를 찍은 비디오 필름을 보여 준 후, 두 집단 중 한 집단에게는 "자동차들이 서로 부딪쳐 박살났을 때의 속도는 얼마인가?"라고 질문하였고, 다른 한 집단에게는 "자동차들이 서로 부딪쳤을 때의 속도는 얼마인가?"라고 질문하였다. 그 결과, 후자보다 전자의 질문을 받은 집단이 더 빠른 속도였다고 추정하였다. 또한 일주일 후 다시 실험피험자들에게 사고 당시 유리창이 깨졌는지의 여부를 질문하였는데, 실제 유리창은 깨어지지 않았는데도 불구하고 깨진 유리창을 보았다고 대답한 실험피험자들의 숫자가 전자에서 더 많았다. 이 연구 결과는 목격자의 기억이 질문에 의해서도 영향을 받을 수 있으며, 더 나아가 유도심문에 의해 기억왜곡이 발생할 수 있음을 시사해 주는 것이다.

인간의 기억에 대한 이론들 중에서 두 가지의 이론이 가장 대별된다. 연합주의자(associationist)들은 기억내용 자체는 변경되거나 왜곡되지 않고 정확하지만 기억이 인출되는 과정에서 오염되고 왜곡되므로 적절한 단서가 제공되면 모든 기억은 인출 가능하다고 보는 입장인 반면, 재구성이론(reconstructive theory)을 주장하는 이론가들은 기억내용 자체가 왜곡되고 잊혀지는 것이 가능하다는 관점을 지니고 있다. 목격자 및 증인의 기억에 대해 연구하는 대부분의 학자들은 일반적으로 재구성이론을 추종하는데(Brainerd & Ornstein, 1991), 이는 인출되는 데 필요한 적절한 단서라는 정의가 매우 애매하고 설혹 그

런 단서에 의해 기억이 인출되었다 하더라도 그것이 처음 기억했던 내용인지에 대한 사실 여부를 밝힐 수 없는 경우가 많기 때문이다(박광배, 2004). 따라서 목격자 진술에 대한 기억연구들은 목격자의 기억이 왜곡되거나 잊혀질 수 있다는 가정 위에서 수행된 것들이다.

미국 연방대법원은 1972년 목격자 진술의 정확성 및 신뢰성을 판단하기 위해 고려해야 할 다섯 가지 조건을 제시하였다(박광배, 2004 재인용). 첫째, 범죄 발생 시 범인을 관찰할 수 있는 기회의 여부이며, 둘째, 범죄 발생과 목격자 진술 사이의 시간적 간격, 셋째, 목격자의 확신감 정도, 넷째, 목격자 진술의 과거 정확성, 다섯째, 범죄 발생 시 목격자의 주의력 정도다. 여기에서는 이 다섯 가지의 조건에 대한 주요 연구 결과들을 간략히 살펴보고자 한다.

(1) 목격자의 관찰시간

대부분의 범죄나 사고현장에서 목격자가 관찰할 수 있는 시간은 매우 짧게 한정되어 있다. 그래서 목격자 기억의 정확성은 목격자가 범죄자 혹은 범죄현장을 얼마나 오래 그리고 자세히 관찰하였는가에 달려 있다(Ellis, Davies, & Shepherd, 1977). 하지만 최근 연구들은 관찰시간의 증가에 따라 정확성도 동일한 비율로 증가한다는 결과를 지지하지 않는 증거를 보고하고 있다. 처음 본 사람의 얼굴을 다시 기억해 내는 실험에 의하면 4~12초 정도 보았을 때 기억의 정확성이 최대가 되었는데, 그 이하이면 관찰시간이 짧을수록 정확성이 점점 저하되는 반면, 12초 이상에서는 관찰시간이 증가할수록 기억의 정확성은 증가하지 않는다고 하였다(Shapiro & Penrod, 1986).

(2) 목격과 진술 사이의 시간적 간격

인간 기억연구의 선구자라 할 수 있는 에빙하우스의 망각곡선에 따르면 100% 암기한 기억도 20분이 지나면 58%, 1시간이 지나면 44%, 하루가 지나면 34%만 남아 있고 급속도로 망각되다가, 2일째(28%)부터 1개월(21%)까지는 거의 완만한 망각속도를 보인다고 하였다. 즉, 특정 시간이 지나면 망각되는 정보의 양은 점차로 줄어들게 된다는 것이다. 데펜베처(Deffenbacher, 1989)의 연구에 의하면 사람의 얼굴에 대한 기억은 약간 다른 망각곡선을 보이는데, 처음 얼굴을 지각한 후 5분 이내에 13.5%의 정보가 망각되고 여기에 13.5%가 더 망각되는 데 2일이 소요되며, 그 후 5일 동안에 단지 4%만이 추가로 망각된다고 주장하였다. 즉, 사람의 얼굴에 대한 기억은 다른 기억 내용보다 오래간다는 것이다. 하지만 어떤 기억내용이든 목격과 진술 사이에 간섭정보(기억내용과 유사한 정보나 매우 강력한 사건경험에 대한 기억 등)가 있다면 기억을 방해하게 되어 시간이 흐를수록 더 많은 양의 망각을 유발시킨다.

(3) 목격자의 확신감

일반적으로 목격자가 확신에 찬 목소리로 자신 있게 진술한다면 거의 대부분의 사람들은 그 진술의 정확성에 대해 의심하지 않을 것이다. 하지만 최근의 연구 결과들(Bothwell, Deffenbacher, & Brigham, 1987)은 이런 기대와는 반대로 목격자의 확신감이나 자신감과 그 진술의 정확성 사이에는 아무런 상관관계가 없다고 보고하였다. 즉, 목격자가 자신의 기억이나 진술의 정확성에 대해 강하게 확신한다고 해서 그것이 실제로 정확한 것은 아니라는 것이다. 하지만 문제는 이런 확신감과 자신감이 넘치는 목격자를 관찰하는 타인들은 그의 진술을 더 신뢰하게 된다는 데 있다. 한 모의재판 실험(Wells, Lindsay, & Ferguson, 1979)에서도 대개 배심원들은 목격자 진술을 약 80% 정도 신뢰하는데, 목격자가 확신에 차 있고 자신 있어 할 때는 그 진술에 대한 신뢰성은 증가된다고 하였다.

(4) 목격자의 개인 특성

목격자의 지능, 성격, 태도, 성별 등의 개인적 특성에 따라 정확성에서 차이를 보일 것이라는 기대는 대부분 확증되지 못하거나 무관한 것으로 알려져 있다. 하지만 목격자가 과거 진술한 내용의 정확성이 높으면 새로운 진술에 대한 정확성 또한 높을 것으로 나타났고, 더욱이 최근 목격자의 나이와 인종과 같은 변인은 다른 개인적 특성과는 구별되는 결과를 보이고 있다. 노인 목격자의 진술은 젊은이의 진술에 비해 부정확하며, 노인들은 여러 번 반복해서 관찰한 얼굴에 대해서는 젊은이들과 차이가 없이 정확히 기억하지만, 한 번 관찰한 얼굴에 대해서는 잘 기억하지 못하는 주장도 있었다(Yarmey & Kent, 1980). 또한 인종에 대한 연구 결과들은 인종횡단현상을 주장하는데, 이는 목격자의 인종과 피의자의 인종이 다르면 진술의 부정확성이 증가(특히 얼굴 변별력의 저하)하는 현상을 말한다. 이 현상은 미국의 경우, 목격자가 백인이고 피의자가 흑인일 때가 그 반대의 경우보다 더 두드러지게 나타나는 경향이 있다(Lindsay, Jack, & Christian, 1991).

(5) 목격자의 주의

무기초점효과(weapon focus effect)는 범죄 발생 상황에서 범인이 총이나 칼과 같이 매우 위협적인 흉기를 소지하고 있어 목격자가 그 흉기에 주의를 너무 많이 기울여서 흉기 이외의 범인의 얼굴이나 상황을 잘 기억하지 못하는 것을 말한다. 로프터스 등(1987)은 실험피험자를 두 집단으로 나눈 후, 한 집단에게는 연기자가 권총을 들고 상점 점원을 위협하는 장면을 보여 주고 다른 집단에게는 연기자가 수표다발을 점원에게 건네주는 장면을 보여 주었다. 이 연구에서 실험피험자들의 눈동자 움직임과 응시시간을 측정한 결과, 수표다발보다는 권총에 대해 더 오랫동안 그리고 자주 시선을 고정하였고 권총을 들고 있는 연기자에 대한 정보를 적게 기억하였다. 스테블레이(Steblay, 1992)는 무기초점효과가 발생하는 이유를 높은 긴장 수준과 협소한 주의집중으로 설명하였다. 즉, 무기로 인해 긴장 수준이 높아지고 그로 인해 무기에만 주의를 집중하기 때문에 범인의 얼굴이나 의복 그리고 기타 상황에 대한 관찰 및 기억이 원활하게 이루어지지 않는다는 것이다.

목격자 진술과 기억에 대한 심리학적 연구들을 실생활에 일반화시키기 어렵고 범죄 상황도 매우 간접적이며 현실과는 거리가 멀다는 비판을 받고 있으며, 범죄영상을 사용하는 실험연구들이 현실성이 떨어진다는 지적을 받고 있다. 앞으로 실험실 연구와 현장 연구의 장점을 함께 고려한 실험설계가 이 분야의 연구에서 필요할 것이다.

2) 면담 기법

앞의 '목격자 진술' 부분에서 살펴보았듯이, 인간의 기억이 정확하다면 그리고 언제든 인출할 수 있다면 범죄의 진실을 밝히려는 수사관은 정확한 목격자의 기억을 기록만하면 될 것이다. 그러나 인간의 기억은 망각되며 어떤 단서에 의해 자극되느냐에 따라 풍부한 내용이 인출되기도 하고 오염이나 왜곡이 발생할 수도 있다. 따라서 면담(interview)은 목격자 혼자만의 일방적인 인지 과정이 아니라 면담자와 목격자 간의 상호작용에 의해 정보를 얻어내는 매우 역동적인 인지 과정이므로, 과학적인 면담 기법을 필요로 하게 되었다.

범죄사건의 해결 여부는 목격자 및 피해자로부터 진술을 확보했는지에 달려 있으며, 실제 전체 수사 활동의 85%는 진술확보를 위한 면담 활동이라는 보고도 있다. 여기에서는 범죄수사의 핵심 과정이라고 할 수 있는 면담과 면담 기법이 법정심리학 분야에 어떻게 적용되고 있는지 살펴보고자 한다.

(1) 면담의 정의와 종류

면담이라는 용어는 심리학 전반에 걸쳐 광범위하게 사용되지만, 법정심리학에 있어 면담은 수사 과정에서 범죄사건의 해결을 위해 수사관이 목격자나 피해자에게 진술을 확보하거나 용의자를 탐문하는 활동으로 국한된다. 심문(interrogation)이 용의자에게 사건에 대해 추궁하여 유죄 자백을 얻는 것을 목표로 하는 반면에, 면담은 용의자를 비롯하여 목격자, 피해자 진술의 진실성을 평가하고 사건의 정보를 수집하는 것을 목표로 한다.

면담 기법은 그 이론적 배경과 적용되는 대상에 따라 다양하게 구분되는데, 목격자나 피해자를 대상으로 일반적으로 적용되는 표준면담, 최면수사, 인지면담에 대해 간략히 살펴보고, 특히 그중에서도 현재 널리 활용되는 인지면담 기법의 특징과 방법에 대해 알아보고자 한다.

첫째, 표준면담(standard interview)은 일종의 개방형 자유회상 기법으로서 목격자가 자신이 기억하고 있는 것을 진술하게 한 후, 이를 토대로 수사관이 사건에 대해 구체적으로 질문하는 기법이다. 즉, 목격자가 자유회상 단계에서 언급했던 인물, 사건, 사물에 대해 정교하게 기술하도록 유도하는 질문 과정으로서 모든 기억을 드러낼 때까지 개방형 질문을 계속 실시한다. 하지만 표준면담은 과학적 연구 결과를 기반으로 하지 않으며, 틀에 박힌 질문 순서나 단답형 질문으로 인해 다양하고 자유로운 회상을 막고, 유도질문으로 진술을 왜곡시키는 경우가 많다는 비판을 받고 있다.

둘째, 최면수사(hypno-investigation)는 범죄수사에 최면을 이용하는 기법으로서 최면가의 암시와 유도에 따라 잊은 줄 알았던 과거 기억을 떠올리는 원리를 이용한다. 특히 사건현장에 단서가 남아 있지 않고 단지 피해자나 목격자만 있는 경우에 이들을 대상으로 희미해진 기억을 최면을 통해 떠올리게 하여 수사에 필요한 단서를 확보한다. 최면을 수사 기법으로 사용할 수 있다는 연구결과(Erdelyi, 1988)도 많으나, 실제 수사현장에 적용하기에는 고려해야 할 문제도 많다. 가장 대표적인 것으로서 객관적 증명이 어렵다는 점이다. 즉, 최면상태에 있으면서도 거짓말을 할 수 있기 때문에 진술의 진위 여부를 구별하기 힘들며 피최면자의 소망이 담긴 환상이 진실과 혼합되는 경우가 있다는 것이다. 더군다나 최면수사는 누구에게나 적용할 수 있는 기법이 아니라 단지 최면반응성이 높은 사람에게만 적용할 수 있다. 따라서 최면수사만으로 얻은 진술을 신뢰하기는 어려우며 인출된 정보에 대해 추가 수사와 검증이 필수적으로 필요하다.

셋째, 인지면담(cognitive interview)은 인지심리학의 기억회상이론에 기초하여 제작한 면담 기법으로서 표준면담의 문제점을 극복하고 목격자 및 피해자의 기억을 보다 정확하게 많이 인출하기 위해 개발되었다. 1984년 게이절만(Geiselman) 등이 첫 판을 발행한 이후, 1987년 개정판(Fisher et al., 1987)이 발표되었으며, 현재 실제 사건수사에 적용되는 가장 성공한 면담 기법 중 하나로 여겨지고 있다.

(2) 인지면담의 기법들

첫째, 정신적 맥락회복(the mental reinstatement of context) 기법은 목격자들에게 사건을 목격한 당시의 상황적 요소와 물리적 상태에 대해 심상 이미지를 떠올리도록 요구한다. 즉, 이 기법은 목격자가 사건 당시 경험했던 환경적, 개인적 맥락을 머릿속에 떠올리도록 하여 쉽게 기억을 회상하도록 돕는다.

둘째, 모든 것 보고하기(the report everything instruction) 기법은 목격자에게 생각나는 모든 정보를 보고하게 하는 것으로서, 목격자가 정보에 대해 개인적으로 생각하고 있는 중요도에 관계없이, 심지어 사소한 정보일지라도 모든 것을 보고하게 하는 것이다. 대부분의 목격자들은 수사관에게 자기가 중요하지 않다고 판단하는 것들을 말하지 않는 경향이 있는데(Fisher et al., 1992), 어떤 정보가 수사상 가치가 있는지는 목격자나 피해자들이 정확히 알 수 없으며, 때로는 별로 중요하지 않다고 생각한 정보나 사건과 전혀 관계가 없어 보이는 단편적 정보도 사건 전체를 파악하는 데 중요한 역할을 하는 경우도 있다.

셋째, 순서 바꾸기(the recalling of events in a variety of different orders) 기법은 목격자가 기억하는 사건의 순서를 바꾸게 하여 회상을 증진시키는 방법이다. 일반적으로 목격자와 피해자들은 사건을 순서대로 이야기해야 한다고 생각하고, 수사관 역시 그렇게 요구하는 것이 대부분이다. 이 과정에서 목격자는 자신의 도식(schema)을 사용하게 되고, 도식과 일치하지 않은 정보는 회상되지 않거나, 도식과 일치되게 왜곡시키는 경향성이 높아진다. 순서 바꾸기 기법은 다양한 순서, 즉 최근부터 사건 발생 초기까지 역순으로 이야기하게 한다든지 혹은 가장 기억에 남는 부분부터 이야기하게 하는 것과 같이 다양한 인출경로를 사용하여 왜곡된 기억, 재구성된 정보, 또는 인출되지 않은 정보들을 인출시키는 방법이다.

넷째, 관점 바꾸기(the change perspective technique) 기법은 용의자가 목격자나 피해자의 관점에서, 역으로 목격자나 피해자가 용의자의 관점에서 그들이 목격한 것을 설명하는 기법이다. 사람들은 자신들이 목격했거나 경험한 사건에 대해 다양한 관점을 가지고 있지만, 한 가지 고정된 관점, 즉 자신의 심리적 관점에서만 사건을 보고하는 경향이 있다. 따라서 이 기법은 관점을 달리하여 다양한 측면에서 사건을 회상하게 하여 정확성을 증가시키는 방법이다.

(3) 향상된 인지면담

비록 인지면담이 전통적 표준면담보다 약 20~30% 정도 더 많이 회상을 이끌어 내지만, 인지면담을 막상 일선 수사현장에 적용시켰을 때, 그 효과가 잘 나타나지는 않는다. 이는 일선 수사관들이 면담자로서의 역할을 충실히 수행하지 못하기 때문으로 해석된다. 따라서 이런 문제점을 극복하고 수사현장에서 인지면담의 효율성을 높이기 위해 피셔와 게이절만(Fisher & Geiselman, 1992)이 인지면담에 사회심리학적 원리를 통합시키고 질문 순서를 정리해 놓은 향상된 인지면담(enhanced cognitive interview) 기법을 발표하였다. 향상된 인지면담은 기존의 네 가지 인지면담 기법과 면

표 16-1 향상된 인지면담 기법

① 피면담자와 라포 형성 ② 면담의 목적 설명하기 • 집중된 회복 • 모든 것 보고하기 • 통제 전가하기 • 열심히 집중하기 ③ 자유회상하기 • 맥락 회복 • 개방형 질문 • 중지 • 비언어적 행동 ④ 질문하기 • 모든 것 보고하기 • 피면담자에 적합한 질문하기	• 작화 또는 추측하지 말기 • '모른다' 라고 말하는 것은 괜찮다고 말함 • '이해할 수 없다' 고 말하는 것은 괜찮다고 말함 • 집중하기 • 능동적이고 세밀한 심상 이미지 • 개방형과 폐쇄형 질문 ⑤ 심화기억 방법 사용 • 시간의 순서 바꾸기 • 관점 바꾸기 • 모든 감각에 집중하기 ⑥ 회상된 정보 요약하기 ⑦ 종료

담자와 피면담자의 의사소통 과정을 통합시켜 질문 순서와 그 내용을 정리한 것으로 〈표 16-1〉과 같이 간략히 요약할 수 있다.

3) 심문과 자백

흔히 수사는 범죄의 혐의 유무를 밝히고 공소를 제기하고 유지할 것인지 결정하기 위해 범인을 잡아 그 증거를 수집하고 보전하는 수사기관의 활동을 말한다. 이런 수사 과정에서 범죄의 실체적 진실을 밝히기 위해 목격자, 피해자, 용의자에게 질문하고 답변을 듣는 심문은 수사의 핵심이라 할 수 있는데, 심문 과정을 통해서 피의자의 자백을 얻을 뿐만 아니라 피의자 자신에게 유리한 사실을 진술할 기회를 제공하기도 한다. 최종적으로 피의자의 자백은 범죄의 진상을 파악하는 데 매우 중요한 요소이며 기소 여부를 결정하기 위한 자료이자 유·무죄를 판단하는 근거가 된다.

심문 시행과 관련된 법규는 나라마다 매우 다양하나, 심문을 통해서 정보를 습득하려는 심리학적 원리는 거의 유사하다고 볼 수 있다. 용의자들이 심문을 받게 되면, 고립된 장소에 갇혀 있게 되어 심리적 고통이나 흥분상태를 경험한다. 대개 용의자들은 심문을 받게 되면 저항을 하므로, 이들의 자백을 받아내기 위해서는 복종, 설득과 같은 심리학적 지식에 근거하여 용의자를 설득시키는 전략을 사용한다. 예를 들어, 용의자의 주장과는 반대되는 증거를 제시하거나, 범죄를 인정한 공범을 언급하거나, 또는 거짓의 증거를 제시하기도 한다.

(1) 효율적인 심문 기법

피의자 심문을 효율적으로 수행하기 위해서는 치밀한 계획과 충분한 준비가 선행되어야 한다. 특히 심문 전 사전 주변조사, 자료의 수집 및 검토, 조사 장소와 조사 방법에 대한 계획, 심문자의 편성, 심문할 내용의 정리 등이 중요하다.

첫째, 기초적인 정보를 수집하고 분석해야 하는데, 심문에 앞서 심문자는 그전까지 밝혀진 범죄 사실의 내용과 상황을 파악해야 할 뿐만 아니라 피의자 및 피해자에 대한 정보도 수집하여 파악하고 있어야 한다. 예를 들어, 범죄행위 자체에 대한 정보로서 범죄 발생의 일시, 장소, 현장 상황이나 범죄가 수행된 방법과 범행 목표 및 대상, 침입경로 및 도주로, 피해상황 및 증거자료 등이 수집되고 정리되어 있어야 한다. 또한 심문 대상자 및 피해자의 신상정보, 특이 성격, 경제적·사회적 여건, 주변의 평가, 과거 병력, 범행 발생 연관성 등을 확인해야 하며, 특히 용의자의 알리바이, 사생활과 범행동기의 연관성, 사회적 편견이나 사회에 대한 일반적 태도, 학연 및 지연과 같은 연고의 존재 등을 분석해야 한다.

둘째, 심문을 위한 환경 또한 중요한 요소인데, 잡음이 없고 조용한 비공개 장소가 필수적이고, 얼굴표정을 관찰하기 용이하도록 채광이나 조명이 잘 되어 있어야 한다. 피심문자의 정신집중을 위해 그림이나 장식물, 기타 물건 등을 배치하지 말아야 하며, 손이 닿는 곳에 볼펜이나 작은 물건, 증거물, 흉기로 사용될 수 있는 송곳이나 연필, 칼 등도 두지 않아야 한다. 가능한 한 피심문자의 모습과 대화 내용을 외부에서 기록할 수 있도록 일면경(one-way mirror)을 사용하거나 영상기록장비를 설치하는 것도 좋다. 피심문자가 앉을 자리는 실내 구석에 벽을 등진 채로 앉는 것이 좋고 혹시 2층 이상인 경우에는 창가에 앉게 하지 말아야 한다. 심문자는 1명이 원칙이나 참여인과 보조자의 임무를 담당할 심문요원을 포함해서 3명까지는 무방한데, 주로 사건의 내용, 성질, 피심문자의 연령, 성격, 지위 등을 고려하여 선정된다. 심문자는 특별한 사정이 없는 한 교체하지 않는 것이 바람직하며, 여성 피심문자인 경우에는 여성 심문자가 직접 심문하거나 입회하도록 배려한다.

셋째, 중요 사건의 피의자나 극구 부인하는 피심문자인 경우에는 심문할 순서, 방법, 추궁 방법 등을 미리 검토하여 심문 계획을 수립하는 것이 필요하다. 계획 없이 무심결에 한 질문이나 답변을 통해 심문자의 의도나 기술이 간파된다면 피심문자로 하여금 오히려 자신감을 갖게 하여 심문이 어려워질 수도 있다. 수사현장에서 실제적으로 사용되는 책략은 매우 다양하나(꾸며대기, 도움의 제안, 아킬레스건 찾기, 물증확보의 가장, 무관심의 가장, 거짓말 확대시키기), 무엇보다 여러 책략을 자유자재로 사용할 수 있는 경험과 연습이 필요하며 피의자는 자신의 범행을 털어놓고 싶은 상대를 찾고 있다는 사실을 명심하고 인간적인 신뢰관계를 형성하는 것이 필요하다.

넷째, 피심문자의 신분에 따라서도 다른 심문 기법을 적용하는 것이 바람직하다. 심문 기법상, 성별에 따른 차이는 없으나 대부분의 여성에게는 양심에 호소하거나 동정적이며 죄책감을 줄여 주는 심문 기법이 보다 효과적이며, 10대 청소년에게는 다소 엄격하면서도 수시로 위로하고 선도해서 자기 잘못을 뉘우치게 하는 것이 바람직하다. 50대 이상의 피심문자에게는 무관심을 가장하거나 물적 증거를 이미 확보한 것처럼 가장하는 방법이 효과적이며, 증거가 있다면 증거의 일부를 직접 제시하거나 다른 사람을 비난하여 책임을 전가시키게 하는 방법도 효과적인 기법이다. 저학력자와 대졸 이상의 고학력자에게는 논리적인 접근법보다는 오히려 피심문자의 양심에 호소하는 동정적 접근법이 바람직하며, 그 외의 중간 정도의 학력자에게는 사실에 입각한 분석적 접근법이 효과적이다. 강도, 절도, 사기 등 재산범의 피의자들은 불안을 적게 느끼므로 논리나 사실에 기반을 둔 사실 분석적 심문 기법이 효과적이며, 반대로 살인, 강간 등으로 범죄에 대해 정신적 고통과 양심의 가책을 비교적 크게 느끼는 피의자들에게는 '인간이란 실수할 수 있고 범죄를 저지르기 마련이다.' 라는 식의 동정적이며 우호적인 심문 기법이 효과적이다. 끝으로 전과가 많은 피의자는 쉽게 자신의 범죄를 시인하지 않으므로 다양한 심문 기법을 활용하면서 개인사와 같은 아킬레스건을 찾아 자극하는 것이 효과적이며, 반대로 초범자인 경우는 논리적인 방법보다는 인간적으로 대하면서 스스로 반성할 기회를 제공하고 더 큰 범죄의 수렁에 빠져서는 안 되지 않겠냐는 식으로 동정적이고 우호적인 태도를 보이는 것이 효과적이다.

현재 가장 널리 사용되는 심문 기법은 리드(Reid)의 심문 기법이다. 이 기법은 수사관들의 오랜 심문 경험의 결과를 구체화시킨 것으로, 다음과 같은 9단계로 구성되어 있다.

〈 리드의 심문 기법 9단계 〉

제1단계: 직접 대면하여 피의자가 범인임을 명백히 밝힌다.
제2단계: 적절한 수사 화제를 개발한다.
제3단계: 부인과 부정을 중단시킨다.
제4단계: 반대 논리를 격파한다.
제5단계: 피의자의 관심을 끌어내고 유지시킨다.
제6단계: 피의자의 우울한 기분을 달래 준다.
제7단계: 양자택일적 질문을 제시한다.
제8단계: 피의자로 하여금 사건의 세부 사항을 말하게 한다.
제9단계: 구두로 자백한 내용을 조서로 작성한다.

(2) 자백의 심리

자백이란 자신의 범죄 사실에 대해 전부 또는 일부의 책임을 인정하는 진술을 말하는 것으로서, 범행 혐의를 받기 이전, 범행이 발각된 후, 혹은 피고인의 위치에서 진술한 것은 모두 자백으로 볼 수 있다. 자백은 형식이나 장소, 대상에 제한 없이 행해질 수 있으며, 상대방이 없이 진술하는 경우에도 자백으로 볼 수도 있다. 형사사법

체계에서 용의자의 자백은 매우 강력한 증거가 되는데, 미국의 배심원들의 유·무죄 판결에서도 자백증거에 가장 많이 의존하고 있으며(Kassin, Goldstein, & Savitsky, 2003), 우리나라도 역시 신속한 사건 해결과 실체적 진실 발견에 자백증거를 가장 중요하게 생각하고 있다.

용의자가 자백을 하는 이유는 다양하다. 양심의 가책을 느낀 용의자가 죄책감에서 벗어나기 위해, 일상적으로 자유롭지 못하고 격리되고 도피적인 상황에서 벗어나기 위해, 조사 과정에 대한 공포로 인해, 주변인들을 보호하기 위해, 그리고 형량을 줄이기 위해 자백을 선택하기도 한다. 하지만 이처럼 유죄가 인정되는 용의자가 자백하는 경우에 그 이유는 비교적 명백하고 납득하기 쉬운 반면, 무고한 용의자가 자백하는 경우는 쉽게 납득하기 어렵다.

무고한 용의자의 자백을 '허위자백' 이라고 하는데, 이는 절대적으로 무고한 사람이 범행에 대해 자백하는 것(Gudjonsson, 2003)으로 정의 내릴 수 있다. 즉, 자백을 바라는 요구에 대해 용의자가 고의적으로 위조하거나 또는 실제 사실에 기초하지 않은 내용으로 자백하는 것을 말한다. 허위자백은 협박이나 위협, 장기적인 구속, 밤샘조사과 같은 집중적인 심문이나 사회적 영향력과 같이 외부 강압에 의해 강제적으로 이루어지는데, 이는 강요된 복종적 허위자백과 강제로 내재화된 허위자백으로 구분될 수 있다. 전자가 주로 외부에서 가해지는 공포나 압력으로부터 도피하기 위해, 그리고 자백해서 얻는 이득이 죄를 인정했을 때 치러야 하는 대가보다 더 크다고 믿을 때 발생하는 반면에, 후자는 장기간 격리되어 극도의 혼란과 피곤, 불안을 느낀 용의자가 유죄임을 확신하는 수사관의 암시적인 유도심문에 의해 자신의 범행 가능성을 의심하게 되어 발생한다.

이와 같이 강요되거나 강압적인 외부 자극이 없는 경우에도 허위자백이 일어날 수 있는데, 이를 '자발적인 허위자백' 이라고 한다. 즉, 그 어떤 외부의 압력이 없는 상황에서 용의자가 자신이 저지르지 않은 범죄에 대해 인정하고 수사기관에 자백하는 것을 말한다. 카신과 라이츠만(Kassin & Wrightsman, 1985)은 자발적인 허위자백의 발생 이유를 첫째, 악명으로 유명해지고 싶다는 욕구 때문에, 둘째, 해당 범죄사건과는 상관없이 자신이 과거에 저지른 다른 사건

에 대한 죄책감 때문에, 셋째, 조현병과 같이 정신장애를 앓고 있어서 사실과 상상을 구별해 낼 능력이 없기 때문에, 그리고 마지막으로 타인을 보호하고자 하는 욕구 때문에 일어날 수 있다고 하였다. 이와는 달리, 수사기관에 부당한 대우를 받은 용의자가 보복의 차원에서 수사관들의 시간과 노력을 낭비시키고 허탈감을 느끼게 하기 위해 의도적으로 허위자백을 하기도 한다(Gudjonsson, 2003).

4) 거짓말 탐지

우리 모두는 거짓말을 하면서 살아가고 있다. 비록 거짓말하는 사람을 경멸하고 자신은 거짓말하기 싫어하는데 어쩔 수 없이 한다고 하면서도, 대부분의 사람들은 알게 모르게 거짓말을 하면서 살아가고 있다. 거짓말은 사실이 아닌 것을 사실인 것처럼 꾸며 대어 말을 하는 것이라고 사전적 정의가 내려져 있다. 즉, 거짓말을 한다는 것은 거짓말자가 타인의 생각을 바꾸거나 타인을 속이기 위한 의도로 거짓 정보를 전달하는 것이다.

거짓말은 절대적으로 나쁘다고 주장하는 철학자들도 있었는데, 칸트(Kant)의 경우에도 거짓말은 인간관계에서 절대적으로 옳은 행동이라고 판단할 수 없으므로 그 어떤 상황에서도 해서는 안 된다고 주장하였다. 하지만 사회의 원활한 진행을 위해서는 어느 정도의 거짓말이 필요하므로 인간의 가장 기본적인 행동 중의 하나로 보자는 스테이너(Steiner)와 같은 철학자도 있었다. 결국 현대 사회에서는 선의의 거짓말(white lie)이라는 표현이 생겼을 정도로 상황에 따른 거짓말의 필요성을 인정한다고 볼 수 있으며, 거짓말이 나쁜 행동인지 아닌지에 대해 절대적인 답은 있을 수 없고, 다만 주관적이고 상대적으로 평가될 수밖에 없는 것이다.

거짓말을 하는 이유는 무엇일까? 아마 거짓말의 종류만큼이나 그 이유도 다양할 것이다. 자신의 첫인상을 긍정적으로 만들기 위해 거짓말을 하고, 자신을 보다 유리한 상황에 놓기 위해서 거짓말을 하고, 자신의 사생활을 위장하거나 숨기기 위해서도 거짓말을 한다. 이처럼 거짓말은 공통적으로 거짓말자 본인을 망신이나 수치스러움으로부터 보호하기 위해, 또는 실패로 인한 부족함과 열등감을 감소시키고 부당한 심리적 · 경제적 이득을 얻기 위해 행해진다(Ford, 2006). 이와는 달리, 거짓말 자체에서 오는 짜릿함을 느끼기 위해, 거짓말을 하는 것에 대한 도전의식이나 성공 후의 만족감을 느끼기 위해 행해지는 경우도 있다.

이처럼 거짓말을 능숙하게 하기 위해서는 현실 검증력, 자신의 내적 세계와 외부 세계를 구분할 수 있는 능력, 그리고 인지적 능력이 있어야 한다. 즉, 거짓말을 성공시키기 위해서는 거짓말 대상자에 대한 지식과 정보, 이를 수정할 수 있는 능력, 그리고 자신의 의도를 감출 수 있는 능력이 있어야 한다(Vasek, 1986).

(1) 거짓말과 관련된 행동, 생리, 정서적 반응

거짓말과 관련된 반응에 대해 명확한 결론을 내리기는 쉽지 않다. 거짓말을 하면 모든 사람에게 동일한 반응이 나타나는 것도 아니며, 또한 그런 반응이 나타났다고 해서 거짓말을 했다고 단정 짓기도 어렵기 때문이다. 하지만 여러 연구를 통해 발표된 결과들을 몇 가지 소개하면 다음과 같다.

첫째, 거짓말을 할 때 나타나는 행동상의 변화는 주로 얼굴에서 찾을 수 있다. 거짓말을 할 때 자신의 생각이나 감정을 숨기려 하기 때문에 표정의 부자연스러움이 나타나고 얼굴의 비대칭, 낯 붉힘이나 창백해짐, 땀 흘리기, 동공의 확장, 눈가의 물기, 거짓된 미소, 턱이나 한쪽 어깨의 들썩거림 등이 나타난다(Ekman & Friesen, 1978).

둘째, 거짓말을 할 때 증가하는 불안과 긴장감으로 인해 자율신경계 반응(심박, 혈압, 호흡량, 피부전기반응)이 나타나는데, 이를 측정하는 원리와 기기가 흔히 거짓말 탐지기로 알려져 있는 '폴리그래프'다. 이 외에도 얼굴 온도의 변화, 목소리의 음정 변화와 떨림 현상, 위장의 불규칙한 운동뿐만 아니라, 중추신경계인 뇌의 활동에서 차이가 나타나기도 한다.

셋째, 거짓말을 할 때 느끼는 감정은 주로 발각에 대한 두려움, 거짓말에 대한 죄책감, 상대방을 속였을 때의 쾌감 등이다. 일반적으로 거짓말에 대해 상대방이 의심하는 경우, 거짓말을 성공해 본 경험이 없는 경우, 그리고 거짓말에 대한 처벌이 가혹한 경우 등에서 발각에 대한 두려움이 커지게 된다. 또한 죄책감을 느끼는 경우는 정당치 않은 속임수를 사용해서 목표를 달성할 때, 자신이 이득을 얻는 만큼 상대방이 손해를 볼 때, 상대방에게 이득이 되지 않는 전적으로 이기적인 거짓말을 할 때, 그리고 거짓말자와 상대방이 개인적인 친분이 두터울 때, 상대방이 좋은 평판을 받고 있을 때 등이다. 마지막으로, 거짓말자는 상대방이 자신의 숨겨진 진짜 의도를 알아차리지 못할 때, 즉 거짓말이 성공했을 때 성공의 쾌감, 안도감, 성공에 대한 자부심, 상대방에 대한 경멸감을 동시에 느끼게 된다. 특히 상대방이 속이기 어렵다는 평판을 받는 사람일 때, 거짓말 자체가 성공하기 힘든 내용일 때, 그리고 타인이 거짓말을 지켜보거나 속임수를 알고 있을 때 쾌감은 더욱 커진다고 한다.

(2) 거짓말 탐지의 역사

인류는 거짓말 탐지에 대해 오랜 역사를 가지고 있다. 고대 서남아시아(B.C. 2100~689) 수도 바빌로니아에서 발견된 점토판에는 거짓말을 판단할 수 있는 행동징후 6가지가 새겨져 있다. 질문에 대한 답변거부나 기피, 공포로 인한 불안한 태도, 안색변화, 회피 또는 기피적 태도, 심문 장소를 떠나려는 욕망, 땅바닥에 엄지발가락을 문지르는 행위 등이다. 또한 고대 중국(B.C. 1000)에서 시행되었던 쌀에 의한 시죄법은 생리현상을 이용한 대표적인 거짓말 탐지 방법으로 볼 수 있다. 용의자의 입에 마른 쌀을 한줌 넣었다가 뱉게 했을 때, 쌀이 젖어 있지 않다면 불안감으로 인해 입 안이 메말랐기 때문으로 보고 거짓말로 판정하였다. 비록 비과학적이지만 생리현상을 이용한 거짓말 탐지 방법으로 B.C. 600년경 고대 페르시아의 불에 의한 시죄법, 고대 아프리카의 끓는 물에 의한 시죄법, 인도에서 행해진 평균대에 의한 시죄법 등도 있었는데, 대개는 용의자들이 살아남지 못해 거짓말자로 판정되었다.

이 외에도 우리에게 너무나 잘 알려져 있는 고대 성경에 기록된 솔로몬왕의 판결은 사람의 심리를 이용한 거짓말 탐지 기법인데, 이와 같이 사람의 심리를 잘 이용한 방법이 B.C. 600년경 고대 인도에서도 시행되었다. 이 방법은 당나귀 꼬리에 검정 숯을 뿌린 후 어두운 마구간에 매어 놓고 용의자를 그 안으로 들여보내면서 "어두운 마구간에 있는 당나귀 꼬리를 잡았을 때 당나귀가 울지 않으면 죄가 없는 것이다."라고 했더니, 거짓말자들은 검정 숯이 뿌려져 있는 꼬리를 잡지 않고서는 울지 않는다고 하여 거짓이 들통 났다는 것이다.

오늘날의 폴리그래프의 원리와 같이 심리적 자극에 의해 유발되는 생리적 변화로 거짓말을 탐지했던 역사는 B.C. 300년경으로 거슬러 올라간다. 시리아 제국의 왕자 안티오코스가 체중이 줄고 쇠약해지자 당시 유명한 의사였던 에라시스트라투스가 진찰하였는데, 그는 안티오코스가 아버지의 후궁에 관한 말을 들을 때마다 맥박이 증가하는 것을 보고 그 병이 아버지의 후궁에 대한 짝사랑의 열정을 감추려다 보니 생겨난 것이라고 결론 내렸다고 한다.

중세 시대에 거짓말 용의자를 뜨거운 석탄 위를 걷게 하여 불에 데면 거짓말쟁이로 판단하는 영국법정의 방법이나, 신은 반드시 정의로운 자를 돕는다는 생각에 따라 결투를 벌여 싸움에 진 자를 거짓말쟁이로 판단하는 것과 같은, 과학적인 지식보다는 신권이나 마술적 사고에 근거한 탐지 기법이 나타났다. 18세기 후반에는 골(Gall)의 골상학이 유행하면서 살인범의 뇌에는 '살인기관'이 존재하기 때문에 그 부위의 두개골이 튀어나와 살인범을 가려낼 수 있다고 주장하였다. 하지만 이와 같은 방법들은 시간이 지나면서 과학적 근거가 뒷받침되지 않아 빠르게 쇠퇴하였다. 이후 얼굴표정, 필체, 몸짓, 음성 등의 비기계적 기법을 통한 거짓말 탐지 기법과 폴리그래프를 통한 거짓말 탐지 기법이 발달하여 지금까지 사용되고 있다. 앞서 소개한 고대의 거짓말 탐지 기법들은 오늘날의 과학적 수준에 비추어 살펴보면 신뢰성이 매우 떨어진다고 볼 수도 있겠지만, 이처럼 오랜 과거부터 거짓말 탐지를 시도했다는 점에 그 의의가 있다고 할 수 있다.

(3) 거짓말 탐지 기법의 유형

르네상스 시대에 들어서면서 과학적 원인과 증명이 중시되었고, 과학적인 방법으로 거짓말을 탐지하려는 시도가 증가되었다. 1895년 이탈리아의 생리학자인 롬브로소(Lombroso)는 실제 범죄사건에서 혈압맥박측정기를 이용하여 거짓말을 밝히려고 처음 시도하였으며, 1908년 뮌스터버그(Münsterberg)는 혈압, 호흡, 피부전기반응 등의 생리적 변화가 거짓말 탐지에 적용될 수 있다고 제안함으로써 거짓말 탐지이론의 생리학적 기초를 확립하였다. 1917년 미국의 마스톤(Marston)은 혈압을 기록할 수 있는 혈압커프를 사용하였고, 1921년 미국의 라슨(Larson)은 경찰관으로서 호흡, 혈압, 맥박, 피부전기반응의 변화를 동시에 측정할 수 있는 비로소 현대적 의미의 거짓말 탐지 장비를 개발하여 '폴리그래프(polygraph)'라 명명하였다. 이후 1926년 폴리그래프의 아버지라 불리는 킬러(Keeler)가 라슨의 폴리그래프를 이동할 수 있도록 개량하여 'Keeler Polygraph'라는 특허를 얻어 생산 및 판매를 시작했고, 본격적으로 각종 검사에 적용되었다(Lykken, 1981). 현재의 폴리그래프는 아날로그형에서 디지털형으로 변화되어 컴퓨터의 도움으로 쉽게 생체신호를 측정하고 분석하도록 발전되었다.

라슨(Larson)의 거짓말 탐지기

폴리그래프 검사는 거짓말을 할 때 심리적인 불안으로 인해 발생하는 생리적인 변화를 탐지하여 진술의 진위 여부를

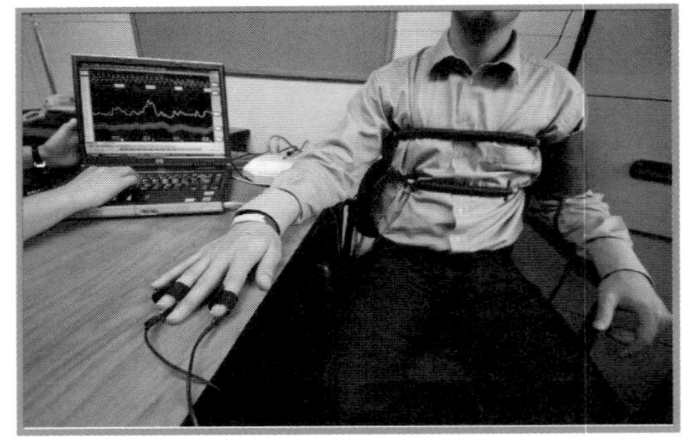

판단한다. 교감신경계가 활성화되면 심박률 증가, 혈압 상승, 피부전도도는 증가하고 말초혈류량은 감소하게 된다. 그러나 거짓말을 하지 않은 사람이라도 거짓말 탐지 검사를 받을 때 불안을 경험할 수도 있고, 사람에 따라서는 평상시의 행동반응이 독특하여 거짓말과 상관없이 생리적 변화를 보이는 사람도 있는데, 폴리그래프는 이런 사람들과 거짓말하는 사람을 구분해 주지 못하는 한계를 지닌다. 또한 거짓말을 할 때 죄책감이나 불안을 못 느끼는 사이코패스나 마키아벨리즘 성향의 사람들을 폴리그래프로 탐지하기는 어렵다 (Ford, 2006).

이러한 폴리그래프의 문제점을 극복하는 대안으로 제시되고 있는 방법이 뇌파나 기능적 자기공명영상(functional magnetic resonance imaging: fMRI) 기법이다. 이 장비들은 정보 전달에 따른 뇌의 전기적 변화와 산소 소모량을 측정하는 도구로서 거짓말의 정서적 측면보다는 거짓말을 구성하고 수행하는 데 요구되는 뇌의 인지적 활동을 측정한다. 아직까지 현장에서 적용되고 활용되기에는 연구 결과들의 신뢰성과 타당성에 한계가 있으며, 지속적인 검증 작업이 요구된다. 이 외에도 혈류량 증가로 인한 얼굴, 특히 눈 주위의 미세 온도 변화를 측정하는 적외선 열영상분석, 후두의 미세 떨림이나 음조를 분석하는 음성분석, 서면 혹은 구두진술의 신빙성을 평가하는 기법인 진술분석, 무의식적으로 미세하게 나타나는 얼굴의 표정을 측정하는 얼굴표정분석, 비언어적인 행동의 변화를 측정하는 행동분석, 글씨의 크기 및 기울기, 모양과 배열, 눌러쓴 정도와 기울기 등을 측정하는 필체분석, 위장의 불규칙한 운동을 측정하는 위전위분석, 눈동자의 움직임이나 동공의 크기를 측정하는 안구운동분석 등이 대안적인 거짓말 탐지 기법으로 연구되고 있다. 향후 이런 다양한 탐지 기법들이 신뢰성과 타당성을 획득하게 된다면, 기존의 폴리그래프와 같이 통합적으로 사용되어 거짓말 탐지의 정확성을 향상시킬 것으로 기대된다.

(4) 거짓말 탐지기의 증거 능력과 활용 실태

폴리그래프는 한국, 미국, 일본을 비롯하여 세계 30개국 이상에서 사용되고 있다. 특히 일본의 경우, 거짓말 탐지기 검사관을 심리학 전공의 대학 졸업자 또는 감정관계 직원 중에서 선발하며, 거짓말 탐지기의 규격, 성능, 검사자의 기술 등을 전국적으로 통일하여 법정에서 판례실무상 증거 능력으로 인정받고 있다. 하지만 우리나라의 경우는 당사자가 증거로 사용해도 된다는 동의가 있다 하더라도 거짓말 탐지기의 검사 결과에 증거 능력을 인정하고 있지 않다. 이는 아직까지 검사 결과의 신뢰성이 의심되고, 검사요원들의 공정성 및 전문성을 보장할 만한 제도적 장치가 미비하며, 법정에서 용의자의 동의를 전제로 증거 능력을 인정할 경우 자백을 강요할 위험성이 많다는 점이 주요 문제로 지적되고 있기 때문이다. 하지만 1979년 대법원 판결에서 거짓말 탐지기에 대한 대법원의 입장이 표명되면서 대검찰청은 '거짓말 탐지기 운영규정'을 마련하였고 학계에서도 거짓말 탐지기에 대해 관심을 가지기 시작하였다. 현재로서는 검사를 정확하게 실시하고 분석하는 데 필요한 요건이 충족되는 경우라 할지라도 피검자의 진술의 신빙성을 판단하는 정황 증거로서의 기능만이 인정되고 있는 실정이다. 앞으로도 정확한 거짓말 탐지 기법의 개발, 검사 기법의 표준화, 그리고 이를 정확히 해독할 능력이 있는 검사관 양성이 지속적으로 필요하다.

미국의 경우는 1930년대 중반부터 거짓말 탐지기의 결과를 증거로 인정하는 판례가 나오기 시작하였으며, 최근에는 몇몇 연방지방법원에서 확고한 전제조건을 충족시키는 조건하에서 거짓말 탐지기의 허용을 인정하는 경향이 두드러지고 있다. 이미 거짓말 탐지기 검사 결과는 상당한 과학적 타당성을 획득하고 있으며, 그 생리학적 기초 이론과 기술의 신빙성은 법정 외에서 널리 사용되고 있다는 사실로도 입증되고 있는 실정이다. 즉, 미국에서는 경찰행정에서 필수불가결한 채용검사도구로 폴리그래프를 사용하고 있으며, 정부기관이나 일반 회사의 직원 선발, 첩보활동수사, 국가보안조사, 시민소송 등에 적용되고 있고, 특히 성범죄자의 상습적 범행사실 은닉에도 적용되어 효과를 발휘하고 있다.

이 장의 중심 내용

01 법정심리학은 매우 광범위하고 시대에 따라 새로운 개념과 역할이 추가되므로 명확하게 정의 내리기가 쉽지 않다. 단순하고 포괄적으로, 법정심리학은 법적 체계에서 일어나는 일들을 위해 심리학적 지식이나 방법을 적용하는 것이라고 정의할 수 있다.

02 법정심리학자들이 주로 활동하는 분야는 광범위하지만 이 장에서는 경찰심리학, 범죄와 비행심리학, 피해자학과 피해자 서비스, 법률심리학, 교정심리학 등에 대해서 살펴보았으며, 이들 분야 모두 연구에 기초해서 현장에 응용하고 적용하는 연구자-실무자 모델을 강조한다.

03 범죄원인론은 범죄의 발생 원인과 이유를 설명하는 이론으로서, 고전학파 이론, 사회학적 이론, 생물학적 이론, 심리학적 이론 등이 있으며, 각 이론마다 범죄와 인간에 대한 이해, 범죄원인을 설명하는 방법, 범죄대책 수립과 미래에 대한 예측이 다르다.

04 목격자 진술은 법정에서 이루어지는 판결에 결정적인 영향을 미친다. 목격자가 의도적으로 거짓진술을 하는 경우 이외에 거짓진술하려는 의도가 전혀 없는 경우에도 기억의 왜곡 때문에 틀린 증언을 할 가능성이 항상 존재한다.

05 목격자 진술의 정확성 및 신뢰성을 판단하기 위해 고려해야 할 다섯 가지 조건은, 목격자의 관찰시간, 목격과 진술 사이의 시간적 간격, 목격자의 확신감, 목격자의 개인 특성, 목격자의 주의 등이다.

06 법정심리학에서 면담은 수사 과정에서 범죄사건의 해결을 위해 수사관이 목격자나 피해자에게 진술을 확보하거나 용의자를 탐문하는 활동을 말하며, 용의자를 비롯하여 목격자, 피해자 진술의 진실성을 평가하고 사건의 정보를 수집하는 것을 목표로 한다.

07 면담 기법들(표준면담, 최면수사, 인지면담) 중에서 인지면담이 가장 널리 사용되고 있으며, 향상된 인지면담 기법은 기존의 인지면담에 사회심리학적 원리를 통합하고 질문 순서와 내용을 정리한 기법이다.

08 심문은 수사 과정에서 범죄의 실체적 진술을 밝히기 위해 목격자, 피해자, 용의자에게 질문하고 답변을 듣는 수사의 핵심 활동이라 볼 수 있다. 효율적인 심문을 위해서는 치밀한 계획과 충분한 준비가 선행되어야 하며, 현재 가장 널리 쓰이는 심문 기법은 리드(Reid)의 기법이다.

09 자백이란 자신의 범죄사실에 대해 전부 또는 일부의 책임을 인정하는 진술을 말하는 것으로서, 유죄가 인정되는 용의자가 자백하는 경우 외에도 무고한 용의자가 자백하는 경우도 있다. 허위자백의 종류에는 강요된 복종적 허위자백, 강제로 내재화된 허위자백, 그리고 자발적인 허위자백 등이 있다.

10 누구나 거짓말을 하면서 살아가고 있다. 거짓말을 한다는 것은 거짓말자가 타인의 생각을 바꾸거나 타인을 속이기 위한 의도로 거짓 정보를 전달하는 것이다. 거짓말을 하는 이유도 다양하고 그와 관련된 행동적, 생리적, 정서적 반응 또한 다양하다.

11 거짓말을 탐지하려는 시도는 매우 오래되었으나 고대의 거짓말 탐지 기법들은 오늘날의 과학적 수준에 비추어 보면 신뢰성과 정확성이 부족하지만 오랜 과거부터 탐지를 시도했다는 점에 그 의의가 있다.

12 폴리그래프는 호흡, 혈압, 맥박, 피부전기반응의 변화를 분석하여 진술의 진위 여부를 측정하는데, 주로 교감신경계의 변화를 측정한다. 하지만 기존 폴리그래프의 한계를 극복하기 위해 중추신경계의 변화를 측정하는 방법이나 다양한 첨

단 기법들이 연구되고 있다.

13 우리나라의 경우, 당사자가 폴리그래프 결과를 증거로 사용해도 된다는 동의를 한다고 하더라도 거짓말 탐지기의 검사 결과에 증거 능력을 인정하고 있지 않으며, 진술의 신빙성을 판단하는 정황 증거로서의 기능만을 인정한다.

학습과제

1. 법정심리학자의 역할과 활동 분야를 간단히 서술해 보시오.

2. 범죄 발생의 원인을 고전학파 이론으로 설명하고 한계점을 기술하시오.

3. 범죄 원인을 설명하는 사회학적 이론에서 거시환경론과 미시환경론의 관점을 비교하시오.

4. 유전과 환경이 범죄행동에 어떤 영향을 미치는지, 과학적 연구 결과로 설명하시오.

5. 범죄 원인을 설명하는 심리학적 이론들을 비교하시오.

6. 목격자 진술의 정확성과 신뢰성을 판단하기 위해 고려해야 할 조건을 기술하시오.

7. 범죄수사의 면담 기법으로서 표준면담과 인지면담의 차이를 설명하시오.

8. 범죄수사의 인지면담 기법들과 향상된 인지면담의 특징을 기술하시오.

9. 효율적으로 심문하기 위한 기법과 전략을 기술하시오.

10. 스스로 자백하는 자의 심리를 설명하시오.

11 거짓말과 관련된 행동, 생리, 정서적 반응을 기술하시오.

12 거짓말 탐지기의 증거능력을 설명하시오.

참고문헌

강진령(2008). 상담심리 용어사전. 파주: 양서원.

곽금주, 박혜원, 김청택(2001). K-WISC-III(한국 웩슬러 아동 지능검사) 지침서. 서울: 특수교육.

김도환, 정태연(2002). 청년기의 자기탐색. 서울: 동인.

김문수, 문양호, 박소현, 박순권, 박정현 역(2004). 생물심리학(6판). 서울: 시그마프레스.

김유진, 민윤기 역(2007). 심리학의 탐구. 서울: 시그마프레스.

김정운(2000). 붕어빵과 아동. 한국문화심리학회 저. 문화와 사람, 2(pp. 223-243). 서울: 사계절.

김정희, 강혜자, 이상빈, 박세영, 권혁철 역(2004). 생활과 심리학(제7판). 서울: 시그마프레스.

김청송(2002). 정신장애 사례연구. 서울: 학지사.

김현택, 김교헌, 김미리혜, 권준모, 박동건, 성한기, 이건효, 이봉건, 이순묵, 이영호, 이주일, 이재호, 유태용, 진영선, 채규만, 한광희, 황상민, 현성용(2003). 현대심리학 이해. 서울: 학지사.

노안영, 강영신(2002). 성격심리학. 서울: 학지사.

박경숙, 윤점룡, 박효정, 박혜정, 권기욱(1987). KEDI-WISC 검사요강. 한국교육개발원.

박광배(2004). 법심리학. 서울: 학지사.

박아청(2001). 성격심리학의 이해. 파주: 교육과학사.

박영숙(1994). 심리평가의 실제. 서울: 하나의학사.

백운학 역(2002). 발달심리학사. 村田孝次 저. 서울: 시그마프레스.

서동오, 이연경, 최준식(2006). 공포의 생성과 소멸: 파블로프 공포조건화의 뇌회로를 중심으로. 한국심리학회지: 실험, 18(1), 1-19.

서수균, 김윤희(2007). 합리적 정서행동치료. 서울: 학지사.

신맹식 (2008). 뇌의 항유해 작용 기제에 관한 개관: 편도체-뇌간 회로를 중심으로. 한국심리학회지: 실험, 20(2), 73-94.

신맹식(2010). 시스템 응고화 이론에 의한 내측 측두엽 손상 환자들의 기억 인출 또는 실패에 대한 역동적인 해석. 한국심리학회지: 인지 및 생물, 22(4), 549-571.

신성만, 박권생, 박승호 역(2007). 심리학과의 만남. 서울: 시그마프레스.

신현정, 김비야 역(2008). 마이어스의 심리학. 서울: 시그마프레스.

양돈규(2003). 심리학소사전. 서울: 학지사.

염태호, 박영숙, 오경자, 김정규, 이영호(1992). K-WIAIS 실시요강. 서울: 한국가이던스.

오세진, 김형일, 임영식, 현명호, 김병선, 김정인, 김한준, 양병화, 이재일, 양돈규, 최창호, 이장한(1999). 인간행동과 심리학. 서울: 학지사.

이무석(2003). 정신분석에로의 초대. 서울: 도서출판 이유.

이창우, 서봉연(1974). K-WISC 실시요강. 파주: 교육과학사.

이현수(1997). 이상행동의 심리학. 서울: 대왕사.

이현수(1998). 치료심리학. 서울: 대왕사.

이현수, 김재환(1991). '구타당하는 아내' 환자의 MMPI 프로파일 특성. 정신건강연구, 10, 210-225.

임영식, 양돈규 역(1998). 청소년 스트레스와 정신건강. 서울: 학지사.

장현갑, 이진환, 신현정, 정봉교, 이광오, 정영숙 역(2004). 힐가드와 애트킨슨의 심리학 원론. 서울: 박학사.

전용신, 서봉연, 이창우(1963). KWIS 실시요강. 서울: 중앙적성연구소.

정태연(2010). 평생발달과 변화. 오세진 외 공저. 인간행동과 심리학(3판, pp. 201-231). 서울: 학지사.

조선영, 백은하, 김현택, 현성용(1997). 토끼의 순막 고전적 조건화 동안 소뇌 중간핵과 배측하올리브핵에서 동시에 기록한 신경다단위 활동. 한국심리학회지: 생물 및 생리, 9(1), 23-34.

통계청(2010). 2010년 인구총조사 결과.

한국건강심리학회 역(2002). 건강심리학. 서울: 시그마프레스.

한덕웅, 장현갑, 손정락, 박경, 김교헌, 이민규, 안귀여루, 김청송, 유제민, 서경현, 이형초 역(2008). 건강심리학. 서울: 시그마프레스.

현성용, 김교헌, 김미리혜, 김아영, 김현택, 박동건, 성한기, 유태영, 윤병수, 이봉건, 이순묵, 이영호, 이재욱, 이주일, 진영선, 채규만, 한광희, 황상민(2008). 현대 심리학 이해(2판). 서울: 학지사.

황상민, 김도환(2001). 발달심리학의 발달과 심리학적 정체성. 한국심리학회지: 발달, 14(1), 1-13.

Adams, J. S. (1965). Inequity in social exchange. In L. Berkowitz (Ed.), *Advances in experimental social psychology, 2*, 267-299.

Ainsworth, M. D. S., Bell, S. M., & Stayton, D. J. (1971). Individual differences in strange situation behavior of one-year-olds. In H. R. Schaffer (Ed.), *The origins of human social relations*. London: Academic Press.

Ajzen, I. (2001). Nature and operation of attitudes. *Annual Review of Psychology, vol. 52.* Palo Alto, CA: Annual Review.

Alexander, F., & Healy, W. (1935). *Roots of crime.* New York: Knopf.

Allport, G. (1961). *Pattern and growth in personality.* New York: Holt, Rinehart and Winston.

Alsaker, F. D. (1992). Pubertal timing, overweight, and psychological adjustment. *Journal of Early Adolescence, 12*, 396-419.

Alzheimer's Association. (2015). Changing the Trajectory of Alzheimer's Disease: How a Treatment by 2025 Saves Lives and Dollars.

American Psychiatric Association(2000). *Diagnostic Criteria from DSM-IV-TR.* Published by the APA Arlington, VA.

Anastasi, A. (1982). *Psychological testing.* NY: Macmillan.

Anderson, C. A., Anderson, K. B., & Deuser, W. E. (1996). Examining an affective aggression framework: Weapon and temperature effects on aggressive thoughts, affect, and attitudes. *Personality and Social Psychology Bulletin, 22*, 366-376.

Archer, J. (1992). Childhood gender roles: Social context and organization. In H. AcGurk (Ed.), *Childhood social development: Contemporary perspectives.* Hove: Lawrence Erlbaum & Associates.

Asch, S. E. (1952). *Social psychology.* New York: Prentice Hall.

Asch, S. E. (1955). Opinions and social pressure. *Scientific American, 19*, 31-35.

Atkinson, R. C., & Shiffrin, R. M. (1968). Human memory: A proposed system and its control processes. In K. W. Spence (Ed.), *The psychology of learning and motivation: Advances in research and theory, Volume 2*(pp. 89-195). New York: Academic Press.

Ax, A. (1953). The physiological differentiation between fear and anger in humans. *Psychosomatic Medicine, 15*, 433-442.

Azrin, N. H., Hutchinson, R. R., & McLaughlin, R. (1965). The opportunity for aggression as an operant reinforcer during aversive stimulation. *Journal of the Experimental Analysis of Behavior, 8*, 171-180.

Baddeley, A. (2000). The episodic buffer: A new component of working memory? *Trends in Cognitive Sciences, 4*, 417-423.

Baddeley, A. D. (1986). *Working memory.* Oxford: Clarendon.

Bahrick, H. P., Bahrick, P. O., & Wittlinger, R. P. (1975). Fifty years of memory for names and faces: A cross-sectional approach. *Journal of Experimental psychology: General, 104*, 54-75.

Baltes, P. B., & Lindenberger, U. (1997). Emergence of a powerful connection between sensory and cognitive functions across the adult life span: A new window to the study of cognitive aging. *Psychology and Aging, 12*, 12-21.

Bandura, A. (1973). *Aggression: A social learning analysis.* Englewood Cliffs, NJ: Prentice-Hall.

Bandura, A. (1977). Self-efficacy: Toward a unifying theory of behavioral change. *Psychological Review, 84*, 191-215.

Bandura, A. (1986). *Social foundations of thought and action: A social cognitive therapy.* Englewood Cliffs, NJ: Prentice-Hall.

Barlow, D. H. (2007). *Clinical Handbook of Psychological Disorders.* Guilford Press.

Baron, K. A., & Byrne, R. E. (2002). *Social psychology.* Boston: Allyn & Bacon.

Bartlett, F. C. (1932). *Remembering: A Study in Experimental and Social Psychology.* Cambridge: Cambridge University Press.

Bartol, C. R. (1996). Police psychology: Then, now, and beyond. *Criminal Justice and Behavior, 23*, 70-89.

Basbaum, A. I., & Fields, H. L. (1984). Endogenous pain control systems: Brainstem spinal pathways and endorphin circuitry. *Annual Review of Neuroscience, 7*, 309-338.

Bear, M. F., Connors, B. W., & Paradiso, M. A. (2001). *Neuroscience: Exploring the brain* (2nd ed.). Lippincott Williams & Wilkins.

Beck, J. S. (1995). *Cognitive therapy: Basic and beyond.* New York: Guilford.

Bem, D. J. (1972). Self-perception theory. In L. Berkowitz (Ed.), *Advances in experimental social psychology, vol. 6.* San Diego, CA: Academic Press.

Bemis, K. M. (1978). Current approaches to the etiology and treatment of anorexia nervosa. *Psychological Bulletin, 85*, 593-617.

Benson, E. (2002). The perils of going solo. *Monitor on Psychology, 33*, 25.

Berkowitz, L. (1968, September). Impulse, aggression, and the gun. *Psychology Today*, 18-22.

Biederman, I. (1987). Recognition by components: A theory of human image understanding. *Psychological Review, 94*, 115-147.

Bigos, K., & Weinberger, D. R. (2010). Imaging genetics-days of future past. *NeuroImage, 53*, 804-809.

Binet, A., & Simon, T. M. (1905). Methodes nouvelles pour le diagnostic du niveau intellectued des anormaux. *L'Annee Psychologique, 11*, 191-244.

Bishop, S. J., Fossella, J., Croucher, C. J., & Duncan, J. (2008). COMT val158met Genotype Affects Recruitment of Neural Mechanisms Supporting Fluid Intelligence. *Cerebral Cortex, 18*, 2132-2140.

Bookheimer, S. Y., Strojwas, M. H., Cohen, M. S., Saunders, A. M., Pericak-Vance, M. A., Mazziotta, J. C., et al. (2000). Patterns of brain activation in people at risk for Alzheimer's disease. *The New England Journal of Medicine, 343*, 450-456.

Boothby, J. L., & Clements, C. B. (2000). A national survey of correctional psychologists. *Criminal Justice and Behavior, 27*, 716-732.

Bothwell, R. K., Deffenbacher, K. A., & Brigham, J. C. (1987). Correlation of eyewitness accuracy and confidence: Optimality hypothesis revisited. *Journal of Applied Psychology, 72*, 691-695.

Bouton, M. E., & Swartzentruber, D. (1991). Sources of relapse after extinction in Pavlovian and instrumental learning. *Clinical Psychology Review, 11*, 123-140.

Bowlby, J. (1988). *A secure base: Parent-child attachment and healthy human development*. New York: Basic Books.

Brain, P. F. (1979). Steroidal influences on aggressiveness. In J. Obiols, C. Ballus, E. G. Monclus, & J. Pujol (Eds.), *Biological psychiatry today*. Amsterdam: Elsevier/North Holland.

Brainerd, C. J., & Ornstein, P. A. (1991). Children's memory for witnessed events: The developmental backdrop. In J. Doris (Ed.), *The suggestibility of children's recollections: Implications for eyewitness testimony*. Washington, DC: American Psychological Association.

Brauer, M., & Judd, C. M. (1996). Group polarization and repeated attitude expression: A new take on an old topic. In W. Stroebe, & M. Hewstone (Eds.), *European review of social psychology, vol. 7*. Chichester: John Wiley & Sons.

Brown, B. B. (1999). Measuring the peer environment of American adolescents. In S. L. Friedman, & T. D. Wachs (Eds.), *Measuring environment across the life span: Emerging methods and concepts*. Washington, DC: American Psychological Association.

Bruch, H. (1973). *Eating disorders: Obesity, anorexia nervosa, and the person within*. New York: Basic Books.

Bruner, J. S. (1996). *The culture of education*. Cambridge, MA: Harvard University.

Buchen, L. (2010). Neuroscience: Illuminating the brain. *Nature, 465*, 26-28.

Buck, J. N. (1948). The H-T-P technique: A quantitative and qualitative scoring manual. *Clinical Psychology Monograph, 5*, 1-20.

Bushman, B. J., & Huesmann, L. R. (2001). Effects of televised violence on aggression. In D. Singer & J. Singer (Eds.), *Handbook of children and the media*. Thousand Oaks, CA: Sage.

Cahill, L., Babinsky, R., Mar-kowitsch, H. J., & McGaugh, J. L. (1995). The amygdala and emotional memory. *Nature, 377*, 295-296.

Carlson, N. R. (2002). Learning and Memory. *Foundations of Physiological Psychology* (5th ed.), pp. 355-395. Allyn and Bacon, MA: A Person Education Company.

Cattell, R. B. (1972). Abilities. In J. D. Matarazzo (Ed.), *Wechsler's measurement and appraisal of adult intelligence*. Baltimore: Williams & Wikins.

Cattell, R. B., Eber, H. W., & Tatsuoka, M. M. (1970). *Handbook for the sixteen personality factor questionnaire*. Champaign: Institute for Personality and Ability Testing.

Choi, I., Nisbett, R., & Norenzayan, A. (1999). Causal attribution across cultures: Variation and universality. *Psychological Bulletin, 125*, 47-63.

Christianson, S. (1992). Emotional stress and eyewitness memory: A critical review. *Psychological Bulletin, 112*, 284-309.

Clark, M. S., & Reis, H. (1988). Interpersonal processes in close relationships. *Annual Review of Psychology, 39*, 609-672.

Clarke, A. M., & Clarke, A. D. B. (1986). Thirty years of child psychology: A selective review. *Journal of Child Psychology and Psychiatry, 27*, 719-759.

Cleland, F. E., & Gallahue, D. L. (1993). Young children's divergent movement ability. *Perceptual and Motor Skills, 77*, 535-544.

Coie, J., Terry, R., Lenox, K., & Lochman, J. (1995). Childhood peer rejection and aggressions predictors of stale patterns of adolescent disorder. *Development and Psychopathology, 7*, 697-713.

Collins, M. A., & Quillian, M. R. (1969). Retrieval time from semantic memory. *Journal of Verbal Learning & Verbal Behavior, 8*, 240-248.

Cooley, C. H. (1902). *Human nature and the social order*. New York: Scribners.

Coon, D. (2005). *Psychology: A journey* (2nd ed.). THOMSON.

Corbit, J. D., & Stellar, E. (1964). Palatability, food intake, and obesity in normal and hyperphagic rats. *Journal of Comparative and Physiological Psychology, 34*, 598-607.

Cowan, N. (2001). The magical number 4 in short-term memory: A reconsideration of mental storage capacity. *Behavioral and Brain Sciences, 24*, 87-185.

Craik, F. I., & Lockhart, R. S. (1972). Levels of Processing: A framework for memory research. *Journal of Verbal Learning and Verbal Behavior, 11*, 671-684.

Craik, F. I., & Tulving, E. (1975). Depth of processing and the retention of words in episodic memory. *Journal of Experimental Psychology: General, 104*, 268-294.

Crick, N. R., & Dodge, K. A. (1994). A review and reformulation of social information-processing mechanism in children's social adjustment. *Psychological Bulletin, 115*, 74-101.

Crockett, L. J., Raffaelli, M., & Moilanen, K. L. (2003). Adolescent sexuality: Behavior and meaning. In G. R. Adams & M. D. Berzonsky (Eds.), *Blackwell handbook of adolescence*. Oxford: Blackwell.

Cronbach, L. J. (1970). *Essentials of psychological testing*. NY: Irvington Publishers.

Damon, W. (1983). *Social and personality development: Infancy through adolescence.* New York: Norton.

Davenport, W. (1965). Sexual patterns and their regulation in a society of the Southwest Pacific. In F. Beach (Ed.), *Sex and behavior.* NY: Wiley.

Davidson, J. M., Camargo, C. A., & Smith, E. R. (1979). Effects of androgen on sexual behavior in hypogonadal men. *Journal of Clinical Endocrinology and Metabolism, 48*, 955-958.

Davis, S. F., & Palladino, J. J. (2007). *Psychology* (5th ed.). New Jersey: Pearson Education.

Debiec, J., LeDoux, J. E., & Nader, K. (2002). Cellular and systems reconsolidation in the hippocampus. *Neuron, 36*, 527-538.

Deci, E. L. (1975). *Intrinsic motivation.* New York: Plenum.

Deffenbacher, K. A. (1989). *Evaluating extraordinary memories: An historical perspective.* Paper presented at a symposium held during the meetings of the Midwestern Psychological Association, Chicago Illinois.

Denney, N. W. (1984). A model of cognitive development across the life span. *Developmental Review, 4*, 171-191.

Denney, N. W., & Palmer, A. M. (1981). Adult age differences on traditional and practical problem solving measures. *Journal of Gerontology, 36*, 323-328.

Dillard, J. P. (1991). The current status of research on sequential request compliance techniques. *Personality and Social Psychology Bulletin, 17*, 282-288.

Dixon, F. F. (1981). *Preconscious processing.* New York: Wiley.

Dolezal, H. (1982). *Living in a world transformed.* Chicago: Academic Press.

Dollard, J., Doob, L., Miller, N. E., Mowre, O. H., & Sears, R. (1939). *Frustration and aggression.* New Haven, CT: Yale University Press.

Dowdney, L., Skuse, D., Morris, K., & Pickles, A. (1998). Short normal children and environmental disadvantage: A longitudinal study of growth and cognitive development from 4 to 11 years. *Journal of Child Psychology and Psychiatry and Allied Disciplines, 39*, 1017-1029.

Downer, J. L. deC. (1961). Changes in visual gnostic functions and emotional behaviour following unilateral temporal pole damage in the "split-brain" monkey. *Nature, 191*, 50-51.

du Bois-Reymond, M., & Ravesloot, J. (1994). The role of parents and peers in the sexual and relational socialization of adolescents. In F. Nestmann & K. Hurrelmann (Eds.), *Social networks and social support in childhood and adolescence: Prevention and intervention in childhood and adolescence.* Berlin: Water De Gruyter.

Eagly, A. H., & Chaiken, S. (1993). *The psychology of attitudes.* Orlando, FL: Harcourt

Brace Jovanovich.

Ebbinghaus, H. (1985). *Über das Gedächtnis*. Leipzig, Germany: Duncker and Humblot.

Eibl-Eibesfeldt, I. (1961). The interactions of unlearned behaviour patterns and learning in mammals. In J. F. Delafresnaye (Ed.), *Brain mechanisms and learning*. Oxford: Blackwell Scientific.

Ekman, P., & Friesen, W. V. (1975). *Unmasking the face*. Englewood Cliffs, NJ: Prentice-Hall.

Ekman, P., & Friesen, W. V. (1978). *Facial action coding system: A technique for the measurement of facial movement*. Palo Alto, Calif.: Consulting Psychologists Press.

Elder, G. H. (1998). The Life Course and Human Development. *Handbook of Child Development. Vol. 1: Theoretical Models of Human Development* (pp. 939-991). Edited by Richard M. Lerner (general editor, William Damon). New York: Wiley.

Ellis, A. (1962). *Reason and emotion in psychotherapy*. Englewood Cliffe, N. J.: Lyle Stuart.

Ellis, H. D., Davies, G. M., & Shepherd, J. W. (1977). Experimental studies of face identification. *Journal of Criminal Defense, 3*, 219-234.

Engler, B. (1999). *Personality theories* (5th ed.). New York: Houghton Mifflin Company.

Epstein, A. N. (1973). Epilogue: Retrospect and prognosis. In A. N. Epstein, H. R. Kissileff, & E. Stellar (Eds.), *The neuropsychology of thirst: New findings and advances in concepts*. New York: Wiley.

Erdelyi, M. H. (1988). Hypermnesia: Effect of hypnosis, fantasy, and concentration. In H. M. Pettinati (Ed.), *Hypnosis and memory*. New York: Guilford.

Erikson, E. H. (1976). Reflections on Dr. Borg's life cycle. *Daedalus, 105*, 1-28.

Ernits, T., & Corbit, J. D. (1973). Taste as a dipsogenic stimulus. *Journal of Comparative and Physiological Psychology, 83*, 27-31.

Eysenck, H. J. (1977). *Crime and personality*. St. Albans, England: Paladin.

Eysenck, H. J., & Eysenck, S. B. G. (1975). *The manual of the Eysenck Personality Questionnaire*. London: Hodder & Stoughton.

Fallon, A. E., & Rozin, P. (1985). Sex differences in perceptions of desirable body shape. *Journal of Abnormal Psychology, 94*, 102-105.

Feingold, A. (1990). Gender differences in effects of physical attractiveness on romantic attraction: A comparison across five research paradigms. *Journal of Personality and Social Psychology, 59*, 981-993.

Feingold, A. (1992). Cognitive gender differences: A developmental perspective. *Sex Roles, 29*, 91-112.

Festinger, L. (1954). A theory of social comparison processes. *Human Relations, 7*, 117-140.

Festinger, L., & Carlsmith, J. M. (1959). Cognitive consequences of forced compliance. *Journal of Abnormal and Social Psychology, 58*, 203-210.

Finn, P., & Tomz, J. E. (1997). *Developing a law enforcement stress program for officers and their families*. Washington, DC: U.S. Department of Justice.

Fisher, R. P., & Geiselman, R. E. (1992). *Memory-enhancing techniques for investigative interviewing: The cognitive interview*. Springfield III: Charles C. Thomas.

Fisher, R. P., Geiselman, R. E., & Raymond, D. S. (1987). Critical analysis of police interview techniques. *Journal of Police Science & Administration, 15*, 177-185.

Ford, E. B. (2006). Lie detection: Historical, neuropsychiatric and legal dimensions. *International Journal of Law and Psychiatry, 29*, 159-177.

Freedman, J. L., & Perlick, D. (1979). Crowding, contagion, and laughter. *Journal of Experimental Social Psychology, 15*, 295-303.

Freiberg, K., Tually, K., & Crassini, B. (2001). Use of an auditory looming task to test infants' sensitivity to sound pressure level as an auditory distance cue. *British Journal of Developmental Psychology, 19*, 1-10.

Freud, S. (1933). *New introductory lectures on psychoanalysis*. New York: Norton.

Frisch, R. E. (1987). Body fat, menarche, fitness and fertility. *Human Reproduction, 2*, 521-533.

Galanter, E. (1962). The direct measurement of utility and subjective probability. *American Journal of Psychology, 75*, 208-220.

Garcia, J., Kimeldolf, D. J., Hunt, E. L., & Davies, B. P. (1956). Food and water comsumptim of rats during exposure to gammer radiatim. *Radiatim Research, 4*, 33-41.

Garfield, S. L. (1980). *Psychotherapy: An eclectic approach*. New York: Wiley.

Garfield, S. L., & Kurtz, R. (1976). Clinical psychologists in the 1970s. *American Psychologist, 31*, 1-9.

Garfinkel, P. E., & Garner, D. M. (1982). *Anorexia nervosa: A multidimensional perspective*. New York: Brunner/Mazel.

Gazzaniga, M. S. (1967). The split brain in man. *Scientific American*, 24-29.

Gazzaniga, M. S., Ivry, R. B., & Mangun, G. R. (2008). *Cognitive Neuroscience: The biology of the mind*. New York: Norton.

Ge, X., Conger, R., Rand, D., & Elder, G. H., Jr. (2001). The relation between puberty and psychological distress in adolescent boys. *Journal of Research on Adolescence, 11*, 49-70.

Gilchrist, A. (1988). Lightness contrast and failures of constancy: A common explanation. *Perception and Psychophysics, 43*(5), 415-424.

Gilligan, C. (1982). *In a different voice: Psychological theory and women's development*.

Harvard University Press. 허란주 역(1997). 다른 목소리로: 심리이론과 여성의 발달. 서울: 동녘.

Goldstein, G., & Hersen, M.(1990). *Handbook of psychological assessment.* NY: Pergamon Press.

Goodenough, F. L. (1926). *Measurement of intelligence by drawings.* NY: Harcourt, Brace, and World.

Gossop, M. R., & Eysenck, S. B. G. (1980). A further investigation into the personality of drug addicts in treatment. *British Journal of addiction, 75*, 305-311.

Graf, P., Squire, L. R., & Mandler, G. (1984). The information that amnesic patients do not forget. *Journal of Experimental Psychology: Learning, Memory, and Cognition, 10*(1), 164-178.

Gudjonsson, G. H. (2003). *The psychology of interrogations and confessions: A handbook.* Chichester: Wiley.

Guilford, J. P. (1959). *Personality.* New York: McGraw-Hill.

Hariri, A. R., Mattay, V. S., Tessitore, A., et al. (2002). Serotonin transporter genetic variation and the response of the human amygdala. *Science, 297,* 400-403.

Hariri, A. R., Mattay, V. S., Tessitore, A., Fera, F., & Weiberger, D. R. (2003). Neocortical modulation of the amygdala response to fearful stimuli. *Biological Psychiatry, 53*, 494-501.

Harlow, H. F. (1959). Love in infant monkeys. *Scientific American*, 68-74.

Hartup, W. W. (1998). The company they keep: Friendships and their developmental significance. In A. Campbell & S. Muncer (Eds.), *The social child.* Hove: Psychological Press.

Hashim, S. A., & Van Itallie, T. B. (1965). Studies in normal and obese subjects with a monitored food dispensary device. *Annals of the New York Academy of Science, 131*, 654-661.

Haynes, J. D., & Rees, G. (2006). Decoding mental states from brain activity in humans. *Nat Rev Neurosci., 7*, 523-534.

Heider, F. (1958). *The psychology of interpersonal relations.* New York: John Wiley.

Helmstetter, F. J. (1992). The amygdala is essential for the expression of conditional hypoalgesia. *Behavioral Neuroscience, 106*(3), 518-528.

Herrmann, D. J. (1982). Know thy memory: The use of questionnaires to assess and study memory. *Psychological Bulletin, 92*, 434-452.

Hess, E. H. (1956). Space perception in the chick. *Scientific American, 195*, 71-80.

Higgins, N. C., & Bhatt, G. (2001). Culture moderates the self-serving bias: Etic and emic features causal attributions in India and in Canada. *Social Behavior and Personality, 29*, 49-61.

Hofstede, G. (1980). *Culture's consequences: International differences in work-related values*. Beverly Hills, CA: Sage.

Horn, J. L. (1982). The theory of fluid and crystallized intelligence in relation to concepts of cognitive psychology and aging in adulthood. In F. I. M. Craik & S. Treub (Eds.), *Aging and cognitive processes*. New York: Plenum Press.

Hovland, C. I., Janis, I. L., & Kelley, H. H. (1953). *Communication and persuasion: Psychological studies of opinion change*. New Haven, CT: Yale University Press.

Howell, S., Westergaard, G., Hoos, B., Chavanne, T. J., Shoaf, S. E., Cleveland, A., Snoy, P. J., Suomi, S. J., & Dee Higley, J. (2007). Serotonergic influences on life-history outcomes in free-ranging male rhesus macaques. *American Journal of Primatology, 69*, 851-865.

Hubel, D. H., & Livingstone, M. S. (1987). Segregation of form, color, and stereopsis in primate area 18. *Journal of Neuroscience, 7*, 3378-3415.

Hubel, D. H., & Wiesel, T. N. (1959). Receptive fields of single neurons in the cat's striate cortex. *Journal of Physiology, 160*, 574-591.

Hull, C. L. (1943). *Principles of behavior*. New York: Appleton-Century-Crofts.

Hunt, J., Mohandessi, K., Ghodssi, M., & Akiyama, M. (1976). The psychological development of orphanage-reared infants. *Genetic Psychology Monographs, 94*, 177-226.

Hunter, D. E., & Whitten, P. (1976). *The study of anthropology*. NY: Harper & Row.

Ivancevich, J. M., & McMahon, J. T. (1982). The effects of goal setting, external feedback and self-generated feedback on outcome variables: A field experiment. *Academy of Management Journal, 25*, 359-372.

Iwai, E., & Mishkin, M. (1969). Further evidence of the locus of the visual area in the temporal lobe of the monkey. *Experimental Neurology, 25*, 585-594.

Jaeggi, S. M., Buschkuehl, M., Jonides, J., & Perrig, W. J. (2008). Improving fluid intelligence with training on working memory. *Proceeding of the National Academy of Sciences of the United States of America, 105*(19), 6829-6833

Jaffee, S., & Hyde, J. S. (2000). Gender differences in moral orientation: A meta-analysis. *Psychological Bulletin, 126*, 703-726.

James, W. (1890). *Principles of psychology*. New York: Holt.

Janis, I. L. (1982). *Groupthink: Psychological studies of policy decisions and fiascoes* (2nd ed.). Boston: Houghton Mifflin.

Johnson, C. L., Stuckey, M. K., Lewis, L. D., & Schwartz, D. M. (1982). Bulimia: A descriptive survey of 316 cases. *International Journal of Eating Disorders, 2*, 3-16.

Johnson, M. H., & Morton, J. (1991). *Biology and cognitive development: The case of face recognition*. Oxford: Blackwell.

Jones, E. E., & Davis, K. E. (1965). From acts to dispositions: The attribution process in person perception. In L. Berkowitz (Ed.), *Advances in experimental social psychology* (vol. 2). New York: Academic Press.

Jones, E. E., & Nisbett, R. E. (1972). The actor and the observer: Divergent perception of the causes of behavior. In E. E. Jones, D. E. Kanouse, H. H. Kelley, R. E. Nisbett, S. Valins, & B. Weiner (Eds.), *Attribution: Perceiving the causes of behavior* (pp. 79-94). Morristown, NY: General Learning Press.

Jongmans, M. J., Mercuri, E., Dubowitz, L. M. S., & Henderson, S. E. (1998). Perceptual-motor difficulties and their concomitants in six-year-old children born prematurely. *Human Movement Science, 17*, 629-653.

Kagan, J. (1955). Differential reward value of incomplete and complete sexual behavior. *Journal of Comparative and Physiological Psychology, 48*, 59-64.

Kagan, J. (1994). *Galen's prophecy: Temperament in human nature*. New York: Basic Books.

Karmen, A. (2001). *Crime victims: An introduction to victimology* (4th ed.). Belmont, CA: Wadsworth.

Kassin, S. M. (1997). The psychology of confession evidence. *American Psychologist, 52*, 221-233.

Kassin, S. M., Goldstein, C. C., & Savitsky, K. (2003). Behavioral confirmation in the interrogation room: On the dangers of presuming guilt. *Law and Human Behavior, 27*(2), 187-203.

Kassin, S., & Wrightsman, L. (1985). Confession evidence. In S. Kassin & L. Wrightsman (Eds.), *The psychology of evidence and trial procedure*. Beverly Hills: Sage Publications.

Kaufman, A. S. (1990). *Assessing adolescent and adult intelligence*. Boston: Allyn & Bacon.

Keesey, R. E. (1980). A set-point analysis of regulation of body weight. In A. J. Stunkard (Ed.), *Obesity*. Philadelphia: W. B. Saunders.

Kelley, H. H. (1972). Attribution in social interaction. In E. E. Jones, et al. (Eds.), *Attribution: Perceiving the causes of behavior*. Norristown, NJ: General Learning Press.

Kerlinger, F. N. (1986). *Foundations in behavioral research* (3rd ed.). New York: Holt, Rinehart and Winston.

Kimmel, D. C. (1990). *Adulthood and aging*. New York: John Wiley & Sons.

Klingberg, T., Fernell, E., Olesen, P. J., Johnson, M., Gustafsson, P., Dahlstrom, K., et al. (2005). Computerized training of working memory in children with ADHD-A randomized, controlled trial. *Journal of the American Academy of Child & Adolescent Psychiatry, 44*(2), 177-186.

Klunk, W. E., Engler, H., Nordberg, A., Wang, T., Blomqvist, G., Holt, D. P., Bergstrom, M., Savitcheva, I., Huang, G. F., Estrada, S., Ausen, B., Debnath, M. L., Barletta, J., Price, J. C., Sandell, J., Lopresti, B. J., Wall, A., Koivisto, P., Antoni, G., Mathis, C. A., & Langstrom, B. (2004). Imaging brain amyloid in Alzheimer's disease with Pittsburgh Compound-B. *Ann. Neurol,* 55, 306-319.

Knox, R. E., & Safford, R. K. (1976). Group causation at the racetrack. *Journal of Experimental Social Psychology, 12*, 317-324.

Knutson, B., Rick, S., Wimmer, G. E., Prelec, D., & Loewenstein, G. (2006). Neural Predictors of Purchases. *Neuron, 53*(1), 147-156.

Kohlberg, L. (1969). Stages and sequence: The cognitive-developmental approach to socialization. In A. A. Goslin (Ed.), *Handbook of socialization theory and research.* Skokie, IL: Rand McNally.

Kohler, I. (1964). *The formation and transformation of the perceptual world.* New York: International University Press.

Kramer, D. A. (1989). A developmental framework for understanding conflict resolution preocesses. In J. D. Sinnott (Ed.), *Everyday problem solving: Theory and applications.* New York: Praeger.

Kreuz, L. E., & Rose, R. M. (1972). Assessment of aggressive behavior and plasma testosterone in a young criminal population. *Psychosomatic Medicine, 34*, 321-332.

LaFreniere, P. J., & Sroufe, L. A. (1985). Profiles of peer competence in the preschool: Interrelations between measures, influence of social ecology, and relation to attachment history. *Developmental Psychology, 21*, 56-69.

Land, E. H. (1977). The retinex theory of color vision. *Scientific American, 237*, 108-128.

Landauer, T. (2001). Quoted by R. Herberr, You must remember this. *APS Observer*, 11.

Langleben, D. D., & Moriarty, J. C. (2013). Using Brain Imaging for Lie Detection: Where Science, Law and Research Policy Collide. *Psychol Public Policy Law, 19*(2), 222-234.

Latane, B., & Darley, J. M. (1970). Group inhibition of bystander intervention in emergencies. *Journal of Personality and Social Psychology, 10*, 215-221.

Latane, B., & Rodin, J. (1969). A lady in distress: Inhibiting effects of friends and strangers on bystander intervention. *Journal of personality and social psychology, 10*, 215-221.

Lazarus, R. S., & Folkman, S. (1984). *Stress, appraisal, and coping.* New York: Spring.

LeDoux, J. E. (1992). Brain mechanisms of emotion and emotional learning. *Current Opinion in Neurobiology, 2*, 191-197.

Lee, H. J., Choi, J. S., Brown, T. H., & Kim, J. J. (2001). Amygdalar NMDA receptors are critical for the expression of multiple conditioned fear responses. *Journal of Neuroscience, 21*(11), 4116-4124.

Lefton, L. A., & Brannon, L. (2006). *Psychology* (9th ed.). Boston: Pearson Education, Inc.

Levinson, D. C. (1978). *Seasons of a man's life.* New York: Ballantine.

Levinson, D. J. (1990). A theory of life structure development in adulthood. In C. N. Alexander & E. J. Langer (Eds.), *Higher stages of human development perspectives on adult growth.* Oxford University Press.

Levinson, D. J. (1996). *The seasons of a woman's life.* New York: Alfred A. Knopf. 김애순 역(1998). 여자가 겪는 인생의 사계절. 서울: 세종연구원.

Liebert, R. M., & Liebert, L. L. (1998). *Personality strategies and issues.* New York: Brooks/Cole Publishing Company.

Lievert, R. M., & Spiegler, M. D. (1974). *Personality.* New York: Dorsey.

Lindsay, D. S., Jack, P. C., & Christian, M. A. (1991). Other-race face perception. *Journal of Applied Psychology, 76*(4), 587-589.

Locke, E. A., & Latham, G. P. (1990). *A theory of goal setting and task performance.* Englewood Cliffs, NJ: Prentice Hall.

Loftus, E. F., & Palmer, J. C. (1974). Reconstruction of auto-mobile destruction: An example of the interaction between language and memory. *Journal of Verbal Learning and Verbal Behavior, 13*, 585-589.

Loftus, E. F., Loftus, G. R., & Messo, J. (1987). Some facts about weapon focus. *Law and Human Behavior, 11*, 55-62.

Loftus, E. F., Miller, D. G., & Burns, H. J. (1978). Semantic integration of verbal information into a visual memory. *Journal of Experimental Psychology: Human Learning and Memory, 4*(1), 19-31.

Loftus, G. R. (1985). Evaluating Forgetting Curves. *Journal of Experimental Psychology: Learning, Memory, and Cognition, 11*, 396-405.

Lorenz, K. (1966). *On aggression.* New York: Harcourt, Brace, & World.

Luck, S. J., & Vogel, E. K. (1997). The capacity of visual working memory for features and conjunctions. *Nature, 390*, 279-281.

Lykken, D. T. (1981). Review of the book The science and art of the polygraph technique by A. Matte. *Contemporary Psychology, 26*, 479-481.

Maass, A., & Clark, R. D., III. (1984). Hidden impact of minorities: Fifteen years of minority influence research. *Psychological Bulletin, 95*, 428-450.

Machover, K. (1949). *Personality projection in the drawing of the human figure.* Springfield: Charles C Thomas.

Maddi, S. R. (1996). *Personality theories: A comparative analysis* (6th ed.). New York:

Brooks/Cole.

Maloney, L. T., & Wandell, B. A. (1986). Color constancy: A method for recovering surface spectral reflectances. *Journal of the Optical Society of America Abbreviation, 3*, 29-33.

Marek, K. L., Seibyl, J. P., Zoghbi, S. S., Zea-Ponce, Y., Baldwin, R. M., Fussell, B., Charney, D. S., van Dyck, C., Hoffer, P. B., & Innis, R. P. (1996). [123I] beta-CIT/SPECT imagin demonstrates bilateral loss of dopamine transporters in hemi-Parkinson's disease. *Neurology, 46*(1), 231-237.

Maren, S. (2001). Neurobiology of Pavlovian fear conditioning. *Annual Review of Neuroscience, 24*, 897-931.

Markus, H. R., & Kitayama, S. (1991). Culture and the self: Implications for cognition, emotion, and motivation. *Psychological Review, 98*, 224-253.

Markus, H., & Nurius, P. (1986). Possible selves. *American Psychologist, 41*, 954-969.

Marr, D. (1982). *Vision: A computational investigation into the human representation and processing of visual information*. San Francisco: Freeman.

Martinussen, R., Hayden, J., Hogg-Johnson, S., & Tannock, R. (2005). A meta-analysis of working memory components in children with Attention-Deficit/Hyperactivity Disorder. *Journal of the American Academy of Child & Adolescent Psychiatry, 44*(4), 377-384.

Maslow, A. H. (1987). *Motivation and personality* (3rd ed.). New York: Harper & Row.

Maviel, T., Durkin, T. P., Menzaghi, F., & Bontempi, B. (2004). Sites of neocortical reorganization critical for remote spatial memory. *Science, 305*, 96-99.

McClelland, D. C. (1951). *Personality*. New York: Sloane.

McCord, W. (1982). *The psychopath and milieu therapy: A longitudinal study*. Orlando, FL: Academic Press.

McGuire, W. J. (1985). Attitudes and attitude change. In G. Lindzey & E. Aronson (Eds.), *Handbook of social psychology, vol. 2*. New York: Random House.

Meins, E., Fernyhough, C., Russell, J., & Clark-Carter, D. (1998). Security of attachment as a predictor of symbolic and mentalising abilities: A longitudinal study. *Social Development, 7*, 1-24.

Merigan, W. H., & Maunsell, J. H. R. (1993). How parallel are the primate visual pathways? *Annual Review of Neuroscience, 16*, 369-402.

Mezulis, A. H., Abramson, L. Y., Hyde, J. S., & Hankin, B. L. (2004). Is there a universal positivity bias in attributions? A meta-analytic review of individual, developmental, and cultural differences in the self-serving attributional bias. *Psychological Bulletin, 130*, 711-747.

Milgram, S. (1963). Behavioral study of obedience. *Journal of Abnormal and Social*

Psychology, 67, 371-378.

Milgram, S. (1974). *Obedience to authority*. New York: Harper & Row.

Miller, A. (1958). The shadow of the Gods. *Harper's Magazine, August*, 35-43.

Miller, G. A. (1956). The magical number seven, plus or minus two: Some limits on our capacity for processing information. *Psychological Review, 63*, 81-97.

Miller, N. (1969). Learning of Visceral and Grandular Responses. *Science, 168*, 434-445.

Mischel, W. (1976). *Introduction to personality* (2nd ed.). New York: Holt, Rinehart and Winston.

Mishkin, M., Ungerleider, L. G., & Macko, K. A. (1983). Object vision and spatial vision: Two cortical pathways. *Trends in Neurosciences, 6*, 414-417.

Money, J., Wiedeking, C., Walker, P., Migeon, C., Meyer, W., & Borgaonkar, D. (1975). 47, XYY and 46, XY males with antisocial and/or sex-offending behavior: Antiandrogen therapy plus counseling. *Psychoneuroendocrinology, 1*, 165-178.

Moreland, R. L., & Zajonc, R. B. (1982). Exposure effects In person perception: Familiarity, similarity, and attraction. *Journal of Experimental Social Psychology, 18*, 395-415.

Morris, R. G. M., Anderson, E., Lynch, G., & Baudry, M. (1986). Selective impairment of learning and blockade of long-term potentiation by an Nmethyl Daspartate receptor antagonist, AP5. *Nature, 319*, 774-776.

Moscovici, S. (1985). Social influence and conformity. In G. Lindzey & E. Aronson (Eds.), *Handbook of social psychology, vol. 2*. New York: Random House.

Moyer, K. E. (1976). *The psychobiology of aggression*. NY: Harper & Row.

Mynatt, C., & Sherman, S. J. (1975). Responsibility attribution in groups and individuals: A direct test of diffusion of responsibility hypothesis. *Journal of Personality and Social Psychology, 32*, 1111-1118.

Newell, A., & Simon, H. A. (1972). *Human problem solving*. Englewood Cliffs, NJ: Prentice-Hall.

Nishimoto, S., Vu, A. T., Naselaris, T., Benjamini, Y., Yu, B., & Gallant, J. L. (2011). Reconstructing Visual Experiences From Brain Activity Evoked by Natural Movies. *Current Biology, 21*(19), 1641-1646.

Nunally, J. C. (1970). *Introduction to psychological measurement*. NY: McGrew-Hill Book Company.

Olesen, P. J., Westerberg, H., & Klingberg, T. (2004). Increase prefrontal and parietal activity after training of working memory. *Nature Neuroscience, 7*, 75-79.

Owen, A. M., Coleman, M. R., Boly, M., Davis, M. H., Laureys, S., & Pickard, J. D. (2006). Detecting awareness in the vegetative state. *Science, 313*(5792), 1402.

Owen, A. M., Hampshire, A., Grahn, J. A., Stenton, R., Dajani, S., Burns, A. S., Howard,

R. J., & Ballard, C. G. (2010). Putting brain training to the test. *Nature, 465*, 775–778.

Pernille, J. O., Westerberg, H., & Klingberg, T. (2004). Increased prefrontal and parietal activity after training in working memory. *Nature Neuroscience, 7*(1), 75–79.

Persky, H., Smith, K. D., & Basu, G. K. (1971). Relation of psychologic measures of aggression and hostility to testosterone production in man. *Psychosomatic Medicine, 33*, 265–277.

Pervin, L. A., & John, O. P. (1997). *Personality: Theory and research*. New York: Wiley.

Petri, H. L. (1996). *Motivation: Theory, research, and applications* (4th ed.). Brooks/Cole.

Petty, R. E., Wegener, D. T., & Fabrigar, L. R. (1997). Attitudes and attitude change. *Annual Review of Psychology, 46*, 609–647.

Pfaffmann, C. (1982). Taste: A model of incentive motivation. In D. W. Pfaff (Ed.), *The physiological mechanisms of motivation*. New York: Springer–Verlag.

Piaget, J. (1965). *The moral judgment of the child*. New York: Free Press.

Pinker, S. (2007). The evolutionary social psychology of off–record indirect speech acts. *Intercultural Pragmatics, 4*(4), 437–461.

Plomin, R., Owen, M. J., & McGuffin, P. (1994). The genetic basis of complex human behaviors. *Science, 264*, 1733–1739.

Poldrack, R. A., Halchenko, Y. O., & Hanson S. J. (2009). Decoding the large–scale structure of brain function by classifying mental States across individuals. *Psychol Sci. 20*, 1364–1372.

Premack, D. (1962). Reversibility of the reinforcement velatim. *Science, 136*, 255–257.

Rabbitt, P. (1996). Speed of processing and aging. In R. T. Woods (Ed.), *Handbook of the clinical psychology of aging*. Chichester: John Wiley.

Reed, T. (1984). Eyewitness identifications of an armed robber within a biased police lineup. *Journal of Police Science and Administration, 12*, 310–315.

Reeve, J. (2001). *Understanding motivation and emotion*. Orlando, FL: Harcourt.

Regel, K. F. (1975). Toward a dialectical theory of development. *Human Development, 18*, 50–64.

Reitman, J. S. (1971). Mechanisms of forgetting in short–term memory. *Cogntive Psychology, 2*, 185–195.

Rhodes, N., & Wood, W. (1992). Self–esteem and intelligence affect influenceability: The mediating role of message reception. *Psychological Bulletin, 111*, 156–171.

Riegel, K. F. (1975). Toward a dialectical theory of development. *Human Development, 18*, 50–64.

Rieitman, J. S. (1971). Mechanisms of forgetting in short–term memory. *Cognitive Psychology, 2*, 185–195.

Righard, L., & Alade, M. O. (1990). Effect of delivery room routines on success of first breast-feed. *Lancet, 336*, 1105–1107.

Roberts, M. C., & Fanurik, D. (1986). Rewarding elementary schoolchildren for their use of safety belts. *Health Psychology, 5*, 185–196.

Robleto, K., Poulos, A. M., & Thompson, R. F. (2004). Brain mechanisms of extinction of the classically conditioned eyeblink response. *Learning & Memory, 11*(5), 517–524.

Rogers, C. R. (1959). A theory of therapy, personality, and interpersonal relationships, as developed in the client-centered framework. In S. Koch (Ed.), *Psychology, the study of a science. Vol. 3: Formulations of the person and the social context* (pp. 184–256). New York: McGraw-Hill.

Rolls, B. J. (1979). How variety and palatability can stimulate appetite. *Nutrition Bulletin, 5*, 78–86.

Rolls, B. J., Rowe, E. T., & Rolls, E. T. (1982). How sensory properties of food affect human feeding behavior. *Physiology and Behavior, 29*, 409–417.

Rolls, E. T. (1990). A theory of emotion and its application to understanding the neural basis of emotions. In J. A. Gray (Ed.), *Psychobiological aspects of relationships between emotion and cognition* (pp. 161–190). Hillsdale, NJ: Erlbaum.

Ross, L. (1977). The intuitive psychologist and his shortcomings. In L. Berkowitz (Ed.), *Advances in experimental social psychology* (Vol. 10, pp. 173–220). New York: Academic Press.

Rossi, P. J. (1968). Adaptation and negative aftereffect to lateral optical displacement in newly hatched chicks. *Science, 160*, 430–431.

Russell, A., & Finnie, V. (1990). Preschool children's social status and maternal instructions to assist group entry. *Developmental Psychology, 26*, 603–611.

Schachter, S. (1971). Some extraordinary facts about obese humans and rats. *American Psychologist, 26*, 129–144.

Schaie, K. W. (1996). *Intellectual development in adulthood: The Seattle longitudinal study*. Cambridge: Cambridge University Press.

Schuff, N., Woerner, N., Boreta, L., Kornfield, T., Shaw, L. M., Trojanowski, J. Q., Thompson, P. M., Jack, C. R., Weiner, M. W., & the Alzheimer's Disease Neuroimaging Initiative (2009). MRI of hippocampal volume loss in early Alzheimer's disease in relation to ApoE genotype and biomarkers. *Brain. 132*(4), 1067–1077.

Scott, W. E. (1976). The effects of extrinsic rewards on "intrinsic motivation." *Organizational Behavior and Human Performance, 15*, 117–129.

Selfridge, O. G. (1959). *Pandemonium: A paradigm for learning*. London: H. M. Stationery Office.

Seo, D. O., Pang, M. H., Shin, M. S., Kim, H. T., & Choi, J. S. (2008). Hippocampal

NMDA receptors are necessary for auditory trace fear conditioning measured with conditioned hypoalgesia in rats. *Behavioral Brain Research, 192*(2), 264-268.

Shaffer, D. R. (1996). *Developmental Psychology.* New York: Brooks/Cole Publishing Co.

Shapiro, P. N., & Penrod, S. (1986). Meta-analysis of facial identification studies. *Psychological Bulletin, 100*, 139-156.

Shepard, R. N., & Metzler, J. (1971). Mental rotation of three-dimensional objects. *Science, 171*, 701-703.

Sherif, M. (1937). An experimental approach to the study of attitudes. *Sociometry, 1*, 90-98.

Simon, H. (2001). Quored by A. M. Hayashi, When to trust your gut. *Harvard Business Review*, 59-65.

Simons, D. J., & Chabris, C. F. (1999). Gorillas in our midst: Sustained inattentional blindness for dynamic events. *Perception, 28*, 1059-1074.

Simons, D. J., & Levin, D. T. (1998). Failure to detect changes to people in a real-world interaction. *Psychonomic Bulletin and Review, 5*, 644-649.

Skinner, B. F. (1969). *Contingencies of reinforcement.* New York: Meredith.

Smith, C. N., & Squire, L. R. (2009). Medial temporal lobe activity during retrieval of semantic memory is related to the age of the memory. *The Journal of Neuroscience, 29*(4), 930-938.

Soussignan, R. (1997). Olfaction, hedonic reactions and facial expressiveness in infants and young children. *Enfance, 1*, 65-83.

Sperling, G. (1960). The information available in brief visual presentations. *Psychological Monographs, 74*, (Whole No. 498).

Squire, L. R. (1986). Mechanisms of memory. *Science, 232*(4578), 1612-1619.

Steblay, N. M. (1992). A meta-analytic review of the weapon focus effect. *Law and Human Behavior, 16*, 413-424.

Sternberg, R. J. (1981). Testing and cognitive psychology. *American Psychologist, 36*, 1001-1011.

Sternberg, S. (1966). High-speed scanning in human memory. *Science, 153*, 652-654.

Stewart, L., & Pascual-Leone, J. (1992). Mental capacity constraints and the development of moral reasoning. *Journal of Experimental child Psychology, 54*, 251-287.

Stoner, J. A. F. (1961). *A comparison of individual and group decisions involving risk.* Unpublished master's thesis.

Stratton, G. (1896). Some Preliminary Experiments on Vision without Inversion on the Retinal Image. *Psychological Review, 3*, 611-617.

Super, D. E. (1980). A life span, life space approach career development. *Journal of Vocational Behavior, 16*, 282-298.

Sutherland, E. H., & Cressey, D. (1978). *Criminology*. Philadelphia: Lippincott.

Svare, B. (1983). Psychobiological determinants of maternal aggressive behavior. In E. L. Simmel, M. E. Hahn, & J. K. Walters (Eds.), *Aggressive behavior: Genetic and neural approaches*. Hillsdale, NJ: Lawrence Erlbaum Associates.

Takashima, A., Nieuwenhuis, I. L. C., Jensen, O., Talamini, L. M., & Rijpkema, M. (2009). Shift from hippocampal to neocortical centered retrieval network with consolidation. *The Journal of Neuroscience, 29*(32), 10087-10093.

Takashima, A., Peterson, K. M., Rutters, F., Tendolkar, I., Jensen, O., Zwarts, M. J., McNaughton, B. L. (2006). Declarative memory consolidation in humans: A prospective functional magnetic resonance imaging study. *Proceedings of the National Academy and Sciences, 103*(3), 756-761.

Tanaka, K. (1992). Inferotemporal cortex and higher visual functions. *Current Opinion in Neurobiology, 2*, 502-505.

Tavris, C., & Sadd, S. (1977). *The redbook report on female sexuality*. NY: Delacorte Press.

Tennant, M. C., & Pogson, P. (1995). *Learning and change in the adult years: A developmental perspective*. Jossey-Bass. 황원철 역(1998). 성인학습과 삶의 변화. 마산: 경남대학교 출판부.

Thorell, L. B., Lindqvist, S., Nutley, S. B., Bohlin, G., & Klingberg, T. (2009). Training and transfer effects of executive functions in preschool children. *Developmental Science, 12*, 106-113.

Tinbergen, N. (1951). *The study of instinct*. New York and Oxford: Oxford University Press.

Toates, F. M. (1979). Homeostasis and drinking. *Behavior and Brain Science, 2*, 95-139.

Tom, S. M., Fox, C. R., Trepel, C., & Poldrack, R. A. (2007). The neural basis of loss aversion in decision-making under risk. *Science, 315*(5811), 515-518.

Treisman, A. (1969). Strategies and models of selective attention. *Psychological Review, 76*, 282-299.

Treisman, A. (1985). Preattentive processing in vision. *Computer Vision, Graphics, and Image Processing, 31*, 156-177.

Treisman, A. (1986). Features and objects in visual processing. *Scientific American, 255*(5), 114-125.

Treisman, A. (1988). Features and objects: The fourteenth Bartlett memorial lecture. *Quarterly Journal of Experimental Psychology, 40*, 201-237.

Triandis, H. C. (1989). The self and social behavior in differing cultural contexts. *Psychological Review, 96*, 506-520.

Triplett, N. D. (1898). The dynamogenic factors in pacemaking and competition.

American Journal of Psychology, 9, 507-533.

Tulving, E. (2000). Memory: An Overview. In A. E. Kazdin (Ed.), *Encyclopedia of Psychology* (Vol. 5). Washington, DC: American Psychological Association.

Tulving, E., & Craik, F. I. (2000). *The Oxford handbook of memory*. New York: Oxford University Press.

Tulving, E., & Pearlstone, Z. (1966). Availability versus accessibility of information in memory for words. *Journal of Verbal Learning & Verbal Behavior, 5*, 381-391.

Tversky, A., & Kahneman, D. (1971). Belief in the law of small numbers. *Psychological Bulletin, 76*(2), 105-110.

Tversky, A., & Kahneman, D. (1974). Judgment under uncertainty: Heuristics and biases. *Science, 185*, 1124-1131.

U. S. Department of State. (2004). *Patterns of global terrorism 2003: Appendix G*. (www.state.gov).

Vaillant, G. E. (2002). *Aging Well*. Boston: Little Brown. 이덕남 역(2010). 행복의 조건. 서울: 프론티어.

Vasek, M. E. (1986). Lying as a skill: The development of deception in children. In R. W. Mitchell & N. S. Thompson (Eds.), *Deception, perspectives on human and nonhuman deception*. New York, NY: SUNY Press.

Verhaeghen, P., Cerella, J., & Basak, C. (2004). A working memory workout: How to expand the focus of serial attention from one to four items in 10 hours or less. *Journal of Experimental Psychology: Learning, Memory, & Cognition, 30*(6), 1322-1337.

Vroom, V. H. (1964). *Work and motivation*. New York: Wiley.

Wagner, A. (2000). Early detection of Alzheimer's disease: An fMRI marker for people at risk. *Nature Neuroscience, 3*, 973-974.

Walton, G. E., Bower, N. J., & Bower, T. G. (1992). Recognition of familiar faces by newborns. *Infant Behavior and Development, 15*, 265-269.

Watson, J. B. (1930). *Behaviorism*. New York: W. W. Norton.

Wechsler, D. (1939). *Wechsler-Bellevue Intelligence Scale*. NY: Psychological Company.

Wechsler, D. (1955). *The Measurement of adult intelligence*. Baltimore: Williams & Wilkins.

Wells, G. L., Lindsay, R. C. L., & Ferguson, T. J. (1979). Accuracy, confidence, and juror perceptions in eyewitness identification. *Journal of Applied Psychology, 64*, 440-448.

Wertsch, J. V., & Tulviste, P. (1992). L. S. Vygotsky and contemporary developmental psychology. *Developmental Psychology, 28*, 548-557.

Whitbourne, S. K. (2001). *Adult development and aging: Biopsychosocial perspectives*.

New York: John Wiley & Sons.

Wiley, T. L., Cruickshanks, K. J., Nondahl, D. M., Tweed, T. S., Klein, P., & Klein, B. E. K. (1998). Aging and high-frequency hearing sensitivity. *Journal of Speech Language and Hearing Research, 41*, 1061-1072.

Williams, K. D., Loftus, E. F., & Deffenbacher, K. A. (1992). Eyewitness evidence and testimony. In D. K. Kagehiro & W. S. Laufer (Eds.), *Handbook of psychology and law*. New York: Springer-Verlag.

Wong, R. (2000). *Motivation: a biobehavioural approach*. Cambridge: Cambridge University Press.

Yarmey, A. D., & Kent, J. (1980). Eyewitness identification by elderly and young adults. *Law and Behavior, 4*, 359-371.

Zajonc, R. B. (1965). Social facilitation. *Science, 149*, 269-274.

Zimbardo, P. G. (1970). The human choice: Individuation, reason, and order versus deindividuation, impulse, and chaos. In W. J., Arnold & D. Levine (Eds.), *Nebraska symposium on motivation, vol. 17*. Lincoln, NE: University of Nebraska Press.

Zimbardo, P. G., Maslach. C., & Hanley, C. (1999). Reflection on the Stanford Prison Experiment: Genesis, Transformations, Consequences. In T. Blass (Ed.), *Obesience to authority: Current perspectives on the Milgram paradigm*. Mahwah, NJ: Erlbaum.

두산백과사전. http://www.encyber.com

한국심리학회 윤리규정(2003). http://www.koreanpsychology.or.kr/

찾아보기

《인 명》

《내 용》

저자 소개

오세진 • 중앙대학교 심리학과 교수

김청송 • 경기대학교 청소년학과 교수

신맹식 • 중앙대학교 교양학부 교수

양계민 • 한국청소년정책연구원 연구위원

이요행 • 한국고용정보원 연구원

이장한 • 중앙대학교 심리학과 교수

이재일 • 중앙대학교 심리학과 강사

정태연 • 중앙대학교 심리학과 교수

조성근 • 충남대학교 심리학과 교수

조수현 • 중앙대학교 심리학과 교수

현주석 • 중앙대학교 심리학과 교수

인간행동과 심리학(4판)

Introduction to Psychology

1999년 2월 10일 1판 1쇄 발행
2005년 3월 20일 1판 11쇄 발행
2006년 10월 20일 2판 1쇄 발행
2009년 9월 30일 2판 10쇄 발행
2010년 1월 20일 3판 1쇄 발행
2014년 8월 20일 3판 11쇄 발행
2015년 3월 20일 4판 1쇄 발행
2022년 8월 10일 4판 15쇄 발행

지은이 • 오세진 · 김청송 · 신맹식 · 양계민 · 이요행 · 이장한
이재일 · 정태연 · 조성근 · 조수현 · 현주석

펴낸이 • 김 진 환

펴낸곳 • (주) 학지사
04031 서울특별시 마포구 양화로 15길 20 마인드월드빌딩 5층

대표전화 • 02) 330-5114 팩스 • 02) 324-2345

등록번호 • 제313-2006-000265호

홈페이지 • http://www.hakjisa.co.kr
페이스북 • https://www.facebook.com/hakjisabook

ISBN 978-89-997-0648-6 93180

정가 **23,000**원

이 도서의 국립중앙도서관 출판시도서목록(CIP)은 서지정보유통지원시스템 홈페이지(http://seoji.nl.go.kr)와 국가자료공동목록시스템(http://www.nl.go.kr/kolisnet)에서 이용하실 수 있습니다.
(CIP제어번호: CIP2015005616)